金融商品取引法の理論・実務・判例

勁草法律実務シリーズ

河内隆史 ［編集代表］

野田　博
三浦　治
山下典孝 ［編］
木下　崇
松嶋隆弘

勁草書房

はしがき

　本書は、金融商品取引法について、学問的にも実務的にも重要な諸問題を理論と実務の双方の観点から融合的に検証し、難解なこの分野に関する理解を促進することをねらいとしている。金融商品取引法全般について、体系的に網羅的に解説するものではなく、従来から、あるいは近年、理論的に高い関心を集めて多くの優れた研究業績があるとともに、実務上も重要性が高い問題に、ある程度焦点を絞って取り上げている。

　「金融商品取引法」は、そもそも法律本体の条文数が非常に多いうえに、各条文の規定が長く、かっこ書き、それも二重・三重のかっこ書きが多用され、独特の専門用語に溢れている。しかも、この法律に関連して政令と膨大な数の内閣府令が定められており、これだけでも金融商品取引法の世界を理解するのはかなり難しいといえよう。金融商品取引法には、刑事責任と民事責任に関する規定も少なくなく、当然のことながら、それらに関する判例も多数に上り、それらが先例として重要な機能を果たしている。また経済法である金融商品取引法は、取締法規としての側面も重要であり、金融庁および証券取引等監視委員会による課徴金納付命令・業務改善命令・業務停止命令・登録等の取消しなどの行政処分に関する規定も相当数に上る。とりわけ 2005 年に導入された課徴金納付命令に関する事例が近年激増し、実務的にも非常に重要になっている。

　金融商品取引法の代表的な規制対象である株式・社債・新株予約権については、「会社法」の規定に多くを負っており、機関、計算、組織再編などについても、公開会社かつ大会社を中心として、会社法が上場会社法制の重要な部分を担っている。それとともに、金融商品取引法は幅広い「金融商品」を規制対象としており、「投資信託及び投資法人に関する法律」、「資産の流動化に関する法律」、「社債、株式等の振替に関する法律」、「抵当証券法」、「金融商品販売法」なども関連するし、金融商品取引や投資者に対する勧誘などに関連して、

i

「民法」の不法行為責任なども問題となることが少なくなく、多くの判例が集積されている。「金融商品販売法」と競合する部分もある。

　さらにこれらに加えて、金融商品取引所の定款・業務規程その他の諸規則、金融商品取引業協会・投資者保護基金・証券保管振替機構・金融商品取引清算機関などの関係諸機関の諸規定も膨大なものがある。これらはいわゆるハードローである法令ではなく、ソフトローであるが、近時はソフトローの重要性・有効性が強く認識されるようになっており、上場会社や金融商品取引業者などにとっては、重要な行為規範として機能している。例えば、上場廃止処分は、一株式会社である金融商品取引所による処分にすぎないが、上場会社にとっては、取引社会における重大な信用の失墜をもたらし、倒産にまでつながりかねない事態となる。

　このように膨大で複雑な金融商品取引法については、詳細なコンメンタールもいくつか出版されているが、一般の読者にとっては、密林に迷い込んだようで、求めている情報に容易に到達できない、あるいは到達していても、そのこと自体を認識できないということになりがちである。高度の学問的レベルを備えた定評ある体系書も少なからず出版されており、金融商品取引法の研究者にとっては不可欠の文献である。金融商品取引法に関する判例集もあり、これも金融商品取引法を学ぶ上で重要である。一方では、金融商品取引法の全体的な理解を助ける簡便な入門書は、特に初学者にとって学びの道を示してくれる。本書はこれらの優れた先行業績を踏まえて、理論と実務を架橋することを意図するものであり、その意図が読者の期待に十分に応えられるものになっていることを願うものである。

　本書は、松嶋隆弘日本大学教授の強い勧めによって、企画された。その企画に当たって、他の編集委員である野田博中央大学教授、三浦治中央大学教授、山下典孝青山学院大学教授、木下崇専修大学教授に大変尽力いただき、何度も会合を重ねた。そして、第一線で活躍中の多くの学者および実務家から優れた御論稿を多数寄せていただくことができた。これらの方々に深く感謝申し上げたい。最後に、本書の刊行に際して、勁草書房編集部の山田政弘さん、中東小

はしがき

百合さんには大変お世話になった。生来の怠け者をあるいは優しく見守り、あるいは叱咤激励してくれたおかげで、ようやく刊行の運びとなった。厚くお礼申し上げる次第である。

2019 年 10 月

河内隆史

〔追記〕

　本年 9 月 25 日、日本取引所グループ（JPX）から、かねて実施していた東京商品取引所（TOCOM）の株式の公開買付けにおいて、応募株券等の総数が買付予定数の下限を上回ったことが JPX から公告され、TOCOM を完全子会社とすることにより、総合取引所を実現させることになった。

　戦前の日本では、1893 年に制定された「取引所法」によって、取引所制度は一元的に規制されていたが、1948 年に制定された「証券取引法」（現行の「金融商品取引法」。その際に従来の「取引所法」は「商品取引所法（旧法）」と名称が変更された）、1950 年に制定された「商品取引所法（新法）」（現行の「商品先物取引法」）、そして、1988 年に制定された「金融先物取引法（金融商品取引法に統合されて廃止）」に規制法令が分散され、所管の省庁も多元化した。

　世界的には、証券も商品も取り扱う総合取引所が数多く見られる中で、日本の取引所は国際的な潮流に乗り遅れ、そのポジションも大幅に低下している。今後、検討整備すべき事柄は非常に多いが、総合取引所の実現によって、日本の取引所の国際的地位の復活が見られることを期待する。

　本書では、金融商品取引所をはじめとする取引所制度については取り扱っていないが、金融商品取引法をめぐる最近の重大なトピックスなので、ここに追記する。

目　次

第 1 編　総　論

裁判規範としての金融商品取引法と行為規範としての金融商品
取引法 ———————————————————————— 2

1　金融商品取引法の目的 …………………………………………… 2

（1）金融商品取引法 1 条の構造　2
（2）金融商品市場の役割　3
（3）金融商品取引法の拡張　5

2　金融商品取引法のエンフォースメント ………………………… 7

（1）金融商品取引法の性質と規制主体　7
（2）金融庁・証券取引等監視委員会による公的監督　8
（3）金融商品取引所による自主規制　9
（4）金融商品取引業協会による自主規制　9

3　投資者からの苦情・紛争解決の申出 …………………………… 11

（1）民事責任と金融商品業協会によるあっせん等　11
（2）金融 ADR と FINMAC　12

4　行為規範・裁判規範としての金融商品取引法 ………………… 13

（1）金融商品取引法に基づく罰則と行政処分　13
（2）ハード・ローとソフト・ロー　14

目　次

第2編　開示に関する規制

第1章　金商法における開示制度の全体構造　18

1　はじめに　18

2　金商法における開示制度の機能・必要性　19

3　発行開示　22

(1)　発行開示の対象　22

(2)　有価証券届出書による開示発行　29

(3)　発行登録制度　32

(4)　目論見書による開示　33

(5)　取引規制　35

4　継続開示　37

(1)　総説　37

(2)　継続開示義務が発生する場合　37

(3)　有価証券報告書　38

(4)　半期報告書・四半期報告書　40

(5)　必要に応じた継続開示　41

(6)　内部統制報告書・確認書　42

5　フェア・ディスクロージャー・ルール　44

(1)　趣旨　44

(2)　制度の概要　44

第2章　不実開示に関する民事責任1──理論　46

第1節　発行開示書類の虚偽記載等による民事責任　46

1　発行開示規制違反に係る民事責任の意義　46

(1)　発行市場における開示規制と民事責任の機能　46

(2)　発行開示規制違反に係る民事責任の特徴　47

v

2 発行開示書類に係る民事責任規制の全体像と沿革 ……………………… 48

(1) 虚偽記載等のある有価証券届出書の届出者または虚偽記載等のある
目論見書を作成した発行者の責任（金商法18条～20条） 48

(2) 虚偽記載等のある有価証券届出書の提出会社・目論見書の作成会社
の役員等の責任（金商法21条） 49

(3) 虚偽記載等のある目論見書または資料を使用して有価証券を取得さ
せた者の責任（金商法17条） 50

(4) 届出の効力発生前の取引・目論見書等の不交付による責任
（金商法16条） 50

3 責任の主体 ……………………………………………………………… 51

(1) 総論 51
(2) 発行者の責任（金商法18条） 51
(3) 発行者の役員・発起人の責任
（金商法21条1項1号・2項1号・3項） 52
(4) 売出人の責任（金商法21条1項2号・2項1号・3項） 53
(5) 公認会計士・監査法人の責任
（金商法21条1項3号、2項2号） 53
(6) 元引受金融商品取引業者等の責任
（金商法21条1項4号、2項3号） 54
(7) 虚偽記載等のある目論見書または資料を使用して有価証券を取得さ
せた者（金商法17条） 57

4 請求権者 ………………………………………………………………… 58

5 虚偽記載等 ……………………………………………………………… 59

6 損害額・因果関係等 …………………………………………………… 60

第2節　継続開示書類の虚偽記載等による民事責任————— 62

1 概要 ……………………………………………………………………… 62

2 立法の経緯 ……………………………………………………………… 63

(1) 2004（平成16）年証取法改正以前 63
(2) 2004（平成16）年証取法改正 64
(3) 2014（平成26）年金商法改正 66

3 継続開示書類の虚偽記載等に関する発行会社の責任 ……………… 67

　　　　　　　　　　　　　　　　　　　　　　　　　　　目　　次

　　　(1)　虚偽記載等　67
　　　(2)　発行会社の過失の推定　67
　　　(3)　請求権者　68
　　　(4)　損害賠償額　69

　　4　発行会社役員等および監査法人等の責任 ……………………… 72

　　5　今後の課題 …………………………………………………………… 73

第3節　継続開示書類の虚偽記載等に関する裁判例———————74

　　1　不実開示の態様……………………………………………………… 74
　　　(1)　「虚偽の記載」の意義　75
　　　(2)　「重要な事項」について　80

　　2　発行会社等の責任（平成26年改正）……………………………… 85

　　3　役員等の責任 ………………………………………………………… 86
　　　(1)　責任を負う者の範囲　86
　　　(2)　「相当な注意」の意義　87

　　4　損害論 ………………………………………………………………… 91
　　　(1)　総論（基本的な考え方）　92
　　　(2)　流通市場における民事責任の特則（金商法21条の2第3項）　97

第4節　会社法上の責任——————————————————— 102

　　1　はじめに ……………………………………………………………102

　　2　会社法429条2項の責任規定と金商法の役員等の責任規定 ………103
　　　(1)　会社法429条2項の責任規定　103
　　　(2)　金商法の役員等の責任規定　107

　　3　会社の責任 …………………………………………………………109

　　4　結びにかえて ………………………………………………………112

第5節　監査証明と監査人の責任———————————————— 114

　　1　はじめに ……………………………………………………………114

vii

2 金融商品取引法における監査人の責任 ……………………………115

3 監査人の過失 ……………………………117

4 会社法における会計監査人の責任 ……………………………120

5 監査人のその他の責任 ……………………………122

6 おわりに ……………………………123

第6節　不法行為責任 ———————————— 125

1 一般社団法人法78条に基づく損害賠償責任 ……………………………125

2 民法715条に基づく損害賠償責任 ……………………………128

3 民法709条に基づく損害賠償責任追及の可否 ……………………………129

4 不法行為責任における損害の概念 ……………………………130

5 不実開示の場面における損害額の算定 ……………………………131

(1) 取得自体損害の場合　132
(2) 高値取得損害の場合　134

第3章　不実開示に関する民事責任2——訴訟上の留意点　136

第1節　過失立証 ———————————— 136

1 証券訴訟の近時傾向 ……………………………136

2 不実開示に関する民事責任の概観 ……………………………136

(1) 民法　137
(2) 金商法　137
(3) 会社法　137
(4) 民事責任の関係について　138

3 発行開示書類の虚偽記載等——発行市場における責任 ……………………………138

(1) 発行会社の無過失責任（金商法18条1項）　138
(2) 発行会社の役員等　139
(3) 売出人（金商法21条1項2号）　142
(4) 公認会計士・監査法人（金商法21条1項3号）　142

(5) 元引受金融商品取引業者等（金商法21条1項4号）　143

　　(6) 目論見書等の使用者（金商法17条）　144

　4　継続開示書類の虚偽記載等──流通市場における責任 ………145

　　(1) 提出会社（金商法21条の2）　145

　　(2) 役員等（金商法24条の4・22条）　145

　5　過失立証の実務 ………………………………………………146

第2節　損害論 ──────────────── 147

　1　はじめに ………………………………………………………147

　2　不法行為法における「損害」 ………………………………147

　　(1) 差額説と損害事実説との対立　147

　　(2) 差額説の構造　148

　3　金融商品取引法における損害の推定規定 …………………149

　　(1) 金商法21条の2の損害推定規定　149

　　(2) 金商法19条の損害推定規定　153

　4　金商法の枠組みの不法行為責任への波及 …………………155

　　(1) はじめに　155

　　(2) 西武鉄道（一般投資家）事件にみる差額説の構造　156

　　(3) 有価証券の虚偽記載と損害賠償に関する「最高裁の枠組み」　158

　　(4) その後の裁判例　160

第3節　倒産法上の取扱い ──────────── 162

　1　はじめに ………………………………………………………162

　2　倒産手続の選択の問題…………………………………………162

　3　認否方針について ……………………………………………164

　4　損害賠償の対象となる株主の範囲 …………………………165

　　(1) 過失責任を認めるか　165

　　(2) 株主が株式を取得した時期　166

　　(3) 株主が株式を処分した時期　167

ix

5 損害額について……………………………………………………………167

　（1）基本的考え方　167

　（2）虚偽記載のある書類が開示されたときから虚偽記載の事実が発覚す
　　　るまでの株価の下落をどう考えるか　168

　（3）虚偽記載の事実が発覚した後の株価の下落を全て損害として認めて
　　　よいか　168

　（4）金商法 21 条の 2 第 3 項に定める損害額の推定規定の適用を認める
　　　か　169

　（5）小括　170

　（6）損害額の計算方法について　170

　（7）手数料の取り扱い　171

6 立証事項、立証手段 ………………………………………………………171

7 証券会社への連絡 …………………………………………………………172

8 債権調査の実際………………………………………………………………172

第 4 章　内部統制に関する民事責任　174

第 1 節　内部統制の意義————————————— 174

1 会社法と金融商品取引法を横断する内部統制システム構築と取締役
の義務…………………………………………………………………………174

　（1）会社法および金商法における内部統制規制の導入の経緯　174

　（2）上場会社における取締役会の内部統制構築義務とその監督
　　　——モニタリング・モデルとの関係を踏まえて　176

2 会社法と金商法における内部統制監査の連携と課題 ……………………182

　（1）監査役と内部監査人の連携　182

　（2）監査人による内部統制監査と内部監査人による内部統制の有効性
　　　評価の連携　185

　（3）監査人と監査役・監査（等）委員の連携　188

3 まとめに代えて………………………………………………………………190

第 2 節　内部統制に関する裁判例————————————— 192

1 はじめに ……………………………………………………………………192

目　次

2　内部統制システムの位置づけ ………………………………………192

3　会社に対する責任 ……………………………………………………193

(1)　内部統制システム構築義務の法的根拠および法的性質　193

(2)　内部統制システム構築義務の内容と義務違反の判断枠組み・水準　195

(3)　義務違反の判断枠組み　199

4　第三者・投資家に対する責任 ………………………………………199

(1)　序　199

(2)　不法行為・共同不法行為　200

(3)　会社法429条（平成17年改正前商法266条ノ3）　202

(4)　会社法350条・平成18年改正前民法44条　204

5　分析のまとめ …………………………………………………………207

第3節　訴訟上の留意点 ——————————————————— 208

1　内部統制に関する民事責任の根拠規定…………………………………208

(1)　会社法　208

(2)　金融商品取引法（継続開示書類に虚偽記載等があった場合の民事責任）　209

2　内部統制システム構築（整備）義務違反を理由とする役員責任追及訴訟における争点の特定明示と争点を検討するにあたっての視座 ………………………………………………………………………209

(1)　訴訟における争点の特定明示の必要性　209

(2)　争点を検討するにあたっての視座　210

3　代表的な裁判例を基にした訴訟上の留意点の検討 ……………………211

(1)　最判平成21・7・9判時2055号147頁（日本システム技術事件判決）　211

(2)　大阪高判平成27・5・21判時2279号96頁（セイクレスト事件判決）　214

xi

第3編　企業買収に関する規制

第1章　公開買付けに関する規制　222

1　発行者以外の者による公開買付け（他社株公開買付け）⋯⋯⋯⋯222

(1) 規制の適用対象　222

(2) 公開買付けの手続　224

(3) 公開買付けの実体規制　229

2　発行者による公開買付け（自社株公開買付け）⋯⋯⋯⋯⋯⋯⋯⋯232

(1) 規制の適用対象　232

(2) 規制　232

3　公開買付けに関する責任　⋯⋯⋯⋯⋯⋯⋯⋯⋯⋯⋯⋯⋯⋯⋯⋯⋯233

第2章　大量保有報告書に関する規制　235

1　大量保有報告制度の目的　⋯⋯⋯⋯⋯⋯⋯⋯⋯⋯⋯⋯⋯⋯⋯⋯⋯235

(1) 概要と趣旨　235

(2) 経緯と沿革　237

2　制度の概要　⋯⋯⋯⋯⋯⋯⋯⋯⋯⋯⋯⋯⋯⋯⋯⋯⋯⋯⋯⋯⋯⋯⋯237

(1) 開示の対象となる有価証券「株券等」　237

(2) 「大量保有者」　238

(3) 株券等保有割合の計算　240

(4) 開示事項　240

(5) 機関投資家等についての特例——特例報告制度　242

3　大量保有報告制度のエンフォースメント　⋯⋯⋯⋯⋯⋯⋯⋯⋯⋯244

(1) 訂正報告書提出命令の発出（金商法27条の29第1項、
10条1項）　244

(2) 課徴金制度　244

(3) 刑事罰　245

(4) 違反と私法上の効果　246

目　次

第3章　委任状勧誘に関する規制　247

1　委任状勧誘規制の意義・内容 ……………………………………247

(1) 委任状勧誘規制の意義　247

(2) 委任状勧誘規制の趣旨・目的　248

(3) 委任状勧誘の現状　249

2　委任状用紙と委任状参考書類 …………………………………250

(1) 委任状用紙の様式の概要　250

(2) 委任状参考書類の記載事項等　251

3　勧誘の意義 ………………………………………………………252

4　修正提案についての白紙委任の可否 …………………………254

5　委任状勧誘規制違反の私法上の効果 …………………………255

(1) 委任状勧誘規制違反による代理権行使の効力　255

(2) 事前の救済手段としての差止請求　256

(3) 株主総会決議取消請求の可否　257

第4章　企業買収に関する裁判例の展開
──公開買付義務の適用対象を中心に　259

1　はじめに ………………………………………………………259

2　公開買付義務の適用対象 ………………………………………259

3　公開買付義務の適用対象と「株券等」の範囲 ………………261

(1) 問題の所在　261

(2) カネボウ少数株主損害賠償請求事件　261

(3) 最高裁判決の位置づけ　265

(4) 平成18年改正と本判決の射程　266

4　買付条件等の変更と株式分割 …………………………………267

(1) 平成18年以前　267

(2) 平成18年以降　269

5　むすびにかえて …………………………………………………269

xiii

第5章　訴訟上の留意点　271

1　はじめに　……………………………………………………………………271

2　損害賠償請求事件　…………………………………………………………271

　(1)　種類株式のみを買付けの対象とし、種類株式の株主全員の同意を得
　　　ていることから公開買付けによらずに買付けを行ったことが、公開
　　　買付規制に反しないとされた事例（最判平成22・10・22民集64巻
　　　7号1843頁）　271

　(2)　公開買付けの対象となった会社に係る虚偽の記事の配信と公開買付
　　　けの不成立との間の因果関係が否定された事例（東京地判平成26・
　　　8・6金判1449号46頁）　274

　(3)　マネジメント・バイアウト（MBO）の実施に際し、取締役が会社に
　　　対して、手続的公正性配慮義務に反するとして、会社法423条1項、
　　　430条および847条3項に基づき損害賠償請求が認められた事例
　　　（神戸地判平成26・10・16金判1456号15頁）　277

3　仮処分事件　…………………………………………………………………279

　(1)　商法280条ノ39第4項、280条ノ10の「著シク不公正ナル方法」
　　　による新株予約権の発行であるとされ、新株予約権発行差止が認め
　　　られた事例（東京高決平成17・3・23（保全抗告）判時1899号56
　　　頁、判タ1173号56頁）　279

　(2)　株式分割について差止めが認められなかった事例（東京地決平成
　　　17・7・29判時1909号87頁）　282

第4編　適合性原則と説明義務

第1章　総　　論　286

第1節　適合性原則————————————————286

1　はじめに　……………………………………………………………………286

2　適合性原則の意義　…………………………………………………………288

3　米国法における適合性原則　………………………………………………289

（1）適合性原則の明文化　289
（2）「汝の顧客を知る」義務（know-your-customer obligation）　290
（3）収集すべき顧客情報の内容　293
（4）適合性原則の意義と内容　294
（5）違反　295

4　日本法への示唆 ……………………………………………296
（1）顧客把握義務規定の欠如　296
（2）説明義務との関係——説明義務による顧客の知識補完可能性　296
（3）取引継続中の適合性　298

5　不法行為に基づく損害賠償という委託者救済策 ……299
（1）判例法理　299
（2）不適格委託者の取引損の業者負担　299
（3）適合性違反と説明義務違反　300

6　むすびに代えて ………………………………………………300

第2節　説明義務 ——————————————————— 303

1　はじめに ………………………………………………………303

2　金融商品取引法における説明義務 …………………………303
（1）説明義務の位置付け　303
（2）契約締結前交付書面と説明義務　304
（3）信用格付に関する説明義務　305

3　金融商品販売法における説明義務 …………………………306

4　説明義務と適合性の原則との関係 …………………………309

5　信義則上の説明義務 …………………………………………310

6　指導助言義務との関係 ………………………………………313

第2章　各　　論　316

第1節　株　　式 ——————————————————— 316

1　はじめに ………………………………………………………316

2 株式の現物取引 ………………………………………………………317

　(1) 裁判例　317

　(2) 適合性原則　320

　(3) 説明義務　322

3 株式コミュニティ銘柄（非上場株式）の場合 ………………………324

4 無登録業者による勧誘に係る未公開株の場合 ………………………326

第2節　社　　債 ——————————————————————— 328

1 はじめに …………………………………………………………………328

2 無担保普通社債における説明義務 ……………………………………330

　(1) マイカル事件　331

　(2) 判決　332

　(3) 無担保普通社債における格付情報の意義　334

3 分離型新株予約権付社債のワラントにおける説明義務 ……………336

　(1) 説明義務違反を肯定した事例　336

　(2) 説明義務の内容　338

4 転換社債型新株予約権付社債と説明義務 ……………………………338

　(1) ヤオハン転換社債事件（福岡地小倉支判平成10・11・24証券
　　　 セレクト13巻91頁）　338

　(2) 説明義務の内容　339

5 社債取引における証券会社等の説明義務 ……………………………340

第3節　特定保険契約（変額保険等）——————————————— 342

1 はじめに …………………………………………………………………342

2 特定保険契約 ……………………………………………………………343

　(1) 変額保険契約・変額年金保険契約　343

　(2) 解約返戻金変動型保険　344

　(3) 外貨建て保険契約　344

3 特定保険契約に関する募集規制 ………………………………………345

　(1) 広告等の表示義務　345

（2）誇大広告等の禁止行為　　346
　　（3）契約締結前の書面交付義務　　347
　　（4）契約締結時の書面交付義務　　348
　　（5）準用金商法 38 条による禁止行為　　348
　　（6）損失補塡等の禁止　　349
　　（7）適合性原則　　350
　　（8）保険業法による規制　　351
　　（9）自主ガイドライン　　354
　　（10）違反の場合の責任等　　354

　4　特定保険契約の募集等における課題 ………………………………355

第4節　投資信託等 ──────────────────────── 357

　1　はじめに ……………………………………………………………357

　2　適合性原則・説明義務の違反に関する判断枠組み ……………358

　3　近時の判例の動向 …………………………………………………362

　4　近時の判例にみられる傾向 ………………………………………366

　5　おわりに ……………………………………………………………370

第5節　仕組債、デリバティブ取引 ─────────────── 372

　1　総説 …………………………………………………………………372

　2　適合性原則 …………………………………………………………373
　　（1）適合性原則の意義　　373
　　（2）狭義の適合性原則違反の判断基準　　374
　　（3）最判平成 17 年以後の下級審裁判例　　375

　3　説明義務 ……………………………………………………………377
　　（1）金販法上の説明義務と信義則上の説明義務　　377
　　（2）問題の所在　　378
　　（3）商品の特性　　378
　　（4）販売時の時価評価額　　380
　　（5）販売後の商品の価値変動（中途解約・売却時の損失を含む）に関す
　　　る情報　　382

xvii

第3章　訴訟上の留意点　384

第1節　対象商品の組成に関する主張・立証 ——————— 384

1　はじめに ……………………………………………………384

2　適合性の原則における対象商品の組成に関する主張・立証 …………385

3　対象商品の組成上の注意義務違反 ……………………………388

4　説明義務における対象商品の組成に関する主張・立証 ……………390

第2節　購入者の属性に関する主張・立証 ——————— 396

1　はじめに ……………………………………………………396

2　購入者の属性として主張すべき要素 …………………………397

（1）金商法からみる主張すべき基本的な要素　397
（2）金商法上の4要素　398
（3）高齢者を顧客とする場合の規律と主張　401
（4）購入者の属性に関する情報の更新　403

3　購入者の属性に関する立証 ……………………………………403

（1）客観的な証拠の収集　403
（2）虚偽の申告または虚偽記録があった場合の立証活動　406

第3節　説明の程度に関する主張・立証 ——————— 410

1　はじめに ……………………………………………………410

2　説明義務の根拠………………………………………………411

（1）金融商品取引法上の説明義務　411
（2）金融商品の販売に関する法律（金販法）上の説明義務　412
（3）信義則に基づく説明義務　412

3　（広義の）適合性原則と説明義務 ……………………………412

4　司研報告（前掲）の判断枠組み ………………………………413

（1）二段階の判断構造
　　──「説明義務の対象」と「説明の方法・程度」　413

（2）説明義務の対象　413

（3）説明の方法・程度　414

（4）2つの最高裁判所判例——最判平成 25・3・7 判時 2185 号 64 頁、最判平成 25・3・26 判時 2185 号 67 頁　414

5　裁判例にみる「証明の方法・程度」………………………………………416

（1）最判平成 28・3・15 判時 2302 号 43 頁　416

（2）東京高判平成 23・10・19 金法 1942 号 114 頁　417

（3）シミュレーションの要否に関する裁判例　418

（4）福岡高判平成 29・1・20 金判 1523 号 36 頁　419

（5）非対面取引の場合の説明義務　419

6　説明の程度に関する主張・立証の留意点　……………………………420

第 5 編　不公正取引の規制と裁判例の展開

第 1 章　相場操縦および安定操作の規制　424

第 1 節　理論編 ————————————————————— 424

1　はじめに　………………………………………………………………424

2　相場操縦および安定操作の規制に関する諸類型　………………425

（1）相場操縦の主な類型とその規制対象　425

（2）仮装取引　426

（3）馴合取引　427

（4）現実取引（変動操作等）　428

（5）表示等による相場操縦　431

（6）安定操作の規制の意義とその課題　431

3　相場操縦のエンフォースメント（法執行・制裁措置）の在り方と諸問題　…………………………………………………………………432

（1）刑事責任　432

（2）民事責任　433

（3）課徴金の対象の拡大とその金額水準の強化　435

4　その他の相場操縦関連の規制の意義と課題 ……………………………436

　　5　結びに代えて ………………………………………………………………437

　第2節　実務編 ──────────────────────── 439

　　1　はじめに …………………………………………………………………439

　　2　現実取引による相場操縦（変動操作等）………………………………439

　　3　裁判例等──協同飼料事件を中心に …………………………………440

　　　　(1)　協同飼料事件の事案の概要　　440
　　　　(2)　協同飼料事件第1審判決
　　　　　　（東京地判昭和59・7・31判時1138号25頁以下、33頁）　　441
　　　　(3)　協同飼料事件控訴審判決（東京高判昭和63・7・26高刑集
　　　　　　41巻2号269頁以下、279〜280頁、307〜308頁）　　442
　　　　(4)　協同飼料事件控訴審判決から最高裁決定までの間　　443
　　　　(5)　協同飼料事件最高裁決定
　　　　　　（最決平成6・7・20判時1507号51頁）　　446

　　4　課徴金勧告事案・犯則事件 ……………………………………………447

　　　　(1)　摘発状況　　447
　　　　(2)　手法・近時の傾向　　448

第2章　空売り　451

　　1　はじめに …………………………………………………………………451

　　2　空売り規制の変遷と概要 ………………………………………………452

　　3　現行法上の空売り規制…………………………………………………455

　　　　(1)　一般的な空売り規制　　455
　　　　(2)　公募増資に関する空売り規制　　457

　　4　空売り規制に違反した場合と処分事例………………………………458

　　5　空売り規制に関する行政処分事例 ……………………………………459

第3章　風説の流布・偽計等　463

目　次

1　はじめに　……………………………………………………………463

2　金融商品取引法 158 条における風説の流布、偽計、暴行・脅迫の
　意義　…………………………………………………………………464

　（1）金融商品取引法 158 条における風説の流布、偽計、暴行・脅迫の意
　　　義　464
　（2）風説の流布、偽計、暴行・脅迫の共通点および相違点　466

3　風説の流布、偽計、暴行・脅迫に関する裁判例の展開　………466

　（1）風説の流布に関する裁判例　466
　（2）風説の流布および偽計に関する裁判例　468
　（3）偽計に関する裁判例　470
　（4）暴行・脅迫に関する裁判例　475

4　検討とまとめ　………………………………………………………476

第 4 章　内部者取引　480

第 1 節　内部者取引の理論 ―――――――――――――― 480

1　はじめに　……………………………………………………………480

2　内部者取引を規制すべき理由　……………………………………482

3　内部者取引規制が導入されたのはなぜか　………………………484

4　今後の基礎理論研究のために　……………………………………487

5　おわりに　……………………………………………………………492

第 2 節　短期売買利益 ―――――――――――――――― 494

1　はじめに　……………………………………………………………494

2　制度の概要　…………………………………………………………494

3　制度創設の背景と創設時の理解　…………………………………497

4　判例と学説　…………………………………………………………498

5　実務　…………………………………………………………………503

xxi

6 短期売買利益返還制度の意義 ……………………………………505

第3節 内部者取引等に関する判例の展開 ———— 507

1 はじめに ……………………………………………………………507

2 上場会社等の役員等の短期売買利益の返還の趣旨と憲法29条 ……508

3 「『会社関係者』等がその者の職務等に関し知った」の意義 ………510

4 「役員、代理人、使用人その他の従業員」の意義 ……………………512

5 業務執行を決定する機関 ……………………………………………514

6 公開買付けを行うことについての決定 ……………………………517

7 バスケット条項 ……………………………………………………520

8 公表 …………………………………………………………………522

第5章 損失補塡等 525

第1節 理論編 ———————————————————— 525

1 はじめに ……………………………………………………………525

2 平成3年（1991年）証券取引法改正の背景 ………………………526

3 立法趣旨 ……………………………………………………………531

4 若干の考察 …………………………………………………………536

第2節 実務編 ———————————————————— 540

1 損失補塡等の禁止の概要 ……………………………………………540

  (1) 金融商品取引業者等に対する規制　540

  (2) 顧客側の規制内容　540

  (3) 第三者を介した違反行為　541

  (4) 投資助言・代理業、投資運用業に関する禁止行為　541

  (5) 罰則　541

2 個別の要件について ………………………………………………542

目　次

　　(1)　有価証券売買取引等　542
　　(2)　財産上の利益の提供　543
　　(3)　損失補塡等の目的　543

　3　解釈上の問題点‥‥‥‥‥‥‥‥‥‥‥‥‥‥‥‥‥‥‥‥‥‥‥‥‥545
　　(1)　損失補塡等禁止の趣旨　545
　　(2)　外務員が無断でした損失補塡等　546
　　(3)　違反行為の私法上の効力　548

　4　損失補塡等禁止の適用除外‥‥‥‥‥‥‥‥‥‥‥‥‥‥‥‥‥‥550
　　(1)　「事故」による損失補塡等（39条3項・4項）　550
　　(2)　事故の確認手続が不要な場合　551

　5　おわりに‥‥‥‥‥‥‥‥‥‥‥‥‥‥‥‥‥‥‥‥‥‥‥‥‥‥‥‥552

第6章　エンフォースメント　553

第1節　刑事罰 ──────────────────── 553

　1　はじめに‥‥‥‥‥‥‥‥‥‥‥‥‥‥‥‥‥‥‥‥‥‥‥‥‥‥‥‥553

　2　情報開示規制に関する刑事罰‥‥‥‥‥‥‥‥‥‥‥‥‥‥‥‥‥553
　　(1)　提出罪等の罰則の特徴　555
　　(2)　両罰規定について　555
　　(3)　虚偽記載行為の内容──構成要件の具体化　556
　　(4)　粉飾決算をめぐる判例・裁判例　557
　　(5)　有価証券発行者と外部専門家（公認会計士等）との間の共犯成立
　　　　をめぐる諸問題　559

　3　公開買付規制に関する刑事罰‥‥‥‥‥‥‥‥‥‥‥‥‥‥‥‥561

　4　大量保有報告規制に関する刑事罰‥‥‥‥‥‥‥‥‥‥‥‥‥562

　5　不公正取引規制に関する刑事罰‥‥‥‥‥‥‥‥‥‥‥‥‥‥562

　6　インサイダー（内部者）取引規制に関する刑事罰‥‥‥‥‥‥567

第2節　課徴金 ──────────────────── 570

　1　意義‥‥‥‥‥‥‥‥‥‥‥‥‥‥‥‥‥‥‥‥‥‥‥‥‥‥‥‥‥‥570

xxiii

2 違反行為と課徴金額 ……………………………………………………571

　(1) 概要　571

　(2) 課徴金の減算　574

　(3) 課徴金の加算　575

3 審判手続 ……………………………………………………………………575

　(1) 報告の徴収および立入検査　575

　(2) 勧告　576

　(3) 審判手続開始の決定　576

　(4) 審判官　577

　(5) 審判廷　577

　(6) 指定職員・被審人　578

　(7) 答弁書　578

　(8) 期日および期間　578

　(9) 主張等およびその準備　579

　(10) 被審人の意見陳述　579

　(11) 証拠　580

　(12) 参考人に対する審問　580

　(13) 被審人審問　580

　(14) 証拠書類・証拠物　580

　(15) 鑑定命令・立入検査　581

　(16) 審判手続の終結　581

4 課徴金納付命令 ……………………………………………………………581

　(1) 決定案　581

　(2) 課徴金納付命令の決定等　582

　(3) 決定の効力　584

　(4) 事件記録の閲覧等　584

　(5) 納付　585

5 訴訟等 ………………………………………………………………………585

　(1) 処分取消しの訴え　585

　(2) 行政手続法の適用除外　585

　(3) 審査請求　586

目　次

第3節　課徴金の減算措置と弁護士・依頼者間の通信秘密
保護 ————————————————————— 588

1　はじめに ……………………………………………………588

2　アメリカにおける弁護士・依頼者間の秘匿特権 ……………590

  (1) 秘匿特権の目的とその成立要件　590
  (2) 日本法への示唆　592

3　調査協力と秘匿特権の放棄 ……………………………………592

  (1) 連邦証拠規則 502 条　593
  (2) 判例法　593
  (3) 日本法への示唆　596

4　むすび ……………………………………………………………596

凡　例

1　法令の略語

金商法	金融商品取引法
金販法	金融商品の販売等に関する法律
金商法施行令	金融商品取引法施行令
金商業等府令	金融商品取引業等に関する内閣府令
定義府令	金融商品取引法第二条に規定する定義に関する内閣府令
開示府令	企業内容等の開示に関する内閣府令
重要情報公表府令	金融商品取引法第二章の六の規定による重要情報の公表に関する内閣府令
取引規制府令	有価証券の取引等の規制に関する内閣府令
他社株買付府令	発行者以外の者による株券等の公開買付けの開示に関する内閣府令
自社株買付府令	発行者による上場株券等の公開買付けの開示に関する内閣府令
大量保有府令	株券等の大量保有の状況の開示に関する内閣府令
委任状勧誘府令	上場株式の議決権の行使の勧誘に関する内閣府令
課徴金府令	金融商品取引法第六章の二の規定による課徴金に関する内閣府令

2　裁判例に関する略語

大　判	大審院判決
最判（決）	最高裁判所判決（決定）
最大判（決）	最高裁判所大法廷判決（決定）
高判（決）	高等裁判所判決（決定）
地判（決）	地方裁判所判決（決定）
簡判（決）	簡易裁判所判決（決定）

凡　例

3　主な判例集・雑誌等の略語

民　録　　　　大審院民事判決録
刑　録　　　　大審院刑事判決録
民　集　　　　大審院および最高裁判所民事判例集
刑　集　　　　大審院および最高裁判所刑事判例集
裁　時　　　　裁判所時報
裁判集民　　　最高裁判所裁判集民事
裁判集刑　　　最高裁判所裁判集刑事
高民集　　　　高等裁判所民事判例集
高刑集　　　　高等裁判所刑事判例集
下民集　　　　下級裁判所民事裁判例集
下刑集　　　　下級裁判所刑事裁判例集
訟　月　　　　訟務月報

判　時　　　　判例時報
判　タ　　　　判例タイムズ
曹　時　　　　法曹時報
金　判　　　　金融・商事判例
金　法　　　　金融法務事情
商　事　　　　旬刊商事法務
資料版商事　　資料版商事法務
ジュリ　　　　ジュリスト
法　教　　　　法学教室
法　時　　　　法律時報
法　セ　　　　法学セミナー
銀　法　　　　銀行法務21
証券セレクト　証券取引被害判例セレクト

xxvii

第1編
総　　論

第1編　総　論

裁判規範としての金融商品取引法と行為規範としての金融商品取引法

1　金融商品取引法の目的

(1) 金融商品取引法1条の構造

　金融商品取引法1条は、「この法律は、企業内容等の開示の制度を整備するとともに、金融商品取引業を行う者に関し必要な事項を定め、金融商品取引所の適切な運営を確保すること等により、有価証券の発行及び金融商品等の取引等を公正にし、有価証券の流通を円滑にするほか、資本市場の機能の十全な発揮による金融商品等の公正な価格形成等を図り、もつて国民経済の健全な発展及び投資者の保護に資することを目的とする。」と規定している。同法の最終的な目的としては、国民経済の健全な発展に資することと投資者の保護に資することを掲げているが、それに向けたより具体的・直接的な目的として、第1に、有価証券の発行および金融商品等の取引等を公正にすること、第2に、有価証券の流通を円滑にすること、そして、第3に、資本市場の機能の十全な発揮による金融商品等の公正な価格形成等を図ることを掲げている。そして、これらの目的を実現するための方策として、第1に、企業内容等の開示の制度を整備すること、第2に、金融商品取引業を行う者に関し必要な事項を定めること、第3に、金融商品取引所の適切な運営を確保すること等を掲げている。

　金融商品取引法の前身である証券取引法は、1947（昭和22）年に制定されたが、多くの事項が政令指定事項とされるなどから、全面的な施行を見ないまま、1948（昭和23）年にほぼ全面的に改正された[1]。1948年証券取引法1条では、

　1）1893（明治26）年に「取引所法」が制定されたものの、商品先物と証券取引の特段の分化が見られなかったが、1943（昭和18）年には「日本証券取引所法」が制定された。第2次大戦後の1947（昭和22）年に証券取引法が制定されたが、全面的な施行を見ないまま、1948（昭和23）年に大幅に改正された。他方、取引所法は1948（昭和23）年に「商品取引所法」と名称が

「この法律は、国民経済の適切な運営及び投資者の保護に資するため、有価証券の発行及び売買その他の取引を公正ならしめ、且つ、有価証券の流通を円滑ならしめることを目的とする。」と規定していた[2]。その後、証券取引法は数次の改正を経た上で、2006（平成18）年改正法が同年7月4日、12月13日、2007（平成19）年9月30日と段階的に施行され、最終段階でその名称が「金融商品取引法」に変更され、その際に1条も現行規定に改正された[3]。

(2) 金融商品市場の役割

　金融商品取引法の目的規定は、金融商品市場の役割を踏まえて定められているといえよう。金融商品市場の最も重要な役割は、企業に資金調達の場を提供することにある。企業は、有価証券の募集・売出し（金商法2条3項・4項）を通して、投資者から資金調達をする一方で（売出しの主体は必ずしも発行企業ではないが）、投資者は有価証券の募集・売出しに応じて企業に資金を提供し、それは投資による資産形成を意図して行われる。その前提として、投資者が投資した資金の回収すなわち有価証券の売却を容易に行える場が必要であり、それが流通市場としての金融商品市場（金商法2条14項）である。そこで有価証券の売買等が大量に行われ、公正な市場価格が形成され、投資者の信頼が得られれば、投資を期待することができ、企業の資金調達が円滑に行われることになる。しかし、一般投資者は、発行企業や金融商品取引業者に比して、情報の

　　変更され、1950（昭和25）年には「商品取引所法」（新法）が制定され、旧法（「商品取引所法」）は廃止された。河内隆史＝尾崎安央『商品先物取引法』9-10頁（商事法務、2012）、田中誠二＝堀口亘『再全訂コンメンタール証券取引法』3-4頁（勁草書房、1996）。
　2）旧証券取引法1条については、「投資者の保護」を主とする見解（河本一郎「証券取引法の目的」法教151号62頁、龍田節『証券取引法Ⅰ』29頁〔悠々社、1994〕）、「国民経済の適切な運営」も「投資者の保護」もどちらかが主たる目的になるものではないとの見解（神崎克郎『証券取引法〔新版〕』33頁〔青林書院、1987〕）、「投資者の保護」よりも「国民経済の適切な運営」を重視し、特に「公正な価格形成の維持を通じた証券市場機能の重視の確保」が中心であるとの見解（上村達男「証券取引法の目的と体系」企業会計53巻4号135頁）などの議論があった。
　3）2006（平成18）年証券取引法改正の経緯・概要について、松尾直彦ほか「金融商品取引法制の概要」別冊商事318号3頁以下参照。同改正法は、2006年7月4日に第1回の施行（罰則の強化等）、同年12月13日に第2回の施行（公開買付け・大量報告制度の見直し等）、2007年9月30日に第3回の施行（法令名の変更、投資サービス法制の構築）がなされた（松尾直彦＝松本圭介「金融商品取引法制の政令・内閣府令等の概要」別冊商事318号122頁）。

第1編 総　論

質や量、その取得手段においてかなり劣っており（情報の非対称性）、そのままでは的確な投資判断を行うことは困難である。そこで金融商品取引法は、情報の偏差を埋めて、投資者が自己責任原則に則って投資判断を行えるように、上場会社等に対して、発行開示や継続開示などの開示規制を課している（金商法2条の2以下）。開示規制については、第2編で取り上げる。また企業買収・組織再編等に関しても、会社法と異なり、金融商品取引法は情報開示という観点から規制している（金商法27条の2以下）。企業買収に関する規制は第3編で取り上げる。

　投資判断に必要で十分な情報が正確に提供されたとしても、金融商品市場における取引が公正に行われなければ、投資者は多大の損害を被ることになる。正しいにせよ誤りにせよ、十分にせよ不十分にせよ、良いにせよ悪いにせよ、情報による影響を強く受ける金融商品取引は、相場操縦や詐欺的取引の対象となりやすい。内部者取引は、特別な立場から知った本来共有すべき情報を秘匿したまま金融商品取引を行うことであり、これも不公正取引である。不公正取引が横行すれば、金融商品市場は信頼を失い、十分な機能を発揮できないため、金融商品取引法は相場操縦、詐欺的取引、内部者取引などの不公正取引を禁止している（金商法157条以下）。不公正取引の禁止については、第5編で取り上げる。また金融商品市場の開設者である金融商品取引所に対しては、金融商品市場の適切な運営・管理の責務を負わせることにより、取引の公正確保と公正な価格形成の実現を期している（金商法80条以下）。

　投資者が上場有価証券の売買を行おうとするときには、当該金融商品取引所の取引資格を有している会員等[4]に売買の委託をするほかはなく、また有価証券の募集・売出しに応じて引受けをするときにも、幹事証券会社等を通して引き受けることになる。このように一般投資者にとって金融商品取引への窓口の役割を担う金融商品取引業者に対しては、金融商品取引業の登録制、業務範囲の規制、役員の兼職の制限、最低資本金制などの種々の業務規制を課すととも

4）2000年証券取引法改正前は、証券取引所は会員組織しか認められていなかったが、同改正後は株式会社も認められることになった（金商法2条16項）。金融商品市場における取引資格は制限されており、金融商品会員制法人では「会員」であり、株式会社金融商品取引所では「取引参加者」であり、株主ではない。会員と取引参加者を合わせて「会員等」という（金商法111条1項、81条1項3号）。

4

に、適合性原則、説明義務、不当勧誘の禁止などの行為規制を課して、投資被害の防止を期している（金商法28条以下）。業者規制のうち、委託者保護にとって特に重要な適合性原則と説明義務については第4編で取り上げる。

(3) 金融商品取引法の拡張

証券取引法は改正を繰り返した後、2006（平成18）年の改正法が3段階に分けて施行され、その最終段階で「金融商品取引法」に名称が変更された。この間、もっぱら現物取引を行っていた証券市場に先物取引等のデリバティブ取引が導入された（1988〔昭和63〕年改正）[5]。規制対象も、紙を前提とした流通性の高い有価証券から、ペーパーレス化された有価証券表示権利や特定電子記録債権、流通性の乏しい集団投資スキーム持分等、さらには権利ですらない指数先物取引等にまで拡大されており、金融商品取引法は、流動性を要件としない幅広いみなし有価証券概念や包括的な集団投資スキームの定義規定を設けつつ（金商法2条1項・2項）、「金融商品」の定義規定を設けた（同条24項）。規制対象を「有価証券」から幅広い「金融商品」に軸足を移していると考えられる[6]。

---

5) かつては日本では、先物取引はもっぱら商品取引所の開設する商品先物市場において行われ、有価証券市場は現物市場でしかなかったが、国債の大量発行を受けてリスク・ヘッジのニーズが高まったため、1985（昭和60）年証券取引法改正で国債等の先物取引が認められた。さらに株式市場の拡大と金融・証券の急速な自由化・国際化にともなって、株価変動リスクのヘッジのニーズも大きくなったため、1988（昭和63）年改正で有価証券指数等先物取引、有価証券オプション取引、外国市場証券先物取引が導入され、2006（平成18）年改正ではデリバティブ取引が幅広く認められている（金商法2条20項以下）。なお1988（昭和63）年には金融先物取引法も制定され、金利・通貨などに係る先物・オプション取引について金融先物市場の整備がはかられたが（河内隆史「金融先物取引法　総則」判例増刊号806号・改正証取法と金融先物取引法の解説と研究152頁）、2006（平成18）年改正で金融先物取引法は廃止され、通貨や金融指標も金融商品取引法の規制対象となった（同条24項3号、25項）。なお2012（平成24）年改正により、商品デリバティブ取引も可能となり、総合取引所の実現に向けた法整備がなされている（同条24項3号の2）。

6) 1989年にG30が証券市場における清算・決済リスク削減のための国際的努力を勧告したこともあり、日本でも短期社債（CP）等を皮切りにペーパーレス化が進められてきた（2001〔平成13〕年「短期社債等の振替に関する法律」制定。証券取引法研究会編『証券のペーパーレス化の理論と実務』別冊商事272号1頁以下）。その後、株式等にもペーパーレス化が拡大され（2004〔平成16〕年「社債、株式等の振替に関する法律」に名称変更）、2009（平成21）年1月5日に同法の施行により、上場株式等の証券が廃止された。なお2006（平成18）年制定の会社法は、定款の定めがない限り、株券の発行を認めないこととし、従前の株券発行を原則とする制度を廃棄している（神田秀樹編『会社法コンメンタール5 株式(3)』177頁〔白井正和〕〔商事法務、2013〕）。

第1編　総　論

2006（平成18）年改正では、外国証券業者法・投資顧問業法・抵当証券業法・金融先物取引法は廃止されて金融商品取引法に統合されたが、投資信託および投資法人に関する法律（投資信託法）・商品投資に係る事業の規制に関する法律（商品ファンド法）・不動産特定共同事業法・商品先物取引法・信託業法・保険業法・銀行法などは依然として存続し、基本的に金融商品取引法と同等の規制を適用することとされた[7]。従来の縦割り業法のもとでは、各法律が抵触しないように、規制対象の定義や適用要件が詳細に規定されていたため、狡猾な業者がその規制の隙間を突いて、詐欺的な投資勧誘を行って多くの投資被害を出す事例が繰り返されてきた。そこで集団投資スキームの包括的定義規定を置くなど、規制客体の拡大を踏まえて、従来の「証券業」だけでなく、投資信託委託業・証券投資顧問業・金融先物取引業・抵当証券業・商品投資販売業などを「金融商品取引業」（金商法2条8項）に統合して、包括的・横断的な業規制を講じ、利用者保護法制の隙間を埋めようとしている。

　他方では、各業務の内容（第1種・第2種の金融商品取引業、投資助言・代理業、投資運用業）に応じた参入規制・行為規制の柔構造化と、一般投資家に対する「特定投資家」概念を導入し（金商法34条以下）、プロとアマの投資家の区分に応じた保護規制の弾力化を図っている[8]。投資家保護のためには厳格な行為規制を課すことが考えられるが、他面ではそれによる管理コストの増加が業者の経営を圧迫し、あるいは手数料の高騰という形で投資家に転嫁される可能性がある。したがって、金融商品取引法が必要性に応じて規制内容に変化を施したのは合理的な対応であり、それと同時に実効性のある投資者保護の強化が期待される。

　もっとも投資信託法等において同等の規制を適用するのであれば、金融商品取引法に統合して一元的なルールに従わせるほうが理解しやすいと考えるが、主務省庁や業界団体との調整が間に合わなかったということであろうか。また金融商品のリスク等につき横断的な説明義務を明確化して、日本版金融サービス法に向けた第一歩として2000（平成12）年に制定された金融商品販売法は、その性格からすれば、金融商品取引法に統合されて然るべきとも考えられるが、

7）松尾ほか・前掲注3）7頁。
8）松尾ほか・前掲注3）11頁。

部分的に強化されたものの統合されずに存続している。金融商品取引法と金融商品販売法の適用対象が微妙に異なるためであろうか。このようなことからは、現時点では、一元的な投資サービス法の構築という終着駅に至る途中駅にすぎないことを意味していると考えられる。

このように、幅広い「金融商品」を規制対象として取り込むにあたって、従来の「証券業」は、投資顧問業・投資一任業・金融先物取引業・抵当証券業などを含めた「金融商品取引業」として統合され、「証券市場」は「金融商品市場」に改められた。これらの変更は、国境を越えた資金移動、インターネットの高度の発展などによってもたらされた経済のグローバル化、国際的な取引所市場間競争に対応するものであり、そうした大きな変革の中で金融商品取引法に求められる役割も、一国の中での国民経済的機能にとどまらず、大幅に拡大してきているといえよう。だからといって、伝統的な「証券市場」の役割や投資者保護の必要性自体が減退しているわけではなく、取引の態様や対象の多様化・複雑化とともに、とりわけ投資者保護の要請はより強まっているといえよう。

2 金融商品取引法のエンフォースメント

(1) 金融商品取引法の性質と規制主体

国民経済の健全な発展および投資者（消費者ではない）の保護を目的として掲げる金融商品取引法は、民法や会社法のような私法ではなく、経済法であり、取締法規としての側面を有する。民法が民事責任や法律行為の効力等について規定し、会社法が民事責任、組織に関する行為の効力および刑事責任について規定するのに対し、金融商品取引法は、民事責任と刑事責任に関する規定に加えて、行政的監督に関する規定も非常に多い。

さらに金融庁等による公的監督に服している金融商品取引所（金商法84条）や金融商品取引業協会（金商法67条以下）による自主規制も重要な役割を担っている。金融商品取引所および金融商品取引業協会は民間の法人であり、これらの機関の諸規則は明らかに法令ではないが、金融商品市場と市場取引の管理、

第1編　総　　論

顧客との受委託の規制、それらのメンバーの業務等の規制や処分等を通して、金融商品取引業者や上場会社等に対して、重大な影響を及ぼしている。

民事責任は、最終的には裁判手続によって責任の有無・責任額等を決することができるが、金融 ADR などの裁判外手続によって処理されるケースも多い。金融商品取引法だけでなく、民法・商法・会社法等の規定に基づいて判断されることも多く、とりわけ不法行為責任（民法 709 条）が重要である[9]。

(2) 金融庁・証券取引等監視委員会による公的監督

金融商品取引法上の主務大臣は内閣総理大臣であるが、金融商品取引法による権限を金融庁長官に委任し（金商法 194 条の 7 第 1 項）、金融庁長官は、委任された権限のうち、取引の公正確保に係る規定として政令で定める規定に関するものは、金融庁の下部機関である証券取引等監視委員会に委任する（同条 2 項）。

経済法である金融商品取引法は、行政的監督に関する規定も非常に多い。例えば、金融商品取引所に関して、市場開設免許（金商法 80 条 1 項）、解散・合併・定款変更等の認可（金商法 135 条、140 条、149 条）、業務改善命令（金商法 153 条）、認可金融商品取引業協会に関して、設立の認可（金商法 67 条の 2）、定款等の変更命令（金商法 73 条）、認可の取消し（金商法 74 条）、認定金融商品取引業協会に関して、その認定（金商法 78 条）、金融商品取引業者に関して、金融商品取引業の登録（金商法 29 条）、私設取引システム（PTS）運営業務の認可（金商法 30 条、2 条 8 項 10 号）、業務改善命令（金商法 51 条）などである。上場会社等に関しては、有価証券届出書等の間接開示書類の作成および金融庁への提出を義務づけており（金商法 2 条の 2 以下）、投資者保護にとって重要な機能を果たしている。それらの開示書類について形式不備や虚偽記載があれば、訂正届出書・訂正報告書の提出命令が出される（金商法 9 条、10 条等）。重要事項の虚偽記載等があれば、有価証券の募集・売出しの届出の効力の停止（金商

9）商品先物取引に関する判例であるが、最判平成 7・7・4 判例集未登載（平 3（オ）第 220 号）（河内隆史・NBL 590 号 60 頁参照）は、それ以前の下級審判例を受けて、勧誘から取引方法までの一連の行為が全体として違法性を有するときは、不法行為を構成すると解する「一体的不法行為論」をとった。それ以前の判例につき、河内隆史「商品先物取引の被害の救済と判例法理—不当勧誘・一任売買を中心として—」法学新報 97 巻 1 = 2 号 319 頁。

法 11 条、24 条の 3 等）等があり、課徴金納付命令が発せられることもある。

(3) 金融商品取引所による自主規制

　金融商品取引所は、内閣総理大臣の免許を受けて金融商品市場を開設するが（金商法 80 条 1 項）、その取引所金融商品市場は、有価証券の売買および市場デリバティブ取引を公正かつ円滑にし、投資者の保護に資するよう運営されなければならない（金商法 110 条）。金融商品取引所は、金融商品取引法および定款その他の規則に従い、取引所金融商品市場における有価証券の売買および市場デリバティブ取引を公正にし、かつ投資者を保護するため、自主規制業務を適切に行わなければならない（金商法 84 条 1 項）。

　金融商品取引所が行う自主規制業務とは、①金融商品等（金融商品、金融指標またはオプション）の上場および上場廃止に関する業務、②会員等の法令、法令に基づく行政官庁の処分もしくは定款その他の規則または取引の信義則の遵守の状況の調査、③その他取引所金融商品市場における取引の公正を確保するために必要な業務として内閣府令で定めるものをいう（金商法 84 条 2 項）。②に関しては、金融商品取引所は、その定款において、会員等が法令、法令に基づいてする行政官庁の処分、当該金融商品取引所の定款・業務規程・受託契約準則その他の規則および取引の信義則を遵守しなければならない旨を定めるとともに、法令、法令に基づいてする行政官庁の処分もしくはこれらの規則に違反し、または取引の信義則に背反する行為をした会員等に対し、過怠金を課し、その者の取引所金融商品市場における有価証券の売買・市場デリバティブ取引・その有価証券等清算取次ぎの委託の停止・制限を命じ、または会員であれば除名、取引参加者であれば取引資格の取消しをする旨を定めなければならない（金商法 87 条）。①に関しては、金融商品取引所は上場または上場廃止をしようとする場合に、内閣総理大臣に対する届出義務を負う（金商法 121 条、126 条）。これは、発行市場の効率化・活性化のために、1998（平成 10）年証券取引法改正により、それまでの承認制から事前届出制に変更されたものである。

(4) 金融商品取引業協会による自主規制

　金融商品取引業協会は金融商品取引業者を会員とする自主規制機関であり、

第1編　総　論

これには認可金融商品取引業協会と認定金融商品取引業協会がある。

　まず、認可金融商品取引業協会は、有価証券の売買その他の取引およびデリバティブ取引等を公正かつ円滑にし、ならびに金融商品取引業の健全な発展および投資者の保護に資することを目的とするものであり（金商法67条1項）、店頭売買有価証券市場を開設することができる（同条2項。ただし、現在は開設されていない）[10]。金融商品取引法上の認可法人であり、その設立について内閣総理大臣の認可を要する（金商法67条の2第2項）。認可金融商品取引業協会は、金融商品取引業者および登録金融機関が加入して会員（金融商品取引所の会員との混同を避けるため、以下では「協会員」という）となるが、その加入は任意である（金商法68条、67条の2第3項）。しかし、協会員でもなく金融商品取引所の会員等でもない金融商品取引業者についても、自主規制の実効性を確保する必要があることは変わらないので、その業務について、公益を害し、または投資者保護に欠けることのないようにすべきである。そこで、内閣総理大臣は、金融商品取引業協会の定款その他の規則に準ずる内容の社内規則を作成し、その社内規則を遵守するための体制を整備していないものについては、金融商品取引業者の登録を拒否しなければならない（金商法29条の4第1項4号ニ）。

　認可金融商品取引業協会は、規則の作成、協会員の役員・使用人および協会員を所属金融商品取引業者等とする金融商品仲介業者・その役員・使用人の資質の向上、協会員等の有価証券の売買その他の取引の勧誘、協会員等の法令・法令に基づく行政官庁の処分・定款その他の規則または取引の信義則の遵守の状況の調査等、店頭売買有価証券市場の管理を行うほか、協会員等の業務に対

10）認可金融商品取引業協会は旧証券取引法上の証券業協会にあたり、現在、「日本証券業協会」が唯一存在している。店頭売買有価証券市場は、認可協会の協会員が自己の計算でまたは媒介・取次ぎ・代理して行う取引所非上場の店頭売買有価証券の売買のために認可協会が開設する市場である（金商法67条2項）。1963年に日本証券業協会が創設した店頭登録制度は、1983年に成長・ベンチャー企業向けの市場として整備され、証券取引所市場の補完的市場として店頭売買有価証券市場（店頭市場）のジャスダック（JASDAQ）となった。これは証券取引所ではなく、店頭登録銘柄とすることを上場ではなく「店頭公開」と言った。2004年12月に証券取引所に移行し（株式会社ジャスダック証券取引所）、2010年4月、株式会社大阪証券取引所を存続会社とする吸収合併により、株式会社ジャスダック証券取引所は解散した。現在、店頭売買有価証券市場は存在しない。

する投資者からの苦情および紛争の解決に関する業務も行う（金商法 67 条の 8
第 1 項）。苦情・紛争解決については後述する。このように認可金融商品取引
業協会の規制対象は、店頭売買有価証券市場、店頭有価証券の発行者、協会員
および協会員を所属金融商品取引業者等とする金融商品仲介業者に及ぶ。

　次に、認定金融商品取引業協会は、一般社団法人として設立された後に、内
閣総理大臣の認定を受けて、認可金融商品取引業協会と同等の自主規制機能を
もつことになる（金商法 78 条、78 条の 2、79 条の 2）[11]。ただし、市場の開設は
認められない。

3　投資者からの苦情・紛争解決の申出

(1)　民事責任と金融商品業協会によるあっせん等

　2004（平成 16）年に裁判外紛争解決手続（ADR、Alternative Dispute Resolu-
tion）の制度の利用促進を目的として、「裁判外紛争解決手続の利用の促進に関
する法律」（いわゆる ADR 法）が制定された。ADR とは、訴訟手続によらず
に民事上の紛争の解決をしようとする紛争当事者のために、公正な第三者が関
与して、その解決を図る手続をいう。第三者の専門的な知見を反映して紛争の
実情に即した迅速な解決を図る手続として、民間紛争解決手続の業務に関し、
認証制度を設けるとともに、時効の完成猶予等に関する特例を定めて利便性の
向上を図ることにより、紛争当事者が解決を図るのにふさわしい手続を容易に
選択できるようにしようとするものである。

　金融商品取引業協会は、投資者から協会員または金融商品仲介業者の業務に
関する苦情について解決の申出があったときは、その相談に応じ、申出人に必

---

11)　金融商品取引法施行前は、投資顧問業協会は投資顧問業法に基づき、金融先物取引協会は金融
　　先物取引法に基づき、抵当証券業協会は抵当証券業法に基づき、投資信託協会は投信法に基づい
　　て設置されていた。しかし、金融商品取引法の施行および一般法人法の施行（2008 年）後は、
　　自主規制団体である金融商品取引業協会の横断的法制と機能の同等化のために、いずれも公益金
　　融商品取引業協会となり、さらに認定金融商品取引業協会となった。現在、認定金融商品取引業
　　協会には、一般社団法人投資信託協会、一般社団法人日本投資顧問業協会、一般社団法人金融先
　　物取引業協会、一般社団法人第 2 種金融商品取引業協会がある。

第 1 編 総 論

要な助言をし、事情を調査し、当該協会員等に苦情内容を通知して迅速な処理を求めなければならない（金商法77条、78条の6、78条の7）。協会員または金融商品仲介業者の行う有価証券の売買その他の取引・デリバティブ取引等につき争いがある場合に、当事者がその解決のためにあっせんの申出をしてきたときは、学識経験者であって当事者と特別の利害関係のないあっせん委員によってあっせんの作成・受諾の勧告を行うことができる（金商法77条の2）。金融商品取引業協会は、これらの苦情解決およびあっせんの業務を適確に遂行するに足りる財産的基礎・人的構成を有する者に対し、これらの業務を委託することができる（金商法77条の3、78条の8）。

(2) 金融 ADR と FINMAC

2009（平成21）年の金融商品取引法等の改正により、金融分野における裁判外紛争解決制度（金融 ADR）が創設された。銀行・証券・保険などの業態ごとに主務大臣が指定する指定紛争解決機関が中立・公正な立場から簡易で迅速な解決手段を提供するものであり、金融機関は、指定紛争解決機関との契約締結が義務付けられる。契約には苦情処理・紛争解決手続の応諾、事情説明・資料提出、手続実施者の解決案の尊重等の内容を含む[12]。

金融商品取引業協会は、苦情解決およびあっせんの業務を第三者に委託することができるが、金融商品取引の分野における紛争解決業務について、内閣総理大臣の指定を受けている指定紛争解決機関として、「証券・金融商品あっせん相談センター（FINMAC）」がある。FINMAC の苦情処理・紛争解決支援業務は、第1種金融商品取引業者のトラブルについては、金融商品取引法上の指定紛争解決機関の業務として（金商法156条の38以下）、第2種金融商品取引業者のトラブルについては、金融商品取引法上の認定投資者保護団体として（金商法79条の12、79条の13）行っている。また FINMAC は、ADR 法に基づく法務大臣の認証（かいけつサポート第56号）を取得して紛争解決業務を実施

---

12) 金融 ADR の指定紛争解決機関には、FINMAC のほかに全国銀行協会、生命保険協会、日本損害保険協会などがある。FINMAC については、松川忠晴「証券・金融商品あっせんセンター（FINMAC）における紛争解決業務の実施状況について」仲裁 ADR 法学会＝明治大学法科大学院編『ADR の実際と展望』（別冊仲裁と ADR）84頁以下。

12

している。

4 行為規範・裁判規範としての金融商品取引法

(1) 金融商品取引法に基づく罰則と行政処分

　法律の規定に基づかずに処罰されることはなく（罪刑法定主義。憲法 39 条）、刑事責任は、金融商品取引法の規定に基づいて（刑法や会社法などに基づくこともあるが）、裁判手続によって決しなければならないので（法定の手続の保障。憲法 31 条）、金融商品取引法の罰則規定は行為規範であるとともに、裁判規範である。

　金融商品取引法令に基づく行政的監督は、内閣総理大臣の委任に基づいて金融庁および証券取引等監視委員会によって行われる[13]。金融商品取引所・金融商品取引業協会・金融商品取引業者等は、これらの行政的監督に従わなければならず、違反すれば、免許・認可・登録等の取消しや課徴金納付命令等の行政処分の対象にもなるので、行為規範として機能している。行政処分は法律に基づかなければならないので（法律による行政の原理）、行政処分に対して疑義があれば、裁判所に不服を申し立てることができ（金商法 185 条の 18、行政事件訴訟法 8 条以下）、その司法判断は金融商品取引法令に依拠して行われるのは当然である。したがって、金融商品取引法の監督的規定は行為規範であるとともに、裁判規範である。また上場会社が金融商品取引法令に違反した場合には、売買停止命令・上場廃止命令・課徴金納付命令等の対象となることもあるので（金商法 129 条、172 条）、金融商品取引法令の諸規定が上場会社にとって遵守すべき行為規範であることは明らかであり、司法判断を仰ぐこともできるので、裁判規範でもある。

　なお課徴金制度は、2004（平成 16）年の証券取引法改正で導入され、一定の

13）証券取引等監視委員会は、1991 年頃に続発した証券不祥事の再発防止のため、1992 年に「証券取引等の公正を確保するための証券取引法の一部を改正する法律」に基づき、国家行政組織法のいわゆる 8 条委員会として大蔵大臣（当時）の付属機関として設置された。1997 年に金融監督庁の下に、1998 年に総理府の外局である金融再生委員会の下に、2001 年に内閣府の外局である金融庁の下に置かれて現在に至っている（金融庁設置法 2 条 1 項）。

第1編　総　論

金員を国庫に納付させるという点で、刑事罰である罰金・過料と類似するが、刑事責任が高度の立証が要求される裁判手続を通して課せられるのに対し、課徴金は証券取引等監視委員会の勧告に基づいて（金融庁設置法 20 条）、金融庁長官が審判手続開始の決定をし、審判手続を経て、金融庁長官が課徴金納付命令を発する（金商法 178 条以下）。裁判手続を経ずに迅速かつ効率的に処理することができる点で、その適用範囲が拡大され、金額も引き上げられた。近年、適用事例も増加しており、その重要性はますます高まっている[14]。行政処分なので、その命令に対して、裁判所に不服を申し立てることが認められる（金商法 185 条の 18、行政事件訴訟法 8 条以下）。刑事罰と課徴金の全般については、第 6 編で取り扱う。

(2) ハード・ローとソフト・ロー

　金融商品取引所の上場規程・業務規程・受託契約準則・上場廃止基準などの自主規制ルールは、会員等と上場会社を適用対象とするものであり、金融商品取引業協会の定款その他の規則は、協会員等を適用対象とするものであり、いずれも投資者や株主の利益保護を目的とする。金融商品取引所の自主規制ルールによれば、法令・諸規則・取引の信義則に対する違反行為をした会員等に対し、過怠金を課し、その者の取引所金融商品市場における有価証券の売買・市場デリバティブ取引・その有価証券等清算取次ぎの委託の停止・制限を命じ、また会員であれば除名、取引参加者であれば取引資格の取消し、上場会社であれば上場廃止・管理銘柄の指定・売買取引停止処分などの制裁を課すことができる。上場企業か否かによって、社会における信用に重大な差異をもたらすので、未上場企業が上場を目指し、上場企業が上場廃止を回避するための圧力は相当なものがある[15]。このように金融商品取引所の定款・業務規程等の諸規

---

14) 課徴金制度は 2004 年改正で導入された。当初は、発行開示書類の虚偽記載、風説の流布・偽計、相場操縦、内部者取引を対象としていたが、その後の改正（2005 年、2008 年）で適用対象の拡大や課徴金額の引上げが行われた。課徴金事例について、小谷融編著『金融商品取引法における課徴金事例の分析Ⅰ　インサイダー取引編』、『金融商品取引法における課徴金事例の分析Ⅱ　虚偽記載編』（商事法務、2012）参照。

15) 株式の上場によって、厳格な上場審査基準をクリアしたことが証明されるため、取引先等から信用を得られ、知名度が大幅にあがり、円滑な資金調達が可能になる。上場審査基準には、内部

14

程は、民間の法人の定めるルールではあるが、金融商品取引業者・上場会社等にとって遵守すべき行為規範として機能している。

法令には、刑事責任・民事責任・行政処分を伴う法的拘束力があるが、このようないわゆるハード・ロー（hard law）だけでなく、法的拘束力のないソフト・ロー（soft law）も社会規範として機能しており、その役割が特に注目されるようになっている。ソフト・ローでは、コンプライ・オア・エクスプレイン（comply or explain）の手法が取り入れられることが多い。この手法では、従うかどうかの選択は企業の自主性に任せられているが、従わない場合には説明責任を果たすことを求められ、従わなければ投資家から低い評価がされるなどのデメリットが企業にあるため、現実には一定の強制力があり、行為規範としての機能を果たす。最近、注目されるソフト・ローとして、2015 年に公表された「コーポレート・ガバナンス・コード～会社の持続的な成長と中長期的な企業価値の向上のために～」が東京証券取引所有価証券上場規程別添として適用されている。また日本版スチュワードシップ・コード「『責任ある機関投資家』の諸原則～投資と対話を通じて企業の持続的成長を促すために～」は、2014 年に金融庁が策定・公表したものであり、企業の持続的な成長を促す観点から、幅広い機関投資家が企業との建設的な対話を通じて適切に受託者責任を果たすための 7 つの原則を定め、当該企業の企業価値の向上や持続的成長を促すことにより、中長期的な投資リターンの拡大を図ることを目的としている[16]。

統制やコーポレートガバナンス、コンプライアンス等に関する審査基準もあり、それをクリアするために会社が経営管理体制等を見直した結果、その後も充実した管理体制の維持が期待できる。その反面、経営に関して厳しい意見を述べる株主が出現し、経営の舵取りに制約が出てくる可能性もある。上場廃止は、MBO（経営者側が自社の株式等を買収して経営権を獲得する手法。Management Buyout）のように、経営陣が積極的に上場を廃止するケースもあるが、上場廃止基準（株主数の基準割れ、売買高の基準割れ、時価総額の基準割れ、有価証券報告書等の提出遅延・虚偽記載、債務超過、破産・民事再生・会社更生の手続開始申請等）に抵触する場合には、一挙に信用を失うことになる。上場廃止基準に該当する可能性のある銘柄は「監理銘柄」に指定されて取引が制限され、状況が改善されずに上場廃止が決定されれば監理銘柄から「整理銘柄」に移され、1 ヶ月間は一応取引が行われた後に上場廃止となる。保有株券等を売却できなくなるおそれが強いため、価格は大幅に下落するのが通常である。

16) 「〈特集〉コーポレートガバナンス・コード」ジュリ 1484 号 14 頁以下に所収の諸論文、新日本有限責任監査法人ほか編『Q&A コーポレート・ガバナンス・コードとスチュワードシップ・コード──持続的な企業価値向上のための 2 つのコードの実践』（第一法規、2015）。

第1編　総　論

　近年、英米の金融監督当局は、伝統的なルール・ベース（Rule-Based Regulation）のアプローチに加えて、プリンスプル・ベース（Principles-Based Regulation）のアプローチによる規制を取り入れており、注目されている。ある程度詳細な規則を制定し、それらを個別の事例に適用するルール・ベースは、行政の恣意性を排除するとともに、規制される側の予見可能性を向上させる点にメリットがあるが、プリンシプル・ベースでは、規制対象の金融機関が尊重すべき重要ないくつかの原則や規範を示したうえで、それに沿った行政対応を行うという取組みであり、金融機関の自主的な取組みを促進し、金融機関の経営の自由度を確保しようというものである[17]。この二つのアプローチは二律背反的なものではなく、相互補完的なものと考えられる。大会社の取締役・取締役会は、取締役の職務の執行が法令および定款に適合することを確保するための体制その他株式会社の業務ならびに当該株式会社およびその子会社から成る企業集団の業務の適正を確保するために必要なものとして法務省令で定める体制の整備に関する事項を決定しなければならないとする内部統制システム構築義務（会社法348条3項4号・4項、362条4項6号・5項）も、プリンシプル・ベースのアプローチと解される。内部統制については、第2編第4節参照。

〔河内隆史〕

　17）佐藤隆文「〈講演〉金融規制の質的向上——ルール準拠とプリンスプル準拠」https://www.fsa.go.jp/common/conference/danwa/20070912.html。

第 2 編
開示に関する規制

第2編　開示に関する規制

——————————————————— 第1章 ———————————————————

金商法における開示制度の全体構造

1　はじめに

　情報開示制度（金商法第2章〜第2章の6）は、不公正取引の禁止および業者規制と並んで金融商品取引法を成り立たせる重要な柱である[1]。そして、金商法における開示制度は、大きくは、第2章の「企業内容等の開示」、第2章の2の「公開買付けに関する開示」、および第2章の3の「株券等の大量保有の状況に関する開示」（大量保有報告制度）の3つの制度で構成される。企業内容等の開示は、企業に関するさまざまな情報開示の中心をなすものであり、発行開示制度と流通開示制度から成る。それらは、有価証券を発行する際、または、有価証券を発行した後に、当該有価証券を発行している企業や有価証券そのものに関する情報を定期的または臨時的に強制的に開示させる制度であり、開示義務は発行者が負う。他方、公開買付けに関する情報開示は、ある会社の株券等を流通市場外で買い集めようとする場合に、その買付者にそのような行為についての情報を開示させる制度であり、大量保有報告制度は、総議決権に対する一定割合の基準を超える株券等の保有者がいる場合において、そのような大量保有に関する情報を開示させる制度である。これらの開示制度では、発行者以外の者が開示義務の主体となる。なお、情報開示制度には、開示された情報を熟慮する期間を確保する等の取引規制も含まれるが、とくに公開買付規制では取引規制の比重が大きい[2]。

　1）別の捉え方として、不公正取引規制の中心は金融商品取引所における規制であるとして、金商法は開示制度、業者規制および金融商品取引所の規制の3本の柱からなるとの整理もみられる。山下友信＝神田秀樹編『金融商品取引法概説〔第2版〕』6-7頁（有斐閣、2017）。
　2）黒沼悦郎『金融商品取引法』2-3頁（有斐閣、2016）。

第1章　金商法における開示制度の全体構造

　本章での記述の対象および順序は以下のとおりである。まず2において、金商法における開示制度の機能・役割として指摘されている諸点を確認する。その後「企業内容等の開示」制度について、3では発行開示制度を、4では流通開示制度を取り上げ、それぞれの制度の概要を示す。さらに、平成29年の金商法改正によって、フェア・ディスクロージャー・ルールが開示制度の一環として導入されており（金商法第2章の6）、ごく簡単ではあるが、5で紹介することとする。公開買付けに関する情報開示や大量保有報告制度については、第3編第1章および第2章においてそれらの基本構造が説明される。ところで、企業内容等の開示制度の適用対象となる有価証券は多様化しており、それに応じて何を開示するか等についても違いが生じる。開示制度の全体構造を示すことを目的とする本章において各開示規制を説明する際には、記述がいたずらに複雑になるのを避けるため、基本的には株式や社債等、企業金融型証券を発行する場合を念頭に置くこととする。

　なお、金融商品取引法は、開示される情報の正確性を確保するための諸制度も設けている。そのような開示の実効性確保の面については、本章では、虚偽の開示を是正させる行政手続や内部統制報告書制度等を説明するにとどめる。この面についての他の制度として、虚偽の情報開示に関する刑事・民事の責任や課徴金等があり、それらについては、とりわけ民事責任を中心に他の章で取り上げられる。

2　金商法における開示制度の機能・必要性

　開示（ディスクロージャー）制度一般について、情報の不均衡の是正や開示主体の行動の変化・実務の改善をはじめその機能・必要性が多様に指摘されるように、金商法における情報開示制度の機能・必要性についても、さまざまな観点が提示されている。そして、金商法の開示制度の特徴の1つに、発行者等の一定の者に一定の情報の開示を強制することがある（強制的開示制度）ところ、下記のように情報が必要であるにもかかわらず個々の投資者による情報収集が難しいことが、強制的開示制度の存在理由であると説明される[3]。

19

第 2 編　開示に関する規制

　開示の機能・必要性としてまず、①開示は、投資家が発行市場で企業の資金調達に応じたり、流通市場で有価証券の売買を行う際に、その投資判断に有益な情報を提供することが指摘される[4]。この機能は、金商法における開示制度全体に共通するものであり[5]、有価証券の市場において情報に基づいた価格決定が行われることに資するとともに、資源の効率的な配分の達成にも役立つ。

　また、開示の機能には、上記のような全体に共通するものがあるほか、開示のある局面についてとくに強調してあげられるものもある。発行開示との関係では、その開示規制の必要性について、②発行市場を成り立たせるという観点、および、③販売圧力によって投資判断が歪められることのないようにするという観点がとくに指摘される[6]。

　まず、②の観点は、もし強制的な情報開示制度がなければ、質の高い事業を行う発行者は資本市場を利用しなくなり（利用しても不利益になるだけ）、資本市場で資金調達を行おうとする発行者は虚偽の開示をする必要のある質の低い発行者ばかりとなってしまうため、資本市場が企業の資金調達の場という機能を果たせなくなるとするものである。本来、質の高い事業を行う発行者は、当該事業に関する情報を自ら正しく開示することによって、投資者から資金を調達することができ、他方、相対的に質の低い事業を行う発行者は、それと同等の条件では資金調達できないはずである。もしも相対的に質の低い事業を行う発行者が同等の条件で資金調達できるとすれば、それは、質の低い事業を行う発行者が虚偽の情報を開示したり、不都合な情報を開示しないことにより、自らが質の高い事業を行う発行者であると投資者に信じ込ませるような場合であろう。そして、強制的な情報開示制度がないと、質の低い発行者によるそのような行動が可能になるとされるわけである[7]。ここで、投資者は、真実を開示

---

3 ）神崎克郎ほか『金融商品取引法』193 頁（青林書院、2012）。もっとも、ここで取り上げることはできないが、情報開示を強制することの是非をめぐって、米国では、法学・経済学の分野において相当の議論があり、それらの理論的正当化を見出すべき試みも、非常にさまざまなアプローチのもとで行われてきている。その議論の概観について、たとえば黒沼・前掲注 2 ）141-147頁参照。

4 ）近藤光男ほか『金融商品取引法入門〔第 4 版〕』5 頁（商事法務、2015）、黒沼・前掲注 2 ）2 頁。

5 ）山下＝神田編・前掲注 1 ）67 頁。

6 ）黒沼・前掲注 2 ）59 頁。

7 ）もちろん法以外にも、市場の規律づけが質の低い発行者によるそのような行動の防止に資する

する発行者とそうでない発行者とを区別することが困難であることを所与とすると、投資者としては、あらゆる発行者について情報が適切に開示されていないリスクを考慮し、低い価格でなければ新規発行証券を引き受けないことになる。その結果、真実を開示する質の高い発行者にとっては、資本市場は、銀行借入などの間接金融により資金を調達する場合に比べて条件の悪い資金調達の場となる。こうして質の高い発行者は資本市場を利用しなくなり、資本市場で資金調達を行おうとする発行者は、虚偽の開示をする必要のある質の低い発行者ばかりとなってしまう。そうなると、投資者はますます新規発行証券の価値を割り引いて評価するようになり、資本市場は企業の資金調達の場という機能を果たせなくなってしまう。そのような結果を避けるためには、発行市場における情報開示が必要になるとされるのである[8]。

　次に、③の販売圧力からの保護という観点である。販売圧力とは、投資者が有価証券を取得するときに、交渉のための十分な時間が与えられないままに販売攻勢がかけられるといった状況を指し、その場合、投資者は投資判断に必要な情報を得ることができず、熟慮に基づく投資判断ができないという懸念が生じる。販売圧力が生じる理由は局面ごとに異なるが、たとえば有価証券の公募に際して証券会社が引受けを行うときを例にとると、証券会社はより多くの有価証券を投資者に販売することができればより多くの引受手数料を得ることができるし、引受人（引受証券会社）としての評判を高めることができるから、投資者に対して熱心に有価証券の取得の勧誘を行い、販売圧力が生じるとされる。そして、もし当該有価証券の内容に比べて発行価額が割高であり、引き受けた有価証券の全部を投資者に販売することができなければ、引受証券会社は売れ残った割高の有価証券を保有しなければならないから、割高な有価証券ほど熱心な取得勧誘が行われるおそれがあるし、また、売捌業務を行う証券会社も販売手数料を取得するために取得勧誘を熱心に行うであろうところ、それらに起因した販売圧力にさらされる投資者に対し、開示規制情報に基づく投資判断を確保して投資者を保護する必要性が高いとされる[9]。

　　ことは考えられるが、それは不完全な解決しかもたらさず、厳格な法的規律の必要性が指摘される。Donald C. Langevoort, Selling Hope, Selling Risk, pp. 15-16（Oxford U.P., 2016）.
　8）黒沼・前掲注2）60頁。

第2編 開示に関する規制

次に、継続開示の場面では、④市場における価格形成の公正性の確保が付加
的な理由としてあげられる。流通市場において投資者は証券発行者と直接の取
引関係に立たず、また、通常一般投資家が発行者に対して情報を要求する経済
的地位にもないから、発行者との交渉によって情報を取得することは容易では
ない。そして、情報がないまま取引が行われると、企業価値を反映しない価格
が形成される可能性が生じる（そのことは資源の効率的な配分の達成を阻害す
ることにもなる）ため、一定の情報提供義務を発行主体に課す必要が生じるとさ
れる[10]。

3 発行開示

(1) 発行開示の対象

(A) 総説

発行開示は、有価証券届出書と目論見書という2つの手段により行われる。
有価証券届出書は、一定の場所で公衆の縦覧に供される間接開示の手段であり、
たとえば株式会社が株式を発行して資金を調達しようとする場合であれば、発
行しようとする株式の内容や、当該会社の財務状況などの企業内容に関する情
報が開示される。また目論見書は、発行する有価証券（ここでは株式）を投資
者に最終的に取得させるのに取得者に交付しなければならない開示書類であり
（直接開示の手段）、提供される情報は有価証券届出書とほぼ同じである。そし
て、これらの開示制度の対象となるかどうかにとって重要な意味を持つのが、
有価証券の「募集」および「売出し」という概念である。有価証券の「募集」
または「売出し」は、原則として、発行者が当該募集または売出しに関し有価
証券届出書を内閣総理大臣（実際の窓口は財務局・財務支局）に提出した後でな
ければ行うことができない（金商法4条1項）。すなわち、有価証券の募集また

9）黒沼・前掲注2）60-61頁。本文に示した局面に加え、IPO（株式公開に際しての株式の公募）
を行うときと上場企業の株式発行の場合とについても、その局面に即した理由が示される。

10）山下＝神田編・前掲注1）68頁、河本一郎ほか『新・金融商品取引法読本』49頁（有斐閣、
2014）。

は売出しを行う場合、有価証券届出書を提出しなければならないことになる。

　ごく大雑把には、募集および売出しはいずれも多数の者を相手方とする勧誘であり、そのうち募集は新たに発行する有価証券の取得を勧誘する行為であり、売出しはすでに発行された有価証券の購入を勧誘する行為である。このように両者は問題となる場面が異なるが、規制の内容は共通する部分も多い。以下ではまず、募集について説明し、その後売出しについて、その特有の点を中心に説明することとする[11]。

(B) 有価証券の募集

　上述のように、有価証券の募集は、売出しとともに開示義務を発動させる重要な概念である。それらの概念について、金融商品取引法は詳細で複雑な規定を置く。ここでは、有価証券の募集について、基本的な枠組みの理解に資することに重点を置いて説明する。

　有価証券の募集に該当するかどうかは有価証券の種類によって異なるが、以下、「第一項有価証券」における募集該当性の判断過程を説明する。「第一項有価証券」は一般に流通性が高く、株式や社債等、一般になじみのある有価証券の多くがこれに含まれる[12]。なお、金商法2条2項によって有価証券とみなされる同項各号の権利（集団投資スキームや信託受益権など）は「第二項有価証券」と呼ばれる。「第二項有価証券」は一般的に流通性に乏しく、その大部分が開示規制の適用除外とされている[13]。

11）なお、発行会社が自己株式の処分を行う場合も、厳密にはすでに発行された有価証券の購入を勧誘する場合といえるが、この場合は募集に関する規制が適用される。これは、会社法上、自己株式処分が新株発行と同様に取り扱われていることを踏まえ、金商法2条3項、定義府令9条1号において、発行会社による自己株式処分の勧誘が「取得勧誘類似行為」と定義づけられているためである。宮下央『企業法務のための金融商品取引法』20頁注2（中央経済社、2015）。

12）金商法は、金商法2条1項に掲げる有価証券、同条2項により有価証券とみなされる有価証券表示権利、および特定電子記録債権をまとめて「第一項有価証券」と呼ぶ（金商法2条3項第2括弧書）。

13）「第二項有価証券」については、その取得勧誘に応じることにより相当程度多数の者が当該有価証券を所有する場合に「有価証券の募集」となる。以下にみる「第一項有価証券」が取得勧誘の相手方の人数によって区別されるのと異なり、取得勧誘の結果として所有権者となる者の人数によって区別されている。そこでの「相当程度多数の者」とは、500名以上とされる（金商法施行令1条の7の2）。

第2編　開示に関する規制

　「第一項有価証券」においては、多数の者に対して取得勧誘を行う場合に「有価証券の募集」とされる。ここで取得勧誘とは、新たに発行される有価証券について、投資者に対して、取得の申込みをするよう勧誘すること、およびこれに類する行為（定義府令9条参照、取得勧誘類似行為）をいう（金商法2条3項）。そして、「多数の者」とは、50名以上と規定されている（金商法施行令1条の5）。その際、50人の算定については、過去6か月間行った同一種類の有価証券の発行において勧誘した人数を通算する必要があることに注意を要する（金商法施行令1条の6、定義府令10条の2第2項）。また、取得勧誘の相手方に一般の投資者と後述する適格機関投資家が混在している場合、当該有価証券がその適格機関投資家から適格機関投資家以外の者に譲渡されるおそれが少ない場合には、その適格機関投資家の数は算定に当たって控除される（金商法2条3項1号第1括弧書）。

　取得勧誘であっても募集に該当しないものは私募と呼ばれる（金商法2条3項柱書）。私募に該当する場合、多数の者に対する取得勧誘であっても発行開示規制はかからない。その一方、多数の者に対する取得勧誘に該当しない場合（金商法2条3項2号）であっても、私募となる条件に合致しなければ「有価証券の募集」とされ、発行開示規制の対象となる。私募となる条件は以下のとおりである。

　（i）適格機関投資家私募　　取得勧誘の相手方が投資の専門家である適格機関投資家（金商法2条3項1号第1括弧書）のみで、当該有価証券がその適格機関投資家から適格機関投資家以外の者に譲渡されるおそれが少ない場合、たとえ多数の者に対する取得勧誘であっても募集には該当しない（金商法2条3項2号イ）。ここでいう「譲渡されるおそれが少ない場合」については、後述する。

　（ii）特定投資家私募　　取得勧誘の相手方が特定取引所金融商品市場（プロ向け市場）における特定投資家のみである場合に例外を定めるものである（金商法2条3項2号ロ）。特定投資家は適格機関投資家よりも広い概念であり、そこには適格機関投資家に加えて国や日本銀行、および定義府令で定める法人が含まれる（金商法2条31項・定義府令23条。なお、金商法34条の3・34条の4も参照）。特定投資家私募に該当するには、取得勧誘の相手方がこれらの特定投資家のみである場合であって、次の要件をいずれも満たす必要がある。すなわ

ち、第1に、その取得勧誘が金融商品取引業者等を通じてまたは金融商品取引業者自身によって行われることである（ただし国・日銀・適格機関投資家を相手方とするものを除く。金商法2条3項2号ロ(1)）。これは、勧誘の相手方が特定投資家であることの確認を容易にする趣旨であると説明される。第2に、当該有価証券が特定投資家等以外の者に譲渡されるおそれが少ない場合（同号ロ(2)、金商法施行令1条の5の2第2項）である。

（ⅲ）少人数向け私募　取得勧誘の相手方の人数が50人以上でなければ、当該有価証券につき多数の者によって所有されるおそれが少ないものとして政令（金商法施行令1条の7）に定める場合に該当するときに限り、私募になるとされる（金商法2条3項2号ハ）[14]。なお、過去6か月間行った同一種類の有価証券の発行において勧誘した人数を通算して50人以上となる場合に少人数向け私募にはならないことは、上述したとおりである。

このようにみると「第一項有価証券」の募集とは、新たに発行される有価証券の申込みの勧誘のうち、多人数向け勧誘に該当し、かつ、私募となる条件である(ⅰ)～(ⅲ)のいずれにも該当しない場合ということになる[15]。ところで、「譲渡されるおそれが少ない」場合については、たとえば株券や新株予約権証券などの場合、当該株券または新株予約権の行使によって取得される株券が継続開示の対象になっていないことが必須の条件の1つになっている。したがって、この点に着眼すると、有価証券報告書の提出義務（以下「継続開示義務」という。金商法24条1項）がある会社であれば、新株発行・自己株式処分は基本的にすべて募集に該当し、例外的に募集に該当しないのは、発行するのが継続開示義務の発生原因となった有価証券とは別の有価証券である場合に限られることになる[16]。

---

14) 少人数私募の要件充足に関して、証券の種類ごとに要件が定められており、株式以外の有価証券の場合には、単に勧誘の相手方の人数だけでなく、譲渡に関する制限がなくてはならない（金商法施行令1条の7第2号ロ(4)・ハ(3)、定義府令13条）。

15) 黒沼・前掲注2) 65頁。

16) 継続開示義務がある場合には、典型的には上場している場合のように、その会社の株式について取引が活発になされていると考えられる。たとえ直接割当てを受ける相手方が1人であったとしても、その後に多数の一般投資家がその有価証券を取得する可能性があるといえるため、募集に該当するものとされているわけである。宮下・前掲注11) 23-24頁。同書では、募集に該当するかどうかは、その会社が有価証券報告書の提出義務（金商法24条1項。以下「継続開示義務」

第2編　開示に関する規制

(C) 有価証券の売出し

　すでに発行された有価証券の売付けの申込み、または買付けの申込みの勧誘をする行為（「売付け勧誘等」という）のうち、発行開示の対象となる行為を「有価証券の売出し」という（金商法2条4項）。これに対し、「有価証券の売出し」に該当しない売付け勧誘等は、取得勧誘における私募に対応して「私売出し」と呼ばれる。有価証券の売出しに該当するかどうかは、募集の場合と同様、「第一項有価証券」か「第二項有価証券」かによって異なるが、ここでも「第一項有価証券」における判断の枠組みを説明していく。

　基本的な枠組みは募集と同様であり、まず、売付け勧誘等が多数の者（50人以上。金商法施行令1条の8）を相手方として行われる場合には「有価証券の売出し」になる（金商法2条4項1号）。また、適格機関投資家または特定投資家のみを相手として行う場合、少人数を相手として行う場合の例外についても募集と同様のものが規定されており（金商法2条4項2号）、その際、継続開示義務があるか否かが判断の重要な要素になることも募集の場合と同様である。継続開示義務がある場合、譲渡の相手方が1名であっても、「有価証券の売出し」に該当しうる。他方、継続開示義務がない会社の場合には、「私売出し」（プロ私売出し、特定投資家私売出し、および少人数私売出し）が存在する。なお、勧誘の人数についての期間通算については、「少人数私募」の場合は6か月以内のものを合算するのに対し、「少人数私売出し」の場合は、その通算期間は1か月である（金商法2条4項2号ハ、金商法施行令1条の8の3）。

　売出しの場合には、その定義に該当する場合にも有価証券届出書の提出を免除する事由が拡大されている。募集にはない売出し特有の例外の1つに、取引の性質を考慮し金商法2条4項柱書の政令（金商法施行令1条の7の3）で定める取引に係るものがあり、それには、①証券取引所での有価証券の売買（ToSTNeTのような立会外取引を含む）、②PTS（私設取引システム）による上場有価証券の売買、③特定投資家の間で行われる上場有価証券のブロックトレード、④海外発行証券の業者間取引、⑤有価証券の発行者・発行者の役員・発行者の主要株主・その主要株主の役員・発行者の子会社・子会社の役員・金融商

という）がある会社かどうかで判断過程が大きく異なることになるとして、その点を出発点にした説明がなされている。

品取引業者等に該当しない者が所有する譲渡制限のない有価証券の売買、など
がある。売出しの定義からの広範な除外事由が必要になるのは、募集が新たに
発行される有価証券に関するものであり発行者の協力が必要であるのに対し、
売出しは既に発行された有価証券に関するもので誰でも行うことができるから、
ディスクロージャー規制を及ぼす必要がない場合もこれに含まれてしまうため
であると説明される[17]。なお、①により、「売出し」の規制は、証券取引所以
外（市場外）で売買する場合についてのみ適用される規制だということになる。

(D) 有価証券の募集または売出しにおける有価証券届出書の例外

　有価証券の募集または売出しに該当するが、発行者が有価証券届出書を内閣
総理大臣に提出する必要がない場合が、金商法4条1項但書に定められている。
募集および売出しに共通するものに、①非上場会社におけるストックオプショ
ンの付与、および②少額免除がある。①は当該有価証券にかかる事項に関する
情報をすでに取得し、または容易に取得できる場合として、政令で定められた
場合に該当するものであり、新株予約権についてのみ認められ、(i)譲渡制限
が付されていること、(ii)新株予約権の取得勧誘または売付け勧誘等の相手方
がその会社・完全子会社・完全孫会社の取締役・会計参与・監査役・執行役・
使用人だけであること、という2つの要件を満たす必要がある（金商法4条1
項1号、金商法施行令2条の12、企業内容等の開示に関する内閣府令〔以下「開示
府令」という〕2条1項2項）。業績連動型報酬としてのストックオプションを
想定した規定であり、発行会社や子会社の役員・使用人であれば、発行会社に
ついて詳しいか、情報を容易に入手できるとの考え方に基づいている[18]。②は、
発行価額・売出し価額の総額が1億円未満の有価証券の募集・売出しについて
は、募集・売出しの届出を要しないとするものであり（金商法4条1項5号）、
すべての有価証券に認められる例外である。少額の募集・売出しについても届
出を要求すると、継続開示義務を負担するだけの余力のない新興企業が資本市
場から資金調達を行う道を閉ざしてしまうことが指摘される[19]。過去1年間に

17）黒沼・前掲注2）70頁。
18）黒沼・前掲注2）83頁。
19）黒沼・前掲注2）86頁。

第2編 開示に関する規制

行った同種の有価証券の募集・売出しにおける発行価額・売出価額を通算する必要があることや、新株予約権の場合には行使価額も含めて1億円を計算することなどに注意する必要がある（開示府令2条5項）。

売出しに特有のものとしては、③開示が行われている有価証券の売出し、および④外国で発行された有価証券（外国証券）の売出しがある。③に関して、「開示が行われている」場合には、たとえば有価証券の募集に伴う届出がなされていたような場合が含まれ（金商法4条7項、開示府令6条参照）、その場合、当該有価証券の売出しに際して重ねて発行開示を行う必要性は小さいことから免除が認められている。この事由との関係で、「売出し」の場合、有価証券届出書を提出しなければならない場合は非常に限られることになる[20]。次に外国で発行された有価証券のなかには外国に流通市場が存在し、証券に関する情報を入手しやすいものもある。そこで④は、外国ですでに発行された有価証券のうち、国内における当該有価証券の売買価格に関する情報を容易に取得することができる等の要件を満たすものについては、法定開示義務を免除するものである（金商法4条1項4号）。

(E) 組織再編成時の開示

募集や売出しのほか、合併、会社分割、株式交換および株式移転に伴って新たに有価証券が発行され、あるいは既発行の有価証券（典型的には自己株式）が交付される場合にも、有価証券届出書の提出が必要になる場合がある。ここでは大きな枠組みの説明として、以下の点のみにとどめる。

金商法は、合併、会社分割、株式交換および株式移転を「組織再編成」と定義する（金商法2条の2第1項、金商法施行令2条）。そして、組織再編成に伴う一定の有価証券の発行・交付の手続を組織再編成発行手続・組織再編成交付手続と定義し（金商法2条の2第2項第3項）、勧誘が行われるのと同様の取扱い

---

[20] 宮下・前掲注11）40頁。ただし、この場合には有価証券通知書の提出義務（金商法4条6項）を負う。有価証券通知書は内閣総理大臣に提出される。これは、監督官庁が有価証券の発行等の事実を把握するために提出が義務付けられるものであって投資者への情報開示を目的とするものではなく、公衆縦覧に供されない。そのため、有価証券通知書の記載内容も有価証券届出書に比較して簡易なものとなっており、たとえば、会社の事業内容・営業・経理の状況等に関する情報は記載されない。河本ほか・前掲注10）42頁。

28

第1章　金商法における開示制度の全体構造

をする。すなわち、このような組織再編成発行（交付）手続のうち、募集や売出しと同様、その組織再編成によって多数の一般投資者がその有価証券を取得する可能性がある場合のみが特定組織再編成発行（交付）手続に該当することとされ（金商法2条の2第3項第4項）、その場合には、原則として有価証券届出書の提出が必要になる（金商法4条1項柱書）。なお、組織再編成を行う際に会社法上、事前開示書類の備置きが必要になるが、その事前備置が募集・売出しの定義における勧誘行為に相当し、直接規制を受ける行為となる。

(2) 有価証券届出書による開示発行

　開示義務の対象になるのはどのような場合かを説明してきたが、それに続き、ここでは提出すべき開示書類の形式と内容を、株券や社債券などのいわゆる企業金融型証券を念頭に置きながら説明する。

(A) 有価証券届出書の提出・公開

　有価証券届出書の提出義務が生じると、発行者は所定の事項を記載した届出書を作成し、内閣総理大臣に提出する（金商法5条1項本文）。また有価証券届出書には、公益または投資者保護のために必要かつ適当なものとして内閣府令で定めるもの（添付書類）を添付しなければならない（金商法5条13項、開示府令10条1項）。届出はEDINETと呼ばれるネットワークシステムを通じて行う。提出された有価証券届出書および添付書類は、財務局、発行者の本店および主要な支店、金融商品取引所で、5年間、公衆の縦覧に供される（金商法25条1項から3項）。金融庁は、そのウェブサイトからEDINETの情報を閲覧できるようにしており、投資者はインターネット経由でも当該情報を閲覧できる。

(B) 有価証券届出書の記載事項

　有価証券届出書の記載事項は法定されている（金商法5条1項1号2号）。また内閣府令（開示府令）に準拠すべき書類の様式が定められており、内国会社の有価証券の通常の募集・売出し等における完全開示方式による開示にあっては、開示府令が定める「第2号様式」に従って有価証券届出書を作成しなければならない[21]。記載内容の項目は、「第1部　証券情報」、「第2部　企業情報」、

29

第2編　開示に関する規制

「第3部　提出会社の保証会社等の情報」、「第4部　特別情報」に分かれる。なお、完全開示方式とは、記載すべき情報をすべて直接に記載するものをいう。

「第1部　証券情報」は、募集・売出しの条件に関する情報であり、たとえば内国会社の株式の募集の場合であれば、①新規発行株式の種類および数、その内容、②募集の方法（株主割当て、第三者割当て、公募）、③募集の条件（発行価格、申込期間、払込期日等）、④引受けに関する事項（引受人の名称、引受株式数、引受けの条件等）、⑤手取金の使途、などが記載される。なお、発行価格など一定の事項について、記載しないままで提出できる場合がある（金商法5条1項但書）。たとえば株式を時価発行する場合、発行価格を申込期間の直前の市場価格に近い値段に設定するために、発行価格を記載せずに、または特定日における金融商品市場の最終価格に一定割合（95％等）を乗じた算定方式（開示府令1条30号）を用いて発行価格を記載することもできるわけである。それらの場合には、発行価格が定まった時点で訂正届出書（金商法7条）を提出する。

「第2部　企業情報」は、発行者の財政状態および経営成績に関する情報であり、当該発行者に関して、①企業の概況、②事業の状況、③設備の状況、④提出会社の状況、⑤経理の状況、⑥株式事務の概要、⑦参考情報に分けられ、当該会社の属する企業集団（①～③および⑤については、主として発行者を頂点とする企業集団の情報〔連結情報〕を記載）および当該会社の企業内容の詳細な開示が要求される。この部分の記載内容は、継続開示における有価証券報告書の記載内容と同じである。

「第3部　提出会社の保証会社等の情報」は、発行者以外の者が社債の元利金の支払いについて保証をしている場合、社債の価値の判断には保証会社の情報が重要であるために、これを記載させるものである。

「第4部　特別情報」は、当該提出会社の最近5事業年度の財務諸表（貸借対照表・損益計算書・株主資本等変動計算書・キャッシュフロー計算書）、保証会社の最近の財務諸表を記載する。

有価証券届出書の様式には、提出する場面によってバリエーションがあるが、以上においては原則的な場合、すなわち、内国会社の有価証券の通常の募集・

21）さらに個々の記載項目に関する詳細な決まりが、様式の「記載上の注意」によって定められている。

売出し等における完全開示方式による開示の場合を例にとって説明した。もっとも、有価証券届出書で開示される情報には、有価証券報告書等で開示されるものと共通するものも少なくない（「企業情報」はその典型）。そこで、一定の期間にわたって継続開示を行っている会社について、当該継続開示情報を利用して記載を簡略化する方法として、組込方式（金商法5条3項）と参照方式（同条4項）とが認められている。まず組込方式とは、有価証券届出書に、直近の有価証券報告書・添付書類、有価証券報告書の提出後に提出された四半期報告書または半期報告書、およびこれらについての訂正報告書を綴じ込み、かつ追完情報（有価証券報告書提出後に生じた重要事実に関する情報）を記載する方法であり、1年以上継続開示を行っている発行者が利用できる（金商法5条3項、開示府令9条の3）。次に参照方式とは、有価証券届出書に、直近の有価証券報告書・添付書類、その後の四半期報告書または半期報告書、およびこれらの訂正報告書を参照すべき旨を記載することで、企業情報等を記載したとみなされる方式をいう（金商法5条4項、開示府令9条の4）。参照方式では、企業情報等については、継続開示に関する書類を綴じ込む必要すらないことになる。参照方式を利用できる発行者であるためには、組込方式を利用する場合の要件に加えて、その者の企業情報が投資者に広範に提供されているものとして内閣府令（開示府令9条の4第5項）で定める基準（利用適格要件）を満たす者である必要がある。なお、現在では、上場会社株式の公募発行のほとんどにおいて、この参照方式が利用されている。

(C) 訂正届出書

届出日以降、当該届出の効力発生日の前に、①届出書類に記載すべき重要な事項の変更、②公益または投資家保護のために内容を訂正する必要があるものとして内閣府令で定める事情、または③届出者が訂正を必要とすることを認める事情があるときは、届出者は訂正届出書を内閣総理大臣に提出しなければならない（金商法7条1項。自発的訂正届出書）。②の内閣府令では、届出時には記載できなかった重要事項ないし発生していなかった重要事項が記載できる状態になったこと、および届出時には未決定であった発行価格等が決定したことが定められている（開示府令11条）。

第2編　開示に関する規制

　また、内閣総理大臣は、届出書類に、形式上の不備や重要な事項に関する不十分な記載があると認めるときは、届出者に対して訂正届出書の提出を命じることができる（金商法9条1項。形式不備等による訂正届出書の提出命令）。さらに、内閣総理大臣は、届出書類に、重要な事項についての虚偽記載、または記載すべき重要事項や誤解を生じさせないために必要な事実の記載が欠けていることを発見したときは、いつでも、届出者に対して訂正届出書の提出を命じることができ（金商法10条。虚偽記載等による訂正届出書の提出命令）、重要な事項について虚偽記載がある場合おいて、公益または投資者保護のために必要かつ適当であると認められるときは、届出の効力の停止を命じることができる（金商法11条。虚偽記載による届出の効力の停止命令）。

　なお、訂正届出書が提出された場合には、その写しを金融商品取引所等に提出しなければならない（金商法12条）。

(3) 発行登録制度

　これまで述べてきたように、有価証券の募集・売出しを行う場合、原則として有価証券届出書を提出しなければならないが、あらかじめ将来募集・売出しを行うであろう有価証券に関する一定の事項について記載した「発行登録書」を提出して発行の登録をしておけば、実際に募集・売出しを行う際には、新たに届出をすることなく、それ以外の情報のみを記載した簡易な書類（発行登録追補書類）を提出するという制度が認められており、発行登録制度という。これによれば、発行登録追補書類提出後、ただちに有価証券を取得させることができる[22]。

　発行登録は、上記のように、発行登録書を内閣総理大臣に提出して行う（金商法23条の3第1項）。発行登録書には、発行予定期間（有価証券の募集または売出しを予定している期間）、有価証券の種類、発行予定額または発行残高の上限、当該有価証券について引受けを予定する金融商品取引業者等のうち主たる

22）待機期間〔原則15日〕（→(5)参照）がないため、資金調達に必要な期間を短縮することが可能になる。なお、短期社債やコマーシャルペーパーのように市場金利に連動して価格が決まる有価証券については、資金調達の決定からその実施までの期間をできるだけ短くしなければ、機動的な資金調達を実現することができないことが指摘される。黒沼・前掲注2）103頁。

32

ものの名称、その他内閣府令で定める事項（開示府令 14 条の 3・第 11 号様式）
を記載する。そして、発行登録の効力が生じ（金商法 23 条の 5 第 1 項が準用す
る 8 条 1 項〔原則 15 日経過〕・同条 2 項〔待機期間の延長〕・同条 3 項〔待機期間の
短縮〕参照）、かつ募集または売出しごとに、発行者が発行登録追補書類を提
出すれば、発行登録追補書類に係る有価証券を募集または売出しの方法により
投資者に取得させることができる（金商法 23 条の 8）。登録の期間は、1 年また
は 2 年で、登録者の選択に委ねられる（開示府令 14 条の 6）。発行登録追補書類
には、証券情報として、その回の募集・売出しに係る事項が記載される（開示
府令 14 条の 8・第 12 号様式。なお、添付書類につき、開示府令 14 条の 12 第 1 項 1
号）。

　発行登録は、参照方式と同様、発行者の企業情報が広い範囲の投資者に知ら
れており、個々の募集・売出しの際に投資者が企業情報の開示を欲していない
という理由から認められる[23]。そこで、発行登録を行うことができるとされ
ているのは、参照方式を利用できる有価証券の発行者で、発行予定期間におけ
る当該有価証券の発行価額・売出価額の総額が 1 億円以上である場合である
（金商法 23 条の 3 第 1 項）。

(4) 目論見書による開示
(A) 目論見書の意義

　目論見書とは、募集・売出しの勧誘資料であり、金融商品取引法では、有価
証券の募集もしくは売出し、適格機関投資家取得有価証券一般勧誘（金商法 4
条 2 項）または特定投資家等取得有価証券一般勧誘（同条 3 項）のために当該
有価証券の発行者の事業その他の事項に関する説明を記載する文書であって、
相手方に交付し、または相手方からの交付の請求があった場合に交付するもの
をいうとされている（金商法 2 条 10 項）。すでに有価証券届出書が提出されて
いる段階では、投資者はそれを縦覧することが可能であるが、そのような間接
開示に限らず、募集・売出しに携わる者から投資者に対して直接交付させるこ
とによって、情報の入手をより容易にしようとするものである[24]。

---

23) 黒沼・前掲注 2) 103 頁。

第2編　開示に関する規制

(B) 目論見書の作成・交付義務

　目論見書の作成義務が生じるのは、①その募集または売出しにつき金商法4条1項から3項の規定によって有価証券届出書の提出が義務付けられる場合、および、②有価証券届出書の届出義務がない場合であっても、その理由が、開示が行われている有価証券の売出し（売出価額の総額が1億円以上、かつ、発行者関係者〔開示府令11条の4〕が行う株券等の売出しの場合）に該当することである場合、である（金商法13条1項、開示府令14条の4）。

　そして、有価証券を投資者に取得させようとする者は、発行開示に係る有価証券を投資者に取得させ、または売りつける場合、遅くとも当該取得または売付けと同時に、目論見書を交付しなければならない（金商法15条2項本文）。このとき交付される目論見書は、交付目論見書と呼ばれる[25]。なお、目論見書を作成するのは発行者の義務とされるのに対し、交付は有価証券を取得させようとする者の義務とされていることに注意を要する。たとえば主要株主による売出しの場合、作成義務は発行者、交付義務は主要株主ということになる。

(C) 例外

　(B)に掲げた①②に該当しても、交付義務が免除される場合がある（金商法15条2項但書各号）。(i)相手方が適格機関投資家である場合、(ii)相手方が当該有価証券と同一の銘柄を所有する者であり、目論見書の交付を受けないことについて同意した場合、(iii)相手方の同居者がすでに目論見書の交付を受け、または確実に受けると見込まれる者であり、目論見書の交付を受けないことについて同意した場合である。ただし、(ii)、(iii)いずれの場合も、相手方から請求があった場合には交付しなければならない（金商法15条2項1号括弧書・2号括弧書）。

　さらに、ライツ・オファリングに関して適用除外が設けられている。ライツ・オファリングにおいては、新株予約権無償割当てによって既存株主に新株予約権が発行され、割当てを受けた株主または流通市場で新株予約権を取得し

24）もっとも、EDINETの普及により有価証券届出書の開示も直接開示化していることに留意。

25）目論見書には、投資者から請求があった場合に交付される請求目論見書もある。これは、資産金融型有価証券である一定の種類の有価証券についてのみ作成される。

た者が予約権を行使し払込みを行うことにより会社が資金を調達する。新株予約権証券自体は好むと好まざるとにかかわらず既存株主に自動的に割り当てられるのであり、取得勧誘が存在しないようにもみえる。しかし、新株予約権無償割当てでは行使時の払込みを含めて考える必要があり、株主割当てによる株式の募集と同様であることから、新株予約権の無償割当ては新株予約権証券の取得勧誘として「有価証券の募集」に該当すると解されている（企業内容等の開示に関する留意事項について〔以下「企業内容等開示ガイドライン」という〕2-3）。そうすると、上場会社がライツ・オファリングを行う場合には、新株予約権の無償割当時に発行開示が必要になるが、株主数が多い会社で株主全員に対して目論見書を作成・交付しなければならないということでは、それにより生じる費用負担や日程上の制約がライツ・オファリングによる資金調達の障害になる。そこで、ライツ・オファリングにより発行される新株予約権証券については、金融商品取引所に上場されており、または発行後遅滞なく上場されることが予定されており、かつ届出後遅滞なく時事に関する事項を掲載する日刊新聞紙に一定の事項を掲載する場合には、たとえ金商法4条1項から3項の適用を受ける募集に該当する場合でも目論見書作成義務は生じない（金商法13条1項但書。日刊新聞紙に掲載すべき一定の事項につき、開示府令11条の5）。

(D) 目論見書の記載内容

目論見書の記載内容は、基本的には有価証券届出書と同内容である（金商法13条2項1号イ）。たとえば内国会社であれば、有価証券届出書に係る第2号様式の第1部から第3部に掲げる事項を記載し、届出が効力を発生している旨を付記する（開示府令12条1号イ・13条1号）。

なお、有価証券届出書について訂正報告書が提出されたときには、当該事項について記載された目論見書（訂正目論見書）を作成し、これを交付しなければならない（金商法15条4項）。訂正目論見書に記載すべき内容は、訂正届出書に記載した内容である（金商法13条2項3号）。

(5) 取引規制

発行開示規制は、単に情報開示を要求するにとどまらない。発行者や証券会

第2編　開示に関する規制

社の勧誘行為が段階的に規制されている。発行者がせっかく詳細な情報を開示しても、開示情報に基づかない勧誘が行われて有価証券が取得されるようだと、それは投資者の保護に欠けるといわざるをえないためである。

　まず、有価証券届出書の届出前の規制として、すでにみたように、有価証券の募集または売出しは原則として、発行者が有価証券届出書およびその添付書類を内閣総理大臣に届け出ているのでなければすることができない（金商法4条1項、無届募集の禁止）。そうでなければ、情報開示なしに証券が販売されることになってしまう。

　第2に、有価証券届出書が提出されてから効力発生までの間（待機期間）は、募集または売出しをする、すなわち勧誘行為をなすことはできるが、有価証券を取得させまたは売り付ける、すなわち取引契約を締結することは許されないとされている（金商法15条1項）。この待機期間は、公開された情報を投資者が熟慮するための期間として設けられている。届出の効力発生までの待機期間は原則として15日間であるが（金商法8条1項）、この原則が適用される場合（IPOの場合はその典型）は限られている。短縮される場合として、組込方式や参照方式の利用適格要件を満たす発行者については7日間とされており（金商法8条3項、企業内容等開示ガイドライン8-2）、多くの上場会社はこの要件を満たす。さらに、時価総額と売買金額の基準を満たす「特に周知性の高い」企業が投資者に理解しやすい有価証券を発行する場合には、待機期間はない（企業内容等開示ガイドライン8-3）。

　第3に、有価証券届出書の効力が発生した後は、有価証券を取得させまたは売り付けることができるが、その場合には、前述のように、発行者は有価証券届出書と同様の内容を記載した目論見書を作成し（金商法13条1項）、販売勧誘に当たる者がこれを投資者に交付しなければならない（金商法15条2項）。目論見書を直接交付することの趣旨は、(4)(A)で述べたとおりである。

第1章　金商法における開示制度の全体構造

4　継続開示

(1)　総説

　投資者が投資判断を迫られるのは、有価証券を募集や売出しによって取得するときに限られない。既発行の有価証券が流通市場で取引される場合、すなわち流通市場で新たに有価証券を取得しようとする場合や有価証券をすでに保有している者が流通市場でそれを売却する場合にも、投資判断はなされる。継続開示制度はそのような投資判断を迫られる有価証券の保有者および有価証券を取得しようとする者の保護に資するものであり、一定の流通性のある有価証券について発行者の財務状況など上記の投資判断に影響を及ぼしうる情報を開示させる制度とそれらの開示の真実性を担保する制度とから成る。

　以下では、まず継続開示義務が発生する場合について説明し、その後、各継続開示書類を取り上げる。さらに、若干ではあるが、それらの開示の真実性を担保する諸制度にも言及する。なお、継続開示には、発行者の財務状況に対する定時的開示（有価証券報告書・四半期報告書・半期報告書）と、必要に応じて随時なされる開示（臨時報告書・自己株券買付状況報告書）とがある。

(2)　継続開示義務が発生する場合

　金商法上の継続開示書類は(1)で挙げたとおりであるが、そのうち有価証券報告書が最も詳細な情報を含み、継続開示の基本となる。そこで金商法は、有価証券報告書の提出義務者に他の書類の提出義務も負わせる形式を採用している。

　有価証券報告書を作成し提出する義務を負う者は、①金融商品取引所に上場されている有価証券の発行者（金商法24条1項1号）、②店頭売買有価証券の発行者（同項2号、金商法施行令3条。現時点で存在しない）、③募集または売出し（公募）を行った有価証券の発行者（金商法24条1項3号）、④株券など一定の有価証券でその所有者が当該事業年度（株券の場合にはその前4年の間に開始した事業年度の末日のいずれか1日も含む）において一定数（1000。ただし、特定投資家向け有価証券については、1000に特定投資家の人数を加えた数になる）いる

37

第2編　開示に関する規制

ものの発行者（同項4号・同条1項但書、金商法施行令3条の6第3項第4項）である。

　③と④には例外がある（金商法24条1項但書）。③については、次の2つの場合に提出義務が免除される。第1に、有価証券報告書提出義務を負った年以降5年経過しており、かつ当該事業年度末およびその前4年の間に開始した事業年度の末日における所有者数がいずれも300名未満となったときである。第2に、有価証券報告書を提出しなくても公益または投資者保護に反しないものとして政令で定める場合であり、具体的には、清算中の会社（金商法施行令4条2項1号）、相当の期間事業を休止している会社（同項2号）、年度末における当該有価証券所有者が25名未満である場合（同項3号、開示府令16条2項3項）である。上記のいずれの場合も、内閣総理大臣の承認を得て提出義務を免れることができる。④については、③と同様、有価証券報告書を提出しなくても公益または投資者保護に反しないものとして政令で定める場合のほか、当該会社の資本金等が一定の金額を下回った場合（株式の場合は、資本金が5億円を下回った場合）、または当該有価証券の所有者が300名未満（人数につき、金商法施行令3条の6第1項）となったときなどの場合、提出義務を免れる。

(3) 有価証券報告書

　有価証券報告書は、事業年度ごとの発行者の事業および経理の状況を記載した書類であり、継続開示義務を負う発行者は、事業年度終了後3か月以内に（外国会社は6か月以内に）内閣総理大臣に提出しなければならない（金商法24条1項、金商法施行令3条の4）。提出された有価証券報告書は、財務局、発行者の本店および主要な支店、金融商品取引所（上場会社の場合）で5年間公衆の縦覧に供される（金商法25条、開示府令21条）。なお、EDINETによっても開示され、投資者はインターネットを通じて情報にアクセスできる。

　有価証券報告書の記載事項は、有価証券届出書の場合と同様、区分して定められ、提出者はそれぞれの様式に指定された情報を記載して提出する。たとえば内国会社の有価証券報告書は、「第1部　企業情報」、および「第2部　提出会社の保証会社等の情報」から構成される（開示府令15条・第3号様式）。企業情報には、①企業の概況、②事業の状況、③設備の状況、④提出会社の状況、

⑤経理の状況、⑥提出会社の株式事務の概要、⑦提出会社の参考情報が記載されるが、この部分の記載内容は完全開示方式による有価証券届出書の記載内容とほぼ同じである。有価証券報告書の主要部分はこれらの企業情報であるが、なかでも中核をなすのが⑤の経理の情報欄に記載される財務情報であり、連結財務諸表等および財務諸表等を記載する。このうち財務諸表等とは、貸借対照表、損益計算書、株主資本等変動計算書、キャッシュ・フロー計算書、附属明細表（以上が財務諸表）、主な資産・負債の内容、およびその他の記載事項をいう（開示府令第3号様式。連結財務諸表は、連結貸借対照表、連結損益計算書、連結包括利益計算書、連結株主資本等変動計算書、連結キャッシュ・フロー計算書、連結附属明細表により構成される）。これらの財務情報については、一定の用語や様式、作成方法に従って作成されなければならず（金商法193条）、かつ公認会計士または監査法人による監査を経なければならない（金商法193条の2）。①〜④は数字ではない記述情報（非財務情報）も含まれ、具体的な記載内容・方法は発行会社の工夫に委ねられている部分も少なくない。企業統治の体制の概要（取締役会や委員会等の概要を含む）、監査体制の概要等はその例である。この関係では、平成31年1月31日、開示府令第3号様式の改正がなされ、役員報酬や政策保有株式の開示の充実等が図られている。①〜④は会社法の事業報告に対応し、⑤は会社法の計算書類に対応するが、ただ、④以外は企業集団の情報（連結情報）を中心に記載される点で会社法とは異なる。なお、⑦は有価証券報告書提出会社の他の開示書類に関する情報である。

　1億円以上5億円未満の少額募集のために継続開示義務を負うに至った者は、簡素化された記載内容の有価証券報告書を提出すればよい（金商法24条2項、開示府令15条・第3号の2様式）。また、有価証券報告書の記載事項につき重要な変更があったなどの場合には、有価証券届出書における自発的訂正（金商法7条）、形式不備等による訂正届出書提出命令（金商法9条1項）および虚偽記載等による訂正届出書提出命令（金商法10条1項）についての規定が準用されている（金商法24条の2第1項。後述の四半期報告書および半期報告書についても同様〔金商法24条の4の7第4項・24条の5第5項〕）。

第 2 編　開示に関する規制

(4) 半期報告書・四半期報告書

　半期報告書は、事業年度が 1 年である会社が、事業年度開始から 6 か月間の当該会社の属する企業集団および当該会社の経理の状況等を記載する書類であり、6 か月経過後 3 か月以内に内閣総理大臣に提出されなければならない（金商法 24 条の 5 第 1 項）。他方、四半期報告書は、3 か月ごとにその会社の属する企業集団の経理の状況等を開示させる制度であり、発行する有価証券が上場されている会社など政令で指定される会社は、半期報告書に代えて四半期報告書の作成・提出が求められる（金商法 24 条の 4 の 7 第 1 項、金商法施行令 4 条の 2 の 10 第 1 項）。また、これに該当しない会社であっても、任意に四半期報告書を提出することができる（金商法 24 条の 4 の 7 第 2 項）。なお、四半期報告書には第 1・第 2・第 3 四半期の 3 つがあり、各四半期終了後 45 日以内に提出しなければならず（金商法施行令 4 条の 2 の 10 第 3 項）、それぞれ事業年度開始からの財務情報等を明らかにする。

　有価証券報告書を提出する義務を負う会社は半期報告書または四半期報告書を提出する義務も負うことになるが、どちらを提出すべきであるかは、上記のように、当該会社がいかなる有価証券を発行しているかによって異なる。四半期報告書制度は、財務情報等にかかる情報を投資者に一層タイムリーに提供しようとするものであり[26]、上場会社にその提出が強制されるのは、より流通性が高い有価証券を発行しそのような情報が特に必要になると考えられるためである。四半期報告書の開示内容は、内国会社については開示府令が定める「第 4 号の 3 様式」によって作成され、「第 1 部　企業情報」では、連結ベースの財務情報のほか[27]、財政状態・経営成績の分析、企業・事業等の状況、株式等の情報などの非財務情報が含まれるが、有価証券報告書に比べると記載内容は簡素化されている。また、一定の事項については、四半期において重要な変更等があった場合にのみ記載すれば足りる。

26）河本ほか・前掲注 10）53 頁。
27）四半期報告書においては、連結財務諸表のみが記載され、個別の財務諸表は記載されない（開示府令 17 条の 15 第 1 項後段）。

40

第1章　金商法における開示制度の全体構造

(5) 必要に応じた継続開示

(A) 臨時報告書

　上述した有価証券報告書等が定期的に行われるのに対し、臨時報告書は、組織再編や重要な災害の発生等、投資判断に影響を与える重要な事実が会社に生じたときに、そのつど提出を義務づけられる開示書類であり、「遅滞なく」内閣総理大臣に提出されなければならない（金商法24条の5第4項）。臨時報告書提出義務の対象となる事項とそれぞれの主な記載事項は開示府令に定められている（開示府令19条2項・第5号の3様式）。臨時報告書は、有価証券報告書と同様の場所で1年間公表される（金商法25条）。ところで、これとは別に、上場会社は証券取引所の規則によるタイムリー・ディスクロージャー（適時開示）制度の適用を受け、重要な情報が発生したときは、より早く取引所のウェブサイトでの情報開示が求められている。臨時報告書は、このタイムリー・ディスクロージャーによる開示情報の真実性を最終的に担保する機能を有する[28]。

(B) 自己株券買付状況報告書

　上場株券の発行者またはその預託証券の発行者は、自己株式等の買付けについて株主総会の決議または取締役会の決議（授権決議）があった場合、1か月ごとに当該授権が終了する月まで毎月、自己株券買付状況報告書を内閣総理大臣に提出しなければならない（金商法24条の6）。自己株券買付状況報告書は有価証券報告書と同様の場所で1年間公開され（金商法25条）、自己株式の取得状況、保有状況、および処理状況が開示される（開示府令19条の3・第17号様式）。

(C) 親会社等状況報告書

　上場会社の議決権の過半数を所有している会社その他の政令で定める会社（親会社等）は、当該親会社等の事業年度ごとに、事業年度終了後3か月以内に、親会社等状況報告書を内閣総理大臣に提出しなければならない（金商法24条の7）。有価証券発行者たる子会社の有価証券届出書や有価証券報告書においても、

28）近藤ほか・前掲注4）271頁。

41

大株主の分布状況や親会社の状況などについて一定程度の開示が求められているが、そのようにして親会社に関する情報を開示させることには親子会社関係ゆえの限界がありうるし、投資者自身が当該親会社の情報を直接入手することも困難であることから、上場会社の親会社自身に情報開示を行わせるものである[29]。親会社等状況報告書は財務局、子会社である上場会社の本店および主要な支店、金融商品取引所で5年間公開され（金商法25条）、そこには当該親会社等の株式を所有するものに関する事項その他の公益または投資者保護のために必要かつ適当な事項が記載される（金商法24条の7第1項。具体的な内容については、開示府令19条の5第2項・第5号の4様式）。

(6) 内部統制報告書・確認書

　内部統制報告書とは、当該会社の属する企業集団および当該会社にかかる「財務計算に関する書類その他の情報の適正性を確保するために必要なものとして内閣府令で定める体制」の有効性について、内閣府令で定めるところにより評価した報告書である。有価証券報告書提出会社のうち上場会社は、事業年度ごとに内部統制報告書を有価証券報告書とあわせて内閣総理大臣に提出しなければならない（金商法24条の4の4第1項）。本来、内部統制という概念は、財務報告の場面に限られるものではないが、金融商品取引法が要求する内部統制報告書は財務報告の信頼性の確保を目的とした内部統制体制を直接の対象とする（財務報告にかかる内部統制）。内部統制報告書には、会社の代表者（代表取締役、代表執行役）および最高財務責任者（その者がいる場合）が署名し、①内部統制の基本的枠組み、②評価の範囲、基準日、評価手続、③評価結果などを記載する（財務計算に関する書類その他の情報の適正性を確保するための体制に関する内閣府令（以下「内部統制府令」）第1号様式）。

　内部統制報告書は会社側が作成するものであるため、公認会計士または監査法人による監査証明を受けなければならない（金商法193条の2第2項）。ただし、新規上場企業（資本の額等が一定の規模以上の企業を除く）については3年間、内部統制報告書の監査を受ける義務が免除される（金商法193条の2第2

29）山下＝神田編・前掲注1）147頁。

項4号）。その場合も、内部統制報告書の提出義務そのものは、免除されるわけではない。これは、監査費用の負担が新規・成長企業が上場することを躊躇させているとの問題意識から、新規・成長企業の上場を促すために設けられているものである[30]。

次に、確認書とは、継続開示書類の記載内容が法令に基づき適正であることを確認した旨を記載する書類である。上場会社は、有価証券報告書・半期報告書・四半期報告書とあわせて、確認書を内閣総理大臣に提出しなければならない（金商法24条の4の2・24条の4の8・24条の5の2）。確認書は、それぞれの継続開示書類と同様の場所で、同じ期間（5年間または3年間）、公衆縦覧に供される（金商法25条1項5号9号）。

確認書の主な記載事項は、①代表者および最高財務責任者（その者がいる場合）の役職氏名、②有価証券報告書の記載内容の適正性に関する事項、③特記事項などである。このうち、②の事項において、代表者および最高財務責任者が有価証券報告書の記載内容が金融商品取引法令に基づき適正であることを確認した旨が記載される（開示府令17条の10・第4号の2様式・記載上の注意(6)c）。経営者自らが有価証券報告書等の記載内容の適正性を確認することが求められているのであり、財務報告に関する有効な内部統制体制の構築を前提に、経営者の確認書を義務づけることにより、有価証券報告書等の適正性を高めることを目的としている。

ところで、継続開示書類中の財務書類は、それが会社の財政状態および経営成績を適正に表示しているかどうかについて、特別の利害関係のない公認会計士または監査法人の監査証明を受けなければならないこととされている（金商法193条の2第1項）。ただ、公認会計士または監査法人による監査は、会計の記録を一から全部チェックするものではないし、それは多くの場合不可能であろう[31]。そのため、会社における業務執行の過程において、会計事務が適正に記録され、その記録に基づいて財務諸表が作成されることを担保するような

---

30) 宮下・前掲注11) 73頁。

31) また、開示規制の違反に対しては、当該書類の提出者・使用者や提出者の役員など関係者に対する民・刑事責任、さらには課徴金制度の整備も図られてきているが、開示書類上の虚偽記載などの不適正な情報開示を防止する方策としてそれらだけでは十分とはいえない。山下＝神田編・前掲注1) 173頁。

第2編　開示に関する規制

体制の整備が求められることになる。内部統制報告制度と確認書制度は、その
ような問題意識に基づいて導入されたものであり、両者が相俟って財務書類に
関する適正な開示の実現に資することが期待される。

5　フェア・ディスクロージャー・ルール

(1) 趣旨

　フェア・ディスクロージャー・ルールは、一定の立場にある者が未公表にな
っている重要な情報を特定の取引関係者に提供する場合に、上場会社等に当該
情報の公表義務を課すものであり（金商法 27 条の 36 第 1 項）、平成 29 年の金
商法改正により導入された。選択的（選別的）な情報提供は、近年スチュワー
ドシップコードやコーポレートガバナンス・コードにおいてその意義が強調さ
れるようになっている機関投資家と発行会社との建設的対話の場面でも生じる
ことが想定されるところ、この制度は、発行者による情報開示を促進し、情報
に対する平等・公平なアクセスの確保を図るとともに、投資者との対話の促進、
あるいはアナリストによる客観的で正確な分析・推奨が行われるための環境を
整備することなどを狙いとしている[32]。

(2) 制度の概要

　規制対象となる重要情報は、上場会社等の運営、業務または財産に関する公
表されていない重要な情報であって、投資者の投資判断に重要な影響を及ぼす
ものである[33]。上場会社等、上場投資法人等の資産運用会社、またはこれら

---

32) 日本では、フェア・ディスクロージャー・ルール導入の目的の一つが建設的対話の促進にある
　　ことがより明確に打ち出されていると指摘される。北川哲雄ほか「〈座談会〉ガバナンスの『実
　　質化』と上場企業としての対応〔下〕」商事 2156 号 31 頁〔神作裕之発言〕。

33) 情報の範囲について、個別列挙するなどの具体的な規定は設けられていない。逆に、「重要情
　　報」に該当しないものとして、以下の①から③の情報が例示される。すなわち、①中長期的な企
　　業戦略・計画等に関する経営者との議論の中で交される情報、②既に公表した情報の詳細な内訳
　　や補足説明、公表済の業績予想の前提となった経済の動向の見込み、③他の情報と組み合わさる
　　ことによって投資判断に影響を及ぼし得るものの、その情報のみでは、直ちに投資判断に影響を
　　及ぼすとはいえない情報、である（①、②には留意事項あり。FD ガイドライン（問 4）、久保幸

の役員、代理人、使用人その他の従業者が業務に関してその重要情報の伝達を行う場合、当該伝達と同時に、当該重要情報を公表しなければならないことになる（金商法27条の36第1項本文）。もっとも、伝達の相手方たる取引関係者（同項1号2号）[34]が法令または契約により、当該重要情報が公表される前に当該重要情報に関する秘密を漏らさない義務を負い、かつ、上場会社等にかかる有価証券の売買等を行わない義務を負っている場合は、公表の必要はない（同項但書）。また、上場会社等、上場投資法人等の資産運用会社、またはこれらの役員等が取引関係者に重要情報の伝達を行った時において伝達した情報が重要情報に該当することを知らなかった場合、または重要情報の伝達と同時にこれを公表することが困難であった場合（重要情報公表府令8条）には、当該上場会社等は、取引関係者に当該伝達が行われたことを知った後、速やかに当該重要情報を公表しなければならない（金商法27条の36第2項）。

上記の重要情報の公表は、インターネットの利用その他の方法により行わなければならない（同条4項、重要情報公表府令10条）。公表されるべき重要情報が公表されていないと認めるとき、内閣総理大臣は、当該重要情報を公表すべきであると認められる者に対し、その公表等の指示をすることができ、また、正当な理由がないのにその指示に従わない者に対しては、その指示にかかる措置をとるよう命令を出すことができる（金商法27条の38）。

〔野田　博〕

年『金融商品取引法の開示規制』237頁〔中央経済社、2019〕）。

34) 取引関係者として、具体的には、第一に、金融商品取引業者、登録金融機関、信用格付業者、投資法人等が掲げられ（重要情報公表府令4条〜6条参照）、第二に、上場会社等の投資者に対する広報にかかる業務に関して重要情報の伝達を受け、当該重要情報に基づいてその上場会社等の上場有価証券等の売買等を行う蓋然性の高い者が掲げられている（重要情報公表府令7条参照）。前者に掲げられている者は、有価証券にかかる売買や財務内容等の分析結果を第三者に提供することを業として行う者を規制対象とするものである。山下＝神田編・前掲注1) 154頁。

第2編　開示に関する規制

―――――――――――― 第2章 ――――――――――――

不実開示に関する民事責任1

理　　論

第1節　発行開示書類の虚偽記載等による民事責任

1　発行開示規制違反に係る民事責任の意義

(1) 発行市場における開示規制と民事責任の機能

　発行者が有価証券を発行して広く一般投資者から資金を調達する場合、発行者と投資者との間には本来的に顕著な情報の非対称性が存在しているところ、特に投資者の購入意欲の高さや金融商品取引業者らの積極的な取得勧誘等により、構造的に強い販売圧力が働くとされる発行市場においては、発行者側から投資判断にとって重要となる情報が正確に開示されなければ、投資者が不測の損害を被る懸念が大きい。加えて、発行者や有価証券の内容につき情報に基づく正当な評価がなされない発行市場では、適正な資源配分が行われず、資本市場自体が機能不全に陥るおそれもある[1]。そこで、金融商品取引法は、発行市場の利用に際して厳格な開示規制を設け、開示書類の不提出者や、開示書類のうちに、①重要な事項についての虚偽の記載、②記載すべき重要な事項の記載の欠缺、または③誤解を生じさせないために必要な重要な事実の記載の欠缺（以下、①～③をあわせて「虚偽記載等」と称する）がある場合の届出者らに、刑事責任や行政上の措置とともに、一定の民事責任（損害賠償責任）を課してい

――――――――――――

　1）黒沼悦郎『金融商品取引法』59-61頁（有斐閣、2016）。

る。民事責任は、開示規制違反行為の抑止を図るとともに、虚偽記載等により損害を被った投資者を救済する手段であり、拠出された資金を従前の供給者へ戻すことで不当な資金配分を事後的に是正するという側面も併せ有している[2]。

ただし、民事責任の追及は、比較的少額の投資を行う各投資者にとっては、相対的に大きな負担の問題を伴うものでもある。民事責任制度の機能を実効あらしめようとするならば、原告側の各投資者の負担を軽減する固有の集団訴訟制度の整備等が検討課題となる。

(2) 発行開示規制違反に係る民事責任の特徴

金融商品取引法上の発行開示規制違反に係る民事責任はいずれも特殊な不法行為責任であると解するのが通説的見解である。金融商品取引法が（民法709条・715条等）や会社法（350条・429条等）などとは別に民事責任規定を置くのは、開示規制違反事案は一般投資者にとって立証が困難な点が多いことから、その現実的な救済に配慮した責任要件や賠償責任額を定め、責任の追及を容易にするという趣旨による[3]。したがって、投資者はなお金融商品取引法の定めによらず、民法や会社法に基づく責任を追及することも可能である。

金融商品取引法は、発行開示と継続開示、さらにこれらに関与する主体ごとに、異なる要件の民事責任を定めているが、発行市場における開示規制違反の民事責任が、流通市場における責任と比べて顕著に異なるのは、有価証券届出書の届出者（金商法18条1項）または目論見書を作成した発行者（同条2項）（発行会社）に無過失責任を課し、その上で請求権者による虚偽記載等と一定の損害額との因果関係の立証も不要としている点である。これにより、発行会社は、発行開示書類中の虚偽記載等について過失がなかったことを立証しても、発行市場において善意で当該有価証券を取得した者に対しては、一定額の賠償責任を免れ得ないのを原則とする。

他方、発行開示書類に虚偽記載等があった場合の関係者の民事責任について

2）神田秀樹監修（野村證券株式会社法務部＝川村和夫編）『注解証券取引法』123頁（有斐閣、1997）参照。

3）上柳克郎ほか編『新版注釈会社法(6)』345頁〔龍田節〕（有斐閣、1987）、神田秀樹ほか編著『金融商品取引法コンメンタール1 定義・開示制度〔第2版〕』440頁〔前田雅弘〕（商事法務、2018）。

第 2 編　開示に関する規制

は、継続開示書類の虚偽記載等に係る民事責任と同様に、過失責任とされつつ、無過失等の立証責任は関係者側に転換されている（金商法 21 条 2 項）。

2　発行開示書類に係る民事責任規制の全体像と沿革

金融商品取引法は 16 条から 22 条にかけて、発行開示書類に係る民事責任に関する規定を置いている。以下、その全体像と各規定の沿革を概観する。

(1) 虚偽記載等のある有価証券届出書の届出者または虚偽記載等のある目論見書を作成した発行者の責任（金商法 18 条〜 20 条）

有価証券届出書（添付書類および訂正届出書〔金商法 2 条 7 項〕、参照方式の場合の参照書類〔金商法 23 条の 2〕を含む）、または金融商品取引法 13 条 1 項の目論見書に虚偽記載等がある場合に、発行市場で当該有価証券を取得した者に対して、届出者または発行者が負う責任については、18 条がその要件を、19 条が賠償責任額を、20 条が法的安定の早期確定を企図した賠償請求権の短期消滅時効を定めている。これらの規定は、発行登録書類、訂正発行登録書または発行登録追補書類およびこれらの添付書類・参照書類に虚偽記載等がある場合の届出者についても準用されている（金商法 23 条の 12 第 5 項）。

有価証券届出書の届出者の責任は、1933 年米国連邦証券法 11 条を参考に、賠償額の規定とともに 1948（昭和 23）年の証券取引法制定時より定められているものである。1953（昭和 28）年および 1971（昭和 46）年の改正を経て、有価証券届出書の虚偽記載等についての責任主体は有価証券届出書の届出者に限定され、関係者の責任は別途 21 条に規定するものとして整理された。他方、虚偽記載等のある目論見書を作成した発行者の責任は、有価証券届出書と目論見書の記載事項が完全に一致しているものではないこと、あるいは有価証券届出書の届出がなく、目論見書のみが作成される場合がありうることに配慮して[4]、1971（昭和 46）年改正に際して新たに加えられたものである。損害賠償

4）神崎克郎「証券取引法の民事責任」大森忠夫先生還暦記念『商法・保険法の諸問題』216 頁（有斐閣、1972）。

額の算定に際して有価証券を継続保有している場合の控除額については、1971（昭和46）年改正により、「当該有価証券の事実審の口頭弁論終結時における市場価格」から「損害賠償を請求する時における市場価格」へ変更がなされた。また、賠償請求権の時効期間は、1971（昭和46）年・2004（平成16）年の改正を経て現行金商法 20 条の定める期間にまで延長され、更に 2017（平成29）年の民法改正に伴う改正により、消滅時効期間であることが明文化された。

なお、一定期間公衆縦覧に付される有価証券届出書に虚偽記載等のある場合には、流通市場で当該虚偽記載等を反映した価格で当該有価証券を取得・処分した者にも損害を及ぼしうることから、当該有価証券届出書の提出者の発行する有価証券を募集または売出しによらずに取得または処分した投資者に対する提出者の民事責任も定められている。1971（昭和46）年改正前には 18 条に規定されていたが、一旦削除されたのち、2004（平成16）年改正により、別途 21 条の 2 に規定されている（「継続開示書類の虚偽記載等による民事責任」の項目参照）。この場合には、当該有価証券届出書の直接の対象ではない有価証券を取得・処分した者も、当該虚偽記載等と損害との因果関係が認められる限りで、提出者の損害賠償責任を追及できる。

(2) 虚偽記載等のある有価証券届出書の提出会社・目論見書の作成会社の役員等の責任（金商法 21 条）

有価証券届出書に虚偽記載等がある場合の、①提出会社の役員または発起人、②当該売出しに係る有価証券の所有者ら、③当該有価証券届出書に係る監査証明において、当該監査証明に係る書類について記載が虚偽でありまたは欠けているものを虚偽でなくまたは欠けていないものとして証明した公認会計士または監査法人、④当該募集に係る有価証券の発行者または売出人らのいずれかと元引受契約（金商法 21 条 4 項）を締結した金融商品取引業者または登録金融機関の発行市場における取得者に対する責任については、金商法 21 条 1 項および 2 項がこれを規定する。また、同法 21 条 3 項は、13 条 1 項の目論見書に虚偽記載等がある場合における目論見書作成会社の役員および売出人らの責任を定める（発行登録につき準用〔金商法 23 条の 12 第 5 項〕）。いずれも 1971（昭和46）年の改正に際して新設された規定であり、「役員」の定義や、2011（平成

23）年の改正時に、ライツ・イシューに際してコミットメント契約を締結した金融商品取引業者等の民事責任を定める規定が追加された（金商法21条4項3号）点を除いては、大きな変更はない。

なお、①および③に掲げる者は、金融商品取引法22条（発行登録につき準用〔金商法23条の12第5項〕）により、当該有価証券届出書の届出者が発行者である有価証券を流通市場で取得または処分した者に対しても、当該虚偽記載等により生じた損害につき同様の賠償責任を負う。1971（昭和46）年証券取引法改正時に新設された規定を直接の起源とするもので、2014（平成26）年の法改正により請求権者に有価証券の処分者が追加されている。

(3) 虚偽記載等のある目論見書または資料を使用して有価証券を取得させた者の責任（金商法17条）

証券取引法制定当初から置かれている規定であり、2004（平成16）年の改正時に文言につき若干の明確化が図られ、2008（平成20）年改正において金融商品取引法4条の届出義務が生じる場合に特定投資家等取得有価証券一般勧誘が加えられたことに伴う改正がなされたほかは、実質的な変更はない。発行登録の場合にも準用されている（金商法23条の12第5項）。

(4) 届出の効力発生前の取引・目論見書等の不交付による責任（金商法16条）

開示書類に虚偽記載等があった場合だけでなく、金融商品取引法15条に違反して、有価証券届出書による届出の効力が発生する前に有価証券を募集または売出しにより取得させた者、あるいは、目論見書等の交付義務に違反してこれを交付せずに有価証券を取得させた者についても、損害賠償責任が定められている。証券取引法の制定当初より、同旨の規定が置かれているもので、賠償義務者の主観的要件につき定めがなく、無過失責任を課すものと解されている。ただし、有価証券届出書に虚偽記載等がなく、届出の効力発生前に有価証券を取得させたことのみが問題とされる場合に、請求権者が違反行為と因果関係のある損害発生を立証するのは容易ではない。なお、有価証券届出書の効力発生前の取得には、届出が必要であるにもかかわらず、これを行わずに募集または売出しにより有価証券を取得させる行為も含まれる。

第2章　不実開示に関する民事責任1／第1節　発行開示書類の虚偽記載等による民事責任

3　責任の主体

　ここからは、発行市場における有価証券届出書または目論見書中の虚偽記載
等に係る金融商品取引法上の責任に焦点を当てて、各責任の主体、損害賠償の
請求権者、虚偽記載等の意義、および損害と因果関係の各点につき順に見てい
く。

(1)　総論
　金融商品取引法は、虚偽記載等のある開示書類の作成者たる発行者に加えて、
虚偽記載等のある目論見書を使用した者や、発行会社の役員、売出しに係る有
価証券の所有者、監査証明を行った公認会計士・監査法人、更には元引受契約
を締結した金融商品取引業者などをも責任の主体として規定している。有価証
券届出書の作成を執行する者や、これに際して影響力を及ぼす立場、あるいは
専門的見地から開示書類の内容を確認すべき重要な立場にあると解される各関
係者に、注意義務とこれに反した場合の民事責任を課すことにより、投資者の
救済を担保するとともに、虚偽記載等を抑止する役割を期待しているものであ
る。ただし、各関係者の立場に比して責任が著しく過大なものとなれば、専門
家プレーヤーの減少やその行動の萎縮を生じ、直接金融市場の利用ないし円滑
な市場機能を阻害することにもつながりかねないため、責任の範囲は、開示規
制違反の抑止ないし損害補填という責任制度の趣旨と、発行開示への関与の程
度とに照らして画定されるべきであると考える。

(2)　発行者の責任（金商法18条）
　先述した通り、有価証券届出書の届出者（金商法18条1項）または目論見書
を作成した発行者（同条2項）は、虚偽記載等につき過失がなかったことを立
証しても、発行市場における善意の取得者に対しては責任を免れ得ない。すな
わち、「無過失責任」を負う。発行者は、市場において募集され、または売り
出される有価証券について、基本的な情報を提供すべき立場にあり、自ら虚偽
記載等を行って資金の調達を可能にすることの違法性は重大であって、これら

第2編　開示に関する規制

の虚偽記載等のある状況で善意で有価証券を取得した者に対しては、厳格な責任を負担させるのが適当と考えられるからである[5]。これにより、発行者は虚偽記載等が生じないよう高度な注意を払うようになることが期待される。

(3) 発行者の役員・発起人の責任（金商法21条1項1号・2項1号・3項）

虚偽記載等のある有価証券届出書を提出した会社の提出時における役員（取締役、会計参与、監査役、執行役またはこれらに準ずる者[6]）または会社成立前の発起人は、発行市場で当該有価証券を取得した者に対し、当該虚偽記載等により生じた損害を賠償する責任を負う（金商法21条1項1号）。ただし、これらの役員らが、記載が虚偽でありまたは欠けていることを知らず、かつ相当な注意を用いたにもかかわらず知ることができなかったことを証明したときは、この責任を免れることができる（金商法21条2項1号）。立証責任を転換しながらも、発行者の責任とは異なる「過失責任」とされているのは、役員らに無過失責任まで負わせるのは過酷にすぎるからであると説明されている[7]。

「相当な注意」の内容は、各役員の属性や、職務・地位に応じて異なりうる。発行会社の業務を統括する代表取締役や財務担当取締役については、相当の注意を用いたにもかかわらず虚偽記載等を知ることができなかったことを証明するのは容易でない。また、会計士等の専門家であれば、その専門領域に係る記載につき用いるべき相当な注意は相対的に高度なものとなる[8]。他方、これら以外の役員でも、一般的に記載の正確性につき質問をし、正確である旨の返答を得ただけでは相当な注意を用いたとは言えないと解されている[9]。この金融商品取引法21条の責任は、注意義務違反と損害との間に因果関係のあることを求めていないため（虚偽記載等と損害の間に因果関係があれば足りる）、役員らがこれらの「相当な注意」を払わなかった場合には、たとえ相当な注意を用いても知ることができなかったことを立証しても免責されない[10]。

5）神田ほか編著・前掲注3）445頁〔前田雅弘〕。

6）東京地判平成21・5・21判時2047号36頁参照。

7）近藤光男ほか『金融商品取引法入門〔第4版〕』199頁（商事法務、2015）、山下友信＝神田秀樹編『金融商品取引法概説〔第2版〕』210-211頁〔小出篤〕（有斐閣、2017）。

8）黒沼・前掲注1）213頁。

9）神田ほか編著・前掲注3）458頁〔志谷匡史〕。

52

第 2 章　不実開示に関する民事責任 1 ／第 1 節　発行開示書類の虚偽記載等による民事責任

目論見書に虚偽記載等がある場合にも同様の損害賠償責任が定められている（金商法 21 条 3 項）。有価証券届出書に記載されない事項に虚偽記載等がある場合などに備えた規定である。目論見書の監査証明については有価証券届出書の写しが記載されること、また、目論見書を使用する元引受金融商品取引業者等に関しては別途責任規定（金商法 17 条）が定められていることから、公認会計士または監査法人および元引受金融商品取引業者等については目論見書中の虚偽記載等に係る責任規定は置かれていない[11]。

(4) 売出人の責任（金商法 21 条 1 項 2 号・2 項 1 号・3 項）

売出人は、有価証券届出書や目論見書を作成するものではなく、発行会社の役員のように作成者の機関としてその作成に関与する立場にもないが、発行者に有価証券届出書を提出させることのできる関係にあることが前提となっていることから、発行者に対する影響力ゆえにその責任が定められている。ただし、有価証券届出書または目論見書における記載が虚偽でありまたは欠けていることを知らず、かつ相当な注意を用いたにもかかわらず知ることができなかったことを証明すれば、責任を免れる（金商法 21 条 2 項 1 号、3 項）。

2009（平成 21）年改正により、発行者の主要株主以外の者による勧誘が売出しの定義から除外されたことを受けて、売出しの対価を収める売出人には、無過失責任を課すべきとの主張もある[12]。

(5) 公認会計士・監査法人の責任（金商法 21 条 1 項 3 号・2 項 2 号）

有価証券届出書中の財務計算に関する書類（以下、「財務書類」という）について記載が虚偽でありまたは欠けているものを、虚偽でなくまたは欠けていないものとして証明（金商法 193 条の 2 第 1 項。無限定適正意見または限定付適正意

---

10) このため、虚偽記載等の発生を妨げる内部統制の構築義務違反が否定された判例（最判平成 21・7・9 判時 2055 号 147 頁）に比して、役員らに過酷な責任を課すことになるという懸念も指摘されている。松尾直彦『金融商品取引法〔第 5 版〕』209 頁（商事法務、2018）。なお、東京地判平成 20・4・24 判時 2003 号 10 頁参照。

11) 河本一郎＝関要編『逐条解説　証券取引法〔三訂版〕』166 頁（商事法務、2008）、神田ほか編著・前掲注 3）464 頁〔志谷匡史〕。

12) 黒沼・前掲注 1）214 頁。

見の表明）した公認会計士または監査法人は、発行市場で当該有価証券を取得した者に対して、当該虚偽記載または記載の欠缺より取得者に生じた損害につき賠償責任を負う（金商法21条1項3号）。公認会計士・監査法人の監査を経なければ直接金融市場にアクセスできないという点で、市場の「門番（ゲートキーパー）」としての役割が期待されている公認会計士ないし監査法人に対し、特別の民事責任を課すことで、発行者の情報開示につき慎重なチェックを行わせようとするものである[13]。

　ただし、上述の公認会計士ないし監査法人が、当該監査証明について故意または過失がなかったことを立証したときは責任を免れる（金商法21条2項2号）。故意または過失がなかったと言えるためには、各公認会計士・監査法人の属性等によらず、一律に、一般に公正妥当と認められる監査に関する基準及び慣行に従って実施された監査の結果が正確に監査報告書に記載されて監査証明が行われたといえることが必要となる（監査証明府令3条）[14]。

(6) 元引受金融商品取引業者等の責任（金商法21条1項4号・2項3号）

　有価証券の発行者または売出人らと元引受契約（金商法21条4項）を締結した金融商品取引業者または登録金融機関は、発行市場で当該有価証券を取得した者に対して、有価証券届出書の虚偽記載等による損害の賠償責任を負う（金商法21条1項4号）。これらの金融商品取引業者らは、有価証券の引受審査の中で専門家としての見地から有価証券届出書の内容を審査し、監査証明を行う公認会計士や監査法人と同様、有価証券市場の「ゲートキーパー」としての機能を果たしうる立場にある。そこで、金融商品取引法は、これらの元引受金融商品取引業者等への信頼に基づいて募集・売出しに応じる投資者に対する損害賠償責任を課すことで、開示の審査の水準を高め、投資者の利益保護を図ろうとしているのである[15]。

　元引受金融商品取引業者等は、公認会計士・監査法人の監査証明の対象とな

---

13) 山下＝神田編・前掲注7）197-198頁〔小出篤〕。

14) 有価証券報告書における監査証明につき監査法人の過失を否定した例として、大阪地判平成17・2・24判時1931号152頁、大阪地判平成18・3・20判時1951号129頁等。他方、責任を肯定した例として、東京地判平成21・5・21判時2047号36頁等。

15) 山下＝神田編・前掲注7）197-198頁〔小出篤〕。近藤ほか・前掲注7）200頁。

第2章　不実開示に関する民事責任1／第1節　発行開示書類の虚偽記載等による民事責任

る財務書類に係る部分の虚偽記載または記載の欠缺については、それを知らな
かったことを、それ以外の部分の虚偽記載または記載の欠缺については、当該
虚偽記載などを知らず、かつ相当な注意を用いたにもかかわらず知ることがで
きなかったことを証明するときは、それぞれ責任を免れるとされている（金商
法21条2項3号）。しかし、この点、元引受金融商品取引業者等は、財務書類
については公認会計士または監査法人の監査証明を無条件に信頼することがで
き、虚偽記載などにつき善意であれば一切の責任を負わないかのように解され
うることについては、立法論および解釈論上異論も強い[16]。このように解す
ると、元引受金融商品取引業者は、責任を回避するべく、むしろ財務書類に係
る部分については何らの調査も行わない方が得策となるからである。また、確
かに、元引受金融商品取引業者等は、目論見書その他の資料の使用者としての
責任（金商法17条）が及ぶ場合には、結局は「相当な注意を用いたにもかかわ
らず知ることができなかったこと」の証明がなければ責任を免れることができ
ないが、17条の責任が及ばない場合の問題は残り、また上記の解釈自体、こ
の金商法17条の規定と均衡がとれていないとも考えられる。そこで、現行法
の解釈としても、元引受金融商品取引業者等は、財務書類に係る部分について
積極的に調査を行う義務はないが、虚偽記載等を疑わせる事情を知り、あるい
は容易に知りうる場合には、相当の注意を払って財務書類に係る部分を調査す
る義務を負う、と解する立場が有力に主張されてきた[17]。
　東京地判平成28・12・20判タ1442号136頁（エフオーアイ損害賠償請求事件
第一審判決）は、半導体製造装置の製作販売会社であるF社が、架空の売上げ
を計上して粉飾決算を行い、虚偽記載のある有価証券届出書を提出して東京証

16）　神田ほか編著・前掲注3）461頁〔志谷匡史〕、神崎克郎ほか『金融商品取引法』558頁（青林
　　書院、2012）、黒沼・前掲注1）216頁、山下＝神田編・前掲注7）216-217頁〔小出篤〕。
17）　黒沼悦郎「有価証券届出書に対する元引受証券会社の審査義務」岩原紳作ほか編集代表『会
　　社・金融・法（下）』362-368頁（商事法務、2013）、黒沼・前掲注1）216-217頁。金商法21条
　　1項4号は、引受審査における元引受金融商品取引業者等と監査人の役割分担を定めたものであ
　　り、監査証明の対象となる財務書類については、公認会計士らを信頼して問題ないとする立場も
　　ある。松尾・前掲注10）210頁。他方、元引受金融商品取引業者等の引受審査は、公認会計士・
　　監査法人による監査証明の結果の信頼性を確認するという観点から行われるべきとする立場とし
　　て、後藤元「発行開示における財務情報の虚偽記載と元引受証券会社のゲートキーパー責任」岩
　　原紳作ほか編集代表『会社・金融・法（下）』395-403頁（商事法務、2013）。

第2編　開示に関する規制

券取引所マザーズ市場への上場を行ったところ、その後上記粉飾決算の事実が明らかになったことから、F社株式を取得した原告らが、元引受金融商品取引業者Y社らに対して、金商法21条1項4号および17条等に基づく損害賠償請求を行った事案で、21条1項4号に基づく責任についても、財務書類に係る部分の正確性につき元引受証券会社に相当な注意を用いた審査まで要求するものではないとしつつ、「もっとも、上記の趣旨は、財務計算部分の数値そのものについての審査は必要ないということであって、……財務情報の適正な開示も引受審査の内容に含まれ、元引受証券会社は、会計監査の対象となっている財務情報部分についても、会計監査の結果の信頼性を疑わせる事情の有無についての審査義務を負うと解すべきであるから、財務計算部分についても、無条件にその内容を信頼することが許されるのではなく、監査証明に係る監査結果の信頼性を疑わせる事情の有無についての審査は必要である」として、追加審査を適切に行わなかった主幹事証券会社Y社の責任を一部認容する判決を下した。これに対し、同事件の控訴審判決である東京高判平成30・3・23資料版商事法務414号84頁は、金商法21条1項4号については文言に忠実な解釈を行い、元引受証券会社が責任を回避するため積極的な調査を行わなくなるという点については、金商法17条の責任をもって補完されるとした。その上で、21条2項3号と17条但書の「相当な注意」の水準を同一と捉えて、「元引受証券会社に対し、引受審査において、企業会計及び会計監査の専門家である公認会計士等と同等の作業を重畳的に実施させる実益は乏しく、専門家との合理的な役割分担の下で効果的な審査の実現を図るのが金商法の趣旨であると解される。したがって、元引受証券会社は、引受審査において、会計監査を経た財務情報（財務計算部分以外のものを含む。）の部分については、公認会計士等による監査結果の信頼性に疑義を生じさせるような事情の有無を調査・確認し、かかる事情が存在しないことが確認できた場合には、当該監査結果を信頼することが許され、相当な注意を用いたと認められると解するのが相当である」とした。さらに、「上記調査・確認の結果、公認会計士等による監査結果の信頼性に疑義を生じさせるような事情が判明した場合、元引受証券会社は、自ら財務情報の正確性について公認会計士等と同様に実証的な方法で調査する義務はなく、一般の元引受証券会社を基準として通常要求される注意を用いて監査結

果に関する信頼性についての疑義が払拭されたと合理的に判断できるか否かを確認するために必要な追加調査を実施すれば足りると解するのが相当である。」として、17条但書の「相当な注意」について、財務情報に関する元引受金融商品取引業者の注意の程度の限界を示した。本件Y社の責任も否定されている。

(7) 虚偽記載等のある目論見書または資料を使用して有価証券を取得させた者（金商法17条）

　発行者は、虚偽記載等のある目論見書の作成者としての責任も負うが（金商法18条2項）、直接これを使用して有価証券を取得させた場合、あるいは目論見書以外の虚偽記載等のある資料（口頭による表示や電磁的記録に記された情報なども含まれる）を使用して有価証券を取得させた場合について、金融商品取引法17条の責任を否定される理由はなく、当然に同条の責任主体となりうると解される。他方、金商法17条には責任主体を限定する文言はなく、何人も有価証券の募集または売出しのために虚偽記載等のある目論見書または目論見書以外の資料を使用してはならないとされている（金商法13条4項・5項）ことからすれば、虚偽記載等のある目論見書や資料を使用して有価証券を取得させた者であれば、虚偽記載等と損害との間に因果関係の認められる限り、発行者・金融商品取引業者以外の者でも責任の主体となりうる[18]。

　ただし、賠償の責めに任ずべき者が、虚偽記載等を知らず、かつ相当な注意を用いたにもかかわらず知ることができなかったことを証明した場合は、責任は否定される（金商法17条但書。「相当な注意」につき(6)参照）。

　また、ライツ・イシューの場合には、一定の要件下で目論見書の作成・交付義務が免除されるため（金商法13条1項但書および各号、15条2項3号）、金融商品取引法17条の責任は問題とならない。

---

18) 有価証券の取得につきあっせん、勧誘、説明を行ったグループ会社の代表取締役らを責任主体になりうる者と認めた判例として、最判平成20・2・15民集62巻2号377頁。

第2編　開示に関する規制

4　請求権者

　損害賠償請求権を有するのは、当該有価証券を発行市場で取得した者と目論見書の交付を受けた者であるが、虚偽記載等につき悪意の取得者は、損害賠償請求権者に含まれていない（金商法17条、18条1項但書・同2項、21条1項但書。流通市場での取得者・処分者につき、同法21条の2第1項但書、22条1項）[19]。取得者が悪意である場合には、虚偽記載等によって不適正な資金配分がなされたとはいえず[20]、損害を回避できた取得者は救済の必要がないからである。

　取得者の悪意は、原則として、請求を受けた者の側で立証しなければならない。金融商品取引法17条および22条については、その文言からみて、請求権者の側で自己の善意を立証しなければならないと解する見解もある[21]が、投資者保護の見地より、被請求者の側で請求権者の悪意について立証責任を負うべきとする立場が有力である[22]。

　元引受金融商品取引業者が、発行市場で有価証券を取得した者として有価証券届出書の届出者や目論見書を作成した発行者に損害賠償請求を行うことができるか、という問題がある。自らが有価証券の取得者に対して賠償責任を負うべき立場にある元引受金融商品取引業者に損害賠償請求を認めると、他の投資者に更なる損失を及ぼすことなどから、これを否定する見解が主張されているが[23]、元引受金融商品取引業者の関与の度合い等に応じて柔軟に解釈し、請求権者には含めた上で、悪意であれば請求を否定し、過失があれば過失相殺を認めるという対応の方がきめ細かい利益調整が可能であるとする見解もある[24]。

---

19) 金融商品取引法16条の責任については、明文の定めがないことから、有価証券の取得者が15条違反について善意であったことを要しないともされる。河本＝関編・前掲注11) 154頁。ただし、悪意の取得者については15条違反と損害との間の因果関係の立証が困難であるとの指摘がある。神田ほか編著・前掲注3) 428頁（注5)〔石田眞得〕。

20) 神田監修・前掲注2) 134頁。

21) 松尾・前掲注10) 211頁、河本＝関編・前掲注11) 172頁。

22) 神田ほか編著・前掲注3) 437頁〔石田眞得〕・479頁〔伊藤靖史〕、神崎ほか・前掲注16) 562頁。

23) 弥永真生「企業買収と証券取引法（金融商品取引法）18条・19条」商事1804号5、7頁。

24) 神田ほか編著・前掲注3) 443-444頁〔前田雅弘〕。有価証券の取得者に過失がある場合に、過失相殺の余地を認める見解として、弥生・前掲注23) 6頁等。

5 虚偽記載等

金融商品取引法は、投資者の投資判断や有価証券の発行条件に影響を及ぼす事項を規制対象とするものと解されるため、「重要な」事項・事実について虚偽記載や不記載があるかどうかは、その記載が真実であり、またはその事項ないし事実が記載されていれば、通常の投資者であれば、当該条件で証券を取得しなかったかどうかという基準で、個別具体的に判断されるべきである[25]。

組込方式で綴じ込まれた有価証券報告書等、または参照方式により参照された有価証券報告書等の記載事項に虚偽記載等がある場合にも、有価証券届出書に虚偽記載等があるに等しいことになる（金商法5条3項・4項、23条の2）。他社株転換可能債券の発行者も、有価証券届出書において、当該発行者に関する情報だけでなく、転換先の株式の発行者に関する情報をも開示しなければならず、これが継続開示会社であれば、その有価証券報告書等の開示書類を列挙することを要する（企業内容開示府令第2号様式・記載上の注意(81)、企業内容等開示ガイドライン5-23）。このため、同様に、転換先の株式の発行者の有価証券報告書等に虚偽記載等がある場合、当該他社株転換可能債券の発行者の有価証券届出書にも虚偽記載等があるとして、他社株転換可能債券の発行者が責任を負うことになるか否かが問題となる。しかし、一般には、他の会社の有価証券報告書等の虚偽記載についてまで当然に無過失責任（金商法18条）を問うのは酷であることから、転換先の株式の発行者の有価証券報告書等の内容は、他社株転換可能債券の発行者の有価証券届出書の一部を構成するものではないと解されている[26]。投資者保護の見地からは、他社株転換可能債券の発行の段階で転換先の株式の売出しがあったとみて、転換先株式の発行者に発行開示義務を負わせるという解釈ないし立法論も提唱されているが[27]、他社株転換可能債券の発行が対象株式の発行会社の判断に左右されることになる[28]。

---

25) 神田ほか編著・前掲注3) 444頁〔前田雅弘〕、山下＝神田編・前掲注7) 196頁注157〔小出篤〕も参照。

26) 中島史郎ほか「他社株関連証券の発行関係者の開示責任（上）」商事1610号9-12頁。

27) 神田ほか編著・前掲注3) 445頁〔前田雅弘〕。

28) 志谷匡史「他社株券償還特約付社債に係る法的諸問題」商事1614号25頁。神崎ほか・前掲注

第 2 編　開示に関する規制

6　損害額・因果関係等

　虚偽記載等のある有価証券届出書ないし目論見書に係る届出者・発行者の責任については、発行市場で当該有価証券を取得した者は、虚偽記載等と損害額との因果関係の立証を要することなく、その取得価額から、①損害賠償請求時に当該証券を保有しているときにはその時点での市場価額（市場価額がないときは、処分推定価額）を、②請求時前に当該有価証券を処分したときにはその処分価額を、それぞれ控除した額の賠償を請求することができるとされている（金商法 19 条 1 項）。金融商品取引法 21 条の 2 第 6 項に類する規定はなく、民事訴訟法 248 条の適用もないと解されている[29]。発行開示書類に虚偽記載等がなければ、そもそも有価証券の募集は行われず、発行者がその対価を得ることもなかった蓋然性が高いと考えられることから、虚偽記載等のある有価証券の取得自体を損害として捉えて原状回復的な損害賠償請求を認め、同時に投資者による責任追及を容易にしているものである[30]。

　ただし、請求権者の受けた損害の全部または一部が、有価証券届出書・目論見書の虚偽記載等によって生ずべき有価証券の値下がり以外の事情により生じたことを、届出者・発行者が証明した場合には、その全部または一部について損害賠償責任を負わない（金商法 19 条 2 項）ともされている。届出者・発行者の利益に対する配慮とのバランスを図ったものと解されるが、かかる減額の抗弁が、発行者の業績や市況の悪化等による下落分を賠償額から控除することを認める趣旨であるならば、そもそも虚偽記載等がなければ取得者は当該有価証券を取得せず、業績や市況の悪化による値下がりのリスクも負うことはなかったであろうとの帰結に結びつく原状回復的な損害賠償の考え方と矛盾することから、同条項は削除すべきであるとの立法論がある[31]。また、有価証券の保

　16）551 頁注 2 も参照。

　29）潮見佳男「虚偽記載等による損害——不法行為損害賠償法の視点から」商事 1907 号 25 頁注 35、神田ほか編著・前掲注 3）449 頁。

　30）最判平成 23・9・13 民集 65 巻 6 号 2511 頁の寺田裁判官の少数意見は、金融商品取引法 19 条は「取得自体損害」に焦点を合わせて定められたものでなく、投資者側の損害賠償額の立証の負担を軽減する趣旨で政策的に規定されたものとする。

第2章　不実開示に関する民事責任1／第1節　発行開示書類の虚偽記載等による民事責任

有者が市場価格よりも低い価格で有価証券を処分した後に損害賠償請求を請求した場合のその差額、といったように減額が認められる事例を限定的に解釈する立場もある[32]。いずれにしても、減額の抗弁を主張するに際しては、当該事情により具体的にどれだけの額の損害が生じたかを届出者・発行者の側で証明する必要がある[33]。

　他方、発行開示書類に虚偽記載等のある場合の関係者の責任については、損害賠償額が法定されておらず、賠償責任の範囲は虚偽記載等と因果関係のある損害とされている。虚偽記載等と損害額との間の因果関係は、請求権者の側で立証する必要がある。この点、継続開示書類に虚偽記載等がある場合についての議論の蓄積も参考になるところであるが、発行市場における取得者に対しては、発行者同様、関係者にも原状回復的な損害賠償責任を負わせるべきと捉え、金融商品取引法19条の規定を参考とする解釈も考えられよう[34]。

　請求者が取得時に虚偽記載等のある有価証券届出書または目論見書を実際に参照し、信頼したことは要求されない[35]。当該虚偽記載等が価格に反映される以上、虚偽記載等と損害の間に因果関係は存在するからである。

　なお、時効や除斥期間については金融商品取引法に特段の定めがないので、民法724条が適用される[36]。

〔髙橋真弓〕

---

31)　黒沼・前掲注1) 211頁。なお、有価証券報告書に虚偽記載がある場合に、流通市場で有価証券を取得した者につき、取得自体損害を肯定しつつ、「経済情勢、市場動向、当該会社の業績等当該虚偽記載に起因しない市場価額の下落分」を控除する旨判断した判例として、前掲最判平成23・9・13。

32)　神崎ほか・前掲注16) 551頁注4。

33)　神田ほか編著・前掲注3) 451頁〔前田雅弘〕。

34)　黒沼・前掲注1) 219頁、神崎ほか・前掲注16) 553頁参照。

35)　神崎ほか・前掲注16) 551頁注1。

36)　神田ほか編著・前掲注3) 458頁〔志谷匡史〕、黒沼・前掲注1) 209頁。

61

第2編　開示に関する規制

第2節　継続開示書類の虚偽記載等による民事責任

1　概　要

　金商法上の継続開示書類（有価証券報告書、半期報告書、四半期報告書、臨時報告書、内部統制報告書、自己株券買付状況報告書、親会社等状況報告書など）のうちに、その重要な事項について虚偽の記載があり、または記載すべき重要な事項もしくは誤解を生じさせないために必要な重要な事実の記載が欠けていること（以下「虚偽記載等」）が認められた場合、虚偽記載等を知らずに流通市場で有価証券を取得して損害を被った投資者は、書類の提出者である有価証券の発行会社や発行会社の役員、監査証明をした公認会計士など、虚偽記載等について故意・過失のある関係者に対して、不法行為による損害賠償請求（民法709条、会社法350条）をすることが可能である[1]。この不法行為に基づく民事責任を追及する訴訟においては、継続開示書類に虚偽記載等があったことの他に、虚偽記載等について被告に故意または過失があったこと、原告が被った損害の金額、その額の損害について虚偽記載等と因果関係があることについての証明責任は、原告である投資者が負うことになる。

　金商法もまた、継続開示書類に虚偽記載等がある場合、その継続開示書類を提出した有価証券の発行会社（同法21条の2）、または発行会社の役員等およびそれぞれの書類に監査証明をした公認会計士または監査法人に（同法24条の4、24条の4の6、24条の4の7第4項、24条の5第5項および24条の6第2項に基づく22条の準用）、虚偽記載等による民事責任を負わせる。この金商法上の

1）最判平成23・9・13民集65巻6号2511頁（西武鉄道事件最高裁判決）は、有価証券報告書への虚偽記載等について、報告書を提出した有価証券の発行会社に不法行為責任があることを認めた。これとは別に、発行会社の役員等の責任については、会社法429条1項に基づく責任追及も可能な場合が考えられる。

62

第2章　不実開示に関する民事責任1／第2節　継続開示書類の虚偽記載等による民事責任

民事責任については、虚偽記載等のあることを知らず、かつ、相当な注意を用いたにもかかわらず知ることができなかったことにつき、責任追及される側に証明責任が転換される。さらにこの場合の発行会社の責任については、虚偽記載等と因果関係のある投資者の損害の金額についても推定規定が置かれており、発行会社側に虚偽記載等との因果関係がない損害額についての証明責任が課される（金商法21条の2第3項・第5項）。

このように、継続開示書類に虚偽記載がある場合の民事責任の追及について、金商法は、故意・過失や損害の金額などについて、民法上の不法行為責任の追及の場面と比較して原告の証明負担を軽減した制度を用意している。

2　立法の経緯

(1) 2004（平成16）年証取法改正以前

1965（昭和40）年頃に頻発した粉飾決算事件を受けて、1971（昭和46）年の証取法改正では、粉飾決算の防止と、粉飾決算による投資者の損害の救済を担保する目的で、開示書類の虚偽記載等に対する民事責任・刑事責任・行政上の処分に関する規定の整備強化がなされた[2]。有価証券報告書の虚偽記載等による発行会社の役員等の責任の規定（証取法24条の4）は、この改正で新設された。その後、継続開示書類に関する証取法の規制が整備されるのに伴い、順次、各継続開示書類の虚偽記載等についても、24条の4と同趣旨の規定が置かれていった。

これに対して発行会社自体の責任については、平成16年改正前の証取法では、有価証券届出書の虚偽記載等についての無過失責任は定められていたが、有価証券報告書など継続開示書類の虚偽記載等について民事責任を認める趣旨の規定は置かれていなかった。流通市場での虚偽記載等に関する発行会社の責任について、このように発行市場とは異なる取り扱いがされていた理由については、①発行市場と異なり発行者と投資家の間に何らの取引も行われていない、

2）岸田雅雄監修『注釈金融商品取引法1　定義・情報開示』393頁以下〔志谷匡史〕（金融財政事情研究会、2011）。

②発行者の責任は他の債権者とのバランスからも投資者が払い込んだ資金を原状に回復するにとどめるべきである、ということが挙げられていた[3][4]。

　しかし、①の理由づけについては、証取法上の民事責任の規定が開示内容の正確性を担保することが目的であることに鑑みると、発行市場と流通市場とを別異に取り扱う立法には説得力が欠けるという学説上の批判がかねてからあった。また、②の理由づけについても、証取法上の民事責任の法的性質は損害賠償責任なのであって株主に対する発行者からの出資払戻しではないので、発行者の他の債権者とのバランスを考慮するという理由づけは、その前提を欠いていると批判されてきていた[5]。

(2) 2004（平成 16）年証取法改正

　平成 16 年証取法改正では、同法 21 条の 2 が新設され、確認書を除く継続開示書類全般について、虚偽記載等に関する発行会社の責任が規定された[6]。その主な特徴は、(a)発行会社の無過失責任、(b)賠償額の上限の法定、(c)因果関係および損害額の推定を一定要件の下で規定するとともに被告による減免の抗弁を規定すること、(d)請求権者は虚偽記載等のある継続開示書類が公衆縦覧に供されている間に有価証券を取得した投資者（以下「取得者」）に限定され、上記縦覧期間中に虚偽記載によって市場価格が引き下げられた状態で証券を（虚偽記載発覚前に）処分した者（以下「処分者」）は含まれないこと、さらに、(e)一般不法行為による責任と比べて短期の消滅時効が定められたこと、などであった[7]。

3）神田秀樹ほか編著『金融商品取引法コンメンタール 1 定義・開示制度〔第 2 版〕』467 頁〔志谷匡史〕（商事法務、2016）、岡田大ほか「市場監視機能の強化のための証券取引法改正の解説」商事 1705 号 44 頁、51 頁。

4）本文②とほぼ同旨であるが、流通過程で証券を取得した者は、発行会社を相手方として取引した者ではないから、発行会社の会社財産から一般債権者より有利な条件で救済を受けることには疑問があるとの理由から、発行者への不法行為原則の適用を否定する学説もあった。ルイ・ロス＝矢澤惇『アメリカと日本の証券取引法（下）』621 頁〔谷川久〕（商事法務研究会、1975）。学説状況につき、黒沼悦郎「証券市場における情報開示に基づく民事責任（五・完）」法協 106 巻 7 号 1189 頁、1201 頁以下。

5）岡田ほか・前掲注 3）51 頁。

6）神田ほか編著・前掲注 3）468 頁〔志谷匡史〕、岡田ほか・前掲注 3）51 頁。

7）岡田ほか・前掲注 3）51-52 頁、黒沼悦郎「証券取引法における民事責任規定の見直し」商事 1708 号 4 頁、5 頁。

第2章　不実開示に関する民事責任1／第2節　継続開示書類の虚偽記載等による民事責任

　このうち(a)の無過失責任については、企業開示書類に不実記載がある場合、発行会社という企業体自体に故意・過失がないということは考えられず、無過失による免責を認めるべきでないから、発行市場における発行会社自体の責任が無過失責任である（同法21条）のと平仄を合わせ、本条においても発行者は無過失責任としたという、同改正法の立案担当官の解説がある[8]。

　しかし、このような立法趣旨の説明には当初から厳しい批判があり[9]、同分科会メンバーからも、発行会社の無過失も想定可能であること、また平成16年改正を促した金融審議会分科会の提言は、必ずしも発行会社の無過失責任まで企図したものではないことなどの指摘がなされた[10][11]。また、無過失責任の規定はかえって望ましくない企業行動を誘発し、あるいは企業活動を阻害するとの指摘も相次いだ[12]。

　同改正の特徴(d)として挙げた、請求権者が有価証券の取得者に限定される

8）岡田ほか・前掲注3) 51頁。

9）川口恭弘「開示（ディスクロージャー）規制」ジュリ1512号39頁、43頁。

10）黒沼・前掲注7) 5頁は、企業体自体に故意・過失がないということは考えられないという説明は、そのことが過失責任を否定する根拠にはならないうえ、通常は代表取締役等に故意・過失があるなど一定の場合に限って会社の故意過失が認定されるとすれば、発行会社に故意・過失がないこともあり得ると指摘する。

11）黒沼・前掲注7) 4頁は、金融審議会金融分科会第一部会報告書「市場機能を中核とする金融システムに向けて」(2003年12月) は「例えば重要な不実開示がある場合について、不実開示を行った者と投資家との間で実質的な立証の負担のバランスを図るため、損害額を推定する規定を設けるなど一定の立法上の措置を設けることが望ましい」としているだけで、流通市場における発行会社の責任を無過失責任として損害額の推定規定をこの無過失責任に限定することを、必ずしも企図していないと述べる。

12）適切な内部統制システムを整備しても経営者が不実開示を完全に防ぐことはできないことからして、流通開示について発行会社の無過失責任を定める規定の妥当性に疑問を呈するものとして、川島いづみ「有価証券報告書の虚偽記載に関する発行会社の不法行為責任」金判1320号14頁、19頁（注8)。企業に無過失責任を課し、努力してもしなくとも変わらないのであれば、努力のコストを削減することが経済的に合理的な行動となり、かえって望ましくない行動を誘発することになると指摘するものとして、前越俊之「証券不実開示訴訟における『損害因果関係』」福岡大学法学論叢53巻4号329頁、397頁、遠藤元一「『不適切な会計処理』についての実務的対応（下)」NBL 919号40頁、48頁。ビジネスチャンスなどが未だ不確定 (premature) な段階で重要情報を開示すると、うまくいけば迅速な開示と評価されるが、うまくいかなければ虚偽の開示ではないかが問題にされるという、継続開示対応に関する根本問題があるのに、継続開示書類における開示義務の範囲を明確にしないまま無過失責任を課すことで、企業活動を阻害するおそれがあるという批判をするものとして、森田章「金融商品取引法二一条の二の政策理由」奥島孝康先生古希記念論文集『現代企業法学の理論と動態 第一巻（下)』1029頁、1034頁。

第2編　開示に関する規制

点については、同改正以前から、虚偽記載により流通市場で生じる投資家の損害に関する証取法上の民事責任規定はすべて請求権者を有価証券の取得者に限定していることから、これと平仄を合わせたと考えられる[13]。

(3) 2014（平成26）年金商法改正

2006（平成18）年の証取法改正による金商法の成立時にも、上記平成16年証取法改正までの継続開示書類の虚偽記載等に関する発行会社の責任および発行会社役員等の責任の規定は、ほぼそのままの内容で継承されていた。

2013（平成25）年、内閣総理大臣の諮問[14]を受けて金融審議会に設置されたWG（ワーキング・グループ）は、企業の成熟ステージにおける課題として、上場企業や投資者が負う金商法上の義務が過大となっていないかについて検討を行い、流通市場における虚偽記載等に係る賠償責任に関して見直すべき点の検討結果（以下「WG報告」）を公表した[15]。WG報告では、金商法21条の2に関して、同条が発行会社の責任を無過失責任としている点を改めて、発行会社の過失責任としつつ故意・過失の有無については立証責任を転換すること、有価証券報告書の虚偽記載等がなされたときの損害賠償の請求権者を取得者だけでなく処分者にも拡大することが適当である、などの結論が示された[16]。

翌年2014（平成26）年の金商法改正では、上記WG報告の結論通りに、同法21条の2第1項の発行会社の無過失責任の規定が、発行会社に故意・過失の立証責任を転換した過失責任に改められた。また、発行会社・発行会社の役員等・監査証明をした監査法人等に対して、継続開示への虚偽記載等に基づく民事責任の追及をすることができる請求権者は、証券の処分者にまで拡大され

---

13) しかし、このような限定は、証取法の母法といえる米国の連邦証券規制にはなく、学説からも批判されてきたところであり、新設規定だけ請求権者を拡大することがためらわれたのかもしれないが誤りを正すのにためらう必要はないとの批判を受けた。黒沼・前掲注7）5頁。

14) 2013年6月に①「新規・成長企業へのリスクマネー供給のあり方」、②「事務負担の軽減など新規上場の推進策」、③「上場企業等の機動的な資金調達を可能にするための開示制度の見直し」④「その他、近年の金融資本市場の状況に鑑み、必要となる制度の整備」について検討を行う旨の諮問がなされた。

15) 金融審議会「新規・成長企業へのリスクマネーの供給のあり方等に関するワーキング・グループ報告」（平成25年（2013年）12月25日）。

16) 同前17頁以下参照。

第2章　不実開示に関する民事責任1／第2節　継続開示書類の虚偽記載等による民事責任

ることになった[17]。ただし、因果関係および損害額の推定規定は、処分者には適用されず、従来通りに取得者のみに適用されるものとされた[18]。

3　継続開示書類の虚偽記載等に関する発行会社の責任

(1) 虚偽記載等

　金商法21条の2（以下「本条」）による責任の対象となる虚偽記載等とは、金商法25条1項各号（5号・9号を除く）に掲げられた継続開示書類の記載において、(i)重要な事項について虚偽の記載がある、(ii)記載すべき重要な事項または誤解を生じさせないために必要な重要な事実の記載が欠けている、のいずれかに該当することを指す（第1項）。

　すなわち、対象となる継続開示書類は、公衆縦覧の対象となる書類から、有価証券報告書・四半期報告書の記載内容に係る確認書を除いた書類であり[19]。金融商品取引所の規則に基づく適時開示書類や、会社が任意に行うプレスリリースは含まれない[20]。また虚偽記載等は重要な事項についてのものであることを要するが、これは開示書類の虚偽記載等に関する民事責任を定める同法の他の規定（18条・21条・22条）と同様である。

(2) 発行会社の過失の推定

　本条の責任を負うのは、虚偽記載等のある書類の提出者である（1項）。ただし、提出者が虚偽記載等について故意または過失がなかったことを証明したと

---

17) 同改正においては、有価証券届出書の虚偽記載に関する提出者の役員等の民事責任を定める同法22条の請求権者も処分者にまで拡大するような改正がされ、22条が有価証券報告書以外の継続開示書類にも準用されることから、請求権者の拡大は、継続開示書類の提出者以外の者の責任にも及ぶこととなった。

18) 見送りの理由は、「市場価格の平均額を基に損害額を推定できるとする当該規定は、極めて強力な効果を有する例外的な規定であり、その対象を拡大することによるメリットとデメリットとをなお慎重に見極めること等が必要であると考えられる。したがって、この点については、将来の課題として、引き続き検討を行うことが適当である」とされる。WG報告・前掲注15) 22頁。

19) 岸田監修・前掲注2) 289頁〔加藤貴仁〕。

20) 神田ほか編著・前掲注3) 468頁〔志谷匡史〕。

きには責任を負わない（2項）。すなわち、継続開示書類について虚偽記載があった場合に、書類の提出をした有価証券の発行会社は、この虚偽記載等をしたことについて故意または過失が推定される。本条に基づく責任追及をする場合には、この故意・過失の推定は、下記(4)の損害額の推定の規定が用いられると否とを問わず適用される。

上記2(2)で述べたように、本条の責任を無過失責任とした平成16年証取法改正には、かねてから学説の批判があったが、これに加えて、同改正以降、課徴金制度や内部統制報告書の提出義務などによる虚偽記載等への制裁や規律が整備され、無過失責任を課してまで上場会社の違法行為を抑止する必要性が低くなったことが、無過失責任から過失推定への変更の理由として示されている[21]。

なお、発行会社の無過失の立証について、発行会社の役員等に過失がないことの立証を求めるか、従業員を含めた発行会社の構成員全体に過失がないことの立証を求めるか、という問題についての立法的な解決は行われず、解釈に委ねられている[22]。

(3) 請求権者

本条の責任を追及することができるのは、虚偽記載等のある継続開示書類の提出者（または提出者を親会社等とする者）が発行者である有価証券を、募集・売出しによらずに取得した者、または処分した者であって、書類の記載に虚偽記載等があることを知らなかった者である（1項）。

虚偽記載等のある書類が公衆縦覧に供されている間に、虚偽記載等があることを知らずに、当該書類の提出者が発行者となっている有価証券を取得、または処分した者は、虚偽記載等によって不当に引き上げ／引き下げられた市場価格での取得・処分をしたことによって損害を被り得る。上記2(2)で述べたように、平成26年改正前においては、処分者は本条に限らず他の虚偽記載等に関する民事責任についても請求権者に含まれていなかったが、これについての

---

21) WG報告・前掲注15）21頁。この点についてWGでは、本文で示した課徴金制度との兼ね合いの論点の他、本文2(2)で触れたような無過失責任制度への批判も紹介されたが、平成16年改正からまだ時間がたっておらず、制度変更のための立法事実が示されていないのではないかといった改正への慎重論も提起された。WG第8回議事録参照。

22) WG報告・前掲注15）21頁。

批判は証取法の時代からなされていた。

平成 26 年改正案の基礎となった WG 報告も「経営成績が悪いように見せかける虚偽記載等」（いわゆる逆粉飾）に触れて、継続開示書類が公衆縦覧に供されている間に、逆粉飾の事実を知らずに売却した投資者（処分者）の損害も考えられるとして、近時増加している MBO のようなケースでは、逆粉飾によって株価を不当に引き下げるインセンティブが働き得ることを示し、請求権者に処分者を加えることが適当であると結論づけていた[23]。こうした観点から、平成 26 年改正において、取得者に加えて処分者が本条の責任の請求権者とされたが、下記(4)で述べるように、処分者に損害額の推定の規定を適用することは見送られた。

(4) 損害賠償額
(A)「損害」の捉え方とその上限

本条 1 項による責任の内容は、虚偽記載等により有価証券を取得・処分した者に生じた損害の賠償である。

流通市場における開示書類の虚偽表示により投資家が被る損害には様々なものが考えられ、具体的な事情によって損害額の算出の仕方も変わらざるを得ない。詳細は本章第 3 節・第 6 節および第 3 章第 2 節に譲るが、概説すると以下のように考えられる。

第一に、虚偽記載等が存在することを認識していれば有価証券を取得しなかったであろうといえる場合などには、取得したこと自体を損害とする（取得自体損害）の主張が可能である。第二に、虚偽記載等が市場価格に影響を与えて不当な高値となっていた時点で証券を取得したような場合には、取得時点での現実価格と理論価格（想定価格）との差額を損害とするとの主張が可能である。虚偽記載等が市場価格を不当に安値に抑えていること（逆粉飾）が発覚する前に証券を処分した場合には、想定価格と処分価格との差額を損害とするという主張も、現実価格と理論価格との差額を損害とする点で同内容の主張と整理できる（取得時／処分時差額）。第三に、訂正情報などにより虚偽記載等の事実が公表されたことによって現実に生じた株価下落額を損害とする主張（株価下落損害）も考えられる[24][25]。

---

23) WG 報告・前掲注 15) 22 頁。

第2編　開示に関する規制

　本条1項は、このうち金商法19条1項に定められた方法で算出された金額を超える分については、本条による損害賠償請求はできないものとする。

　金商法19条1項は、有価証券届出書に虚偽記載等があった場合に、発行会社が同法18条1項により無過失責任を負う金額の上限を法定するものであり、取得者であれば取得金額から請求時の市場価額（市場価額がないときは、処分推定価額）を差し引いた差額、処分者は取得金額から処分金額を差し引いた差額が、本条による責任の上限となると定めるものである。これは、発行市場においては発行会社と投資家の間に直接・間接の契約関係があるため、虚偽記載等が発覚した場合の発行者の無過失責任の範囲としては、両者を契約前の状態に巻き戻すための原状回復的な責任額で十分であるという考え方によるものと考えられる[26]。

　しかし流通市場における虚偽記載等の場合、発行会社と損害を受けた投資家との間には間接的であれ何らの契約関係も想定されていないため、本条1項が実損害の賠償ではなくて原状回復を上限とするのが何故であるかということについて、金商法19条1項とは別の説明が必要になるように思われる。発行会社が過失を推定されることとのバランスをとって発行会社の負担が過大にならないように配慮した規定と解すしかなかろう[27]。

(B)　因果関係と損害額の推定

　本条の原告の損害に関する主張については、何を損害として選ぶにせよ、虚偽記載等と損害発生との因果関係や、相当因果関係のある損害の具体的金額の

24）　以上、岸田監修・前掲注2）290頁〔加藤貴仁〕、黒沼・前掲注4）1236頁、神崎克郎ほか『金融商品取引法』569頁（青林書院、2012）など。

25）　最高裁は、本条1項の損害とは、一般不法行為の規定に基づきその賠償を請求することができる損害と同様に、虚偽記載等と相当因果関係のある損害を全て含むものであり、同条2項にいう「損害」もまた虚偽記載等と相当因果関係のある損害を全て含むものと解するのが相当であって、これを取得時差額に限定すべき理由はない、とする。最判平成24・3・13民集66巻5号1957頁（ライブドア事件）。この判例の立場は相当因果関係損害説と呼ばれることもある。松岡啓祐「流通市場の虚偽開示に基づく発行会社の民事責任」ビジネス法務16巻3号120頁、121頁。

26）　黒沼・前掲注7）6頁。

27）　金融審議会金融分科会第一部会報告「市場機能を中核とする金融システムに向けて」（2003年12月24日）17頁。黒沼・前掲注7）は、この規定の趣旨は、発行市場における虚偽記載等があった場合の責任よりも多額の責任を発行者に負わせるのは不当であるとの発想によるものと思われるとして、この立法を批判する。同5頁。

第2章　不実開示に関する民事責任1／第2節　継続開示書類の虚偽記載等による民事責任

立証についての困難が存する。たとえば取得自体損害の主張は、虚偽記載等が
なければ有価証券を取得しなかったという因果関係についての立証に困難を抱
える。また取得時／処分時損害の主張は、理論値である想定価格の算出方法が
市場の状況如何により変わらざるを得ない点でやはり立証の難しさがあり、株
価下落損害の主張も、株価の下落額を計算するための基準時（どの時点の株価
からどの時点の株価を控除するのか）の設定を理論的にどう定めるべきである
が必ずしも明確ではないという問題がある。

　これらの立証上の困難は、本条による責任追及を躊躇わせて、本条の実効性
を損ねる可能性がある。そこで本条3項・5項は、1項の責任を追及する請求
権者のうち、虚偽記載等の事実の公表がされた日（公表日）前1年以内に有価
証券を取得し、公表日において引き続き有価証券を所有する者（取得者）につ
いて、因果関係および損害額の推定の主張を認める。

　推定の内容は、公表日前1月間の市場価額（市場価額がないときは、処分推定
価額）の平均額から公表日後1月間の市場価額の平均額を控除した額を、虚偽
記載等により生じた損害の額とし（3項）、被告には、その請求権者が受けた損
害の全部または一部が、虚偽記載等によって生ずべき有価証券の値下がり以外
の事情により生じたとの抗弁を認め（5項）、虚偽記載と損害との因果関係およ
び損害額に関する立証責任を発行会社に転換するというものである。

　なお、上述の通り、この損害額の推定の規定は、公表日時点までに有価証券
を処分した者（処分者）には及ばないものとされるが、処分者にも本条1項は
適用されるので、(A)で述べた責任限度額の範囲内で、発行会社の過失推定の
下での責任追及をすることは可能である。

　発行会社が本条5項の抗弁をする場合、証明すべきことは、請求権者に推定
されている本条3項の損害額のうちには虚偽記載等以外の事情によって生じた
証券の値下がり分が含まれていることである。ここでは、その値下がり分の具
体的金額まで証明されなければ抗弁は認められない。しかし実際には、たとえ
ば虚偽記載公表後に生じた証券の値下がりのうち、虚偽記載等が寄与する値下
がり部分とそうでない部分とを1円単位で証明する、といったことは非常に困
難であろう[28]。このように、本条3項で法定された損害額のうち、発行会社
の過失に起因しない損害が含まれていることまで証明できているのに、具体的

71

第2編　開示に関する規制

金額の点で抗弁の成立を阻まれるのであれば、部分的な無過失責任を認めるの
と同様の結果を容認することとなりかねない。

そこで本条6項は、請求権者が受けた損害の全部または一部が、虚偽記載等
による値下がり以外の事情により生じたことは認められるが、その損害の性質
上、その具体的金額を証明することが極めて困難である場合には、裁判所に、
口頭弁論の全趣旨および証拠調べの結果に基づき、賠償の責めに任じない損害
の額を認定する裁量権を認める。原被告の公平の観点から、法律上推定される
損害額を事案の実態に即して減額する余地を残したものと言えよう[29]。

4　発行会社役員等および監査法人等の責任

虚偽記載等のある継続開示書類の提出者である発行会社の役員等、およびそ
れぞれの書類に監査証明をした公認会計士または監査法人（以下「関係者」）に
ついても、金商法は特別な民事責任の規定を置く（同法24条の4、24条の4の6、
24条の4の7第4項、24条の5第5項および24条の6第2項に基づく22条の準用）。
これらの規定において、関係者は虚偽記載についての故意・過失を推定され
（同法22条による21条2項1号・2号の準用）、また、この民事責任の追及をす
ることができる請求権者は、当該虚偽記載等が欠けていることを知らないで当

---

28) 最判平成24・12・21判時2177号51頁（アーバン・コーポレイション事件）は、虚偽記載等
の公表と民事再生手続開始の申立てが同日に行われた事例で、同日以降の株価値下がり分のうち
虚偽記載等によらない値下がり分の金額をどう算定するかが主な争点となった事件である。

29) 証取法平成16年改正の立案担当官は、この規定について「損害が生じたことが認められるが、
その性質上その額を立証することがきわめて困難である場合にも損害額を認定できるとした民事
訴訟法248条……のいわば裏返しの規定である」とする。岡田ほか・前掲注3) 53頁。なお、本
条6項と民訴法248条との関係について、最判平成30・10・11民集72巻5号477頁深山補足意
見は、本条が「賠償の責めに任ずべき者が（虚偽記載等と損害の発生との因果関係及び損害の額
の――筆者注）推定を覆す反対事実を証明したときは、証明された額を推定された損害額から減
額するという構造になっているので、法律上の事実推定を覆すための反対事実の証明は、反対事
実の存在について裁判所に確信を抱かせる本証によらなければならないという一般的な考え方を
踏まえると、賠償の責めに任ずべき者が、当該書類の虚偽記載等によって生ずべき当該有価証券
の値下がり以外の事情による損害の発生は証明したものの、当該事情により生じた損害の性質上
その額の証明が極めて困難である場合に、民訴法248条を類推適用してその立証の負担を軽減す
ることは許されないと解される余地がある。」と指摘する。

該書類の提出者が発行者である有価証券を募集もしくは売出しによらないで取得した者または処分した者であり、これらの点においては、提出者である会社の責任追及がなされる場合と同様の規定となっている。

しかし、同法 21 条の 2 と異なり、関係者の故意・過失と相当因果関係のある損害の額についての推定および賠償額の上限を定める規定は置かれていない。しかし、損害の額についての基本的な考え方は 3(4)(A) で述べたところと変わるところはなく、この点についての原告側の証明負担は重いと言わねばならない。

5　今後の課題

金商法 21 条の 2 の責任については、賠償金等が発行会社から直接原告である投資者に支払われるため、提訴のインセンティブが大きいと指摘されており[30]、損害額の算定方法について客観的な指標の定立の必要性は高い。最高裁による一応の基準（相当因果関係損害説）は示されているが（前掲注 25）参照）、この基準により救済を得られた投資者と、虚偽記載等の公表による株価下落で損失を被ったが虚偽記載より以前から株式を保有していたため本条の救済対象ではない株主との間で、実質的に富の移転が起きてしまうことがつとに指摘されるところである[31]。このことを制度上やむを得ない事象であると割り切ったとしても、これを前提としたときに、そもそも本条の趣旨を詐欺行為の被害者に対する行為者の損害賠償責任と同列に考えて良いのか、市場の公正な価格形成を妨げたことに対する民事制裁と捉えるべきなのか、といった本条の法的性格の位置づけについての議論も、なお深められるべきであろう[32]。

〔橡川泰史〕

---

30)　松岡・前掲注 25）120 頁。

31)　服部育生「継続開示書類の虚偽記載と発行会社の民事責任」愛知学院大学宗教法制研究所紀要 57 巻 49 頁、67 頁。

32)　継続開示と虚偽記載の責任というテーマには、タイムリー・ディスクロージャーにおける適時開示義務違反による責任の問題も含まれるべきだろうが、筆者の能力と与えられた紙幅の限界から、全く触れることができなかった。

第2編　開示に関する規制

第3節　継続開示書類の虚偽記載等に関する裁判例

継続開示書類の虚偽記載等による民事責任に関しては、これまでに先例として相当数の裁判例が積み重なってきた。本節では、これまでの裁判例において議論の対象となった項目を整理し、学説の議論を踏まえつつ裁判例の展開を中心に検討する[1]。

1　不実開示の態様

金商法は、不実開示に関する民事責任について、①「重要な事項について虚偽の記載があること」、②「記載すべき重要な事項の記載が欠けていること」、③「誤解を生じさせないために必要な重要な事実の記載が欠けていること」の3つの類型を規定している。金商法上は、上記①②③が具体的に何を意味するかということについてさらに詳細な規定は存在しないが、裁判例においては、それぞれ、①「開示書類の記載事項のうち、投資判断に重大な影響を与える事項について不実の開示をした場合（積極的開示）」、②「不実の開示をしていないが、開示義務があるにもかかわらず、投資判断に重大な影響を与える事項を開示しない不作為がある場合（消極的開示）」、③「一定の事実が開示されているものの、その開示が投資者に誤解を招くような場合（不完全開示）」を意味すると整理されている（東京地判平成20・6・13判時2013号27頁（ライブドア事件・機関投資家訴訟））。本節ではこれらを「虚偽記載等」と総称する。

これまでの裁判例の多くは、上記類型のうち①「重要な事項について虚偽の記載があること」に関するものであり、学説上も、主として「虚偽の記載」お

1）平成28年8月15日までの裁判例を網羅的に分析したものとして、公益財団法人日本証券経済研究所金融商品取引法研究会「流通市場の投資家による発行会社に対する証券訴訟の実態」を参照。

および「重要な事項」の解釈を中心に議論されることが多い。したがって、本稿では、「虚偽の記載」および「重要な事項」の意義について、裁判例の展開を概観する。

(1)「虚偽の記載」の意義

「虚偽の記載」とは真実に合致しない記載のことをいうとされるが[2]、その具体的意義を巡っては、架空売上の計上等の「事実」に係る虚偽と、「会計基準違反」に係る虚偽とが区別されて議論されてきた[3]。

(A)「事実」に係る虚偽の記載

「事実」に係る虚偽についての裁判例として、有価証券報告書の「大株主の状況」の記載において、主要株主が保有する株式の数について主要株主が他人名義で保有する株式を除外し過小に報告された西武鉄道事件（最判平成23・9・13裁判集民237号337頁（西武鉄道事件・機関投資家訴訟）、最判平成23・9・13民集65巻6号2511頁（西武鉄道事件・一般投資家訴訟））や、架空循環取引等の実在性を欠く取引が報告されたアイ・エックス・アイ事件（大阪地判平成24・3・23判時2168号97頁（アイ・エックス・アイ事件））等が挙げられる[4]。

(B)「会計基準違反」に係る虚偽の記載

財務諸表に表示される個々の数字は、単なる数字自体では投資者にとって必ずしも意味のある情報ではなく、会計基準という一定の前提に基づいて算出された計数であることで初めて投資者にとって意味があるものとなる[5]。そのため、会計基準に違反する会計処理がなされた結果、会計基準に従って算出され

2）平野龍一ほか編『注解特別刑法　補巻 (2)』68頁（青林書院、1996年）。
3）岩原紳作ほか『金融商品取引法セミナー　開示制度・不公正取引・業規制編』152頁（有斐閣、2011）、松尾直彦『金融商品取引法〔第5版〕』201頁（商事法務、2018）等。
4）これに対し、新株予約権付社債と関連するスワップ契約の存在および内容について記載されなかったアーバンコーポレイション事件は、金融庁の課徴金納付命令においては違反事実として「虚偽の記載」を認定しているものの、裁判例は、「『虚偽の記載』であるかは措くとしても、記載すべき重要な事項若しくは誤解を生じさせないために必要な重要な事実の記載が欠けている」と認定している（東京地判平成22・3・9判時2083号86頁（アーバンコーポレイション事件））。
5）岩原ほか・前掲注3) 152頁。

第2編 開示に関する規制

た計数と異なる数字が財務諸表に記載された場合も「虚偽の記載」が問題となり得る。

そして、財務諸表は「一般に公正妥当と認められる企業会計の基準」に従って作成すべきものとされ[6]、会社法上も、株式会社の会計は「一般に公正妥当と認められる企業会計の慣行に従う」とされているところ、会計基準違反に係る虚偽の記載の有無は「公正なる会計慣行」を斟酌して判断される（宇都宮地判平成23・12・21判時2140号88頁（足利銀行事件[7]））。なお、会社法施行前の旧商法32条2項の「公正なる会計慣行」と会社法431条の「一般に公正妥当と認められる企業会計の慣行」との間には、実質的な変更はなかったものと考えられていることから[8]、以下では両者を「公正な会計慣行」と総称する。

(a)「公正な会計慣行」の意義

法が「会計基準」ではなく、「会計慣行」という用語を用いている趣旨にかんがみれば、「公正な会計慣行」というためには、原則として、その会計処理方法が広く会計上の習わしとして相当の期間繰り返して行われていることを要するものというべきであるとされる。したがって、単にその内容が実務に即応して合理的であるという一事をもって直ちにそれが「会計慣行」となり得るものではないが、他方で、法が、商業帳簿の作成にあたり会計慣行の斟酌を命じることによって、そのよるべき基準を立法のみによって律するのではなく、企業会計の技術・実務の発展に法が適時に対応することを容認している趣旨に照らせば、ある会計基準の指示する特定の会計処理方法が、その基準時点とされる時点以後、ある業種の商人の実務において広く反復継続して実施されることがほぼ確実であると認められるときには、例外的に、その会計処理方法が「会計慣行」に該当する場合があるとされる（東京高判平成18・11・29判タ1275号245頁（長銀民事事件訴訟）[9]、大阪地判平成24・9・28判タ1393号247頁（三洋電機事件））。

6）財務諸表等の用語、様式及び作成方法に関する規則第1条。

7）控訴審である東京高判平成26・9・19判例集未登載（平24(ネ)第1349号）も同旨。平成27年10月13日の最高裁上告不受理決定により確定。

8）岸田雅雄「公正な会計慣行」岩原紳作＝小松岳志編『会社法施行5年　理論と実務の現状と課題』198頁（有斐閣、2011）。

9）平成20年7月18日の最高裁決定による上告棄却および上告不受理により確定。

第2章　不実開示に関する民事責任1／第3節　継続開示書類の虚偽記載等に関する裁判例

　このような「公正な会計慣行」は複数存在することがあり得ると考えられるから、それに従わなければ違法になる「公正な会計慣行」は、唯一のものでなくてはならず、従前の慣行と抵触する新たな慣行が成立した場合、新たな慣行が「唯一」のものといえるためには、その抵触する従前の慣行に従った会計処理を確定的に廃止し、例外的な取扱いを許容しないことが一義的に明確であることが条件の一つとして必要であるというべきであり、そうした一義的明確性に欠けるもの（基準としての内容が不明確である場合など）は、唯一の会計慣行には未だなっていないものとされる（宇都宮地判平成23・12・21判時2140号88頁（足利銀行事件））。また、刑事事件判決ではあるが、最高裁判決も、新たな会計基準が唯一の公正な会計慣行となるための要件として、当該基準の内容の明確性をあげている（最判平成20・7・18刑集62巻7号2101頁（長銀粉飾決算事件）、最判平成21・12・7刑集63巻11号2165頁（日債銀粉飾決算事件））。

(b) 過年度決算の訂正との関係

　会計基準違反による虚偽の記載の有無は、あくまでも「公正な会計慣行」に照らして誤った会計処理であるかどうかによって判断されるため、仮に企業が有価証券報告書に記載された財務諸表等の内容を訂正したとしても、論理必然的に訂正前の有価証券報告書に「虚偽の記載」があったことになるわけではないと考えられる[10]。

　株主代表訴訟の事案であるが、三洋電機事件大阪地裁判決（大阪地判平成24・9・28判タ1393号247頁（三洋電機事件））は、三洋電機が自ら過去の有価証券報告書を訂正したとしても、「本件訂正は、三洋電機が金融商品会計基準等を保守的に適用すべきとの周囲の強い圧力を受けていた中で、金融庁との協議の結果、金融商品会計基準等の範囲内で簡便かつ保守的な会計処理方法を選択することになったため、金融商品会計基準等が保守的に適用されたと評価することができる。したがって、三洋電機の会計処理がこれと異なるからといって直ちに金融商品会計基準等に準拠していないとか、公正なる会計慣行に反しているなどということはできないというべきである。」と判示し、訂正前の会

10）黒沼悦郎ほか「不適切開示をめぐる株価の下落と損害賠償責任〔下〕」商事1908号15頁、岩原ほか・前掲注3）183頁、黒沼悦郎ほか編『論点体系金融商品取引法1 定義、情報開示、公開買付け』148頁〔荒達也〕（第一法規、2014）。

第2編　開示に関する規制

計処理が公正な会計慣行に反しないと判断している。また、同じく株主代表訴
訟ではあるが、ビックカメラ事件東京高裁判決（東京高判平成26・4・24金判
1451号8頁（ビックカメラ事件））も、「論理的には争う余地があるとしても、現
時点での経営判断としては、決算訂正の問題に早期に終止符を打って信頼回復
に努めることが望ましく、結果として株主を始めとする全てのステークホルダ
ーの利益になるとの認識で一致し、本件審判事実及び本件課徴金の額を認める
旨の答弁書を提出することにつき、取締役の全員一致で承認可決された。」と
事実認定した上で、訂正前の会計処理が公正な会計慣行に反しないと判断して
いる。

　実務上、過年度決算の訂正が行われる場合、その原因や意思決定の過程は
様々であるため、経験則としても、決算訂正があった以上は公正な会計慣行に
反しているはずであるということにはならないと思われる。

(c) 課徴金納付命令との関係

　実務上、金融庁から課徴金納付命令を受けた場合、認める旨の答弁書を提出
し、「虚偽の記載」の有無を争わない例も多い（金商法183条2項参照）。しかし、
前記の過年度決算の訂正と似たような議論として、虚偽の記載の有無は「公正
な会計慣行」に照らして誤った会計処理であるかどうかによってされるため、
金融庁による課徴金納付命令に対して会社が争わなかったとしても、論理必然
的に「虚偽の記載」が認められるわけではないと考えられる[11]。

　三洋電機事件大阪地裁判決（大阪地判平成24・9・28判タ1393号247頁（三洋
電機事件））は、「金融庁がした課徴金納付命令は、三洋電機がたやすく事実を
認めたことによって審判期日を開くことなく発出されたものであり（金融商品
取引法183条2項）、金融庁の審判手続において、内閣総理大臣の指定する職
員（同法181条2項）と三洋電機の双方当事者が攻撃防御を尽くして、証券取
引等監視委員会の勧告した事実の存否を判断したことによって発出されたもの
ではない。すなわち、金融庁の課徴金納付命令は、三洋電機の自認の産物であ

---

11) 岩原ほか・前掲注3) 192頁。なお、裁判例は会計基準違反の虚偽の記載に係るものであった
　が、金融庁による課徴金納付命令に対して会社が争わなかったとしても、論理必然的に「虚偽の
　記載」が認められるわけではないということは、「事実」に係る虚偽の記載についてもいえるこ
　とである。

第2章 不実開示に関する民事責任1／第3節 継続開示書類の虚偽記載等に関する裁判例

って、そのような顛末が、三洋電機の企業規模に比べると 830 万円という課徴金の額が低いことや、当時の三洋電機の背景事情……の影響を受けた可能性を否定できない。そうすると、金融庁が課徴金納付命令を発出したからといって、三洋電機の会計処理が直ちに旧商法に違反するということにはならない。」と判示した上で、金融庁の課徴金納付命令を争わなかったからといって、直ちに三洋電機の会計処理が違法であるということはできないとした。また、ビックカメラ事件東京高裁判決（東京高判平成 26・4・24 金判 1451 号 8 頁（ビックカメラ事件））も、前記（b）のとおり判示して、金融庁の課徴金納付命令を争わなかったからといって、会社による会計処理が違法であったと認めることはできないと判示している。

他方で、IHI 事件東京高裁判決（東京高判平成 29・2・23 民集 72 巻 5 号 712 頁（IHI 事件高裁判決））は、「1 審被告が証券取引等監視委員会による課徴金納付命令発出の勧告における本件各報告書中の虚偽記載の事実を自ら認めて課徴金納付に応じていることに鑑みれば、社内調査委員会の報告等の 1 審被告による調査結果や証券取引等監視委員会による検査報告書については、過年度決算訂正の具体的な理由、更にはその発生原因についても具体的に明らかにするものであり、その内容は合理的であって終始一貫しており、十分信用できるものというべきである。そうすると、本件各報告書の過年度訂正は、上記検査報告書等において指摘されているとおり、……企業会計準則の裁量を逸脱するものであったということができるから、本件各報告書には『虚偽の記載』（本件虚偽記載）があったと推認するのが相当である。」と判示しており、会社自らが課徴金納付に応じている事実が「虚偽の記載」を推認させる一事情となり得ることを示唆している。

この点、独占禁止法上の勧告審決における勧告の応諾がある場合には、独占禁止法の違反行為の存在についていわゆる事実上の推定が働くこと自体は否定できないと判示した鶴岡灯油事件判決（最判平成元・12・8 民集 43 巻 11 号 1259 頁）と同じような扱いをすべきか否かという観点からの議論もなされている[12]。

思うに、会社が虚偽の記載の事実を認める旨の答弁書を提出した事実は、虚

---

12) 岩原ほか・前掲注 3) 192 頁。

第2編 開示に関する規制

偽の記載の有無を認定する上で、会社にとって不利な間接事実となり得ることは否定できない。しかし、前述のとおり、会計基準違反に係る虚偽の記載の有無は、公正な会計慣行に照らして誤った会計処理であるかどうかにより判断されるものであって、会社が先行する行政処分においてどのような態度を取ったかということは決定的な要因ではないはずである。そして、三洋電機事件判決やビッグカメラ事件判決が指摘しているように、会社が虚偽の記載を認める旨の答弁書を提出する理由や意思決定の過程は様々であるため、それが虚偽の記載を認定する上でどの程度強い間接事実になるかということは、事案によって様々であるはずであり、過去の裁判例においても、当該事案の具体的な状況を踏まえた判断がなされていると評価できる。

(2)「重要な事項」について
(A) 総論

民事責任の対象になるのは、「重要な事項」についての虚偽の記載であるため、どのような事項が「重要な事項」であるかが問題となる。

この点については、法の目的が、開示規制違反によって被害を被った投資者の救済の途を広げるとともに、発行者やその関係者に特別な責任を課すことで、開示規制違反を未然に防ぎ、市場の公正な価格形成機能を確保する点にあることを踏まえて[13]、一般的には、投資者の投資判断や市場における有価証券の価格形成に影響を与えるかどうかを基準として判断すべきとするのが通説的見解である[14]。そして、「重要な事項」かどうかは、責任を追及する当該投資者にとっての具体的・主観的な重要性(その情報が現実に当該投資者の投資判断にとって重要であったかどうか)ではなく、投資者一般、市場一般にとっての抽象的・客観的な重要性で足りると考えられている[15](東京地判平成20・6・13判時2013号27頁(ライブドア事件・機関投資家訴訟)も同旨)。

---

13) 山下友信＝神田秀樹編『金融商品取引法概説〔第2版〕』195頁(有斐閣、2017)。
14) 黒沼ほか編・前掲注10) 148頁〔荒達也〕、松尾・前掲注3) 201頁、山下＝神田編・前掲注13) 196頁。
15) 山下＝神田編・前掲注13) 196頁。

80

第2章　不実開示に関する民事責任1／第3節　継続開示書類の虚偽記載等に関する裁判例

(B) 各論（裁判例）

「重要な事項」について虚偽の記載があるか否かは、個別事例ごとに判断されることになるが、裁判例は「重要な事項」を認定するにあたって、「事項」の質的な重要性（投資者の判断に影響を与える事項であるか）、当該「事項」の数量的な重要性（投資者の判断に影響を与えるような数量か否か）を検討するものが多い。

また、数量的な重要性を判断するにあたっては、投資者の判断に対する影響の有無を基準とする以上、誤った記載の単純な金額だけではなく、当該会社の規模に照らしてどのような水準のものであるかということが考慮されることになり、特定の財務数値に対する割合を認定する裁判例も多い。

(a) 西武鉄道事件

西武鉄道事件・一般投資家訴訟東京高裁判決（東京高判平成21・2・26判時2046号40頁（西武鉄道事件・一般投資家訴訟））は、不法行為責任の有無に関する判断ではあるものの、「一般的に、株式市場においては、会社の経営に参加しようとして株式を取得しようとする投資家もいるので、株式の発行会社が他の会社の子会社かどうかは、経営参加を目的として市場に参入する投資家の投資判断にとって極めて重要な要素となる。また、株価は市場における株式の需給関係で形成されるので、市場における株式の流動性も投資家が投資判断において考慮する重要な要素であるといわなければならない。」とした上で、「被告西武鉄道の有価証券報告書等の虚偽記載は、被告西武鉄道の被支配状況や西武鉄道株式の流動性について投資家に重大な誤解を生じさせるおそれがあるといわねばならない。とりわけ、被告西武鉄道が、少数特定者持株数基準の施行後に、コクドが所有する西武鉄道株式の数について有価証券報告書等に真実を記載していれば、同基準所定の猶予期間（経過措置により同基準が設けられた後の決算期である昭和58年3月期から3年以内……）も昭和61年3月末には経過して、西武鉄道株式は上場廃止となったはずであって、そのような事項についての虚偽記載が、投資家の投資判断に重大な影響を与える重要な事項であることは明らかであるというべきである。」と判示して、西武鉄道が提出した有価証券報告書等におけるコクドが所有する西武鉄道株式の数の過少な記載は重要な事項について虚偽の記載があると判断した。

第 2 編　開示に関する規制

(b) ライブドア事件個人投資家訴訟

ライブドア事件個人投資家訴訟東京高裁判決（東京地判平成 21・5・21 判時 2047 号 36 頁・東京高判平成 23・11・30 判時 2152 号 116 頁（ライブドア事件個人投資家訴訟）））では、連結経常損益について、実際には経常損失が 3 億 1278 万円発生していたところ、経常利益 50 億 3421 万 1000 円を計上していたことをもって「重要な事項」について虚偽の記載があることが認定されている。具体的には、裁判所は「有価証券報告書に掲載された連結損益計算書中の連結経常利益が、当該有価証券報告書を提出する企業の企業価値に対する判断、すなわち、投資家の投資判断に影響を与える事項であることは明らかである。」「本件有価証券報告書に掲載された連結損益計算書には、平成 16 年 9 月期に経常損失が 3 億 1278 万 4000 円（1000 円未満切捨て）発生していたにもかかわらず、売上計上が認められないライブドア株式売却益 37 億 6699 万 6545 円並びにキューズ及びロイヤルに対する架空売上げ 15 億 8000 万円をそれぞれ連結売上高に含めることを前提に、連結経常利益 50 億 3421 万 1000 円（1000 円未満切捨て）が計上されており、本件有価証券報告書には、『重要な事項』（旧証取法 21 条の 2 第 1 項、24 条の 4）につき虚偽の記載があるというべきである。」と判示している。

(c) アーバンコーポレイション事件[16]

アーバンコーポレイション事件では、アーバンコーポレイションが 299 億 5000 万円（発行総額 300 億円、発行諸費用の概算額 5000 万円）を手取概算額として、BNP パリバ証券を全額引受先とする転換社債型新株予約権付社債を発行するとして、手取金の使途を「財務基盤の安定性確保に向けた短期借入金を始めとする債務の返済に使用する予定です」とする臨時報告書および有価証券報

16）アーバンコーポレイション事件における「重要性」に関する論考として小林史治「アーバンコーポレイション事件における下級審裁判例の特色と意義」商事 1996 号 25 頁を参照。なお、前述したとおり、アーバンコーポレイション事件は、金融庁の課徴金納付命令においては違反事実として「虚偽の記載」を認定しているものの、裁判例は、『『虚偽の記載』であるかは措くとしても、記載すべき重要な事項若しくは誤解を生じさせないために必要な重要な事実の記載が欠けている」と認定しているため（東京地判平成 22・3・9 判時 2083 号 86 頁（アーバンコーポレイション事件））、厳密には「虚偽の記載」に関する裁判例ではない。もっとも、「記載すべき重要な事項若しくは誤解を生じさせないために必要な重要な事実の記載が欠けている」場合についても、虚偽の記載と同様に「重要性」が要件となる。

第2章　不実開示に関する民事責任1／第3節　継続開示書類の虚偽記載等に関する裁判例

告書を提出した。ところが、BNPパリバ証券との間では、別途2つのスワップ契約が締結されており、「アーバン社は、……①本件新株予約権付社債の発行によってBNPパリバから取得する300億円の資金を、そのまま短期借入金の支払に充てるのではなく、その全額を、BNPパリバに対する本件スワップ契約に基づく支払に充てることとし、②本件スワップ契約に基づいてBNPパリバから日々受領する分割金をその短期借入金債務等の返済に充てることを当初から予定していたことに加え、③アーバン社が、本件スワップ契約に基づいてBNPパリバから日々受領する金銭の額は、本件株式の株価、出来高及びBNPパリバが一定の範囲内で任意に決定するヘッジ比率によって日々変動する上に、④本件株式の株価が一定額を下回る場合には、当該分割金を全く受領することができないこととされて」いた（東京地判平成24・6・22金法1968号87頁（アーバンコーポレイション事件・役員責任追及訴訟））。

　アーバンコーポレイション事件・役員責任追及訴訟東京地裁判決（東京地判平成24・6・22金法1968号87頁（アーバンコーポレイション事件・役員責任追及訴訟））は、「本件新株予約権付社債の発行によって300億円の資金を調達することと、本件スワップ契約に基づいて受領する分割金によって日々資金を調達することの間には、短期借入金等の支払に充てるために必要な額の資金を現実に調達することができる蓋然性と、その調達可能時期について明確な差異があるから、本件スワップ契約の存在及び内容は、アーバン社の利害関係人が投融資又は権利行使等に関する合理的な判断を行うに当たって影響を与える重要な情報であったということができる。　そうすると、アーバン社は、本件臨時報告書等に、①本件新株予約権付社債の発行による調達資金の全額を本件スワップ契約に基づく支払に充てること、②本件スワップ契約に基づいて受領する分割金を同社の債務の返済に使用する予定であるが、いつ、いくらを使用することができるかは不確定であることを、投資家等の利害関係人が理解した上で投資判断をすることが可能な程度にまで、具体的に記載すべきであったといえ」るとして、新株予約権付社債と関連するスワップ契約の存在および内容について記載しなかったことについて、「記載すべき重要な事項若しくは誤解を生じさせないために必要な重要な事実の記載が欠けている」と判断した（東京地判平成22・3・9判時2083号86頁（アーバンコーポレイション事件・会社訴訟）も同

旨である）。

(d) オリンパス事件大阪訴訟判決

オリンパス事件大阪高裁判決（大阪高判平成 28・6・29 金判 1499 号 20 頁・大阪地判平成 27・7・21 金判 1476 号 16 頁（オリンパス事件大阪訴訟））は、不法行為責任の有無に関する判断ではあるものの、「連結純資産額という投資判断に当たって重要な事項」について、「平成 13 年 3 月期～平成 24 年 3 月期第 1 四半期という長期にわたり、最大 1200 億円余りも過大に記載するという本件虚偽記載をしたのであり、過大記載額が虚偽の連結純資産額に占める割合も最大約 40% に及んでいる。」として、重要な事項について虚偽の記載があると判断している。

(e) IHI 事件

IHI 事件では、エネルギー・プラント事業の長期大規模工事に関し、工事の総発生原価見通しが過小に見積もられ、これに伴う工事進捗率の上昇により売上げが過大に計上されていたか等が争われた。IHI 事件東京地裁判決（東京地判平成 26・11・27 民集 72 巻 5 号 490 頁（IHI 事件））は、会社による見積もりが、企業会計準則の裁量を逸脱するものであると認定した上で、「本件半期報告書においては、連結営業利益につき 98 億 2300 万円の過大計上、連結当期純利益につき、72 億 7800 万円の過大計上、本件有価証券報告書においては、連結営業利益につき 302 億 4300 万円の過大計上、連結当期純利益につき 204 億 1800 万円の過大計上というものであって、連結損益計算書の連結営業利益や連結当期純利益という投資者の投資判断に与える影響として極めて重要な分野に属するものというべきであり、しかも、その金額も上記のとおり多額に及ぶものである」として重要な事項について虚偽の記載があると判断した（控訴審判決・東京高判平成 29・2・23 民集 72 巻 5 号 712 頁（IHI 事件高裁判決）、最高裁判決・最判平成 30・10・11 民集 72 巻 5 号 477 頁も同旨）。

(f) リソー教育事件

リソー教育事件判決（東京地判平成 29・3・28 金判 1517 号 23 頁（リソー教育事件））は「本件虚偽記載は、売上げ、経常利益、純利益という、企業の業績の根幹に関わる重要な事項について虚偽の記載をし、これによって連結経常利益の 5 割以上、連結純利益の 8 割以上に相当する水増しがなされたものであり、

当該企業の利益成長の判断に甚大な影響を与えるものであって、有価証券報告書及び四半期報告書における重要な事項についての虚偽記載に当たる」と判示した（控訴審判決・東京高判平成29・9・25金判1530号12頁も同旨）。

　(g) ニイウスコー事件

　ニイウスコー事件役員責任追及訴訟判決（東京地判平成26・12・25判例集未登載（平21(ワ)第30700号）（ニイウスコー事件・役員責任追及訴訟））は、「各事業年度の連結純資産額（株主資本）は、平成15年6月期は、訂正前が約71億2000万円であるのに対し、訂正後が約46億4100万円、平成16年6月期は、訂正前が約89億6700万円であるのに対し、訂正後が約24億9100万円、平成17年6月期は、訂正前が約192億6700万円であるのに対し、訂正後が約54億1000万円のマイナス、平成18年6月期は、訂正前が約273億6400万円であるのに対し、訂正後が約65億4500万円のマイナス、平成19年6月期は、訂正前が約40億6800万円のマイナスであるのに対し、訂正後が約324億8900万円のマイナスであり、平成17年6月期以降は、真実は債務超過に陥っていた」と認定した上で、「その額が巨額であることからすれば、投資家の投資判断に影響を与える事項について虚偽の記載がされたものということができる」として、重要な事項について虚偽の記載が認められると判断した。

2　発行会社等の責任（平成26年改正）

　継続開示書類の虚偽記載等による民事責任は、投資者が流通市場において株式を取得することが前提になっているところ（金商法21条の2第1項）、流通市場における提出会社の損害賠償責任は、平成26年の金商法改正によって、無過失責任から過失責任に変更されることとなった（ただし、投資者保護に配慮する観点から、提出会社が無過失の立証責任を負うものとされた）。無過失の意義については個別の事情に応じた妥当な解釈に委ねることとされており[17]、今

---

17) 平成25年12月25日付金融庁金融審議会　新規・成長企業へのリスクマネーの供給のあり方に関するワーキング・グループ「新規・成長企業へのリスクマネーの供給のあり方等に関するワーキング・グループ報告」21頁。

第 2 編 開示に関する規制

後の裁判例の集積が待たれる[18]。

3 役員等の責任

(1) 責任を負う者の範囲

　継続開示書類の虚偽記載等による民事責任の規定によって会社以外に責任を負う者として、(1)役員等（金商法 24 条の 4、24 条の 4 の 6、24 条の 4 の 7 第 4 項等・22 条 1 項・21 条 1 項 1 号）および (2)公認会計士または監査法人（金商法 24 条の 4、24 条の 4 の 6、24 条の 4 の 7 第 4 項等・22 条 1 項・21 条 1 項 3 号）が規定されている。役員等には、取締役、会計参与、監査役もしくは執行役またはこれらに準ずるものが含まれる（金商法 21 条 1 項 1 号）。

　裁判例は、金商法が役員に重い責任を負わせた法の趣旨に鑑み、「準ずる者」の範囲を限定する傾向にある。ライブドア事件・個人投資家訴訟東京地裁判決（東京地判平成 21・5・21 判時 2047 号 36 頁（ライブドア事件・個人投資家訴訟））は、「『取締役に準ずる者』として上記の責任を負うと認められるためには、その者に、会社の全般についての業務執行決定及び業務執行の監督を行う取締役会の一員である取締役とほぼ同等の地位や権限が与えられていることを要すると解するのが相当である」とし、重要な関係会社の代表取締役や発行会社の執行役員上級副社長との肩書を有する者についても、詳細に事実を認定した上で、各事業部を担当する長としての位置づけにとどまるとして、「取締役に準ずる者」に該当しないと判断した。また、インネクスト事件東京地裁判決（東京地判平成 27・8・28 判例集未登載（平 23（ワ）第 37937 号）（インネクスト事件））では、発行会社の株式を 20% 超保有し、発行会社に対する事実上の影響力も大きかった株主について、「単に、提出会社の大株主であるとか、大株主のオーナーまたは代表者であるというだけでは役員に準ずる者にあたるとはいえない」

---

18) 立法担当者の見解として、大谷潤ほか「平成 26 年改正金商法等の解説(3)新規上場企業の負担軽減および上場企業の資金調達の円滑化に向けた施策」商事 2040 号 73 頁を参照。また、「過失」を巡る議論として、公益財団法人日本証券経済研究所　金融商品取引法研究会「証券訴訟を巡る近似の諸問題——流通市場において不実開示を行った提出会社の責任を中心に」4 頁以下を参照。

「事実上の影響力は大きいと考えられるが、そのことと有価証券報告書の提出に関する役員に準ずる者にあたるかどうかとは別途の問題である。」として、役員に「準ずる者」に該当することを否定した[19]。

(2)「相当な注意」の意義
(A) 総論
　金商法は、投資者の立証の負担に配慮して立証責任を転換しており、役員等は虚偽の記載を知らず、かつ、相当な注意を用いたにもかかわらず知ることができなかったこと（公認会計士または監査法人については、監査証明において「虚偽の記載」がないと証明したことについて故意・過失がないこと）を立証しなければ責任を免れることができない（金商法24条の4等・22条1項・21条2項1号）。

　役員等が免責されるための要件としての、「相当な注意」の具体的な内容は、学説・裁判例においては、①役員等の地位や職務内容のほかに、②虚偽記載等の原因行為への関与、③役員等が有していた情報等を基礎事情として、注意義務の範囲・水準が措定されるとされているところ[20]、実際の裁判例においては、特に、取締役が社内において担当していた職務との関係において相当な注意を用いたといえるかどうかが争点となることが多い。詳細は、以下の(B)および(C)において後述するが、この点に関する裁判例の傾向として、取締役の所管業務が虚偽記載等の内容とは直接関係しないものであったとしても、それによって直ちに注意義務が軽減されることにはならないものの、取締役が注意義務を果たすために取るべき行動の具体的内容については、取締役の所管業務が考慮されているということができる。具体的には、取締役は所管業務にかかわらず、会社の業務全般について監督すべき義務があるが、所管業務が異なる取締役については、取締役会や経営会議の場を通じて監督を行うべきであると考え、かかる観点から注意義務を果たしているか判断していると考えられる。

　また、公認会計士または監査法人の過失の有無については、詳細は第5節を

---

19) もっとも、同判決は、役員に準ずる者にあたらないとしても、「本件粉飾および本件虚偽記載を教唆した」ことについて民法の不法行為に基づく損害賠償責任を認めている。

20) 遠藤元一「取締役・監査役の『相当な注意を用いた』（金融商品取引法21条2項1号）に関する枠組み」商事2115号17頁。

第 2 編　開示に関する規制

参照されたいが、一般に公正妥当と認められる監査の基準である企業会計審議会の定めた「監査基準」や日本公認会計士協会の定めた実務指針、監査実務慣行に従って監査を実施したかどうかにより判断するものとされている[21]（大阪地判平成 24・3・23 判時 2168 号 97 頁（アイ・エックス・アイ事件））。

(B)「相当な注意」を用いたことが否定された事例

ライブドア事件・個人投資家訴訟（東京高判平成 23・11・30 金判 1389 号 36 頁・東京地判平成 21・5・21 判時 2047 号 36 頁（ライブドア事件・個人投資家訴訟））は、技術部門を担当していた取締役について、「取締役は、取締役会の構成員として会社の業務全般について協議、決定をし、これを監督すべきものであり（旧商法 260 条 1 項）、善良な管理者としての注意を尽くし（旧商法 254 条 3 項、330 条、民法 644 条）、法令等を遵守して会社のために忠実にその職務を遂行する義務を負っていること（旧商法 254 条ノ 3）、有価証券報告書は、当該企業の内容を開示する極めて重要な書面であることからすると、各取締役において、当該有価証券報告書全体にわたり、虚偽の記載がないか又は欠けているところがないかを互いに調査及び確認しあう義務があるというべきであり、当該取締役が技術担当取締役であることは、上記義務の程度を軽減すべき事情に当たらないというべきである。」「技術担当であるとか、非常勤であるからといって、単に与えられた情報を基に有価証券報告書の正確性を判断すれば足りるものではないし、また、海外に滞在しているからといって、尽くすべき注意の程度が当然に軽減されるものではないと解するのが相当である」と判示し、技術担当取締役であること等の事情が注意義務の程度を軽減すべき事情にあたらないと判断した[22]。

また、ニイウスコー事件・役員責任追及訴訟東京地裁判決（東京地判平成

---

21) 神崎克郎ほか『金融商品取引法』573 頁（青林書院、2012 年）。

22) なお、地裁判決は、「確かに、各取締役に求められる『相当の注意』（旧証取法 21 条 2 項 1 号）は、各取締役が当該会社において占めている具体的な役割や地位に応じて検討されるべきであり、例えば、代表取締役や財務担当の取締役と比較すれば、技術担当の取締役は『相当の注意』を用いたと認められやすいということはできる。」とし、一般論として、取締役の所管業務によって注意義務が軽減されることがあり得ることを示唆していたが、この部分は、高裁判決により本文記載のとおりに変更された。

第2章　不実開示に関する民事責任1／第3節　継続開示書類の虚偽記載等に関する裁判例

26・12・25判例集未登載（平21(ワ)第30700号）（ニイウスコー事件・役員責任追及訴訟））は、同様の考え方により、人事部門を担当していた代表取締役について、「取締役は、業務執行の決定及び取締役の職務の執行の監督を職務とする取締役会の構成員であり（旧商法260条1項、会社法362条2項）、善良な管理者の注意をもって（旧商法254条3項、会社法330条、民法644条）、法令を遵守し、株式会社のため忠実に職務を行う義務を負っている（旧商法254条の3、会社法355条）。また、代表取締役は、株式会社の業務に関する一切の裁判上又は裁判外の行為をする権限を有し（旧商法261条3項、78条1項、会社法349条4項）、会社の業務執行全般を統括する責務を負っている。したがって、被告は、担当する部門が人事部門であったとしても、取締役会や経営会議の場を通じて、人事以外の部門を含む業務全般について、業務執行が適正に行われているかを監視する責任を負っていたというべきである。」と判示し、結論として相当な注意を用いたことを否定した。

(C)「相当な注意」を用いたことが認められた事例

(a) 取締役について

アーバンコーポレイション事件・役員責任追及訴訟東京地裁判決（東京地判平成24・6・22金法1968号87頁（アーバンコーポレイション事件・役員責任追及訴訟））は、「『相当の注意』の具体的内容は、当該役員が当該会社において占めている地位、担当職務の内容、当時認識していた事実等に応じて個別に検討すべきである」ところ、「株式会社の取締役は、会社の業務執行全般についての監視義務を負うが、それは取締役会を通じて行うのが原則である。そして、会社の業務執行の決定は、迅速に行われるべき要請があるから、相当程度大規模な株式会社において、各取締役の担当する職務の分掌が定められている場合には、各取締役は、自分の関与しない職務については、他の取締役の職務執行について、特に疑うべき事情がない限り、これを信頼したからといって監視義務違反にはならないと解するのが相当である」としたうえで、問題とされた取引に関与しておらず、かつ、当該取引について決議した取締役会に出席することができなかった取締役について「相当な注意」を用いても虚偽の記載を知ることができなかったと判断した。

第2編　開示に関する規制

　シニアコミュニケーション事件東京地裁判決（東京地判平成25・2・22判タ
1406号306頁（シニアコミュニケーション事件））は、「各取締役の間で職務の分
担がされており、財務に関する事項は、専らこれに関する専門的な知識、経験
を有する被告Y2や被告Y4にゆだねられていたこと、被告Y5は、現場の実
務を担当して財務に直接携わっていなかったこと、被告Y5は、ほぼ毎回取締
役会に出席し、取締役会に提出される会計に係る報告書類に目を通していたが、
これらの書類は、いずれも創業者被告らにより証憑を偽造するなどして巧妙に
虚偽記載が含まれることを判別できないようにされていた上、監査法人の無限
定適正意見の付されたものであったこと、創業者被告らは、不正な会計処理を
するに当たり被告Y5を謀議から排除し、被告Y5がこれに気が付かないよう
に秘密裏に事を進めていたことに照らすと、被告Y5は、本件虚偽記載等につ
いて知らず、かつ、相当な注意を用いたにもかかわらず知ることができなかっ
たものと認めるのが相当である。」と判示して、財務に関する事項を担当して
いなかった取締役について「相当な注意」を用いても虚偽の記載を知ることが
できなかったと判断した。

　インネクスト事件東京地裁判決（東京地判平成27・8・28判例集未登載（平23
（ワ）第37937号）（インネクスト事件））は、「被告Y2は、上記本人供述のとおり
役員会での報告は聞いているが、それを超えて、被告Y2が積極的にその根拠
を確認したというような事実を示す証拠はない。しかし、本件ラインの取引に
ついては、……平成19年6月までに取引が終了した形の書類が作成されてお
り……、仮にそれらの書類を調査したとしてもこれが粉飾であるとの判断を行
うことは困難であったと考えられる」として、代表取締役でCTO（最高技術責
任者）であり、虚偽の記載に関連した取引が行われた事業部門とは別の事業部
門を担当していた者について「相当な注意」を用いても虚偽の記載を知ること
ができなかったと判断した。

　(b)　監査役について

　ニイウスコー事件・役員責任追及訴訟東京地裁判決（東京地判平成26・12・
25判例集未登載（平21（ワ）第30700号）（ニイウスコー事件・役員責任追及訴訟））
は、「監査役会は、『監査役の職務の執行に関する事項』（会社法390条2項3
号、旧商法特例法18条の2第2項）として、監査役の職務分担・役割分担の

90

定めをすることができるところ、業務監査については、当該職務分担等の定め
が合理的なものであれば、各監査役は、他の監査役の職務執行の適正さについ
て疑念を生ずべき特段の事情がない限り、当該職務分担等の定めに従って職務
を行えば、『相当な注意を用いた』ものと認めることができるというべきであ
る。また、会社の業務の適正確保等を目的とした内部統制システムが導入され
ている場合には、内部統制システムの整備及び運用状況等が適正なものと認め
られる限り、監査役は、内部統制システムによる報告や情報提供等を前提に職
務を遂行すれば、『相当な注意を用いた』ものというべきである。会計監査に
ついても、……会計監査人設置会社においては、監査役は、会計監査人の監査
の方法及び結果が相当でないと疑われる事情がある場合を除いては、会計監査
人の監査結果を前提として自らの職務を遂行すれば、『相当な注意を用いた』
ものと認めることができるというべきである。」と判示した上で、監査役につ
いて相当な注意を用いたと判断した。また、ニイウスコー事件・監査役責任追
及訴訟東京地裁判決（東京地判平成25・10・15判例集未登載（平21（ワ）第24606
号）（ニイウスコー事件・役員（監査役）責任追及訴訟））は、「監査役による監査
の指針としては、社団法人日本監査役協会が監査役監査基準を作成し、公表し
ており、同監査役監査基準は、法令そのものではないが、本件における被告ら
の監査役としての注意義務の内容を検討するに当たって考慮すべきものと考え
られる。」として、注意義務の内容を検討するにあたって、社団法人日本監査
役協会が作成する監査役監査基準を考慮すべきものとしたうえで、監査役によ
る監査は、監査役監査基準において定める監査の方法に照らしても、不相当な
ものであったということはできないとして、結論として、相当な注意を用いた
にもかかわらず知ることができなかったと判断した。

4　損 害 論

　損害論の詳細については、第3章第2節において詳述されているため、本節
では、損害論の基本的な考え方と裁判例の展開を概観するにとどめる。

第 2 編　開示に関する規制

(1)　総論（基本的な考え方）

　不実開示に関する民事責任の法的性質は民法上の不法行為責任であると解するのが通説である[23]。したがって、賠償の対象となる「損害」とは、一般不法行為の規定に基づきその賠償を請求することができる損害と同様に、虚偽記載等と相当因果関係のある損害を全て含むというのが基本的な考え方である（最判平成 24・3・13 民集 66 巻 5 号 1957 頁（ライブドア事件・機関投資家訴訟最高裁判決））。損害の算定方法について、不法行為における損害の考え方に関する通説的見解（差額説）と同様に、当該虚偽の記載がなかったとしたら取得者が置かれていたであろう経済状態と実際の経済状態との差に相当する額であると考えられるとされる。

(A)　差額説に基づく損害額の算定

　虚偽の記載がなかったとしたら取得者が置かれていたであろう経済状態と実際の経済状態との差を算定するにあたっては、2 つの考え方がある。

　1 つは、有価証券報告書等の虚偽の記載がなければ、株式を取得しなかったといえることを前提として、取得者のその有価証券の取得価格とその有価証券の事実審の口頭弁論終結時における価格（処分している場合には処分価格）との差額を損害額とする考え方（「取得自体損害説」ということがある）である。西武鉄道事件・一般投資家訴訟最高裁判決（最判平成 23・9・13 民集 65 巻 6 号 2511 頁（西武鉄道事件・一般投資家訴訟））は、不法行為によって生じた損害の額について判示したものであるが、取得自体損害説の立場に立ったリーディングケースとされる[24]。同判決の事案においては、虚偽の記載がなければ、西武鉄道株式は上場廃止となっていた蓋然性が高いという状況があったため、裁判所は、虚偽記載がなければ、発行会社株式を取得することはできず、あるいはその取得を避けたことは確実であって、これを取得するという結果自体が生じな

---

　23)　山下＝神田編・前掲注 13)。

　24)　判旨の射程は、金商法 21 条の 2 に基づく発行者の責任、同法 24 条の 4 に基づく発行者の取締役等の責任にも及ぶとされる（黒沼悦郎「判批」金融商品取引法判例百選 13 頁〔有斐閣、2013〕）。ニイウスコー事件東京高裁判決（差戻審）（東京高判平成 26・3・26 判例集未登載（平 25（ネ）第 2223 号）・差戻審（ニイウスコー事件））は、金商法 21 条の 2 に基づく請求について、虚偽の記載がなければ株式を取得することはなかったことを前提に損害額を算定している。

かったとみることが相当であると認定した。そして、そのように当該虚偽記載がなければ発行会社の株式を取得することはなかったとみるべき場合には、取得価額と処分価額の差額が損害額の基礎になるものとしている。これに対し、虚偽の記載を公表した上場会社の株式が公表後も日常的に売買される場合には、より低い株価で購入していたはずであるということまでは言えたとしても、虚偽の記載がなければ株式を取得しなかったということまで立証することは容易ではないと考えられる[25]。

もう1つの考え方は、虚偽の記載がなかったとしたら取得者の取得時にその有価証券が有していたであろう価格を算定し、その価格と取得者の実際の取得価格との差額（取得時差額）を損害額とする考え方（「取得時差額損害説」または「高値取得損害説」といわれることがある）である。この立場による場合、「取得時にその有価証券が有していたであろう価格」を立証することが容易ではないことから、取得者からの責任追及を容易にするために金商法21条の2第3項の損害額の推定規定が置かれていると説明される[26]。

裁判例には、取得自体損害説を採ったものも取得時差額損害説を採ったものもあるが、「当該虚偽記載がなければ発行会社の株式を取得することはなかったとみるべき場合」かどうかが判断基準になると考えられる[27]。

この点、株式の取得自体が損害と認められるには、その前提として、原告が「虚偽記載がなければ株式を取得しなかったこと」を立証する必要があるとこ

---

25) 取得自体を損害とみる場合には、契約の効力が無効・取消しにより否定されたのと同等の状態を損害賠償の形で実現するものであるから、契約の効力が否定されるのも当然であるといえるだけの事情が存在しなければならないとする見解もある（潮見佳男「虚偽記載等による損害——不法行為損害賠償法の視点から」商事1907号16頁）。他方で、ライブドア事件機関投資家訴訟最高裁判決（最判平成24・3・13民集66巻5号1957頁（ライブドア事件・機関投資家訴訟））において、田原睦夫裁判官の補足意見は「一般に、虚偽記載等の後、その公表前に流通市場で発行会社の株式を取得した者は、虚偽記載等がなければその株式を取得することはなかったものと推認されるのであって、それらの株主にあっては虚偽記載等がされている発行会社の株式を取得したこと自体が損害であると認められて然るべきである」と指摘している。

26) 岡田大ほか「市場監視機能の強化のための証券取引法改正の解説——課徴金制度の導入と民事責任規定の見直し」商事1705号53頁。

27) 取得自体損害説と取得時差額損害説はお互いに矛盾するものではなく、虚偽記載等がなかったと仮定した場合に想定される投資者の行動についての事実認定の問題であると指摘するものとして、森・濱田松本法律事務所編『企業訴訟実務問題シリーズ 証券訴訟』82頁（中央経済社、2017）。

第2編　開示に関する規制

ろ、「一般の投資者が、取引市場等で株式を取得するのは、取引市場における市場価額が、同人が想定するあるべき市場価額に比して割安と考えるからであり、虚偽記載があるとしても、虚偽記載がある株式の市場価額が、投資者が想定するあるべき市場価額より低額であれば、当該投資者が、この株式を取得する可能性が十分にあると考えられるから」「株式に虚偽記載があれば、当該株式を取得する投資者はいないとの経験則があるとは直ちには認められない」と考えられる（大阪高判平成 28・6・29 金判 1499 号 20 頁）。

　これまでの裁判例において株式の取得自体が損害として認められたものは、当該虚偽記載がなければ当該株式が上場廃止となる可能性が極めて高く、一般投資家において当該株式を取得することができなかった場合や、実際には大幅な赤字だったものを虚偽記載により多額の黒字を上場当時から継続して計上していた場合など、ごく限られた事例にとどまっている（最判平成 23・9・13 民集 65 巻 6 号 2511 頁、東京高判平成 23・4・13 金判 1374 号 30 頁等）。

(B) 相当因果関係による損害の範囲について

　裁判例は、損害額の算定について前述した 2 つの考え方を基礎にしながら、相当因果関係によって損害の範囲を拡大し、または、減少することによって具体的な損害額を修正するとともに（具体的には、取得自体損害説の考え方をベースに、虚偽記載と相当因果関係のない株価の下落分を控除するか、取得時差額損害説の考え方をベースに、取得時差額以外にも虚偽記載と相当因果関係のある株価の下落分を加算するというアプローチになる）、損害の額の立証が困難である場合には金商法 21 条の 2 第 6 項または民訴法 248 条により相当な損害額を認定している。

　相当因果関係の有無の認定において問題となることが多いのは、虚偽記載の発覚前後のマスメディアの報道、経営陣の退任、上場廃止の可能性、ろうばい売りが集中することによる過剰な下落、経済情勢、市場動向、当該会社の業績等による株価の下落分などである。

(C) 裁判例

　以下では、具体的な裁判例を見ていく。

94

第2章 不実開示に関する民事責任1／第3節 継続開示書類の虚偽記載等に関する裁判例

　西武鉄道事件・一般投資家訴訟最高裁判決（最判平成 23・9・13 民集 65 巻 6 号 2511 頁（西武鉄道事件・一般投資家訴訟））は、「有価証券報告書等に虚偽の記載がされている上場株式を取引所市場において取得した投資者が、当該虚偽記載がなければこれを取得することはなかったとみるべき場合、当該虚偽記載により上記投資者に生じた損害の額、すなわち当該虚偽記載と相当因果関係のある損害の額は、上記投資者が、当該虚偽記載の公表後、上記株式を取引所市場において処分したときはその取得価額と処分価額との差額を、また、上記株式を保有し続けているときはその取得価額と事実審の口頭弁論終結時の上記株式の市場価額（上場が廃止された場合にはその非上場株式としての評価額。以下同じ。）との差額をそれぞれ基礎とし、経済情勢、市場動向、当該会社の業績等当該虚偽記載に起因しない市場価額の下落分を上記差額から控除して、これを算定すべきものと解される。」として、取得自体損害説の考え方を基礎としながら、損害の範囲について、相当因果関係による一定の限定を加えている。同判決は①虚偽の記載が公表されるまでの間の株価の下落分および②「経済情勢、市場動向、当該会社の業績等」による株価の下落分については、虚偽の記載とは無関係な要因に基づくものとして相当因果関係を否定している。他方で、同判決は、③虚偽の記載公表後の「ろうばい売りが集中することによる過剰な下落」については、虚偽の記載が判明することによって通常生ずることが予想される事態であるとして、相当因果関係を認めている。

　ライブドア事件・機関投資家訴訟最高裁判決（最判平成 24・3・13 民集 66 巻 5 号 1957 頁（ライブドア事件・機関投資家訴訟））は、「（金商法）21 条の 2 第 1 項にいう『損害』とは、一般不法行為の規定に基づきその賠償を請求することができる損害と同様に、虚偽記載等と相当因果関係のある損害を全て含むものと解されるところ、同条 2 項（執筆者注：現 3 項）は、同条 1 項を前提として、虚偽記載等により生じた損害の額を推定する規定であるから、同条 2 項（執筆者注：現 3 項）にいう『損害』もまた虚偽記載等と相当因果関係のある損害を全て含むものと解するのが相当であって、これを取得時差額に限定すべき理由はない」と判示し、取得時差額損害説の考え方を基礎としながら、相当因果関係によって損害の範囲を一定程度拡大している。同判決は、虚偽記載等の事実の発覚前後におけるマスメディアの報道、捜査機関による強制捜査、経営陣の

第2編　開示に関する規制

逮捕、代表取締役の解任、上場廃止の可能性、売り注文の殺到による取引所市場の混乱等の事情は、虚偽記載等から通常予想される事態であるとして、これらの事情による株価の値下がり分について、虚偽記載等と相当因果関係を認めた[28]。

オリンパス事件大阪高裁判決（大阪高判平成28・6・29金判1499号20頁（オリンパス事件・大阪訴訟））は、取得時差額を損害と捉える考え方を基礎とした上で[29]、取得時差額自体に限られず、虚偽記載の発覚に伴う信用毀損等による株価の下落、投資家が虚偽記載という事実の発覚に対して過剰反応（いわゆるろうばい売り等）することによる株価の下落も、通常生ずることが予想されるものであることから、虚偽記載と相当因果関係があるとしている。

インネクスト事件東京地裁判決（東京地判平成27・8・28判例集未登載（平23（ワ）第37937号）（インネクスト事件））は、当該虚偽記載がなければこれを取得することはなかったとみるべき場合は、取得自体損害と捉えるべきとし、同判決の事案においては、原告が、虚偽記載のある有価証券報告書に記載された売上高や経常利益等を検討材料とし、それが上昇傾向にあることを評価して投資を決定していたところ、真実が記載されていた場合には「業績および成長性に疑問が生じることは明らかであ」ったことから、虚偽記載がなければ株式を取得しなかったとみるべきであると認定している。そのうえで、経済情勢、市場動向、当該会社の業績等当該虚偽記載に起因しない市場価額の下落分を損害から控除すべきとし、①虚偽記載の公表までの間の株価の下落、②公表後に会社の経営の先行きに対する市場の評価に基づく株価の下落、③破産開始決定の申立ておよび開始決定に基づく株価の下落を損害から控除している。また、同判決の事案においては、問題とされた虚偽の記載以外にも粉飾の事実があったと

28）これらの諸事情は、株主が一般的に、その地位に基づいて被る損害と解されることを理由として、賠償請求の範囲から除外されるべきとする有力説も示されている（田中亘「判批」ジュリ1405号188頁、加藤貴仁「流通市場における不実開示と投資家の損害」新世代法政策学研究11巻327頁、白井正和「判批（下）」商事1972号20頁）。

29）同判決は、取得自体損害の考え方を否定しているわけではなく、「取得自体損害が認められるのは、当該取得者が、虚偽記載がなければ、その株式を取得しなかったと認められる場合である」としたうえで、同判決の事案においては、「本件虚偽記載がなければ、……株式を取得しなかったとまで認めるに足りない。」と認定している。

ころ、株価の下落には、当該粉飾の事実の公表による影響がより大きく作用していると考えられるとして、民事訴訟法248条を適用して、取得価額と処分価額の差額のうち1割5分のみを損害と認めた。

リソー教育事件東京高裁判決（東京高判平成29・9・25金判1530号12頁（リソー教育事件））は、虚偽の記載についての確定的な適時開示に先立ち、「適切な会計処理が行われなかったなどの疑義が生じて」いることが公表された事案であり、かかる公表の前後に取得した株式のいずれについても損害賠償の範囲が問題となった[30]。判決は、まず、発行会社株式について上場廃止の蓋然性は高くなかったとして、虚偽記載がなければその取得を避けたことが確実であったとはいえないとして、取得時から公表までの価格下落分は損害に含まないものとした。また、上記の「適切な会計処理が行われなかったなどの疑義が生じ」た旨の公表がされた平成25年12月16日の翌日以降に発行会社株式を購入した者については、平成25年12月16日付けの「発表後に一審被告株式を取得するに当たり、同株式の今後の株価の動向が虚偽記載による影響を受ける可能性があることを認識した上で、あえて株価下落のリスクを引き受けて同株式を取得したものと認められるのであり、その後の同株式の株価の下落は、もともと一審原告……が同株式を取得した時点で、同株式に内在し、かつ、一審原告……が認識していたリスクが現実化したにすぎないのであるから、この株価の下落による損害と本件虚偽記載との間には相当因果関係がない」とした。

(2) 流通市場における民事責任の特則（金商法21条の2第3項）

(A) 損害の計算方法

前述のとおり、有価証券の取得者からの責任追及を容易にするために金商法

30）有価証券報告書等の重要な虚偽の記載の疑いが生じた場合の実務的な対応としては、事実関係・会計処理の確認調査を経て、①速報的な適時開示を行い、その後、段階的な適時開示を経て（東京証券取引所は、適時開示全般について、決定・発生の時点で全容が判明していない場合においても、その時点で判明している事実と未判明である事実とを区分した上で判明している事実については適時開示を行い、その後、未判明の箇所が確定した段階で順次開示をするという対応を求めている〔東京証券取引所「会社情報適時開示ガイドブック2017年3月」52頁〕）、訂正内容が確定した場合には、②訂正報告書の提出および確定的な適時開示がなされるという流れになることが一般的にあり得る（木目田裕ほか「決算書類の重要な過誤・粉飾の疑いが生じた場合の実務的対応」商事1791号32頁）。

第2編　開示に関する規制

21条の2第3項の損害額の推定規定が置かれている。具体的には、虚偽記載等の事実の公表日前1年以内に当該有価証券を取得し、当該公表日において引き続き当該有価証券を所有する者は、公表日前1か月間の有価証券の市場価額（市場価額がないときは、処分推定価額）の平均額から当該公表日後1か月間の当該有価証券の市場価額（市場価額がないときは、処分推定価額）の平均額を控除した額を、虚偽記載等により生じた損害の額とすることができる。これは、同条1項に基づく損害賠償請求訴訟における請求権者の立証の負担を軽減するため、虚偽記載等の事実が公表されたことなどの一定の前提事実が存在する場合に、虚偽記載等と損害の発生との因果関係および損害の額を法律上推定する趣旨の規定であると解される[31]。なお、立案担当者は「現実に真実が公表され証券の価額が下落した場合に、その下落額は、いわば不実開示によって不当に高く評価されていた価額であると評価できるから、法律上、『下落額』≒『差額説による理論価額』と評価して、本推定規定を設けた」としており、本推定規定による損害を、取得時差額損害説を前提とした損害額の近似値と考えている旨説明している[32]。

なお、ニイウスコー事件東京高裁判決（差戻審）（東京高判平成26・3・26判例集未登載（平25(ネ)第2223号）・差戻審（ニイウスコー事件））は、公表日の1年以上前に取得した株式についても、民訴法248条に基づき、公表日から1年以内に取得した株式と「別に算出すべき合理的理由はない」として、金商法21条の2第3項と同様の方法により損害額を算定した。

(B)　「公表」の意義

金商法21条の2第3項の「公表」について、同4項は「当該書類の提出者又は当該提出者の業務若しくは財産に関し法令に基づく権限を有する者により、当該書類の虚偽記載等に係る記載すべき重要な事項又は誤解を生じさせないために必要な重要な事実について……多数の者の知り得る状態に置く措置がとられたことをいう」と定める。この点に関し、ライブドア事件・機関投資家訴訟最高裁判決（最判平成24・3・13民集66巻5号1957頁（ライブドア事件・機関投

31）最判平成30・10・11民集72巻5号477頁（IHI事件）深山卓也裁判官の補足意見。

32）岡田ほか・前掲注26）53頁。

第2章　不実開示に関する民事責任1／第3節　継続開示書類の虚偽記載等に関する裁判例

資家訴訟））においては、検察官が「法令に基づく権限を有する者」に該当するか、また、どのような情報開示がここでいう「公表」に該当するのかということが問題となった。判決は、まず、検察官は、「有価証券報告書等の虚偽記載等の犯罪につき刑訴法に基づく種々の捜査権限を有しており……その情報には類型的に高い信頼性が認められる。」として、検察官は「法令に基づく権限を有する者」に該当するとした。また、「公表」の意義については、「有価証券報告書等に記載すべき真実の情報」を開示するまでの必要はなく、「有価証券に対する取引所市場の評価の誤りを明らかにするに足りる基本的事実」について多数の者の知り得る状態に置く措置がとられれば足りるとし、検察官が、捜査の過程で得られた証拠等に基づき、司法記者クラブに加盟する報道機関の記者らに対し、粉飾の手法を含めて有価証券報告書の虚偽記載の容疑がある旨の情報を伝達したことが「公表」にあたるとした。

　また、前述のとおり、有価証券報告書等の重要な虚偽記載等の疑いが生じた場合の実務的な対応としては、①速報的な適時開示を行い、その後、段階的な適時開示を経て、訂正内容が確定した場合には、②訂正報告書の提出および確定的な適時開示がなされるため、これらのどの時点における開示をもって「公表」にあたるかという点も問題となり得る。IHI事件東京高裁判決（東京高判平成29・2・23民集72巻5号712頁（IHI事件高裁判決））は、「過年度決算発表訂正の可能性に関するお知らせ」との題名の下に公表された開示について、「可能性」との文言が用いられてはいるものの、相当規模に及ぶ決算書類の過年度訂正についての事実が明らかにされたとして「公表」に該当すると判断した。また、金商法21条の2第3項の「公表」について論じたものではないが、前述したリソー教育事件東京高裁判決（東京高判平成29・9・25金判1530号12頁（リソー教育事件））の判示内容を踏まえれば、実際の開示内容にもよるものの、不適切な会計処理が行われた疑いが生じたことの開示をもって「公表」に該当すると判断される場合もあると考えられる。

(C)　裁量的減免

　金商法21条の2第3項の損害額の推定規定が適用される場合に、その賠償の責めに任ずべき者が、損害の額の全部または一部が、当該書類の虚偽記載等

によって生ずべき有価証券の値下がり以外の事情により生じたことを証明したときは、責任の全部または一部については賠償の責任を負わないとされる（金商法21条の2第5項）。株価は多様な要因によって変動するため、どのような事情が「虚偽記載等によって生ずべき有価証券の値下がり以外の事情」といえるかが問題となる。

この点、ライブドア事件・機関投資家訴訟最高裁判決（最判平成24・3・13民集66巻5号1957頁（ライブドア事件・機関投資家訴訟））は、問題となった虚偽の記載とは無関係の関連会社の完全子会社化による株価の値下がり分として推定損害額の1割を損害から差し引いた原審の判断を是認している。

また、IHI事件東京高裁判決（東京高判平成29・2・23民集72巻5号712頁（IHI事件高裁判決））は、株価の値下がりは、「過年度決算発表訂正の可能性に関するお知らせ」と同日に公表された業績予想修正の開示とあいまって生じたものとみるのが相当であるとして、金商法21条の2第3項により推定される損害から5割（一部株主については6割）の減額を認めた（最高裁判決・最判平成30・10・11民集72巻5号477頁の上告棄却により確定）。

(D) 損害論についての実務上の課題

虚偽記載と因果関係のある損害額を算定するにあたっては、発行会社の株価が日々変動するため、実務上の課題は多い。たとえば、前述した虚偽記載と無関係な事情による株価下落について控除されるべき損害額の算定が容易ではないことに加えて、①対象となる株式をどのように特定するのか（虚偽の記載と因果関係のある株式の特定につき、現物取引ではいわゆる先入先出法により特定し、信用取引では建玉日と決済日をもって特定すると判示した裁判例として、東京地判平成24・6・22金法1968号87頁（アーバンコーポレイション事件・役員責任追及訴訟）があるが、先入先出法により株式を特定する場合には、虚偽の記載がある有価証券報告書等の提出以降における株式の取引履歴だけでなく、証券会社の顧客勘定元帳等をもとに、過去の株式の取引履歴まで整理されなければ特定されないことになるだろう）、②虚偽記載公表後に、発行会社の株価が、請求者の株式取得価額以上となった場合には、損害との因果関係が認められない可能性があること、③株式取得後に実施された株式併合等により生じた1株に満たない端数の処理

について整理する必要があること、④株式取得後に剰余金の配当が実施された場合には、当該剰余金配当額が損害から控除されるべき可能性があること、⑤複数の有価証券報告書等に虚偽記載がある場合には、株式の取得時期によって、どの虚偽記載が損害額の算定に影響を与えるかが異なってくることなどである。虚偽記載等による民事責任については、集団訴訟として提訴されることが多いが、損害額の算定については、民事訴訟の原則どおり、個々の原告ごとに、これらの事項を整理した上で、損害額を主張・立証しなければならない。

〔宮下　央・小田智典〕

第2編　開示に関する規制

第4節　会社法上の責任

1　はじめに

　会社法は、公開会社であるか非公開会社であるかを問わず、様々な事項について会社に開示を義務付けている[1]。これらの義務に違反して、不実・虚偽の通知、登記、公告を行ったり、開示すべき事項を開示しなかったことにより、会社に損害が生じた場合には、役員等は会社に対し任務懈怠責任を負う（会社法423条1項）。これは、会社に対する取締役など役員等の責任である。これに対して、第三者に対しては、前記のような不実・虚偽の開示によって損害を被った者がある場合には、一般法としての民法の不法行為（民法709条）の要件を満たす限りで、会社または会社の役員等は、これにより生じた損害を賠償すべき責任を負うと解される[2]。また、会社の代表者がその職務を行うについて不実の開示を行い、第三者が損害を受けたときは、会社は当該第三者に対して損害賠償責任を負う（会社法350条）[3]。さらに、会社の役員等がその職務を行

　1）龍田節＝前田雅弘『会社法大要〔第2版〕』43頁（有斐閣、2017）は、開示制度の機能として、①必要の情報を関係者に知らせる（情報提供）、②権利行使の機会を知らせるだけでなく合理的な判断に基づく行使ができるようにする（権利の実質化）、③情報ギャップを埋め当事者の地位を対等に近づける（地位の平準化）、④明るみの中で悪事は働きにくく、関係者の姿勢をただす（不正の抑止）をあげている。

　2）会社自体が損害賠償責任を負う法律構成としては、民法709条そのものによるか民法715条や会社法350条を介してかについては旧来から議論がある。たとえば、林良平＝前田達明編『新版注釈民法（2）』293頁以下〔前田達明＝窪田充見〕（有斐閣、1991）、高橋美加「会社の不法行為責任と内部統制システム構築義務」江頭憲治郎先生古稀記念『企業法の進路』281頁（有斐閣、2017）参照。

　3）周知のように、会社の損害と第三者、とくに株主の損害との関係をどのように捉えるかについては議論がある。公開会社について、会社の業績が取締役の過失により悪化して株価が下落するなど、全株主が平等に不利益を受けた場合に、株主が取締役に対してその責任を追及するためには、特段の事情がない限り、株主代表訴訟によらなければならず、直接民法709条に基づき取締役に対し損害賠償を求める訴えを提起することはできないとする裁判例（東京高判平成17・1・

第2章　不実開示に関する民事責任1／第4節　会社法上の責任

うにつき悪意または重過失があり、これによって第三者が損害を被ったときは、当該役員等はこれによって第三者に生じた損害を賠償する責任が生じる（会社法429条1項）。また、一定の書類に虚偽または不実の記載がなされた場合や虚偽の登記・公告がなされた場合には、会社法429条2項の規定により、同様に、役員等に第三者に対する損害賠償責任が課せられている。なお、役員等が同条2項各号の書類に故意に虚偽記載をした場合には、会社法上、罰則が科せられている（会社法964条、976条2号・7号）。これらの民事法上の責任規定には損害填補とともに違法行為の抑止の機能がある。

　金商法は、開示義務が課せられる開示書類について、重要な事項について虚偽の記載があり、または記載すべき重要な事項もしくは誤解を生じさせないために必要な事実の記載が欠けている場合に、開示書類の届出者・提出者である発行者（金商法18条、21条の2）や有価証券を取得させた者、発行会社の役員、売出人、公認会計士・監査法人等（同法17条、21条、22条、24条の4等）に対して、不実開示の責任を課している（金商法上の責任は、本章の第1節～第3節で扱われているので、詳細はそちらに譲ることとする）。

　本節では、会社法429条2項に基づく役員等の対第三者責任と350条に基づく会社の責任についての解釈上の問題点などを考察することを目的としている。

2　会社法429条2項の責任規定と金商法の役員等の責任規定

(1)　会社法429条2項の責任規定[4]

　一定の書類等に虚偽または不実の記載がなされた場合や虚偽の登記・公告が

---

18 金判1209号10頁）がある。これは、株主が被る間接損害の救済は代表訴訟によって行われることが想定されていて、株主を第三者とする損害賠償請求は認められないとの多数説による解釈を基礎としたものである。この判決での理由付けの1つとして、公開会社では株主は自由に市場で株式を処分できるので適時に株式を譲渡して損失を回避できることがあげられているが、すでに売却をした者は、代表訴訟を提起することができないことや継続して株式を所有している株主に代表訴訟を提起することを求めるのが困難であるとの批判がある。黒沼悦郎「取締役の投資家に対する責任」商事1740号21頁。

4）同条項のもともとの規定は、昭和25年改正において設けられた商法266条ノ3第1項後段、すなわち、取締役ガ其ノ職務ヲ行フニ付悪意又ハ重大ナル過失アリタルトキハ其ノ取締役ハ第三

103

第2編　開示に関する規制

なされた場合の民事責任を明文をもって規定するのは、会社法 429 条 2 項の規定である。同条項の責任は、取締役および執行役については、①（イ）株式、新株予約権、社債もしくは新株予約権付社債を引き受ける者の募集に際して通知しなければならない重要な事項について虚偽の通知をしたことまたは当該募集のための会社の事業その他の事項の説明に用いた資料に虚偽の記載・記録をしたこと、（ロ）計算書類・事業報告・臨時計算書類に記載・記録すべき重要な事項につき虚偽の記載・記録をしたこと、（ハ）虚偽の登記、または（ニ）虚偽の公告を行ったこと（440 条 3 項に規定する措置を含む）〔なお、会計参与、監査役・監査等委員・監査委員および会計監査人については、それぞれ 429 条 2 項 2 号ないし 4 号に掲げられた書類等に記載・記録すべき重要な事項についての虚偽の記載・記録を行ったこと〕、②それらの者が当該行為をすることについて注意を怠ったこと、③第三者に損害が生じたこと、④①と③との間に因果関係があることが成立の要件となる[5]。そして、責任を追及する側が、①③④を基礎づける事実を主張・立証する責任を負うが、①の立証がされれば、②が推定され、行為者の側が注意を怠らなかったこと（過失がなかったこと）を根拠づける事実を主張・立証できなければ責任を免れないと解されている[6]。一般不法行為責任の追及

者ニ對シテモ亦連帯シテ損害賠償ノ責ニ任ズ「重要ナル事項ニ付株式申込證、社債申込證、目論見書、第 281 条ニ掲グル書類〔計算書類〕若ハ第 293 条ノ 5 ノ附属明細書ニ虚偽ノ記載ヲ為シ又ハ虚偽ノ登記若ハ公告ヲ為シタルトキ亦同ジ」である。この後段規定をめぐっては、主観的要件の定めがなく議論があったが、無過失責任と解するのが多数説であった。たとえば上柳克郎ほか編『新版注釈会社法 (6)』320 頁〔龍田節〕（有斐閣、1987）。無過失責任を前提とする裁判例として名古屋高判昭和 58・7・1 判時 1096 号 134 頁がある。この事案は、会社が振り出した約束手形を割り引く際に会社の資力・業績を判断するために会社四季報の記載を基礎としていた事案である。その後、昭和 56 年改正により、取締役がこの責任を免れるためには、記載、登記または公告をなすにつき注意を怠らなかったことを証明しなければならない旨の但書が追加された。旧来の学説の状況については、田中誠二『三全訂会社法詳論（上巻）』700 頁（勁草書房、1993）参照。

5）岩原紳作編『会社法コンメンタール 9 機関(3)』408 頁〔吉原和志〕（商事法務、2014）。

6）岩原編・前掲注 5）408 頁〔吉原〕。同条 1 項の責任が悪意または重過失を要件とするが、2 項の責任は行為者が注意を怠らなかったことを立証しなければ責任を免れることができない。なお、第三者が開示された書類を直接見たことを責任成立の要件としたとみられる立場（前掲名古屋高判昭和 58・7・1）に対しては、役員等が同項各号所定の書類に虚偽記載をすれば、それが企業情報誌等に掲載されて広い範囲の者がそれを信頼する場合があることは、役員等としても予見してしかるべきであるから、支持できないとの批判的な見解（田中亘『会社法』359 頁（東京大学出版会、2016）、上柳ほか編・前掲注 4）311 頁〔龍田〕）が多い。

では、「故意または過失」、「行為と損害との因果関係」および「損害額」の立証は、責任を追及する側が負わなければならないのに対して、同条2項では、過失についての立証責任の転換がはかられていることでは、責任を追及する側に有利な面がありうるが、因果関係の立証は実際上大きな壁となっている。

429条2項の責任は、第三者の直接損害についての役員等の責任の1類型であり、その性質は同条1項の責任と同様に、不法行為とは別個に会社法が定めた特別の法定責任である[7]とするのがおそらく通説であろう。これに対しては、同条2項の責任は、不法行為的性質を有する責任であるとし、同条1項と異なり、同条2項では、会社に対する任務懈怠が問題となるのではなく、株主を含む第三者保護を目的とする不実表示を理由とする不法行為責任と解する見解[8]も主張されている。こうした見解によれば、上記②の要件については、第三者に対する正確な記載・情報提供をすることについて注意を怠らなかったことが要求されることになろう。同条項の責任は、その性質としては、第三者と役員等との間に直接の契約関係はないことから、基本的には不法行為に基づく責任と考えるべきであろう。ただ、開示事項の重要性や不実開示に伴い、様々な第三者に損害が生じうるところ、行為主体または責任主体は、会社に対して職務上不実開示をしないことが義務付けられていることから、一般不法行為とは別個の要件を設けて、虚偽記載によって直接損害を被った者を特に救済することにしたと解すべきではなかろうか。

会社法429条2項の規定は、同条1項の責任の特則を定めるものであり[9]、情報開示の重要性と虚偽の情報開示が第三者（取引の相手方や投資者）に及ぼす危険性とを考慮して、同条1項とは別に重い責任を課したものとされてい

7）岩原編・前掲注5）408頁〔吉原〕。

8）近藤光男『株主と会社役員をめぐる法的問題』270頁（有斐閣、2016）。なお、昭和56年改正前商法下においても、同条1項に相当する規定を債権者の間接損害の場合、同条2項に相当する規定を投資家保護の特別規定とみて、直接損害の場合は、契約締結上の過失責任や不法行為の一般原則に委ねるのが合理的であるとの見解も主張されていた。これについては、佐藤庸『取締役責任論』205頁（東京大学出版会、1972）。また、吉川義春『取締役の第三者に対する責任』270頁（日本評論社、1986）は、昭和56年改正後の同条2項の責任について、民法709条と同様直接損害を対象とする過失責任であるが、その主観的要件の挙証責任を転換した一般不法行為の特則と解している。

9）酒巻俊雄＝龍田節編『逐条解説会社法 第5巻』429頁〔青竹正一〕（中央経済社、2011）。

第2編　開示に関する規制

る[10]。すなわち、同条2項に列挙されたものが対外的な開示手段であり、重要事項についての虚偽記載や虚偽の登記・公告が第三者に損害を及ぼすのはむしろ当然であって、取締役たる者はそのことを十分に認識しなければならないからであると説かれてきた[11]。開示される情報については、同条項は、行為主体とともに虚偽記載の書類等を列挙している。行為主体については、行為を行ったことが責任成立の要件であると解され、虚偽記載等を行ったことあるいは少なくとも行為の決定に関与したことが要求される[12]。また、たとえば、会社の備置書面のうち、同条2項の対象とされていないものについては原則通り同条1項の規定が適用され、任務懈怠の存在および役員等の悪意または重過失の立証責任は、損害賠償を請求する側が負うことになる[13]とされ、2項の書類等は限定列挙であると解されている[14]。

「重要な事項」の意味については、従来、取引や投資の判断に当たってそれに影響すると一般的に認められる事項と解され、また、重要事項を記載しないことも、全体として記載を不実とすることから、積極的に虚偽の記載をするのと同様に違法であると解される[15]。一方、虚偽の登記・公告については、「重要な」という限定がない。このような一般的開示の方法等の関係では、第三者の損害と登記・公告によって開示された事項との因果関係で解釈をすることになろう。

虚偽記載と損害との因果関係については、責任を追及する第三者の側が立証しなければならない。その場合、第三者が直接に虚偽記載のある計算書類等を見たことは必要ではないとの見解が有力である[16]。裁判例として本条項を基

---

10)　岩原編・前掲注5)　408頁〔吉原〕。

11)　上柳ほか編・前掲注4)　320頁〔龍田〕。

12)　岩原編・前掲注5)　408頁〔吉原〕。

13)　相澤哲ほか編著『論点解説　新・会社法』355頁（商事法務、2006）。

14)　岩原編・前掲注5)　409頁〔吉原〕。

15)　上柳ほか編・前掲注4)　311頁〔龍田〕、岩原編・前掲注5)〔吉原〕410、411頁。なお、山下友信＝神田秀樹編『金融商品取引法概説〔第2版〕』196頁注157)〔小出篤〕（有斐閣、2017）によると、金商法18条や21条の2の責任などに関して、「重要性」の判断については、責任を追及する当事者にとっての具体的・主観的な重要性（その情報が現実に当該投資者の投資判断にとって重要であったかどうか）ではなく、投資者一般、市場一般にとって抽象的・客観的な重要性で足りるべきである（東京地判平成20・6・13判時2013号27頁参照）と解されている。

16)　岩原編・前掲注5)　414頁〔吉原〕。なお、本稿前掲注6)参照。横浜地判平成11・6・24判時

礎として責任追及された事案の多くは、虚偽記載の書類等に基づき会社と取引に入った者からの責任追及に関わる事案である[17]。これに対して、投資家が虚偽記載された書類等により損害を被ったとして取締役等に責任追及する事案のほとんどは、金商法や民法の不法行為を基礎とするものである[18]。会社法429条2項の規定は、会社法の一般的な規定として、公開会社であるか非公開会社であるかを問わず、適用されることを前提としたものであり、また、「第三者」の範囲も、損害を被る者について広く取引先や投資家にも適用されうる規定になっている。開示される情報の重要性やその情報の拡散性という観点からすると、解釈論として虚偽記載があった記載自体を見ることを因果関係として要求することは狭きに失することや、虚偽記載と損害との因果関係の検討については、株式等の取得や取引開始に際して、仮に虚偽記載がなかったならばその行為を行わなかったかという観点が重要であることが指摘できよう。

(2) 金商法の役員等の責任規定

金商法上の責任規定との関係では、計算書類等の虚偽記載の結果、真実が公表されていれば形成されていたと想定される有価証券の価格と異なる相場形成が行われ、後に虚偽記載の事実が公表された際に投資家が被る損害に関する役員等の責任については、会社法429条2項によるよりも、金商法の規定（21条1項、22条、23条の12第5項、24条の4、24条の4の7第4項、24条の5）による方が賠償請求者にとって有利であるから、その局面では、同法による賠償請求が行われることが多いと考えられ、会社法429条2項の存在意義はさほど大

1716号144頁は、会社から受注した下請工事を完成して引き渡したが、その後、会社が破産し、工事代金支払いのために会社から交付を受けていた約束手形が決済不能となり手形金相当額の損害を被ったことについて、この損害は、同社が粉飾決算を行い、その結果、原告が同社の財務状況を誤信して工事を受注したために生じたものであると主張して、取締役であった者に対して、当該手形金相当額の損害賠償を請求した事案であるが、取引に入る際に虚偽記載の内容がその判断に影響を与えたかどうかを問題とし、第三者が虚偽記載のある計算書類を直接見たことは、責任成立の要件とはしていない。本件では粉飾決算に係る期の計算書類に依拠した帝国データバンク作成の調査報告書等に基づき受注した事案である。

17) 前掲注4)・6)・16)で述べた裁判例のほか、虚偽の決算書類をもとに取引関係に入った第三者からの責任追及を認めた東京地判平成19・11・28判タ1283号303頁がある。

18) この理由については、近藤・前掲注8) 287頁参照。

第2編　開示に関する規制

きくないとの指摘がなされている[19]。

　まず、有価証券届出書のうちに重要な事項について虚偽の記載があり、または記載すべき重要な事項もしくは誤解を生じさせないために必要な重要な事実が欠けているとき（以下虚偽記載などがあるときと記す）は、提出会社の提出時の役員（取締役、会計参与、監査役もしくは執行役またはこれに準ずる者）、監査証明において虚偽記載などがあるものを虚偽記載などがないものとして証明した公認会計士または監査法人は、当該有価証券を募集または売出しに応じて取得した者に対し、虚偽記載などにより生じた損害を賠償する責任を負わねばならない。ただし、当該取得者が、その取得の申込みの際に虚偽記載などを知っていたときは責任を免れる（金商法21条1項）ものとされ、また、当該役員は、記載が虚偽であることなどを知らず、かつ相当の注意を用いたにもかかわらず知ることができなかったことを、当該公認会計士または監査法人は、監査証明をしたことについて故意または過失がなかったことを立証すれば責任を免れるものとされている（同条2項1号2号）。このような規定からは、免責されるための善意無過失の立証責任が役員等に課せられていること、取得者が不実表示を知りながら当該有価証券の取得の申込みをしたことの立証責任が役員の側に転換されていることから責任を追及する側の負担を軽減しているということが見てとれる。また、虚偽記載により生じた損害であり、虚偽記載のある届出書を実際に見たことまでは要求されないことなどもこれに資するといえよう。

　次に、継続開示についての責任であるが、流通市場での取得者など、募集または売出しによらずに有価証券を取得した者・処分した者は、提出会社の役員等に対しては、金商法22条や24条の4などにより責任追及をすることが可能となる。

　具体的には、有価証券報告書のうちに重要な事項につき虚偽記載などがある場合、提出会社の提出時の役員および監査証明において虚偽記載などがあるものを虚偽記載などがないものとして証明した公認会計士・監査法人は、有価証券を取得した者に対して損害賠償責任を負う。ただし、取得者が虚偽記載などを知っていた場合はこの限りでない（同法24条の4、22条）。また、当該役員は、

19）岩原編・前掲注5）415頁〔吉原〕。

記載に虚偽等があることを知らず、かつ相当な注意を用いたにもかかわらず知ることができなかったことを証明した場合、また、公認会計士・監査法人は、その証明をしたことについて故意または過失がなかったことを証明した場合には、免責される（同法22条2項、21条2項1号・2号）。

会社法429条2項との関係では、金商法上は、虚偽記載のある開示書類の作成に積極的に関与した者だけではなく、取締役、監査役等の立場からこれを監視・監督した者にも責任を負わせている[20]点、とくに、役員が、記載が虚偽でありまたは欠けていることを知らず、かつ相当な注意を用いたにもかかわらず知ることができなかったことについての立証責任が役員に負わされ、過失についての判断は、厳格になされるべきであると解される点[21]や、投資家保護の観点からの具体的な規定であることから責任を追及する側には使いやすいといえよう。

3 会社の責任

代表取締役その他の代表者がその職務を行うについて第三者に損害を与えた場合には、株式会社はその損害を賠償する責任を負う（会社法350条）。この責任は、代表者自身に民法709条により責任を負うべき不法行為があり、それによって第三者に損害が生じる場合に、会社がともに責任を負うことで、代表者が無資力の場合でも第三者の保護をより図るためのものであると説かれている[22]。代表理事の不法行為についての一般社団法人の責任（一般法人78条）や被用者の不法行為についての使用者責任（民法715条）と同様、報償責任の原理に基づくものだとされている[23]。また、使用者である会社は、代表者以外

---

20) 黒沼悦郎『会社法』153頁（商事法務、2017）。

21) 山下＝神田編・前掲注15）211頁〔小出〕は、役員に要求される注意義務の具体的内容は会社における役員の地位や担当職務の内容によって異なるとしつつ、代表取締役は、有価証券届出書の虚偽記載などについて起こらないように監督義務を負っているから無過失が認められるのは比較的困難だろうと述べている。

22) 落合誠一編『会社法コンメンタール8 機関(2)』22頁〔落合誠一〕（商事法務、2009）。

23) 田中・前掲注6）231頁。落合編・前掲注22）22頁〔落合〕。高橋・前掲注2）281頁以下は、民法での企業自身の不法行為構成を内部統制システム構築義務との関係で考察する。

第2編　開示に関する規制

の被用者がその事業の執行について第三者に損害を加えた場合には、使用者が被用者の選任およびその事業の監督について相当の注意をしたとき、または相当の注意をしても損害が生ずべきであったときを除いて、第三者に生じた損害を賠償する責任を負う（民法715条1項）。

このような責任の在り方からすると、代表取締役等会社代表者や従業員がたとえば計算書類について虚偽記載をして、第三者が損害を被った場合には、これらの規定の適用により会社も損害賠償責任を負うことになるはずである。しかし、これに対しては、第三者が株主である場合、会社法350条や民法715条では会社に対して損害賠償請求を認めるべきではないとの見解もみられる。すなわち、これらの規定は、報償責任の考え方に立脚することから、株主が一般的に、その地位に基づいて被る損害（間接損害と直接損害とを問わない）には適用されないとの見解である[24]。このことから、会社法の適用される場面では、株主が、取締役ではなく会社の責任を追及できる場面はきわめて限られていると評価するものがある[25]。

また、会社の従業員が行った架空売上げの計上により同社の有価証券報告書に不実記載がなされ、その公表後に株価が下落したために、公表前に株式を取得していた株主が原告となり、代表取締役の不法行為に基づく会社の損害賠償責任（平成17年改正前商法261条3項・78条2項・平成18年改正前民法44条1項：現行会社法350条）を追及した事案がある。その際、同社の代表取締役には、従業員の不正行為を防止するリスク管理体制構築義務があり、これに違反した過失があると主張した。第1審判決（東京地判平成19・11・26判時1998号141頁）は、代表取締役には各部門の適切なリスク管理体制を構築し、機能させる義務を怠った過失があり、その結果、有価証券報告書に不実記載がなされたとし、代表取締役の当該行為は不法行為を構成するとして請求を一部認容した。原審（東京高判平成20・6・19金判1321号42頁）も、証券取引法21条の2が新設される以前においても、発行会社は、流通市場でその株式を取得した者に対

24）田中亘「判批」ジュリ1405号188頁。会社の残余権者として会社経営の利益を享受する株主に、会社債権者の損失のもとにこれらの規定の利用を認めることは、これら規定本来の目的とは正反対の効果を生むという。

25）近藤・前掲注8）290頁。

110

して有価証券報告書等の虚偽記載について民法に基づく損害賠償責任を負っているとして、原告の請求を一部認容した。しかし、上告審（最判平成21・7・9判時2055号147頁）では、代表取締役にリスク管理体制構築義務違反の過失はないとして、会社法350条に基づく会社の責任を否定した。会社法350条に基づく会社に対する責任追及では、代表取締役その他の会社代表者の不法行為が成立していることが要件となり、前記の会社法429条の解釈とは異なり、会社に対する任務懈怠ではなく、第三者に対する故意・過失が要件となる点、本事件での内部統制システム構築義務違反が直ちに第三者に対する故意・過失となるのかといった点など問題点も指摘されている[26]。

　金商法上は、有価証券届出書のうちに重要な事項について虚偽記載などがあるときは、届出者（発行者）は、募集または売出しに応じて取得した者に対し、損害賠償の責任を負う（同法18条1項）とされ、本条項の責任は、無過失責任であること、取得者は虚偽記載等と損害との因果関係を立証する必要がないことおよび損害額を法定する規定が設けられていること（同法19条）から、一般不法行為責任の追及よりも賠償請求する側に有利である[27]。また、有価証券報告書等の公衆縦覧に供される書類のうちに重要な事項についての虚偽記載などがあるときは、当該書類の提出者は、当該書類が公衆縦覧に供されている間に当該書類の提出者が発行者である有価証券を募集または売出しによらないで取得した者に対して、19条1項の規定の例により算出した額を超えない限度で、虚偽記載などにより生じた損害を賠償する責任を負う（同法21条の2）。この責任は、立証責任が転換された過失責任であり、書類の虚偽記載などについて故意または過失がなかったことを提出者が証明した場合には免責される（同法21条の2第2項）。この点で、一般不法行為責任の追及よりも緩和されている。また、虚偽記載との因果関係および損害額については、一般不法行為責任と同様に、損害賠償を求める取得者側が立証を要するのが原則であるが、立証の困難さ、提出者と取得者との立証責任の分担のバランスを考慮し、一定の取得者が21条の2第1項の責任を追及する場合について、因果関係・損害額の推定規定が置かれていて（同3項）、この規定を援用した場合は[28]、取得者の側は

　26）弥永真生『会社法新判例50』87頁（有斐閣、2011）。
　27）山下＝神田編・前掲注15）204頁以下〔小出〕。

第2編 開示に関する規制

因果関係・損害額を立証する必要はない[29]。このような点からも、代表者についての不法行為責任の成立を前提として、会社法350条の規定で会社に対する責任追及を行うよりも、金商法の規定に基づき会社に責任追及をする方が有利な状況にある[30]。会社法350条について、株主が会社に対して損害賠償を求めるべきではないとの見解[31]と金商法の規制との関係については、金商法は、投資家保護の観点から、虚偽記載によって被る損害の重大性を考慮し、とくに虚偽記載のあることを前提として投資するわけではないことから、虚偽の情報提供について第一義的に責任のある発行会社に責任を認めたものと解釈することになろう[32]。

4 結びにかえて

会社法上の不実開示の責任規定については、投資者からの責任追及事例も乏しく、必ずしも十分に検討されてきたとはいえない状況である。金商法上の事例をも参考としながら会社法上の規定の解釈に参考とするべき事柄が多いと思われる。会社法429条2項については、取締役が開示すべき事項が増加しているにもかかわらず、同条項の責任対象に含める改正がなされていないという問

---

28) 推定規定を援用しない場合は、過失の要件は不要であるが、虚偽記載等と損害との因果関係や損害額について、原則通り請求権者が主張・立証しなければならない（黒沼悦郎＝太田洋編著『論点体系金融商品取引法1 定義、情報開示、公開買付け』147頁〔荒達也〕〔第一法規、2014〕）。

29) 山下＝神田編・前掲注15）223頁〔小出〕。発行会社の民事責任を追及する訴訟の実態と分析については、後藤元「流通市場の投資家による発行会社に対する証券訴訟の実態」江頭憲治郎先生古稀記念『企業法の進路』857頁、とくに861頁以下参照（有斐閣、2017）。

30) 近藤・前掲注8）285頁は、金商法21条の2は、虚偽記載を行った役員等からではなく、まず会社に損害額の推定で賠償させたうえで（会社が存続している場合）、役員に求償することを期待するといわれる（会社が存続しない場合には役員の責任が問われよう）と指摘する。同書273頁では、会社法では株主が、役員ではなく、会社に賠償を求められる場面は例外的であり、会社法の利害調整と金商法とでは異なっているとされる。

31) 前掲注24）参照。

32) 高橋・前掲注2）277頁は、金商法は、投資家保護の観点から、有価証券報告書の虚偽記載から生じる不利益まで覚悟して投資することは期待できず、虚偽情報の提供は投資家に対する不法行為であり、それによって株主が債権者と同順位の債権を手にすることもやむを得ないと一応いえると述べている。

112

題が指摘されている[33]。また、不実記載・開示の会社法上の会社の責任については、金商法上の発行会社の責任との関係についても、会社をめぐる利害関係人一般の保護と金商法の投資家保護との関係も必ずしも明確な状況ではない。両法の目的の相違や金商法の個別規定の解釈により引き出される結果が会社法の規定の解釈にどのように影響を及ぼすかも今後の課題である。

〔南保勝美〕

---

33) 江頭憲治郎『株式会社法〔第7版〕』517頁注(9)(有斐閣、2017)。

第2編　開示に関する規制

第5節　監査証明と監査人の責任

1　はじめに

　この節では、不実開示に関する民事責任のうち、企業が作成した財務計算に関する書類（以下、「財務書類」という）または会社法の計算関係書類に係る監査意見の表明（監査証明）を行った公認会計士または監査法人（以下、両者を合わせて「監査人」という）[1]の責任について検討する。

　監査人は被監査企業と締結した監査契約に基づき監査報告を提供するので、その監査報告の内容（監査意見）が、監査契約に基づく債務の本旨に従うものでない場合、監査人は被監査企業に対し債務不履行による損害賠償責任を負う（民法415条）。また、監査人による財務書類等（財務書類または計算関係書類）に係る監査証明がその信頼性を担保するための制度であることから、監査人が監査した財務書類等に虚偽の記載があり、または記載すべき重要な事項もしくは誤解を生じさせないために必要な重要な事実の記載が欠けているのに、故意または過失により、虚偽記載等がないものとして監査証明をした場合、当該監査人は当該財務書類等に虚偽記載等がないものと信頼して取引をした者に生じた損害を賠償する責任を負う（民法709条）。そしてこれらの責任に加え、金融商品取引法および会社法は、財務書類等について監査人による監査報告を義務付けるとともに、当該監査人による監査証明業務の信頼性を高めるため、監査人の責任を法定している。

　そこで、以下では、監査人の責任を金融商品取引法における責任、会社法における責任およびその他の責任に分けて検討する。なお、監査法人が財務書類

　1）会社法上、株式会社の計算関係書類（計算書類およびその附属明細書、臨時計算書類ならびに連結計算書類）の監査をする公認会計士または監査法人を会計監査人というが、金融商品取引法上の監査人と併せてまたは区別することなく表現する場合には、「監査人」と表記する。

114

第 2 章　不実開示に関する民事責任 1 ／第 5 節　監査証明と監査人の責任

等の監査人である場合、監査人としての責任は監査法人が負うことになり、当該監査証明業務に関与した公認会計士は、民法の不法行為責任を負うことはあるが、監査人としての責任は負わない。しかし、監査人である監査法人の財産をもってその債務を完済することができないとき、または監査法人の財産に対する強制執行がその効を奏しなかったときは、当該監査法人の各社員は連帯してその弁済をする責任を負うこととなるので（公認会計士法 34 条の 10 の 6 第 1 項・2 項）、この監査法人の社員としての責任もその他の責任に含めて検討する。

2　金融商品取引法における監査人の責任

　金融商品取引法には、情報開示を行うプロセスの中に、開示情報の正確性を確保するための仕組みが組み込まれており、有価証券届出書や有価証券報告書などの開示書類に含まれる財務書類について独立の会計専門家による監査証明が義務付けられているのは、その仕組みの 1 つである（金商法 193 条の 2）[2]。ここで独立の会計専門家による監査証明を受けなければならない財務書類とは、提出会社の財政状態、経営成績およびキャッシュ・フローの状況を表示する財務諸表、四半期財務諸表もしくは中間財務諸表、または企業集団（提出会社およびその子会社）の財政状態、経営成績およびキャッシュ・フローの状況を表示する連結財務諸表、四半期連結財務諸表もしくは中間連結財務諸表である（監査証明府令 1 条各号）[3]。

　監査人と有価証券の投資者との間に直接の契約関係はないが、当該監査人に財務書類に虚偽記載等がないように注意を払わせ[4]、監査制度の信頼性を担保

　2）行政による開示書類の審査（金商法 10 条、11 条、24 条の 2、24 条の 3 等）や発行者による確認書・内部統制報告書の提出（金商法 24 条の 4 の 2、24 条の 4 の 4 等）も、金融商品取引法が定める開示情報の正確性を確保する仕組みである。

　3）訂正届出書または訂正報告書を提出する場合に、当該届出書または報告書に含まれる財務諸表等も監査の対象に含まれる（監査証明府令 1 条 15 号）。また、会社以外の者に金融商品取引法 5 条 1 項等が準用される場合（金商法 27 条）に提出される届出書または報告書（訂正届出書または訂正報告書を含む）に含まれる財務諸表等に相当する書類も監査の対象に含まれる（監査証明府令 1 条 16 号、17 号）。

　4）山下友信＝神田秀樹編『金融商品取引法概説〔第 2 版〕』214 頁〔小出篤〕（有斐閣、2017）。

第 2 編　開示に関する規制

するため、監査人には厳格な責任が課されている。すなわち、虚偽記載等がある財務書類を虚偽記載等がないものとして証明した監査人は、次に掲げる投資者に対して、有価証券届出書や有価証券報告書などの開示書類に虚偽記載等があることにより生じた損害を賠償する責任を負うものとされている（金商法21条1項3号、22条、23条の12第5項、24条の4、24条の4の7第4項、24条の5第5項）。そして、この責任は、不実開示により損害を被った投資者を保護するために立法された特別の民事責任であることから、監査人が、このような監査証明をしたことについて故意または過失がなかったことを証明しなければ、その責任を免れることはできない（金商法21条2項2号）。

① 有価証券届出書または発行登録書類等のうちに重要な事項について虚偽記載等がある場合において、その取得の申込みの際に当該虚偽記載等があることを知らないで、当該有価証券を募集または売出しに応じて取得した者（金商法21条1項、23条の12第5項）

② 有価証券届出書または発行登録書類等のうち重要な事項について虚偽記載等がある場合において、当該虚偽記載等があることを知らないで、当該有価証券を募集もしくは売出しによらないで取得した者または処分した者（金商法22条、23条の12第5項）

③ 有価証券報告書、四半期報告書または半期報告書のうち重要な事項について虚偽記載等がある場合において、当該虚偽記載等があることを知らないで、当該有価証券を取得した者または処分した者（金商法24条の4、24条の4の7第4項、24条の5第5項）

監査人が金融商品取引法22条等に基づき有価証券の投資者に対して損害賠償責任を負うのは、開示書類に虚偽記載等があることが前提となる。このため、争点となった会計処理が一般に公正妥当と認められる企業会計の慣行に従ったものと認定されたときには、当該開示書類に含まれる財務書類に虚偽記載等がないこととなるので、監査人が損害賠償責任を負うことはない[5]。また、有価

5）足利銀行事件（宇都宮地判平成23・12・21判時2140号88頁）、そごう事件（東京地判平成20・2・19判時2040号29頁）、長銀事件（大阪地判平成19・4・13判時1994号94頁）および日債銀事件（大阪高判平成16・5・25判時1863号115頁）では、財務書類に虚偽記載等はないとして、監査人の責任が否定されている。

116

第2章　不実開示に関する民事責任1／第5節　監査証明と監査人の責任

証券届出書や有価証券報告書等の開示書類に虚偽記載等がある場合に、必ず監査人の投資者に対する損害賠償責任が問題となるのではなく、当該虚偽記載等が財務書類に係るものである場合についてのみ、その損害賠償責任が問題となる[6]。そして、監査人が虚偽記載等のある財務書類について、当該虚偽記載等がなされた事項を除外事項として限定付適正意見を表明した場合や不適正意見を表明した場合には、虚偽記載等がないものとする監査意見を表明してはいないので、当該監査人は投資者に対して損害賠償責任を負わない。つまり、監査人が金融商品取引法22条等により損害賠償責任を負うのは、証明した財務書類に虚偽記載等があるにもかかわらず、適正意見または限定付適正意見（虚偽記載等が除外事項とされた場合を除く）を表明した場合に限られている。

　なお、有価証券届出書や有価証券報告書等の開示書類に虚偽記載等がある場合の監査人の損害賠償責任は、当該虚偽記載等があることを知らないで当該有価証券を取得または処分した投資者に対して負うものであるから、当該投資者の損害との因果関係は開示書類の虚偽記載等との間で要求され、虚偽の監査証明との間では要求されない[7]。ただしこの場合、投資者が有価証券の取得または処分に際し、不実記載等のある開示書類を見たことまでは要求されていない、と考えられている[8]。

3　監査人の過失

　財務書類の記載が虚偽でありまたは欠けているものを虚偽でなくまたは欠けていないものとして証明した監査人が、このような監査証明をしたことについて故意または過失がなかったことを証明した場合、当該監査人は開示書類の虚偽記載等により投資者に生じた損害を賠償する責任を負わない（金商法21条2項2号、22条2項）。このため、どのような場合に、監査証明をすることにつ

6）西武鉄道の有価証券報告書の虚偽記載事件においては、財務書類の虚偽記載等が問題とはなっていなかったので、監査人は投資者の損害賠償請求における被告とはなっていない（東京地判平成20・4・24判時2003号10頁、東京地判平成21・3・31判時2042号127頁等）。

7）黒沼悦郎『金融商品取引法』215頁（有斐閣、2016）。

8）山下＝神田編・前掲注4）211頁〔小出〕。

第2編　開示に関する規制

いて故意または過失がなかったといえるかが問題となる。

　金融商品取引法では、監査人による財務書類に係る監査証明は、監査報告書、中間監査報告書または四半期レビュー報告書により行うものとされており、これらの監査報告書等は、一般に公正妥当と認められる監査に関する基準および慣行に従って実施された監査、中間監査または四半期レビューの結果に基づいて作成しなければならない（監査証明府令3条1項・2項）。そして、企業会計審議会により公表された「監査基準」、「中間監査基準」、「監査に関する品質管理基準」、「四半期レビュー基準」は、一般に公正妥当と認められる監査に関する基準に該当し、「監査における不正リスク対応基準」は、有価証券報告書を提出しなければならない会社のうち金融商品取引所に上場されている有価証券を発行する会社等一定のものにとっては、一般に公正妥当と認められる監査に関する基準に該当する（同条3項・4項）。また、2002年の「監査基準」の改訂に際し、監査実施準則が廃止されたことに伴い、日本公認会計士協会が公表する指針も、わが国における一般に公正妥当と認められる監査の基準の体系をなすものと位置付けられている[9]。

　したがって、監査人が虚偽記載等のある財務書類を虚偽記載等がないものとして証明したことについて故意または過失がなかった場合とは、監査人が一般に公正妥当と認められる監査に関する基準および慣行に従って監査を実施したことを意味するので、企業会計審議会が公表する「監査基準」等や日本公認会計士協会が公表する指針に準拠して監査が実施されていれば、一応過失がなかったものと考えられている[10]。

　ただし、「監査基準」は数次にわたり改訂が行われており、1991年改訂前まででは、監査手続が「通常の監査手続」と「その他の監査手続」に区分されており、前者は通常実施すべき監査手続であり、実施可能であり合理的である限り省略してはならないものとされ、後者は、監査人がその時の事情に応じて必要と認めて実施すべきものとされていたが[11]、同年の改訂で、このような区分は実務上意味がないとして廃止された[12]。その上で、リスク・アプローチの

　9）企業会計審議会「平成14年監査基準の改訂について」二-2。

　10）北村雅史「判批」金融商品取引法判例百選21頁（有斐閣、2013）。

　11）平成3年改訂前監査実施準則第一-一。

第2章　不実開示に関する民事責任1／第5節　監査証明と監査人の責任

概念が取り入れられ、監査人が自己の意見表明の合理的基礎を得るために必要と認めて実施する監査手続を意味する「通常実施すべき監査手続」という概念が導入された。さらに、2002年改訂では、この「通常実施すべき監査手続」という表現があたかも定型的な監査手続の組合せとその適用方法があるかのような誤解を与えることもあるという理由で[13]、その使用を止めることとし、リスク・アプローチに基づく監査の仕組みをより一層明確にした。

　したがって、リスク・アプローチに基づく監査においては、監査人が、職業的専門家の判断として、虚偽表示が行われる可能性の要因に着目し、その評価をし、実施する監査手続やその実施の時期および範囲を決定し、これに基づき監査を実施しなければならないこととなり、監査人が実際に行った監査手法が職業的専門家として適切なものであったかということだけではなく、策定した監査計画が職業的専門家として適切なものであったか否かも、監査人の監査手続に関する過失の有無の判断に影響することとなった。

　このため、2002年以前の事業年度に係る監査を実施した監査人の責任が問題となった裁判例では、虚偽記載が行われた事項につき、監査人が「通常実施すべき監査手続」を実施したものと認められるかという観点からその過失の有無が判断されていたが[14]、2002年以後の事業年度に係る監査を実施した監査人の責任が問題となった裁判例では、①監査計画の策定がリスク・アプローチに基づき行われていたか、②実証手続が監査基準等に定める監査の手法に従って監査証拠を入手したものとなっていたか、そして③審査手続が適切に行われていたかについて検討し、通常の監査人が準拠すべき監査基準等に従った監査が実施されたということができるかを判断するものが現れてきている[15]。また、

12）新井清光ほか「監査基準・実施準則の改訂をめぐって」企業会計44巻3号36頁〔新井発言〕。

13）企業会計審議会・前掲注9）三 - 8(3)。

14）山一証券事件（大阪地判平成17・2・24判時1931号152頁、大阪地判平成18・3・20判時1951号129頁）では、通常実施すべき監査手続が行われていたとして、監査人に過失がなかったとされた。

15）ニイウスコー事件②（東京地判平成28・2・23判例集未登載（平21(ワ)第24606号）〔LEX/DB 25533316〕）。ただし、ユニコ・コーポレーション事件（東京地判平成22・10・15判例集未登載（平19(ワ)第7803号）〔Lexis AS ONE〕）では、リスク・アプローチに関する言及はあるものの、監査計画の策定等が適正に行われていたかについての検討をあまり行わないまま、虚偽記載がなされた事項に関して実施された監査手続が、監査基準や日本公認会計士協会の報告書に

第2編　開示に関する規制

監査人の過失の判断に際して、不正の兆候を看過していなかったかについての検討を行っている裁判例もある[16]。

4　会社法における会計監査人の責任

　会社法は、定款の定めにより会計監査人の設置を認めるとともに、監査等委員会設置会社および指名委員会等設置会社ならびに大会社に会計監査人の設置を義務付けている（会社法326条2項、327条5項、328条）。会計監査人設置会社[17]が作成する計算関係書類については、会計監査人による会計監査を義務付け（会社法436条2項1号、441条2項、444条4項）、その信頼性を高めている。そして、会計監査人を株式会社の役員等に含め、株式会社に対する任務懈怠責任と第三者に対する責任を課している。つまり、会計監査人は、その任務を怠ったときは、株式会社に対し、これによって生じた損害を賠償する責任を負い、会計監査報告に記載し、または記録すべき重要な事項について虚偽の記載または記録をしたときには、当該行為をすることについて注意を怠らなかったことを証明したときを除き、これによって第三者に生じた損害を賠償する責任を負うこととなる（会社法423条1項、429条2項4号）。

　ここで会計監査人の任務とは、善良な管理者の注意をもって会計監査を実施し、その結果を監査報告にまとめて提供することである（会社法396条1項）。したがって、会計監査人の監査が会社法の要求する監査規範に準拠していない場合、それは任務懈怠となり、それによって株式会社に損害が生ずれば、会計監査人はその損害を賠償する責任を負う。また、会計監査人が会計監査報告に虚偽記載をした場合、当該行為をすることについて注意を怠らなかったことを証明するには、会計監査人が会社法の要求する監査規範に従った監査を実施したことを証明しなければならず、当該事項の証明をすることができなければ、

　　準じて行われているかについて検討し、監査人の過失の有無の認定をしている。

16）　前掲注15）の事件およびニイウスコー事件①（東京地判平成26・12・25判例集未登載（平21（ワ）第30700号）〔LEX/DB 25523433〕）。

17）　会計監査人設置会社とは、会計監査人を置く株式会社または会社法の規定により会計監査人を置かなければならない株式会社をいう（会社法2条11号）。

第2章　不実開示に関する民事責任1／第5節　監査証明と監査人の責任

第三者に対しても責任を負うこととなる。ただし、会社法には、金融商品取引法のような、会計監査人が準拠すべき監査規範に関する規定が設けられていないので、その監査規範をどのように考えるかが問題となる。

企業会計審議会が公表する「監査基準」は、そこで示されている基準が金融商品取引法に基づく監査だけではなく、会社法に基づく監査など、財務諸表の種類や意見として表明すべき事項を異にする監査も含め、公認会計士監査のすべてに共通するものであると定めている[18]。また、公認会計士が行う株式会社の監査について、その根拠となる法律が異なることによって、準拠しなければならない監査規範が異なるとする理由もない。したがって、会社法における会計監査人が準拠すべき監査規範も金融商品取引法における監査人が準拠すべき監査規範と同様に考えることができる。

会計監査人に対して、会社法上の責任が追及された裁判例は多くなく、会計監査人の第三者責任に係る裁判例では、企業会計審議会の定めた「監査実施基準」を一般に公正妥当と認められる監査の基準であるとした上で、当該会計監査人が日本公認会計士協会の定める実務指針に準拠して監査計画を策定し、これに基づき通常実施すべき監査手続を実施したことをもって、「監査実施基準」に準拠した監査手続を実施したものといえるとして、会計監査人として通常要求される程度の注意義務を尽くしたということができるとしている[19]。

---

18) 企業会計審議会・前掲注9) 二-3。ただし、「平成14年監査基準の改訂について」では、証券取引法の改正および会社法の制定が行われる前であるので、「証券取引法に基づく監査」や「株式会社の監査等に関する商法の特例に関する法律に基づく監査」という表現が用いられている。

19) キムラヤ事件（東京地判平成19・11・28判タ1283号303頁）。ただし、本件は、旧商法特例法による監査に係る裁判例である。なお、本件では、実際に行った監査手続以外の監査手続を実施していなかったことも問題となり、この点については、粉飾決算が巧妙な手段を用いて行われており、会計監査人がそのことに疑いを差し挟むことは期待できなかったので、それ以上の監査を実施することまでの義務があるということができないとして、会計監査人に過失があるとはいえないとした。

第2編　開示に関する規制

5　監査人のその他の責任

　監査人が監査契約に基づく債務をその本旨に従って履行しないときは、被監査会社は、これによって生じた損害の賠償を請求することができる（民法 415条）。ここで、何が監査契約に基づく債務の本旨に従った履行となるかは、監査契約の内容によって異なる。前述したように、監査契約が金融商品取引法に基づく監査である場合と監査契約が会社法に基づく監査である場合であれば、監査の対象は異なるが、監査人が監査証明をするために実施する監査に実質的な違いはなく、どちらの場合であっても、監査人は、一般に公正妥当と認められる監査の基準および慣行に従った監査を行ない監査報告を作成しなければならない。したがって、2002年の監査基準改訂前の事業年度に係る財務書類の監査に関する裁判例では、監査人が、「通常実施すべき監査手続」を行っていたかが検討されていたのに対し[20]、2002年の監査基準改訂後の事業年度に係る財務書類の監査に関する裁判例では、監査人の監査がリスク・アプローチ等当時の監査の基準に従った適正な監査と評価できるかが検討されている[21]。

　これに対し、監査人と被監査企業との間で任意の監査契約が締結された場合に、監査人がどのような監査規範に従い監査を実施すべきかは、監査契約の内容により異なることとなる。有限会社に対する任意監査契約に基づく監査に関する裁判例では、企業会計審議会が答申した「監査基準」等は、中小企業に対する任意監査には直接適用されるものではなく、その監査手続の上限を示すものであるとした上で、不正発見目的の特約がない通常の財務諸表監査の場合、監査人は、一般に公正妥当と認められた監査基準に従い、職業的専門家の正当な注意をもって監査を実施すれば足りるとされた[22]。ただし、ここでの「一般に公正妥当と認められた監査の基準」が、企業会計審議会が答申した「監査基準」の一部を緩和したものを意味しているとは考えられるが、具体的にどのような手続を緩和したものかは、明らかではない。

20）ナナボシ事件（大阪地判平成 20・4・18 判時 2007 号 104 頁）。

21）IXI 事件（大阪地判平成 24・3・23 判時 2168 号 97 頁）。

22）日本コッパーズ事件（東京高判平成 7・9・28 判時 1552 号 128 頁）。

なお、監査法人が財務書類等の監査人である場合、当該監査法人の職務を行う公認会計士は監査人としての責任を負うことはないが、監査法人の職務を執行するにあたり公認会計士としての注意義務を尽くさないまま、被監査会社の監査報告に署名押印したときは、不法行為責任を負うこととなる[23]。また監査法人の社員である公認会計士は、監査法人の財産をもってその債務を完済することができないとき、または監査法人の財産に対する強制執行がその効を奏しなかったときは、各社員は、連帯してその弁済をする責任を負うこととなる（公認会計士法34条の10の6第1項・2項）[24]。ただし、無限責任監査法人が指定社員の指定を行った場合には、その指定社員および指定証明に係る業務に関与した社員のみがその責任を負うこととなり、有限責任監査法人の場合には、指定有限責任社員および特定証明に関与した社員のみが、その責任を負うこととなる（公認会計士法34条の10の6第4項から10項）。この場合、指定または特定証明に係る業務に関与した社員であっても、その関与にあたり注意を怠らなかったことを証明した場合には、指定社員または指定有限責任社員と同一の責任を負うことはない（公認会計士法34条の10の6第6項・10項）。

6　おわりに

以上から明らかなように、虚偽記載等がある財務書類について、虚偽記載等がないものとして監査証明をした監査人は、被監査企業に対し、監査契約に基づく債務の不履行として、これによって生じた損害を賠償する責任を負い、当該証明をすることに故意または過失があり、これによって第三者に損害が生じたならば、当該第三者に対しても、不法行為責任を負うことになる。金融商品取引法や会社法は、財務書類等の信頼性を担保するため、このような基本的な

---

23) ライブドア事件（東京高判平成23・11・30判時2152号116頁）。なお、この事件では、監査法人の社員ではない公認会計士に対しても、被監査会社の不正な会計処理の存在を認識しつつ、監査法人が無限定適正意見を示すように監査法人の社員に働きかけたとして、監査報告に署名した公認会計士と同程度に無限定適正意見の形成に関与したとされ、その不法行為責任が認められている。

24) 前掲注23）の裁判例を参照。

責任に加え、監査人の責任を強化している。そして、金融商品取引法上の監査人および会社法上の会計監査人が準拠しなければならない監査規範は同じであり、一般に公正妥当と認められる監査に関する基準および慣行となる。

なお、金融商品取引法は、株券等の有価証券を発行する有価証券報告書提出会社に内部統制報告書の提出を義務付け、当該書類についても、監査人による監査証明を義務付けていることから（金商法24条の4の4第1項、193条の2第2項）、監査人が、当該書類に虚偽記載等があるものを虚偽等がないものとして監査証明した場合にも、監査人は、発行会社の有価証券を取得しまたは処分した者に対し、開示書類の虚偽記載等により生じた損害を賠償する責任を負うこととなっており（金商法24条の4の6）、金融商品取引法上の監査人の責任は、ますます重くなっているといえる。

〔秋坂朝則〕

第6節　不法行為責任

1　一般社団法人法 78 条に基づく損害賠償責任

　法人も人であることから、法人である会社（会社法3条）も不法行為の加害者にも被害者にもなる。法人は自らの意思によって行為することから、法人が他人に対して不法に損害を与えた場合、法人自身の不法行為として、法人自身が損害賠償の責任を負うべきである。不実開示についても、発行会社が不実開示を行ったことにより、投資家が損害を被ることから、不実開示を行った発行会社は投資家に対して不法行為に基づく損害賠償責任を負うことになる[1]。

　そこで、まず、一般社団法人法 78 条では、「一般社団法人は、代表理事その他の代表者がその職務を行うについて第三者に加えた損害を賠償する責任を負う」（同旨規定：旧民法 44 条1項・会社法 350 条、以下一般法人法 78 条等とする）と定められている。

　本条の責任が成立するためには、代表者がその職務を行うにつき民法 709 条の不法行為責任を負うことが必要とされる[2]。本条の責任が成立するための具体的な要件は、以下の通りである[3]。

1）かつては、発行市場の場合と異なり流通市場では発行会社が投資家と取引関係に立たないこと、株主は会社債権者に劣後する立場であることを理由に、発行会社は流通市場で不実開示を行ったことにより投資家に損害を与えたとしても、不法行為責任を負わないとする見解も存在した（谷川久「民事責任」ルイ・ロス＝矢澤惇監修『アメリカと日本の証券取引法（下）』621 頁〔商事法務研究会、1975〕）。

2）最判昭和 49・2・28 判時 735 号 97 頁。幾代通『現代法律学全集5　民法総則〔第2版〕』132 頁（青林書院新社、1984）、林良平ほか『逐条民法　特別法講座①　総則』189 頁（ぎょうせい、1991）、我妻榮ほか『我妻・有泉コンメンタール民法——総則・物権・債権〔第6版〕』142 頁（日本評論社、2019）、高橋均「会社の対第三者責任（会社法 350 条関係）」法教 384 号 18 頁、江頭憲治郎＝中村直人編『論点体系会社法3　株式会社Ⅲ』89 頁〔尾崎悠一〕（第一法規、2012）。

3）落合誠一『会社法コンメンタール8　機関(2)』23 頁〔落合誠一〕（商事法務、2009）。なお、落合名誉教授は、一般法人法 78 条等による会社の責任を、「他人（代表機関）の行為による責任」

第2編　開示に関する規制

① 代表者の第三者に対する加害について故意または過失が必要
② 代表者が、その職務を行うについて第三者に損害を発生させることが必要
③ 代表者の故意または過失と第三者の損害との間に因果関係が必要

　ここで問題となるのが、不実開示に関して、代表者に第三者に対する加害について故意または過失があるかである。

　この点、代表者に故意があるというのは、代表者が、第三者に対する加害の可能性を認識しながら、あえて不実開示を行ったということを意味する。しかし、代表者が自ら不実開示を行うのは、経営状態が良好であることをアピールすることにより、自らの立場を守ることや会社の資金繰りを良くすること等を目的とすることが一般的であると考えられ、そもそも第三者のことを念頭に置いていない可能性が高い。また、他の取締役や従業員が自身の出世や保身を図るために営業成績を偽って報告したことを代表者が認識していないまま不実開示を行ってしまった場合、代表者が第三者に対する加害の可能性を認識していながら、あえて不実開示を行ったとは言いがたい。さらに、行為者の主観の状態を他者が判断するのは非常に難しい。そのため、不実開示の場面において、代表者に故意があるとされるのは、代表者の第三者に対する加害の可能性の認識が明確になっている場面に限られることになる。

　そこで、不実開示の際に、代表者に第三者に対する加害について過失があったかどうかが問題となる。

　不法行為における過失の概念には、「①加害行為を行った者が、損害発生の危険を予見したこと、ないし予見すべきであったのに予見しなかったこと（予見ないし予見可能性）と、②損害発生を予見したにもかかわらず、その結果を回避すべき義務（結果回避義務）に違反して、結果を回避する適切な措置を講じなかったという、二つの要素が認められると考えるのが、一般的」である[4]。まず、不実開示を行えば、それが発覚した際には株価の下落を招き、その結果として、株主が損害を被ることは容易に予測することができる。ゆえに、少な

　として捉えている（同上）。また、酒巻俊雄＝龍田節編集代表『逐条解説会社法4　機関1』394頁〔稲葉威雄〕（中央経済社、2008）においても、同条の責任を報償責任の観点から捉えている。
4）我妻ほか・前掲注2）1467頁、潮見佳男『民法（全）〔第2版〕』496頁（有斐閣、2019）。

第 2 章　不実開示に関する民事責任 1 ／第 6 節　不法行為責任

くとも予見可能性は否定されないであろう。そこで、代表者が結果回避義務を
負っているかどうかが問題となる。

　この点、金融商品取引法が制定された目的は、「国民経済の健全な発展及び
投資者の保護」（金商法 1 条）にあり、そのための手段として、企業内容等の開
示の制度が整備されている。この「投資者を保護」するということは、具体的
に、「①事実を知らされないことによって被る損害からの保護、②不公正な取
引によって被る被害からの保護」、という二つの側面からなされる必要がある。
つまり、「公正にして自由な証券市場の確立を通じて、投資者を保護すること
を意味する」とされる[5]。そのために、有価証券報告書等の記載内容について、
その正確性を確保するため会社が有価証券報告書等を提出する際に、当該有価
証券報告書等の記載内容が金融商品取引法令に基づき適正であることを会社の
代表および最高財務責任者が確認した旨を記載した確認書の提出（金商法 24 条
の 4 の 2 等）、会社が構築した内部統制を自己点検・自己評価し、その結果を
記載する内部統制報告書の提出（金商法 24 条の 4 の 4 等）、さらには、有価証
券報告書等の不実開示に対する罰則規定（金商法 197 条 1 項 1 号）が定められ
ている。ゆえに、不実開示により株主が損害を被る結果が生じることを防ぐ義
務が代表者には課せられていると解するべきであり、その義務に違反した代表
者には結果回避義務違反が問われるべきである。

　したがって、不実開示を主導的に行った代表者には第三者に対する加害につ
いての過失が認められることになるので、不実開示の結果、株主に損害を与え
た会社に対して一般法人法 78 条等に定める責任が成立する。

　一方、代表者自身が不実開示を行っていないが、会社の従業員が不実開示を
行い、それを代表者が看過した場合、代表者は監視義務違反、特に内部統制シ
ステム構築義務[6]違反が問われることになる。

---

　5 ）河本一郎ほか『新・金融商品取引法読本』4 頁・5 頁（有斐閣、2014）。
　6 ）内部統制システムとは、取締役の職務の執行が法令および定款に適合することを確保するため
　　の体制、その他株式会社の業務ならびに当該株式会社およびその子会社等から成る企業集団の業
　　務の適正を確保するために必要なものとして法務省令（会社法施行規則 98 条・100 条・112 条）
　　で定める体制（会社法 348 条 3 項 4 号・362 条 4 項 6 号・399 条の 13 第 1 項 1 号ハ、416 条 1 項
　　1 号ホ〔執行役の職務に関する規定〕）のことである。大会社（会社法 2 条 6 号）、監査等委員会
　　設置会社および指名委員会等設置会社では必ず定めなければならない事項とされている（会社法
　　348 条 4 項・362 条 5 項・399 条の 13 第 2 項、416 条 2 項）。

第2編 開示に関する規制

　この内部統制システム構築義務は、会社のリスクを低減させるために取締役（代表者）が会社に対して負う義務であり、取締役が株主に損害が出ることを防止するために負う義務ではない。しかし、内部統制システムを構築する目的の一つに、財務報告の信頼性を確保することが挙げられている[7]。そこで、適切な内部統制システムを構築・運用する義務は、適正な有価証券報告書を提出する義務の一環として、取締役が市場や株主に対しても負うべきである。

　したがって、代表者でない者が行った不実開示により株主が損害を被った場合、内部統制システム構築義務に違反した代表者には結果回避義務違反が認められ、代表者に第三者に対する加害について過失があったと認められることになる。ゆえに、このような場合でも、不実開示の結果、株主に損害を与えた会社には一般法人法78条等に定める責任が成立することになる。

　なお、日本システム技術事件において、内部統制システム構築義務違反を理由に、株主が、不実開示を行った発行会社に対して旧民法44条1項（一般法人法78条等）に基づき責任を追及した。しかし、最高裁[8]は、当該発行会社の代表取締役に内部統制システム構築義務違反はなかったとして、その責任追及を認めなかった。

2　民法715条に基づく損害賠償責任

　一般法人法78条等に類似する規定として、民法715条（使用者責任）の規定がある。被用者が事業の執行について不法行為を行った場合は、使用者もその責任を負うことが規定されている。

　一般法人法78条等と異なるのは、民法715条1項但書で、使用者が被用者の選任・監督につき相当の注意を尽くした場合または相当の注意をしても損害が生ずべきであったときには免責されると規定されていることである。しかし、判例は民法715条の免責をほとんど認めていない[9]。また、民法715条による

---

　7 ）COSO レポートや金融庁企業会計審議会内部統制部会「財務報告に係る内部統制の評価及び監査に関する実施基準」（2007 年）の中で明示されている。

　8 ）最判平成 21・7・9 判時 2055 号 147 頁。

場合、代表者以外の被用者の行為も対象とすることができる。

そこで、代表権を持つ取締役以外の者が単独で不実開示を行った場合には、民法 715 条による責任を追及する方が、代表権を持つ取締役の監視義務違反を介して一般法人法 78 条等により責任を追及するよりも容易に責任追及することができるともいえる。ただし、その一方で、前述の日本システム技術事件のように、代表取締役に内部統制システム構築義務違反がないと判断された場合、発行会社としては、被用者の選任・監督につき相当の注意を尽くしたと評価される可能性が高くなるため、民法 715 条によっても損害賠償責任が認められないことがありうる。

3　民法 709 条に基づく損害賠償責任追及の可否

では、不実開示により損害を被った投資家は、一般法人法 78 条等や民法 715 条を介することなく、直接、発行会社に対して民法 709 条を適用することにより損害賠償責任を追及することが認められるか。

この問題に関して、クロロキン事件[10]のように、会社を始めとする法人に対して民法 709 条の適用を否定する裁判例も存在する。

しかし、あくまで民法 709 条の適用を否定し、会社内で不法行為を行った者を特定することが求められる一般法人法 78 条等や民法 715 条による責任追及のみが認められると解すると、会社の取締役・従業員のうちの誰かに過失があることを特定できないが、誰かに過失があることは明白な場合、会社に対して責任追及することが事実上不可能になる。これでは、被害者の保護に欠けると言わざるをいない。被害者との関係において重要になるのは、会社全体として過失ある行為を行ってしまったことにより損害を与えてしまった者に対して救済することであり、過失ある行為を行った者が誰であるか特定することではない。そこで、そのような場合に、会社の取締役・従業員全体を一体として捉え

9）　我妻ほか・前掲注 2）1537-1538 頁、潮見・前掲注 4）519 頁、道垣内弘人『リーガルベイシス民法入門〔第 3 版〕』560 頁（日本経済新聞社、2019）。

10）　東京高判昭和 63・3・11 判時 1271 号 3 頁。

第2編　開示に関する規制

て、その一体としての会社組織そのものに過失があると認めることで、被害者の過失の立証困難を解消し、会社に対する責任追及を容易にするという立場が学説では有力である[11]。

ゆえに、現在の有力な見解に基づくと、発行会社が行った不実開示により損害を被った投資家は、直接民法709条に基づき損害賠償責任を追及することも認められることになる。実際に、不実開示による損害賠償責任が追及された西武鉄道事件[12]でも民法709条の適用を肯定する判断が下されている。

4　不法行為責任における損害の概念

一般法人法78条等、民法715条、民法709条を根拠に、被害者が加害者に対して不法行為に基づく損害賠償責任を追及するためには、被害者に損害が生じることが必要である。この不法行為により被る損害の定義について、従来の通説は、差額説の立場から説明してきた[13]。差額説によると、損害とは、「もし加害原因がなかったとしたならばあるべき利益状態と、加害がなされた現在の利益状態との差である」[14]と定義される。

最高裁も、「民法上のいわゆる損害とは、……侵害行為がなかったならば惹起しなかったであろう状態（原状）を(a)とし、侵害行為によって惹起されているところの現実の状態を(b)とし a − b ＝ x そのxを金銭で評価したものが損害である」[15]と判示し、差額説の立場を採用している。日本において差額説

11）四宮和夫＝能見善久『民法総則〔第9版〕』161頁（弘文堂、2018）、我妻ほか・前掲注2）1456頁、松嶋隆弘「判批」判評600号29頁。

12）東京地判平成20・4・24判時2003号10頁等。

13）於保不二雄『債権総論〔新版〕』135頁（有斐閣、1972）、四宮和夫『事務管理・不当利得・不法行為〔中〕』434頁（青林書院新社、1983）、幾代通＝徳本伸一『不法行為法』276頁（有斐閣、1993）、澤井裕『テキストブック事務管理・不当利得・不法行為〔第3版〕』236頁（有斐閣、2001）、加藤雅信『新民法大系Ⅴ　事務管理・不当利得・不法行為〔第2版〕』258頁（有斐閣、2006）、平野祐之『民法総合6　不法行為法〔第3版〕』340頁（信山社、2013）、潮見・前掲注4）500頁等。

14）於保・前掲注13）135頁。

15）最判昭和39・1・28民集18巻1号136頁。

第2章　不実開示に関する民事責任1／第6節　不法行為責任

が通説となった理由について、於保博士は「金銭賠償主義をとるわが国においては、財産的損害については差額説によるほかはない」[16]ことを挙げている[17]。

　この差額説を流通市場における不実開示の場合に当てはめていくと、不実開示がなかったならば存在したであろう利益状態と、不実開示の結果生じた現在の利益状態との差が損害ということになる。

5　不実開示の場面における損害額の算定

　流通市場において証券を取得した投資家が、発行会社の不実開示により損害を被った場合に考えられうる損害の捉え方として、3通りの方法が考えられうる。すなわち、①そもそも不実開示がなければ、当該発行会社の証券を取得することがなかったとして、当該証券を取得したこと自体を損害として捉える方法（取得自体損害）、②不実開示があったがために、当該証券を本来の価格より高い価格で取得させられたことを損害として捉える方法（高値取得損害）、③不実開示の公表時を起点として当該証券が下落した分を損害として捉える方法（市場価格下落損害）、とに分けることができる。

　しかし、市場価格下落損害に関しては、発行会社が不実開示の事実を公表した結果、損害が発生するという構造になるため、真実を公表しない方が投資家にとって利益となると評価されることになりかねない[18]。その結果、一旦発行会社が不実開示を行った場合、発行会社は真実を隠し続けることを推奨されることになりかねない。それは、正しい情報を基に市場が証券の価格を形成す

---

16)　於保・前掲注13) 136頁（注1）。

17)　この他に、損害の捉え方について、①精神的苦痛のような非財産的損害に対する救済、②金銭的差額は軽微だが、重大な加害行為があったと評価される場面での救済を図るために、損害と金銭的評価とを区分し、損害とは加害行為により被った不利益として主張された事実を指すとする損害事実説（平井宜雄『債権各論II 不法行為』76頁〔弘文堂、1992〕等）が有力に主張されている。しかし、証券取引に関しては、損害と金銭的評価の区別が明確ではないことから（三井秀範編著『課徴金制度と民事賠償責任——条解証券取引法』35-36頁〔金融財務事情研究会、2005〕）、差額説に基づき損害を捉えていくべきである。

18)　岸田雅雄監修『注釈金融商品取引法1 定義・情報開示』291頁〔加藤貴仁〕（金融財務事情研究会、2011）。

第2編　開示に関する規制

るという金融商品取引市場の根本をも覆す恐れがあることから、市場価格下落損害は損害の捉え方として妥当な方法とは言い難い[19]。

ゆえに、流通市場における発行会社の不実開示により投資家が損害を被った場合、取得自体損害か高値取得損害で投資家の損害を捉えるのが妥当である。以下、この二つについて詳しく見ていく。

(1) 取得自体損害の場合

取得自体損害に該当する場合を差額説に当てはめていくと、加害行為がなかったならばあるべき状態は投資家が当該証券を取得していない状態、現在の状態は投資家が当該証券を取得した結果生じた状態を指すことになる。そこで、取得自体損害の場合、「取得価格と処分価格（保有を継続している場合には、口頭弁論終結時における価格）との差額」が損害となる。

取得自体損害を賠償すべき損害として適用したのが西武鉄道事件である。西武鉄道事件で最高裁[20]は、「本件虚偽記載がなければ、取引所市場の内外を問わず、西武鉄道株を取得することはできず、あるいはその取得を避けたことは確実であって、これを取得するという結果自体が生じなかったとみることが相当である」と指摘し、当該株式を取得したこと自体が損害であるとした。

その上で、最高裁は、発行会社から投資家に賠償されるべき損害額について、①不実開示公表後に西武鉄道株を市場で売却したときは「取得価額と処分価額の差額」、②保有を継続しているときは、「取得価額と事実審の口頭弁論終結時の上記株式の市場価額……との差額」を基礎として、「経済情勢、市場動向、当該会社の業績等当該虚偽記載に起因しない市場価額の下落分を上記差額から控除して、これを算定すべきものと解される」との基準を示した。

最高裁は、経済情勢等の当該不実開示に起因しない市場価額の下落分を損害額から控除すべき理由として、「投資者がY社株式を処分するまで又は事実審の口頭弁論終結時までにY社株式の市場価額が種々の要因によって変動することは通例であるところ、一般投資者である……投資者は、当該虚偽記載がな

---

19) 他にも、不実開示公表により一旦株価が下落した後、業績回復等により株価が上昇した際に生じる問題点を指摘するものとして、黒沼悦郎『金融商品取引法』236頁（有斐閣、2016）がある。

20) 最判平成23・9・13民集65巻6号2511頁。

第2章　不実開示に関する民事責任1／第6節　不法行為責任

ければ Y 社株式を取得することはなかったとしても、取得した株式の市場価額が経済情勢、市場動向、当該会社の業績等当該虚偽記載とは無関係な要因に基づき変動することは当然想定した上で、これを投資の対象として取得し、かつ、上記要因に関しては開示された情報に基づきこれを処分するか保有し続けるかを自ら判断することができる状態にあったということができる。このことからすると、……投資者が自らの判断でその保有を継続していた間に生ずる上記要因に基づく市場価額の変動のリスクは、……投資者が自ら負うべきであり、上記要因で市場価額が下落したことにより損失を被ったとしても、その損失は投資者の負担に帰せしめるのが相当である」ことを挙げた。

　このように、西武鉄道事件で、最高裁が取得自体損害に基づく損害額の算定を採用しながら、経済情勢等の当該不実開示に起因しない市場価額の下落分を損害額から控除すべきとした。これに対して、不実開示に起因しない市場価額の下落に基づく損害については、投資家が開示された情報に基づいた投資判断の結果として生じたものであり、その損害は投資家が負担すべきであるとして、理解を示す見解がある[21]。しかし、その一方で、「加害者の虚偽情報によって被害者が買うはずのない株式を買ってしまったのであれば、その株式の価格変動リスクを加害者に全部負担させるのは合理的である。被害者の方も一部負担しろという議論こそ根拠がない」[22]との指摘をはじめ、これに反対する見解もみられる[23]。

　なお、西武鉄道事件の場合、そもそも真実が公表されていれば、東証の少数特定者持株数基準[24]に抵触し、上場を維持すること自体が制度上困難であり、

21）飯田秀総「判批」ジュリ 1440 号 111 頁、加藤貴仁「高値取得損害／取得自体損害二分論の行方」落合誠一先生古稀記念『商事法の新しい礎石』834 頁（有斐閣、2014）。

22）能見善久「投資家の経済的損失と不法行為法による救済」前田庸先生喜寿記念『企業法の変遷』341 頁（注 37）（有斐閣、2009）。

23）黒沼・前掲注 19）233 頁、黒沼悦郎「判批」金判 1396 号 5 頁、大塚和成「判批」金判 1377 号 1 頁、大証金融商品取引法研究会報告「西武鉄道事件」（報告者：伊藤靖史教授）(2012 年 3 月 23 日報告) 21 頁（http://www.jpx.co.jp/corporate/research-study/research-group/detail/120323.html）。

24）東証は、昭和 57 年 10 月に、少数特定者持株数（上位 10 名の大株主が所有する株式数及び役員が所有する株式数）が期末において上場株式数の 80% を超えている場合、1 年の猶予期間内にその割合が 80% 以下にならないときには上場廃止となる旨を定めた。西武鉄道は昭和 57 年 10 月以降、一貫してこの基準に抵触していた。

133

その結果、真実が公表されていれば、投資家が当該証券を取得することは事実上不可能だった事案である。取得自体損害は、基本的に、当該証券の取得に基づくすべての損害を発行会社が賠償すべき損害として捉える以上、流通市場において、賠償すべき損害を取得自体損害とすることができるのは、西武鉄道事件のように、本来上場自体を維持することができず、当該発行会社の証券を取得すること自体が困難な場合等に限られる。

(2) 高値取得損害の場合

高値取得損害に該当する場合を差額説に当てはめると、加害行為がなかったならばあるべき状態は投資家が不実開示の影響なく本来のあるべき取得価額で当該証券を取得することができた状態、現在の状態は投資家が不実開示の影響を受けた価額で当該証券を取得した状態を指すことになる。そこで、高値取得損害の場合、「実際の取得価額と本来のあるべき取得価額との差額」が損害となる。

流通市場においては、西武鉄道事件のように不実開示が直接上場廃止事由に結び付く事実を隠すケースを除けば、真実が公表されていたとしても、当該証券を上場市場で容易に取得することができる。そこで、流通市場における不実開示の事案の多くは、賠償すべき損害を高値取得損害として捉えるべきということになる。

ここで問題となるのが、本来のあるべき取得価額が幾らなのかである。すなわち、不実開示の影響を受けていない本来のあるべき価額は現実には存在しない仮定の状態である。また、証券の市場価格は市場動向を始め様々な要素が複合的に絡み合った結果として形成されていくものである。それゆえ、不実開示により損害を被った投資家が本来あるべき価格を立証するのは非常に困難である。

特に、不法行為責任を追及する場面において、通説である差額説では、損害概念と金銭的評価とは一体として観念される[25]。そのため、具体的な金額を

---

25) 明石一秀ほか編『金融商品と不法行為——有価証券報告書虚偽記載と損害賠償』16頁〔髙木宏行〕(三協法規出版、2012)、前田陽一『債権各論Ⅱ　不法行為法〔第3版〕』90頁(弘文堂、2017)、潮見佳男『不法行為法』214頁(信山社、1999)。

算定して初めて損害の立証に成功したことになる。つまり、流通市場における不実開示において発行会社に対して不法行為責任を追及する場合、損害額の立証責任は被害を被った投資家が負うことになる[26]。実際に、発行会社が財務報告書や有価証券報告書において不実開示したことを認め、真実が公表されれば株価は下落したであろうことは推認できるとしたものの、真実の公表により株価がどの程度下落したかは証拠上明らかではない、とされた事例[27]も存在する。

　このように、流通市場における不実開示に対して、一般法人法78条等、民法715条、民法709条に基づく不法行為責任により損害賠償を請求しようとしても、その多くは非常に大きな困難を伴う。そのため、平成16年に証券取引法（現在の金融商品取引法）が改正されて、証取法（現金商法）21条の2の規定が導入されるまでは、証券流通市場において、重要な情報に関して発行会社が不実開示を行ったとしても、発行会社に対して民事責任が追及されることは稀だった[28][29]。

〔首藤　優〕

---

26) 髙木・同上17頁、前田・同上、潮見・同上215頁。
27) 東京地判平成13・12・20金判1147号34頁。
28) 流通市場における発行会社の民事責任を追及する事例が少なかった理由として、他に、日本にはクラス＝アクション制度が存在しないこと、不実開示自体を発見することが困難であることも挙げられている（黒沼悦郎「証券取引法における民事責任規定の見直し」商事1708号4頁）。
29) 損害額の算定に関して、本来のあるべき価額を算出するために、イベント分析（event study）を行う際に構築されるマーケット・モデルを利用する方法が提案されている（黒沼悦郎「証券市場における情報開示に基づく民事責任(3)」法協106巻2号250-265頁、黒沼悦郎ほか「〈座談会〉不適切開示をめぐる株価の下落と損害賠償責任〔下〕」商事1908号21頁〔黒沼発言〕等）。しかし、裁判所は、不実開示の場面におけるマーケット・モデルに関して、「不実開示以外に株価に影響を与える事情は、市場一般要因以外にも多々存在するにもかかわらずこれを除外していない点で問題がある」として、その採用を否定した（東京地判平成21・5・21判時2047号36頁）。

第2編　開示に関する規制

――――――――― 第3章 ―――――――――

不実開示に関する民事責任2

訴訟上の留意点

第1節　過失立証

1　証券訴訟の近時傾向

　有価証券報告書等の虚偽記載の発覚による株価下落を契機として、株主が、損害賠償訴訟（証券訴訟）を提起する事例が近時急増している。その背景には、2004（平成16）年の金商法改正により、開示書類の虚偽記載等の課徴金制度が創設されたことが挙げられよう。証券取引等監視委員会による調査の過程で、粉飾決算事案が積極的に掘り起こされるようになってきた。また、不祥事発生時の調査報告書を公表する実務が定着したことから、訴訟のための証拠収集も容易になっている。

　かかる環境の下、証券訴訟における過失立証の問題は、虚偽記載の有無や相当因果関係が認められる損害の範囲とともに（本章第2節参照）、実務的に重要な論点である。

2　不実開示に関する民事責任の概観

　不実開示に関する民事責任については、第2章第1節・第2節で詳細に解説されているため、ここでは過失立証の論点を中心に概観しておきたい。

(1) 民法

開示書類の虚偽記載等により損害を被った投資者は、証券発行会社等に対し、不法行為に基づく損害賠償責任を追及できる（民法709条）。しかし、不法行為においては、請求者（原告）が損害額についての立証責任を負担しなければならない。

(2) 金商法

有価証券の価格は、複合的な要因によって決定され、また、価格そのものも刻々と変動する。したがって、虚偽記載等によって有価証券の価格がどのくらい影響を受けたのかを立証することは、事実上きわめて困難を伴う[1]。そこで、金商法は、損害額立証の負担を軽減するなど（金商法19条1項・21条の2第3項）、民法の原則を修正している[2]。

また、金商法は、投資者の被害救済や開示内容の正確性確保の観点より、証券発行会社のみならず、発行会社の関係者にも損害賠償責任を課している（金商法21条・22条・24条の4等）。すなわち、責任の主体には、有価証券届出書等の提出会社およびその役員等、公認会計士または監査法人、売出人や元引受証券会社、目論見書を使用した者が含まれる。このうち、有価証券を募集・売出しに応じて取得したのか（発行市場）、市場で流通している有価証券を取得したのか（流通市場）により、責任規定の内容が異なっていることに留意しなければならない。

(3) 会社法

有価証券報告書等の虚偽記載により損害を被った株主・債権者等は、有価証券報告書等の提出会社に対し、会社法に基づき損害賠償を請求できる（会社法350条）。この場合には、当該虚偽記載に関する代表者の故意・過失を立証しなければならない。

また、有価証券報告書等に虚偽記載があれば、計算書類にも同様の虚偽記載

---

1) 近藤光男ほか『基礎から学べる 金融商品取引法〔第4版〕』78頁（弘文堂、2015）。
2) 岸田雅雄監修『注釈金融商品取引法1 定義・情報開示』247頁〔加藤貴仁〕（金融財政事業研究会、2011）。

第2編　開示に関する規制

がある可能性が高い。そこで、虚偽記載により損害を被った株主・債権者等は、役員等に対し損害賠償請求を行うことも検討できる。この点、会社法429条2項は、虚偽記載に関する役員等の故意・過失の立証責任を転換しており、役員等（被告）側が注意を怠らなかったことを立証しなければならない（無過失の抗弁）。

虚偽記載等により、会社に損害が生じた場合には[3]、役員等が損害賠償責任を負うこともある（会社法423条）。

(4) 民事責任の関係について

実務上は、金商法に基づく損害賠償請求に加え、会社法や民法による請求も行われることが多い。なぜならば、金商法上は賠償責任の限度額が定められているため（金商法19条1項・21条の2第1項）、民法709条や会社法350条に基づく請求の場合には、その認容額が多くなる可能性もあるからである。

3　発行開示書類の虚偽記載等——発行市場における責任

(1) 発行会社の無過失責任（金商法18条1項）

有価証券届出書のうちに、重要な事項についての虚偽記載等があったときは、当該有価証券届出書の届出者（発行会社）は、当該有価証券を当該募集または売出しに応じて取得した者（取得者）に対し、損害賠償の責めに任ずる（金商法18条1項本文）。ここでいう虚偽記載等とは、重要な事項について虚偽の記載があり、または記載すべき重要な事項もしくは誤解を生じさせないために必要な重要な事実の記載が欠けていることである。

ただし、悪意の取得者に対しては、この限りでない。すなわち、取得者がその取得の申込みの際に、記載が虚偽であり、または欠けていることを知っていた場合、発行会社は責任を負わない（金商法18条1項但書）。

3）たとえば、有価証券報告書の訂正費用、課徴金納付命令による課徴金納付、上場契約違約金の支払等が会社に対する損害となり得る。森・濱田松本法律事務所編『証券訴訟——虚偽記載』7頁（中央経済社、2017）。

第3章　不実開示に関する民事責任2／第1節　過失立証

この発行会社の責任は、無過失責任である。したがって、取得者（原告）側は、発行会社に虚偽記載等について過失があったことを証明する必要はない。また、発行会社としては、たとえ虚偽過失等に自らの過失がなかったことを立証できたとしても、その責任を免れない。

(2) 発行会社の役員等

(A) 役員等の範囲と立証責任の転換

金商法は、有価証券届出書の虚偽記載等に関して、提出義務を負う発行会社に加え、次の各関係者についても、取得者に対する損害賠償責任を定めている（金商法21条1項）。すなわち、①有価証券届出書の提出時における役員（取締役、会計参与、監査役、執行役またはこれらに準ずる者。金商法21条1項1号）、②売出しが行われたときは売出人（同項2号）、③有価証券届出書の財務書類について監査証明をした公認会計士または監査法人（同項3号）、④発行会社・売出人との間で元引受契約を締結した金融商品取引業者または登録金融機関（同項4号）である。ただし、悪意の取得者に対しては、この責任が発生しない（金商法21条1項但書）。

これら関係者の責任は、発行会社と異なり、過失責任とされている。その理由は、虚偽記載等があった場合、発行会社のみに責任を負担させるのでは民事責任の抑止機能が十分に期待できない反面、無過失責任では厳しすぎるという点にある[4]。このため、投資者の立証の負担を軽減し、役員等の側に無過失の立証責任を課した（立証責任の転換）。すなわち、役員等は、虚偽記載等を知らず、かつ、相当な注意を用いたにもかかわらず知ることができなかったことを証明すれば、責任を免れる（金商法21条2項1号）。

(B) 取締役（金商法21条1項1号）

役員は、虚偽記載等を知らず、かつ、相当な注意を用いたにもかかわらず知ることができなかったことを証明すれば、免責される（金商法21条2項1号）。

本規定の趣旨は、発行会社の役員に実際の注意を払わせて、有価証券届出書

4）近藤光男ほか『金融商品取引法入門〔第4版〕』199頁（商事法務、2015）。

第2編　開示に関する規制

等の完全かつ正確な記載を確保させることにある[5]。したがって、現実に相当な注意を用いなかった場合には、たとえ相当な注意を用いても知ることができなかったであろうことを証明したとしても、免責されないし、また、虚偽記載等の事実を知っていた場合には、その虚偽記載等を回避するための相当な注意を用いたとしても、免責されない[6]。さらには、役員等が病気であること、遠隔地に居住していること、多忙であること、そもそも有価証券届出書の記載内容を理解できる能力がないことなどは、責任の減免事由になり得ないとされる[7]。取締役・監査役が有価証券届出書の承認決議をする取締役会に欠席した事案において、その欠席に正当な理由が認められない場合には、相当な注意を用いたとは評価されない[8]。

　役員が用いるべき「相当な注意」の具体的内容は、各役員の発行会社における職務内容・地位に応じて異なる[9]。相当な注意を尽くしたか否かの具体的な考慮要素としては、①虚偽記載の内容（本章第2節参照）、②会社の規模、③個々の役員の役割分担、④隠ぺい工作の有無・処方の状況等を挙げることができよう[10]。

　発行会社の業務を統括する代表取締役や財務担当取締役の場合には、求められる注意の程度が高く、現実に免責されることはきわめて困難である[11]。また、他の担務の各取締役も、虚偽記載の有無を調査・確認しあう義務があるから、財務担当ではない（たとえば、技術担当や人事担当）取締役であるとの一事をもって免責されるわけではない[12]。

5）神崎克郎ほか『金融商品取引法』554頁（青林書院、2012）、黒沼悦郎『金融商品取引法』213頁（有斐閣、2016）。

6）松尾直彦『金融商品取引法〔第5版〕』209頁（商事法務、2018）。

7）神田秀樹ほか編著『金融商品取引法コンメンタール1 定義・開示制度〔第2版〕』458頁〔志谷匡史〕（商事法務、2018）。

8）黒沼・前掲注5）213頁。

9）大蔵省証券局企業財務第二課『改正証券取引法』129頁（税務研究会出版局、1971）、岸田監修・前掲注2）273頁〔加藤〕、神崎ほか・前掲注5）553頁、神田ほか編著・前掲注7）442頁〔志谷〕。

10）森・濱田松本法律事務所・前掲注3）65頁。

11）神田ほか編著・前掲注7）442頁〔志谷〕。

12）東京高判平成23・11・30金判1389号36頁（技術担当取締役）、東京地判平成26・12・25判例集未登載（平21(ワ)第30700号）（人事担当取締役）では、相当な注意を用いたことが否定されている。

この点、「相当程度大規模な株式会社において、各取締役の担当する職務の分掌が定められている場合には、各取締役は、自分の関与しない職務については、他の取締役の職務執行について、特に疑うべき事情がない限り、これを信頼したからと言って監視義務違反にはならない」と判示した裁判例がある（東京地判平成24・6・22金法1968号87頁）。

ちなみに、弁護士資格を有する取締役は、法律事項の記載に用いるべき相当な注意が高度なものとなり、それが公認会計士ならば、財務書類の記載に用いるべき相当な注意は高度なものとなる[13]。

また、架空売上の計上による有価証券報告書の虚偽記載につき、会社代表者に従業員の不正行為を防止するためのリスク管理体制を構築する義務違反の有無が争われた事案において、「通常想定される架空売上の計上等の不正行為を防止し得る程度の管理体制は整えていた」、「見掛け上は上告人の売買金額と販売会社の買掛金額が一致するように巧妙に偽装するという、通常容易に想定し難い方法によるものであったということができる」、「本件以前に同様の手法による不正行為が行われたことがあったなど、（上告人の）代表取締役であるAにおいて本件不正行為の発生を予見すべきであったという特別な事情も見当たらない」ことなどを理由に、本件に過失があったとはいえないとして、会社の損害賠償責任を否定した判例がある（最判平成21・7・9判時2055号147頁）。本件は、会社法350条に基づく請求の事案であるが、金商法に基づく請求における過失（相当な注意を用いたか否か）の認定の参考となろう。

(C) 監査役（21条1項1号）

監査役が用いるべき「相当な注意」の内容も、取締役の場合とほぼ同様である（金商法21条2項1号。前記(B)参照）。

監査役の過失認定に際しては、社団法人日本監査役協会作成の監査役監査基準を考慮すべきである。監査役監査基準は、法令そのものではないが、監査役としての注意義務の内容を検討するにあたって考慮すべきものと考えられるからである（東京地判平成25・10・15判例集未登載（平21(ワ)第24606号））。

---

13) 黒沼・前掲注5) 213頁。

第2編　開示に関する規制

監査役は独任制の機関であるから、職務分担があっても、他の監査役も任務懈怠責任を負う可能性はある[14]。しかし、監査役会は、監査役の職務分担・役割分担の定めができるが（会社法390条2項3号）、業務監査については、その職務分担の定めが合理的なものであれば、各監査役は、他の監査役の職務執行の適正さについて疑念を生ずべき特段の事情がない限り、その職務分担の定めに従って職務を行えば、相当な注意を用いたものと認めることができる（東京地判平成26・12・25判例集未登載（平21(ワ)第30700号））。また、会計監査人設置会社では、会計監査についても、特段の事情がない限り、会計監査人の監査結果を前提として職務を遂行すれば、相当な注意を用いたと認められる。

(3) 売出人（金商法21条1項2号）

売出人は、虚偽記載を知らず、かつ、相当な注意を用いたにもかかわらず知ることができなかったことを証明すれば、免責される（金商法21条2項1号）。売出人とは、有価証券の売出しが行われる場合、その売出しにかかる有価証券の所有者である。

売出人は、有価証券届出書を作成するものではなく、発行会社の役員等のように有価証券届出書の作成者の機関としてその作成に関与し得るものでもない。しかし、支配株主のように、発行会社に相当の影響力を行使できるし、売出しの対価を収めることなども考慮されて、責任を負わせたものと考えられる[15]。

(4) 公認会計士・監査法人（金商法21条1項3号）

公認会計士・監査法人は、監査証明をしたことについて故意または過失がなかったことを証明した場合に免責される（金商法21条2項2号）。

公認会計士・監査法人は、一般に公正妥当と認められる監査基準および慣行に従って監査を行う（監査証明府令3条）。したがって、公認会計士・監査法人の監査証明に故意・過失がなかったか否かについては、一般に公正妥当と認められる監査基準に従って監査を実施した事実の有無により判断される（大阪地判平成24・3・23判時2168号97頁）。したがって、公認会計士・監査法人が自

---

14) 落合誠一編『会社法コンメンタール8 機関(2)』396頁〔吉本健一〕（商事法務、2000）。
15) 黒沼・前掲注5) 214頁、神田ほか編著・前掲注7) 459頁〔志谷〕。

第3章 不実開示に関する民事責任2／第1節 過失立証

らの無過失を証明するためには、一般に公正妥当と認められる監査の基準に従
って監査を実施したことを主張・立証することとなる。なお、過失がないとい
えるために払うべき注意義務の水準は、公認会計士の個人的能力や監査法人の
規模によって変わることはない[16]。

この点、監査法人が通常実施すべき監査手続を実施しており、監査法人とし
て通常要求される程度の注意義務を尽くしたとしても、有価証券報告書の虚偽
記載を基礎づける事情が認識できなかったという（旧証取法の）事案において、
監査法人の過失を否定した裁判例がある（大阪地判平成17・2・24判時1931号
152頁、大阪地判平成18・3・20判時1951号129頁）。

公認会計士・監査法人が責任を負うのは、監査証明の対象書類である財務書
類に虚偽記載があった場合のみである。したがって、有価証券報告書等の財務
書類以外の部分にのみ虚偽記載があった場合には、責任を負う余地はない[17]。

公認会計士・監査法人としては、虚偽の監査証明に関する故意・過失があれ
ば、有価証券報告書の虚偽記載と因果関係のある損害について責任を負う。虚
偽の監査証明と損害との間の因果関係が要求されるわけではない[18]。

(5) 元引受金融商品取引業者等（金商法21条1項4号）

元引受金融商品取引業者等（元引受人）は、記載が虚偽であり、または欠け
ていることを知らず、かつ、財務書類以外の部分について相当な注意を用いた
にもかかわらず知ることができなかったことを証明した場合に免責される（金
商法21条2項3号・4項）。

元引受人の免責要件は、①財務書類にかかる部分以外と、②財務書類にかか
る部分とに分けて規定されており、②では「相当な注意」義務が免除され、財
務書類の虚偽記載について善意であれば責任を負わない。その趣旨は、元引受
人が虚偽記載等を知っていた場合を除き、公認会計士・監査法人の監査証明を
信頼すれば足りると考えられたからである[19][20]。

---

16) 黒沼・前掲注5）215頁。
17) 黒沼・前掲注5）214頁。
18) 黒沼・前掲注5）215頁。
19) 松尾・前掲注6）210頁。
20) 元引受人は、財務書類の虚偽記載（いわゆる粉飾決算）を知らなかったことを証明すれば、免

第2編　開示に関する規制

　財務書類以外の部分について、相当な注意を用いたか否か（元引受証券会社の注意義務違反の有無）を判断するに際しては、日本証券業協会「有価証券の引受け等に関する規則」および「『有価証券の引受け等に関する規則』に関する細則」が参考となる[21]。

(6) 目論見書等の使用者（金商法17条）

　有価証券の募集・売出しについて、重大な虚偽記載等のある目論見書等を使用して有価証券を取得させた者（目論見書等の使用者）は、善意の取得者に対し、損害賠償責任を負う（金商法17条）。目論見書に虚偽記載等があるときだけではなく、投資勧誘に際して投資者に提供される資料に虚偽記載がある場合も広く含まれている（金商法13条5項参照）。

　目論見書等の使用者は、虚偽記載等につき善意であったことに加え、相当な注意を用いたにもかかわらず知ることができなかったことを証明しない限り、免責されない（金商法17条但書）。すなわち、これは立証責任の転換された過失責任である。

　「相当な注意を用いたにもかかわらず」との文理から、免責を受けるためには、現実に相当な注意を用いたことが必要である。したがって、被告（目論見書等の使用者）が免責されるためには、仮に相当な注意を用いたとしても知ることができなかったとの抗弁は立たない[22]。また、発行会社の新規商品開発や業務提携等の風説の真偽を確認することなく、これらを取引に利用する場合は、相当な注意を用いたとは認められない[23]。

　責されることとなる。この点、学説においては、元引受人を不当に保護するものとの批判がある。黒沼・前掲注5）216頁、神田ほか編著・前掲注7）461頁〔志谷〕、後藤元「発行開示における財務情報の虚偽記載と元引受証券会社のゲートキーパー責任」岩原紳作ほか編『会社・金融・法（下）』395頁（商事法務、2013）。

21）森・濱田松本法律事務所・前掲注3）72頁。

22）神田ほか編著・前掲注7）435頁〔石田眞得〕。

23）神崎ほか・前掲注5）562頁。

4 継続開示書類の虚偽記載等──流通市場における責任

継続開示書類の虚偽記載等については、提出会社（公衆縦覧されている虚偽記載等がある有価証券報告書等の提出者）およびその役員等の損害賠償責任が規定されている（金商法21条の2・22条・24条の4・24条の4の7）。流通市場においては、発行市場の場合と異なり、売出人および元引受人の責任規定は存在しない。

(1) 提出会社（金商法21条の2）

平成26年改正により、提出会社の責任は過失責任であるが、提出会社が虚偽記載等について故意・過失のなかったことを証明したときには責任を負わない（金商法21条の2第2項）。ここでは、請求者（原告）側で提出会社の故意・過失を立証する必要はなく、提出会社に無過失の立証責任が転換されている。

なお、取得者が現実に有価証券報告書等の記載内容を信用してそれを投資判断の重要な要素としたか否かは、損害賠償請求権の成否に関係がない（東京地判平成20・6・13判時2013号27頁）。

たとえば、長期間にわたる組織的な虚偽記載等や代表者による内部統制構築義務違反の事案では、提出会社の無過失は認定しがたい。また、一部の従業員による不正行為に起因した虚偽記載等であり、必ずしも代表者の内部統制構築義務違反までは認定できない場合であっても、取得者側の損害と提出会社の利得の間に公平性が認められないときには、提出会社の無過失が認定されない余地もある[24]。

(2) 役員等（金商法24条の4・22条）

有価証券報告書に虚偽記載等があるときは、①提出会社の役員、②財務書類について監査証明を行った公認会計士・監査法人は、虚偽記載等を知らずに有価証券を取得・処分した投資者に対し、損害賠償責任を負う（金商法24条の4・22条）。

これら役員や公認会計士等の責任は、立証責任の転換された過失責任である

---

24) 黒沼・前掲注5) 223頁。

第2編　開示に関する規制

（金商法 24 条の 4・22 条 2 項による 21 条 2 項 1 号 2 号の準用）。すなわち、流通市場における提出会社の取締役・監査役および公認会計士・監査法人の責任は、発行市場の場合と同様である（前記 3 (2) (A) (B)・(4) 参照）。

5　過失立証の実務

　過失または無過失といった規範的評価を成立させるためには、その成立を根拠づける具体的な事実（評価根拠事実・評価障害事実）が必要である[25]。過失・無過失とは、実体としての「事実」ではなく、規範的な「評価」に関する抽象的な概念である。

　したがって、訴訟において当事者は、過失を直接証明するわけではなく、過失という評価を根拠づける事実を積み上げ、これを証明するのである。より具体的には、原告は、過失があると評価する方向に働く事実（評価根拠事実）を主張・立証し、逆に被告は、過失がないと評価する方向に働く事実（評価障害事実）を主張・立証しなければならない。その上で、裁判所は、原告被告の主張・立証の攻防から明らかとなった評価根拠事実・評価障害事実を総合し、過失の存否を判断するのである。

　本節における「過失」も、評価であって、事実ではない。あくまで「相当な注意を用いた」という評価を基礎づける事実の証明が必要である。

　たとえば、役員等として、有価証券届出書の承認決議をする取締役会に欠席した事案では、取締役会が急きょ開催されたために重要な先約所用との調整がつかなかった事実を証明しなければならない。また、会社の職務分掌に照らして、自らの職務と関連性がないと主張するのであれば、職務分掌に関する社内規程を証拠として提出する必要があろう。さらには、取締役会の招集通知、取締役会議事録、陳述書等の各種書証の提出も検討しなければならない。

〔菅原貴与志〕

25）司法研修所民事裁判官教官室「増補 民事訴訟における要件事実 第 1 巻」30 頁（司法研修所、1986）。

第3章　不実開示に関する民事責任2／第2節　損害論

第2節　損　害　論

1　はじめに

　金商法は、不実開示に関する民事責任を、開示書類ごと、責任主体ごとに定めている。それらは、(1)有価証券届出書および目論見書（金商法18条～21条、22条）、(2)開示書類全般（同法21条の2）、(3)発行登録書類、発行登録追補書類（同法23条の12第5項、21条、22条）、(4)有価証券報告書（同法24条の4）、(5)四半期報告書（同法24条の4の7第4項、22条）、(6)半期報告書、臨時報告書（同法24条の5第5項、22条）、(7)自己株券買付状況報告書（同法24条の6第2項、22条）に大別することができる。

　そのうち、金商法は、同法19条、21条の2第3項～第6項において損害の法定・推定の規定をそれぞれ有している。これらの損害規定の適用がない場合には、類推適用がなされる場合を除き、不法行為に関する場合と同様、損害につき主張・立証が必要となる。ただ、裁判例を一瞥すると、裁判例の蓄積により、裁判所が取る判断の枠組みが生成しつつあるように見受けられる。そのことを明らかにすべく、本稿では、不法行為法における損害概念の把握につき、出発点を確認した上、金融商品取引法における損害の推定規定の内容を概説し、金商法の枠組みの不法行為責任への波及について、検証を試みることにしたい。

2　不法行為法における「損害」

(1) 差額説と損害事実説との対立
　金商法の損害推定規定につき述べるに際し、前提概念である「損害」概念に関し、不法行為法における議論を、本稿の関心に必要な限度で、振り返ってお

147

第2編　開示に関する規制

こう。不法行為における損害をどのように理解するかについては、差額説（(a)「侵害行為がなかったならば惹起しなかつたであろう状態（原状）」から(b)「侵害行為によつて惹起されている現実の状態（現状）」を控除した差額を金銭評価したものを損害と把握する考え方）[1]と損害事実説（損害とは、被害者に生じた不利益それ自体を意味し、損害そのものは単なる事実であって、それが金銭的にいくらかは、損害の概念に含まれていないと捉える考え方）との間で対立があり、差額説が判例・通説とされている。

差額説によると、本来損害というものは、それ自体常に「金〇円」という金額の形で示され、この点が損害事実説との違いであるはずだが[2]、損害事実説が差額説のいう財産「状態」を「事実状態」に置き換えたものに過ず、両説間に結論の違いが生じないとみる理解もあり[3]、民法学者の中には、判例が本当に差額説によっているのか疑問を呈する者も多いようである[4]。

差額説によると、株式価格が、さまざまな事象を織り込みつつ変動するものであるところから、不法行為（虚偽記載）がなかったとすればあったであろう財産状態（当時の有価証券の価額）を原告が立証することには、困難が生じうる[5]。

(2) 差額説の構造

さて、差額説を採るリーディング・ケースである最判昭和39・1・28民集

1）差額説についての説明として、たとえば潮見佳男『不法行為法』213頁（信山社、1999）。

2）窪田充見『不法行為法〔第2版〕』162頁（有斐閣、2018）。

3）黒沼悦郎「判批」金判1289号4頁。

4）不法行為後の被害者の死亡という事実を逸失利益の算定の上でどのように考慮するかについては、差額説と損害事実説の一種である（窪田・前掲注2）407頁）とされる労働能力喪失説との間で対立があるところ、判例（最判昭和48・4・5民集27巻3号419頁、最判昭和58・9・6民集37巻7号901頁）は後説へ接近しつつあると評価されており、交通事故の被害者が後遺障害により労働能力の一部を喪失した場合における逸失利益の算定にあたっては、事故後に別の原因により被害者が死亡したとしても、事故の時点で、死亡の原因となる具体的事由が存在し、近い将来における死亡が客観的に予測されていたなどの特段の事情がない限り、死亡の事実は就労可能期間の認定上考慮すべきものではないとする最判平成8・4・25民集50巻5号1221頁は、この流れに一歩を進めるものと評価されている（三村量一「判解」最高裁判所判例解説民事篇平成8年度（上）349頁。ただ、最判平成11・12・20民集53巻9号2038頁は、前掲最判平成8・4・25とほぼ同種の事案において、被害者の死亡後の介護費用の賠償を否定する）。

5）神崎克郎ほか『証券取引法』373頁（青林書院、2006）。

18 巻 1 号 136 頁は、「損害」概念につき、次のように述べる。

「思うに、民法上のいわゆる損害とは、一口に云えば、侵害行為がなかつたならば惹起しなかつたであろう状態（原状）を(a)とし、侵害行為によつて惹起されているところの現実の状態（現状）を(b)とし a － b ＝ x その x を金銭で評価したものが損害である。そのうち、数理的に算定できるものが、有形の損害すなわち財産上の損害であり、その然らざるものが無形の損害である。しかしその無形の損害と雖も法律の上では金銭評価の途が全くとざされているわけのものではない。侵害行為の程度、加害者、被害者の年令資産その社会的環境等各般の情況を斟酌して右金銭の評価は可能である。その顕著な事例は判示にいうところの精神上の苦痛を和らげるであろうところの慰藉料支払の場合である。しかし、無形の損害に対する賠償はその場合以外にないものと考うべきではない。そもそも、民事責任の眼目とするところは損害の填補である。すなわち前段で示した a － b ＝ x の方式における x を金銭でカヴアーするのが、損害賠償のねらいなのである。」

このように、差額説とは、下記図の(a)から(b)を控除した差額を金銭評価したものを損害と把握する考え方で、枠組みがカッチリしているところから、実務的に広く受け入れられている。

【差額説の構造】

    (a)　侵害行為がなかったならば惹起しなかったであろう状態（仮定的利益状態）

－   (b)　侵害行為によって惹起されている現実の状態（現に存在する利益状態）

   「差額」　→　その金銭的評価が「損害」

3　金融商品取引法における損害の推定規定

(1)　金商法 21 条の 2 の損害推定規定

(A)　金商法 21 条の 2 の規定の趣旨

平成 16 年証券取引法改正[6]により導入された金商法 21 条の 2 第 2 項（同法 27 条、27 条の 34 において準用されている）は、無過失責任（当時）である同条 1

第2編 開示に関する規制

項の損害賠償請求をする際における原告の損害立証の負担を軽減するため、損害を推定するものであり[7]、有価証券報告書等の「重要な事項」について虚偽記載等があった場合において、当該虚偽記載等の事実の「公表」がされたときは、当該公表日前1年以内に当該有価証券を取得し、当該公表日において引き続き当該有価証券を所有する者は、当該公表日前1月間の当該有価証券の市場価額（市場価額がないときは、処分推定価額）の平均額から当該公表日後一月間の当該有価証券の市場価額の平均額を控除した額を、当該書類の虚偽記載等により生じた損害の額とすることを認める。

この責任の法的性質につき、ライブドア事件に関する最判平成24・3・13民集66巻5号1957頁は、「金商法21条の2は、投資者の保護の見地から、一般不法行為の規定の特則として、その立証責任を緩和した規定と解されるから、同条所定の賠償債務は不法行為に基づく損害賠償債務の性質を有するというべきである」旨判示している。

金商法21条の2第1項の損害賠償責任は、その後、平成26年改正において、無過失の証明責任を発行者に転換した過失責任へと改められたが[8]、本項の損害推定規定自体は、そのまま維持されている。

(B) 金商法21条の2の規定の構造

民法の一般不法行為の特則として、損害額に上限を付すとともに過失を推定する金商法21条の2も、かかる差額説を前提として、下図のような損害に関する推定規定を設けている。(a)(b)をそれぞれ立証が容易な、公表日前後の「市場価額の平均額」とすることで、差額説のカッチリした特色を活かした推定規定となっている。

---

6) 高橋康文編著『平成16年証券取引法改正のすべて』48頁（第一法規、2005）。

7) 神崎ほか・前掲注5) 373頁、日野正晴『詳解金融商品取引法〔第4版〕』315頁（中央経済社、2008）。

8) 河本一郎ほか『新・金融商品取引法読本』89頁（有斐閣、2014）、山下友信＝神田秀樹編『金融商品取引法概説〔第2版〕』221頁〔小出篤〕（有斐閣、2017）、黒沼悦郎『金融商品取引法』222頁（有斐閣、2016）。

150

第3章　不実開示に関する民事責任2／第2節　損害論

【金商法 21 条の 2 第 3 項の推定規定の意味】

　［3 項］差額説に基づく推定規定→「公表日」とは？　→最判平成 24・3・13
　　　　（a）　公表日前 1 月間の当該有価証券の市場価額の平均額
　　－　（b）　公表日後 1 月間の当該有価証券の市場価額の平均額
　　　　─────────────────────────────
　　　「差額」　→　損害とすることができる。
　　　　　※ただし、19 条 1 項の規定の例により算出した額を超えない限度

　（a）につき、「公表日前 1 月間の当該有価証券の市場価額の平均額」、（b）につき、「公表日後 1 月間の当該有価証券の市場価額の平均額」としているのは、（a）を差額説における（a）（仮定的利益状態）に、（b）を差額説における（b）（現に存在する利益状態）に、それぞれ見立てて、差額説的理解の下、損害を把握しようとするものであり、「1 月」というのは、さまざまに変動する株価の平均を、長すぎず短すぎない期間で算定する趣旨のものと理解できる[9]。

　また、損害額の上限を金商法 19 条 1 項により算定される額に限定するのは、発行開示に関する同条の責任とのバランスを考慮したものである。もっとも、金商法 21 条の 2 第 3 項は、あくまでも推定規定であり、推定を上回る額につき、民法の不法行為責任を追及することは妨げられない[10]。

(C)「公表」の概念

　前記の推定を利用するため、問題となるのは、「公表」の概念如何である。そして、この点につき指針を示したのが、ライブドア事件に関する前掲最判平成 24・3・13 である。前掲最判平成 24・3・13 は、「公表」とは、有価証券報告書等の「虚偽記載等に係る記載すべき重要な事項」について、多数の者の知り得る状態に置く措置がとられたことをいうとしたうえで、「『虚偽記載等に係る記載すべき重要な事項』について多数の者の知り得る状態に置く措置がとられたというためには、虚偽記載等のある有価証券報告書等の提出者等を発行者とする有価証券に対する取引所市場の評価の誤りを明らかにするに足りる基本

　9）この点に関し検討するものとして、黒沼・前掲注 8）226 頁を参照。
　10）その例として、オリンパス事件に関する大阪地判平成 27・7・21 金判 1476 号 16 頁およびその控訴審である大阪高判平成 28・6・29 金判 1499 号 20 頁。

第2編　開示に関する規制

的事実について上記措置がとられれば足りると解するのが相当である」と判示し、検察官が司法記者クラブに加盟する報道機関の記者らを通じて、虚偽記載の容疑がある旨の情報を一般公衆に開示したことを、「公表」にあたるものとした。

(D) 控除すべき事情

　金商法21条の2は、前記の「差額」から、さらに虚偽記載等によって生ずべき当該有価証券の値下がり「以外」の事情により生じたことが証明された場合には、相当因果関係の範囲外であるとして、その全部または一部をさらに控除する旨（金商法21条の2第5項）、併せて性質上その額を証明することが極めて困難であるときは、裁判所が、口頭弁論の全趣旨および証拠調べの結果に基づき、賠償の責めに任じない損害の額として相当な額の認定をすることができる旨（同条6項）をそれぞれ規定する。

　前掲最判平成24・3・13は、「虚偽記載等によって生ずべき当該有価証券の値下り」とは、投資者が虚偽記載等のある有価証券報告書等の提出者等を発行者とする有価証券を取得するにあたって実際に支払った額と当該取得の時点において当該虚偽記載等がなかった場合に想定される当該有価証券の市場価額との差額に相当する分の値下がりに限られず、有価証券報告書等の虚偽記載等と相当因果関係のある値下がりの全てをいうと広く解している。したがって、控除されるべき「それ以外の事情」は、必然的にかなり限定されることとなる。現に、前掲最判平成24・3・13は、種々の事情の中から、完全子会社化をめぐる報道による値下がりのみをとりあげ、1割の控除をすることを許容している。また、金商法でなく、一般不法行為ルートに関してであるが、後述のとおり、最判平成23・9・13民集65巻6号2511頁等は、いわゆる「ろうばい売り」につき、当然予期すべき事情であるとして、控除を否定している。

　アーバンコーポレーション事件に関する最判平成24・12・21判時2177号51頁で問題となったのも、控除されるべき「それ以外の事情」の範囲についてである（ちなみに、前掲最判平成24・12・21は査定異議に関する訴えにかかる事案であるが、問題状況は、損害賠償請求がなされた場合と変わらない）。すなわち、前掲最判平成24・12・21においては、虚偽記載に関する公表に引き続き、民

第3章　不実開示に関する民事責任2／第2節　損害論

事再生申立てがなされており、再生申立てによる値下がり分が、「それ以外の事情」に含まれるかということである。そして、この点につき、前掲最判平成24・12・21は、判旨記載のとおり、「それ以外の事情」に含まれることを明示的に肯定した。虚偽記載の公表から速やかに倒産に至る本件のようなケースでは、かかる判断にほぼ異論はなかろう[11]。

　ただ、これらの一連の最高裁判決は、「控除すべき事情」につき、意識的に、「一般論」を述べていない。前掲最判平成24・12・21が、民集登載判決ではない理由はこの点にあるものと推測される。なにが「控除すべき事情」に該当するかについては、今後、事例の集積によってのみ解明されることになる[12]。

(2) 金商法19条の損害推定規定

　金商法19条は、有価証券届出書の発行者の虚偽記載の責任（金商法18条：無過失責任）につき、損害賠償責任を法定する規定である。具体的には、賠償責任追及者が、有価証券を保有している場合と処分している場合とにわけ、次のとおり規定する。

［保有している場合］ 　　　（a）請求権者が当該有価証券の取得について支払った額 　－　（b）損害賠償を請求する時における市場価額 　　　　　　（市場価額がないときは、その時における処分推定価額） 　　　　「差額」　→　その金銭的評価が「損害」
［処分している場合］ 　　　（a）請求権者が当該有価証券の取得について支払った額 　－　（b）当該有価証券を処分した場合においては、その処分価額 　　　　「差額」　→　その金銭的評価が「損害」

---

11) なお、須藤正彦裁判官は、その補足意見において経営難と破たん状態との違いを明らかにされた上、「本件臨時報告書、本件有価証券報告書提出の頃、経営が危ぶまれる状態……にあったが破綻状態にあったわけではない。」ことを指摘している。

12) 中村さとみ「判解」最高裁判所判例解説民事篇平成23年度（下）606頁。

第2編　開示に関する規制

(b)の価額は、それぞれ算定すべき時点が定められている。したがって、例えば、裁判中に株価が大きく下がったとしても、その分の賠償は受けられない。

本条も、金商法21条の2第3項と同様、損害額を法定するにあたって、差額説的な枠組みを採用している。

ただ、本条の規定は、金商法21条の2の「推定」規定と異なり、賠償すべき価額を「法定」するものである（そして、前記のとおり、本条で定める価額は、金商法21条の2で推定される損害の上限を画する。金商法21条の2第1項）。

本条において、保有している場合、処分している場合のいずれも、請求権者が当該有価証券の取得について支払った額を出発点（(a)）としているところから分かるとおり、本条の責任は、発行者に対し、虚偽記載ある有価証券届出書を用いて詐欺的に集めた金銭を返還させるという原状回復的発想に立っている。このことから、本条につき、民訴法248条の類推適用を否定する見解も有力に主張されている。

しかしながら、近時、最判平成30・10・11民集72巻5号477頁は、金商法19条の規定に関し「虚偽記載等のある有価証券届出書の届出者に無過失損害賠償責任を負わせるとともに、請求権者において損害の立証が困難であることに鑑みて、その立証の負担を軽減することにより、請求権者への損害塡補と併せて不実開示の抑止による証券市場の公正の確保を目的として政策的に設けられたものであって、請求権者にとって容易に立証することができる一定の額を賠償の責めに任ずべき額として法定した上で、その額から、有価証券届出書の虚偽記載等と相当因果関係のある当該有価証券の値下がり以外の事情により生じたことが賠償の責めに任ずべき者によって証明されたものを減ずるという方式を採用することにより、その目的を実現しつつ、事案に即した損害賠償額を算定しようとするものであると解される」とした上で、「請求権者が受けた損害につき、有価証券届出書の虚偽記載等によって生ずべき当該有価証券の値下がり以外の事情により生じたことが認められるものの、当該事情により生じた損害の性質上その額を立証することが極めて困難である場合に、同法19条2項の賠償の責めに任じない損害の額を全く認めないというのは、当事者間の衡平の観点から相当でなく、上記の趣旨にも反する」ゆえ、「請求権者の受けた損害につき、有価証券届出書の虚偽記載等によって生ずべき当該有価証券の値

下がり以外の事情により生じたことが認められる場合に、当該事情により生じた損害の性質上その額を立証することが極めて困難であるときは、裁判所は、民訴法248条の類推適用により、口頭弁論の全趣旨及び証拠調べの結果に基づき、金商法19条2項の賠償の責めに任じない損害の額として相当な額を認定することができる」と判示した。

前掲最判平成30・10・11民集72巻5号477頁は、民訴法248条の趣旨につき、「損害が生じたことが認められる場合において、損害の性質上その額を立証することが極めて困難であるときに、その損害の額を全く認めないというのは、当事者間の衡平の観点から相当でないため、このような場合には、裁判所は、口頭弁論の全趣旨及び証拠調べの結果に基づき、相当な損害額を認定することができるとしたもの」であると解し、金商法「21条の2第6項のような規定が同法19条に置かれていないことは、以上の解釈を左右するものではない」旨明言している。

ここにおいて、金商法21条の2と19条とをパラレルに捉える裁判所の立場が明らかになったことになる。そしてそれは、この手の訴訟において、民訴法248条を根拠とする裁判所の裁量がより広くなったことを意味する[13]。

4 金商法の枠組みの不法行為責任への波及

(1) はじめに

金商法21条の2が規定する損害の推定規定は、平成16年12月1日より前に提出された有価証券報告書には適用がないため（平成16年改正証取法附則〔平成16年6月9日法律第97号〕1条3号・5条）、それ以前の不実開示責任を追及するためには、民法の不法行為責任（民法709条）によることになる。また、民法の不法行為責任の追及は、前記の推定を超える額の責任追及を求める際にも利用されうる。

民法の不法行為責任による場合には、民法上、特段の損害の推定規定が置か

---

13) かかる態度に対する批判として、池田聡「有価証券報告書等の虚偽記載による損害」税務事例50巻10号53頁を参照。

第2編　開示に関する規制

れていないところから、前記の差額説の枠組みに基づく主張・立証が必要になるところ、近時、西武鉄道（一般投資家）事件に関する最判平成23・9・13民集65巻6号2511頁等が出て、総論的議論は収束した[14]。のみならず、金商法21条の2に関する前掲最判平成23・9・13、前掲最判平成24・3・13および前掲最判平成24・12・21を組み合わせることで、有価証券報告書の虚偽記載と損害賠償に関する最高裁の基本的立場が示されたことになる[15]。

(2) 西武鉄道（一般投資家）事件にみる差額説の構造

(A) 当事者の主張

前掲最判平成23・9・13を例に、具体的にみてみよう。この事件におけるXらの主張は、次のとおり、①主位的主張（取得自体損害）、②予備的主張1（高値取得損害）、③予備的主張2（公表後下落損害）の3つである。

前掲最判平成23・9・13における当事者の主張

① 主位的主張 （取得自体損害）	Y株を取得させられたこと自体が損害であり、対価として支出した取得価額の全額が損害額となる	本件虚偽記載がなければXらがY株を取得することはなかったから
② 予備的主張1 （高値取得損害）	上場プレミアム相当分が損害であり、取得価額と取得時点での本来あるべき価額（想定価額）との差額	Xらは、本件虚偽記載によって、本来は上場を維持し得ない株式であるY株を上場株式としての付加価値（上場プレミアム）が上乗せされた対価で取得させられたから
③ 予備的主張2 （公表後下落損害）	・処分株式については本件公表の日の終値と処分価額との差額 ・保有株式については上記終値と事実審の口頭弁論終結時の価額との差額が損害額	本件虚偽記載がされた結果、Y株は本件公表後に市場価額が大幅に下落して上場廃止となったから、本件公表後の株価下落分が損害となる

---

14) 有価証券報告書虚偽記載と損害賠償に関する裁判例を網羅するものとして、やや古いものだが、明石一秀ほか編『金融商品と不法行為——有価証券報告書虚偽記載と損害賠償』（三協法規出版、2012）を参照。

15) 松嶋隆弘「有価証券報告書の虚偽記載に関する損害賠償責任についての法的スキーム」ビジネ

第3章　不実開示に関する民事責任2／第2節　損害論

予備的主張2（公表後下落損害）の構造

	(a)	− (b)	= X
処分株主	公表の日の終値	処分価格	損害（差額）
保有株主		事実審の口頭弁論終結時の価格	

　「差額説の構造」に寄せて考えると、①は、「Xらが西武鉄道株を取得しなかった」ことを(a)とするものであり（これを「甲」とする）、②は、「Xらが西武鉄道株を取得したが、当該取得価額では取得しなかった」ことを(a)とするものである（これを「乙」とする）と、それぞれ言い換えることができる。他方、③は、前記①②とはそれぞれ観点を異にし、むしろ(b)に着目した見方であり、③のもとにおいて、(a)は、「甲」「乙」いずれもありうることになる。

(B)　前掲最判平成23・9・13の判旨

　前掲最判平成23・9・13は下記のとおり述べる。

　「有価証券報告書等に虚偽の記載がされている上場株式を取引所市場において取得した投資者が、当該虚偽記載がなければこれを取得することはなかったとみるべき場合、当該虚偽記載により上記投資者に生じた損害の額、すなわち当該虚偽記載と相当因果関係のある損害の額は、上記投資者が、当該虚偽記載の公表後、上記株式を取引所市場において処分したときはその取得価額と処分価額との差額を、また、上記株式を保有し続けているときはその取得価額と事実審の口頭弁論終結時の上記株式の市場価額（上場が廃止された場合にはその非上場株式としての評価額。以下同じ）との差額をそれぞれ基礎とし、経済情勢、市場動向、当該会社の業績等当該虚偽記載に起因しない市場価額の下落分を上記差額から控除して、これを算定すべきものと解される」。

(C)　検討

　前掲最判平成23・9・13は、前記の判示に先立ち、Xらの主張につき、「一般投資家であり、Y株を取引所市場で取得した上告人らにおいては、本件虚偽

ス法務17巻2号138頁。河本ほか・前掲注8）95頁以下、山下＝神田編・前掲注8）230頁〔小出〕を参照。

第2編　開示に関する規制

記載がなければ、取引所市場の内外を問わず、Y株を取得することはできず、あるいはその取得を避けたことは確実であって、これを取得するという結果自体が生じなかったとみることが相当である」と述べた上で、①を「その限りにおいて」という留保付きで容れた。その前の判示から判断するに、差額説の立場に立ち、(a)につき甲「Xらが西武鉄道株を取得しなかった」を採用したこと、すなわち(a)につき甲を取ったことを指しているものと解される。(b)として「上記株式を取引所市場において処分したときはその取得価額と処分価額との差額を、また、上記株式を保有し続けているときはその取得価額と事実審の口頭弁論終結時の上記株式の市場価額（上場が廃止された場合にはその非上場株式としての評価額。以下同じ）との差額」を控除することを述べていることからすると、前掲最判平成23・9・13は、①主位的主張（取得自体損害）、すなわち原状回復的救済を認めたものではなく、実質的には、「(a)につき甲を取った、③予備的主張2（公表後下落損害）」であるといってよいように思われる。

(D) さらなる控除

　前掲最判平成23・9・13は、さらに「虚偽記載と相当因果関係のない損害」を前記差額から控除すべきとし、「いわゆるろうばい売りが集中することによる過剰な下落」がそれにあたるかを検討する（ただ、結果としてこれを控除すべきではないものとする）。

　そして、かかる控除をして得られる損害額の立証は極めて困難であるとして、民訴法248条により相当な損害額を認定すべきとする。この部分の判示の意味は、金商法21条の2と対比することでよりよく理解されると思われる。

(3) 有価証券の虚偽記載と損害賠償に関する「最高裁の枠組み」

　以上の理解を、金商法21条の2の損害推定規定およびそれらに関する2つの最高裁判決（前掲最判平成24・3・13および前掲最判平成24・12・21）と対比すると、次のとおり、有価証券の虚偽記載と損害賠償に関し、最高裁がとる基本的フレームワークを示すことができると解される。

　次の表から一目瞭然のとおり、できる限り、不法行為ルートと金商法ルートとの平仄を合わせ、両者を同一の枠組みで処理しようという最高裁の意図を看

第3章　不実開示に関する民事責任2／第2節　損害論

有価証券の虚偽記載と損害賠償に関する最高裁の枠組み

		不法行為ルート（民法709条）（最判平成23・9・13）	金商法ルート（金商法21条の2）（最判平成24・3・13、最判平成24・12・21）
		過失責任（民法709条）	平成26年金商法改正により無過失責任から過失責任に変更
		限度無し（相当因果関係がある限り）	金商法19条1項の規定の例により算出した額を超えない限度
虚偽記載の対象			重要な事項について虚偽の記載があり、又は記載すべき重要な事項若しくは誤解を生じさせないために必要な重要な事実の記載が欠けているとき（金商法21条の2第1項）
損害	(a)	甲：当該株式を取得しなかった（この限度で取得価額損害）	公表日前1月間の当該有価証券の市場価額の平均額※「公表」：検察官が司法記者クラブで公表した時（最判平成24・3・13）
	−(b)		公表日後1月間の当該有価証券の市場価額の平均額
−控除事項		「経済情勢、市場動向、当該会社の業績等当該虚偽記載に起因しない市場価額の下落分」[16]→ただし「ろうばい売り」については控除を否定[17]	「虚偽記載等によって生ずべき当該有価証券の値下り」以外の事情により生じた・再生申立てによる値下がり分は、「以外の事情」として控除[18]（最判平成24・12・21）

16）「有価証券報告書等に虚偽の記載がされている上場株式を取引所市場において取得した投資者が、当該虚偽記載がなければこれを取得することはなかったとみるべき場合、当該虚偽記載により上記投資者に生じた損害の額、すなわち当該虚偽記載と相当因果関係のある損害の額は、上記投資者が、当該虚偽記載の公表後、上記株式を取引所市場において処分したときはその取得価額と処分価額との差額を、また、上記株式を保有し続けているときはその取得価額と事実審の口頭弁論終結時の上記株式の市場価額（上場が廃止された場合にはその非上場株式としての評価額。以下同じ）との差額をそれぞれ基礎」とする旨判示する（前掲最判平成23・9・13）。

17）「虚偽記載が公表された後の市場価額の変動のうち、いわゆるろうばい売りが集中することによる過剰な下落は、有価証券報告書等に虚偽の記載がされ、それが判明することによって通常生

159

第２編　開示に関する規制

取することができる。そして、前掲最判平成 24・12・21 の意義は、「以外の事情」につき一事例を追加したことに加え、前掲最判平成 23・9・13 および前掲最判平成 24・3・13 だけでは、画竜点睛を欠く状況において、一点を加えることで、枠組みを完成したところにあるといってよい。まさに一種の法創造であるといってよかろう[19]。

(4) その後の裁判例

　以上のとおり、総論的な枠組みは定まったものの、各論は、今後の課題である。とりわけ損害の中身については、処分権主義の下、当事者の主張に大きく左右されざるをえない。紙幅の都合上、ここでは、近時の裁判例の帰結のみを紹介するに、取得自体損害を肯定したものとして、東京高判平成 30・3・19 資料版商事 410 号 201 頁[20]、逆に取得自体損害を否定し高値取得損害を採用す

ずることが予想される事態であって、これを当該虚偽記載とは無関係な要因に基づく市場価額の変動であるということはできず、当該虚偽記載と相当因果関係のない損害として上記差額から控除することはできないというべきである。」(前掲最判平成 23・9・13)

18) 「本件再生申立てによる値下がりについては、本件虚偽記載等と相当因果関係のある値下がり以外の事情により生じたものとして、金商法 21 条の 2 第 4 項又は 5 項の規定によって減額すべきものである。」(前掲最判平成 24・12・21)

19) 逆に言えば、前掲最判平成 24・12・21「だけ」を取り上げ検討することは、木を見て森を見ない結果となり、あまり生産的な作業ではない。

20) 前掲東京高判平成 30・3・19 は、同事案と西武鉄道事件とを比較し、下記のとおり判示する。
　「西武鉄道最高裁判決の事案と本件の事案は、両方とも「虚偽記載がなければ上場されなかったであろうし、虚偽記載が発覚すれば速やかに上場廃止の措置がとられたであろう事案である。」という観点から抽象化すれば、同一の性格を有する事案である。したがって、本件においては、第 1 審原告らによる A 株取得時に取得対価の支出額と同額の損害が発生すると判断するのが相当である。」
　「西武鉄道最高裁判決の事案においては、企業が上場廃止になっても法人は形式的に存続を維持するだけでなく実質的にも存続を維持した。金融機関からの信用を全面的に失う破目に陥ることもなく、法人の中心事業も事業譲渡されずに法人による経営が継続された。株式は、非上場株式となって売買が格段に不便となり(一般投資家にとっては売買が事実上不可能に近い状態となり)、機関投資家(他人の資金を預かって運用する立場にある)による投資適格を失った。しかしながら、株式としての価値は残存し、非上場の時代にも会社法 192 条等の規定による会社による株式買取(自己株式取得)の手続において相応の対価の支払による自己株式の取得が実行されていた。そして、再上場も噂される中で、上場廃止から 10 年以上経過した後に、グループ企業再編を経て上場廃止企業の完全親会社が株式再上場を果たしている。したがって、上場廃止後も株式を保有する株主の株式が全く無価値になったわけでもなく、損害算定については株価に影響を与える他の要因の有無なども検討しなければならず、色々な算定方法が想定された。

第3章 不実開示に関する民事責任2／第2節 損害論

るものとして、オリンパス事件に関する大阪地判平成27・7・21金判1476号
16頁およびその控訴審である大阪高判平成28・6・29金判1499号20頁、取
得自体損害を否定するものとして、東京高判平成29・2・23民集72巻5号
712頁等がある[21]。

（追記）

　本稿は、公益財団法人全国銀行学術研究振興財団2017年度助成「金融取
引・企業取引と民事執行法改正」の研究成果の一部である。

〔松嶋隆弘〕

　　本件の事案においては、企業が上場廃止になると同時に法人自体も存亡の危機に陥った。粉飾
　が発覚して、金融機関からの信用を全面的に失い、支払不能状態に陥った。形式的には、再建型
　倒産手続といわれる民事再生法に基づき、再生手続開始決定を経て、再生計画が認可された。し
　かしながら、認可された再生計画の内容は、上場の基礎となった中心的事業を他企業に譲渡して
　譲渡代金を弁済原資にするという清算型・破産型の再生計画であり、事業は譲渡先の企業で再生
　し、債権者は半額の弁済を受けることができるが、株主にとっては法人が空洞化して株式が紙ク
　ズ同然になるというものであった。したがって、上場廃止後も株式を保有する株主の損害算定に
　ついては、株式が全く無価値になったのも同然であって、原則として取得対価の支出額をそのま
　ま損害とすれば足りる事案である。」
21）これらの判決を検討するものとして、池田・前掲注13）55頁を参照。

161

第2編　開示に関する規制

第3節　倒産法上の取扱い

1　はじめに

　有価証券報告書等に重大な虚偽記載があった場合、それを引き金として当該会社が倒産に至ることがありうる。

　平時であれば、有価証券報告書等に虚偽記載があった場合の会社の責任については、主として損害賠償請求訴訟を提起してきた株主への対応の問題として考えることになるが、債権者平等や債権者の手続保障を基本理念とする倒産法の世界においては、平時とは異なる特別の配慮が要求されることになる。

　また、損害論についても、倒産に至った場合には株式の価値はゼロになるのが通常であるが、その全てについて虚偽記載等と相当因果関係が認められるかという問題が生じる。

　以下では、上記のような問題について、実務上どのような対応がなされているかという点を紹介するとともに、その理論的裏付けについて考察することとしたい。

2　倒産手続の選択の問題

(1)　倒産手続においては、債権者に対する手続保障の観点から、申立てにあたり、原則として、債権者一覧表の提出が要求される（破産法20条2項、破産規則14条、民事再生規則14条1項3号、会社更生規則13条1項5号）。裁判所は、債権者一覧表をもとに、債権者に対し、倒産手続の開始を通知し、債権届出用紙を送付して倒産手続への参加を促す。

　虚偽記載等に基づき会社に対して損害賠償請求権を有することになる債権者

第 3 章　不実開示に関する民事責任 2／第 3 節　倒産法上の取扱い

は、虚偽記載のある資料が開示された後に株式を取得し、虚偽記載の事実が発覚した時点で株式を保有していた者ということになる。

　ところが、会社は、証券代行から入手した株主名簿に基づきいくつかの特定の日時における株主を把握しているに留まり、全ての株主の変動を把握することはできない。そこで、実際問題としては、虚偽記載のある書類が開示された日の後で、虚偽記載の事実が発覚する前の時点における全ての株主名簿に記載された株主全員について、損害賠償請求権を有する可能性のある者として取り扱い、債権届出用紙の送付の対象とすることが考えられる[1]。

　もっとも、この場合でも、たとえばある年の 3 月 31 日の株主名簿と 9 月 30 日の株主名簿が存在する場合に、同年 5 月 1 日に株式を取得し同年 8 月 1 日に処分した者は、いずれの株主名簿にも記載がないことから、損害賠償請求権を有する可能性のある者全員に債権届出用紙を送付することはできない。

(2)　このように、対象となる株主を把握しきれないという問題は、倒産事件としての手続選択にも影響しうる。届出のない債権者について失権効の例外が定められている（民事再生法 181 条 1 項 1 号）民事再生手続では、自認債権としての処理にも限界があるから、たとえばスポンサーが後に発覚した株主債権者に対し一般的基準に従って変更された額を金額の上限なく弁済することを保証するなどのことがない限り、遂行可能性の認められる再生計画案を立案することが困難である。

　よって、法的倒産手続の選択においては、株主債権者に届出の機会を最大限保障した上で、失権効の強力な破産手続または会社更生手続を申し立てるのが通常の選択ということになろう。

　なお、事業価値の毀損を最小限に抑えるために、一旦民事再生手続を申し立

1）なお、そのような方法では、虚偽記載のある書類が開示された日の前から株式を持ち続けていた者も送付の対象となってしまい、損害賠償の対象とならない多くの者に無用の期待を抱かせて混乱を招くとともに、管財人等や裁判所の側でも問い合わせなどに対応するための負担が増大してしまうおそれが高いから、虚偽記載のある書類が開示された日の前の直近の株主名簿に記載された株主のうち、後の株主名簿において保有株式数に変動のない者については、対象期間内に株式を取得したとは推定されないものと整理して、送付の対象から外すことにも合理性が認められると考える。

163

第2編　開示に関する規制

てた上で計画外事業譲渡を行い、その後に再生手続を廃止して牽連破産に移行し、事業譲渡代金を破産手続における配当の形で債権者に分配する方法は考えられる[2]。

3　認否方針について

(1)　どの範囲の株主に対し、どれだけの額の損害賠償請求権を認めるかについては、平時であれば、会社の側では、主として損害賠償請求訴訟を提起してきた株主への対応の問題として、できるだけ認められる損害額が小さくなるように、防御的な対応を取るのが通常であろう。

　これに対し、倒産時においては、この命題は限られた弁済原資をどの範囲の債権者に分配するかという問題となり、再建型の手続においてさえ、虚偽記載等に基づく損害賠償請求権の額を低く抑えたとしても、その後の会社再建のために資金を多く残せることにはつながらない。そのため、（破産）管財人・再生債務者（以下「管財人等」という）としては、債権者平等や公平の見地から、客観的に見て損害賠償請求権が認められる可能性が高いと考えられる債権者に対してはその債権を認め、また手続参加の機会を与えていくのが基本方針となると考えられる。

(2)　とはいえ、後述するように、どの範囲の株主について、どれだけの額の損害賠償が認められるかについては、様々な検討が必要であり、また見解も分かれうるところである。

　そのため、何らの事前準備もなく株主に債権届出書を送付すると、株主としてはいったいどのような計算で債権額を算出して届出をすればよいか戸惑うばかりであろうし、結果的に株主ごとに多種多様な考えに基づき損害額が計算された届出を招くことになり、債権調査の作業を難しいものとしてしまう。

　そこで、株主に債権届出書を送付するにあたっては、十分な事前検討を行い、

2）株式会社インデックスのケースは、そのような処理をした実例である。

第3章　不実開示に関する民事責任2／第3節　倒産法上の取扱い

後の債権認否において、損害賠償の対象となる株主の範囲や、その場合の損害額について、管財人等としてどこまで認めることとするのかについて、予め明確な方針を立てておく必要がある。この際、後に紛争が起こる可能性が高ければ、事前に、学者や株価分析についての専門家等に意見を求めることも考えられる。

　管財人等の立てた債権認否の方針については、これを取り纏めた資料を債権届出書に同封するとともに、債権届出書を送付できない株主のために、HP等を開設して周知するようにする。

　なお、後述するとおり、債権額についてはそれぞれの株主が株式を取得した額や処分した額が分からなければこれを判断することができないが、会社はそれらの情報を持ち合わせていないので、予め債権届出書に金額を記入して株主に送付することは不可能である。

4　損害賠償の対象となる株主の範囲

　損害賠償の対象となる株主の範囲を定めるにあたっては、以下のような事項について事案に応じた検討が必要である。

(1)　過失責任を認めるか

　過失責任たる民法709条または金商法21条の2に基づく責任が問題になる場合には、管財人等が破産会社の過失を自認するか否かについては、虚偽記載についての故意過失を会社が認めているか否か、また金商法違反による刑事事件がどこまで進行しているか（有罪判決が確定しているかなど）といった状況に応じて判断していくこととなろう。

　この点、金商法21条の2に基づく損害賠償請求の場合は、同条2項により虚偽記載等について故意または過失がなかったことの立証責任を会社側が負うこととされているが、民法709条に基づく損害賠償請求の場合は、故意過失の立証責任は株主側が負うことから、管財人等の認否方針としては、まずは金商法に基づく責任のみ認めることとし、民法709条に基づく損害賠償請求権が届

165

け出られた場合には、故意過失についての届出債権者の立証を待って判断するという姿勢も一つの方針として考えられる。

ただし、金商法21条の2に基づく損害賠償請求が認められるのは、同条1項所定の書類に虚偽があった場合に限られるため、これに該当しない決算短信やプレスリリース等に虚偽があった場合には同条は適用されない。そのため、先行する決算短信やプレスリリース等に虚偽があり、その後同項の対象となる書類において同様の虚偽記載がなされるまでの間に長期間が経過している場合や、その間に新株が発行されるなどの事情がある場合には、民法709条に基づく損害賠償請求を認めないと、虚偽記載を前提に株式を取得した多くの株主が損害賠償の対象外として扱われることとなり、事案の本質に沿う解決とならない可能性もあるから、この点にも留意する必要がある。

(2) 株主が株式を取得した時期
(A) 始期

株主が損害賠償請求権を取得するためには、虚偽記載のある資料が開示された状況で株式を取得したことが必要である。

そのため、会社のIR情報等を精査して、最初に虚偽記載がなされた時期を特定することが必要である。金商法違反の容疑で会社や代表者等が起訴されていたとしても、当該金商法違反被告事件の公訴事実に記載された虚偽記載が最初の虚偽記載とは限らないことに注意が必要である。

(B) 終期

金商法18条1項但書および21条の2第1項但書は、株式を取得した者がその取得の際虚偽記載等を知っていたときは、同人は損害賠償請求権を有しないとしている。また、仮に虚偽記載等の事実自体は知らなかったとしても、虚偽記載等の事実が世間一般に発覚し、これにより株価が大幅に下落した状態においてあえて株式を取得した者は、株価が反発した場合のリターンを期待してリスクを承知の上で行った行動であるから、保護の必要性が認められないと考えられる（危険への接近の法理）。

したがって、株主が損害賠償請求権を取得するためには、虚偽記載等の事実

が世間一般に発覚する前に株式を取得したことが必要である。

　そのため、虚偽記載等の事実が世間一般に発覚した時期を特定することが必要である。管財人等の立場としては、株価が急激に下落したタイミングに注意しながら、虚偽記載に関連する会社のプレスリリースを調査していくことになろう。

(3) 株主が株式を処分した時期

　虚偽記載の事実が発覚するまでに株式を処分した者は、虚偽記載発覚に伴う株価下落による損害を被っていないと考えられる。

　そのため、株主が損害賠償請求権を認められるためには、虚偽記載の事実が発覚した時点で株式を保有していることが必要である。

5　損害額について

(1) 基本的考え方

　いわゆるライブドア事件における最判平成 24・3・13（民集 66 巻 5 号 1957 頁）は、金商法 21 条の 2 第 1 項にいう「損害」とは、一般不法行為と同様に、相当因果関係のある損害を全て含み、取得時差額に限定すべき理由はないとする。もっとも、管財人等が具体的な損害額としてどこまで認めるかを判断する上で、かかる基準は抽象的すぎるのが難点である。

　この点、いわゆる西武鉄道事件において、最判平成 23・9・13（民集 65 巻 6 号 2511 頁）は、虚偽記載がなければ投資者が株式を取得しなかったと見るべき場合の損害額は、［取得価額 −（処分価格または事実審口頭弁論終結時の市場価格）］（以下「取得・処分差額」という）を基礎として算定すべきとしている[3]ので、そのような事案においてはこの考えに従った処理が妥当であろう。

3）同判決における田原睦夫補足意見は、多数意見を解析しており、「損害額 = ｛取得価額 − 処分価額（又は事実審口頭弁論終結時評価額）｝− 取得時から虚偽記載公表直前までの虚偽記載に起因しない下落額」と述べている。

167

第2編　開示に関する規制

(2) 虚偽記載のある書類が開示されたときから虚偽記載の事実が発覚するまでの株価の下落をどう考えるか

　西武鉄道事件についての上記最判は、損害額は、取得・処分差額から、虚偽記載に起因しない市場価額の下落分を控除して算定すべきであるとする。管財人等としては、上記期間の株価の下落については、IR情報を確認するなどして下落の原因を確認すべきであり、必要に応じて専門家に株価の下落原因について分析を依頼することも検討すべきであろう。

　もっとも、虚偽記載の事実が発覚するまで、虚偽記載の事実が一切公表されず、訂正もされていない場合には、同期間における株価の下落は、すべて虚偽記載と相当因果関係のない株価下落であると認定されるのが通常であると考えられる。損害額については株主側が立証責任を負う事実であるため、実務的には、管財人等としては、保守的に、同期間における株価の下落は、すべて虚偽記載と相当因果関係のない株価下落であるとの認否方針で臨み、届出債権者がこれと異なる主張をする場合には、その立証の程度に応じて個別対応をするというのもひとつの現実的な対応であると考えられる。

(3) 虚偽記載の事実が発覚した後の株価の下落を全て損害として認めてよいか

　同様に、西武鉄道事件についての上記(2)の考え方に従えば、虚偽記載の事実が発覚した後の株価の下落についても、そのうち虚偽記載に起因しない下落分があればこれを控除すべきということになる。管財人等としては、上記(2)の点と同様に、IR情報を確認するなどして下落の原因を確認すべきであり、必要に応じて専門家に株価の下落原因について分析を依頼することも検討すべきであろう。

　この点に関し、上記西武鉄道事件の最判は、虚偽記載が公表された後の市場価額の変動のうち、いわゆるろうばい売りが集中することによる過剰な下落は、虚偽記載と無関係な要因に基づく市場価額の変動であるとはいえず、取得・処分差額から控除することはできないとしている。

　重大な虚偽記載の事実が発覚すれば、その影響で上場廃止に至り、さらに資金調達に困難が生じて法的倒産手続の申立てを余儀なくされるのは自然な因果の流れと考えられ、その間の相当因果関係が認められると考えられる。よって、

この間に株価を下落させる原因となった新たな事象が発生したことが明らかな場合を除き、株主には、虚偽記載の事実が発覚した後、法的倒産手続の申立てにより株式が無価値となるまでの株価の下落を全て損害として認めてよい事案が多いものと考えられる。有価証券報告書等に重大な虚偽記載を行っていた上場会社がその発覚後に破産に至った事件として現時点において筆者が把握しているものは、株式会社エフオーアイ（東京地裁平成22年(フ)8700号）、株式会社シニアコミュニケーション（東京地裁平成24年(フ)1679号）、株式会社インデックス（東京地裁平成26年(フ)5170号）および石山GatewayHoldings株式会社（東京地裁平成28年(フ)4737号）の4件であるが、これらの事件ではいずれも虚偽記載の事実が発覚した後の株価の下落を全て損害として認めた。

ただし、いわゆるアーバンコーポレイション事件における最判平成24・12・21（判時2177号51頁）は、虚偽記載の事実と同時に公表された再生申立てについて、再生申立ての原因が虚偽記載やその事実の公表に起因しない資金繰りの悪化が主要な原因であると分析した上で、虚偽記載の公表日後の株価の値下がりについては、虚偽記載の事実の公表のほか、これと同時に公表された再生申立ての事実の公表とが相まって生じたものであるとして、再生申立てによる値下がり分について虚偽記載との相当因果関係を否定して減額の対象としているので留意が必要である。上記の破産事件4件は、決算そのものに粉飾があり、実質債務超過状態にあったことを隠蔽していた事案であったのに対し、アーバンコーポレイション事件では、虚偽記載の内容は、転換社債型新株予約権付社債の手取金の使途を偽っていたというものであって、財務内容そのものについての直接的な虚偽記載はなかったため、再生申立ての事実の公表による値下がりを別途観念しやすく、このことが、取扱いの差違の一因となっているものと考えられる。

(4) 金商法21条の2第3項に定める損害額の推定規定の適用を認めるか

金商法21条の2第3項には、公表日の前後1ヶ月の株価の平均額を元に算定される損害額の推定規定が設けられており、要件を満たす株主がこの推定規定に基づく損害を主張する場合には、これが認められることになる（ただし、同条第5項、第6項による減額の余地あり）。

第2編　開示に関する規制

　もっとも、この場合の「虚偽記載等の事実の公表」については同条第4項により定義されているところ、たとえば、証券取引等監視委員会の強制調査を受けたとしても、当該会社がプレスリリースで認める内容は「強制調査を受けたこと」に留まり、強制調査から相当期間が経過した後になってはじめて調査の結果として同項の要件を満たす「公表」が行われることが往々にしてある。そのような場合、公表時には既に株価が下落しきっていて推定規定に基づく損害額が僅少となり、株主にとって推定規定を利用する意味がほとんどないケースが多い。

　管財人等としては、「公表」の時期がいつになるかを検討し、推定規定に基づく損害額の届出を推奨するか否かを決定すべきである。

(5) 小括

　仮に、(1)に関し虚偽記載がなければ投資者が株式を取得しなかったと見るべき事案に該当し、(2)で虚偽記載のある資料が開示されたときから虚偽記載の事実が発覚するまでの株価の下落は、すべて虚偽記載と相当因果関係のない株価下落であると認定することができ、(3)で虚偽記載の事実が発覚した後の株価の下落を全て損害として認定することができ、(4)で推定規定の適用を認めない場合には、株主に認められる損害額は、取得価額と虚偽記載が発覚し株価が急落する直前の価額とのいずれか低い額から、処分価額（債権届出時点でも株式を保有している場合には0円）を控除した残額ということになる。

(6) 損害額の計算方法について

　取得時期、取得額、処分額の特定や取得額と処分額の差額の算定は、株主が証券会社から入手する顧客口座元帳や取引残高報告書等の記載に基づき、先入先出法を前提として、個別比較法により行うことが考えられる[4]。ただし、株主が特定口座の他にNISA口座を開設していて両方の口座で破産会社の株式の売買を行っている場合には、NISA口座が長期保有を前提とした制度で、資産の売却後に非課税枠を再利用することができない仕組みになっていることから、

　4）なお、ライブドア事件では、裁判所が取得価額の総額と処分価額の総額を比較する方法により損害額を算定することも許されるとされた。

NISA口座よりも特定口座の株式を優先的に売却対象と指定するのが通常であり、機械的に先入先出法を適用するのが適当でないことが多いから留意が必要である。また、信用取引の対象となっている株式については、信用売りと信用買いとの対応関係がはっきりしていることから、先入先出法の対象外として個別比較を行うべきと考える。

(7) 手数料の取り扱い

損害賠償の対象となる株式についての買付手数料および売却手数料は、少なくとも虚偽記載がなければ投資者が株式を取得しなかったと見るべき場合においては、これを認めることになると考えられる。

6 立証事項、立証手段

損害額について5(5)(7)のようにシンプルに整理できるケースでは、債権届出にあたり、株主が主張・立証すべき事項は、①同人が虚偽記載発覚時に株式を保有していたこと、②当該株式が虚偽記載のある書類が開示された時点以降に取得されたことおよびその取得価額・買付手数料、③−ⅰ（当該株式が虚偽記載発覚後に売却処分されている場合）その売却価額・売却手数料、③−ⅱ（当該株式を現在も保有している場合）現在も保有していることである。

これらを立証するため、株主から、証券会社が作成する顧客口座元帳や取引残高報告書[5]その他の資料を提出してもらう必要がある。

また、上場廃止となると、当該株式について特定口座での預かりを継続することができなくなるため、「特定口座内保管上場株式等払出通知書」等といった書類が発行されるが、これは、そこに記載された株式を上場廃止時まで保有していたことの資料となるとともに、証券会社によっては当該株式の取得時期まで記載されていることがあるから、損害賠償の対象となるか否かを判断する上で有用な資料となりうる[6]。

5）定期的に送付されるのが通常であり、電子交付手続をしている場合にはWEB上でも入手可能である。

第2編 開示に関する規制

これらの資料に基づき、具体的に損害額を計算する作業は、先入先出法を用いる関係もあってかなり複雑なものとなるが、管財人等としては、HPを開設して当該HPから計算を補助するためのエクセルシートをダウンロードできるようにするなどの工夫をして、株主が適切な届出を行うことをできる限り支援すべきである。

7 証券会社への連絡

上記のような債権届出書等を送付すると、株主らから証券会社へ多数の資料送付依頼や問い合わせが寄せられることが想定されるため、混乱を防止するとともに株主に対して適切な資料を提出してもらうべく、主たる証券会社に対しては訪問したり文書を送付したりするなどして事前に情報提供を行うことが望ましい。

証券会社の側では、顧客サービスの一環として、自社の顧客で損害賠償の対象となる者を独自に調査して損害の一部回復の機会があることを顧客に通知するなどの対応をすることがある。証券会社が対象となる取引を抜き出した資料を作成して損害額についての証明書を発行してくれるような場合には、管財人等の債権調査の作業の上で大きな手助けとなる。また、上場時の幹事証券会社等が、道義的な責任を果たすべく、上記のような協力をしてくれる場合もある。

8 債権調査の実際

以上のように十分な事前準備をしても、損害賠償の対象となる株主の範囲や損害額を正確に理解するのは相当困難であるので、実際問題としては、管財人等が期待するような資料が整い正しく計算された届出書が提出されることは極めて稀である。そのため、実際の債権調査の現場では、管財人等が株主に必要

6）取得単価の記載があることもあるが、実際に取得した際の単価ではなく、平均取得単価が記載されている場合も多いので注意が必要である。

な資料の入手を指示しながら、提出された資料に基づいて自ら計算を行って計算結果を伝え、それについて株主の同意が得られれば届出書の補正を行わせるといった作業が必要となる。問い合わせ対応として専用の電話回線を新たに引くことも検討する必要があろう。

〔縣　俊介〕

第2編　開示に関する規制

――――――― 第 4 章 ―――――――

内部統制に関する民事責任

第1節　内部統制の意義

1　会社法と金融商品取引法を横断する内部統制システム構築と取締役の義務

(1)　会社法および金商法における内部統制規制の導入の経緯

　我が国の内部統制に関する取締役の責任をめぐる法的議論は、2000（平成12）年9月20日の大和銀行株主代表訴訟事件判決から始まり、そこにおいて示された内部統制構築義務については、判例理論および一般の学説においても取締役等の善管注意義務の一部として捉えられてきた[1]。その後、2002（平成14）年の商法改正において、機関設計の一つとして追加された委員会設置会社では、常勤の監査委員を置くことが要求されていなかったため、実際の監査業務を担う実働部隊として内部統制システムが想定されていた。もっとも、この時点では、内部統制システムの構築を取締役会や取締役に対して明文で課すものではなかった。その後、2005（平成17）年制定の会社法では、「内部統制」という文言こそ使用していないものの、会社法362条4項6号等に規定された「業務の適正を確保するための体制」は、いわゆる内部統制システムを指すものとされ、2014（平成26）年改正を経て、現在では、大会社または指名委員会等設置会社・監査等委員会設置会社において取締役会の専決事項として規定さ

――――――――――

1）江頭憲治郎『株式会社法〔第7版〕』473-474頁（有斐閣、2017）。

174

第4章 内部統制に関する民事責任／第1節 内部統制の意義

れ、その詳細については、会社法施行規則 100 条等に決議が求められる大綱の項目として示されている。具体的には、「情報の保存及び管理に関する体制」、「損失の危険の管理に関する規程その他の体制」、「効率的に行われることを確保するための体制」、「使用人の職務の執行が法令及び定款に適合することを確保するための体制」、「企業集団における業務の適正を確保するための体制」が大綱の項目として掲げられてはいるが、その内容については、これを採択する会社の身の丈に合わせた合理的なレベルでの構築であれば足り、業務執行の一環としての広範な裁量権が会社に認められていると解されている。

　一方、2004（平成 16）年の西武鉄道の有価証券報告書虚偽記載事件に端を発した有名企業の企業不祥事の続発を重くみた金融庁は、有価証券報告書提出会社に対する調査を行い、その結果、500 社を上回る企業から有価証券報告書の訂正報告書が提出される事態となった。そこで、資本市場に対する国民の信頼が失墜する前に、企業の財務報告プロセスを確保する内部統制に向けた法的対応が求められ、2004（平成 16）年 12 月、企業審議会ディスクロージャー・ワーキング・グループ報告「ディスクロージャー制度の信頼性確保に向けて」において、米国における 2002 年の Sarbanes-Oxley 法（以下 SOX 法という）に導入された内部統制報告書制度および内部統制監査等を参考にして、「財務報告に係る内部統制」に対する経営者の有効性評価を記載した内部統制報告書、それに対する監査人による内部統制監査、および内部統制報告書の対象よりも広範な企業情報の適正性を確保するための確認書制度の義務化が提言され、これらを規定の一部として盛りこんだ金融商品取引法が 2006（平成 18）年 6 月に成立した。その後は 2014（平成 26）年の金商法改正により、新規上場会社に対しては、上場審査時に一定の社内管理体制の審査を経ていることから、スタートアップ企業に対する規制コストの過度な負担を回避させるべく、社会的・経済的に影響力の大きい場合を除き、上場後、3 年間に限り内部統制監査は免除されることとなった（金商法 193 条の 2 第 2 項 4 号）[2]。以上のように、我が国には会社法と金商法において 2 つの内部統制規制が存在しているが、これら

2）「社会的・経済的に影響力の大きい場合」とは、資本金 100 億円以上または負債総額 1000 億円以上の新規上場企業を指す（金融商品取引法等の一部を改正する法律（平成 26 年法律第 44 号）に係る説明資料〔http://www.fsa.go.jp/common/diet/186/01/setsumei.pdf〕参照）。

第2編 開示に関する規制

の内容は導入時、相互に調整されたものではなく、この2つの内部統制の関係性が必ずしも明らかとはいえない。そこで、両者の関係について、金商法適用会社である上場会社を対象として、我が国における内部統制規制の交錯した状況と課題について検討する。

(2) 上場会社における取締役会の内部統制構築義務とその監督
——モニタリング・モデルとの関係を踏まえて
(A) 上場会社における「財務報告に係る内部統制」の整備と取締役の注意義務

金商法適用会社である上場会社は「財務報告に係る内部統制」の有効性を評価した内部統制報告書を有価証券報告書とともに内閣総理大臣に提出し（金商法24条の4第1項）、これに対する監査人による内部統制監査を受ける義務があるものの（金商法193条の2第2項）、金商法には、直接「財務報告に係る内部統制」の構築義務は明記されていない。そのため、「財務報告に係る内部統制」の有効性を評価する前提として、会社法上の内部統制システム構築義務との関係から検討する必要がある。一般には、会社法上の「その他業務の適正性を確保するための体制」（会社法362条4項6号等）のなかに、金商法適用会社であれば「財務報告に係る内部統制」が位置付けられると解されている[3]。すなわち、会社法355条が定める取締役の法令遵守義務には、会社法のみならず、その関連法規の遵守が含まれるものと解されており、金商法適用会社である株式会社において金商法が関連法規であることは明らかだからである。

もとより金商法上の内部統制報告書には、財務報告に係る内部統制の有効性を経営者が評価した結果を記載すれば足りるのであって、この内部統制が有効でないと判断した場合には、そのように記載すれば内部統制報告書の虚偽記載にはあたらない。しかしながら、有効な財務報告に係る内部統制を構築できなかった場合には、取締役の善管注意義務違反を問われる可能性があるのは、会社法上の内部統制を構築できなかった場合と同様である[4]。問題は、上場会社においてどの程度有効な内部統制を構築すれば取締役は善管注意義務を果たし

3）黒沼悦郎『金融商品取引法』196頁（有斐閣、2016）。

4）金融商品取引法研究会編「開示制度（II）」（日本証券経済研究所記録24号、2008）38-45頁参照。

176

たといえるかである。この点、内部統制に「開示すべき重要な不備」がある場合に、財務報告に係る内部統制を有効とは評価できないことから、適切な内部統制を構築する義務を取締役が怠ったとして、善管注意義務に違反すると考える立場もあろう。しかし、金商法上、取締役に直接、要求されるのは、「開示すべき重要な不備」のない内部統制を構築することではなく、虚偽のない正確な情報開示を行うことである[5]。有効な「財務報告に係る内部統制」が構築されていなくとも、内部統制が有効でない旨の評価を適切に内部統制報告書に記載し、かつ財務報告に重要な虚偽の記載のない場合には、取締役が金商法上の不実開示責任を問われることはない。ただし、この点については、黒沼教授は、「内部統制の構築が企業経営に過度の負担をかけるものであってはならないが、適正な財務報告を行う義務は取締役の信任義務（fiduciary duty）の中核をなすものであり、業務執行に適用されるのと同様の経営判断の原則が適用されるとは考えられない。」と指摘する[6]。すなわち、金商法上、要求される内部統制報告書において不実の開示を行った場合（有効でない内部統制を有効であると評価して開示した等）に、取締役が、金商法21条2項1号の「相当な注意を用いた」といえるかについては、会社法上、取締役の業務執行に適用される広範な裁量権を前提とした善管注意義務違反の有無を判断するよりも慎重に行う必要があると考えられる（金商法24条の4の6、22条参照）[7]。

　一方、財務報告に係る内部統制に「開示すべき重要な不備」があることを適切に記載していて金商法上の義務違反はない場合であっても、内部統制が有効なものでない以上、会社法上の「業務の適正を確保するための体制」の整備義務違反に影響を及ぼすことは当然考えられる[8]。たとえば、杜撰なシステム・セキュリティを原因とする情報漏洩が生じた場合には、会社法施行規則100条1項1号「取締役の職務の執行に係る情報の保存及び管理に関する体制」等の

5）「〈座談会〉会社法と金商法の交錯と今後の課題〔上〕──財務報告に係る内部統制制度への対応」商事1821号15頁〔武井発言〕参照。

6）黒沼悦郎「ディスクロージャー制度の多様化」ジュリ1368号28頁。

7）取締役等が「相当な注意を用いた」の判断枠組みについての詳細な分析は、遠藤元一「取締役・監査役の『相当な注意を用いた』（金融商品取引法21条2項1号）に関する判断枠組み」商事2115号16頁以下を参照。

8）座談会・前掲注5）19-20頁〔神田発言〕。

177

第2編　開示に関する規制

整備義務に違反する可能性が生ずる。もっとも、この場合には、会社法上、業務執行の一部として内部統制の構築が要求されるものであるから、善管注意義務違反の有無を判断する際には、経営判断原則の適用の余地はあるだろう。

　さらに、開示の文脈において、金商法適用会社の取締役が、虚偽のない情報開示を行うことが、会社法上、求められる「法令」の遵守の内容となるのであれば、金商法適用会社の取締役は、金商法上要求される有効な「財務報告に係る内部統制」の構築・整備を行うだけでは十分ではない。なぜなら有価証券報告書には財務情報だけでなく、非財務情報も含まれていることから、有効な財務報告に係る内部統制を構築するのとは別に、非財務情報の記載にも虚偽がないことについて「相当の注意を用いた」といえなければ、取締役の責任は免れえない。財務報告に係る内部統制が有効であっても、有価証券報告書の虚偽記載がある場面も、少なからず想定されるからである。したがって、金商法適用会社の取締役は、財務・非財務の区別をとわず、金商法上、要求される開示文書に虚偽記載のないよう相当な注意を払わなければならない善管注意義務を負っている。とりわけ、上場会社の場合には資本市場機能の公正性を図るため、そのなかには、適切な開示統制手続や適時開示統制への配慮も含まれていると解される[9]。資本市場に対する開示情報に重要な虚偽記載のないことを確保するため、これに見合うレベルの内部統制システムを構築・整備することは、金商法適用会社の取締役にとって、会社法上、「法令」遵守を要求される注意義務の内容といえる。

　もとより、会社法上の取締役に求められる内部統制システム構築義務は、前述のように大和銀行事件判決以来、取締役の善管注意義務から導かれると解するのが一般的であったが、単にその根拠を取締役の善管注意義務に求めることは正しくなく、取締役の特定の職務内容と組み合わせて、はじめて具体的な内容の義務が導かれるとする見解がある[10]。その前提に立てば、上場会社の取締役の職務内容は、それ以外の会社の取締役の場合とは異なり、導かれる善管

9）石塚洋之＝木村敬「企業情報の開示責任と開示に関する内部統制（上）」商事1889号27頁参照。上村達男「日本の会計・監査制度―資本市場の中核を担える態勢とは（Ⅱ）」会計・監査ジャーナル732号10-11頁参照。

10）藤田友敬「取締役会の監督機能と取締役の監視義務・内部統制システム構築義務」上村達男先生古稀記念『公開会社法と資本市場の法理』376頁（商事法務、2019）。

第4章　内部統制に関する民事責任／第1節　内部統制の意義

注意義務のなかには、金商法1条に掲げられた法目的である「……資本市場の機能の十全な発揮による金融商品等の公正な価格形成等を図り、もつて国民経済の健全な発展及び投資者の保護に資すること」を可能とする取締役の注意義務の内容が定められるべきであろう。このことは、後述するように、金商法適用会社のガバナンスは、会社法と金商法を一体として把握する公開株式会社法の発想をもって分析しなければ、本来、十分に説明はできないことを示唆している[11]。

(B) 上場会社の「業務の適正を確保するための体制」と取締役会の監督機能

　前述のように、会社法上の内部統制システムである「業務の適正を確保するための体制」の構築・整備は、上場会社の場合、取締役による業務執行の裁量を考慮する余地はあるとしても、上場していない一般の株式会社と比較して、上場の維持に耐えうる内容やレベルでなければならない。すなわち、内部統制構築義務に対する取締役会の監督についても、資本市場において適時に公正な情報を開示することが可能な内部統制システムとして機能しているかという視点から取締役は監視することが求められている。しかし、そもそも、内部統制構築に対する取締役の監視義務の根拠については、我が国の会社法上、伝統的に論じられる取締役会の監督機能との関連性について十分に整理されているとは言い難いという指摘もある[12]。そこで、本稿の目的である、金商法と会社法における内部統制規制の交錯を分析するという視点から、上場会社における「業務の適正を確保するための体制」の構築・整備に対する取締役会の監督の根拠について検討する。

　この点、藤田教授によれば、日本における株式会社の伝統的なガバナンス構造を踏まえると、米国に由来するモニタリング・モデルを前提とした取締役会の監督機能の強化を内部統制システムに関連づけた考え方と取締役の監視義務とは、簡単に接続できないという疑問が、以下のように示されている。すなわち、米国における内部統制の発展の沿革については、当初、内部統制は、従業員の不正をいかに探知し防止するかという観点から経営者が自発的に作るとい

---

11)　上村達男『会社法改革』257頁（岩波書店、2002）参照。

12)　藤田・前掲注10）357頁。

179

第2編　開示に関する規制

う性格であったが、やがてコーポレート・ガバナンスのメカニズムの一環として、経営者の不正を抑止するメカニズムの側面が強調されるようになり、独立取締役を中心とするモニタリング・モデルを前提とした取締役会に、監査委員会の職務と関連付ける形で内部統制の構築が論じられるようになっていった。しかし、我が国において、もともと昭和48年最高裁判決で確立した伝統的な取締役の監視義務は、1950（昭和25）年改正により監査役から取締役会に移された業務監査権限を根拠に導かれており、その事案としては、取締役会の開催が適正に行われていなかった非公開会社において、取締役の善管注意義務の範囲が取締役会の上程事項に限られるとなると、取締役会の不開催を理由に、不当にその免責を主張する懸念があることから上程事項以外にも取締役の監視義務が認められたものである。ここでの監視義務は、代表取締役等の業務執行を取締役が監視する義務として把握されており、米国の従業員不正の発見を想定する内部統制構築義務とは別の系譜にあると考えられている。さらに、1981（昭和56）年改正によって強化された取締役会の監督機能は、業務執行の決定と取締役の職務執行の監督の双方を担う取締役会において、とりわけ、重要な業務執行については、取締役会の専決事項として業務執行取締役への牽制をかけることで監督する構造となっており、これは、執行と監督が分離された米国のモニタリング・モデルの取締役会が予定する監督とは、異なる手法であり、簡単には我が国の取締役の監視義務の議論には接続できないとする。そのうえで、現在、日本における取締役会の監督機能の強化との関係で論じられる内部統制構築義務の根拠を整理すると、①業務執行取締役の適正業務執行義務に由来する側面と、②取締役会の監督機能に由来する側面があり、②の取締役会の監督機能に由来する内部統制構築義務については、取締役会の上程事項以外にも取締役の監視義務が及ぶことを認めた昭和48年の最高裁判決の射程とは異なる文脈から導かれているとする。

　こうした、我が国における内部統制システムと取締役の監視義務の関係性に関する藤田教授の考察には極めて重要な指摘が含まれ傾聴に値するが、米国において「内部統制システムは従業員不正発見のためのシステムから、ガバナンスの一翼を担う役割へ変化」したという分析については、米国の資本市場において上場企業の内部統制が果たした役割の変化にも留意する必要がある。すな

第4章　内部統制に関する民事責任／第1節　内部統制の意義

わち、従来、監査論や経営学の世界で論じられてきた内部統制が、米国におい
て 1977 年海外腐敗行為防止法（Foreign Corrupt Practical Art）の制定により初
めて法的な内部統制構築義務として連邦証券取引所法 13 条(b)(2)に組み込ま
れた理由は、米国における連邦証券規制と州会社法の間にあるガバナンスの管
轄問題を克服すべく、SEC が証券市場における情報開示の公正性を確保する
ために、実質的に上場会社のガバナンスに関与する権限の根拠を獲得すること
にあったとみることができる[13]。もとより、資本市場に対して虚偽のない企
業情報が開示されるためには、上場企業における質の高いガバナンスが確保さ
れていなければならず、その文脈で、SEC は強力なエンフォースメントをも
って適切な内部統制システムの構築を SEC 登録会社である上場企業に迫り、
さらには独立取締役のみからなる監査委員会の設置などを要求するといった内
容の付随的救済（ancillary relief）を 2002 年 SOX 法制定に先行して集積させて
いった。こうした SEC のエンフォースメントの集積が、州会社法間の規制緩
和競争の末に劣化した米国の州会社法判例が要求する取締役の監視義務のレベ
ルを越えて取締役会の監督機能を向上させた経緯も忘れてはならない[14]。また、
1980 年代の米国において、取締役会がモニタリング・モデル型へ移行してい
った要因は、増加する M&A における企業買収防衛策の導入に際し、経営判
断の公正性を示すため、取締役会における独立取締役の比率を増加させていっ
た経緯に加え、こうした資本市場機能の公正性確保のメカニズムからの圧力が
大きかったことも、また事実である[15]。したがって、米国の内部統制システ
ムが法的制度としてコーポレート・ガバナンスの役割を担うに至った経緯に鑑
みれば、我が国においても上場会社の内部統制については、資本市場における

---

13) 当時、発行会社の資本市場における会計不正の背後にあるガバナンスの機能不全に対しては、
　　ガバナンス事項が州会社法の専属管轄である米国において、連邦証券規制監督主体である SEC
　　は、直接的な法執行権限をもたなかったため、連邦証券規制に基づく間接的な是正手段によって
　　ガバナンスの実効性を向上させようとしていたが、SEC の関与は管轄権の逸脱と批判されていた。
　　柿﨑環『内部統制の法的研究』19-23 頁（日本評論社、2005）参照。

14) この間の経緯については、柿﨑環「米国における改訂版 ERM が及ぼす取締役会の監督機能へ
　　の影響」上村達男先生古稀記念『公開会社法と資本市場の法理』396-398 頁（商事法務、2019）
　　参照。

15) 柿﨑環「アカデミック・フォーサイト　米国企業統治におけるモニタリング・モデルの展開と
　　日本法への示唆——資本市場規制の視点を踏まえて」会計・監査ジャーナル 750 号 88-96 頁。

181

第2編　開示に関する規制

情報開示の公正性を確保し、金商法1条の「……資本市場の機能の十全な発揮による金融商品等の公正な価格形成等を図」るという目的の実現に叶う取締役会の監督機能の強化の視点から検討していくことが必要であろう[16]。

2　会社法と金商法における内部統制監査の連携と課題

　金商法適用会社においては、会社法における内部統制システムの整備と、金商法における「財務報告に係る内部統制」の整備が求められるが、その監査・監督にあたっては、監査役等、内部監査人、および監査人の連携による三様監査の在り方が問われることとなる。もとより、2つの内部統制に対する監査・監督は、その対象となる範囲や目的が異なるものの、実際に監査を実施する主体が重複する場合がありながら、各監査とその連携の関係性については、十分な整理がなされているとは言い難い。そこで、以下では、2つの内部統制の監査・監督における三様監査の連携について、会社法および金商法上の課題を両法を横断する公開会社法的視点から検討してみたい[17]。

(1) 監査役と内部監査人の連携

　会社法上、取締役会の決議事項として内部統制システムの大綱を決定した会社では、これに基づき、業務執行取締役が内部統制システムの整備・運用を行う。そのため、これを監査することは監査役監査の対象に含まれる。従来は2005（平成17）年会社法に基づき、取締役会において決議された内部統制システムの大綱を監査すれば足りるものであったが、2014（平成26）年の会社法改

---

16) 現状においても、内部統制システムやリスク管理体制の構築による取締役会の監督機能の強化は、もっぱら上場規則の一つであるコーポレートガバナンス・コードや、上場会社に対するベスト・プラクティスを想定した「コーポレート・ガバナンス・システムに関する実務指針等」が推進していることからも、こうした視点が重要であることが伺える。

17) なお、コーポレートガバナンス・コードにおいても、監査役等、内部監査人、および監査人らの相互連携の重要性が指摘されており、上場会社における内部統制監査の場面にも三様監査の課題が存在する。株式会社東京証券取引所「コーポレートガバナンス・コード〜会社の持続的な成長と中長期的な企業価値の向上のために〜」（2018年6月1日）補充原則3-2②、補充原則4-13③、参照。

第4章 内部統制に関する民事責任／第1節 内部統制の意義

正により、決議内容に即した運用についても監査し、これを監査報告書に記載
することが求められることとなった。さらに同改正では以下に示すように監査
役監査の実効性を確保するための体制整備に関する項目の充実が図られている。

もともと平成17年会社法改正においても、会社法施行規則100条3項等に
おいては、「監査役がその職務を補助すべき使用人を置くことを求めた場合に
おける当該使用人に関する事項」、「前号の使用人の当該監査役設置会社の取締
役からの独立性に関する事項」および、その「使用人に対する指示の実効性の
確保」「監査役の監査が実効的に行われることを確保するための体制」を定め
ることが規定されていたが、さらに平成26年会社法改正では、監査役監査等
の実効性をより一層確保するために、施行規則の内容を見直している。具体的
には、監査役の職務を補助すべき使用人に対する監査役の指示の実効性確保に
関する事項（会社法施行規則100条3項3号等）、監査役等への報告に関する体
制（同100条3項4号イ等）および、その報告をした使用人に対して不利益な
取扱いをしないようにするための体制（同100条3項4号5号等）の整備が、内
部統制規定の見直しの一環として取り上げられている。

このとき、監査役設置会社の監査役が、監査役監査のための補助使用人を求
めて、これを内部統制システムの運用状況の監査に利用することも考えられる。
とくに金商法適用会社においては、「財務報告に係る内部統制」の有効性を経
営者が評価することが求められているため、この評価を内部監査人が行うこと
が一般的であるが、あわせて監査役監査の補助使用人となることができるのか
問題とされている。というのも、日本内部監査協会の内部監査基準によれば、
内部監査人は、組織上は経営者に直属する場合が一般的であることから[18]、
監査役監査の補助使用人となる場合に、経営者からの独立性をいかに確保でき
るのかが本源的な課題として残されている。もとより、内部監査の実効性の向
上には、内部監査部門の独立性だけでなく、その情報収集力、専門性、能力、
インセンティブ等の点から考慮することが必要であるが、取締役会の監督機能
の向上のためには、とくに内部監査部門の独立性と内部監査の客観性を重視す
るべきである[19]。なぜなら、現在、コーポレートガバナンス・コード等を通

18）日本内部監査協会監査基準 2.2.1 参照。
19）河村賢治「会社法学のプロムナード（第14回）内部監査の活用に向けて──コーポレートガ

第2編　開示に関する規制

じて複数の独立社外取締役の採用をはじめとする取締役会の監督機能の強化が提唱されているが、会社の業務内容に精通しているとはいえない独立社外取締役は、内部監査部門等から客観的な情報提供を受けることで、はじめて実効的な監督機能を発揮する取締役会の議論への参加が可能となるからである。もっとも、内部監査の独立性の要請には、①監査対象からの独立性と、②経営者からの独立性の2つの視点から分析することが必要である。たとえば、日本内部監査協会では、①の内部監査部門の監査対象からの独立性を確保するために、内部監査基準 2.1.4 により、従前、携わった業務に対しては、原則として1年間、アシュアランス業務を禁じており、また、同基準 4.2.3 では内部監査に対する外部評価を原則として5年ごとに実施することを求めている。さらに②の経営者からの独立性について、同基準 2.2.1 によれば、たとえ組織的には経営者に直属する内部監査部門であったとしても、その報告先を経営者だけでなく、取締役会「および」監査役（会）等とすることで、経営者に対する牽制を効かせようと趣旨の規定がある。しかし、我が国においては、報告先を取締役会と監査役（会）にするだけでは、内部監査の独立性は確保できないと思われる。というのも、日本の場合、現状の取締役会構成メンバーに占める社外取締役の比率は、過半数を優に超える欧米とは比較にならない程、低いものである。そのため単に取締役会に対する報告ラインをもつだけでは、内部監査部門の地位の独立性は、実質的に確保できないであろう。もとより、社外取締役の構成比率を高める取組は、今後も法制度の内外で推進されていくだろうが、さしあたって、内部監査部門からの報告をダブルレポートラインとするだけでなく、内部監査部門長の選解任、内部監査の予算・計画等に対して、各企業の実質的な統治機能を担う機関の承認を求め、さらに上場会社の場合には、有価証券報告書における従前の「コーポレート・ガバナンスの状況」の開示において、内部監査人の陣容等についてより詳細に開示していくことなどが、現段階で実現可能な方策のひとつであった。もっとも、2019年1月に改正された「企業内容等の開示に関する内閣府令」では、「コーポレート・ガバナンスの概要」において、内部監査の項目を独立させ、従来よりも明確に内部監査に関する記載を

バナンスの陰の立役者」ビジネス法務 2015 年 4 月号 129 頁参照。

184

第4章　内部統制に関する民事責任／第1節　内部統制の意義

要求している。すなわち、現行法においても、内部監査の組織、人員、手続についての記載だけでなく、監査役や会計監査人との連携や、これらの監査と内部統制部門との関係について記載が求められていたが、同改正により、監査の状況という項目において、監査役監査の状況とは別に、「内部監査の状況等」の項目が独立して追加されており、その開示内容についても、具体的に、かつ、分かりやすく記載することが求められることとなった[20]。

　以上のように上場会社の内部統制に対する監査役と内部監査人の連携については、公開株式会社法の視点からは、財務報告に係る内部統制の整備も含めた「業務の適正を確保するための体制」の整備に対する監査役の監査において、金商法上の「財務報告に係る内部統制」の有効性の評価を行う内部監査人の業務を活用することが期待されるべきである。しかしながら上場会社の監査役は、資本市場への適時・適切な情報開示を確保する内部統制が整備されているかを監査するにあたり、連携が不可欠な金商法目的の実現に貢献する内部監査人について、会社法上、監査役監査の補助使用人の兼務の場面でしか位置づけておらず、金商法上も、企業内容等の開示府令のなかの一項目にとどまっており、この場面でも会社法と金商法の内部統制監査の課題が交錯したままとなっている。

(2)　監査人による内部統制監査と内部監査人による内部統制の有効性評価の連携

　次に、監査人による内部統制監査と内部監査人による内部統制の有効性評価における連携について検討する。金商法に基づき、「財務報告に係る内部統制」の有効性に対する経営者の評価を記載した内部統制報告書に対して、監査人は内部統制監査を実施する。会社法に基づく会計監査人の立場では、「業務の適正性を確保する体制」の整備は監査の対象とされていないことから、もっぱら監査人が内部統制と関わるのは、金商法上の内部統制監査についてである。もっとも、監査人は、内部統制監査をはじめ、財務諸表監査についても、企業の社内事情に精通しているわけではないので、とりわけ内部監査人との連携が重要となる。日本内部監査協会の内部監査基準 6.3.1「第3節　コントロール」

---

20)　企業内容の開示府令3号様式「記載上の注意」(37)、同2号様式「記載上の注意」(56)参照。

第2編　開示に関する規制

によれば、「内部監査人は、経営管理者が業務目標の達成度合いを評価するための基準を設定しているかどうかを確認しなければならない。その上で、内部監査部門は、組織体のコントロール手段の妥当性および有効性の評価と、組織体の各構成員に課せられた責任を遂行するための業務諸活動の合法性と合理性の評価により、組織体が効果的なコントロール手段を維持するように貢献しなければならない」とあり、具体的に評価が求められるのは、①組織体の全般的または部門目標の達成状況、②財務および業務に関する情報の信頼性とインテグリティ、③業務の有効性と効率性、④資産の保全、⑤法令、方針、定められた手続および契約の遵守、の項目である。これらは、上場会社の場合、まさに「財務報告に係る内部統制」の有効性の評価の部分と重なるものである。もっとも、内部監査人とは別に内部統制部門の体制が整備されている上場会社の場合、監査人の内部統制監査については、そちらとの連携が重視されることになろうが、これらが、独立して整備されているのか、兼務状況にあるかについては、前述した金商法上の企業内容の開示府令において説明されなければならない[21]。一方、内部統制監査を含む監査人の監査においては、内部監査人の活動を理解し活用することの重要性が指摘されている[22]。特に注目すべきは、監査基準委員会報告（以下、監基報という）610「内部監査人の作業の利用」および同報告315「企業及び企業環境の理解を通じた重要な虚偽表示リスクの識別と評価」の改正（2019年6月12日）である。監基報は、金商法に法的根拠のある監査基準に依拠して、監査人による監査に対する詳細な実務指針を示したものであり[23]、監基報315では、監査人にとって「特に、財務報告に係る内部統制の監視活動における内部監査機能の役割を理解することが重要である」として（A108）、内部監査機能の目的、範囲、責任について監査人の理解を助ける実務指針を示し（A109～115）、また、監基報610では、監査人が監査証拠を入手するために、内部監査人の作業を利用する際の監査人の責任について

21）同上。

22）監基報610のA16では、監査人が利用可能な内部監査人の作業の例として、「内部統制の運用評価手続」が挙げられている。

23）監基報は、金商法193条の2第5項に基づき、財務諸表等の監査証明に関する内閣府令で定める手続に準拠した、企業会計審議会により公表された監査に関する基準（金融庁組織令24条1項）についての実務指針である。

の実務指針を提供している。今回の改正によれば、監査人が監査を実施するにあたって、内部監査人の作業を利用できる条件として①「内部監査人の客観性」、②「内部監査機能の能力」③「専門職としての規律ある態度」を挙げている（監基報610の11参照）。とくに内部監査人の客観性については、監基報610のA7において、「専門職としての判断を歪めるようなバイアス、利益相反又は他者からの不当な影響を回避し、業務を遂行できる能力のこと」と定義づけており、その客観性の評価に影響を与える要因として、①内部監査機能の組織上の位置づけ（権限および説明責任を含む）により、内部監査機能がバイアス、利益相反または他者からの不当な影響を回避して専門職としての判断を行えるような状況が確保されているかどうか、たとえば、内部監査人は、取締役会、監査役等もしくは適切な権限を有する者に報告をしているかどうか、または経営者に報告している場合、取締役会もしくは監査役等へ直接質問や面談をすることができるかどうか。②内部監査人が内部監査の対象業務に関与していないかどうか。たとえば、内部監査人が内部監査機能に加えて対象業務に関連して業務上または管理上の職責を担っていないかどうか。③監査役等は、内部監査機能に関連する人事を監視しているかどうか。たとえば、内部監査人の適切な業績評価の方針の決定に関与しているかどうか。④内部監査機能に対して経営者や監査役等による制約または制限がないかどうか。たとえば、内部監査機能による発見事項を監査人に報告するうえで制約または制限がないかどうか。⑤内部監査人は、内部監査に関連する専門職団体の会員であり、その会員は、専門職としての客観性に関連する基準に準拠することが義務付けられているかどうか、または企業内部に客観性に関連する同様の規程があるかどうかなど、これまでになく極めて詳細な具体例が示されている。これら阻害要因が認められれば、監査人は、内部監査の作業を利用することはできないこととなる。

　さらに、監基報610のA3では、「オーナー経営者による監視活動は、内部監査機能とみなすことはできない」とあることから、従来、我が国において一般に想定されてきた内部監査人の「経営者の手足としての監視活動」は、少なくとも、内部統制監査を含む監査人の財務報告への監査等に利用される可能性のある内部監査機能とは評価されない点の指摘も、今後の上場会社における内部監査の在り方を検討する上で重要である[24]。もとより、内部監査に期待さ

第2編　開示に関する規制

れる機能は、各々の企業によっても異なり監査人の財務諸表監査等に寄与する作業が含まれない場合もあろうが、上場会社の内部監査人が、金商法目的に適合的な機能を発揮するためにはその独立性の確保が強調されなければならない。この点が充分に確保されていない内部監査機能では、上場会社の内部監査として適格性を欠いたものと言わざるを得ない。

　以上、監査人による内部統制監査に関して内部監査人との連携については、コーポレートガバナンス・プロセスを評価するうえで、もっとも重視されるべき内部監査人の独立性が、監査基準委員会報告において内部監査人の作業が利用可能な条件の一つとして「内部監査人の客観性」の評価に記載されているのみである。本来であれば、上場会社において開示される企業情報の質的な向上のためには、会社法上も実効的なガバナンスを確保すべく、「会計監査人」として内部監査人との連携を図る会社法上の規定を置くことが望ましいが、現状では前述したように監査役等の補助使用人が内部監査人を兼務した場面を想定する規定を置くにとどまっている。上場会社のゲートキーパーとしてガバナンスの向上の一翼を担う監査人が、内部統制監査の実効性を高めるためには、内部監査人の連携の意義が、会社法と金商法の垣間を超えた場面で再検討されなければならない。

(3)　監査人と監査役・監査（等）委員の連携

　さらに金商法が適用される株式会社の場合、前述したように「業務の適正性を確保する体制」のなかには、「財務報告に係る内部統制」の整備が含まれていると解されることから、監査役および監査（等）委員は、会社法上の内部統制システムの監査の一環として「財務報告に係る内部統制」を監査対象としなければならない。

　一方、会社法上の会計監査人は事業報告を監査の対象とはしていない。そのため「財務報告に係る内部統制」を含む、会社法上の内部統制である「業務の適正を確保するための体制」の整備と運用状況は事業報告に記載されるものであることから、会計監査人の監査の対象からは外れている[25]。しかしながら、

24）我が国では依然として、内部監査といえば、経営者の指揮命令が企業の現場に行き渡っているかをチェックする機能として把握されることが多い。

188

第4章　内部統制に関する民事責任／第1節　内部統制の意義

会社法上の会計監査と金商法上の財務諸表等の監査は、原則として同一人物が担当するものであるから、事実上、金商法適用会社の内部統制監査プロセスにおいて、会社法上の内部統制の運用状況について監査役等が監査する「財務報告に係る内部統制」、さらにはそのなかで核となる全社的統制に関する監査情報を共有することは、内部統制監査の質の向上に貢献するものである。すなわち、金商法上、監査人に要求される内部統制監査では、監査人はまず全社的統制を理解してから、業務プロセスの監査を実施することが求められる。ここで全社的統制とは、「内部統制の評価にあたって、連結ベースでの財務報告全体に影響を及ぼす内部統制」を指し、この全社的統制が有効であると評価される場合には、監査人は、内部統制監査の対象となる業務プロセス監査手続を限定することができる。具体的には、コーポレート・ガバナンスが良好である会社の全社的統制が有効であると評価された場合に、その会社の内部統制監査は、サンプリング範囲を縮小するなどの簡便な手続をとることが許容され、効率的な監査が可能となるというメリットがある。他方で、監査人は会計の職業的専門家であるが企業内部の情報に精通しているわけではなく、米国のようにダイレクト・レポーティングを実施するものでもない以上、監査人が、実効的な内部統制監査を実施するためには、監査役等による日常的かつ継続的な業務監査から得られる企業情報の入手が不可欠の前提となる。もっとも、会社法上、監査役には、金商法上の監査人のような職業的専門家としての資格は要求されていないため、財務に関わる情報を契機とする内部統制上の問題点については、監査人による職業的専門家の見地からの情報提供を受けることが望ましく、これにより業務監査における重点事項を発見できる場合もある。

　以上のように両監査主体が、自らの立場では入手困難な情報を相互に交換することにより、夫々の監査計画、監査手続の策定に活用することができ、実効的な内部統制監査の実施が期待される。具体的には、少なくとも、監査契約締結時、監査計画策定時、中間監査時、期末監査時、さらに上場会社の場合には四半期開示が要求されるので、その前後において両者の会合をもつことが望ましい。実際、監基報260「監査役等とのコミュニケーション」13項に、監査人

25）弥永真生「会社法監査と金融商品取引法監査」上村達男先生古稀記念『公開会社法と資本市場の法理』440頁（商事法務、2019）参照。

189

は計画した監査の範囲とその実施時期の概要について監査役等とコミュニケーションを行うことが求められている。また、公益社団法人日本監査役協会「会計監査人との連携に関する実務指針」（平成30年8月17日）によれば、監査役監査においても、監査人との連携により有価証券報告書に虚偽記載がないかの監査が行われるとされる。会社法上要請される「業務の適正を確保する体制」の整備の充実度が、有価証券報告書の虚偽記載を防止できるレベルにはなかった場合には、役員らに責任が問われる可能性が生ずるからである。もっとも、この点につき、会社法と金商法における内部統制監査の実施時期から生じる齟齬が問題となっている。会社法上の監査役監査の終了時点では、財務報告プロセスの評価の検討が終了していない場合があり、会社法上の監査報告書において、認識されていなかった「内部統制上の開示すべき重要な不備」が監査人により発見されることも理論上はありうる。

　また、2021（令和3）年3月期から実施される予定（早期適用会社は2020〔令和2〕年3月期から）のKAM（Key Audit Matter）の導入では、監査人による財務諸表監査の監査報告書において対象会社の監査上の主要な検討事項をこれまで以上に具体的に記載することが要求されるが、その決定には監査役等との協議が行われなければならないとされる。ここでも、監査人は金商法上の開示文書において重要な虚偽表示リスクが高い事項はもとより、特別な検討を必要とするリスクが識別された事項等に関して監査役との情報共有が求められ、とくに全社的内部統制の状況をリスク把握の前提として理解しておくことが肝要となるとされる。その意味でも、KAMの導入は、会社法上の内部統制監査を行う監査役と金商法上の財務諸表監査を行う監査人との連携をより一層推進する契機となるであろうが、会社法上に法的根拠をもつ監査役が、金商法上の監査人と財務諸表監査において連携する理論的な整理は、両法を横断する公開会社法的視点からしか説明することはできない。

3　まとめに代えて

　以上、金商法と会社法における2つの内部統制について、取締役のその構築

第4章　内部統制に関する民事責任／第1節　内部統制の意義

義務と取締役会の監督のあり方を米国での資本市場規制における内部統制規制の発展過程を踏まえて検討し、その上で、我が国における上場会社の取締役、監査役等、内部監査人および監査人に対して期待されている連携の場面で生ずる内部統制規制の交錯状況をみてきた。およそ金商法適用会社は、金商法1条に掲げられた「資本市場の機能の十全な発揮による金融商品等の公正な価格形成等を図」るという法目的を実現するため、資本市場に対する適時・適正な企業情報の開示が求められている。すなわち、その企業の真実価値を示す情報に基づく投資家による多様な投資判断の集積が金融商品の公正な価格形成機能を確保する。そのため、その目的の実現に見合う開示・会計・監査を支える内部統制システム構築においては、まずは「財務報告の信頼性」の確保を強調することになるが、それを可能とする企業のガバナンスのレベルは、資本市場規制からの要請に耐えうるものでなければならない。すなわち、上場会社に対しては、会社法上要求される内部統制システム構築・運用のレベルが金商法の要請に応えるために相対的に高くなるが、昨今では東証の上場規則であるコーポレートガバナンス・コードをはじめ、金商法開示および金商法監査の改正に基づく各種指針・報告書等の公表により内部統制システムの実効性を高めるための様々な規制が、現行の会社法上の内部統制規定を補完している。これは、米国において、内部統制の目的が当初、財務諸表監査の試査の前提として出発したところから、経営統制の一環である従業員不正のコントロールの意味合いを追加しながら、資本市場のプレーヤーとしての上場会社の適格性を確保するコーポレート・ガバナンスを支える意味での内部統制に変化していった経緯とも符合するものである。したがって、金商法および会社法が求める上場会社の内部統制についての現状における交錯状態は、資本市場を活用する上場会社にとって、両法の領域を横断する公開株式会社法の視点から紐解いていくことで初めて解決の糸口が見えてくるものと考える。

〔柿﨑　環〕

第2編　開示に関する規制

第2節　内部統制に関する裁判例

1　はじめに

　内部統制システム[1]は大別すると、グループ企業と個別企業の双方において問題となり、さらに会社に対する責任（以下、3）と第三者に対する責任（以下、4）の双方で問題となる。企業グループに係る内部統制システムの構築義務の内容や水準について具体的に判示した裁判例はこれまで存在しないと考えられる[2]ことから、以下では、個別企業における内部統制システム構築義務をめぐる取締役（監査役を含む）の責任に関する裁判例を取り上げる。

2　内部統制システムの位置づけ

　健全な会社運営を行うためには各種のリスク等（価格変動等の市場リスク、事務リスク、システムリスク等）を正確に把握し、適切に制御すること、つまりリスク管理が不可欠であり、会社が営む事業の規模、特性等に応じたリスク管理体制（内部統制システム）の整備が必要となり、このようなリスク管理体制の

1）裁判例・判例にはリスク管理体制とよぶものがあるが、一般的な用語法に従い、内部統制システムとよぶ。

2）この点については、中村直人『ケースから考える内部統制システムの構築』163頁（商事法務、2017）、渡辺邦弘＝草原敦夫「親会社取締役の子会社管理責任」商事2158号37頁および注28、福岡高判平成24・4・13金判1399号24頁（福岡魚市場事件）の評価について、同37-38頁および注31を参照。また、最判平成30・2・15判時2383号15頁（イビデン事件）は、グループ会社に係る内部統制システムの一環として、親会社が子会社の従業員等を対象として企業集団の法令違反に対する相談窓口を設置した場合に、子会社の従業員が就労に関連して受けた法的に問題のある行為への対応について、子会社従業員に対する親会社自身の信義則上の義務違反が問題となった事案であり、従来、親会社の子会社管理義務として理解されたものとは異なる。

192

第4章　内部統制に関する民事責任／第2節　内部統制に関する裁判例

整備は、同時に法令遵守体制の整備を意味することになる[3]。内部統制システムは法令遵守体制そのものではなく、全社的なリスクの洗い出しからスタートする、健全な会社運営のためのリスク管理の一環として位置づけられる。

　内部統制システムは、主として事業規模が大きく従業員も多数であり、組織内での権限分掌が定められている会社において、役職員の行動に対する直接的かつ個別的な監視が効率的かつ合理的な経営の観点から不適当あるいは困難であること、また大きな事業リスクを伴いやすい業態（出版社、金融機関など）であることから必要とされる。もっとも、規模の小さな会社においてシステム構築が問題とならならないことを意味しない。小規模な会社におけるシステムの内容は、コストの問題もあり大規模な会社におけるそれと比べてより簡素なものとなろうが、何らかのシステムの助けを借りない限り、代表取締役らが従業員らの一挙手一頭足まで個別に監視できない状況があれば、法令を遵守した経営がなされるような社内規定の整備・社内体制の構築は必要となる[4]。

　いったん適切に構築された内部統制システムは、物的設備の保守・点検が必要なように、システムが適切に運用されているかについて継続的に監視することが求められる（従来の監視・監督義務）。最判平成21・7・9判時2055号147頁（日本システム技術開発事件）（以下、平成21年最判）は、内部統制システムの運用とあわせて構築義務を捉えている。

3　会社に対する責任

(1) 内部統制システム構築義務の法的根拠および法的性質

　内部統制システム構築義務の根拠について、裁判例には取締役会の決議義務（会社法362条4項6号、同条5項、会社法施行規則100条1項）に求めるもの[5]、あるいは取締役の職務の執行の監督権限（監視義務）（法362条2項）に求めるもの[6]があるが、一般には善管注意義務および忠実義務に求められている[7]。

---

3) 大阪地判平成12・9・20判時1721号3頁（大和銀行株主代表訴訟事件）。
4) 名古屋高金沢支判平成17・5・18判時1898号130頁（ジャージー高木乳業事件）。
5) 大阪高判平成27・5・21判時2279号96頁（セイクレスト事件控訴審）。

第2編　開示に関する規制

しかし、内部統制システム構築義務の根拠として善管注意義務や監視義務を持ち出すことには疑問がある。善管注意義務はもともと注意の水準を表す概念であり、取締役の行うべき職務内容と無関係に裸で持ち出すべきでないこと[8]、他方、監視義務を内部統制システム構築義務の根拠と解すると平取締役の業務執行取締役に対する内部統制ということになり主客転倒の議論となる[9]。むしろ業務執行取締役の適正業務執行義務のみならず、業務執行取締役の職務の執行を監督する権限から導かれると理解すべきである[10]。裁判例上、事案に応じて、①すべての取締役に共通する取締役会における内部統制システムの方針を決定する決議義務、②全般に業務を統括する代表取締役や業務担当取締役の具体的なシステム構築義務、③他の取締役に対する監視義務が問題となる。適正業務執行義務からは①（決議義務）・②（適正業務執行義務の一環としてのシステム構築義務）、職務執行の監督権限からは①・②および③（監視義務）が導かれる。

　内部統制システム構築義務の根拠を監視義務に求め得ないとしても、内部統制システムの機能は監視義務の履行にあると考えられる[11]。個々の役員が組織の末端に至るまで個別具体的な職務執行の状況を直接に監視・監督することは不可能であるか、不適当である場合に、それに代わる義務の履行方法としてシステムの助けが必要となるからである。内部統制システム構築義務の判断枠組みに依拠する場合、従来の監視義務（③）違反の認定との整合性が問題となる。最判昭和48・5・22民集27巻5号655頁（以下、昭和48年最判）は取締役会の開催実績のない小さな株式会社の事案であるのに対し、平成21年最判

6）前掲大阪地判平成12・9・20、東京地判平成16・12・16判時1888号3頁（ヤクルト株主代表訴訟事件）、大阪地判平成16・12・22判時1892号108頁（ダスキン株主代表訴訟事件）等。

7）前掲大阪地判平成12・9・20、前掲東京地判平成16・12・16、東京地判平成21・10・22判時2064号139頁（日経株主代表訴訟事件）、大阪地判平成25・12・26判時2220号109頁（セイクレスト事件第1審）、名古屋地岡崎支判平成28・3・25判時2331号74頁（フタバ産業事件）等。

8）藤田友敬「取締役会の監督機能と取締役の監視義務・内部統制システム構築義務」尾崎安央ほか編著『公開会社法と資本市場の法理』357頁、376-377頁（商事法務、2019）。

9）藤田・前掲注8）378頁、中村直人『判例に見る会社法の内部統制の水準』47-48頁（商事法務、2011）。

10）この点について、藤田・前掲注8）366頁以下の分析を参照。

11）たとえば、前掲東京地判平成16・12・16、東京高判平成20・5・21判タ1281号274頁（ヤクルト株主代表訴訟事件控訴審）は、相応のリスク管理体制に基づいて職務執行に対する監視が行われている以上、職務執行が違法であることを疑わせる特段の事情のない限り、注意義務違反に問われることはないとする。

は上場企業の内部統制システム構築義務が問題となる事案である[12]。そのため、裁判所の判断アプローチ、すなわち発生した特定の不正行為の予見可能性を問題とするアプローチ（不正行為オリジンな発想）と通常想定されるリスクを回避することができる体制であるかを問うアプローチ（内部統制オリジンな発想）の違いが義務違反の認定に影響を及ぼす可能性がある[13]。内部統制システム構築義務は、規範的にみた事前の一般的・抽象的な予見可能性に基づくものであり、個別事案で問題となる予見義務・結果回避義務よりもその射程は限定的に解されるかもしれない。

(2) 内部統制システム構築義務の内容と義務違反の判断枠組み・水準

(A) 内容・水準

いかなる内容の内部統制システムを構築すべきかを検討する場合、3(1)で述べた①・②・③の状況ごとに分けて考えることが求められる。①（決議）・②（具体的な構築）について、いかなる内部統制システムを構築すべきかは経営判断の問題であり、会社経営の専門家である取締役に幅広い裁量が与えられ、いわゆる経営判断原則が適用されるとの判断が一般的である[14]。もっとも、裁判所は本来の経営判断原則の根拠が妥当することを前提として同原則の適用に言及しているわけではなく、決議・構築当時の知見に基づき、具体的なシステムの設計（内容や程度）やその採否について、取締役の判断に広い裁量があることを表現したにとどまると解される（決議レベルと具体的な構築レベルでは裁量の幅にグラデーションがありうる）。③（監視義務）について、大規模な組織では各部門を担当する取締役や下部組織がその責任において適切な業務・職務執

---

12) 昭和48年最判の監視義務違反の認定を前提とすれば、平成21年最判の第1審・控訴審判決のように義務違反があると認定すべきであったとの指摘がある。藤原俊雄「内部統制システム構築義務と取締役の責任」民事法情報280号3頁、11頁。両者の義務系統は異なり、昭和48年最判の射程は限定的に理解されるべきとの指摘について、藤田・前掲注8) 368-375頁。

13) 中村直人『ケースから考える内部統制システムの構築』37-46頁（商事法務、2017）。また、内部統制システム構築の前提となる予見可能性について、伊勢田道仁『内部統制と会社役員の法的責任』104-114頁（中央経済社、2018）参照。

14) 前掲大阪地判平成12・9・20、前掲東京地判平成16・12・16、前掲東京高判平成20・5・21、前掲大阪地判平成16・12・22、大阪高判平成18・6・9判時1979号115頁（ダスキン株主代表訴訟事件）、前掲東京地判平成21・10・22、前掲大阪地判平成25・12・26等。

第 2 編　開示に関する規制

行が行われることを想定して組織が編成されており、担当取締役以外の取締役
は、「疑念を差し挟むべき特段の事情」がない限り、他の取締役や下位者の不
正行為について監視義務違反の責任を負うことはない[15]。

(B) 判断枠組み

　基本的にこれと同様の考え方をとりつつ、判断枠組みをより明確化したのが
平成 21 年最判（とそれに続く裁判例）である[16]。すなわち、「通常想定しうる
『××などの』不正行為を防止しうる程度の管理体制」を構築したかどうか、
「不正行為の発見を予見すべき『特別な事情』」があったか否かを問題とする[17]。
より具体的には、(1)内部統制の水準として、通常想定される不正行為を防止
する程度の管理体制を整えていたか、(2)リスク管理体制が機能していたか、
(3)その不正を予見すべきだったという特別な事情があるか、(4)通常容易に想
定しえない不正であるかが問題となる。

　(1)にいう「通常想定される不正行為を防止しうる程度」の判断には経営判
断原則が適用されるが、どういう不正行為がいかなる経路で行われるのかにつ
いての規範的にみた一般的抽象的な予見可能性が前提となる。それがなければ
不正行為を阻止するために必要な措置を講ずべきことを要求できないし、また、
具体的に不正行為を発見・予見できるならば、システムに依存しない通常の監
視義務の基準に照らしてもそれを阻止し、必要な措置を講ずべきは当然だから
である。「予見可能性」の有無は、一般には不正行為発生当時のその属する業
界における認識水準（業界水準）[18]やその会社における過去の事例に照らして
判断されるが、さらにいかなる会社におけるどういう不正行為であるか（＝不

---

15) 前掲大阪地判平成 12・9・20、前掲東京高判平成 20・5・21。取締役の正当な信頼を保護する
　　機能を有し、「信頼の権利（あるいは抗弁）」とよばれる。
16) 平成 21 年最判は、取締役の第三者（投資家）に対する加害が問題となった事案であるが、会
　　社に対する責任の場合と同様に考えてよいと思われる。
17) 前掲最判平成 21・7・9、東京地判平成 27・4・23 金判 1478 号 37 頁（JR 東日本信濃川事件）、
　　大阪高判平成 27・5・21 判時 2279 号 96 頁（セイクレスト事件）、東京地判平成 28・7・28 金判
　　1506 号 44 頁（東芝事件）、東京地判平成 30・3・29 資料版商事 422 号 23 頁（リソー教育事件）。
18) 東京高判平成 3・11・28 判タ 774 号 107 頁（日本ケミファデータ捏造事件控訴審）、前掲東京
　　高判平成 20・5・21 など。反対、前掲大阪地判平成 12・9・20（他の銀行と同じ方法が採られた
　　としても不適切でなかったとはいえない）。

第4章 内部統制に関する民事責任／第2節 内部統制に関する裁判例

正行為の態様）（(4)）も重要な要素となる。不正行為が巧妙な偽装工作の結果である場合のほか、偽装工作の対象となった事業が日常業務の延長ともいうべき事務的機械的作業として認識されていたような場合[19]や看護業務との関係での消毒薬の点滴への混入などの場合には、予見可能性が否定されることになる。

　(3)にいう「特別な事情」とは、抽象的には既存のシステムの実効性に疑問を生じさせる場合であり、不正行為の存在を具体的に疑わせる事情である[20]。この場合、システムに頼らなくても自ら調査・確認することが可能な場合であり、内部統制システム構築義務に固有の問題ではなく、通常の監視義務でいうレッド・フラッグに該当する場合と考えられる。つまり、事前の発見・防止のための包括的なリスク管理体制から、個別具体的な現前の危険・不正行為の除去・再発防止策、さらに損害の回避・軽減のための措置を講ずべき義務へと変容させる（システムを更新させる）契機となる事情である。裁判例では、その業界において著名な事件が起こり、その後の行政指導などにより違法状態が明確に認識された場合[21]、長年にわたり顧客との間で多数の紛争を抱えていたり、行政当局から繰り返し業務の改善を求められたりした場合[22]、「取締役会開催直前頃の認識内容を前提としても、……不正な金融支援が……継続的に行われていた可能性もあること、……倒産の危機に瀕していること、……緊急対応を必要とする非常事態を生じている可能性があるとともに、……損失がさらに拡大していくおそれがあることなどを十分に予想させる状況にあった」場合[23]、会社の資金を不当に流出させるといった任務懈怠行為を行う可能性があることを具体的に予見できる場合[24]、本件以前にも同様の手法による不正

19）東京地判平成17・2・10判時1887号135頁（雪印食品牛肉偽装事件。従来型の違法な業務執行を監視する業務の違反が争われた事例）。

20）前掲東京地判平成27・4・23。

21）前掲名古屋高金沢支判平成17・5・18。自社内で不正行為が繰り返されたケースが多いが、他社で同様の不正行為が発覚し、行政処分が行われていたような場合には、少なくとも調査義務を履行したことが「特別な事情」があったとは認められないために必要である。前掲東京地判平成27・4・23。

22）名古屋高判平成25・3・15判時2189号129頁（大起産業事件）（ただし、本件は対第三者責任の事案）。

23）前掲名古屋地岡崎支判平成28・3・25。

197

第2編　開示に関する規制

行為が行われた場合[25]などが不正行為の発見を予見すべき事情とされる。

(4)のいかなる態様の不正行為であるかは、内部統制システムに不備があるかどうかの判断（(1)）のみならず、予見すべき「特別な事情」の有無（(3)）を判断する重要なメルクマールとなる[26]。その意味で、不正行為の態様（(4)）は(1)および(3)を判断するための補助的だが重要な要素と考えられる。

(C) 義務違反の認定のあり方

大和銀行事件判決がリスク管理体制の一部（財務省証券の保管残高の確認）だけを取り上げ、著しく不適切であると認定した点は、全体としてのシステムを評価できていないと批判され、また結果的に従業員の不正が防げなかったことをもって不十分だとするのは後知恵的であると批判される[27]。また、平成21年最判の事案も、第1審・原審と最高裁とで過失の有無についての認定を異にしており、個別事案における義務違反の判断は微妙なところがある。

(D) 「特別な事情」がある場合にどこまで何をすべきか

直ちに不正行為に関する情報の収集・調査（経緯・状況の把握）に基づく十分な検討を行った上で、不正行為の継続・拡大を阻止し、さらなるリスク拡大を防止する必要がある。具体的には、反対の意思を表明するだけでなく、監査役に速やかに報告したり、社内における違反事実の徹底周知やセミナーの実施、報告体制の確立などの是正措置を講じることが求められる[28]。監査役については、その権限・義務との関係でどこまでのことをすべきか微妙な問題を生じ

---

24) 前掲大阪高判平成27・5・21。

25) 前掲東京地判平成28・7・28、名古屋地岡崎支判平成29・10・27判例集未登載（平23（ワ）第1285号）〔LEX/DB 25548302〕（フタバ産業事件）、前掲東京地判平成30・3・29、名古屋地判平成30・11・8金法2105号70頁〔コムテックス事件〕。

26) 前掲最判平成21・7・9、前掲東京地判平成27・4・23など（不正行為の態様等が巧妙であるほど、特別な事情は認定されにくくなる）。

27) 岩原紳作「大和銀行代表訴訟事件第一審判決と代表訴訟制度改正問題（上）」商事1576号4頁、12-13頁、田中亘「取締役の責任軽減・代表訴訟」ジュリ1220号31頁、32頁。これとは対照的に、個別の義務違反行為それ自体ではなく、それに先行する一連の行為を全体的に観察して重過失を否定したものとして、前掲大阪高判平成27・5・21参照。

28) 前掲名古屋地岡崎支判平成29・10・27、前掲名古屋地岡崎支判平成28・3・25、前掲大阪高判平成27・5・21などが詳しい。

る[29]。

(3) 義務違反の判断枠組み

　裁判例の主張・立証責任の在り方に関する説示は、内部統制システム構築義務違反をめぐる責任の問題を考える上で極めて重要である。原告の主張・立証責任のうち、株主代表訴訟の事案では、原告が、会社内部の法令遵守体制の構築義務の不履行を抽象的に指摘するのみでは足りず、①法令遵守体制についての具体的な不備、②本来構築されるべき体制の具体的な内容、③これを構築することによる本件結果の回避可能性についての具体的な主張を要するというのが裁判例の立場である[30]。原告が取締役の「任務懈怠」を基礎づけるためには、内部統制システムに瑕疵（欠陥）があると主張するだけでは足りず、具体的にいかなる内部統制システムが構築されるべきであるのか（取締役に与えられる裁量を超えているのか）、さらにそのようなシステムが構築されていれば問題の不正行為を防ぐことができたことを具体的に明らかにする必要がある。「内部統制システム構築義務」というのは、抽象的にその違反を主張すれば法的効果が導かれるようなマジックワードではない。内部統制システム構築について取締役に広い裁量が認められ（経営判断原則が適用され）、しかも証拠の偏在があることを考慮すると、会社組織の内部事情に必ずしも精通しているわけではない原告が任務懈怠を基礎づけるために越えねばならないハードルは相当に高いといえる。

4　第三者・投資家に対する責任

(1) 序

　内部統制システム構築義務に関する議論は、いわゆる大和銀行株主代表訴訟

---

29) 拙稿「判批」法学研究（慶應義塾大学）90 巻 3 号 75 頁（リスク管理体制等の構築に係る監査役の助言・勧告義務が問題となった事案）。

30) 東京地判平成 16・5・20 判時 1871 号 125 頁（三菱商事事件）、前掲大阪地判平成 16・12・22、前掲東京地判平成 17・2・10、前掲東京地判平成 28・7・28。なお、第三者に対する責任の事案でも同様の問題がある。(4)(D)参照。

第2編 開示に関する規制

事件判決を契機として本格的に行われるようになったことから、主として会社に対する責任（とそれを実現する株主代表訴訟）の場面を想定して議論が進められ、第三者・投資家に対する責任との関係ではあまり議論されてこなかった[31]。しかし、この事実は、第三者・投資家に対する責任との関係で内部統制システム構築義務が重要な問題とならないことを示すわけではない。むしろ事実はその逆で、大和銀行事件判決が出される以前から、第三者に対する責任をめぐる裁判例の中で、たとえ萌芽的な形であれ、内部統制システムの重要性は認識されていたと考えられる。また、より最近では、投資家の保護を実効的なものとするための金融商品取引法（以下、金商法）の改正を受けて、投資家が金商法に基づく救済を求めることが現実的となっている。金商法は、虚偽記載のある有価証券報告書等を提出した場合に、会社や役員が「無過失」「相当な注意」を払ったことを抗弁事由としている（金商法21条の2第2項、同21条2項、同22条、同24条の4）ことから、適切な内部統制システムを構築したことが抗弁となりうるかが問題となる。

　以下では、まず、取締役や会社が第三者・投資家に対して直接不法行為責任（共同不法行為責任を含む）を負う場合をみたうえで（(2)）、次に、内部統制システム構築の問題が取締役の対第三者責任の問題に取り込まれていく過程を明らかにする（(3)(B)）。最後に、会社法350条との関係で、内部統制システム構築義務がどういう意味を持つかを分析する（(4)）。

(2) 不法行為・共同不法行為
(A) 取締役・代表取締役・従業員の責任

　取締役らの行為が、民法の不法行為（民法709条）・共同不法行為（民法719条）の要件を満たす場合、すなわち、自ら違法行為を行う場合、支配的・監督的な立場において違法行為をするよう伝達・指示して主導的な役割を果たす場合、従業員などの不法行為を具体的に認識・認容していた場合など、違法行為に積極的に関与・加担したような場合にのみ、第三者・投資家に対して直接に不法行為責任を負うにとどまり、さらに会社ぐるみ・組織ぐるみの不正行為・

---

31) 岩原紳作ほか『金融商品取引法セミナー 開示制度・不公正取引・業規制編』170頁〔藤田友敬発言〕（有斐閣、2011）。

200

第4章　内部統制に関する民事責任／第2節　内部統制に関する裁判例

違法行為が行われた場合には、代表取締役と並んで会社自身が不法行為責任を
負う場合がある[32]。なお、代表取締役や代表取締役以外の従業員による不法
行為の場合における会社の責任について、次の(B)[2-1]・[2-2]を参照。

(B) 法人の責任

東京高判平成29・2・23民集72巻5号712頁（IHI事件控訴審判決）は、法
人が不法行為責任を負う場合について、次のように整理する。すなわち、[1]
法人自身が業務遂行に関わる者の行為を介することなく直接不法行為責任を負
うことが明定されている場合（民法717条1項、製造物責任法3条等〔本稿との
関係では、金商法18条、21条の2などがこの類型に該当することになろう〕）、[2-
1]法人の代表者（一般社団法人及び一般財団法人に関する法律78条、197条、会
社法350条）[33]または[2-2]被用者（民法715条）の加害行為により他人に損
害を被らせた場合、[3]法人（企業）の一個の組織体としての行動（事業その
もの）の結果として、他人の生命身体等の重要な法益が侵害されており、代表
者または被用者の誰かに過失があることが明らかな場合（いわゆる「法人自体
の不法行為」）である。以下では、[3]の類型に関する裁判例だけを取り上げる
（[2-1]類型について、4(4)参照）。

[3]法人自体の不法行為に関する裁判例の数は多くないが、生命・身体など
重要な法益が侵害され、被害者救済が強く要請される事案では、法人自体に対
して不法行為に基づく損害賠償請求がなされることがある。たとえば、病室で
の妊婦の突然の分娩による児の脳性麻痺の結果が問われ、医師・看護師のほか、
法人たる病院自体の責任が追及された事案において、法人がその被用者等を通
じて活動するに際して、病院として妊婦に対してとるべき行動を怠った、すな

---

32) 以上の裁判例につき、東京地判平成19・5・23金判1268号22頁、東京地判平成19・7・25判
タ1288号168頁、東京地判平成23・10・4判タ1385号205頁、前掲名古屋高判平成25・3・15、
大阪高判平成26・2・27金判1441号19頁（債権侵害による不法行為が成立するためには、加害
行為の強度の違法性が要件として求められる）、名古屋地判平成29・12・27金判1539号16頁な
ど。

33) 代表取締役が職務を行うにつき、故意または過失により他人に損害を加えたときは、旧商法
261条3項、78条2項の準用する平成18年改正前民法44条により会社が損害賠償責任を負うと
された。民法44条に基づく損害賠償義務を認めたものとして、東京地判平成19・11・26判時
1998号141頁（日本システム技術開発事件・第一審判決）参照。

第 2 編　開示に関する規制

わち病院としての一連の組織的な活動の過程に全体として不十分な点が存したという意味において、民法 715 条を適用するまでもなく、法人自身に民法 709 条の不法行為が成立すると述べたものがある[34]。しかしその後、欠陥薬品の製造会社に対する法人自体の不法行為責任が追及された事案で、不法行為の主観的要素である故意過失は自然人の精神的容態であり、株式会社においては代表取締役のそれを意味することなどの理由を挙げて、法人自体の不法行為が成立するとの主張は斥けられている[35]。

(3) 会社法 429 条（平成 17 年改正前商法 266 条ノ 3）

(A) 不法行為責任との区別

　取締役の第三者に対する責任をめぐる訴訟では、不法行為（場合により共同不法行為を含む）に基づく賠償責任と取締役の第三者責任がともに問題となる（主張される）事案が多い。裁判例は、不法行為に基づく損害賠償を請求する場合と会社法 429 条に基づく損害賠償を請求する場合に主張立証すべき事実に重なる部分が大きいことを認めているが[36]、同時に、両条の適用される場面（事実関係）を明確に区別してきたことも事実である。

　会社による欠陥商品の販売の事案や出版社による名誉毀損の事案において、株式会社がその業務の性質上、第三者の権利を侵害する危険性を有している場合に、当該会社の取締役がその業務を執行するに際して、会社外の第三者に対する権利侵害を生じないように注意すべき義務を負い、そのような権利侵害を可及的に防止するための仕組み・体制を整備する義務を負うとする[37]。しかし、第三者の権利を侵害しないように注意する義務を負うからといって、取締役に任務懈怠が認められる場合にそれが直ちに第三者に対する関係で不法行為法上

---

34) 横浜地判昭和 58・5・20 判タ 506 号 167 頁。法人自体の不法行為をめぐる議論について、橋本佳幸「『法人自体の不法行為』の再検討——総体としての事業組織に関する責任規律をめぐって」論ジュリ（2016 冬号）50 頁以下参照。

35) 東京高判昭和 63・3・11 判時 1271 号 3 頁（クロロキン薬害訴訟控訴審判決）。

36) 前掲名古屋地判平成 29・12・27 金判 1539 号 16 頁、48 頁。

37) 東京高判昭和 63・12・27 金判 816 号 10 頁、大阪地判平成 14・2・19 民集 59 巻 9 号 2445 頁（新潮社フォーカス事件）、東京地判平成 21・2・4 判時 2033 号 3 頁（週刊新潮貴乃花名誉毀損事件）。

第4章　内部統制に関する民事責任／第2節　内部統制に関する裁判例

の過失を構成する（第三者まで義務射程に入る）わけではない。むしろ、取締役はその職務を行うにあたり、会社に対して善管注意義務を負うものの、『特段の事情』（虚偽記載のあることを具体的に認識しつつ提出させるなど）のない限り第三者に対する関係で直接に何らかの注意義務を負うものではなく、したがって、取締役に善管注意義務違反があり、その結果、第三者に損害が生じた場合、会社法429条（平成17年改正前商法266条ノ3）の要件を満たす限りにおいて第三者に対して責任を負うにとどまり、第三者に対して直接に不法行為責任を負うものではないと解するのが裁判例の立場である[38]。また、虚偽のない適正な有価証券報告書を作成・提出するための体制を構築・運用する義務についても、金商法等に特別の規定が置かれている場合は格別、そうでない場合にまで金商法の趣旨から直ちに代表者の第三者に対する具体的注意義務が生じ、代表者個人による当該義務の違反が第三者に対する不法行為を構成することはない[39]。

(B)　中間型と位置づけられる事案——内部統制システムの萌芽形態

　以上に見たように、内部統制システム構築義務を含む会社に対する義務の違反は、直接に第三者に対する義務違反とそれに基づく責任を基礎づけるものではないが、会社法429条の要件を満たす限り第三者に対する責任まで否定されるわけではない。

　平成17年改正前商法266条ノ3に基づく代表取締役の責任が問題となった事案では、欠陥商品の販売等の個別の不正行為そのものに着目し、そのような不正行為が行われないよう注意すべき職務上の義務を負うとしたうえで、その義務違反に重大な過失があるか否かを問うアプローチが採用されていた。そのため、たしかに大和銀行事件判決以前にも、データ捏造という重大な不正行為が行われないよう管理体制を整備すべき義務がある[40]として内部統制システ

---

38)　前掲名古屋高判平成25・3・15、大阪高判平成26・2・27金判1441号19頁（ノヴァ事件）、前掲東京高判平成29・2・23（IHI事件控訴審）、東京地判平成26・11・27民集72巻5号4900頁（IHI事件第一審）。

39)　前掲東京高判平成29・2・23（IHI事件控訴審）、前掲東京地判平成26・11・27（IHI事件第一審）。

40)　前掲東京高判平成3・11・28（日本ケミファデータ捏造事件控訴審）、東京地判平成元・2・7

第2編　開示に関する規制

ム構築に言及する例が存在したが、不正行為が会社ぐるみ・組織ぐるみで行われたのでない事案や反復継続的に繰り返し行われたのでない事案の場合には、裁判所の認識としてはともかく、取締役が個別の違法行為を予見・防止することはできなかったという当事者の主張も珍しくなかった[41]。

　大和銀行株主代表訴訟事件判決以降、内部統制システム構築義務が認識されるようになり、従来のいわゆる間接損害型の事案でもなければ、取締役が直接第三者に対して加害行為を行う直接損害型でもない、いわゆる中間型と位置づけられる事案において、事前の発見・予防のための内部統制システム構築義務の違反を媒介項として任務懈怠を認め、取締役の第三者責任が認められるようになった[42]。取締役らが従業員による個別具体的な違法な行為を具体的に予見・認識することは難しいが、内部統制システム構築義務の違反という構成をとれば、取締役の不法行為責任を問うことができない場合にも会社法上の責任を問うことができる道筋がつけられた[43]。

(4) 会社法 350 条・平成 18 年改正前民法 44 条

　代表取締役に内部統制システム構築義務の違反が認められる場合に、副作用等の情報あるいは有価証券報告書等の虚偽記載のあることを具体的に認識していなくても、第三者・投資家に対する加害についての過失があるとして、会社法 350 条（平成 17 年改正前商法 261 条 3 項・78 条 2 項、平成 18 年改正前民法 44 条）に基づき会社が損害賠償責任を負うか（[2-1] 類型にあたるか）否かが問題となる。次の裁判例①②③はこれを肯定した。①東京地判昭和 57・2・1 判時 1044 号 19 頁（クロロキン薬害訴訟第一審）、前掲東京高判昭和 63・3・11 は、欠陥薬品の製造に関する製薬会社の責任をめぐる事案であり、副作用に関係のある情報等は漏れなく会社首脳部まで到達するような社内組織の整備および執務態勢の維持管理が不可欠であり、代表取締役がこれを怠り、副作用の有無およびその程度等を予見しなかったときは過失があるとして製薬会社の損害賠償

　　判タ 694 号 250 頁（同第一審）。
　41）前掲東京高判昭和 63・12・27（欠陥商品）、前掲東京地判平成元・2・7、東京地判平成 15・
　　　2・27 判時 1832 号 155 頁（丸荘証券事件）、東京地判平成 19・5・23 金判 1268 号 22 頁。
　42）前掲東京地判平成 15・2・27、前掲東京地判平成 19・5・23、前掲名古屋高判平成 25・3・15。
　43）黒沼悦郎「判例研究」現代消費者法 25 号 69 頁、73 頁。

責任を認めた。また、②平成21年最判の第一審・原審（前掲東京地判平成19・11・26、東京高判平成20・6・19金判1321号42頁）は、代表者が各部門の適切なリスク管理体制（職務分掌）の整備を怠った過失があったため従業員の売上の架空計上を発見することができず、その結果、有価証券報告書に虚偽の記載がなされたとして、会社法350条に基づく責任を認めた。③東京地判平成20・4・24判時2003号10頁（西武鉄道事件）は、有価証券報告書等の重要な事項について虚偽の記載をすることは投資家の利益を害する危険性の大きい行為であり、会社および取締役は虚偽の記載がないように配慮すべき義務があり、これを怠ったために投資家が被った損害について不法行為による損害賠償責任を負うとした。この事件は会社ぐるみで虚偽記載が行われたものであり、代表者が虚偽記載の事実を認識していた、その意味で「特段の事情」があった事案である。これに対し、④前掲最判平成21・7・9は、架空売上げの計上等の不正行為を防止しうる程度の管理体制を構築する義務に違反した過失があるということはできないと判断したため、いわゆる内部統制システム構築義務違反の過失が投資家に対する会社法350条責任を基礎づけるかについて明示的な判断を下したわけではない。また、⑤前掲東京高判平成29・2・23（IHI事件控訴審）、東京地判平成26・11・27（IHI事件第一審）は、代表取締役が虚偽記載のある有価証券報告書等を提出し、その会社の株式を取得（発行市場）あるいは購入（流通市場）した投資家が、金商法18条・19条・会社法350条・民法709条あるいは金商法に基づく損害賠償請求（金商法21条の2）をした事案であるが、従来の裁判例の流れに沿う形で（(3)(A)）、取締役が会社に対する善管注意義務の一内容として虚偽記載を防止するためのリスク管理体制を構築すべき義務を負うが、当該義務の違反が直接会社以外の第三者に対する関係で会社法350条の任務懈怠（不法行為）を構成することはないとした。また、会社法350条・民法709条所定の過失の有無について、原告は不適正な会計処理のプロセスに係るリスク管理体制を構築し、機能させる義務を怠った過失があると主張したが、⑤判決は、報告書を作成し、提出する一連のプロセスにおいていかなる注意義務違反があったのかについて具体的な主張・立証をしていないとして、そもそも虚偽記載を発生させたことについて過失を認めることはできないとした。

第 2 編　開示に関する規制

　裁判例をみる限り、代表取締役が不正行為の事実を具体的に認識していない（故意がない）場合に、内部統制システム構築義務違反に過失があるために認識を欠いたことにより、会社が会社法 350 条に基づく損害賠償責任を負うかは、生命・身体などの法益侵害が問題となる事案を除き、否定的に解されよう[44]。仮にこれを肯定するとき、平成 21 年最判の第一審・控訴審判決によれば、会計処理のプロセスに係るリスク管理体制上の問題点を具体的に主張・立証すれば十分であるのに対し、IHI 事件判決によれば、むしろ虚偽記載を防止するための開示書類の作成・提出というプロセスに係るリスク管理体制上の問題点を具体的に主張・立証することが求められることになり、原告の主張・立証すべき内容[45]に違いが生じる。厳密には「虚偽記載を発生させたこと」についての過失が問われるので、IHI 事件判決のように、会計処理のプロセスと開示書類の作成・提出のプロセスを截然と分けて考えることが適当かもしれないが、会計処理のプロセスの欠陥から会計処理に誤りが生じ、誤った会計処理がそのまま開示書類に反映されるなら、平成 21 年最判の第一審・控訴審判決のように一体的に評価する余地もあろう。また、IHI 事件判決は、虚偽記載により生じた損害の賠償請求訴訟において、発行会社・役員が提出することができる抗弁（「無過失」〔金商法 21 条の 2 第 2 項〕・「相当な注意」〔金商法 21 条 2 項 1 号、同 22 条 2 項、同 24 条の 4〕）の問題を考える上で示唆的である。有価証券報告書に虚偽記載がある場合に、適切なリスク管理体制が構築されたことが抗弁となりうるのは、虚偽記載を防止するための作成・提出に係るプロセスが適切に整備されたことまで必要であって、会計処理のプロセスが適切に整備されたことだけでは十分とはいえないであろう。

---

[44] このような裁判所の立場に対しては、当然のことながら疑問・批判が向けられている。黒沼・前掲注 43）73-74 頁、同「IHI 事件東京高裁判決の検討」商事 2149 号 4 頁、6-7 頁。発行者の不法行為責任については、さらに黒沼悦郎『金融商品取引法』221-222 頁 [Column 4-12]（有斐閣、2016）参照。

[45] 会社法 350 条や不法行為（民法 709 条）に基づく請求が認められるとしても、原告側に不当に重い立証責任が課されることになる。黒沼・前掲注 44）7 頁参照。

206

5　分析のまとめ

　内部統制システム構築義務は、その後の運用において不断の見直し（改善）を前提とするが、あくまで事前の抽象的なリスクの発見・予防のための包括的な管理体制である。不祥事を一切生じさせない完璧な体制づくり（保証責任）を目指すものではなく、規範的にみたリスクの所在（被害者と損害）とその発現経路を特定できる程度の一般的抽象的な予見可能性が前提となるであろう。生命・身体・名誉を侵害する危険性のある業務がコアリスクとなる場合の予見可能性は認められやすいが、従来の裁判例をみても、裁判所が事前の内部統制システム構築に要求するレベルはそれほど高くない。

〔柳　明昌〕

第2編　開示に関する規制

第3節　訴訟上の留意点

　本節では、内部統制に関する民事責任についての訴訟上の留意点として、裁判例からみる主張立証上のポイントについて検討する。

1　内部統制に関する民事責任の根拠規定

(1)　会社法

　会社法の施行以前から、裁判例および学説は、①会社経営の根幹に係わるリスク管理体制の大綱については、取締役会で決定されることが必要であること、②取締役は、取締役会の構成員として、また、代表取締役または業務担当取締役として、リスク管理体制を構築すべき義務を負い、さらに、代表取締役または業務担当取締役がリスク管理体制を構築すべき義務を履行しているか否かを監視する義務を負うこと、③監査役は、商法特例法22条1項の適用を受ける小会社を除き、業務監査の職責を担っているから、取締役がリスク管理体制の整備を行っているか否かを監査すべき義務を負うこと、を認めてきた（大阪地判平成12・9・20判時1721号3頁〔大和銀行株主代表訴訟第一審判決〕。学説として、たとえば、江頭憲治郎『株式会社・有限会社法〔第4版〕』405頁〔有斐閣、2005〕参照）。すなわち、内部統制システム構築義務は、取締役の善管注意義務および忠実義務の内容をなすものであり、また、監査役の監査義務は、監査役としての善管注意義務の内容をなすものと解されてきたわけである。

　会社法は、大会社（2条6号）および委員会型の会社については、取締役会（非取締役会設置会社では、取締役）が内部統制システムの整備を決定することを明示的に義務付けている（348条3項4号・4項・会社法施行規則98条、362条4項6号・5項・会社法施行規則100条、399条の13第1項1号ロハ・会社法施行規則110条の4、416条1項1号ロホ・会社法施行規則112条）。

208

したがって、取締役が、会社の業務の適正を確保するために必要な内部統制システムの整備をする義務を怠ったときは、善管注意義務（330条・民法644条）および忠実義務（355条）に違反することになり、会社に対する責任（423条1項）が追及されることになる。他方、株主が取締役の会社に対する任務懈怠を理由として会社法429条1項に基づく責任追及を行っても、それは株主が被った間接損害の賠償請求となるから、条文にいう「第三者」の要件を満たさないものとされ、認められることは難しいであろう。

また、監査役も、取締役がリスク管理体制の整備を行っているか否かを監査すべき義務に違反した場合には、会社に対する責任（423条1項）が追及されることになる。

(2) 金融商品取引法（継続開示書類に虚偽記載等があった場合の民事責任）

上場会社は、金融商品取引法により、内部統制報告書の提出が義務付けられている（同法24条の4の4）。そして、継続開示書類（有価証券報告書、内部統制報告書が含まれる）に虚偽記載等がある場合、同法は、発行者の責任（同法21条の2）およびその役員等の損害賠償責任（同法24条の4・22条等）を規定している。これらについての詳細は、第2章・第3章で説明されたとおりである。

2 内部統制システム構築（整備）義務違反を理由とする役員責任追及訴訟における争点の特定明示と争点を検討するにあたっての視座

(1) 訴訟における争点の特定明示の必要性

取締役が、会社の業務の適正を確保するために必要な内部統制システムの整備をする義務を怠ったときは、善管注意義務（330条・民法644条）および忠実義務（355条）に違反することになり、会社に対する責任（423条1項）が追及されることになるが、原告側、被告側のいずれに立つにせよ、訴訟上の争点となるのは何かを明確に特定して主張立証しなければならない。

内部統制システム構築（整備）義務違反を理由とする役員に対する責任追及訴訟において、争点とされるのは、主に次の諸点であることが想定される。

(A) 第1に、具体的に発生した事案について、取締役は、内部統制システム構

第2編　開示に関する規制

築（整備）義務そのものに違反するか否かという問題。これは、2つの内容を含むとされる[1]。

①取締役が、取締役会の構成員として、また、代表取締役または業務担当取締役（以下、「代表取締役等」とする）として、リスク管理体制を構築（改善を含む）していなかったという「体制整備義務」違反の問題。当該体制の構築それ自体に不備があるといえるのかという問題である。

②取締役が、取締役会の構成員として、また、代表取締役等として、構築されたリスク管理体制を機能させるべき職務を怠ったという「運用義務」違反の問題。リスク管理体制を機能させる義務を怠ったといえるのかという問題である。

後述する日本システム技術事件では、この内部統制システム構築義務違反が争点となった。

(B)　第2に、具体的に発生した事案について、取締役は、代表取締役等が内部統制システムの適正な運用をしないことにつき監視義務違反があるか否かという問題。

(C)　第3に、具体的に発生した事案について、監査役は、代表取締役等が内部統制システムの適正な運用をしないことにつき監視義務違反があるか否かという問題。これは、後述するセイクレスト事件で、監査役の積極的な助言・勧告義務という形でクローズアップされた争点である。

(2)　争点を検討するにあたっての視座

(A)　上記(1)(A)①のリスク管理体制の構築義務違反の問題については、リスク管理体制の構築それ自体は、経営判断の問題であり、会社経営の専門家である取締役に広い裁量が与えられていると解されてきた（東京高判平成20・5・21判タ1281号274頁、東京地判平成21・10・22判時2064号139頁）。すなわち、内部統制システムの整備・構築には費用がかかるため、システムの内容は、対費用効果を考慮して決定しなければならず、高度な経営上の知見・経験を必要とするので、どのような内部統制システムを整備・構築するかについては、取締役

1）松井秀征「架空売上げの計上を防止するためのリスク管理体制構築義務違反の有無」私法判例リマークス41号87頁以下、野村修也「判批」会社法判例百選〔第3版〕109頁。

210

に広い裁量が認められるべきであり、義務違反の審査は、経営判断原則の枠組みによって行うことが適当であるとされる[2]。

(B) 上記(1)(A)②の構築されたリスク管理体制を機能させるべき職務を怠ったという「運用義務」違反の問題については、従来から、信頼の原則といわれる考え方に依拠すべしとの考え方が説かれ、裁判例でも認められてきている（東京高判平成20・5・21判タ1281号274頁など）。これは、取締役が一定の行為をなすにあたり、専門家の能力に依拠したり、あるいは他の役員や従業員を信頼した場合には、義務違反との評価を免れるという考え方である[3]。

　以下では、代表的な裁判例の事案を基に、訴訟上の留意点を検討してみたい。

3 代表的な裁判例を基にした訴訟上の留意点の検討

(1) 最判平成21・7・9判時2055号147頁（日本システム技術事件判決）

　本判決は、内部統制システム構築義務に関する初めての最高裁判例である。

(A) 事案の概要

　Y社（株式会社日本システム技術）の従業員Bらが営業成績を上げる目的で架空の売上を計上したため、有価証券報告書に不実の記載がされ、その後、同事実が公表されてY社の株価が下落した。これに対して、公表前にY社の株式を取得していたXが、Y社の代表取締役Aには、従業員らの不正行為を防止するためのリスク管理体制を構築すべき義務に違反した過失があり、その結果、Xにおいて株価下落等による損害を被ったと主張し、Y社に対して会社法350条に基づく損害賠償請求を行ったという事案である。会社法350条に基づく損害賠償請求であるため、内部統制システム義務違反が不法行為上の過失を構成するかという形で問題となった。

2）田中亘『会社法〔第2版〕』273頁（東京大学出版会、2018）、松井秀征・前掲注1）。

3）松井秀征・前掲注1）。

第2編　開示に関する規制

(B) 本判決の分析と訴訟上の留意点

　判旨を分析すると、本判決は、①リスク管理体制を構築（改善を含む）していなかったという「体制整備義務」違反の問題と②構築されたリスク管理体制を機能させるべき職務を怠ったという「運用義務」違反の問題の双方について、判断を示している。

　(a) 本判決で主として問題となったのは、リスク管理体制構築義務違反の有無である。本判決は、この点に関する一般論を述べてはおらず、一定の事例判断を行っているのであるが、「本件不正行為当時、……通常想定される架空売上げの計上等の不正行為を防止し得る程度の管理体制」を整えていれば、内部統制システムの構築義務は果たされている旨を判示した。それゆえ、事例判断ではあるが、〈リスク管理体制構築義務違反があったか否かは、不正行為時において通常想定される不正行為を防止する体制が整えられていたか否かによる〉、〈不正行為当時、通常想定される不正行為を防止し得る程度の管理体制が整えられていれば、リスク管理体制構築義務違反はない〉という、一定の先例としての意義を有するものと解される[4]。

　したがって、訴訟上は、原告側であれば、〈不正行為当時、通常想定される不正行為を防止し得る程度の管理体制が整えられていなかったのであるから、リスク管理体制構築義務違反が認められる〉との認定を得るために必要な事実を主張立証することが必要となる。他方、被告側であれば、〈不正行為当時、通常想定される不正行為を防止し得る程度の管理体制が整えられていたので、リスク管理体制構築義務違反はない〉との認定を得るために必要な事実を主張立証することが必要となる。

　本判決は、①職務分掌規程等の定めにより、事業部門と財務部門が分離されていたこと、②ソフトウエアの営業部とは別に注文書や検収書の形式面を確認する部署およびソフトの稼働確認を担当する部署を設置して、これらのチエックを経て財務部に売上報告がされていたこと、③監査法人との監査契約に基づき、当該監査法人とY社の財務部が定期的に売掛金残高確認書の用紙を郵送し、

---

　4) 松井秀征・前掲注1)。これに対し、本判決は事例判決であり、リスク管理体制または内部統制の構築にかかる代表取締役の作為義務の一般的内容を示したものではないとするのが、酒井太郎「判批」判評617号31頁（判時2075号193頁）。

第4章　内部統制に関する民事責任／第3節　訴訟上の留意点

この返送を受ける方法で売掛金残高を確認していたこと、という事実を挙げ、かような事情がある場合には、Y社の代表取締役は、通常想定される架空売上げの計上等の不正行為を防止し得る程度の管理体制を整えており、当該体制の構築義務に違反した過失はない、と判断した。

本判決に対しては、「簡単なリスク管理体制で十分であったと評価している点で疑問である」[5]との批判もあるが、「本事案におけるBらの不正行為が特殊なものであることや、およそ不正行為の起こらないシステムを構築することが不可能である以上、本判決の結論も支持できる」[6]というべきである。

（b）本判決は、取締役が、取締役会の構成員として、また、代表取締役または業務担当取締役として、構築されたリスク管理体制を機能させるべき職務を怠ったという「運用義務」違反の問題についても、一定の判断を示していると解されている。

すなわち、本判決は、「前記事実関係によれば、売掛金債権の回収遅延につきBらが挙げていた理由は合理的なもので、販売会社との間で過去に紛争が生じたことがなく、監査法人もY会社の財務諸表につき適正であるとの意見を表明していたというのであるから、財務部が、Bらによる巧妙な偽装工作の結果、販売会社から適正な売掛金残高確認書を受領しているものと認識し、直接販売会社に売掛金債権の存在等を確認しなかったとしても、財務部におけるリスク管理体制が機能していなかったということはできない。」と判示し、本件では、構築されたリスク管理体制を機能させるべき職務を怠ったという「運用義務」違反の問題も生じない旨述べている。

従業員であるBらによる説明の合理性、販売会社との間で紛争が過去に生じていないこと、監査法人の適正意見といった諸事情に鑑みれば、他者（従業員、役員、専門家）による判断の手続や内容に疑念を持つだけの事情がないとの判断と理解される。ここには、取締役が一定の行為をなすにあたり、専門家の能力に依拠したり、あるいは他の役員や従業員を信頼した場合には、義務違反との評価を免れるという考え方（信頼の原則）が現れている[7]。

5）新山雄三編著『会社法講義——会社法の仕組みと働き』247頁〔正井章筰〕（日本評論社、2014）。

6）松井秀征・前掲注1）。

213

第 2 編　開示に関する規制

　したがって、訴訟上は、原告側であれば、〈他者（従業員、役員、専門家）による判断の手続や内容に疑念を持つだけの事情があり、他者を信頼したとしても、構築されたリスク管理体制を機能させるべき職務を怠ったという運用義務違反が認められる〉との認定を得るために必要な事実を主張立証することが必要となる。他方、被告側であれば、〈他者（従業員、役員、専門家）による判断の手続や内容に疑念を持つだけの事情はなく、他者を信頼したことにより、構築されたリスク管理体制を機能させるべき職務を怠ったという運用義務違反は生じない〉との認定を得るために必要な事実を主張立証することが必要となる。

　(c)　なお、現在では、有価証券報告書のうちに重要な事項についての虚偽記載等がある場合には、金融商品取引法 21 条の 2 により、発行者の責任を追及することが可能である。これは、平成 16 年の金融商品取引法の改正によって導入されたものである。

(2)　大阪高判平成 27・5・21 判時 2279 号 96 頁（セイクレスト事件判決）

(A)　はじめに

　本判決は、監査役について、①取締役会に対し、内部統制システムを構築するよう助言または勧告すべき義務、および、②取締役らまたは取締役会に対し、代表取締役を解職すべきである旨を助言または勧告すべき義務を認めた画期的な判決である。

　本件では、監査役は、不正に会社財産を流出させたり、手形を振り出すなど、善管注意義務違反の違法行為を繰り返す代表取締役に対し、反対の意思表明を行ったり、監査役として辞任を含む然るべき対応をせざるを得ない旨を申し入れるなど、代表取締役による違法、不当な行為が行われないように「一定の限度でその義務を果たしていた」にもかかわらず、任務懈怠責任を負わされた。しかも、本判決は、監査役には、暴走する代表取締役を解職すべき旨を助言または勧告すべき義務があったとまで言い切っている。監査役にとっては、かなり厳しい内容であり、それゆえ、法曹実務家や会社法学者の耳目を集めた判決である。本判決（およびほぼ同趣旨の地裁判決）については、肯定的な評価をす

---

　7 ）松井秀征・前掲注 1 ）。

る意見[8]もあるが、疑問を呈する意見[9]もかなり強いといえる。

しかしながら、最高裁が上告受理の申立てについて不受理の決定をした以上、本判決は一定の先例としての価値を有するものと解されるので、裁判実務上は、影響が大きいといえよう。すなわち、監査役の責任を追及する原告側は、本判決の提示する積極的な助言・勧告義務論を採って、主張立証してくることが十分に予想されるところである。

(B) 事案の概要

Z社（セイクレスト社）は、主に、分譲マンションの企画・販売等を目的とする株式会社であり、ジャスダック上場会社であった。Z社の取締役は4名であり、創業者Aが代表取締役であった。Xは、公認会計士であり、Z社の社外・非常勤監査役に就任し、Z社との間で責任限定契約（会社法427条）を締結した。Z社の監査役は3名であり、Xは経営管理本部管掌業務を担当し、Z社は、日本監査役協会の「監査役監査基準」に準拠した監査役監査規程を有していた。

Z社は、平成21年3月末日には、約7億5,000万円の債務超過に陥った。Z社は、債務超過の状態を解消しなければ、上場廃止になるおそれがあった。このような財務状況の中で、Z社の代表取締役であるAは、平成21年8月から同22年12月までの間、①新株予約権の対価としてZ社に振り込まれた金員を第三者に貸し付けたり、業務提携契約の内金名目で出金し、②実際の評価額が5億円未満の山林を評価額20億円の現物出資とする第三者割当てによる新株発行を行い、③正当な理由なく、1億円、6億円、1億1,000万円、3億3,000万円の約束手形を振り出すなどの行為を行った（「先行不正行為」という）。

一連のAの先行不正行為に対して、Xら監査役は疑義を呈し、他の取締役は反対した。Aの暴走を止めるべく、取締役会は、約束手形の振出しには取締役

8）柿崎環「社外監査役の業務監査につき任務懈怠責任が認められた事例」TKC ローライブラリー（2015年10月2日掲載）。

9）伊藤靖史・平成26年度重要判例解説101頁、弥永真生「監査役の任務懈怠と重過失」ジュリ1484号2頁、松井秀樹「セイクレスト監査役責任追及事件判決の検討——大阪地判平成25・12・26本誌1435号42頁」金判1439号2頁、同「セイクレスト大阪高裁判決と監査役監査基準」月刊監査役643号66頁。

215

第2編　開示に関する規制

会の承認を必要とし、約束手形の管理・発行は経営管理本部長である取締役が行う旨の手形取扱規程を設けた。さらに、他の取締役はAの代表取締役解職を二度検討したが、後任者が不在のため断念した。

その後、Z社は、株主割当てによる新株発行を行い、払込金約4億2,000万円のうち2億7,000万円を借入金返済等に充て、残りの約1億5,000万円をZ社の運転資金に充てるという資金計画が取締役会で承認された。払込金約4億2,000万円がZ社に払い込まれたところ、Aは従業員に指示して、8,000万円を金融機関から出金し、従業員に指示して、来社した第三者に交付させた（「本件金員交付」という）。

原審（大阪地裁）は、社外監査役Xに任務懈怠があったとして損害賠償責任を肯定するとともに、責任限定契約を適用して損害賠償の金額を報酬の2年分に限定した。

(C) 本判決の内容

本判決は、概要、以下のとおり判示して、原審の判断を維持した。なお、本件は、平成28年2月には最高裁で上告不受理となり、本判決は確定した。

①「Xが……取締役会への出席を通じて、Aによる一連の任務懈怠行為の内容を熟知していたことをも併せ考えると、Xには、監査役の職務として、本件監査役監査規程に基づき、取締役会に対し、Z社の資金を、定められた使途に反して合理的な理由なく不当に流出させるといった行為に対処するための内部統制システムを構築するよう助言又は勧告すべき義務があったということができる。そして、Xが、Z社の取締役ら又は取締役会に対し、このような助言又は勧告を行ったことを認めるに足りる証拠はないのであるから、Xが上記助言又は勧告を行わなかったことは、上記の監査役としての義務に違反するものであったということができる。

なお、……Z社が、日本監査役協会が定めた『監査役監査基準』や『内部統制システムに係る監査の実施基準』に準拠して本件監査役監査規程や本件内部統制システム監査の実施基準を定めていることからすると、監査役の義務違反の有無は、本件監査役監査規程や本件内部統制システム監査の実施基準に基づいて判断されるべきであるということができる。」

②「Aの一連の行為は、AがZ社の代表取締役として不適格であることを示すものであることは明らかであるから、監査役として取締役の職務の執行を監査すべき立場にあるXとしては、Z社の取締役ら又は取締役会に対し、Aを代表取締役から解職すべきである旨を助言又は勧告すべきであったということができる。

　そして、Xが、Z社の取締役ら又は取締役会に対し、このような助言又は勧告を行ったことを認めるに足りる証拠はないのであるから、Xが上記助言又は勧告を行わなかったことは、上記の義務に違反するものであったということができる。」

(D) 訴訟上の留意点

　本判決の法律構成に一定の先例的価値が認められるのであれば、監査役に対する、①内部統制システムを構築するよう助言または勧告すべき義務違反を理由とする責任追及訴訟、②代表取締役を解職すべきである旨を助言または勧告すべき義務違反を理由とする責任追及訴訟が可能ということになろう。

　もっとも、本判決は、監査役の義務違反の有無を、Z社が日本監査役協会の『監査役監査基準』や『内部統制システムに係る監査の実施基準』に準拠して設けた、本件監査役監査規程や本件内部統制システム監査の実施基準に基づいて判断されるべきであるとしたが、この点は疑問である。私は、「同基準は、『監査役に今日的に期待されている役割と責務を明確にする』との理念のもとに制定されたもので、ベストプラクティスを含むものであり、監査役があまねく遵守すべき規範を定めたものではないから、同基準に準拠しないことにより、直ちに監査役の法的責任が問われるものではない」という見解[10]に賛成したい。各社が制定する監査役監査基準や監査役監査規程は、株主総会で承認されるものではなく、監査役会において制定する、内部的な自己規律規範にすぎない。各社が制定する監査役監査基準等が、そのまま、会社と監査役の間の任用契約の内容になるというものでもない。監査役の負う法的義務の内容は、会社法が定めるルールから導かれるものと解するのが相当である。実質的にみても、X

---

10) 松井秀樹・前掲注9) 金判1439号6頁。

第2編　開示に関する規制

は、会社の上場廃止ないし倒産という危機的状況の中で、監査役として、代表取締役と相当程度、対決しているのであり、それでも任務懈怠があると認定するのは酷と思われる。

以下、本判決が認めた、2つの「助言・勧告義務」について検討する。

(a) 監査役の内部統制システムを構築するよう助言または勧告すべき義務違反について

本判決は、監査役に対し、抽象的な内部統制システム構築の助言・勧告義務ではなく、〈**代表取締役が会社の資金を、定められた使途に反して合理的な理由なく不当に流出させるといった行為に対処できるようなシステム**〉を構築するよう助言・勧告する義務を認めている。

(i) 訴訟上は、監査役の責任を追及する原告側であれば、

① 監査役が代表取締役の一連の（度重なる）不正行為（金銭流出行為ないし債務負担行為）を取締役会への出席を通じて熟知していたこと（主観的認識）、

② それにもかかわらず、代表取締役の一連の（度重なる）不正行為（金銭流出行為ないし債務負担行為）を防止することが可能な措置を執るよう、取締役らまたは取締役会に助言・勧告を行っていないこと（不作為）、

③ 上記助言・勧告義務を尽くさなかったため、代表取締役のさらなる不正行為が行われ、その結果、会社に損害が発生したこと（因果関係・損害）

を主張立証する必要がある。

(ii) 被告側の防御方法は、法的構成面での反論と事実面での反論という二段構えになると思われる。

被告側としては、本判決の提示する積極的な助言・勧告義務について多くの学説から強い批判がなされている以上は、まず、監査役の職務として、〈取締役会に対し、会社の資金を定められた使途に反して合理的な理由なく不当に流出させるといった行為に対処するための内部統制システムを構築するよう助言または勧告すべき義務〉は、会社法が監査役の職務内容として予定する義務と解することはできない旨を主張するべきであろう。その理由としては、次の点が挙げられる。

① 取締役の違法行為に対して、監査役が執るべき措置として会社法が想定しているのは、差止め（385条）のほかには、取締役会に「それは違法な行為

である」旨を報告（382条）ないし意見陳述（383条1項）することである。「どのような内部統制システムを構築すべきか、また、代表取締役を解職すべきかは、報告・意見陳述を受けた取締役会が判断すべきことである」[11]。「業務執行に直接的に係る具体的な勧告を行うことを監査役の義務とするのは、一般的な解釈からはやや逸脱している」[12]のではないだろうか。すなわち、リスク管理体制の構築について、第1次的な責任は取締役会にあるのであり、会社経営の専門家である取締役には広い裁量が認められる。

　② 監査役が取締役会に出席することによって、会社の存亡にかかわるような取締役の任務懈怠行為が行われる蓋然性が予見できる場合には、監査役には、リスク管理体制を直ちに構築するよう助言または勧告する義務があり、また、代表取締役の解職をするよう助言または勧告する義務があるという理論構成は、監査役に対し、会社の内部統制システムについての過剰な対応を要求するものといわざるを得ない。

　次に、被告側は、本判決の提示する助言または勧告すべき義務が認められるとしても、当該具体的事案においては、監査役に、取締役らまたは取締役会に対し、会社の現金、預金等の出金や払戻しについて管理規程を設ける内部統制システムを構築するよう助言または勧告すべき義務の違反があったとは認められない、と評価できる事実を主張立証すべきであろう。

　本判決は積極的な評価を与えなかったが、①度重なるAの先行不正行為に対して、Xら監査役は疑義を呈し、他の取締役は反対したこと、②Aの暴走を止めるべく、取締役会は、約束手形の振出しには取締役会の承認を必要とし、約束手形の管理・発行は経営管理本部長である取締役が行う旨の手形取扱規程を設けたことという事実は、これにあたると解される。

　(b) 代表取締役を解職すべきである旨を助言または勧告すべき義務違反について

　(i) 訴訟上は、監査役の責任を追及する原告側であれば、

　① 監査役が代表取締役の一連の不正行為（金銭流出行為ないし債務負担行為）を取締役会への出席を通じて熟知し、当該代表取締役が、会社の代表取締役として不適格であることを認識してきたこと（主観的認識）、

---

11) 伊藤・前掲注9)。
12) 高橋均・ジュリ1469号106頁。

第2編　開示に関する規制

②　それにもかかわらず、代表取締役の選定・解職の権限を有する取締役会に対し、代表取締役から解職すべきである旨を助言または勧告していないこと（不作為）、
を主張立証する必要があると考える。

（ⅱ）被告側の防御方法は、やはり、本判決の提示する積極的な助言・勧告義務について強い批判がなされている以上は、法的構成面での反論と事実面での反論という二段構えになると思われる。その理由としては、次の点が挙げられる。

①　法的構成面での反論としては、〈代表取締役の解職は、取締役会の問題であって、監査役が安易に介入すべき事柄ではないから、会社法の予定していない行為を行う義務を監査役に負わせるもので、監査役に、経営への過剰な介入をも要求することにつながりかねない〉旨の主張をすべきであろう。

②　事実面での反論としては、被告側は、当該具体的事案においては、監査役に代表取締役の解職を助言または勧告すべき義務の違反があったとは認められないと評価できる事実を主張立証すべきである。実質的にみて、監査役は、会社の上場廃止ないし倒産という危機的状況の中で、〈監査役として、代表取締役と相当程度、対決しているのであり、それでも任務懈怠があると認定するのは酷である〉と評価しうる事実を主張立証すべきであろう。

〔續　孝史〕

第 3 編
企業買収に関する規制

第3編　企業買収に関する規制

---------- 第1章 ----------

公開買付けに関する規制

1　発行者以外の者による公開買付け（他社株公開買付け）

(1)　規制の適用対象

(A)　意義

　公開買付けとは、不特定かつ多数の者に対し、公告により株券等の買付け等[1]の申込みまたは売付け等の申込みの勧誘を行い、取引所金融商品市場外（以下、単に「市場外」という）で株券等の買付け等を行うことをいう（金商法27条の2第6項）。ただし、「適用除外買付け等」は除かれる（金商法27条の2第1項但書、金商法施行令6条の2第1項）。そして、具体的に規制の対象となるのは、公開買付けによらなければならないとされている買付け等、つまり金商法27条の2第1項各号に列挙された買付け等である（同27条の3第1項）[2]。

　規制の対象となる「株券等」は、「株券、新株予約権付社債券その他の有価証券で政令で定めるもの」をいうが（金商法27条の2第1項柱書）[3]、たとえば、議決権のない株式であって、かつ、当該株式の取得と引換えに議決権のある株式が交付されることがない株式は除かれ（金商法27条の2第1項柱書、金商法施行令6条1項、他社株買付府令2条1号）、逆に、新株予約権証券（新株予約権の行使により議決権のある株式が交付されるもの）などは含まれる（金商法施行令6条1項柱書）。また、買付け等を行う者の買付け後における株券等所有割合[4]

1）「買付け等」とは、株券等の買付けその他の有償の譲受けをいい、これに類するものとして金商法施行令6条3項で定めるものを含む（金商法27条の2第1項柱書括弧書）。
2）それ以外の場合に公開買付けを行ってはならないという規制は存在しない。証券法研究会編『金商法大系Ⅰ　公開買付け (1)』350頁（商事法務、2011）。
3）振替株式は、有価証券とみなされる（金商法2条2項柱書）。
4）その者に特別関係者がある場合には、その株券等所有割合を加える。なお、株券等所有割合に

222

が5%を超えない場合は、規制の対象とならない（金商法27条の2第1項1号参照）。金商法は、支配権の取得目的に直接言及していないが、これらの規制に示されるように、「公開買付けにかかる株券等の発行者」（以下、「対象会社」という）[5]のいわゆる支配権の取得ないし強化を目的として行われる買付け等を公開買付規制の対象としている。

そこで、買付け等を行う者が、市場外で短期間に大量の株券等を取得することを可能にする反面、それにより重大な影響を受ける投資者[6]の利益に配慮し、投資者への情報開示を充実させ、自立的に判断しうる機会を確保するとともに、その平等な取扱いを保障するため、開示（手続）規制・実体規制が置かれる[7]。

(B) 公開買付けによらなければならない買付け等

(a) 市場外における買付け等の後、買付け等を行う者の株券等所有割合が5%を超える場合、公開買付けによらなければならない。ただし、①店頭売買有価証券（金商法2条8項10号ハ）など、市場における取引と同視できる取引による場合は例外とされる。また、5%を超えても3分の1は超えないという買付け等において、②著しく少数の者からの買付けであり市場に与える影響が少ないと考えられている場合（当該買付け等の前60日間に市場外で買付け等を行った相手方の人数と、当該買付け等における相手方の人数の合計が10名以下）も例外とされる（金商法27条の2第1項1号、金商法施行令6条の2第3項）。

(b) (a)②の著しく少数の者からの買付けであっても、買付け後の株券等所有割合が3分の1を超える場合は、公開買付けによらなければならない（金商法27条の2第1項2号、金商法施行令6条の2第3項4項）。この場合は、対象会社の支配権に大きな影響を与える買付けと考えられている。

つき金商法27条の2第8項、特別関係者につき同7項。

5）金商法等の条文上は「対象者」という（金商法27条の10第1項、金商法施行令13条2項、他社株買付府令1条25号）。

6）公開買付規制においてその利益が配慮される投資者には、将来の投資者は含まれていないと考えられる。

7）昭和46年証券取引法改正による公開買付制度の導入以来の改正経緯、規制の趣旨につき、証券法研究会編・前掲注2）17頁以下、池田唯一ほか『金融商品取引法セミナー 公開買付け・大量保有報告編』3頁以下（有斐閣、2010）など参照。

第3編　企業買収に関する規制

　(c) 市場における売買等であっても、競売買の方法以外の方法による「特定売買等」（平成17年7月8日金融庁告示第53号）により、買付け後の株券等所有割合が3分の1を超える場合も、公開買付けによらなければならない（金商法27条の2第1項3号）。ライブドアによるニッポン放送株の取得に関して、立会外（時間外）取引（ToSTNet-1取引）も市場における取引とされたことから（東京高決平成17・3・23判時1899号56頁）、平成17年証券取引法改正により新設された規制である。

　(d) 3か月の間に、買付け等（(a)①の場合を除く）または新規発行取得（発行会社が新たに発行する株券等の取得）により発行会社の株式等の10%を超える株券等を取得し、株券等所有割合が3分の1を超える場合も、買付け等は公開買付けによらなければならない[8]。ただし、特定売買等による取得および市場外における取得（公開買付けによるものなどを除く）が5%を超えない場合は、例外とされる（金商法27条の2第1項4号、金商法施行令7条2項〜4項）。市場内外の取引の組み合わせによって急速に支配権に変動が及ぶことを防止する。

　(e) すでに他の者によって公開買付けが行われている場合に、対象会社の3分の1以上の株券等所有割合を有する者が、5%を超える株券等の買付け等を行うときは、公開買付けによらなければならない（金商法27条の2第1項5号、金商法施行令7条5項6項）。上記の者は、公開買付者と対象会社の支配権を争う立場にあるといえるが、その間の公平をはかった規制である。公開買付けが行われることにより、投資者にとっても判断材料が増えることになる。

　(f) 以上に準じるものとして公開買付けが強制されている場合がある（金商法27条の2第1項6号、金商法施行令7条7項）。

　(g) いわゆる全部勧誘義務が履行される場合、公開買付けによるものとされている（後記(3)(E)）。

(2) 公開買付けの手続
(A) 公開買付開始公告

　公開買付けを行おうとする者は、その目的、買付け等の価格、買付予定の株

　8）この場合、3か月の間の買付け等はすべて公開買付けによっていなければならないという規制である。

券等の数、買付け等の期間などの事項を公告しなければならない（金商法27条の3第1項前段、他社株買付府令10条）。この公開買付開始公告（金商法27条の3第2項括弧書）は、投資者に、その開始を知らせて買付けに応じる機会を提供するものであり[9]、より詳細な情報の開示のため、その記載事項には、公開買付届出書の写しを縦覧に供する場所も含まれる（他社株買付府令10条6号）。

公開買付開始公告は、①電子公告または②時事に関する事項を掲載する日刊新聞紙に掲載する方法により行われる（金商法27条の3第1項、金商法施行令9条の3第1項、他社株買付府令9条）。①電子公告による場合でも、公告後遅滞なく、当該公告をした旨を、時事に関する事項を掲載する日刊新聞紙に掲載しなければならない（金商法27条の3第1項、金商法施行令9条の3第3項、他社株買付府令9条の2）。

なお、公開買付開始公告を行った者（公開買付者、金商法27条の3第2項）は、内閣総理大臣から命じられたり、内容に形式上の不備があると認めたときなどは、その内容を訂正して公告または公表しなければならない（同27条の7第1項2項）。

(B) 公開買付届出書

公開買付者は、原則として公開買付開始公告を行った日に、公開買付届出書を内閣総理大臣に提出しなければならない（金商法27条の3第2項）。公開買付届出書には、買付条件等（買付け等の価格、買付予定の株券等の数、買付け等の期間、買付け等にかかる受渡しその他の決済および公開買付者が買付け等に付した条件）、公開買付けの目的、公開買付者に関する事項などが記載される（同項、他社株買付府令12条、13条、第2号様式）。いわゆるMBOの場合に特に求められる記載事項もある（他社株買付府令13条1項8号、第2号様式「記載上の注意」(6)f、(27)）。投資者に、公開買付開始公告以上の詳細な情報を開示し、買付けに応じるかどうかの判断材料を提供するものである。

公開買付者は、公開買付届出書の提出後、ただちに、その写しを対象会社、

---

9) もっとも、その周知性は十分でないことを示唆する分析もある。胥鵬「株価と売買高から見た情報開示、応募手続と支配権市場」田中亘＝森・濱田松本法律事務所編『日本の公開買付け——制度と実証』383頁、393頁（有斐閣、2017）。

第3編　企業買収に関する規制

金融商品取引所などに送付しなければならない（金商法27条の3第4項）。公開買付届出書またはその写しは、財務局、金融商品取引所、提出者の本店または主たる事務所などに備え置かれて公衆の縦覧に供され、公開買付期間（金商法27条の5）の末日より5年を経過するまでの間、継続される（金商法27条の14、他社株買付府令33条、なお意見表明報告書・対質問回答報告書・公開買付撤回届出書・公開買付報告書も同様）。

公開買付者等（金商法27条の3第3項）は、公開買付開始公告を行い、公開買付届出書を提出してはじめて、買付け等の申込みまたは売付け等の申込みの勧誘や、公開買付説明書の交付などの行為を行うことができる（同項〔対価が有価証券である場合につき同27条の4第1項2項〕、他社株買付府令15条）。

なお、公開買付者は、形式上の不備や必要な事実の記載が不十分であるなどとして内閣総理大臣から命じられたり、買付条件等など重要事項の変更などがあるときは、訂正届出書を内閣総理大臣に提出しなければならない（金商法27条の8第1項～第4項、これらは意見表明報告書・対質問回答報告書・公開買付報告書にも準用される、同27条の10第8項12項、同27条の13第3項）。

(C) 公開買付説明書

公開買付者は、その事業内容の概要および主要な経営指標等の推移、対象会社の主要な経営指標等の推移などを記載した公開買付説明書を作成し、売付け等を行おうとする者に対し、あらかじめまたは同時に、交付しなければならない（金商法27条の9第1項2項、他社株買付府令24条1項～4項）。投資者に対する直接開示である。

なお、公開買付者が公開買付届出書の訂正届出書を提出した場合は、ただちに、公開買付説明書を交付している者に対して、訂正した公開買付説明書を交付しなければならない（金商法27条の9第3項）。

(D) 意見表明報告書・対質問回答報告書

対象会社は、公開買付開始公告が行われた日から10営業日内に、内閣総理大臣に意見表明報告書を提出しなければならない（金商法27条の10第1項、金商法施行令13条の2第1項）[10]。意見表明報告書には、当該公開買付けに関す

第1章　公開買付けに関する規制

る意見の内容・理由・その結論に至ったプロセスなどを記載しなければならない（金商法27条の10第1項、他社株買付府令25条1項2号、第4号様式）。いわゆる MBO の場合には、利益相反を回避する措置の具体的内容も記載事項とされる（他社株買付府令第4号様式「記載上の注意」(3)d）。

また、公開買付者に対する質問などを記載することもできる（金商法27条の10第2項1号）。この場合、公開買付者は、その写しの送付を受けた日から5営業日内に、内閣総理大臣に対質問回答報告書を提出しなければならない（金商法27条の10第11項、金商法施行令13条の2第2項）。質問に対する回答などを記載するが、回答の必要がないと認める場合は、その理由を詳細に記載することが求められる（他社株買付府令25条3項4号、第8号様式「記載上の注意」(3)）。対象会社が公開買付けに賛同する旨が明らかにされたり、逆に公開買付者と対象会社との意見の相違点などが鮮明になれば、投資者が応募するかどうかの判断材料を提供することができる。

意見表明報告書や対質問回答報告書も、それらの提出後、ただちに、それらの写しが公開買付者または対象会社、金融商品取引所などに送付されなければならず（金商法27条の10第9項13項）、そして公衆の縦覧に供される（前述）。訂正報告書につき、前述参照。

(E) 買付条件等の変更

公開買付者は、買付条件等を変更することができるが、①買付価格の引下げ、②買付予定の株券等の数の減少、③公開買付期間の短縮、④買付け等の対価の種類の変更などはできない（金商法27条の6第1項2号、金商法施行令13条）。投資者を保護するとともに、株価の人為的な操作に利用されることを防止する。

変更した場合、公開買付者は、公開買付期間中に、変更の内容を公告しなければならない（金商法27条の6第2項3号、掲載事項につき他社株買付府令19条2項）。

10）意見表明報告書に関する近時の文献として、川口恭弘「企業買収時における意見表明報告制度」岡田豊基＝吉本健一編『企業関係法の新潮流』25頁（中央経済社、2018）。

227

第3編　企業買収に関する規制

(F) 公開買付けの撤回等

公開買付者は、公開買付開始公告をした後においては、公開買付けにかかる申込みの撤回および契約の解除（公開買付けの撤回等）を行うことができない（金商法27条の11第1項本文）。安易に公開買付けを開始して撤回等を行うことにより、公開買付手続が、株価の人為的な操作に利用されることを防止する。

ただし、例外として、①公開買付開始公告および公開買付届出書において、対象会社の組織に重大な変更があった場合に撤回等をすることがある旨の条件を付しており、公開買付開始公告後にそうした変更を行う決定があった場合など、②公開買付者に破産手続開始の決定があった場合などがある（金商法27条の11第1項但書、金商法施行令14条）。

撤回等を行うときは、公開買付期間の末日までに、撤回等を行う旨およびその理由、応募株券等[11]の返還の開始日などの事項を公告しなければならない（金商法27条の11第2項、他社株買付府令27条）。また、公告を行った日に、公開買付撤回届出書を内閣総理大臣に提出しなければならない（金商法27条の11第3項、記載事項につき他社株買付府令28条、第5号様式）。

公開買付者は、公開買付撤回届出書の提出後、ただちに、その写しを対象会社、金融商品取引所などに送付しなければならず（金商法27条の11第4項）、そして公衆の縦覧に供される（前述）。

(G) 公開買付けの結果の開示・公開買付報告書

公開買付者は、公開買付期間の末日の翌日に、公開買付けにかかる応募株券等の数、決済の方法・開始日などの事項を公告または公表し（金商法27条の13第1項、金商法施行令9条の4、他社株買付府令30条）、また、その内容などを記載した公開買付報告書を内閣総理大臣に提出しなければならない（金商法27条の13第2項、他社株買付府令31条、第6号様式）。

公開買付者は、公開買付報告書の提出後、ただちに、その写しを対象会社、金融商品取引所などに送付しなければならず（金商法27条の13第3項）、そして公衆の縦覧に供される（前述）。訂正報告書につき、前述参照。

---

11) 応募株券等とは、応募株主等（次注）が公開買付けに応じて売付け等をした株券等をいう（金商法27条の12第3項）。

第1章　公開買付けに関する規制

(H) 買付け等の通知書

公開買付者は、公開買付期間が終了したときは、遅滞なく、公開買付けによる買付け等の通知書を、応募株主等[12]に送付しなければならない（金商法27条の2第5項、金商法施行令8条5項1号、記載事項につき他社株買付府令5条1項2項、第1号様式）。

(I) 決済等

公開買付者は、公開買付けに関する株券等の管理、買付け等の代金の支払い等の事務は、金融商品取引業者または銀行等に行わせなければならない（金商法27条の2第4項、金商法施行令8条4項）。また、公開買付期間の終了後、遅滞なく、買付け等にかかる受渡しその他の決済を行わなければならない（金商法27条の2第5項、金商法施行令8条5項2号）。

公開買付者は、原則として、公開買付期間中における応募株券等の全部について、決済を行わなければならない。ただし、公開買付けの撤回等を行う場合のほか、公開買付開始公告および公開買付届出書において次の①または②の条件を付した場合は、例外となる（金商法27条の13第4項）。①応募株券等の数の合計が買付予定の株券等の数の全部またはその一部としてあらかじめ公開買付開始公告および公開買付届出書において記載された数に満たないときは、応募株券等の全部の買付け等をしないとの条件を付していた場合、②応募株券等の数の合計が買付予定の株券等の数を超えるときは、その超える部分の全部または一部の買付け等をしないとの条件を付していた場合（部分的公開買付け）である。②の場合は、あん分比例の方式により決済を行わなければならない（同5項、他社株買付府令32条）。なお、さらに(3)(E)参照。

(3) 公開買付けの実体規制
(A) 公開買付期間

公開買付者は、公開買付期間を、公開買付開始公告を行った日から20営業日以上60営業日以内の範囲で定めなければならない（金商法27条の2第2項、

---

12) 応募株主等とは、買付け等の申込みに対する承諾または売付け等の申込みをした者をいう（金商法27条の12第1項）。

第3編　企業買収に関する規制

金商法施行令8条1項)。一方で、投資者に応募の機会と熟慮の機会を確保し、他方で、応募者を長期間不安定な地位に置くことを防止する。

ただし、公開買付期間が30営業日未満に設定された公開買付けにおいて、対象会社が意見表明報告書で理由を付して公開買付期間の延長を請求した場合、公開買付者は30営業日に延長しなければならない（金商法27条の10第2項2号、金商法施行令9条の3第6項)。特に敵対的な公開買付けの場合など、対象会社が対抗提案を作成・公表し、投資者がそれをあわせて検討する時間を確保する。

また、他の者により競合する公開買付けが開始された場合、当該公開買付けの公開買付期間の末日まで公開買付期間を延長することができる（金商法27条の6第1項4号、金商法施行令13条2項2号ロ)。この期間延長請求公告（金商法27条の10第5項)は、対象会社が行う（同4項)。

なお、公開買付期間の短縮はできない（前記(2)(E)）。

(B) 買付価格

買付け等の価格は、すべての応募株主等について均一にしなければならない（金商法27条の2第3項、金商法施行令8条3項本文)。買付け等の価格には、有価証券その他金銭以外のものを対価とする場合の交換比率（交換の差金として交付する金銭の額も含む）も含まれる（同条2項)。

応募株主等が複数の種類の対価を選択できる場合は、選択できる対価の種類をすべての応募株主等について同一とし、かつ、それぞれの種類ごとに当該種類の対価を選択した応募株主について均一にしなければならない（同条3項)。

公開買付期間中、買付け等の価格は引き下げることができないのが原則だが（前記(2)(E)参照)、公開買付開始公告および公開買付届出書において、対象会社が株式分割などを行ったときは引下げを行うことがある旨の条件を付した場合は例外である（金商法27条の6第1項1号、金商法施行令13条1項)。

(C) 別途買付けの禁止

公開買付者は、公開買付期間中においては、公開買付けによらないで、対象会社の株券等の買付け等を行ってはならない（金商法27条の5本文)。そうで

第1章　公開買付けに関する規制

ないと、売付け等を行おうとする者の間の平等を保てない。

　そこで、公開買付けによらずに買付け等を行う契約を公開買付開始公告を行う前に締結しており、その内容を公開買付届出書で明らかにしている場合などは、例外とされる（同条但書）。

(D) 応募株主等の解除権

　公開買付期間中は、応募株主等は、いつでも、当該公開買付けにかかる契約の解除をすることができる（金商法 27 条の 12 第 1 項）。投資者保護のため、競合する公開買付けが開始されたときや、状況の変化などに応じて、いつでも判断をし直すことができる機会を保障している。公開買付者は、契約の解除に伴う損害賠償などを請求することはできず、応募株券等の返還に要する費用も負担する（同 3 項）。

(E) 全部買付義務・全部勧誘義務

　前述したように（(2)(I)）、一定の場合に、部分的公開買付けが認められる。ただし、公開買付けの後における公開買付者の株券等所有割合が 3 分の 2 以上になるときは[13]、応募株券等の全部について、決済を行わなければならない（金商法 27 条の 13 第 4 項括弧書、金商法施行令 14 条の 2 の 2、全部買付義務）。

　また、公開買付けの後における公開買付者の株券等所有割合が 3 分の 2 以上になるときは、原則として、発行会社のすべての株券等について、公開買付けにより、買付け等の申込みまたは売付け等の申込みの勧誘を行わなければならない（金商法施行令 8 条 5 項 3 号、他社株買付府令 5 条 5 項、全部勧誘義務）。ただし、種類株式発行会社である対象会社において、ある種類株式について勧誘が行われないことについて、当該種類株式の株主による種類株主総会決議が行われている場合（他社株買付府令 3 項 1 号）などは、例外となる。

　たとえば株式会社では株主総会特別決議を成立させうる大株主が出現することになり、他方で上場廃止のおそれが生じるなど、少数派株主の立場が著しく不安定になることに配慮した規制とされる。

---

13) 3 分の 2 以上であるかどうかの判定時期は、買付け等の後である。証券法研究会編『金商法大系 I　公開買付け (2)』68 頁、77 頁（商事法務、2012）。

231

第3編 企業買収に関する規制

2 発行者による公開買付け（自社株公開買付け）

(1) 規制の適用対象

　上場株券等の発行者（以下、発行会社という）による市場外における買付け等（株式会社においては、会社法156条～159条にしたがって行う自己株式の取得など）は、公開買付けによらなければならない（金商法27条の22の2、金商法施行令14条の3の2）。子会社からの自己株式の取得（会社法163条）については、公開買付けは強制されないと解してよいだろう[14]。結局、株式会社（上場会社）における自己株式の取得は、特定の株主からの取得、市場における買付け、公開買付けの方法によることになる[15]。

　規制の対象となる「上場株券等」は、金融商品取引所に上場されている株券、店頭売買有価証券に該当する株券その他金商法施行令4条の3第2項が定める有価証券をいう（金商法24条の6第1項、金商法施行令4条の3第1項）。自己株式は議決権を認められないし（会社法308条2項）、「上場株券等」に新株予約権証券などは含まれない。自社株公開買付けの規制は、対象会社の支配権の取得ないし強化とは直接の関連性を有しない買付け等を規制する。投資者への詳細な情報開示と投資者間の公正さを確保する。

(2) 規制

　自社株公開買付けの手続は、おおむね他社株公開買付けの手続と同様であるが（金商法27条の22の2第2項～第8項）、意見表明報告書・対質問回答報告書の制度はない、買付価格の引下げについての条件を付することはできない、

---

14) 黒沼悦郎＝太田洋編著『論点体系金融商品取引法1 定義、情報開示、公開買付け』391頁（第一法規、2014）、証券法研究会編・前掲注13）・469頁。

15) 黒沼＝太田編著・前掲注14）・390頁。ただし、会社法158条にしたがう、いわゆるミニ公開買付けについては、上場会社はこれを行うことはできないとする見解（同・390頁、証券法研究会編・前掲注13）468頁）と、反対の見解（黒沼悦郎『金融商品取引法』296頁〔有斐閣、2016〕）がある。

　　また、市場における買付けとはいえ、立会外取引による取得は、他社株公開買付けが強制されるのと同じ理由があてはまるのではないかとの疑問が呈されている（黒沼・296頁）。

232

第 1 章　公開買付けに関する規制

撤回等が認められるのは法令違反がある場合などに限られるなどのちがいがある。

　発行会社に未公表の重要事実があるときは、公開買付届出書を提出する日前に、当該重要事実を公表しなければならない（金商法 27 条の 22 の 3 第 1 項、自社株買付府令 11 条）。公開買付期間中に、重要事実が生じたときは、直ちに、当該事実を公表し、かつ、上場株券等の買付け等の申込みに対する承諾または売付け等の申込みをした者および売付け等を行おうとしている者に対して、当該公表の内容を通知しなければならない（金商法 27 条の 22 の 3 第 2 項）。

3　公開買付けに関する責任

　① 公開買付届出書の提出前に売付け等の申込みの勧誘をした者などは（金商法 27 条の 3 第 3 項、同 27 条の 8 第 7 項違反）、売付け等をした者に対し、当該違反行為により生じた損害を賠償する責任を負う（同 27 条の 16、27 条の 22 の 2 第 9 項、16 条）。

　② 別途買付けをした公開買付者等は（金商法 27 条の 5、同 27 条の 8 第 10 項違反）、売付け等をした者に対し、損害賠償責任を負う（同 27 条の 17 第 1 項、賠償額につき同 2 項）。

　③ 売付け等をした者の一部の者に対し、公開買付価格より有利な価格で買い付け等を行った場合や、あん分比例の方式と異なる方式で買付け等をした場合、決済を行った者は、一定の者に対し、損害賠償責任を負う（同 27 条の 18 第 1 項、賠償額につき同 2 項）。

　④ 重要な事項について虚偽記載があるなどの公開買付説明書などを使用して売付け等をさせた者は、記載が虚偽であることなどを知らないで売付け等をした者が受けた損害を賠償する責任を負う（同 27 条の 19、27 条の 22 の 2 第 10 項、17 条）。

　⑤ 重要な事項について虚偽記載があるなどの各種公告・公表（公開買付開始公告等）を行った者、同様の公開買付届出書を提出した者、同様の公開買付説明書を作成した者、同様の対質問回答報告書を提出した者は、売付け等をした

233

第3編　企業買収に関する規制

者が、売付け等の際に記載が虚偽であることなどを知らなかった場合、その者に対し損害賠償責任を負う（同27条の20、27条の22の2第11項12項、27条の22の3第6項、18条）。

⑥　自社株公開買付けにおいて、重要事実についての公表をしなかった者などは（金商法27条の22の3第1項2項違反）、売付け等をした者に対し、原則として当該違反行為により生じた損害を賠償する責任を負う（同27条の22の4）。

上記の民事責任のほか、刑事責任（金商法197条1項2号3号4号、197条の2第2号〜第6号、第8号〜第10号など）・課徴金納付命令（同172条の5、172条の6など）の規定がある。

〔三浦　治〕

———————————— 第 2 章 ————————————

大量保有報告書に関する規制

1 大量保有報告制度の目的

(1) 概要と趣旨

　上場会社の株券等の保有割合が 5% を超えることになった者（大量保有者）は、「大量保有報告書」を内閣総理大臣に提出することが義務づけられる。大量保有報告制度は、一般報告（金商法 27 条の 23）と機関投資家等を対象とする特例報告（金商法 27 条の 26）から成り、それぞれ「大量保有報告書」を提出後、開示情報に変更などが生じた場合には、変更報告書を提出しなければならない（金商法 27 条の 23、27 条の 25、27 条の 26 第 2 項）。提出された各報告書は、公衆の縦覧に供される（金商法 27 条の 28）。

　金融商品取引法の、市場の公正性・透明性を高め、投資者保護を一層徹底するという見地から、実質株主による株券等の大量取得・保有・処分に関する情報を迅速に一般投資家に開示させるべきである、というものである。開示されるべき情報は、①会社の支配関係を変更したり、経営に影響を及ぼす可能性を示すものと、②市場における需給に関する情報、すなわち株式等の市場価格の形成に関わるものである[1]。

1）制度の目的をどこに求めるかについては、法制定後も議論が続いている（証券取引審議会報告書「株式等の大量の保有状況に関する情報の開示制度の在り方について」〔平成元年 5 月 31 日〕商事 1183 号 42-46 頁、堀本修「改正証券取引法の解説　株券等大量保有に関する開示制度の導入」商事 1219 号 9 頁、証券取引法研究会「証券取引法の改正について（19）株式等の大量の保有状況に関する情報の開示制度について——いわゆる 5% ルールについて）」インベストメント 44 巻 1 号 61 頁以下、河本一郎ほか『新・金融商品取引法読本』140 頁〔有斐閣、2014〕、神崎克郎ほか『金融商品取引法』509 頁〔青林書院、2012〕、加藤貴仁「大量保有報告制度に関する制度設計上の課題」宝印刷総合ディスクロージャー研究所編『金融商品取引法上のディスクロージャー制度に関する課題』別冊商事 369 号 129 頁、黒沼悦郎『金融商品取引法』306 頁〔有斐閣、

第3編　企業買収に関する規制

　大量の株式を保有する目的には、経営参加、取引関係の強化、高値による売抜けなど様々なものがあるが、いずれも市場を乱高下させる可能性がある。そこで、大量保有者にはそのような大量取得・保有の目的や保有状況に関する情報を開示させることで、一般投資家が不測の損害を被ることを防止しようとするものである。たとえ会社の支配権を変更したり、経営に影響を及ぼすことを意図しない純粋に投資目的の場合でも、これらの情報は、投資家が市場における需給関係を把握し適切な投資判断をするために必要と考えられるからである。

　大量保有報告制度では、大量保有者の情報が買集め資金の出所とともに開示される。買い集めた株式等を誰かに肩代わりさせると、肩代わりした者の氏名と譲渡価格を明らかにすることになっており、肩代わりの防止やそれを目的とした買集めの抑止につながる[2]。経営サイドにとっては、株式等を大量に保有する投資家と直接交渉したり、投資家からの提案に対して代替案を提示したりするための機会と時間を確保する手段としても機能する[3]。

　もっとも、現行の大量保有報告制度は、大量保有者に過大な事務負担を発生させる余地がある。それだけにとどまらず、投資家が情報収集・分析に費用を投じて生み出した保有銘柄・株式数といった自己の投資判断に関係する情報を開示させたことで、当該投資家自身の投じた費用の回収が困難になれば、投資家は、もはや費用をかけた情報収集・分析を行わなくなる。すなわち、資本市場そして社会全体にとって望ましい情報生産活動を萎縮させてしまう可能性がある。また、大量保有報告制度を通じて経営者は大量買付け行為を比較的早期に知ることができる結果、会社または株主全体の利益を害するような敵対的企業買収防衛措置を構築する余裕を与えてしまう[4]。

　2016〕等)。M&A ルール確立の一環から支配権変動の開示を中心に置くもの、制度導入当時の市場の状況から、買収対象会社の保護すなわち発行会社の経営者への投資家情報の提供の必要性を挙げるものもある。制度の目的は規制内容に関わる具体的な要件、たとえば保有割合や特例制度の対象等の設計に影響を与えるものであり、本文のように考える。

　2）河本ほか・前掲注1）140 頁。有価証券報告書の大株主情報でも開示されるが、よりタイムリーな情報となる。

　3）山下友信＝神田秀樹編『金融商品取引法概説〔第2版〕』247 頁〔加藤貴仁〕(有斐閣、2017)。

　4）加藤・前掲注1）130 頁。なお、負担軽減を図るための措置にかかる検討については、金融審議会「新規・成長企業へのリスクマネー供給のあり方等に関するワーキング・グループ報告」(平成 25 年 12 月 25 日) 17 頁参照。

第 2 章　大量保有報告書に関する規制

したがって、投資家保護のためできるだけ早期に詳細な情報の開示を求める
というだけでは、大量保有報告制度の目的を達成することはできない、との指
摘もある[5]。

(2) 経緯と沿革

1980 年代後半、株式買集めと高値売抜けや肩代わり等が密かに行われてい
たことが判明し、これらに伴って株価の乱高下が生ずる事態があった。経営サ
イドからは、長期的な視点に立った会社経営のため、買集めの目的や資金源等
の情報収集の制度化が求められた[6]。それ以上に、情報に触れることのない一
般投資家にとっては、こうした行為により不測の損害を被る可能性があり、そ
のために市場への不信感ひいては取引の手控えを招くようであれば、健全な市
場全体の発展にとって大きな障害となりうる。

そこで、1990（平成 2）年の証取法改正で、当時、欧米ではすでに導入され
ていた株式の保有割合を開示する制度、すなわち大量保有報告制度が取り入れ
られた[7]。その後、2006（平成 18）年には、機関投資家等に認められる「特例
報告制度」について制度の悪用が指摘されたため、同制度の適用対象を明確に
するための改正がなされた。2008（平成 20）年の金商法改正では、制度の実効
性の確保に向けて、大量保有報告制度違反が課徴金の対象とされた[8]。

2　制度の概要

(1) 開示の対象となる有価証券「株券等」

大量保有報告制度の対象となる有価証券は、上場有価証券の発行者が発行す

5）黒沼・前掲注 1) 307 頁。

6）竹中正明「5% ルール」ジュリ 953 号 10 頁。河本一郎「大量保有報告制度」河本一郎＝龍田
節編『金融商品取引法の理論と実務』別冊金判 46 頁。当時、突然、大株主として名乗りを挙げ、
経営に揺さぶりをかける行為を行う等の事例が報道されている。

7）1990 年当時の外国法については、証券取引法研究会・前掲注 1) 46 頁以下、池田唯一ほか編
著『新しい公開買付制度と大量保有報告制度』239 頁以下（商事法務、2007）参照。

8）近年の改正の経緯については、町田行人『詳解　大量保有報告制度』6 頁以下（商事法務、
2016）参照。

237

第3編　企業買収に関する規制

る有価証券である。すなわち、株券、新株予約権証券、新株予約権付社債券その他の政令で定める有価証券（「株券関連有価証券」という[9]）で、金融商品取引市場に上場されているものを発行している法人（「発行者」[10]という）が発行した「対象有価証券（金商法 27 条の 23 第 2 項、金商法施行令 14 条の 5 の 2）」および「対象有価証券に係る権利を表示するもの（金商法施行令 14 条の 4 の 2）」を「株券等」といい、開示の対象と定めている。したがって、発行者が他の株券関連有価証券を上場していれば、当該有価証券そのものは上場されていなくても、保有する有価証券が大量保有報告制度の対象となる。たとえば、上場会社の発行する非上場の新株予約権証券等も原則として対象となる。

(2)「大量保有者」

　議決権を通じて会社の支配権を変更したり経営に影響を及ぼしたりできる立場にある者、または大量の株券等に係る処分権を通じて市場における当該株券等の需給に大きな影響を及ぼしうる立場にある者を「保有者」とし、発行会社の株券等の保有割合が 5%を超えた保有者と、投資の決定権を持つ者すなわち実質保有者が開示義務の対象となる（金商法 27 条の 23 第 3 項）。

(A) 保有者
① 本文保有者

　自己または他人（仮設人を含む）の名義で株券等を所有する者および売買その他の契約に基づき株券等の引渡請求権を有する者その他これに準ずる者として政令で定める者（すなわち引渡請求権を有する者）が本文保有者である（金商法 27 条の 23 第 3 項本文）。株券等の売買の一方の予約を行っている者、株券等の売買にかかるオプションを取得している者は、「引渡請求権を有する者に準ずる者」としてここに含まれる（金商法施行令 14 条の 6）。
② 1 号保有者[11]

　金銭信託契約その他の契約または法律の規定に基づき、株券等の発行者の株

9）　金商法施行令 14 条の 4 第 1 項。

10）　金商法 27 条の 23 第 1 項、大量保有府令 1 条の 2。したがって、わが国の金融商品取引所に上場している外国法人も、ここに言う「発行者」に含まれる。

主として議決権その他の権利を行使することができる権限、またはこれらの権利行使について指図を行うことができる権限を有する者であって、当該発行者の事業活動を支配する目的（以下「事業活動支配目的」[12]という）を有する者である。議決権を通じて会社の支配権を変更したり経営に影響を及ぼしうる地位にある者を明らかにする趣旨である。典型例は、議決権行使権限または議決権行使について指図権限を有するファンドトラストの委託者であり、当該発行者の事業活動を支配する目的を有する場合に限り、1号保有者となる（金商法27条の23第3項1号）。

③ 2号保有者

投資一任契約その他の契約または法律の規定に基づき、株券等に投資するのに必要な権限を有する者である（金商法27条の23第3項2号）。当該株券等にかかる需給に大きな影響を及ぼしうる立場にあるところから、それは誰かを明らかにするためである。株券等に投資するのに必要な権限が委譲された時点で、2号保有者となる。

(B) 共同保有者

株券等の保有割合の計算においては、複数の保有者の株券等を合算すべき場合もある。複数の保有者が、株主権の行使について共同歩調を取ることを合意している場合には、会社の経営や支配権に変動をもたらす可能性や株価への影響という観点からは、それらの者の株券等は合算して報告義務を課すことが制度趣旨からも求められる。合算の対象となる共同保有者には、実質共同保有者（金商法27条の23第5項）とみなし共同保有者（金商法27条の23第6項本文）がある。

① 実質共同保有者

共同して当該株券等の発行者が発行する株券等を取得または譲渡する合意、

---

11) 制度趣旨から議決権行使権限や株券等の処分権限を有する者も「保有者」として、開示義務を課すと説明される（町田行人＝森田多恵子「大量保有報告制度の概要と基本概念の整理［中］」商事1852号31頁）。

12)「事業活動支配目的」の有無は、制度の運用として、一定以上の株券等保有割合や「重要提案行為等を行うこと」を保有の目的とする場合など、客観的な事実から判断することが求められる（町田＝森田・前掲注11）32頁）。

239

第3編　企業買収に関する規制

もしくは株主として議決権その他の権利行使をすることの合意がなされている場合である。

② みなし共同保有者

株券等の保有者と、他の保有者とが株式の所有関係、親族関係その他の政令で定める特別の関係にある場合[13]、これらの者の間で共同行為の合意が行われている蓋然性が高いので、株券等の保有者間で合意がない場合であっても、それらの者を相互に共同保有者とみなして、これらの者にも大量保有報告書の提出を義務づけている。

(3) 株券等保有割合の計算

株券等保有割合は、①保有者の「保有株券等の数」[14]および共同保有者の「保有株券等の数」の合計である「保有株券等の総数」を分子、②当該発行者の発行済株式総数[15]および当該保有者・共同保有者が保有する潜在株式の数の合計を分母として計算される（金商法27条の23第4項）。

議決権基準をとる公開買付規制と異なり、株券等の数が基準とされるのは、比較的短期間に報告書の提出が義務づけられている一方で、違反が制裁の対象となっている以上、分母となる数は株数基準のほうが明確である、という理由とされる[16]。

(4) 開示事項

(A) 一般報告による大量保有報告書の記載事項

大量保有報告書で開示すべき内容は、投資家への情報提供の充実をはかるために2006（平成18）年に改正が加えられた。一般報告の主な内容は以下の通

---

13)「特別の関係」として、金商法施行令14条の7、大量保有府令5条の3。

14)「株券等」には、株式の他に、新株予約権証券、新株予約権付社債券など潜在的な株式も含まれる（金商法27条の23第1項、第2項、金商法施行令14条の5の2）。これら潜在株式は大量保有府令5条が規定するところにより、株式に換算した数を加えることになる。

15) 投資法人が発行する投資証券の場合は、発行済投資口総数である（金商法27条の23第4項、大量保有府令5条2項）。

16) 池田唯一ほか『金融商品取引法セミナー　公開買付け・大量保有報告編』241頁〔永井智亮発言〕（有斐閣、2010）。「株券等の大量保有の状況の開示に関する内閣府令第1号様式（以下、府令第1号様式）」により保有割合の算出もできる仕組みになっている。

240

りである（大量保有府令第1号様式）。

① 発行者に関する事項

② 提出者に関する事項　名称・本店所在地・事業内容等を記載する。

③ 保有目的　「純投資」、「政策投資」、「重要提案行為等を行うこと」[17]が例示されているが、目的が重複する場合はその全てを記載することが求められる。

④ 保有株券等の内訳　保有株券等の総数、株券等の種類ごとの内訳、株券については保有形態ごとの内訳、共同保有者ごとの保有株券等の内訳等を記載する。

⑤ 最近60日間の取得又は処分の状況　大量保有者の株券等の取引の性格や今後の行動をある程度客観的に判断できる情報、とされる[18]。

⑥ 取得資金（資金の出所）　自己資金か借入金かを記載することになっており、借入先の内訳・名称も求められる。これにより、真の利害関係を有するものを明らかにし、また大量保有者が今後も買い集める余力がある者か、を知らしめることにもつながる。

(B) 変更報告書の提出

　大量保有報告書の記載事項の内容には当然変更が生じうる。大量保有報告書の提出者は、保有割合の1%以上の増加または減少その他の大量保有報告書に記載すべき重要事項の変更があれば、原則として変更報告書の提出が求められる（金商法27条の25第1項）。提出すべき変更報告書には、変更事項だけでなく、大量保有報告書の記載事項のすべてについて、変更報告書の提出義務が発生した日の現況に基づいた記載をしなければならない（府令第1号様式・記載上の注意(1) d）。開示されるべき事項の変更も投資家にとって重要な情報であるからである。提出義務が生じない事項として示されているもの（金商法27条の25第1項本文括弧書、同項但書、金商法施行令14条の7の2第1項）に該当し

---

17) 保有目的が「重要提案行為等を行うこと」であるために「特例報告」ではなく「一般報告」による場合は、重要提案行為等を行う予定である旨を記載することとされている（府令第1号様式・記載上の注意 (11)）。

18) 松尾直彦『金融商品取引法〔第5版〕』311頁（商事法務、2018）。

第3編　企業買収に関する規制

ない限り、変更報告書の提出が必要になる。

　なお、60 日間に発行済株式総数の 5％を超えかつ株券保有割合が 1/2 未満に
なるような譲渡を行ったことで保有割合が減少した場合は、「短期大量譲渡」
として、譲渡の相手方およびその対価についても変更報告書に記載しなければ
ならない（金商法 27 条の 25 第 2 項、金商法施行令 14 条の 8、大量保有府令 10 条）。
かつて市場外で高値肩代わり等が行われ、高騰していた株価が急落し事情を知
らない一般投資家が不利益を被ったことをふまえ、開示により、このような事
態の可能性を一般投資家に知らしめ、あわせて大量保有者側が高値買取り要求
を行いにくい環境を作ろうというものである。

(C)　公衆の縦覧

　大量保有者は、大量保有となってから 5 日以内に「大量保有報告書」を内閣
総理大臣に提出する。提出した大量保有報告書、変更報告書またはこれらの訂
正報告書は、受理された後 5 年間、関東財務局その他の財務局に備え置かれ、
公衆の縦覧に供される（金商法 27 条の 28 第 1 項、大量保有府令 20 条）。また、
大量保有報告書等の写しは、発行会社および当該株券等が上場されている金融
商品取引所に送付される。発行会社は、臨時報告書等を通じて他の株主等へ、
また金融商品取引所からも公衆の縦覧に供される（金商法 27 条の 28 第 2 項、大
量保有府令 21 条）。

　公衆縦覧は、EDINET（電子開示システム）によっても行われる（金商法 27
条の 30 の 7、27 条の 30 の 8、金商法施行令 14 条の 12、14 条の 13）。

(5)　機関投資家等についての特例——特例報告制度

　①内閣府令が定める金融商品取引業者等[19]が保有する株券等、および②国、
地方公共団体等が保有する株券等（特例対象株券等）にかかる大量保有報告書
については、特例報告として、提出頻度および期限について一定の緩和措置が

---

19)　この制度が利用できる金融商品取引業者等とは、①第一種金融商品取引業または投資運用業を
　　行う金融商品取引業者、銀行、信託会社、保険会社等の金融機関、②外国の法令に準拠して外国
　　において①の事業を営む者、③銀行等保有株式取得機構、日本銀行、預金保険機構、④①〜③に
　　掲げる者を共同保有者とする者であって金融商品取引業者等以外の者、である（大量保有府令
　　11 条）。

設けられ、また開示内容についても一定の軽減が図られている（金商法27条の26第1項、大量保有府令11条、14条）。

①については、事業活動の一環として日常的に株券等の取引を行う金融機関等の事業活動が大量保有報告制度により阻害されたり、過大な法令遵守費用が発生することを防止する点にあり[20]、②については、公共目的で取得・保有する株券等は、保有状況の頻繁な変動が生じにくく、取得資金の出所を開示させる必要性も乏しい等の理由による。

特例報告制度の対象となると、「基準日」を届け出て、その日に保有株券等の数を報告すればよい。特例報告に係る報告の頻度および期間は、おおむね2週間ごと5営業日以内とされている（金商法27条の26第1項～第3項）[21]。

もっとも、①の金融商品取引業者等は、株券等保有割合が10％を超える場合、または重要提案行為等を行うことを保有目的とする場合は、この制度を用いることができず、通常の一般報告による開示義務が課される[22]。前者にあっては、会社の支配構造に影響を与える可能性があり情報開示の必要性が高いと判断されるからであり、後者にあっては、特例を認める理由が失われるためである。

当初、特例報告制度の対象外となる場合として、「発行会社の事業活動を支配する目的」が挙げられていた。しかし制度の趣旨をゆがめるような利用の実例があったことから、2006（平成18）年改正で、対象から外れるのは、「株券等の発行者の事業活動に重大な変更を加え、又は重大な影響を及ぼす行為として政令で定めるもの〔重要提案行為等〕」を行うことを保有の目的とする場合、と改められた[23]。「重要提案行為等」とは、発行会社またはその子会社に係る一定の事項、例えば代表取締役の選定などを、株主総会または役員に対して提

---

20) 金融証券取引業者等の通常の事業活動としての取引行動により、流動性が増し市場価格が適正となることは一般投資家にとっても利益となる、とされる（山下＝神田編・前掲注3）254頁）。

21) 旧制度では原則3ヶ月ごと15日以内とされていたが、報告頻度・期間は短縮された。

22) 10％超の状態から10％以下になる取引を行った場合の変更報告書は、一般報告によることが求められる（金商法27条の26第2項3号、大量保有府令8条、12条）。

23) 旧制度の問題点について、河本一郎「大量保有報告（「5％ルール」）から何が分かるか」企業会計58巻1号2頁。一方、改正により、所定の機関投資家と発行会社側との対話が阻害されないか、との危惧を示す見解もある（松尾・前掲注18）321頁、黒沼・前掲注1）314頁、山下＝神田編・前掲注3）259頁）。

243

第 3 編 　企業買収に関する規制

案する行為であり、金商法施行令 14 条の 8 の 2 第 1 項に列挙することで、特例報告を利用できる場合の明確化を図っている[24]。

3　大量保有報告制度のエンフォースメント

　大量保有報告書および変更報告書は、その提出義務を負う者が自主的に提出することになっている。そこで、制度の実効性を確保するために、報告書の提出懈怠や報告書への虚偽記載のあることが発覚したときには、以下のような対処がなされる。もっとも、報告書の未提出や事実と異なる記載には、意図的な隠蔽から単なる過失まで様々であるから、違反行為を抑止する効果的な方法を探って今後も検討を要することになる。

(1) 訂正報告書提出命令の発出（金商法 27 条の 29 第 1 項、10 条 1 項）

　一般報告・特例報告を問わず大量保有報告書もしくは変更報告書について、記載内容が事実と相違している場合、記載すべき「重要な事項」もしくは誤解を生じさせないために必要な「重要な事実」の記載が不十分、または欠落が判明した場合、提出者は、自発的に「訂正報告書」を提出することを要する（金商法 27 条の 25 第 3 項、27 条の 26 第 6 項）。ここに言う「重要な事項」とは、その内容のいかんによって一般投資家の投資判断に相違をもたらすような、その投資判断に影響を及ぼす程度の内容の事項と解される。

　内閣総理大臣は、行政処分として、この「訂正報告書」の提出を命ずることができ[25]、大量保有報告書を提出しない提出義務者に対して報告徴収および検査権限がある（金商法 27 条の 30）。

---

24) たとえば、保有目的を「純投資」として特例報告により大量保有報告書を提出していた機関投資家が、「重要提案行為等」に含まれる代表取締役の選定を役員に提案するとその対象から外れ、保有目的を変更する変更報告書を一般報告として提出する必要がある（金商法 27 条の 25 第 1 項）。

25) 平成 20 年 1 月 27 日金融庁「テラメント株式会社に対する大量保有報告書の訂正命令について」。なお、訂正書類の提出命令が発せられた場合には、内閣総理大臣は訂正対象となる開示書類の全部または一部を公衆縦覧せず（金商法 25 条 6 項〜 8 項、27 条の 14 第 5 項〜第 7 項、27 条の 28 第 4 項〜第 6 項）、訂正書類の提出命令を発した旨などを「重要参考情報」として公衆縦覧に供することができる（金商法 27 条の 30 の 7 第 5 項）。

第 2 章　大量保有報告書に関する規制

(2) 課徴金制度

違反者に金銭的負担を課すことにより違法行為の抑止を図るという趣旨で、2008（平成 20）年の金商法改正で導入された[26]。

対象行為は、大量保有報告制度において提出が要求されている開示書類を提出しないこと、重要事項について虚偽の表示または記載の欠けている大量保有・変更報告書等を提出することである（金商法 172 条の 7、172 条の 8）。課徴金額は、株券等保有割合を問わず、当該報告書に係る株券等の時価総額の 10 万分の 1 の額である。大量保有報告書等の提出が株価変動率に与える影響等を勘案して定められた、とされる[27]。もっとも、時価総額を基準とした課徴金額については、違反行為者が違反行為により大きな利益を得ていた場合等について、制度の実効性に疑問も生ずるところである[28]。

なお、個人にも課徴金納付命令が課され、課徴金の増減額制度（金商法 185 条の 7 第 12 項、第 13 項）の導入により制裁的な色彩が強まっているところから[29]、課徴金制度一般についての議論が、大量保有報告制度のエンフォースメントの中でも必要である[30]。

---

[26]　金商法上の課徴金制度は、違法行為の抑止を図り、規制の実効性を確保するという行政目的を達成するため、一定の規定違反者に対して、金銭的負担を課す行政上の措置である、とされる（三井秀範編著『課徴金制度と民事賠償責任——条解証券取引法』13 頁〔金融財政事情研究会、2005〕、白石賢「証券取引法への課徴金導入はわが国の法体系を変えるか」季刊企業と法創造 2 巻 2 = 3 号 181 頁）。

[27]　大来志郎 = 鈴木謙輔「課徴金制度の見直し」商事 1840 号 36 頁。迅速に課徴金命令を発するためには、このような基準によることも一定の合理性が認められる。

[28]　加藤・前掲注 1) 127 頁。「買付総額の一定割合」を課徴金額とする方法の提案もある（黒沼・前掲注 1) 317 頁）。

[29]　岸田雅雄監修『注釈金融商品取引法 3　行為規制』222 頁〔田中利彦〕（金融財政事情研究会、2010）。

[30]　課徴金制度は、行政機関の裁量は認められていないので軽微な違反でも課せられること、道徳的非難の趣旨は含まないことから、納付命令の発出に故意・過失を要件としていないので（金商法 185 条の 7 第 1 項）、違反者に過失が認められない場合でも納付命令の対象になる、と解される（これらの論点については、加藤・前掲注 1) 122 頁以下）。しかし、個人にも課徴金納付命令が課され、課徴金の増減額制度（金商法 185 条の 7 第 12 項、第 13 項）の導入により制裁的な色彩が強まっているところから、責任能力や違法性の認識も必要とする主張もある。可罰的違法性の考え方を提案するものとして、町田行人 = 森田多恵子「大量保有報告制度違反への対応」商事 1869 号 38 頁。

第3編　企業買収に関する規制

(3) 刑事罰

　本来提出されるべき報告書が提出されなかったり、重要事項について虚偽記載がある報告書を提出されたりしては、制度目的を達することができない。このような違反行為に対しては、刑罰を科すことで対処している。

　大量保有報告書または変更報告書の提出義務があるのに不提出の者、重要な事項について虚偽記載のある大量保有報告書または変更報告書を提出した者は、5年以下の懲役もしくは500万円以下の罰金、またはこれらが併科される（金商法197条の2第5号、6号）。また、法人については5億円以下の罰金刑が科せられる（金商法207条1項2号）。訂正報告書の提出命令に従わない者も刑事罰の対象となる（金商法200条12号）。

(4) 違反と私法上の効果

　提出義務違反または虚偽記載に対して、金商法上に特別の民事責任規定は置かれていない。しかし、他の開示義務についての金商法違反行為があった場合に、投資判断を誤った投資家からの不法行為責任（民法709条）追及の訴訟が多く提起されている例を見ると、大量保有報告書の提出義務違反等においても、そのような訴訟提起は考えられる。また提出義務違反等により、発行者が買収防衛策の発動やその時期を誤ったために損害を被ることもあり、そうすると違反者に対して不法行為に基づく民事責任追及は考えられ得る[31]。

　なお、違反者に会社法上の「議決権行使の差止め」を制度として導入することも提案されているが[32]、会社や他の株主が大量保有者の違反の事実を知ることが困難であること等、制度設計上からも議論すべき点が多い[33]。

〔瀬谷ゆり子〕

31）黒沼・前掲注1）316頁。

32）中東正文「大量保有報告制度の充実」金判1252号1頁、法制審議会会社法部会第8回会議部会資料8「会社法制に関するその他の検討事項」（平成22年12月22日）。

33）飯田秀総「大量保有報告書規制違反者の議決権行使差止めに関する立法論の検討」商事2001号19頁、池田ほか・前掲注16）232頁、武井一浩ほか「大量保有報告制度の今後の課題」商事1870号27頁、黒沼・前掲注1）316頁。

―――――― 第 3 章 ――――――

委任状勧誘に関する規制

1 委任状勧誘規制の意義・内容

(1) 委任状勧誘規制の意義

　金融商品取引法は、何人も、政令で定めるところに違反して、金融商品取引所に上場されている株式の発行会社の株式につき、自己または第三者に議決権の行使を代理させることを勧誘してはならないとしており（金商法194条）、ここでいう政令として金融商品取引法施行令は、同株式につき、自己または第三者にその議決権の行使を代理させることの勧誘（＝「議決権の代理行使の勧誘」）を行おうとする者（＝「勧誘者」）は、当該勧誘に際し、その相手方（＝「被勧誘者」）に対し、委任状の用紙および代理権の授与に関し参考となるべき事項として内閣府令で定めるものを記載した書類（＝「参考書類」）を交付しなければならないと定めている（金商法施行令36条の2）。また、勧誘者は、株主に交付した委任状の用紙および参考書類の写しを、直ちに金融庁長官に提出しなければならない（金商法施行令36条の3）。さらに、これらの金融商品取引法施行令を受けて、委任状の用紙および参考書類の記載事項その他の細目については、「上場株式の議決権の代理行使の勧誘に関する内閣府令」（＝「委任状勧誘府令」）に定められている。一般に、このような上場株式に係る議決権の代理行使の勧誘に関する手続規制を委任状勧誘規制という。

　また、勧誘者は、重要な事項について虚偽の記載もしくは記録があり、または記載もしくは記録すべき重要な事項もしくは誤解を生じさせないために必要な重要な事実の記載もしくは記録が欠けている委任状の用紙、参考書類等を利用して、議決権の代理行使の勧誘を行ってはならない（金商法施行令36条の4）ものとされる。ただし、その例外として、①発行会社またはその役員以外の者

第3編　企業買収に関する規制

による勧誘で、被勧誘者が 10 人未満の場合（……濫用のおそれがないため）、②時事に関する事項を掲載する日刊新聞紙による広告を通じて行う議決権の代理行使の勧誘であって、当該広告が発行会社の名称、広告の理由、株主総会の目的たる事項および委任状の用紙等を提供する場所のみを表示する場合（……勧誘の前段階の行為にすぎないため）、および③他人の名義により株式を有する者が、その他人に対し当該株式の議決権について、議決権の代理行使の勧誘を行う場合（……実質上の株主による議決権行使であるため）には、委任状勧誘規制は適用されない（金商法施行令 36 条の 6）。

上記の法規制に違反する委任状勧誘行為は、裁判所による禁止命令（金商法192 条 1 項）、および 30 万円以下の罰金（金商法 205 条の 2 の 3 第 2 号）の対象となる。

(2) 委任上勧誘規制の趣旨・目的

委任状勧誘規制の制度趣旨については、①上場会社の株主に対して、合理的な議決権行使の委任のための判断材料を提供すること[1]、②参考書類によって流通市場における投資者に有価証券の投資判断に有益な情報の提供を行わせること[2]、③取締役の利益のために委任状勧誘が悪用されるおそれを防止すること[3]、④不当な委任状勧誘によって、株主から多数の議決権の代理行使を委任された者が、株価に影響を与えることができるような株主総会決議を主導し、相場操縦に利用する行為等を防止すること[4]等が挙げられている。

①③の説明は、実質的に見れば一般株主の利益保護のための法規制として会社法的側面を強調するものであるのに対して、②④の説明は、委任状争奪が上

1）神崎克郎「委任状規制の再検討」証券研究 50 巻 122-129 頁。東京地判平成 19・12・6 判タ1258 号 69 頁は、被勧誘者である上場会社の一般株主が、議案の可否を判断するための情報を十分なものとするために、参考書類の交付を義務づけるとともに、非勧誘者が白紙委任により、自分にとって不利な議決権の行使がなされ不測の損害を受けることがないように、委任状には議案ごとに賛否を記載する欄を設けるべきこととした旨を指摘する。

2）松尾直彦『金融商品取引法〔第 5 版〕』717 頁（商事法務、2018）。

3）大隅健一郎＝今井宏『会社法論（中）〔第 3 版〕』65 頁（有斐閣、1992）、田中誠二＝堀口亘『再全訂コンメンタール証券取引法』1139 頁（勁草書房、1996）、河本一郎＝関要『逐条解説証券取引法〔新訂版〕』1059 頁（商事法務、2002）等。

4）神田秀樹監修『注解証券取引法』1343 頁（有斐閣、1997）。

248

第3章 委任状勧誘に関する規制

場会社の株価形成に影響を与えるものである点に鑑み、資本市場における公正
な価格形成を確保する観点から、委任状勧誘手続の公正性・透明性を確保する
という金商法的側面を強調するものとみられる。ただし、これらの両側面は並
立し得るものであり、上場会社の経営陣が自己の信任票を集めるために行う委
任状勧誘と、会社議案に反対する株主による委任状勧誘の両場面が想定される
ことに照らせば、委任状勧誘規制の趣旨目的には、上記のすべての説明が成立
するものと解される。もっとも、②の趣旨からは、立法論として委任状・参考
書類の公衆縦覧型開示制度を創設すべきとする立場も主張されており[5]、他方、
金融商品取引法による委任状勧誘規制を廃止し、形式的意義の会社法中に上場
会社における委任状勧誘規制を置けば足りるとの主張もある[6]。

(3) 委任状勧誘の現状

　議決権を行使することができる株主が1,000人以上の株式会社には、会社法
上、書面投票制度の採用が義務づけられている（会社法298条2項）。他方、上
場会社が、委任状勧誘規制に基づいて、議決権を行使することができる株主の
全部に対して、株主総会の通知に際して委任状の用紙を交付することにより議
決権の行使を第三者に代理させることを勧誘している場合は、書面投票制度は
採用しなくてもよいものとされている（同項但書）。書面投票制度が導入され
た昭和56年商法改正前においては、上場会社が株主総会における定足数を確
保するために委任状勧誘を行う必要が認められていたものの、現在の実務では、
ほとんどの上場会社が書面投票制度を採用している[7]。このため、議事進行に
関する動議[8]または修正提案への対応[9]を可能とするために、会社側が委任状

5）松尾・前掲注2）717-718頁。

6）江頭憲治郎「会社法制の将来展望」上村達男編『企業法制の現状と課題』125頁（日本評論社、2009）。

7）平成28年7月から平成29年6月までの統計として、上場会社の99.2%が書面投票制度を採用
しており、書面投票制度の採用が義務づけられていない会社（議決権を有する株主数が1000人
未満の会社）の88.7%が任意に書面投票制度を採用している。また、委任状制度を利用している
会社は、0.7%にとどまっている。商事法務研究会編『株主総会白書2017年版』商事2151号77
頁。

8）株主総会の議事進行に関する動議が、総会に実際に出席している一部の株主のみによって採決
されるのを防ぐために、委任状の有用性が指摘される。神田秀樹ほか編著『金融商品取引法コン

第3編　企業買収に関する規制

を確保することはあるものの、その場合には委任状勧誘規制の適用除外となる
よう取り計らう[10]ため、会社側が委任状勧誘を行うことは稀なケースとなっ
ている。そこで、実際に委任状勧誘が行われるのは、会社の現経営陣と対立す
る株主が、他の株主から委任状を集めることにより自己の提案した議案を成立
させることを目的とする場合、またはそれに対抗する形で行われる会社側から
の勧誘が主要なものとなるものと推察される[11]。なお、このような現経営陣
に敵対的な委任状勧誘については、株主の合理的無関心という構造的問題を抱
えているとともに、実際上も株主の把握、時間的制約、費用等の点で種々の問
題を抱えており、公開買付け等の手段による株式取得に比べて、会社支配権の
移転、経営者に対する規律付けといったガバナンス効果はそれほど望めないも
のとの評価もある[12]。

2　委任状用紙と委任状参考書類

(1)　委任状用紙の様式の概要

　委任状勧誘規制が適用される場合に、勧誘者が被勧誘者に交付する委任状の
用紙の様式については、委任状勧誘府令の規定により、議案ごとに被勧誘者が
賛否を記載する欄を設けなければならない。ただし、別に棄権の欄を設けるこ
ともできる（委任状勧誘府令43条）。なお、被勧誘者が賛否を記載せずに委任

　　　メンタール4 不公正取引規制・課徴金・罰則』531頁注(46)〔松尾健一〕（商事法務、2011）参照。
　9）修正動議についてあらかじめ白紙委任を受けておくことにより、勧誘者の裁量による柔軟な議
　　　決権行使が可能となる余地がある。
　10）大株主からの自発的な委任、従業員株主による勧誘等の手法が採られる。詳細は、神田ほか編
　　　著・前掲注8）524頁〔松尾〕参照。
　11）なお、書面投票制度を採用する会社が委任状勧誘を行うのは、株主を混乱させることから認め
　　　られないとする見解（稲葉威雄『改正会社法』170頁〔金融財政事情研究会、1982〕）があるが、
　　　多数説は、議決権行使書面と委任状の用紙の関係を明示することにより混乱を避けることができ
　　　る等の理由により、これを認めている。太田洋「委任状勧誘に関する実務上の諸問題」証券取引
　　　法研究会研究記録10号34頁以下、山本爲三郎「委任状勧誘規制の法的意義」法学研究82巻12
　　　号140頁、野田輝久「会社法と金融商品取引法の交錯領域としての委任状勧誘規制」ビジネス法
　　　務2010年7月号124頁等参照。
　12）酒井太郎「委任状勧誘」ジュリ1346号45頁以下参照。

状を提出した場合には、白紙委任したものとして取り扱う旨が委任状に記載されるのが通例である。

また、複数の役員等の選任または解任等の議案[13]についても、選任すべき役員の候補者の数だけ議案が存在しているという理解を前提に、候補者・役員ごとに賛否を記載する欄を設けるという運用がなされている[14]。

(2) 委任状参考書類の記載事項等

委任状勧誘規制において、勧誘者は、委任状の用紙とともに、代理権の授与に関し参考となる事項として内閣府令（＝委任状勧誘府令）で定めるものを記載した書類を被勧誘者に交付しなければならない（金商法施行令36条の2第1項）。これは、書面投票制度における株主総会参考書類と区別するために、委任状参考書類と呼ばれている。

委任状勧誘書類の一般的な記載事項は、a.勧誘者が当該株式の発行会社またはその役員である場合には、①勧誘者が当該株式の発行会社またはその役員である旨、②議案、③提案の理由、および④議案につき株主総会に報告すべき監査役の調査結果の概要（会社法384条・389条3項所定の場合）であり、b.勧誘者が当該株式の発行会社またはその役員以外の者である場合には、①議案、および②勧誘者の氏名または名称および住所である。

また、上記a.の場合には、会社側からの委任状勧誘は、書面投票制度と同様の機能を有することから、株主総会参考書類の記載事項と同内容の記載事項が委任状参考書類についても定められている（委任状勧誘府令2条〜38条）。他方、同一の株主総会に関して、株主総会参考書類、議決権行使書面等によって情報提供が行われている場合には、その旨を委任状参考書類に記載することによって、当該事項の委任状参考書類への記載を省略することが認められている（委任状勧誘府令1条2項）。なお、会社が公告している事項、株主総会参考書類の記載事項でネット上の開示措置（会社法施行規則94条1項）が行われているものについても同様である（委任状勧誘府令1条3項4項）。

---

13) 書面投票制度においては、議決権行使書面において、各候補者の選任または各役員等の解任についての賛否を記載する欄を設けなければならないとされている。会社法施行規則11条1号。

14) 三浦亮太ほか『株主提案と委任状勧誘』110頁（商事法務、2007）参照。

第3編　企業買収に関する規制

　他方、上記 b. の場合には、会社・役員以外の株主からの勧誘であり、当該
会社に関係する情報の入手が困難であると予測されることから、上記 a. の場
合と比較して記載事項が簡略化されている（委任状勧誘府令 39〜40 条参照）。ま
た、会社側に対抗する株主による委任状勧誘においては、「同一の議案につき
会社側から提出された議案への賛否は、株主に白紙委任する」旨を記載し、会
社提案について賛否を記載する欄が設けられていない場合であっても、委任状
勧誘規制の趣旨には反しないものと解される[15]。さもなければ、株主は、招
集通知の受領後でなければ委任状を勧誘することができないこととなり、会社
と株主間の公平を著しく害する結果となるためである[16]。

　また、勧誘者は、委任状の用紙または参考書類の交付に代えて、当該被勧誘
者の承諾を得て、電磁的方法により情報提供することができる（金商法施行令
36 条の 2 第 2 項 3 項。具体的方法については、委任状勧誘府令 42 条参照）。

　さらに、株式の発行会社により、または当該会社のために当該株式について
議決権の代理行使の勧誘が行われる場合において、当該会社の株主は、当該会
社に対し、当該会社の定める費用を支払って、委任状参考書類の交付を請求す
ることができる（金商法施行令 36 条の 5 第 1 項）。これは、会社側が一部の株主
のみを対象とする委任状勧誘をする場合において、その対象から外れた株主が
委任状参考書類の情報にアクセスすることを認める制度である[17]が、その実
効性は疑問視されている[18]。

3　勧誘の意義

　委任状勧誘規制の対象となる「勧誘」の意義が議論されている。従来、委任
状用紙を提供して株主の署名等を求める行為、株主に対して議決権代理行使の
委任状の作成・交付を求める行為[19]、および株主総会の招集にあたり、委任

15）東京地判平成 19・12・6 判タ 1258 号 69 頁。
16）江頭憲治郎『株式会社法〔第 7 版〕』344 頁注(8)（有斐閣、2017）参照。
17）一松旬「委任状勧誘制度の整備の概要」商事 1662 号 57 頁。
18）そもそも勧誘を受けなかった株主は、委任状勧誘が行われている事実さえ知らない場合が多い。
　寺田昌弘ほか「委任状争奪戦に向けての委任状勧誘規制の問題点」商事 1802 号 38 頁参照。

第 3 章　委任状勧誘に関する規制

状用紙を提供する行為もそれのみで勧誘にあたると解される[20]。

これに対して、議案への反対意見を表明する行為、現経営陣の経営方針・意思決定を批判する文書の配布・説明会の開催等は、最終的に委任状勧誘を行うことを予定していない場合には勧誘にあたらないと解されている[21]。

また、他人の委任状勧誘に応じないように要請する行為につき、委任状の「不」獲得に向けられたものであり、勧誘にあたると解する立場もある[22]。しかし、行為者自身が委任状勧誘を行っていない以上、これを勧誘にあたると解するのは法令の文言解釈から無理があり、委任のための判断材料を株主に提供するという委任状勧誘制度の趣旨から大きな弊害が生ずるものともいえないため、勧誘にはあたらないと解すべきである[23]。

さらに、行為者の意向に沿った議決権行使（書面投票等）をするように促す行為も、それが議決権争奪の可能性が顕在化している中で行われる限り、勧誘にあたるとする見解がある[24]。この見解は、これらの行為を委任状勧誘規制から除外すれば、虚偽記載のある書類等が利用され、相手方ひいては株主総会の意思決定が不適切に歪められてしまう危険を理由とするものであるが、委任状の用紙の交付を前提としていない行為に同規制を及ぼすことには無理があり、議決権行使の誘導に虚偽の説明が用いられていた場合には、決議方法が著しく不公正であるとして株主総会決議取消請求（会社法 831 条 1 項 1 号）の対象となり得ることによって対処し得るものと考えられるため、勧誘にはあたらないと解すべきであろう[25]。

19）龍田節「株式会社の委任状制度──投資者保護の視点から」インベストメント 21 巻 1 号 18 頁。

20）「『上場株式の議決権の代理行使の勧誘に関する規則の一部を改正する規則』について」昭和 25 年 6 月 15 日証総第 173 号。神田ほか編著・前掲注 8）530 頁注(32)〔松尾〕、太田・前掲注 11）6 頁参照。

21）太田洋「株主提案と委任状勧誘に関する実務上の諸問題」商事 1801 号 32 頁、黒沼悦郎＝太田洋編著『論点体系金融商品取引法 2 業者規制、不公正取引、課徴金』641 頁〔太田洋〕（第一法規、2014）。

22）龍田・前掲注 19）18 頁、寺田ほか・前掲注 18）39 頁。

23）弥永真生「委任状勧誘合戦」法セ 641 号 112 頁、田中亘「委任状勧誘戦に関する法律問題」金判 1300 号 3 頁、神田ほか編著・前掲注 8）523 頁〔松尾〕等。

24）神谷光弘＝熊木明「敵対的買収における委任状勧誘への問題と対応──アメリカでの実務・先例を参考に」商事 1827 号 19 頁。

25）田中・前掲注 23）3 頁、神田ほか編著・前掲注 8）523 頁〔松尾〕参照。また、山本・前掲注

253

第3編　企業買収に関する規制

4　修正提案についての白紙委任の可否

　委任状勧誘規制の適用を受ける上場会社は、会社法上の取締役会設置会社であるため、株主総会の場で議題の追加提案をすることは認められない（会社法309条5項参照）が、招集権者が決定した議案を修正する議案を提案することは認められる（会社法304条）。このため、株主総会の議場において修正議案が提案された場合に対応するため、委任状勧誘において、「原案に対して修正案が出された場合は白紙委任とする」旨を委任状に記載することが多い[26][27]。このような実務上の対応が、委任状勧誘の対象となる議案について賛否の記載欄を設けることを義務づけている委任状勧誘規制（委任状勧誘府令43条）に違反して無効となるかどうかが問題とされている[28]。

　この点、被勧誘者が原案に反対する委任状を提出した時も、修正案が提出されれば当該議案への賛否は勧誘者に一任されることとなり、きわめて不当であること、被勧誘者が原案に賛成する委任状を提出した場合にも、勧誘者が自ら当初に提出した議案を修正した場合に、原案には賛成であるが修正案には反対の意思を有すると合理的に推認される株主の議決権についても勧誘者に一任されることになり、きわめて不当であるとして、委任の限界を超える無権代理行為として無効であると解する立場がある[29]。

11）140頁は、昭和56年の書面投票制度導入後は、株主総会に出席しない株主への議決権行使機会の提供と各議案に関する重要情報の株主への提供は、書面投票制度の役割になったため、「勧誘」概念の拡大解釈に積極的な意義を見出すことはできず、かえって取締役提案議案に反対する少数株主の行動を抑制することにもつながり、妥当ではないとされる。

26）三浦亮太ほか『株主提案と委任状勧誘〔第2版〕』179頁、同・114頁記載例（商事法務、2015）、松山遥『敵対的株主提案とプロキシーファイト〔第2版〕』65頁（商事法務、2012）等。

27）なお、株主総会の議事進行に関する手続的動議（＝議長不信任動議、調査者選任動議〔会社法316条〕、延期・続行の動議、および定時株主総会における会計監査人出席要求動議〔会社法398条2項〕等）への対応についても白紙委任する旨が委任状に記載されることが多いが、手続的動議に関する委任は委任状勧誘規制の対象外とする見解が多い。松山・前掲注26）56頁、太田洋「委任状勧誘に関する実務上の諸問題——委任状争奪戦における文脈を中心に」証券取引法研究会記録10号38頁〔森本滋発言〕。

28）委任状に係る議決権が修正案についても出席扱いとされ、決議の成否との関係では反対票と実質的に同様なものと取り扱われるため、このような実務上の対応の必要性については疑問が提起されている。田中・前掲注23）5頁。

第 3 章　委任状勧誘に関する規制

しかしながら、委任状勧誘後における事情の変更によって、勧誘者が提案した原案を修正することが、株主・会社にとって望ましい場合も考えられることから修正案への白紙委任を一律に無効とみるのは硬直的な解釈といえる。そこで、勧誘者が、当初より原案の修正を予定していた場合には、当該修正案を議案として記載した委任状およびその委任状勧誘書類を交付しなければならず、それを怠っている以上は、委任状勧誘規制違反と評価される[30]。また、被勧誘者が委任状に記載した原案に対する賛否は、代理権の範囲を画することを前提に、修正案に関する議決権の代理権限もまた、当該賛否の記載から合理的に推認される委任者の意思によって制限されると解される[31]。そうすると、修正案が原案の代替提案として、原案とは両立し得ない関係にある場合には、原案に賛成の記載ある委任状については、委任者の意思を合理的に解釈し、代理人は修正案に賛成することはできず、賛成すれば無権代理となると解するのが合理的であろう[32]。

5　委任状勧誘規制違反の私法上の効果

(1) 委任状勧誘規制違反による代理権行使の効力

委任状勧誘規制に違反して行われた代理権授与行為の効力について、従来、委任状勧誘規制は取締規定であり、その違反は罰則の対象となるだけで、私法上の効力としては有効であるとする説[33]が従来の多数説であった。これに対して、委任の趣旨に反した議決権の代理行使は、委任の範囲を超える無権代理として無効であるとする説[34]も有力である。また近時は、委任状勧誘規制違

---

29)　太田・前掲注 21) 36 頁。

30)　神田ほか編著・前掲注 8) 526 頁〔松尾〕。

31)　田中・前掲注 23) 7 頁。

32)　田中・前掲注 23) 8 頁。

33)　石井照久『会社法 (上)』247 頁 (勁草書房、1967)、田中耕太郎編『株式会社法講座 (3)』877、934 頁〔大森忠夫〕(有斐閣、1956)、大隅 = 今井・前掲注 3) 66 頁。

34)　浜田道代「委任状と書面投票」河本一郎先生還暦記念『証券取引法大系』254-255 頁 (商事法務研究会、1986)、龍田・前掲注 19) 36 頁等、加藤貴仁「委任状勧誘規制の課題」大証金融商品取引法研究会記録 1 号 21 頁。

255

第3編 企業買収に関する規制

反のみでは代理権授与行為は私法上無効とはならないが、違反の態様が重大であるときは、公序良俗違反（民法90条）の判断を介して無効となるとする説も主張されている[35]。株主総会決議の成立に係る団体的な意思形成における法律関係の安定性を重視すれば、勧誘者の委任状勧誘規制違反行為により被勧誘者の委任意思の形成が不当に歪められた場合に、直ちに代理人による議決権行使を無効とみるべきではないものの、委任状の指図に違反した代理人の議決権行使については、無権代理として無効と解する余地はあろう。

(2) 事前の救済手段としての差止請求

委任状勧誘規制の違反に対する事前の救済手段として、①株主総会の開催もしくは当該委任状勧誘にかかる株主総会決議の差止請求、または②違法な委任状勧誘行為により提出された委任状による議決権行使の差止請求が考えられる。

このうち、①の仮処分申立てについては、相当に程度の高い保全の必要性に関する疎明が要求される[36]ため、現実には仮処分は認められにくいものと思われる[37]。

他方、②の差止請求の法的根拠として、a. 取締役の違法行為差止請求権（会社法360条1項）、b. 公正な決議を確保するための妨害排除請求権、c. 代理権不存在確認の訴えを本案とする仮処分の申立て、またはd. 株主総会決議取消の訴えを本案とする仮処分の申立てが考えられる。

このうち、a.の手段は、会社側による委任状勧誘の場合に限定され、当該違法行為により会社に回復することができない損害が生じるおそれの存在が必要となる。これについては、違法な委任状勧誘により株主総会の公正な意思形成が害されること[38]、もしくはその結果として会社経営が規律を失い、中長期的にみて会社が企業価値の減少等の財産的損害を被ることになる抽象的なリスクをもって会社の回復不能な損害とみる立場[39]が有力に主張されている。

---

35) 田中・前掲注23）9頁。

36) 東京高決平成17・6・28判タ1209号279頁は、違法もしくは著しく不公正な方法で決議される等の高度な蓋然性があり、会社に回復困難な重大な損害を被らせ、これを回避するために開催を禁止する緊急の必要性を要求している。

37) 野田・前掲注11）127頁。

38) 龍田・前掲注19）35頁、野田・前掲注11）126頁等。

また、b. の手段は、当該妨害排除請求権の主体が会社であることから、会社以外の者による委任状勧誘の場合に限定されることとなる[40]。さらに、c. の構成は、委任状勧誘規制に違反して行われた代理権授与行為を無効と解する見解を前提とするものである[41]。

他方、d. については、仮処分が認められると取消しの対象となる決議が存在しなくなることから難しいとの指摘があるが[42]、決議取消しを本案として、委任状勧誘行為もしくは議決権行使の差止めを求めることが可能であるとも解されている[43]。

(3) 株主総会決議取消請求の可否

委任状勧誘規制に違反する委任状勧誘によって得た委任状に基づき議決権が行使された結果、株主総会決議が成立した場合には、株主総会決議取消の訴え（会社法831条1項）を提起することによって株主または会社が救済を得ることが考えられる。

この点に関して、従来は、金商法194条の委任状勧誘規制は取締規定であって効力規定ではないこと、および委任状勧誘は、株主総会決議の前段階の事実行為であって、株主総会の決議の方法ということはできず、同規制違反は総会の招集の手続または決議の方法に関して規定された法令違反にはあたらないこと等を理由に、決議取消請求を否定する立場が主流であった[44]が、委任状勧誘規制の会社法的規律としての側面を重視し、委任状勧誘規制違反も決議取消事由としての法令違反にあたるとする説も主張されている[45]。

これに対して、書面投票を義務づけられている会社が、その代替策として行

---

39) 太田洋「委任状勧誘に関する実務上の諸問題——委任状争奪戦（proxy fight）における文脈を中心に」証券取引法研究会編『証券・会社法制の潮流』252頁（日本証券経済研究所、2007）等。

40) 神田ほか編著・前掲注8）528頁〔松尾〕。

41) 野田・前掲注11）125頁。

42) 大隅健一郎「株主権にもとづく仮処分」吉川大二郎博士還暦記念『保全処分の体系（下）』661頁（法律文化社、1970）、加藤・前掲注34）20頁。

43) 神田ほか編著・前掲注8）526頁〔松尾〕。

44) 大隅＝今井・前掲注3）67頁、田中編・前掲注33）934頁〔大森〕等。東京地判平成17・7・7判時1915号150頁も、決議の方法が法令に違反する場合に該当しないとする。

45) 龍田・前掲注19）36頁、野田・前掲注11）129頁。

第3編　企業買収に関する規制

った委任状勧誘が委任状勧誘規制に違反した場合には、当該違反は当然に決議方法の法令違反に該当すると解する立場が有力である[46]。

他方、賛否の欄の記載がない委任状用紙が用いられた場合、または委任状参考書類の重要事項につき不実記載があった場合等、委任状勧誘規制違反の態様が重大であると評価される場合には、決議の方法が「著しく不公正」であることを理由とする決議取消事由（会社法831条1項1号）に該当すると解する立場が多く[47]、この立場を前提とする裁判例もある[48]。

以上の議論は、会社側による委任状勧誘規制違反を前提とするものであるが、会社に対抗する株主である第三者側による委任状勧誘について違法性がある場合について、決議取消事由の対象となるのは行き過ぎではないかという指摘がある[49]。しかしながら、第三者による場合であっても、重要事項について虚偽記載のある委任状勧誘参考書類等を用いて被勧誘者をミスリードしたうえで株主総会決議が成立したときには、代理権授与行為の無効を前提に、決議方法の著しい不公正が認められるため、当該決議には取消事由が存在すると解してもよいように思われる[50]。

〔松井英樹〕

---

46) 江頭・前掲注16) 346頁注(11)、江頭憲治郎ほか『株主に勝つ・株主が勝つ──プロキシファイトと総会運営』196頁〔西本強〕（商事法務、2008）、松山・前掲注26) 261頁、田中・前掲注23) 7頁。

47) 今井宏『議決権代理行使の勧誘』222頁（商事法務研究会、1971）、大隅＝今井・前掲注3) 68頁、竹内昭夫（弥永真生補訂）『株式会社法講義』417頁（有斐閣、2001）、松山・前掲注26) 71頁、田中・前掲注23) 7頁、尾崎悠一「判批」金融商品取引法判例百選163頁（有斐閣、2013）等。

48) 東京地判平成17・7・7判時1915号150頁は、委任状勧誘規制違反につき、決議の方法が法令に違反する場合にはあたらないとしながら、決議方法が著しく不公正か否かにつき審査したうえで結論づけている。

49) 加藤・前掲注34) 19頁。

50) 加藤・前掲注34) 37頁〔前田雅弘発言〕、太田・前掲注39) 259頁。

第 4 章

企業買収に関する裁判例の展開

公開買付義務の適用対象を中心に

1　はじめに

　株式の取得による企業買収の方法として、市場取引による方法、相対取引による方法、市場外取引による方法が考えられる。ある者が株式を大量に取得する場合には、市場関係者に重大な影響を及ぼす。とりわけ市場外での取引による場合には、透明性・公平性の確保が求められる。このため、公開買付けによる情報開示や行為規制、大量保有報告書による情報開示が整備されている。

　本稿は、企業買収に関する裁判例のうち、公開買付義務の適用に関する裁判例の概観と整理を目的とする。そのため特定の問題点を深耕したり、新たな理解等を提示したりするものではないことをご了解いただきたい。

　なお本稿では、金融商品取引法上の問題を中心に取り扱うことを役目として与えられている。そのため、会社法上の規制が中心となる役員の責任等に関する諸問題は取り扱わない。また、公開買付規制や大量保有報告書制度、委任状勧誘制度の全般については、別の論稿により検討がなされているため、本稿では検討の対象としない。

2　公開買付義務の適用対象

　金融商品取引法は、公開買付けによらなければならない場合として、①取引所市場外における株券等の買付け等の後に、買付者およびその特別関係者の株券等所有割合が合計して 100 分の 5 を超える場合における当該株券等の買付け等、②買付け後の株券等所有割合が 3 分の 1 超となる著しく少数の者からの市

第3編　企業買収に関する規制

場外における買付け等、③買付け等後における株券等所有割合が3分の1超となる特定売買等による株券等の買付け等、④取得後の株券等所有割合が3分の1超となる市場内外の急速な株券等の取得、⑤公開買付期間中に大株主が行う5％超の買付け等、⑥その他①〜⑤に掲げる株券等の買付け等に準ずるものとして政令で定める株券等の買付け等をあげる（金商法27条の2第1項各号、金商法施行令7条7項）。

③に関して、ToSTNeT取引による株式の取得が平成18年改正前証券取引法27条の2に違反するかが争われた事例がある（ライブドア対ニッポン放送事件）[1]。

東京高決平成17・3・23（判時1899号56頁）は、ToSTNeT取引は取引所有価証券市場における取引であるから、取引所有価証券市場外における買付け等の規制である同条には違反しないとした。しかし、「投資者に対して十分な情報開示がされないまま、会社の経営支配権の変動を伴うような大量の株式取得がされるおそれがあることは否定できない。……本件ToSTNeT取引によって発行済株式総数の約30％にも上る債務者の株式の買付けを行ったことは、それによって市場の一般投資家が会社の支配価値の平等分配に与る機会を失う結果となって相当でな」いと判示していた。これを受けて平成17年証券取引法改正により、取引所の立会外取引のうち、取引所市場外の相対取引と類似した形態をとる取引を強制公開買付けの対象として、問題の解決がはかられた（平成17年改正証券取引法27条の2第1項3号、平成17年7月8日金融庁告示第53号）。現行規定は、これを踏襲するものである。

1）フジテレビによるニッポン放送株式の公開買付期間中に、ライブドアが子会社を通じて、TOSTNeT-1を利用してニッポン放送株式の29.6％を買い付けた結果、35％の株式を保有することとなった。ニッポン放送の取締役会がフジテレビに対する新株予約権の発行を決議したため、ライブドアが新株予約権発行差止めの仮処分を求めた。

第4章　企業買収に関する裁判例の展開

3　公開買付義務の適用対象と「株券等」の範囲

(1) 問題の所在

　前述通り、株券等について有価証券報告書を提出しなければならない発行者が発行する株券等につき、買付者が市場外で買い付けることにより株券等所有割合が3分の1を超える場合など一定の場合には、買付者は、当該買付け等を公開買付けにより行う必要がある（金商法27条の2第1項）。

　他方、公開買付義務の適用対象となる株券等の買付け等であっても、公開買付けによる必要性の低いものなどについては適用が除外されている（同項但書）。株券等の所有者が25名未満と少数である場合であって、当該株券等にかかる特定買付等を公開買付けによらないで行うことについて、当該株券等のすべての所有者が同意しているとして定められている特定買付等も適用除外とされる（金商法施行令6条の2第7号、発行者以外の者による株券等の公開買付けの開示に関する内閣府令〔以下「他社株買付府令」という〕2条の5）。これは、株券等の所有者が少数である場合には、同意を得る者と与える者のとの間において情報の非対称性が発生する可能性が低く、かつ、すべての所有者が同意している場合には、公開買付けによる売却機会を確保する必要性が低いことを理由とする[2]。

　ここにいう「株券等」の範囲、すなわち買付けが意図されている特定の種類の株券等のみを指すのか（限定説）、公開買付けの対象となった会社が発行する全ての株券等を含むのか（非限定説）が問題となる。この点が争われたのがカネボウ少数株主損害賠償請求事件である。

(2) カネボウ少数株主損害賠償請求事件
(A) 事実の概要

　多角化に失敗して経営状態が悪化したカネボウ株式会社（以下「甲社」という）は、平成16年3月10日、産業再生機構（以下「A」という）に対して支援申込みをした。Aは、同年9月30日、甲社に対し100億円の現金出資および

2）松尾直彦『金融商品取引法〔第5版〕』256頁（商事法務、2018）。

261

第3編　企業買収に関する規制

100億円の債権の現物出資をして、C種類株式（議決権はあるが利益配当請求権がなく、平成18年10月1日以降は普通株式に転換が可能であるという内容の種類株式）を引き受けた。

平成17年12月16日、Aは保有する甲社株式および甲社に対する債権の売却先をY（被告・被控訴人・上告人）に決定した。平成18年1月当時、甲社の発行する株式のうち、C種類株式に係る株主はAおよびBの2名のみであったが、普通株主は多数存在していた。

Yは、AおよびBの同意を得た上で、平成18年1月31日にAから、同年2月21日にBから、それぞれが所有するC種類株式の全部を公開買付けによらずに買い付けた（以下「本件各買付け」という）。

甲社の発行する普通株式を1500株保有していたX（原告・控訴人・被上告人）が、YはC種類株式に係る株券を買い付けるにあたり、普通株式と共に公開買付けによらなければならなかったのに、これによらなかったことは違法であり、その結果、Xは保有していた普通株式を売却する機会を逸し、損害を被ったとして、Yに対し、不法行為に基づく損害賠償を求めた事例である。

甲社の発行する株券は、有価証券報告書提出会社の株券に該当し、本件各買付けによりYの株券等所有割合は3分の1を超えることとなったため、市場外買付けは、原則として公開買付けによらなければならなかった。そこで本件各買付けが、本件各買付け当時の定める適用除外事由にあたるか、すなわち、「株券等の所有者」が25名未満であって、当該株券等に係る特定買付け等を公開買付けによらないで行うことにつき、「当該株券等のすべての所有者」が同意しているといえるかが問題とされた。

原原審（東京地判平成19・5・29金判1297号36頁）は限定説を採用し、Xの請求を棄却したところ、Xは控訴した。

これに対して原審（東京高判平成20・7・9金判1297号20頁）[3]は、非限定説を採用し、C種類株式に係る株券の所有者は2名であったが、他に普通株式に係る株券の所有者が多数いたのであるから、本件各買付けは、平成17年改正後の証券取引法施行令7条5項4号、同他社株買付府令3条の2の4第1項、

3）本件評釈として、島田志帆・法研82巻9号197頁、加藤貴仁・ジュリ1403号184頁、中東正文ほか編『M&A判例の分析と展開Ⅱ』176頁〔伊藤靖史〕（経済法令研究会、2010）などがある。

第4章　企業買収に関する裁判例の展開

2項の要件を満たさず、公開買付けによらないことができる場合にあたらないものであり、本件各買付けを公開買付けによらずに行ったことは、Xとの関係でも、違法なものであり、不法行為を構成するとして、XのYに対する請求を9,400円およびその遅延損害金の支払を求める限度で認容した。

原審は、非限定説をとる根拠として、①平成17年改正後の証券取引法施行令および同他社株買付府令においては、「株券等の所有者が25名未満である場合」で、特定買付けを行う場合（すなわち著しく少数の者〔60日間で10名以下〕から株券等の買付けをする場合）において、「公開買付けによらないで行うことに同意する旨を記載した書面が当該株券等のすべての所有者から提出された場合」に公開買付けによらないことができるとされており、「株券等の所有者」という場合の「株券等」について特に限定は加えられていないこと、②平成18年改正後の他社株買付府令の「当該株券等のすべての所有者の同意」にいう「当該株券等」には、買付け等対象株券等および買付け等対象外株券等のすべて（そこには種類の異なる株式も含まれる）が含まれていることが前提であり、他社株買付府令は平成18年改正後の証券取引法施行令の委任を受けて、「当該株券等のすべての所有者の同意」の内容を具体化したものにすぎないから、平成18年改正後の他社株買付府令のこのような規定の仕方からすると、立法担当者は、平成18年改正後の証券取引法施行令にいう「当該株券等」を買付け等対象株券等および買付け等対象外株券等のすべて（そこには種類の異なる株式も含まれる）を含むものと考えていたことが十分うかがわれ、法および施行令のレベルでみると本件各買付けに適用される証券取引法および同法施行令の規定と平成18年改正後の証券取引法および同法施行令の規定は、全く同じ文言であり、実質的には改正がされていないのであるから、平成17年政令第355号による改正後の証券取引法施行令にいう「当該株券等」も買付け等対象株券等および買付け等対象外株券等のすべてを含む意味のものであることが、十分うかがわれること、③買付者が取引所有価証券市場外においてある特定の種類株式に係る株券を買い付けるということを企図している場合にも、公開買付けによらなければならないか否かの判断の基準となる株券等は、当該買付けの対象とされた種類株式に係る株券等だけではなく、買付け対象外株券等をすべて含めたものであると解することは、公開買付制度の趣旨に適合するということ、

263

第 3 編　企業買収に関する規制

をあげていた。

そこで、Y が上告受理申立てをしたものである。

(B) 最高裁判決（最判平成 22・10・22 民集 64 巻 7 号 1843 頁）[4]

　最高裁は、「旧証取法〔平成 16 年改正前証券取引法〕27 条の 2 第 1 項〔金商法 27 条の 2 第 1 項に相当〕は、株券等の買付け等を行う者が特定の種類の株券等のみを買付け等の対象とし得ることを前提として、買付け等の対象としようとする種類の株券等の買付け等についての公開買付けの要否を規律したものであるから、同項 5 号の規定を受けて定められた 25 名未満要件及び同意要件も、買付け等の対象としようとする特定の種類の株券等の特定買付け等について、これを公開買付けによらずに行うための要件を定めたものと解するのが合理的である。そして、事業の再編等のためには、その再編等のために発行された特定の種類の株券等のみの特定買付け等をすることが必要な場合がある上、有価証券報告書の提出義務を負うのは、証券取引所に上場されている有価証券を発行する会社等（旧証取法 24 条 1 項）であるから、一般に、その会社が発行する株券等の所有者が多数に及ぶことは明らかであって、このような実情や上記改正の目的をも考慮すると、上記各要件は、買付け等の対象としようとする特定の種類の株券等の特定買付け等を前提として定められたものというべきである。上記各要件にいう『株券等』を当該特定買付け等の対象とならない種類の株券等（普通株式に係る株券を含む）も含めたすべての株券等を意味するものであると解すると、上記各要件が充足される余地は実際上極めて限定されたものとなり、事業再編等の迅速化及び手続の簡素化のために上記の各規定が設けられた趣旨がおよそ没却されることになる。

　以上に加え、特定買付け等が公開買付けにより行われるか否かは、当該特定買付け等の対象となる特定の種類の株券等の所有者の利害に直接影響するもの

4）本件の評釈として、石丸将利「判解」最判解民事編平成 22 年度（下）658 頁、若林泰伸・平成 22 年度重判解 145 頁、飯田秀総・商事 1923 号 4 頁、若林茂雄ほか・商事 1927 号 50 頁、黒沼悦郎・金判 1366 号 2 頁、仮屋広郷・法教別冊 378 号 22 頁、松岡啓祐・速報判例解説 9 号 123 頁、加藤貴仁・リマークス 43 号 82 頁、楠元純一郎・東洋 55 巻 2 号 193 頁、藤田友敬・金融商品取引法百選 24 頁（有斐閣、2013）、神田秀樹＝武井一浩編『実務に効く M&A・組織再編判例精選』201 頁〔戸嶋浩二〕（有斐閣、2013）などがある。

であるものの、その株券等の所有者において当該特定買付け等を公開買付けによらないで行うことにつき同意しているのであれば、その株券等の所有者にその株券等の公開買付けによる売却の機会を保障する必要はないことから、同意要件を設けたものであって、特定買付け等を行う者において買付けの対象としない他の種類の株券等があるとしても、その所有者の利害に重大な影響を及ぼすものではないものとして、その同意は必要とされなかったものと解するのが相当である。……

　以上によれば、施行令7条5項4号、他社株府令3条の2の4第1項及び第2項所定の『株券等』には、特定買付け等の対象とならない株券等が含まれると解する余地はないものというべきである。」と判示した。

(3) 最高裁判決の位置づけ

　「株券等」の範囲について金融庁は、一貫して限定説の立場を採用しており、平成18年改正の当時においてもこの立場を堅持していたとされる[5]。学説上も非限定説を支持するものは見られないと指摘されていた[6]。もっとも限定説も、その内容については一様ではない。すなわち、買付者が買付け等を企図している特定の種類の株式と（会社法上の意味において）同一の種類に属する株式のみを意味するという形式説[7]と、買付者が買付け等を企図している特定の種類の株式と実質的な内容において同一の種類に属すると解される株式まで含まれるという実質説[8]である。

　本判決は、本件各買付けの時点で適用される証取法施行令7条5項4号、他社株買付府令3条の2の4第1項および第2項所定の「株券等」には、特定買付け等の対象とならない株券等が含まれると解する余地はないとして、限定説

5）太田洋＝中山達也「種類株式の買付けを通じた上場企業の買収と公開買付規制」金判1351号5頁注20参照。

6）中東ほか編・前掲注3）176頁〔伊藤〕。

7）黒沼悦郎『金融商品取引法』269頁（有斐閣、2016）、太田＝中山・前掲注5）7頁。

8）池田唯一ほか『新しい公開買付制度と大量保有報告制度』（商事法務、2007）97頁、金融商品取引法研究会編『公開買付け制度』（金融商品取引法研究会研究記録第30号）4頁〔中東正文報告〕（日本証券経済研究所、2009）、中東正文「公開買付制度」金融商品取引法研究会編『金融商品取引法制の現代的課題』150頁（日本証券経済研究所、2010）、松岡・前掲注4）126頁、若林・前掲注4）146頁、楠元・前掲注4）201頁参照。

第 3 編　企業買収に関する規制

を採用することを明らかにした。なお本判決が実質説・形式説のいずれを採用したかは明らかでないとの指摘もあるが[9]、調査官解説は形式説を採用したとする[10]。

(4) 平成 18 年改正と本判決の射程

　平成 18 年改正においても、証券取引法 27 条の 2 第 1 項、同施行令 7 条 5 項 4 号、他社株買付府令 3 条の 2 の 4 の規制は引き継がれ、「25 名未満要件」については、実質的な変更はない（金商法 27 条の 2 第 1 項、金商法施行令 6 条の 2 第 1 項 7 号、他社株買付府令 2 条の 5）。他方「同意要件」については内容の変更がなされた（他社株買付府令 2 条の 5 第 2 項 1 号）。すなわち、特定買付け等の後における当該特定買付け等を行う者の所有に係る株券等の株券等所有割合とその者の特別関係者の株券等所有割合を合計した割合が 3 分の 2 以上となる場合であって、当該特定買付け等の対象とならない株券等があるときは、①当該特定買付け等の対象となる株券等に係る特定買付け等を公開買付けによらないで行うことに同意する旨を記載した書面が、当該特定買付け等の対象となる株券等のすべての所有者から提出されたことに加え、②買付け等対象外株券等につき、③特定買付け等を公開買付けによらないで行うことに同意することにつき、当該買付け等対象外株券等に係る種類株主総会の決議が行われているか（同号イ）、⑤買付け等対象外株券等の所有者が 25 名未満である場合であって、特定買付け等を公開買付けによらないで行うことにつき、当該買付け等対象外株券等のすべての所有者が同意し、その旨を記載した書面を提出していること（同号ロ）が必要とされた。

　このため、上記適用除外要件における「株券等の所有者」および同意要件における「当該株券等のすべての所有者」にいう「株券等」の範囲については、平成 18 年改正後においても問題となる。もっとも、「同意要件」の具体的内容については、限定説によった場合の帰結と非限定説によった場合の帰結との差

---

　9) 飯田・前掲注 4) 15 頁、加藤・前掲注 4) 85 頁。

　10) 石丸・前掲注 4) 694 頁は、「本判決は明示的に触れてはいないが、普通株式と C 種類株式の実質的同一性を問題とすることなく、公開買付けの要否を判断していることから、形式説を採用したものと考えられる」とする。本判決が形式説をとると解するものとして、黒沼・前掲注 4) 7 頁、若林ほか・前掲注 4) 50 頁、神田＝武井編・前掲注 4) 206 頁〔戸嶋〕。

266

異は縮小しているとされる[11]。

　また、本判決は、特定の種類の株券等の所有者の同意により、当該特定買付け等を公開買付けによらないで行うことができるとする（全部勧誘義務、全部買付け義務のある場合を除く）。このため上記の適用除外要件は、種類株式の利用と組み合わさることによって強制公開買付規制を実質的に任意法規化して定款自治を認め、支配株主に適用の有無を選択させる制度と評価することができるとされる[12]。すなわち本判決が種類株式の発行目的を問わないのであれば、公開買付規制の適用除外を目的として種類株式を発行することも許されることとなる[13]。

4　買付条件等の変更と株式分割

(1) 平成 18 年以前

　平成 18 年以前においては、企業買収の防衛策として株式分割を行う事例が見られた。すなわち、公開買付けは 20 営業日から 60 営業日の範囲で公開買付者が期間を定めて行わなければならないのに対して（平成 18 年改正前証取法 27 条の 2 第 2 項）、株式分割の実施にあたっては基準日の 2 週間前に公告すれば足りるため（平成 17 年改正前商法 219 条 1 項）、公開買付開始後でも対象会社の取締役会は、買付期間内に設定した基準日の株主名簿の株主に分割新株を割り当て、株式分割の効力発生日を株主総会の招集前として、買収者の取得した議決権を希釈化することができた[14]。また、公開買付期間中に買付対象会社が株

---

11)　太田＝中山・前掲注 5)　6 頁注(23)参照。

12)　飯田・前掲注 4)　16 頁、仮屋・前掲注 4)　22 頁、神田＝武井編・前掲注 4)　208 頁〔戸嶋〕。

13)　加藤・前掲注 4)　85 頁は、「本判決の妥当性は、種類株式の発行の際に要求される株主総会決議において、種類株式の譲渡に対する公開買付規制の適用の有無について適切な情報が提供されるか否かにかかっている。」とする。これに対して神田＝武井編・前掲注 4)　208 頁〔戸嶋〕は、「実務上、種類株式の発行の目的ではなくその法的効果にすぎない公開買付規制の適用関係について株主総会で説明がなされることは稀である。むしろ、定款変更のための株主総会での説明の有無にかかわらず、公開買付けにおいて別異に扱われる種類の株式を創出することについて、株主の同意が擬制されていると整理すべき」とする。

14)　長澤・後掲注 17)　29 頁参照。

第3編　企業買収に関する規制

式分割を行うと、分割割合に応じて株価は下落する。しかし、買付条件の変更や公開買付けの撤回が許されなかったことから、公開買付者は、株式分割後の希釈化された株式を、希釈化を前提とせずに設定した買取価格で取得しなければならず、公開買付者に不測の損害を与える可能性のあることが指摘されていた[15]。

　この点、金融庁は、公開買付けの規制の対象外として、分割新株の買付けを全く自由にできるとすると「証券取引の公正性の観点から問題が生じる」ことを理由に、買付期間満了後の分割新株も公開買付けの対象となるとの見解を示していた[16]。

　日本技術開発株式分割差止仮処分命令申立事件（東京地決平成 17・7・29 判時 1909 号 87 頁）[17]では、「公開買付けの買付期間後に効力が生ずる株式分割によって付与される株式についても公開買付けの対象となり得ると解することができ」るとしている。

---

15) 田澤・後掲注 17) 246 頁、神田秀樹ほか編著『金融商品取引法コンメンタール 1　定義・開示制度〔第 2 版〕』771 頁〔町田行人〕（商事法務、2018）。

16) 平成 17 年 7 月 22 日伊藤金融大臣閣議後会見、太田・後掲注 17) 46 頁注 20 参照。

17) 本件の事実の概要は、以下の通りである。すなわち、X は、平成 17 年 6 月 24 日時点で、Y 株式の約 6.42% を取得し、7 月 7 日、業務提携を申し入れたところ、Y は 15 日まで回答の猶予を求めた。また Y は、翌 8 日の取締役会で、独自に定めた「大規模買付ルール」を公表し、大規模買付者に事前に Y 社取締役会に十分な情報を提供して一定の評価期間経過後に買付けを開始することを求め、これを遵守しない場合は Y 取締役会が Y および Y 株主全体の利益を守ることを目的として対抗策を講じるとした。

　一方、X は、同月 11 日、取締役会で、公開買付期間を同月 20 日から 8 月 9 日とする Y 株式の公開買付けを決定した。Y は、「大規模買付ルール」に則り情報提供等を求めたが、同月 15 日、X がこれを拒否した。そこで Y は、同月 18 日に取締役会で 8 月 8 日を基準日、10 月 3 日を効力発生日とし、1 株を 5 株にする株式分割を決議した。

　X は、7 月 19 日、Y 株式に対する公開買付けを決議し、20 日に公開買付けを開始した。公開買付期間は 7 月 20 日から 8 月 12 日まで、買付価格は 110 円（株式分割による希釈化をみこした価格）、Y が株式分割を撤回しないことが明らかになった時点で、買付予定株式総数を 5 倍にすることを予定している。

　裁判所は、本文に示したように判断をしつつ、本件においては本件株式分割による権利落ちを前提として買付けの価格を設定しているから、株式分割後の希釈された株式を株式分割前の価格で買い付けることを余儀なくされるような債権者に著しい財産上の損害が生ずるおそれはないとしている。

　本件の評釈として、太田洋「判批」商事 1742 号 42 頁、田澤元章「判批」ジュリ 1348 号 245 頁、長澤一治「判批」金融商品取引法判例百選 28 頁（有斐閣、2013）などがある。

268

これに対しては、買付期間中に存在しない権利を「株券等」に含め買付対象とすることの説明が困難であるとの指摘もなされていた[18]。

(2) 平成 18 年以降

　前述の希釈化により公開買付者が不測の損害を被る可能性に対して、平成18 年改正後金融商品取引法により、買付け等価格の引下げや（金商法 27 条の 6 第 1 項 1 号）、公開買付けの撤回が可能となった（金商法 27 条の 11 第 1 項、金商法施行令 14 条 1 項 1 号）[19]。また実務において、上場株式について株式分割を行う場合には、基準日の翌日を効力発生日として定めるものとされた[20]。

　これらにより、株式分割により公開買付けを阻止することはできないため、買収防衛策としての意義は乏しいといえる[21]。

5　むすびにかえて

　企業買収に関連して MBO をめぐる裁判例がある。MBO における株式の取得価格の公正さが争われたレックス・ホールディング事件[22]では、「MBO の実施に際しては、MBO が経営陣による自社の株式の取得であるという取引の構造上、株主との間で利益相反状態になり得ることや、MBO においては、その手続上、MBO に積極的ではない株主に対して強圧的な効果が生じかねないことから、反対株主を含む全株主に対して、透明性の確保された手続が執られ

18）田澤・前掲注 17）246 頁。岸田雅雄監修『注釈金融商品取引法 1 定義・情報開示』649 頁〔関口智弘〕（金融財政事情研究会、2011）は、「法令上は明確ではないが、発行者の株主による応募および契約の解除が公開買付期間の満了までしか認められないこと（法 27 条の 12 第 1 項）を考慮すれば、公開買付けの対象となる『株券等』は、遅くとも公開買付期間の満了時までに存在していることが必要」とする。

19）岸田監修・前掲注 18）649 頁〔関口〕は、平成 18 年改正により、発行者による株式分割が買収撤回事由となったことから、公開買付けの対象とする合理性は失われたとする。

20）東京証券取引所「上場有価証券の発行者の会社情報の適時開示等に関する規則」20 条の 2 参照。

21）田澤・前掲注 17）247 頁、長澤・前掲注 17）29 頁。なお、株式分割による買収防衛策につき、松井智予「自己株式・株主間平等・株式分割」江頭憲治郎先生還暦記念『企業法の理論（上）』328 頁（商事法務、2007）参照。

22）最決平成 21・5・29 金判 1326 号 35 頁。

第3編　企業買収に関する規制

ることが要請されている。……それ故、裁判所が取得価格を決定するに際しては、当該 MBO において上記の透明性が確保されているか否かとの観点をも踏まえた上で、その関連証拠を評価することが求められる。」との補足意見が付されている。

　公開買付者が対象者の役員等である場合、買付価格の公正性を確保するため、買付け等の価格の算定にあたり参考とした第三者による評価書、意見書その他これらに類するものを公開買付届出書に添付すること、買付価格の公正性を担保するための措置が講じられているときは、その具体的内容の記載が求められている（金商法 27 条の 3 第 2 項、他社株買付府令 12 条、13 条 1 項等）。これらに加えて、公正な MBO ルールの構築が資本市場の課題となっているとの指摘もある[23]。

　すでに見てきたように株式の取得に関する諸問題については、ハード・ロー、ソフト・ローの整備により対応がなされてきたところも多い。他方 MBO をめぐる問題のように、適切な対応を求められる問題も残されている。

〔木下　崇〕

23）松岡啓祐『最新金融商品取引法講義〔第 4 版〕』75 頁（中央経済社、2018）。

$$第 5 章$$

訴訟上の留意点

1　はじめに

　本節では、企業買収に関する裁判例のうち、前節で検討されている公開買付規制の適用範囲または公開買付けの撤回の制限が問題となった事案を取り上げ、訴訟上の留意点を検討する。

　損害賠償請求事件として争われた事件として、法解釈上、違法性がないとして不法行為責任が否定されたもの（最判平成 22・10・22 民集 64 巻 7 号 1843 頁およびその原審と第一審）、事実認定において因果関係がないとして不法行為責任が否定されたもの（東京地判平成 26・8・6 金判 1449 号 46 頁）、会社法 423 条 1 項、430 条および 847 条 3 項に基づく責任が肯定されたもの（神戸地裁平成 26・10・16 金判 1456 号 15 頁）の主張・立証のポイントを検討する。

　仮処分申立事件として争われた事件として、新株発行予約権差止が肯定された事案（東京高決平成 17・3・23 判時 1899 号 56 頁）、株式分割差止仮処分事件（東京地決平成 17・7・29 判時 1909 号 87 頁）の被保全権利の疎明についても、言及する。

2　損害賠償請求事件

(1)　種類株式のみを買付けの対象とし、種類株式の株主全員の同意を得ていることから公開買付けによらずに買付けを行ったことが、公開買付規制に反しないとされた事例（最判平成 22・10・22 民集 64 巻 7 号 1843 頁）

　本判例は、平成 17 年法律第 87 号による改正前の証券取引法 27 条の 2 第 1

第3編　企業買収に関する規制

項が委任する証券取引法施行令（平成18年政令第377号による改正前のもの）7
条5項4号、発行者以外の者による株券等の公開買付けの開示に関する内閣府
令（平成18年内閣府令第86号による改正前のもの）3条の2の4第1項および第
2項所定の「株券等」には、特定買付け等（同施行令7条5項にいうもの）の対
象とならない株券等は含まれないことを最高裁として初めて示したものである。

　この訴訟はカネボウ株式会社（カネボウ）の1,500株の株主であった原告が、
公開買付けによらずに、株式会社産業再生機構（以下「IRCJ」という）および
株式会社カネボウ化粧品（以下「カネボウ化粧品」という）から同社の株式を譲
り受けた、カネボウの株式を保有することのみを目的とした株式会社およびこ
れを運営するファンドおよびその関係者である被告らに対する損害賠償請求と
して提起された。

　当該株式譲渡が行われる前の状況は次の表のとおりであった。

株式種類	保有者	議決権数	議決権割合
普通株式	一般個人投資家等	51,283,557	30.8%
C種類株式	IRCJ	52,631,500	31.6%
	カネボウ化粧品	62,500,000	37.6%

　この第一審（平成19・5・29金判1297号36頁）と最高裁は、前述の「株券等」
には、特定買付け等の対象とならない株券等が含まれないから、上記法令に違
反しないとして不法行為を否定した（限定説）。これに対し、その原審である
東京高裁判決（平成20・7・9金判1297号20頁）は、「株券等」には、特定買付
け等の対象とならない株券等が含まれるから公開買付けによらずに買付けを行
ったことを違法であるとし（非限定説）、民訴法248条により、売却の機会を
失った損害額を一株当たり201円と認定し（原告・控訴人が、明示的な一部請求
をしていることから、このうち94円の限度で認容している）、その判断が分かれた。

　上記第一審および最高裁と高裁とが、その判断を分けた点は、上記法令の文
言の解釈と公開買付原則の例外を設けた趣旨の理解についての相違である。

　高裁判決は、理由として、金融庁の行政解釈において、買付け等対象株券に
限定されるとの取り扱いがなされていることには触れつつも、前述の内閣府令

にある「株券等」について、文言上は、特に限定は加えられていないこと、並びに、平成18年内閣府令第86号による改正後の内閣府令と対比して、「当該株券等のすべての所有者の同意」にいう「当該株券等」には「買付け等対象株券等」および「買付け等対象外株券等」のすべてが含まれていることが前提とされており、平成18年政令第377号による改正後の施行令にいう「当該株券等」も「買付け等対象株券等」および「買付け等対象外株券等」のすべてを含む意味であることが窺われるとの文理解釈を挙げる。また、限定しない解釈をすることが会社支配権に影響を及ぼしうるような証券取引について透明性、公正性を確保するという公開買付制度の趣旨に合致するとした。

これに対して、最高裁は、証券取引法、施行令および内閣府令の改正の経緯と趣旨について詳説した上、「株券等」を当該特定買付け等の対象とならない種類の株券等（普通株式に係る株券を含む）も含めたすべての株券等を意味するものであると解すると、上記各要件が充足される余地は実際上極めて限定されたものとなり、事業再編等の迅速化および手続の簡素化のために上記の各規定が設けられた趣旨がおよそ没却されることになるとし、加えて、特定買付け等が公開買付けにより行われるか否かは、当該特定買付け等の対象となる特定の種類の株券等の所有者の利害に直接影響するものであるものの、その株券等の所有者において当該特定買付け等を公開買付けによらないで行うことにつき同意しているのであれば、その株券等の所有者にその株券等の公開買付けによる売却の機会を保障する必要はないことから、同意要件を設けたものであって、特定買付け等を行う者において買付けの対象としない他の種類の株券等があるとしても、その所有者の利害に重大な影響を及ぼすものではないものとして、その同意は必要とされなかったものと解するのが相当であると述べ、非限定説を排斥し、限定説を採用した。

最高裁の判示では、文理上、「株券等」に限定が付されていないことに関して言及がないが、以下のような趣旨で、非限定説が否定されるべき文理上の理由を説明するものがある[1]。

「その株券等について有価証券報告書を提出しなければならない発行者」と

1）石丸将利・最判解説【27】679頁。

第3編　企業買収に関する規制

いう文言は、平成16年法律第97号による証券取引法改正前の「有価証券報告書を提出しなければならない会社が発行者である株券等の、当該株券等発行者である会社以外の者による取引所有価証券市場外における買付等は、公開買付によらなければならない。」という定めについて、社債を発行したことのみによって継続開示義務を負う会社の発行する株式にまで公開買付規制を及ぼす必要がないことから、改められたに過ぎず、これによって、「株券等」の意味が左右されたとは考えられない。

また、証券取引法27条の5は、公開買付者が公開買付期間中に公開買付けによらないで「当該公開買付けに係る株券等の発行者の株券等」を買い付けることを原則として禁止していたが、これは、「当該公開買付けに係る株券等」より広い概念であることが読み取れる。この両者を対比すると、「当該公開買付けに係る株券等」は、種類ごとの公開買付けを認める趣旨の文言であると読むことができる。

以上のように、文理上は、原判決も最高裁判決も、一応、どちらの読み方もありえ、また、いずれの判決も公開買付制度の趣旨と適用除外事由の導入目的との関係を考慮したものではあるが、両者を対比してみると、本件における主張のポイントは、次のように考えることができそうである。

原判決が採用した非限定説を排斥して、限定説を採用した最高裁判決は、公開買付制度の趣旨と適用除外事由の導入目的について、過去の法改正の変遷を検討し、特に平成15年改正によって導入された適用除外事由導入の趣旨が、その後の改正で影響を受けていない旨を述べている。このことからすると、本件において、勝敗を分ける主張のポイントとなったのは、適用除外事由が導入された趣旨と、その趣旨が、その後の施行令および内閣府令の改正にあたっても改変されていないことの論証に成功したか否かであったと考えることができる。

(2) 公開買付けの対象となった会社に係る虚偽の記事の配信と公開買付けの不成立との間の因果関係が否定された事例（東京地判平成26・8・6金判1449号46頁）

本判決は、公開買付けの対象となった会社が自社株買いの検討に入った旨の

第5章　訴訟上の留意点

虚偽の記事を配信した者に対する訴訟の提起は、違法な行為とはいえないとし、また、当該記事の配信者は、公開買付けの対象となった会社に係る虚偽の記事を配信したことにつき過失があるが、公開買付けの不成立との間に因果関係があるとはいえないとしたものである。

この訴訟は、株式会社アコーディア・ゴルフ（アコーディア）の株式（本件株式）の公開買付け（本件公開買付け）を行った原告が、被告ブルームバーグ・エル・ピー（被告会社）の記者である被告Ａ（被告Ａ）の虚偽の記事により、本件株式の市場価格（本件株価）が急騰し、本件公開買付けが不成立となったなどと主張して、被告らに対する、民法709条（被告Ａ）、715条1項（被告会社）に基づく、損害賠償請求として提起された。

本件では、本案前の主張として本件訴えの適法性、不法行為該当性および因果関係の有無の3点が争われた。

本件訴えの適法性（訴権の濫用にあたるか）については、訴権の濫用に関する先例である最判昭和63・1・26民集42巻1号1頁、最判平成11・4・22裁判集民193号85頁、最判平成22・7・9裁判集民234号207頁を引用して、提訴者が当該訴訟において主張した権利または法律関係が事実的、法律的根拠を欠くものである上、同人がそのことを知りながらまたは通常人であれば容易にそのことを知り得たのにあえて提起したなど、裁判制度の趣旨目的に照らして著しく相当性を欠く場合にあたるかが判断された。

本件では、①原告が本件公開買付けを行うに至った経緯、②本件請求の内容、③原告の訴訟追行状況、④被告らの応訴の負担、不利益、⑤報道機関の取材源の秘密に係る社会的価値等を考慮しても、本件訴えの提起が、裁判制度の趣旨目的に照らして著しく相当性を欠き、訴権の濫用に該当しないとの判断がなされている。これらを基礎づける事実として、原告が、被告Ａの書いた記事が客観的事実と乖離があることに加え、虚偽の記事が配信された直後に本件株価が上昇したこと、本件公開買付けにおける応募株券等の総数と買付予定数の下限との差が比較的少なかったこと、本件株式を保有していた機関投資家が、株価が大幅に上昇したことを理由に公開買付けへの応募を中止したことについての主張・立証がポイントだったと思われる。

不法行為該当性については、本件記事が結果的に虚偽であり、誤報であった

第3編　企業買収に関する規制

こと、本件記事を虚偽とする以上、同被告には本件記事の配信につき少なくとも過失があったと推認されるとして、肯定されている。原告は、アコーディアが公表した事実と記事とに齟齬があり、かえって、アコーディアの関係者が記事内容を否定する発言を行った事実等によって客観的事実でないことを主張・立証して、裁判所の認定につなげられた一方で、被告らは、記事内容に対応する事実が存在したことを立証できず、かつ、本件記事が本件株価に影響を及ぼしかねないことなどを踏まえた裏付け調査など、客観的な事実と齟齬のある記事を配信したことを正当化する評価根拠事実については何らの主張も立証もしていなかったことが、不法行為該当性を肯定する結論に結びついたと言える。

　因果関係の有無については、本件記事の配信が本件株価に何らかの影響を与えたことはうかがわれるとされつつも、結論としては否定された。原告は、M&Aの専門家による、本件記事の配信と本件株価の急騰との間には因果関係があると考えるのが相当であること、買付期間末日における公開買付けの対象となる株式の市場株価が買付価格を若干上回っている場合でも、機関投資家が公開買付けへ応募することは合理的な行動と考えるのが相当である旨の意見書を提出し、また、本件記事配信後に株価が上昇したこと、前述のように本件公開買付けにおける応募株券等の総数と買付予定数の下限との差が比較的少数であったこと、本件株式を保有していた機関投資家が、株価が大幅に上昇したことを主張・立証し、これに沿う証人の供述も得た。

　しかしながら、本件記事が配信された同日中でも、株価上昇後に下落もしていること、本件記事配信前にも他の要因とみられる株価の上昇があること、原告が買付期間の変更や買付価格の引上げも行わなかったといった、因果関係を否定する事実もあり、本件記事の配信がなければ、公開買付けの不成立には至らなかったという条件関係の立証に成功しなかった。

　本判決において指摘されているとおり、一般に、市場株価が種々の要因により形成されること、および、公開買付けの成否が、市場株価の推移、公開買付けの性格、株主構成等、種々の要因により決定されることは公知である。それゆえ、原告が、一定の事実と公開買付けの不成立との間の因果関係を肯定する結論を得るには、公開買付期間中に株価に影響を与えるような他の事実が発生せず、記事配信直後から一方的な価格の劇的上昇が生じ、買付期間の変更や買

第 5 章　訴訟上の留意点

付価格の引上げなど原告として取り得る対処を尽くしても不成功に終わった事実を主張・立証し、本判決が述べる諸要因を勘案しても、その影響が排斥できるだけの事情の主張・立証が必要だったと考えられる。

(3) マネジメント・バイアウト（MBO）の実施に際し、取締役が会社に対して、手続的公正性配慮義務に反するとして、会社法 423 条 1 項、430 条および 847 条 3 項に基づき損害賠償請求が認められた事例（神戸地判平成 26・10・16 金判 1456 号 15 頁）

　本判決は、取締役が、MBO の実施場面において、善管注意義務の一環として、MBO の合理性確保義務、手続的公正性配慮義務、株価決定の公正さ配慮義務、情報開示義務などからなる MBO 完遂尽力義務を負うとし、手続的公正性配慮義務違反による損害賠償請求が認める一方で、情報開示義務違反による損害があるとは認めなかったものである。

　この訴訟は、株式会社シャルレ（シャルレ）の株主である原告が、シャルレの取締役である被告らに対し、シャルレの二段階買収たる本件 MBO を行うに際し、被告らが利益相反等の善管注意義務違反および忠実義務違反ならびに情報開示義務違反にあたる行為をし、そのために本件 MBO が頓挫したことから、シャルレが無駄な費用を支出し、シャルレの信用が失墜したと主張して、会社法 423 条 1 項、430 条および 847 条 3 項に基づき、連帯して、シャルレに損害賠償金の支払いをするよう求めて提起した株主代表訴訟である。

　本判決は、取締役の善管注意義務は、MBO の実施場面でも当然に妥当するものとし、この場面では、企業価値の向上に資する内容の MBO を立案、計画した上、その実現（完遂）に向け、尽力すべき「MBO 完遂尽力義務」を負うと解した。この MBO 完遂尽力義務に向けた個別の義務として、自己または第三者の利益を図るため、その職務上の地位を利用して MBO を計画、実行、著しく合理性に欠ける MBO を実行しないとの「MBO の合理性確保義務」、公開買付価格の決定プロセスにおいても、利益相反的な地位を利用して情報量等を操作し、不当な利益を享受しているのではないかとの強い疑念を株主に抱かせぬよう、その価格決定手続の公正さの確保に配慮すべき「手続的公正性配慮義務」、および、「情報開示義務」を負うとして、これらの義務違反について判

277

第3編　企業買収に関する規制

断された。

MBO 完遂尽力義務については、原告は、本件 MBO の目的は専ら創業家一族の相続税対策にあったと主張し、社内資料にそれに沿う記載があるとしてこれを立証しようとしたが、被告は、売上げが減少傾向にある事実、シャルレの存立基盤たる下着の販売形態が社会情勢にそぐわなくなったとして、経営陣の刷新を行ったが改善せず、金融機関等の外部から経営体制の変更について客観的意見を得た上で本件 MBO を計画したことなどの事実から、本件 MBO の合理性の評価根拠となる事実を主張・立証し、MBO の合理性確保義務に違反する事実はないとの認定に結びつけている。

手続的公正性配慮義務については、原告は、この義務違反の評価根拠事実として、被告が、本件 MBO のプロジェクトリーダーに本件公開買付価格に関して多数のメールを送信していたこと、そのメールの内容が、いずれも本件公開買付価格を本件公開買付者ら側の想定する低廉な価格に合わせることを念頭に置き、その価格の確保を意図したものであること、被告が著名な法律事務所のアドバイスを受け、それまでの自らの対応が法的リスクの高いものであったことを自認するに等しいメールを送信した上、同日以降、本件 MBO に関する取締役会等には出席しないことを表明していること等を主張・立証したものとみられる。これに対して、被告は、本件 MBO において、法令に定められた最低期間を上回る公開買付期間を設定したこと、対象会社が対抗者と接触することを禁止するような取引保護条項を設定しなかったこと、利害関係人である被告らは取締役会に出席せず、本件公開買付けの賛同意見表明について議決権を行使しなかったこと、被告らを除く取締役の全員一致で可決したものであること、第三者評価機関からの株式評価を取得していること等を主張・立証したが、その評価を覆すには足りなかったといえ、手続的公正性配慮義務違反の認定に結びついている。

そして、その違反による損害について、原告は、本件 MBO が頓挫したことにより、本件 MBO 関連支出は全て無駄になったと主張して、被告らに対し、本件 MBO 関連費用全額をシャルレに賠償するように求めた。このうち、手続的公正性配慮義務違反との因果関係の相当性についての評価根拠たり得る事実として、本件公開買付価格の算定手続に違法または不公正な点があったとの内

278

第5章 訴訟上の留意点

部通報がなされ、第三者委員会の調査等が行われた時期以降に発生した弁護士費用、メディア対応費用、第三者委員会および検証委員会に関する費用、第三者委員会から本件 MBO について利益相反行為があったという合理的疑念を払拭することができないと指摘された後に行われた株価再算定費用については主張・立証が奏功し、この限度で賠償すべき損害の認定につながっている。

　情報開示義務については、原告は、被告らが、シャルレの本件 MBO についての賛同意見表明のプレスリリース中で、取締役会が、平成 20 年 6 月より、本取引に法的論点に関する説明を法律事務所から受けている旨の付記記載をしたことが、その違反にあたると主張・立証に成功している。これは、実際には、当該法律律事務所が、その意見書のドラフトにおいて、被告らが中期利益計画を修正変更して利益計画を作成した行為について善管注意義務違反に問われる可能性が十分にあると結論付けていた事実に加え、被告らにおいても、この法律事務所の意見を受け入れることができず、上記法律意見書の正本の受取を拒否していたなどの事実を主張・立証し、取締役会が、その法律事務所の説明を受け、そのアドバイスや法的見解に依拠ないしは少なくともこれを参考にして、賛同意見表明に至ったものでないことを裏付けることができ、情報開示義務違反の認定に結びつけることができたものと思われる。

3　仮処分事件

(1)　商法 280 条ノ 39 第 4 項[2]、280 条ノ 10[3] の「著シク不公正ナル方法」による新株予約権の発行であるとされ、新株予約権発行差止が認められた事例
　　　（東京高決平成 17・3・23（保全抗告）判時 1899 号 56 頁、判タ 1173 号 56 頁）
　本決定は、会社の経営支配権に現に争いが生じている場面において、株式の敵対的買収によって経営支配権を争う特定の株主の持株比率を低下させ、現経営者またはこれを支持し事実上の影響力を及ぼしている特定の株主の経営支配権を維持・確保することを主要な目的として新株予約権の発行がされた場合に

2）会社法 247 条 2 号。
3）会社法 210 条 2 号。

279

第3編　企業買収に関する規制

は、原則として、商法 280 条ノ 39 第 4 項、280 条ノ 10 の「著シク不公正ナル方法」による新株予約権の発行に該当するとされたものである。

　この仮処分申立ては、債務者（ニッポン放送）の株主である債権者（ライブドア）が、債務者が平成 17 年 2 月 23 日の取締役会決議に基づいて現に手続中の新株予約権 4,720 個（以下「本件新株予約権」という）の発行について、①特に有利な条件による発行であるのに株主総会の特別決議（商法 280 条ノ 21 第 1 項）がないため、法令に違反していること、②著しく不公正な方法による発行であることを理由として、これを仮に差し止めることを求めたものである。原審仮処分決定（東京地決平成 17・3・11）は、上記①の点について、本件新株予約権の発行が特ニ有利ナル条件による発行にあたらないとしたが、上記②の点について、著シク不公正ナル方法による新株予約権の発行にあたるとし、原審異議決定（東京地決平成 17・3・16）も、同様に著シク不公正ナル方法による新株予約権の発行にあたるとして原審仮処分決定を認可すべきとした。債務者が抗告をしたところ、債権者は、本抗告審において、①の主張を撤回して、東京高裁は、②について理由があるとして、抗告を却下した。

　本抗告審は、本件新株予約権の発行の適否について、会社の経営支配権に現に争いが生じている場面において、株式の敵対的買収によって経営支配権を争う特定の株主の持株比率を低下させ、現経営者またはこれを支持し事実上の影響力を及ぼしている特定の株主の経営支配権を維持・確保することを主要な目的として新株予約権の発行がされた場合には、原則として、著シク不公正ナル方法による新株予約権の発行に該当するとしつつ、株主全体の利益の保護という観点から新株予約権の発行を正当化する特段の事情がある場合には、例外的に、経営支配権の維持・確保を主要な目的とする発行も不公正発行に該当しないとの規範を定立した。そして、特段の事情の判断要素の例として、次の 4 点を掲げた。

　① 真に会社経営に参加する意思がないにもかかわらず、ただ株価をつり上げて高値で株式を会社関係者に引き取らせる目的で株式の買収を行っている場合（いわゆるグリーンメイラーである場合）

　② 会社経営を一時的に支配して当該会社の事業経営上必要な知的財産権、ノウハウ、企業秘密情報、主要取引先や顧客等を当該買収者やそのグループ会

社等に移譲させるなど、いわゆる焦土化経営を行う目的で株式の買収を行っている場合

③ 会社経営を支配した後に、当該会社の資産を当該買収者やそのグループ会社等の債務の担保や弁済原資として流用する予定で株式の買収を行っている場合

④ 会社経営を一時的に支配して当該会社の事業に当面関係していない不動産、有価証券など高額資産等を売却等処分させ、その処分利益をもって一時的な高配当をさせるかあるいは一時的高配当による株価の急上昇の機会を狙って株式の高価売り抜けをする目的で株式買収を行っている場合など、当該会社を食い物にしようとしている場合

これらの場合には濫用目的をもって株式を取得した当該敵対的買収者は株主として保護するに値しないし、当該敵対的買収者を放置すれば他の株主の利益が損なわれることが明らかであるから、取締役会は、対抗手段として必要性や相当性が認められる限り、特段の事情があるとする。

債務者は、本件新株予約権の発行の目的は、フジテレビの子会社となり債務者の企業価値を維持・向上させる点にあり、現経営陣の経営支配権の維持が主な目的であるとはいえないと主張・立証した。これに対し、債権者は、本件新株予約権の発行は、債権者等が債務者の発行済株式総数の約29.6％に相当する株式を買い付けた後にこれに対する対抗措置として決定されたものであり、かつ、その予約権すべてが行使された場合には、現在の発行済株式総数の約1.44倍にも当たる膨大な株式が発行され、債権者等による持株比率は約42％から約17％となり、フジテレビの持株比率は新株予約権を行使した場合に取得する株式数だけで約59％になることを主張・立証した。この債権者の主張は、会社の経営支配権に現に争いが生じている場面において、株式の敵対的買収を行って経営支配権を争う債権者等の持株比率を低下させ、現経営者を支持し事実上の影響力を及ぼしている特定の株主であるフジテレビによる債務者の経営支配権確保を主要な目的とするものであるとの認定に結びつけられた。

他方で、債務者は、結論としては、上記①から④にあるような特段の事情の評価を得られるような根拠事実の主張・立証を行えず、前述のとおり、抗告棄却に至っている。これらの事情は、敵対的買収をしようとしている相手方の主

第3編　企業買収に関する規制

観面に関わる事実であって、これを主張・立証することはかなりの困難を伴うものであり、むしろ、現経営者またはこれを支持し事実上の影響力を及ぼしている特定の株主の経営支配権を維持・確保することを主要な目的とするものではなく、事業の維持拡大に向けた資金調達が主たる目的であることをいかに主張・立証できるかが勝敗を分けることとなると考えられる。

(2) 株式分割について差止めが認められなかった事例（東京地決平成17・7・29判時1909号87頁）

本決定は、商法280条ノ10（新株発行の差止め）の適用・類推適用が否定され、本件株式分割が証券取引法の趣旨や権限分配の法意に反するものとして直ちに相当性を欠き取締役会がその権限を濫用したものとまでいうことはできないとされたものである。

この仮処分は、債務者日本技術開発株式会社の株主である債権者株式会社夢真ホールディングスが、債務者が平成17年7月18日の取締役会決議に基づいて現に手続中の株式分割について、①当該株式分割が商法218条1項、証券取引法157条および民法90条等の法令に違反し、または著しく不公正な方法によるものであることを理由とする商法280条ノ10の適用または類推適用による差止請求権、②当該取締役会決議が商法218条1項等の法令に違反することを理由とする取締役会決議無効確認請求権、③当該株式分割が債権者の営業権を侵害するものであることを理由とする差止請求権をそれぞれ本案の請求権として、当該株式分割を仮に差し止めることを求めたものである。

本件で問題となった株式分割は、敵対的買収に対する対抗策として行われたものである。旧証券取引法27条ノ6第3項[4]が、買付価格の引下げを禁じ、また、同法27条ノ11第1項[5]が、公開買付開始公告後の公開買付けの撤回を

4）「買付け等の価格の引下げ、買付予定の株券等の数の減少、買付け等の期間の短縮その他の政令で定める買付条件等の変更は、前二項の規定にかかわらず、行うことができない。」

　なお、金商法27条の6第1項1号は、株式の分割等が行われた場合、一定の条件の下で価格の引下げを許容している。

5）現行の金商法27条の11第1項、同法施行令14条1項1号ヲは、明文で株式分割が行われた場合に、一定の条件の下で撤回を許容しているが、旧証券取引法27条ノ11第1項に対応する同法施行令14条1項1号には、例外的に撤回を許容する事情として株式分割を明文で掲記してお

第5章 訴訟上の留意点

禁じていることを利用し、公開買付開始公告後に株式分割を行うことにより、公開買付者を株式分割前の高い価格での対象株式買入れに追い込み、莫大な損失を被らせることになる。実際には、債権者は、金融庁より、株式分割が実施された場合の公開買付けの撤回および株式分割後に発行される株式も公開買付けの対象となることが認められた模様である[6]。それゆえ、対抗策としての効果は減殺され、公開買付者に重大な損害を生じさせることはなくなったものの、本件仮処分申立てが維持されたため、商法上明文がない差止請求権が認められるのかが争われることになった次第である。

債権者が主張した①株式分割についての商法280条ノ10の適用または類推適用については、218条1項の「株式ノ分割」が同法280条ノ10の「株式ヲ発行」することにはあたらないから、直接適用できないことは明らかであり、既存株主に実質的変動を及ぼすものではないとして否定された。②本件株式分割の不当性と取締役会決議の無効の主張については、本件株式分割が、債権者が債務者の株式の過半数を有する株主となる時期を引き延ばす効果を持つことを認定し、株主に対して必要な情報提供と相当な考慮期間の確保を図る意図に基づくものであること、既存株主の議決権割合に影響を生じさせるものではなく、公開買付け開始から約2か月半後の定時株主総会をもって全取締役の任期が満了するので株主に判断の機会が与えられていることから取締役会の権限濫用とまでは言えないと判断された。③商法218条1項ないし権限分配秩序違反の主張については、条文の構造上、同条項に反しないのは明らかであり、権限分配秩序違反を理由に取締役会決議の無効とすることはできないと判断された。③証券取引法157条違反の主張については、同条には、売買その他の取引等に直接の関係がない公開買付けを阻止しようとする対象会社が行うものは含まれないと判断された。④民法90条違反との主張については、公開買付制度に関する証券取引法の規定は、取締放棄に過ぎず、公の秩序を構成しないと否定された。⑤営業権侵害の主張については、そのような権利はなく、差止請求の実体法上の根拠もないと否定された。

これらの判断を踏まえると、本件債務者の立場からすると、株式分割が、既

らず、また、通説的見解も、株式分割は含まれないと解していた。
6）大塚和成「買収防衛策としての株式分割」金法1747号5頁。

第3編　企業買収に関する規制

存株主の利益に何ら不利益を与えるものではないという制度上の理由のほか、本件事案では、債権者債務者間の交渉過程があり、債務者が株式分割を利用した「大規模買付ルール」を公表して予告していたこと、その目的が敵対的買収の阻止を企図していたとしても、現経営陣の保身にはつながらない仕組みであったことを主張・立証できたことが、たとえ本来的な目的とは異なる場面に転用されたとしても、許容範囲内であるとの結論に結びつけることができたものと考えられる。

〔山﨑雄一郎〕

第 4 編
適合性原則と説明義務

第4編　適合性原則と説明義務

─────────── 第1章 ───────────

総　　論

第1節　適合性原則[1]

1　はじめに

適合性（の）原則（suitable rule）とは何か。

日本の現行法典では、金融商品取引法40条、商品先物取引法215条、金融商品販売法3条2項、特定商取引法施行規則7条2号3号などが、明文で「適合性原則」を規定している[2]。それらは等しく、業者（金融商品取引業者等）の勧誘規制あるいは業務運営規制の1つとして、「顧客の知識、経験、財産の状況」等を判断要素として、当該顧客に「不適合」と認められる商品等の購入や注文等に係る勧誘・販売等の行為を禁じるあるいは制限する規律である[3]。司

────────────

1）河内隆史「先物取引における適合性原則」神奈川法学31巻1号51頁。

2）証券取引法が日本法における嚆矢である（1992年6月改正証取法〔いわゆる「公正確保法」〕54条1項、日本証券業協会「協会員の投資勧誘、顧客管理等に関する規則」3条2項、大蔵省証券局長通達「投資者本位の営業姿勢の徹底について」〔1974〕参照）。最近では、金融庁「顧客本位の業務運営に関する原則」（2017）などのほかに、保険業法施行規則53条の7第1項、「保険会社向けの総合的な監督指針」（平成30年2月）Ⅱ-4-4-1、貸金法16条3項、信託業法24条2項、2004年改正消費者基本法5条1項3号など。今日、適合性原則は、単に金融商品、特に投機的商品（投機損が生じる可能性の高い商品）の勧誘等に限るルールではない。

3）勧誘業務をすることができる者（外務員など）については、証券・商品・保険など横断的に規制されるケースが少なくない（欧米、アジアでも香港・シンガポールなど）。これに対して、日本ではいわゆる縦割りが維持されている。たとえば証券の外務員と商品の外務員の資格要件等が全く別建てであり、共通すると考えられる部分についても重ねて試験をする必要性がある。登録

286

第1章　総　　論／第1節　適合性原則

法では、たとえば、最高裁平成17年7月14日判決[4]は、業者（証券会社の担当者）の投資勧誘行為が不法行為となるか否かの判断において、「証券会社の担当者が、顧客の意向と実情に反して、明らかに過大な危険を伴う取引を積極的に勧誘するなど、適合性の原則から著しく逸脱した証券取引の勧誘をしてこれを行わせ（た）」ことをもって「違法」と判断しうるとし、適合性原則違反は不法行為の文脈で違法性の判断基準として機能させることが一般化している[5]。近時の消費者保護の必要性の高まりから、当該消費者に対する不適合な商品の推奨や販売にも広く「適合性原則」が適用されるようになってきている[6]。このように、適合性原則は、今日、特にいわゆるB to C取引[7]における普遍的な法原則になっているといっても過言ではないであろう[8]。しかし、

の有効期間などにも差がある。

4）民集59巻6号1323頁。

5）同判決では、リスクを限定しまたは回避するための知識、経験、能力を有しない顧客に対してオプションの売り取引（無限大に損失が発生する可能性がある）を勧めて行わせることは、「特段の事情がない限り」適合性原則に違反する違法行為となると述べる。その判断要素として、投資者の意向と実情だけでなく、リスク回避の知識・経験・能力を重視している点が注目される。もっとも、同判決の結論においては、対象となったのが日経平均株価オプション取引であったこと（店頭デリバティブとの比較でリスクが小さい）や大きな損失の原因となった期末にオプションを大量に売り建てるという手法を採用したことなどの事情が総合的に判断されて、適合性原則違反はないとして差し戻された。なお、才口裁判官は、その補足意見で、証券会社の指導助言義務を改めて検討する必要性を述べる。この点で、潮見佳男『新債権総論Ⅰ』135頁以下（信山社、2017）、同『不法行為法Ⅰ〔第2版〕』161-172頁（信山社、2009）など参照。

6）2005年閣議決定「消費者基本計画」において、適合性原則は「高齢者や若者など消費者の特性（知識、経験及び財産の状況等）に応じた勧誘を行わなければならないという原則」であると説明されている。地方公共団体でも、たとえば東京都消費生活条例では、消費者を訪問しまたは電話機、ファクシミリ装置その他の通信機器もしくは情報処理の用に供する機器を利用して広告宣伝等を行うことにより、消費者の意に反して、または消費者にとって不適当な契約と認められるにもかかわらずもしくは消費者の判断力不足に乗じることにより、契約の締結を勧誘し、または契約を締結させることが、不適正な取引行為の1つとされている（同条例25条1項1号。なお、同施行規則5条の2参照）。

7）Business to Consumerのことである。企業対一般消費者の契約のように、当事者間に情報や経済力における歴然とした格差が存在する点に特徴がある。

8）「複雑な金融商品」（その定義につき、本注後掲・「原文」5-6頁参照）の販売について、証券監督者国際機構（IOSCO）の最終報告書「複雑な金融商品の販売に関する適合性要件（Suitability Requirements with Respect to Distribution of Complex Financial Product）」（2013年1月）、特に第5原則（仲介業者がある特定の複雑な金融商品の購入を勧める・助言する等の行為を行うときは、常に、当該勧奨等が、当該金融商品の構造やリスク対報償の関係〔risk-reward profile〕と顧客の経験・知識・投資目的・リスク嗜好・損失耐性〔capacity for loss〕とが合致している

第4編　適合性原則と説明義務

「適合性原則」の概念の厳格な定義や法的位置づけに関する理解は今なお確立
されていないようであり[9]、なお検討を要する部分があると考える[10]。

2　適合性原則の意義

今日、「適合性原則」は、それを広義と狭義に分けて考えるのが一般的であ
る[11]。そして、広義の「適合性原則」が「業者が利用者の知識・経験、財産力、
投資目的に適合した形で勧誘（あるいは販売）を行わなければならないという
ルールである」とされるのに対して[12]、狭義の「適合性原則」は、「ある特定
の利用者に対してはどんなに説明を尽くしても一定の商品の販売・勧誘を行っ
てはならない、という意味である」とされている[13]。金融商品取引法上の「適
合性原則」は、後者の意味であるとするのが一般的理解のようである[14]。

上記広狭二つの「適合性原則」の内容は明らかに性質が異なる。それをとも
に「適合性原則」と称することは議論を混乱させるだけであろう。広義の「適
合性原則」は、勧誘対象者に「ふさわしい（適合する）」商品等を推奨する勧
誘行為を表現する原則であり[15]、必ずしも業者の行為について否定的・禁止
的ニュアンスを含むものではない。むしろ、顧客の属性にもよるが、原則的に

〔be consistent〕との合理的な評価〔reasonable assessment〕に基づいていることを確信する〔to
ensure〕ための合理的な手順〔reasonable steps〕を踏襲することが求められる）参照。IOSCO
においては、顧客の属性に従い、勧誘等の規制を区分する考え方（classification of customers）
が採用されている点は注目されてよい。なお、最終報告書の「原文」（全文）は、http://www.
iosco.org/library/pubdocs/pdf/IOSCOPD400.pdf 参照（最終アクセス 2019 年 2 月 10 日）。

9）角田美穂子『適合性原則と私法理論の交錯』3 頁（商事法務、2014）参照。

10）業規制の一環として適合性原則違反が行政処分の根拠として使われる場合があるが、本稿では
行政処分をめぐる諸問題は取り扱わない。

11）金融庁金融審議会第一部会「中間整理（第一次）」17-18 頁（1999 年 7 月 6 日。https://www.
fsa.go.jp/p_mof/singikai/kinyusin/tosin/kin003a.pdf　以下、「1999 年中間整理」という）。

12）「1999 年中間整理」・前掲注 11) 18 頁。

13）同前・17 頁。

14）黒沼悦郎『金融商品取引法』528-529 頁（有斐閣、2016）、松尾直彦『金融商品取引法〔第 5
版〕』429-430 頁（商事法務、2018）、山下友信＝神田秀樹編『金融商品取引法概説〔第 2 版〕』
404 頁〔神田秀樹〕（有斐閣、2017）など。

15）神崎克郎『証券取引規制の研究』173 頁（有斐閣、1968）参照。

当該顧客に対する「勧誘行為ができる」点が重要である。これに対して、狭義の「適合性原則」は、勧誘行為それ自体が禁止される、「勧誘行為ができない」ことを表現している。すなわち、勧誘対象者（潜在的顧客）に当該商品等が「ふさわしい（適合）」か「ふさわしくない（不適合）」かには全く関係なく、勧誘行為が絶対に禁止される法原則なのである[16]。

3 米国法における適合性原則

(1) 適合性原則の明文化

適合性原則は、沿革的には、米国の証券取引規制に由来する[17]。同原則の規則化（明文化）は、いわゆる大恐慌時代に遡る。NASD（全米証券ディーラー協会）[18]が早くも1939年にその公正慣習規則において同原則を明文化した[19]。しかし、同ルールが米国でも注目されるようになったのは詐欺的な勧誘行為が社会問題化した1960年代以降のことである[20]。その後いくたびかの規則改正等を経て、（FINRAに統合する前の）NASD規則2310条において、業者は、顧客に対して証券を推奨する際に、当該顧客が自らの他の証券保有状況と資産状況やニーズに関して顧客自身が提供する事実に基づき当該顧客に適合すると信

---

16) 龍田節「先物取引委託者の適格性」全国商品取引所連合会編『商品取引所論体系7』2頁（全国商品取引所連合会、1991）参照。なお、「1999年中間整理」・前掲注11）17-18頁は、適合性原則違反の私法上の効果に言及する。

17) 川口恭弘「適合性原則」金融商品取引法研究会研究記録54号4頁（公益財団法人日本証券経済研究所、2016）。*See generally*, 8 Louis Loss & Joel Seligman, SECURITIES REGULATION, 3rd. ed, 3839 *seq.* (1991).

18) 現在のFINRA（Financial Industry Regulatory Authority。全米金融業規制団体）の前身。FINRAは、2007年にNASDとNYSEの自主規制部門および執行部門とが統合して設立された自主規制団体である。

19) 神崎・前掲注15）173頁。1938年 "Maloney" 法（1934年証券取引所法の改正法。店頭市場を規制対象とし、SECが自主規制機関に助力することを規定）がSECに対して、詐欺的で相場操縦的な行為を防止し、かつ、公正で公平な取引原則を奨励する規則を採択することを条件に、内国証券取引団体を登録することを授権したが、当時のNASDの公正慣習規則（Rules of Fair Practice）はその条件に適合するものであった（公正慣習規則第Ⅲ章2条参照）。

20) Loss & Seligman, *supra note* 17, at 3846 n. 142. 商品先物取引につき、河内・前掲注1）53頁以下。

じる合理的理由を持たなければならない、とされた。これが現在の適合性原則に至る原型ともいうべき規定文言である。

　現行の FINRA 規則にも受け継がれているこの適合性原則に係る規定文言からは、適合性原則が、証券取引の勧誘に係る証券業者の義務として米国で承認されてきた「汝の顧客を知れ（KNOW YOUR CUSTOMER）」ルール（以下、「顧客把握義務」と呼ぶ）を前提としたものと考えられてよい[21]。すなわち、まずは証券業者自身（外務員等を含む）が注文を受ける個人顧客の財務状況等を調査する義務を負担し、その調査結果から得られた当該顧客に関する情報（プロフィール）に基づいて、当該顧客に適合する銘柄等を決定し推奨しなければならないということである[22]。逆に言えば、業者が事前の顧客調査義務を尽くしていないと判断されたときは、かかる勧誘を行った業者がルール違反による責任を取らなければならないことになる。このような顧客把握義務を前提とする限り[23]、たとえば顧客のプロフィールに不適合な金融商品を勧誘することや顧客に不適合な取引状況を放置することそれ自体[24]がありえないこととなり、適合性原則違反とされるケースのうち、その前段階での調査義務違反、すなわち顧客把握義務違反にあたる場合が少なくないと思われる。

(2)「汝の顧客を知る」義務（know-your-customer obligation）

　適合性判断の前提となる顧客情報の収集は、米国では、原則として業者サイ

---

21) 川口・前掲注17）6頁。この「顧客把握」原則は、NYSE 規則において、証券取引に関する取引所のメンバーの義務として、その管理するすべての顧客、すべての注文、すべての預託金・証拠金口座、口座に代理権を有する者に関する重要事実を知る（to learn）ため、その注意義務（due diligence）を尽くさなければならないと規定されたものである。ほぼ同様の規定が、個人顧客に関する現行の FINRA 規則 2111 条(a)項（suitability）に反映されている（法人顧客については同規則 2111 条(b)項）。

22) 規定の文言からは、業者における、ある顧客の「適合性」を確信するための当該顧客に関する情報（基礎となる事実）の「入手過程」が注目されている。

23) 日本法の場合、この義務が明文では認められていない。適合性原則の理解や適用を難しくしている原因の1つと考えられる。顧客把握義務は、米国では、業規制における適正なコスト・リスク配分のデフォルト・ルールと考えられているといえよう。

24) ある顧客に「警告」が発せられる状況が生じれば、業者はその情報に適切に対応しなければならない。たとえば当該顧客に対する助言義務や取引抑止義務などが、この顧客把握義務から当然に生じることとなる。

第1章　総　　論／第1節　適合性原則

ドの義務である[25]。しかし、かかる調査義務は当初から求められていたわけではない[26]。たとえば、1990 年改正前の NDSD 公正慣習規則第Ⅲ章 2 条の文言に対する NASD や SEC の解釈は、①顧客情報は顧客が提供したものを原則とし（disclosed by such customer）、かつ、②それがある限りで（if any）、その顧客情報に基づいて推奨すれば足りる、とするものであった[27]。このような解釈が示された背景には、業者がどこまで顧客情報を調査すべきか、という実務上最大の争点があった。加えて、顧客が情報を提供しないときはどうするのか、あるいは顧客が虚偽の情報を提供したときの業者の対応はどうか、など、業者の調査義務が司法の場でも争われていたのである[28]。

　そこで、1990 年の NASD 規則改正により、公正慣習規則第Ⅲ章 2 条に(b)が追加されることになった。これにより、この疑義に 1 つの解が提供された。すなわち、業者は、機関投資家以外の顧客に推奨した取引について、これを実行する前に、①顧客の財産状況、②顧客の税制上のステータス、③顧客の投資目的、④当該顧客に推奨をする上で利用され、または業者にとって合理的かつ必要と考えられる、その他の情報を得るための「合理的努力（reasonable efforts to obtain）」を尽くさなければならない、と明示されたのである。現行の FINRA 規則（2010 年採択。2011 年改正〔翌年施行〕）では、この調査（努力）義務の規定は 2090 条に引き継がれており、すべてのメンバーは、すべての口座の開設と維持（the opening and maintenance of every account）に関して、すべての顧客および当該顧客の代理人として行動するすべての者の権限に係る重要

---

25) A. E. Roach Ⅱ, *The Suitability Obligations of Brokers: Present Law and the Proposed Federal Securities Code*, 29 Hastings L. J. 1069, 1070 (1978). トランスアクション・コストと調査義務の懈怠から生じるリスクの全てを業者に負わせているということである。Gerald M. Greenberg, 40 SEC 133, 137-138 (1960), *petition to review order denied sub nom.* Associated Sec. Corp. v SEC, 283 F. 2d. 773 (2d Cir. 1960), そのようなコスト・リスク配分の法政策的当否は慎重に検討する必要があるが、一応の合理性があるように思われる。

26) Loss & Seligman, *supra note* 17, at 3847-3849; Roach Ⅱ, *supra note* 25, at 1099.

27) Loss & Seligman, *supra note* 17, at 3847-3849. 顧客情報を得るために「努力」を尽くせばよいとの文言は、当初は、顧客を保護するためというよりも、一定の義務を尽くしていた業者を保護するために設けられた規律と理解されていた。*Id.*, at 3848 n. 145.

28) *In* Eugene J. Erdos, 47 SEC 985 (1983), *aff'd sub nom.*, Erdos v SEC, 742 F. 2d, 507 (9ᵗʰ Cir. 1984) は、顧客から提供された情報に基づく勧誘等は可能であるが、顧客の資産状況に対する「推測に基づく勧誘」等は許されないとした（at 988-989.）。

第4編　適合性原則と説明義務

な事実（essential facts）を、知る（to know）、そして知り続ける（and retain）ために、合理的な注意義務（reasonable diligence）を尽くさなければならない、と規定されている。そして、ここにいう「重要な事実」については、同条の付属文書において、①当該顧客の口座に対して効果的なサービスをするため、②当該口座に係る特別の取引指示（special handling instructions）に適合するように行動するため、③当該顧客の代理人として行動するすべての者の権限を理解するため、④法令および規則を遵守するために、是非とも必要とされる事実をいう、と明記されている[29]。

　適合性原則との関係では、業者においてこのような顧客情報を入手するための「努力義務」が尽くされたことが重要な前提条件となる。顧客把握のための努力が尽くされていないときは、当該顧客についての適合性判断それ自体ができない。この点について、FINRA は、Regulatory Notice における Q&A を通じて、自らの解釈を示している[30]。それらによれば、要するに、業者に求められているのは、顧客情報の「獲得と分析の努力」であるということである。その「努力」が尽きているかどうかはケースバイケースの判断にならざるをえないが、その「努力」義務が尽くされていれば義務違反はないということになる。この点は重要である。実務的には、顧客に情報提供を求め、当該顧客から得られた情報を原則として信頼してよいと理解されているようであるが、当該情報が不正確・不明確であること等を疑わせる「危険を示す兆候（Red Flag）」があるときは、その情報をそのまま信頼することはできない、ともされている[31]。

　たしかに、顧客情報は当該顧客自身が一番持っているはずであり、業者の調査は基本的には当該顧客からの「申告」によるのが通常である。そのことを前提とした実務には特段の問題はない。日本では「顧客カード」方式（顧客自身の情報提供による）が採用されているが、それにも一応の合理性がある。顧客が非協力的であったり、あるいは虚偽の情報を提供したりした場合の調査コス

---

29)　Rule 2090 supplementary material. 01.

30)　FINRA, Regulatory Notice 11-25（2011）, at 3 以下および同 Regulatory Notice 12-25（2012）, at 1 以下参照。

31)　時間の経過により顧客情報は当然に古くなる。業者には、顧客把握義務の当然の帰結として、（定期的な）情報更新義務があるといえよう。

第1章　総　　論／第1節　適合性原則

トなどを考えると、米国のコストとリスクの配分は適切であると考えられるが、その前に、業者に顧客情報を得る「努力」を強調している点に注目すべきであろう。その努力を怠ること自体が業者の義務違反となるのである。

(3) 収集すべき顧客情報の内容

　米国では、業者は、具体的にはどのような顧客情報を調査すべき義務を負うとされているのか。

　FINRA 規則では、①年齢、②他の投資物件、③財産上の状況と必要性、④税務上のステータス、⑤投資対象、⑥投資経験、⑦投資に関する時間的限度（time horizon）、⑧流動性に関するニーズ（liquidity needs）、⑨リスク耐性、⑩投資勧誘に関連して顧客から業者に提供されるその他すべての情報、が例示される。ここに「例示」とは、これらに限定されないということであり、そのことが条文にも明示されている（but is not limited to）。⑩のバスケット条項があるにもかかわらず、①～⑨が限定列挙ではないとされていることは意味深長である。業者が顧客について調査すべき範囲は実質基準により比較的広く捉えなければならないということと理解すべきであろう（FINRA 規則 2111 条(a)後段参照）。

　顧客把握義務と適合性原則の関係を改めて整理しておくと、業者による適合性の判断は、そのような情報取得（および更新）と情報分析の後のことになる[32]。すなわち、米国法からの示唆によれば、広狭いずれの適合性原則についても、適合性原則は、業者の顧客把握（努力）義務の履行を論理的前提にせざるをえないということである[33]。

---

32)　適合性の判定は、顧客ごとに異なりうる（FINRA 規則 2111. 04 参照）。それゆえ一義的な数値基準等を示すことは不可能であり、また妥当ではない。

33)「1999 年中間整理」・前掲注 11）18 頁は、顧客情報収集には顧客の協力には限度があり、業者に調査義務を課すことは難しく、顧客について知るための十分な体制整備を行うなどの業者内部の行為規範の義務付けで対応すべきであるとの意見が「大宗を占めた」とし、日本では顧客把握義務を認める一方で、さらに進んでこれを明文化することに対しては、消極説が根強い、とする。なお、FINRA 規則においては、顧客把握義務と適合性原則が一体のものとして取り扱われている場合がある（Regulatory Notice Nos. 11-02, 11-25 など）。

293

第4編 適合性原則と説明義務

(4) 適合性原則の意義と内容

(A) 意義

FINRA 規則 2111 条の付属文書は、適合性原則の意義を明示している。すなわち、「適合性原則は、公正取引にとっての基本であり（be fundamental to fair dealing）、かつ、倫理的な販売実務（ethical sales practices）及び高度な業者サイドの行動基準（high standards of professional conduct）を促進することを意図したものである」とされる。このことは、米国だけのことではなく、日本法の適合性原則の趣旨・理解においても妥当しよう。適合性原則は、単に説明義務のように契約当事者間の情報の非対称性を是正することを主たる目的とするものではなく、むしろ業者規制として、特にハイリスク商品を取り扱うブローカー業者に対して課される「B to C 取引上の普遍的義務」[34]であるといえよう。

(B) 適合性の内容

適合性の内容については、FINRA 規則 2011 年改正が 3 つの主要な「適合性」の内容を明示し、今日に至っている（FINRA 規則 2111. 05）。すなわち、①合理的基礎の適合性（reasonable basis suitability）、②顧客固有の適合性（customer-specific suitability）、③量的な適合性（quantitative suitability）である[35]。

金融商品を前提にすると、次のような理解になるであろう。

①「合理的基礎の適合性」とは、推奨行為を行う金融商品販売業者（外務員を含む）が当該推奨対象金融商品それ自体あるいは投資戦略について、その複雑さ（complexity）やリスク（risk）だけでなく、当該商品や戦略それ自体に精通していること（familiarity）が求められるということである。たとえば販売に当たる者（外務員）がその商品特性等を完全に理解していないときは、すべての顧客に対して当該金融商品の勧誘・推奨自体ができないことになる。

②「顧客固有の適合性」とは、当該顧客のプロフィールにふさわしい金融商品を推奨している（しなければならない）ということである。上記の顧客把握

---

34) 受託者義務（fiduciary duty）から導かれる誠実公正義務（金商法 36 条 1 項）なども B to C 取引における普遍的義務である。なお、松尾・前掲注 14）412-413 頁参照。

35) 2011 年 1 月改訂に係る通知（regulatory notice）No. 11-02 参照。なお、川口・前掲注 17）10-11 頁、松尾・前掲注 14）445 頁参照。

義務（FINRA 規則 2111. 04）を前提にすると、推奨する際に顧客理解に欠けていたときは、この意味での適合性ルール違反になる（FINRA 規則 2111. 05(a)）[36]。

③「量的な適合性」とは、当該顧客に適合する金融商品の推奨であっても、過当取引となってはいけないということである。この点に関連しては、顧客情報のうちの支払能力が特に重要となるであろう。たとえば顧客に金融商品の継続的購入という投資戦略を勧めるときは、業者サイドは、当該顧客がそのような戦略に従った投資に対して十分な支払能力（the financial ability）を有していると信じる合理的基礎（a reasonable basis to believe）を持たなければならないのである（FINRA 規則 2111. 06）。

②と③もまた、明らかに顧客把握義務の履行の問題でもある。

(C) 戦略に係る推奨 (recommended strategies)

FINRA 規則は、投資勧誘における「推奨（recommendation）」の概念を広く捉えている。ある投資物件について、①リスク・リターンなどを含む基本的な投資に関する諸概念（basic investment concepts）、標準的な市場指標に基づく投資物件（株式、社債などの区分による）の過去の利益の違い（historic differences in the return）、インフレの影響、将来退職した後の収入ニーズの評価、顧客の投資プロフィールの評価、などを含む、一般的な資産および投資に係る情報を提供すること、②企業主が資金を拠出する退職後プランについての情報を提供すること、③一般に承認されている投資理論に基づき、重要な事実と投資選択に影響を与える可能性のある前提や報告書を開示し、また NASDIM-2210-6（投資分析ツールの必要的利用）に定める投資選択であるときは、その要求に従ってなす行為を、広く「推奨」と捉えている（FINRA 規則 2111. 03）。

(5) 違反

適合性原則に違反した場合は、業者や外務員は法的責任を負う（FINRA 規

---

36) 米国では、顧客の投資目的、ニーズにのみ注目する定義もあるようである。Lewis D. Lowenfels & Alan R. Bromberg, *Suitability in Securities Transactions*, 54 Bus. Law. 1557, 1557 (1999) ("The suitability doctrine... may be broadly defined as a duty on the part of the broker to recommend to a customer <u>only</u> those securities which are suitable to <u>the investment objectives and peculiar needs</u> of a particular customer.") （下線：引用者）.

第4編 適合性原則と説明義務

則 2111. 02)。第一に自主規制ルール違反による制裁、第二に行政庁による処分、第三に損害賠償責任である。

4 日本法への示唆

(1) 顧客把握義務規定の欠如

　日本法においては、たとえば金融商品取引法の適合性原則の規定を見るとき、顧客把握義務と適合性原則の区分は必ずしも十分でない。そればかりか、すでに指摘したように、前者の義務に関する規定自体がない。むしろ金融商品取引法 40 条は、「適合性原則」を規定する条文において、顧客の、①知識、②経験[37]、③財産の状況、④金融商品取引契約を締結する目的[38]を明示する（金商法 40 条 1 号）[39]。このことからは、適合性判断には顧客情報が不可欠との前提があると理解されようが、業者が顧客情報を入手する（努力）義務を負うかどうかが不明確である。

(2) 説明義務との関係──説明義務による顧客の知識補完可能性

　顧客の属性のうち、③については投資資金の源泉と量が問題であり、たとえば生活資金は投資・投機に不向きであり、貸付けも勧めて無理やり資金不足を補うことも許されない。特にリスク商品の取引においてはそうである。また④投資目的は顧客自身が主体的に決めるものである。これに対して、①の知識や②の経験の不足は、十分かつ適切な「説明」があれば補うことも可能であろうし、低リスク商品で取引経験を積めばよいのかもしれない[40]。しかし、狭義

---

37) 現物の株式取引を経験していたからといって、先物取引等のリスク商品を行う経験として十分であるとはいえない。

38)「投資目的」に関しては、投資ニーズの全くない者への不招請の電話勧誘、勧誘を受ける意思の有無を確認しない勧誘行為、金融商品取引契約を締結しない旨の意思を表示したにもかかわらず継続的に行う勧誘（金商法 38 条 4 号 5 号 6 号）などが禁止行為に列挙されている（なお、金商業府令 117 条 1 項 1 号参照）。

39) 商品先物取引法 215 条もほぼ同様の規定である。また特定商取引法施行規則 7 条は、判断力の不足に乗じた契約の締結を禁じている。

40) 金融商品販売法 3 条 1 項参照。

の適合性原則についていえば、「勧誘不適格」と判断される顧客に対しては、業者は勧誘すること自体が禁じられるのであって、説明義務の履行等による補完はそもそも不可能である。説明義務による補完可能性が考えられるのは、広義の「適合性原則」の場面である[41]。

説明等による治癒・補完が可能な顧客かどうかもまた、入手した顧客情報により判断される。そして、当該顧客について得られた上記①〜④に係る情報から、まず勧誘の可否（「適格性」）に係る判断がなされなければならない[42]。たとえば説明等による治癒・補完が不能と判断される顧客に対しては、狭義の適合性原則が適用され、以後の勧誘や推奨が禁じられる。取引に引き込んではならないのである。他方、ある顧客が（その顧客情報に基づいて）説明による治癒・補完が可能と判断されるときに初めて、治癒・補完のための説明が可能となり、その者に適合する説明が尽くされ、適合する商品の推奨がなされることになるのである。

広義の適合性原則の適用場面で、当該顧客に対して十分かつ適切な説明義務が履行できたか否かは、当該顧客がリターンだけでなく、コストやリスクなどのネガティブな面も十分に「理解」できたかどうかが基準となる[43]。「理解」の有無については、顧客ごとに個別に、かつ、実質的に判断されるほかはないが[44]、繰り返し述べるように、当該商品や取引の仕組みなどが複雑すぎて「いくら説明を尽くしても十分な理解が得られない」と考えられる顧客については、説明による補完を断念し、別の「適合商品」に変更するか、勧誘や推奨自体を止めなければならない。取引あるいは勧誘の途中で適格性に欠けることを発見したときは、その発見時点で取引や勧誘等を中止すべきである。むしろ不適格者である顧客の場合は、その者からの受託すら禁じられてよい。業者には、取引を思いとどまらせる義務さらには受託拒否の義務があると解すべきである。特に高リスク商品の受委託をする業者には、自ら入手した当該潜在的顧客の情

---

41) 松尾・前掲注 14) 436-437 頁参照。
42) 尾崎安央「裁判例からみた商品先物取引委託者の適格性」判タ 774 号 51 頁。
43) 金融庁金融審議会第一部会「1999 年中間整理」・前掲注 11) 18 頁（「利用者の理解という側面への配慮が重要な要素となる」）。自己責任を負担できるかどうかのレベルまで理解したか、と言い換えてもよいであろう。
44) 松尾・前掲注 14) 443-444 頁。

第4編　適合性原則と説明義務

報に基づき、ある種の「保護義務」が生じると考えられる[45]。

(3) 取引継続中の適合性

　顧客把握義務は、取引継続中も履行されなければならない[46]。したがって、適合性についてもまた、取引中も継続して審査されることとなる。そして、取引継続中に顧客の資力や自己責任をもって取引をコントロールする能力に不安が生じれば、業者は、直ちに「継続的に助言・指導する義務」あるいは場合によっては「取引断念を勧める義務」があると解すべきである[47]。

　このように、顧客情報の把握は、業者にとって継続的な作業となる。日本法において、顧客を知る義務が明文で規定されていないとしても、適合性原則が規定されている以上、その理論的前提として、業者は徹底して当該顧客を知り、知り続けなければならない。取引コストはそれだけ増加するが、やむを得ない。特に先物取引のように建玉（未決済）として契約上の地位が時間的に継続し、かつ、この間に価格変動等のリスクが含まれる取引の場合には、たとえば価格変動で損計算が発生し、③財産の状況に照らして不適合になったならば直ちに、業者には是正の手段を助言する義務が生じるのはもとより[48]、場合によっては、業者に「手仕舞義務」・「建玉処分義務」が発生すると解すべきである[49]。

---

45) このような業者の義務の理論的根拠として、「看板理論 shingle theory」が参考になろう。ブローカー＝ディーラーは、証券ビジネスを営む以上、従業員を含めて公正であり、かつ、職業規範を守るという「高度な行動準則」を維持していることを対世的に宣言しているとの「看板」を掲げている（hanging out a shingle）と理解するのである。あくまでも米国法の理論であるが、日本法においても適用可能であると考える。なぜなら、その理論の基礎には勧誘に係る業者規制を通じて公正な取引を実現するとの政策目的があり、日本法においても変わりがないと考えられるからである。

46) いわば「アフターケアの義務」（松尾・前掲注 14）437-438 頁）である。

47) その明文上の根拠として、たとえば金商法 36 条 1 項の誠実義務が考えられよう。

48) 助言義務につき、潮見佳男『契約法理の現代化』91-93 頁（有斐閣、2004）参照。

49) この段階で、取引中立的とはいえ、「両建」を新たに勧誘することは許されない。最判平成 10・11・6 判例集未登載（平 10(オ)第 1272 号、第 1273 号）〔LEX/DB 28040708〕参照。

298

第1章　総　　論／第1節　適合性原則

5　不法行為に基づく損害賠償という委託者救済策

(1)　判例法理

　適合性原則の違反があった場合、当該契約の委託者が損害を被る可能性は高いのが通常であろう。身丈に合わない取引をしている、否、多くの場合は取引をさせられているからである。特に、先物取引のようなハイリスク取引にあっては、その損害は顧客にとって当初の予想を超える場合がありうる。かかる損害も、自己責任として、本来「想定内」といわなければならないのであろうが、適合性原則に反する勧誘から取引を始めた顧客にとっては、「想定外」と感じることも無理はない。裁判例では、かかる事態に対して、業者の「不法行為に基づく損害賠償責任」の成否をもって対応されてきた。そして、顧客の安易な態度は過失相殺で考慮されてきたのである。

(2)　不適格委託者の取引損の業者負担

　適合性原則違反、特に狭義の「適合性」違反の取引（契約）を、私法上、無効と捉えることができないか[50]。無効と解することができれば、業者が取引に係る投機損等のリスクを負担し、顧客に「リスクの移転」はない[51]。しかし、裁判所は、上述のように、委託は有効との前提に不法行為に基づく損害賠償の問題として処理してきた[52]。たしかに、投機損等が損害額となり、これを取り戻せば顧客は一応救済される。顧客の過失は過失相殺で考慮できるメリッ

---

50)　「1999年中間整理」・前掲注11) 17頁参照。潮見・前掲注5)『新債権総論Ｉ』137頁注43は「公序良俗」違反を理由とする。裁判例として、先物取引の勧誘に係る事例において、公序良俗に反して委託それ自体を無効と判断するものがある（最判昭和61・5・29判時1196号102頁）が、事案はいわゆる金地金先物取引に係るものであり、当時の商品取引所法8条（現行商品先物取引法6条）違反にも関わる特殊なケースではあった。家庭婦人に対する先物取引の勧誘事案としてみれば、「狭義の適合性原則」に関する事案であったとも考えられる。

51)　河内・前掲注1) 73頁は、適合性原則違反だけを理由とする委託契約の無効・取消は難しいとされるが、顧客の属性いかん（特に不適格顧客）では無効説が妥当する場合があると思われる。尾崎・前掲注42) 51頁、同「先物取引委託者の適格性」先物取引被害者全国研究会編・先物取引被害研究4号18頁以下参照。

52)　前掲注5) 平成17年最判参照。委託者に係る適合性違反をもって行政処分の対象となるかは別問題である。

299

第4編　適合性原則と説明義務

トもある。しかし、デメリットとして、狭義の適合性原則が適用になる顧客の場合も一定の条件下で投機の世界に誘い込むことを許容してしまうおそれがある。狭義の適合性原則の場面では、これは大きな欠陥である。

　取引損は徹底して業者に負担させる解釈をとる必要があると考える。このような理解が定着すれば、特に狭義の適合性原則の対象となる顧客への勧誘自体が業者にとってハイリスクとなり、顧客を知る努力への強いインセンティブとなると思われるからである。

(3) 適合性違反と説明義務違反

　自ら投機リスクを負担できる適格投資者は、進んで投機行為を行ってよい。自己責任である。知識だけが劣る者については、広義の適合性原則が適用になり、業者からの説明で補完したうえで投機をさせることもまた、許されよう。これも自己責任の範囲内である。問題は、説明により補完される知識の内容と程度である。それはケースバイケースであろうが、そうであれば、業者の顧客情報の調査義務の履行問題に帰着する[53]。

　言うまでもなく、狭義の適合性原則が適用になる顧客については、説明による補完は不可能である[54]。説明義務違反の問題は、そもそも生じえない。

6　むすびに代えて

　適合性原則は、顧客把握義務を中心として理解することが妥当である[55]。広狭いずれの適合性原則についても、理論的には、業者サイドの顧客把握義務

---

53) 訴訟では後知恵になるが、適合性以前の段階の、顧客情報入手「努力」が尽されていたかどうかが重要な争点となろう。調査義務違反だけで違法性を判断するのは難しいとしても、狭義の適合性原則該当者が含まれる可能性がある以上、十分な調査もしないで勧誘をしたことは問題である。もとより、判例の集積による公正な実務形成が望まれるところであるが、立法論として顧客情報調査義務を課した上で、セイフハーバーを設けるアイディアもありえようし、ガイドラインや自主規制も有用な手法であろう。

54) 川地宏行「投資勧誘における適合性原則（二・完）」法経論叢（三重大学）18巻2号36頁。

55) 森田章「証券業者の投資勧誘上の義務」河本一郎先生古稀記念『現代企業と有価証券の法理』263頁（有斐閣、1994）参照。

第1章　総　　論／第1節　適合性原則

を前提にせざるをえないからである。業者が努力して得た顧客情報を基礎に、第一に、当該顧客が狭義の適合性原則の適用対象者であれば、勧誘行為等を絶対的に禁止し、受託自体も禁止する。そのような業者ルールを設けるべきである。この違反に対するサンクションは行政的また民事的に課すべきである。特に狭義の不適格者との間の受委託契約は無効と解すべきである[56]。その結果、市場取引の損益がすべて業者に帰属する[57]。取引開始後に取引「不適格者」であることが判明したときは、取引を直ちに中止すべきである。その間の取引損益の配分もまた業者に負担させることが原則となる。もっとも、その配分が不合理な場合（たとえば委託者が虚偽の顧客情報を提供していて、これを見抜けなかったことに過失がないとき）は、例外的に、委託者の負担とすることも考えられてよい。その具体的な配分は、事後的な当事者の話し合いか司法判断に委ねるほかはない。

　他方、第二に、広義の適合性原則の適用対象者については、足りないところを補完して勧誘することはできる。もっとも、顧客の知識・経験・財産状況・目的のうち、補完が可能なのは、知識だけと考えられる。適合性原則が説明義務とリンクする場面である。なすべき説明の内容や程度はケースバイケースであるが、これも、業者の顧客把握義務の履行に帰着する[58]。

　広義の適合性原則においては、「顧客固有の適合性」に合致した具体的な推奨商品の選択がなされなければならない。しかし、そのような推奨商品の取引がなされている場合であっても、取引の撤退などの「助言」[59]もまた必要な行

---

56) 潮見・前掲注48) 122頁は、「生存権確保型投資者保護公序」を前提に、「投資希望者を投資取引から排除するという法理が優先する」との考え方を示唆する。

57) 取引益を違反した業者に取得させることに批判がありえよう。しかし、それは価格変動が「幸運」であった結果にすぎず、むしろ「不適格」委託者がその僥倖を享受することこそ問題である。「不適格」委託者は「学習効果」が得られず、いずれ多大な損失を被る危険もあるからである。そして、かかる「不適格者」の投資判断は、業者に無理やり仕向けられた歪んだものである危険性があり、そのときは市場による公正な価格形成にとっての攪乱要素となりうる。

58) 広義の適合性原則が適用になる顧客が取引開始後に取引をする財産状況でなくなったときは適切に対応する必要がある。取引からの撤退（の助言）は不可欠であろう。また、顧客の指示、特に手仕舞指示や投資目的の変更には、業者は絶対的に従わなければならない。

59) 顧客は助言に従う必要はない。あくまでも参考情報として咀嚼できることが自己責任を負担できる証しである。助言に無批判に従う者は、ある意味で、投資不適格者である可能性がある。そのような投資者は、プロに投資を一任する仕組み（投資ファンドなど）を通じて参加すべきである。

第4編　適合性原則と説明義務

動の選択肢となることがある[60]。常に顧客情報は更新されなければならない。

　業者が負担する取引コストは高まれば、手数料等を通じて顧客に転嫁されるおそれがある。危険商品を勧誘し手数料収入を目的とする業態（ブローカー業務）がこのような取引コストを負担するのはやむを得ないが[61]、顧客も取引コストの上昇分が転嫁されることの説明を十分に受けていれば転嫁もありうる。それでもなお投機行為をしたいと判断したならば、顧客の投資判断は尊重されてよい。もっとも、保守的な投資家は、コストとリスクの説明を聞いて、当該投機商品を購入しない判断もありうる。

　デリバティブ商品を取り扱うブローカー業に係る法規制としては、規制コストを考えながら、業者ルールと取引ルールをいかに組み合わせるかが課題である。危険商品を扱う B to C 取引にあっては、業者にある程度の負担を強いる結果となったとしても仕方がないであろう。そうすることで、業者には、一方で「不適格者」を算入させない「壁」となることを期待し（狭義の適合性原則）、他方で情報等に劣る顧客者に対して当該顧客の状況に応じて情報提供を含む適切な「対応」を求め、当該顧客に自己責任を貫徹できるようにするサービス（たとえば説明）の提供が促進する（広義の適合性原則）。

　しかし、いずれの場合も、顧客情報を前提とした判断が重要であり、業規制の在り方としては、顧客情報収集の努力が業者の最も重要な義務であることを明らかにする必要がある。

〔尾崎安央〕

60）理論上、情報提供義務や助言義務の法的性質をどのように捉えるかは1つの問題点であろう。この点で、潮見・前掲注48）90-94頁、116-133頁など参照。

61）業者自身の自己売買取引（ディーリング）にはこのようなコスト負担の問題はない。また、自己責任を負担できる投機家は、自己責任で危険商品を購入している反面、取引コストが軽減される仕組みが考えられてよい（手数料の軽減など）。

第1章　総　　論／第2節　説明義務

第2節　説明義務

1　はじめに

　証券会社などの金融商品取引業者等は、顧客（投資家）に金融商品（投資商品）を勧誘・販売しようとするときは、当該金融商品の仕組みや危険性等について、その顧客の知識、経験、財産の状況、および、契約を締結する目的（投資目的）に照らしてその顧客が理解できるような方法と程度で、説明をすることが求められる。このような説明義務は、当初は、信義則上の説明義務として裁判例によって認められ、後に関連する法規定が整備されるという経緯を辿り、金融商品取引法（以下「金商法」という）にも関連条項が設けられるに至っている。本節では、金商法上の説明義務、金融商品販売法（正式名称は「金融商品の販売に関する法律」。以下「金販法」という）上の説明義務、説明義務と適合性の原則との関係、信義則上の説明義務、最後に、指導助言義務との関係という順で、説明義務について取り上げる。

2　金融商品取引法における説明義務

(1) 説明義務の位置付け

　金商法は、金融商品取引業者等またはその役員・使用人の、顧客に対する説明義務について、後述のように、契約締結前交付書面の交付に際しての説明に関する規定や信用格付に関する説明の規定を設けている。これらは業法上の義務規定であり、金融商品取引業者等の行為規制の1つと位置付けられる。そのため、これらに違反しても、そのことは顧客に対する金融商品取引業者等の民事責任（損害賠償責任）には直ちにむすびつかないと理解されている。民事責

303

第4編　適合性原則と説明義務

任については、別途、金融商品販売法に規定がある。しかしながら、他方で、金商法には、金融商品取引業者等およびその役員・使用人の顧客に対する誠実・公正義務が定められている（金商法 36 条 1 項）[1]。証券会社をはじめとする金融商品取引業者等は、顧客（投資家）に対して投資の勧誘段階から誠実・公正義務を負い、顧客が、取引しようとする投資商品の内容・リスク・契約形態等を的確に把握して投資判断が行えるように、勧誘・説明すべき義務を負う。顧客の取引（投資判断）の集積によって、市場において公正な価格が形成されるからであり、金融商品取引業者等は、このような市場に顧客をつなぐ接点としての役割を担うからである[2]。そのような金融商品取引業者等としての説明義務に違反することは、誠実・公正義務の違反であり、業者としての顧客に対する債務不履行責任を構成することになるとも解釈できる。

(2) 契約締結前交付書面と説明義務

　金商法は、金融商品取引業者等の行為規制の 1 つとして、金融商品取引契約を締結しようとするときは、あらかじめ顧客に対して、次の事項を記載した書面（契約締結前交付書面）を交付しなければならない旨を規定している（契約締結前交付書面の交付義務。金商法 37 条の 3）。その記載事項は、①金融商品取引業者等の商号、名称、住所、②登録番号、③当該契約の概要、④手数料・報酬その他の顧客が支払うべき対価、⑤金利、通貨の価格、金融商品市場における相場その他の指標にかかる変動（市場リスク）により損失または元本超過損を生じるおそれ、⑥その他顧客の判断に影響を及ぼすこととなる重要なものとして内閣府令（金融商品取引業等に関する内閣府令。以下「金商業等府令」という）で定める事項であり、そして、⑥について金商業等府令において、顧客が預託する保証金等の額・算定方法、信用リスクにより損失・元本超過損を生じるおそれ、当該契約に関する租税の概要、契約終了事由、クーリングオフ適用の有無・その内容、業者の概要等々が定められている（金商業等府令 82 条）。さらに、金商業等府令において、契約締結前交付書面（上場有価証券等書面、所定の目論見書・契約変更書面も同様）の交付に関し、あらかじめ顧客に対して、これら記

1）証券会社の誠実公正義務は 1992 年の証券取引法改正によって明文化された。
2）この点の説明は、上村達男「証券会社に対する法規制（四）」企業会計 55 巻 5 号 117 頁。

載事項について顧客の知識、経験、財産の状況および契約を締結する目的に照らして当該顧客に理解されるために必要な方法および程度による説明をすることを求め、これをすることなく金融商品取引契約を締結する行為を禁止している（金商法38条9号、金商業等府令117条1項1号）。金融商品取引業者等またはその役員・使用人がこれに違反し、顧客の属性に照らして十分な説明を行わない場合には、行政処分の対象となる。

このように、金商業等府令117条1項1号は契約締結前交付書面等の交付に関し、あらかじめ、契約の概要、手数料等の対価、損失や元本超過損を生じるおそれ等々について、「顧客の知識、経験、財産の状況及び金融商品取引契約を締結する目的に照らして当該顧客に理解されるために必要な方法及び程度による説明」を行うことを求めており、「実質的説明義務」とも呼ばれている[3]。ここにいう説明義務は、これらの事項に関する説明が、顧客の知識、経験、財産の状況および金融商品取引契約を締結する目的に照らして当該顧客に理解されるために必要な方法・程度で行われることを求める点で、後述する広義の適合性原則に則った説明が行われることを確保しようとするものといえる。

なお、過去1年以内に上場有価証券等書面（上場有価証券の売買に関するリスク情報を記載した書面）を交付している場合等には、契約締結前交付書面の交付は要しないものとされ（金商法37条の3第1項但書、金商業等府令80条1項）、上場有価証券等書面の交付後1年以内に上場有価証券等売買等にかかる契約を締結しているときは、当該契約の日に上場有価証券等書面を交付したものとみなされる（金商業等府令80条3項）[4]。また、契約締結前の書面交付義務（金商法37条の3）や契約締結前交付書面の交付時の説明義務（金商業等府令117条1項1号）は、情報格差を是正するための行為規制であることから、特定投資家（プロ投資家）に対しては、適用されない。後述の適合性原則に関する規定（金商法40条1号）も同様である。

(3) 信用格付に関する説明義務

2009（平成21）年の金商法改正によって、信用格付業の登録制が導入される

---

3) 松尾直彦ほか「金融商品取引法の行為規制（下）」商事1815号5頁。
4) このような取扱いに対する批判として、黒沼悦郎『金融商品取引法』544頁（有斐閣、2016）。

第 4 編　適合性原則と説明義務

とともに、金融商品取引業者等は、登録を受けている信用格付業者の付与した
格付を提供して投資の勧誘を行う場合には、格付に関する特別の説明を要しな
いこととされた。逆に、登録を受けていない者（無登録業者）の信用格付を用
いて勧誘を行うときは、当該格付が無登録業者の付与したものである旨、登録
制度の意義の他、当該信用格付の方法や、信用格付の前提・意義・限界等、所
定の事項を説明しなければならないものとされている（金商法 38 条 3 号、金商
業等府令 116 条の 3 第 1 項）。

3　金融商品販売法における説明義務

　2000（平成 12）年に制定された金販法は、預貯金、信託、保険、有価証券、
有価証券デリバティブ取引等の販売について、販売業者（金融商品販売業者等）
が、顧客に対して重要事項を説明すべき義務を負うことを明確化するとともに、
説明義務の内容（重要事項）を規定し、説明義務の違反について販売業者に無
過失の賠償責任を義務づけ、因果関係と損害額の推定規定を設けた。金販法は、
有価証券や有価証券デリバティブに限らず、また販売業者が誰であるかにかか
わらず、投資家が安心して取引できるよう、すべての市場参加者に機能的・市
場横断的なルールを提供するという、金融サービス法の立法構想を受けて制定
された法律である。金販法は、金融商品販売業者等が、説明すべき事項の説明
をしなかったときは、これによって顧客に生じた損害について無過失の賠償責
任を負う（金販法 5 条）とするもので、しかも、説明義務違反と顧客に生じた
損害との間の因果関係の存在、および、元本欠損額を損害賠償請求における
「損害」であると推定する損害額についての推定規定（金販法 6 条）を設けてお
り、民法上の不法行為の特則と位置付けられる[5]。前述のように、金商法にも
説明義務が規定されているが、これは業法上の説明義務と位置付けられるもの
であって、その違反が直ちに顧客に対する損害賠償責任に結びつくとは解され
ていない。これに対して、金販法は、民法上の不法行為責任規定に対して、金

　5）岡田則之＝高橋康文編『逐条解説金融商品販売法』26 頁（金融財政事情研究会、2001）。

第1章　総　　論／第2節　説明義務

融商品販売業者等の説明義務違反に関する特則を設けることで、これら業者の説明義務違反により損害を被った顧客の民事救済に資するために制定された法律である。

とはいえ、制定当初の金販法における説明義務の内容は、「元本欠損が生ずるおそれ」等、限定的なものであった。また、同法における「説明」の程度・方法についても、特段の規定は設けられておらず、当該金融商品を購入することが予想される一般的な顧客にとってその金融商品のリスクを理解できる程度の説明を意味するものと解されていた[6]。そのためもあってか、金販法施行後も、訴訟において業者の説明義務違反に基づく損害賠償責任が争われた事案のほとんどは、民法上の不法行為責任に基づくものであった。こうした裁判例には、たとえばワラント、オプションや、外為証拠金取引等のリスクのある「取引の仕組み」について顧客に説明していない点で、説明義務違反を認めた例や、業者の説明義務違反の認定にあたって、顧客の適合性（顧客の知識、経験、財産状況や投資意向等）を考慮する例が多くみられた[7]。

そこで、2006（平成18）年改正金販法では、金融商品販売業者は、顧客に対して、①元本欠損を生ずるおそれがあること、②販売対象権利の権利行使期間の制限、契約解除期間の制限、③市場リスク・信用リスクによって当初元本を上回る損失を生ずるおそれがあること、および、④取引の仕組みのうち重要な部分について、当該金融商品の販売が行われるまでの間に、説明しなければならないものとされた（金販法3条1項）。2006（平成18）年改正によって、上記③と④が追加され、「販売が行われるまでの間に」説明しなければならないことが明確化された。④取引の仕組みのうち重要な部分とは、具体的には、市場リスク（金利、通貨の価格、金融商品市場における相場その他の指標にかかる変動のリスク）、信用リスク（金融商品販売業者等や有価証券の発行者等の業務または財産状況の変化のリスク）または政令で定めるリスクを直接の原因として「元本欠損が生ずるおそれ」または「当初元本を上回る損失が生ずるおそれ」を生じさせるものとされ、これらリスクを生じさせる契約の内容等（顧客の権利・義務）に関する重要な事項が説明されなければならないこととなった[8]。さら

6）岡田＝高橋編・前掲注5）97頁。
7）池田和世「金融商品販売法の改正」商事1782号17頁。

第4編　適合性原則と説明義務

に、顧客に対する説明は、顧客の知識、経験、財産の状況および契約を締結する目的に照らして、当該顧客に理解されるために必要な方法および程度で行われなければならないことが規定された（金販法3条2項）。前述した金商法38条9号による金商業等府令117条1項1号が「顧客の知識、経験、財産の状況及び金融商品取引契約を締結する目的に照らし……」と規定するのは、この、2006（平成18）年改正金販法3条2項に対応したものである。2006（平成18）年の金販法改正では、金融商品販売業者等が顧客に断定的判断を提供することを禁止する規定（金販法4条）も追加されている。

金販法の説明義務であれ金商業等府令117条1項1号に定める説明義務であれ、顧客に対する説明は、顧客が当該金融商品の仕組みや危険性等を具体的に理解できるように、具体的になされることが求められるといえよう。たとえば、東京地判平成29・5・26金判1534号42頁は、証券会社の担当者は「顧客に対してオプション取引を勧誘するに当たっては、顧客の自己責任による取引を可能とするため、取引の内容や顧客の投資取引に関する知識、経験、資力等に応じて、当該取引に伴う危険性を具体的に理解するのに必要な情報を提供して説明する」義務を負うとしており、大阪高判平成25・2・22判時2197号29頁も、金融商品取引業者等の一般投資家に対する信義則上の義務としてではあるが、当該商品の仕組みや危険性等について、当該顧客がそれらを具体的に理解することができる程度の説明を「当該顧客の投資経験、知識、理解力等に応じて」行う義務を負う旨を判示している。

なお、顧客が特定顧客（金融商品の販売等に関する専門的知識・経験を有する者として政令で定める者）である場合には、金販法の説明義務に関する規定は適用されない（金販法3条7項1号）。金商法上の特定投資家（金商法2条31項）は、ここにいう特定顧客に含まれる（金販法施行令10条）。

8）池田・前掲注7）18頁。

第1章　総　　論／第2節　説明義務

4　説明義務と適合性の原則との関係

　金商法 40 条 1 号は、金融商品取引業者等は、金融商品取引行為について、顧客の知識、経験、財産の状況および契約を締結する目的に照らして、不適当と認められる勧誘を行って投資者の保護に欠けることのないよう、その業務を行わなければならない旨を定めている。これは、適合性の原則を、金融商品取引業者等の業規制として定める条項である。適合性の原則とは、顧客の意向（契約目的）と実情（知識・経験・財産の状況）に照らして不適当と認められる勧誘を行ってはならないとする原則であって、顧客の知識、経験、財産の状況および契約締結の目的に照らして適切な説明を行わなければならないという原則（広義の適合性原則）に対して、狭義の適合性原則とも呼ばれている。広義の適合性原則とは、前述の説明義務における説明の方法・程度（顧客の知識、経験、財産の状況および契約締結目的に照らして当該顧客に理解されるために必要な方法および程度）で、つまり顧客に適した方法で、説明しなければならないとする原則である。

　狭義の適合性原則は、当該金融商品を勧誘することが、顧客の知識、経験、財産状況および契約締結目的に照らして不適当であれば、勧誘を行ってはならないとする原則であり、一定の顧客に対しては勧誘・販売を禁止する原則である。これに対して、広義の適合性原則とは、狭義の適合性原則によって勧誘・販売が禁止されない、つまり、勧誘等を行うこと自体は不適当でない顧客に対して勧誘を行うときに、どのような説明をすべきかに関する原則であって、顧客に適合した説明をしなければならないとする原則である、と整理することができる。もっとも、前述のように、金販法は、このような整理に基づいて適合性の原則（狭義の適合性原則）と説明義務（広義の適合性原則）をリンクさせるような規定ぶりで、説明義務の違反に関する民事責任を定めているわけではない。当該金融商品を勧誘・販売することが、狭義の適合性原則に違反することとなる顧客の中には、その顧客の知識・経験・財産の状況・契約締結の目的に照らして適合的な説明を行うことが、そもそも不可能であるという顧客が存在する。このような顧客に対しては、当該金融商品についてどのように説明して

309

第4編　適合性原則と説明義務

も、それは適合的な説明（顧客の属性に照らして方法・程度において適合的な説明）とはならない、という関係にある。したがって、適合性原則に違反して勧誘・販売が行われるとすれば、それは説明義務にも違反していることになる。このような関係から、金販法の説明義務に関する規定により、事実上、適合性原則違反にも民事効（民事責任）が認められたとも考えられるといわれている[9]。

　ちなみに、最判平成17・7・14民集59巻6号1323頁は「顧客の意向と実情に反して、明らかに過大な危険を伴う取引を積極的に勧誘するなど、適合性の原則から著しく逸脱した証券取引の勧誘をしてこれを行わせたときは」当該行為は不法行為法上も違法となる旨を判示するとともに、顧客の適合性の判断にあたっては「取引類型における一般的抽象的なリスクのみを考慮するのではなく、当該オプションの基礎商品が何か、当該オプションは上場商品とされているかどうかなどの具体的な商品特性を踏まえて、これとの相関関係において、顧客の投資経験、証券取引の知識、投資意向、財産状態等の諸要素を総合的に考慮する必要がある」と述べている。後者の判示部分は、説明義務についても妥当しよう。

5　信義則上の説明義務

　前述のように、金販法等の法令が整備される以前から、裁判例は、証券会社等には顧客に対する信義則上の説明義務があることを認めていた[10]。説明義務を認めるための理論構成としては、勧誘段階での説明義務は契約の成立過程（契約締結過程）の問題であるとも捉えられることから、契約締結上の過失の理論も検討されたが、伝統的な民法理論には適当な法律構成の受け皿がないと考えられた。そこで構成要件の緩やかな不法行為が活用されたようである。学説も不法行為法を受け皿として便宜的に活用することに積極的であったといわれている[11]。ⓐ専門家である証券業者と顧客との間には情報の非対称性があり、

　9）池田・前掲注7）20頁、黒沼・前掲注4）541頁。

　10）この間の経緯について、川島いづみ「説明義務違反と適合性原則」潮見佳男＝片木晴彦編『民・商法の溝をよむ』別冊法セ223号（日本評論社、2013）150頁以下。

ⓑ顧客は証券業者の提供する情報を信頼して取引する一方、ⓒ証券業者はその取引によって手数料を得る関係にあるので、民法1条2項の信義則から説明義務を導き出すことができると考えられた。

最高裁も、最判平成10・6・25金法1522号92頁において、投資信託について説明義務を怠った違法を不法行為に該当するとした原審（大阪高判平成9・5・30金法1498号39頁）の判断を正当とし、最判平成10・6・11証券セレクト8巻325頁では、ワラント取引に関する事案において、証券会社とその使用人が、証券取引の利益やリスクに関する的確な情報提供や説明を行い、投資家が正しい理解を形成したうえで自主的な判断に基づいて当該証券取引を行うか否かを決定できるように配慮すべき信義則上の義務に違反して勧誘したことが、不法行為を構成するとした原審（東京高判平成8・11・27判タ926号263頁）の判断を正当としている。この判示にもみられるように、その後の判例・裁判例には、前述のⓐ～ⓒに加え、ⓓ説明義務の履行は顧客が自己責任による投資判断を行うための前提であることに言及するものも多い。

金販法や金商法等の説明義務に関する規定が整備された後も、裁判例においては、信義則上の説明義務の違反により顧客に対する証券会社等の不法行為責任を認めることが、むしろ一般的なようである。これは、裁判所が業者の不法行為責任の結論を導くにあたって、裁判例を通じて確立した民法上の信義則に基づく説明義務に依拠すれば足り、加えて金販法を援用することが必要であると考えていないことによるのではないか、と指摘されている[12]。また、前掲平成17年最判が、適合性の原則から著しく逸脱した勧誘をして証券取引を行わせたときは不法行為法上も違法となる旨を判示して、適合性原則のみの違反であっても不法行為となり得ることを明らかにした後も、裁判例においては、狭義の適合性原則の違反を認定して不法行為責任を認めたものは少数にとどまり、むしろ説明義務違反を認定して不法行為責任を肯定したものが多いといえよう[13]。適合性原則違反と説明義務違反の双方を認定する裁判例も少なから

---

11) たとえば、小粥太郎「説明義務違反による不法行為と民法理論（下）——ワラント投資の勧誘を素材として」ジュリ1088号91頁。

12) 松尾直彦『金融商品取引法〔第5版〕』449頁（商事法務、2018）。なお、金販法に基づき損害賠償責任を認めた公刊裁判例として、東京地判平成15・4・9判時1846号76頁、大阪高判平成27・12・10判時2300号103頁等。

第4編　適合性原則と説明義務

ず存在する。裁判所においては、狭義・広義のいずれかの適合性原則に反する投資勧誘は違法性が高いとして業者の損害賠償責任を基礎づけるという思考が、今なお有力な判断枠組みであるともいわれている[14]。

　適合性の原則（狭義の適合性原則）は所定の顧客への勧誘・販売を禁止するルールであると捉えれば、その違反は重大であって、当該取引による損害賠償については過失相殺を認めにくいものと考えられる。そのため、事案の妥当な解決という観点からは、適合性原則の違反よりも説明義務の違反の方が法律構成として使いやすい、ということが考えられる。加えて、当該顧客の知識・経験・財産の状況・契約締結の目的に照らして、当該金融商品を勧誘することが適合的でない顧客の中には、適切な説明をすれば当該金融商品が適合的でないことを理解できると思われる顧客も存在する。非適合的な顧客への勧誘・販売を禁止するルールとしての狭義の適合性原則が、顧客の適合性が問題となる全ての場面に妥当するとは必ずしもいえないこと[15]も、上述のような裁判例の動向に影響を与えているのかもしれない。なお、裁判例には、契約準備段階における信義則上の義務としての適合性原則や説明義務の違反を認定しつつ、金融商品取引業者等の債務不履行責任を認めるものも、一定程度存在する[16]。消滅時効との関係では、債務不履行構成に現実的な重要性がある場合もある。

　近年は、各種の仕組債や金利スワップ、為替デリバティブ取引など、複雑な構造の金融商品について、説明義務違反の有無が争われる事案も散見される[17]。このような事案においては、顧客（個人の他、企業や法人）の属性（知識・投資経験・投資意向・財産状態等）を踏まえて、取引の内容や金融商品の基本的な仕組みとリスクに加えて、最悪時のリスクやリスクが現実化する蓋然性等を、顧客が具体的に理解できる程度にどこまで踏み込んで説明することが求められる

13）神田秀樹ほか編著『金融商品取引法コンメンタール2 業規制』354頁〔志谷匡史〕（商事法務、2015）。

14）神田ほか編著・前掲注13）354頁〔志谷〕。

15）この点について、たとえば、金融商品取引法研究会編『適合性の原則』金融商品取引法研究会記録54号（日本証券経済研究所、2016）13-15頁。

16）たとえば、大阪地判平成11・3・30判タ1027号165頁。

17）最判平成25・3・7判時2185号64頁、最判平成25・3・26判時2185号67頁、東京高判平成26・3・20金判1448号24頁、最判平成28・3・15判時2302号43頁等。

312

第1章　総　　論／第2節　説明義務

のか、金商法や金販法の規定からは必ずしも明らかでなく、判例法の形成が重要となる。他方で、裁判所による個々の事例判断の積み重ねによって、こうした金融商品に関する説明義務について普遍性のある法理の形成を導くことができるのか、必ずしも明らかとはいえない。

6　指導助言義務との関係

　説明義務とは別に、証券会社（金融商品取引業者等）の顧客に対する信義則上の指導助言義務や損失拡大防止義務（以下、損失拡大防止義務や損失回避義務等を含めて「指導助言義務」という）の存在を肯定し、その違反を認める裁判例が、少数ながら存在する[18]。適合性原則や説明義務が、勧誘・販売時の義務あるいは契約締結に先立つ義務と位置付けられるのに対して、指導助言義務は、むしろ契約締結後に問題となることが一般的である[19]。信用取引やデリバティブ取引のように、期限までの反対売買が予定され、最初の売買では取引が完了しないタイプの取引では、顧客の属性によっては金融商品取引業者が信義則上の指導助言義務を負うと解すべき場合があるともいわれている[20]。適合性原則からの著しい逸脱は不法行為となる旨を判示した前掲最判平成17・7・14の補足意見（才口千晴裁判官）も、オプションの売り取引について適合性が認められる「被上告人のような経験を積んだ投資家であっても、オプションの売り取引のリスクを的確にコントロールすることは困難であるから、これを勧誘して取引し、手数料を取得することを業とする証券会社は、顧客の取引内容が極端にオプションの売り取引に偏り、リスクをコントロールすることができなくなるおそれが認められる場合には、これを改善、是正するため積極的な指導、助言を行うなどの信義則上の義務を負うものと解するのが相当である」としている。

18）大阪高判平成20・8・27判時2051号61頁、大阪地判平成21・3・4判時2048号61頁、大阪地判平成24・9・24判時2177号79頁等。

19）ただし、前掲注18）大阪地判平成21・3・4は、NTT株等の勧誘時における適合性原則違反および助言義務違反を認めている。

20）黒沼・前掲注4）536-537頁。

第4編 適合性原則と説明義務

　他方で、指導助言義務については、適合性原則や説明義務のような法令上の根拠となる条項が存在せず、その要件・内容などが未だ明確でないこともあり、一般的な議論としては、投資助言契約といった契約に基づく当事者間でない場合には、指導助言義務を認めることに対して批判的な見解が、従来から根強く存在する[21]。近時も、指導助言義務のような積極的・継続的サービスは、投資顧問の業務に属し、取引手数料の対価を超えたものではないかと指摘する見解がみられる[22]。

　もっとも、指導助言義務の違反を認める数少ない裁判例のほとんどは、このような批判が背景にあってか、一回的な取引でない取引について、適合性原則や説明義務などの違反またはそのおそれの高い行為があり、これに付随して指導助言義務の違反が認められる、というパターンのものである。先行して説明義務違反がある例をみると、ワラント取引について、購入時の説明が不十分で顧客が明らかにワラントの仕組み等を理解せず、またはこれを誤解していて損害を受ける可能性が高い場合に、適宜助言や情報提供をすべき義務を認め（大阪地判平成7・12・5証券セレクト3巻286頁、大阪地裁堺支判平成9・5・14金判1026号36頁、東京地判平成11・6・28判タ1064号184頁）、あるいは、株価指数オプション取引におけるロールオーバー取引について、取引手法の危険性を顧客が良く理解した上でその取引を行うよう指導、助言すべき注意義務があるのに、その危険性を説明せずに取引を勧め、説明や注意喚起をしなかった点で説明義務と指導助言義務の違反を認める（大阪高判平成17・12・21証券セレクト27巻370頁）といったものである[23]。このような場合における指導助言義務は、適合性原則や説明義務の違反によって顧客が損害を被る事態を是正・回避すべき義務を、先行する適合性原則や説明義務に違反した業者に負わせるものであ

21）たとえば、潮見佳男「説明義務・情報提供義務と自己決定」判タ1178号17頁は、「顧客に有利な取引内容を積極的に実現し、不利な内容の取引を回避するために一方当事者にこうした義務が課されるときには、そこでは、自己決定に基づく自己責任の原理そのものを制約する方向で、国家による取引内容へのパターナリスティックな介入がおこなわれているものと言うことができる」とする。

22）松井智予「判批」金融商品取引法判例百選41頁（有斐閣、2013）。

23）類似の事案として、東京地判平成29・5・26金判1534号42頁。裁判例の類型化は、川島いづみ「判批」金判1548号5-6頁。

第1章　総　　論／第2節　説明義務

ると理解できる。その意味では、指導助言義務が認められる状況（特段の事情）とは何かを明らかにすることが真に求められるのは、平成17年最判の補足意見が想定するような、指導助言義務の違反のみが認められる状況とは何か、ということのように思われる[24]。

〔川島いづみ〕

24）加藤新太郎「近時における金融商品取引関係訴訟の動向〔適合性原則〕」加藤新太郎＝奈良輝久編『金融取引の適合性原則・説明義務を巡る判例の分析と展開』金判増刊1511号9頁、若松亮「証券取引における適合性原則違反と不法行為の成否」同1511号44頁など、実務家からは、発生要件・義務の具体的内容・違反の効果等の議論の深化が求められている。

第 4 編　適合性原則と説明義務

─────────── 第 2 章 ───────────

各　論

第 1 節　株　式

1　はじめに

　金融商品取引業者等は、金融商品取引行為について、顧客[1]に対し、説明義務を尽くしたとしても、適合性原則に違反する勧誘を行ってはならない（金商法 40 条 1 項）。この要請は「狭義の適合性原則[2]」ともいわれる（以下、単に「適合性原則」という）。金商法上の適合性原則の規定は公法規制であり、適合性原則違反があれば、監督上の処分の対象となる。これに違反した行為の私法上の効力は解釈問題となる[3]。最判平成 17・7・14 民集 59 巻 6 号 1323 頁は、業者が顧客に適合性原則から著しく逸脱した勧誘をして、当該顧客が当該取引によって損害を被った場合には、不法行為法上の責任を負うことを認めた。説明義務については、金商法にこれを直接に定めた規定はないが、金融商品取引業者等は、顧客を勧誘する際には、顧客が自己責任による投資判断を行う前提

1）特定投資家を除く（金商法 45 条 1 号）。

2）狭義の適合性原則と広義の適合性原則を分ける見解（2 分法）は、金融審議会第一部会「中間整理（第一次）」（平成 11 年 7 月 6 日）で示された。この見解では、広義の適合性原則は説明義務と関係づけて説明される（山下友信＝神田秀樹編『金融商品取引法概説〔第 2 版〕』404 頁〔有斐閣、2017〕、松尾直彦『金融商品取引法〔第 5 版〕』429 頁〔商事法務、2018〕、近藤光男ほか『金融商品取引法入門〔第 4 版〕』240 頁〔商事法務、2015〕）。2 分法に反対する見解もある（加藤新太郎「近時における金融商品取引関係訴訟の動向〔適合性原則〕」金判 1511 号 10 頁参照）。

3）山下＝神田編・前掲注 2）414 頁参照。

316

として、信義則上の説明義務（民法1条2項）等を負い、この義務違反は不法
行為となると解されている[4]。前掲判決以降、第1段階で、適合性原則違反の
有無を判断し、この違反が認められなかった場合に、第2段階で、説明義務違
反の有無を判断するという、2段階アプローチが一般的になっている[5]。現在、
複雑な仕組みあるいはリスクの高いデリバティブ取引や信用取引等に関して、
適合性原則・説明義務を認める裁判例が蓄積されている。これらは別節で扱わ
れるので、本節では、株式の現物取引に関する適合性原則・説明義務について
述べる。

2　株式の現物取引

(1) 裁判例

　前掲最判平成17・7・14以降で、金融商品取引業者等が株式の現物取引等を
勧誘した場合において、顧客が適合性原則・説明義務の違反を争った裁判例に
は以下のものなどがある[6]。現物取引はいずれも上場株式について行われたも
のである。

① 大阪高判平成22・7・13判時2098号63頁[7]

　本件では、66歳（取引開始時）で、年間収入は年金240万円、資産は預貯金
3,769万円と自宅、取引経験は従業員持株制度の株式取引だけという、定年退

　4）東京高判平成27・1・26判時2251号47頁。最判平成23・4・22民集65巻3号1405頁（信用
　　協同組合への出資契約の事案）は、信義則上の説明義務に違反の場合について、債務不履行責任
　　を否定し、不法行為責任を負うことがあるとする。
　5）松尾・前掲注2）442頁。適合性原則違反と説明義務違反の両方を認める裁判例もある（大阪
　　高判平成20・6・3金判1300号45頁〔仕組債の事案〕、大阪地判平成22・8・26判時2106号69
　　頁〔ノックイン型投資信託の事案〕、大阪地判平成25・2・20判時2195号78頁〔償還型投資信
　　託の事案〕）。
　6）株式の現物取引の勧誘について適合性原則・説明義務違反を否定した未公刊の裁判例は多いと
　　思われる（否定例として、東京地判平成18・6・7金判1287号47頁〔④判決の原審判決〕、東京
　　地判平成28・9・26判例集未登載（平22(ワ)第39616号）〔LEX/DB 25537190〕）。
　7）上告不受理。春田博「判批」金融商品取引法判例百選44頁（有斐閣、2013）。

317

第4編　適合性原則と説明義務

職した男性（X）が、証券会社（Y）から株式の現物取引の勧誘を受けて行った取引で約1,360万円の損失を出した。そこで、Xは、Yに対して、適合性原則違反、説明義務違反、断定的判断の提供および過当取引の違法があったと主張して、債務不履行または不法行為に基づく損害賠償請求をした。本判決は、前掲最判平成17・7・14を引用した上で、「株式の現物取引は株式を現実に購入又は売却するものであるから、株式の取得価格とその後の売却価格との差が利益又は損失となることは自明の理である。そして、株式の発行体である株式会社が経営に行き詰まれば、それを保有する投資家はその投資額の全部を失うが、それ以上の損失を受けることがないことも、一般人の周知の事柄である。したがって、株式の現物取引は、その仕組み自体がレバレッジのかかる商品先物取引などに比較して単純であり、わずかの値動きで予想外の損失を破るようなことはなく、また、いつでも売却することが可能であり、『損切り』などでリスクをある程度はコントロールすることができるから、それ自体、リスクが過大であるとはいえない。また、株価の変動の要因については、市場リスクのほか、発行体の個別リスクがあるのは当然であるが、上場企業の中でもとりわけ大企業にあっては、その経済的又は社会的活動等がマスコミ等により報道される機会も多いことから、その投資の判断が一般人であっても容易である面があるといえる」として、本件株式の購入はXの自由な判断のもとに行ったものであり、勧誘の方法等に違法な点はなかったとして、本件勧誘の適合性原則違反を否定した。そして、説明義務違反については、「株式の現物取引における取引の仕組みや損得の発生の機序、市場リスクについては、一般人においてあまねく知るところである」ことから、「かかる事項について、本来、証券会社としては顧客に説明する義務はない」として、これを否定し、Xの請求を棄却した。

② 東京地判平成29・11・17証券セレクト54巻31頁

本件では、有名大卒で大企業での勤務経験や会社代表取締役の経験等のある女性（X）が、退職後73歳（取引開始時）で、証券会社（Y）に証券総合口座を開設し、株式の現物取引、信用取引および投資信託取引等（本件取引）を約4年6ヶ月行った間に、本件取引において約2,262万円の損害を出した。そこ

で、Xは、Yに対して、適合性原則違反、説明義務違反、断定的判断の提供、一任売買とその押付け、過当取引および取引終了の申入れの拒否の違法行為があると主張して、不法行為または会社法429条1項および同350条に基づく損害賠償請求をした。本判決は、前掲平成17・7・14を引用した上で、取引の時期ごとに適合性原則違反の有無を検討し、株式の現物取引については、取引開始時におけるXの投資意向等から、現物取引を基本的な仕組みを理解していたと認められるとして、証券会社の適合性原則違反を否定した。また、その後に取引銘柄数が増加したことについては、Xに投資意向の変更があったことから、株式の現物取引は適合性原則違反があるということはできないとした。説明義務については、Xは具体的事実の主張をしていないなどとして、Yの違反を認めなかった。なお、Xは、「具体的には、手数料の額、過去及びその時々の相場状況及び価格変動要因、取引や銘柄ごとのリスクの質及び程度を、当該顧客の知識等に応じ、理解できるように説明しなければならない」と主張したのに対し、Yは、「当該顧客の属性に照らし、当該取引について自己責任を問いうるだけの情報を提供したかという観点から、対象と程度を定めるものである。投資はリスクをとりつつリターンを得ることを目的とし、将来の不確実な事項を予測（投資判断）して行うものであるから、当該金融商品への投資により、商品内容としてどのような場合に、どのような損害が発生するか、リスクがどのような場合にどのような内容で損失として顕在化するかということを、当該顧客が理解できる程度に説明すれば足りる」と主張した。本判決は、本件取引のうちの信用取引の一部について違法性を認め、Yに使用者責任（民法715条）に基づき約805万円の損害賠償責任を認めた。

③ **大阪高判平成19・3・9証券セレクト29巻104頁**

　本件では、72歳（本件において問題となった取引の開始時）で、夫の財産を相続して、証券会社（Y）と株式の現物取引のほか、投資信託、信用取引を行っていた専業主婦（X）が、これらの取引のうちの約2年3ヶ月の間に、Yの外務員（A）の勧誘により行った取引について、損失を出した。そこで、Xが、Yに対して、適合性原則違反、過当取引、誠実公正義務違反があると主張して、不法行為または債務不履行に基づく損害賠償請求した。本判決は、Aが、本件

第4編　適合性原則と説明義務

問題取引がXの投資方針と違うことを知っていたこと、Xが証券投資に関する情報等を一般的な定期刊行物で収集するほかは、外務員の勧誘に依存するだけにとどまっていることを知っていたこと、および、Xの信頼を得たことを利用して、本件問題取引の開始時からXに適合しない取引にXを誘導し、Xが当初予定していた額をはるかに超過する額を投資資金として投入させて、過当な取引を継続し、高額の取引手数料を支払わせたことに照らして、本件問題取引は適合性原則違反かつ過当取引にあたると判断して、Xに約4,000万円の損害賠償請求を認めた（Xの過失割合は5割）。

④ 東京高判平成 19・5・30 金判 1287 号 37 頁[8]

　本件では、46歳（取引開始時）で、企業で20年間働き管理職を務め、貯蓄額4,000万円程度あった未婚女性（X）が、親が高齢になったために実家に戻り、非常勤教師をしていたところ、証券会社（Y）の従業員（A）から勧誘を受けて、株式の現物取引のほか、投資信託、ＥＢ債等の取引を行い、これによって1億円以上の損失を出した。そこで、Xは、Yに対し、適合性原則違反、過当取引、分散投資義務違反、説明義務違反等があったと主張して、不法行為に基づく損害賠償を請求した。本判決は、Aは、Xの資産をリスクの高い商品に投入させる意図で、複雑な仕組債等を対象にX名義の取引を行って既成事実を積み重ねたこと、Aは、XがAの投資判断を一層信頼する一方で、親の介護のため個別の投資の是非を検討する余裕はない状況にあることに乗じて、個別の取引を一任させる心理状態にXを誘導し、事実上Xの口座を支配して自在に取引するに至ったものであることに照らして、株式の現物取引も含めた一連の取引について、適合性原則違反および社会通念上許容された限度を超える一任取引にあたるとして、約5,800万円の損害賠償請求を認めた（Xの過失割合は5割）。

(2) 適合性原則

　適合性原則について、金商法40条1号は、金融商品取引業者等は「金融商

8）原審判決である前掲東京地判平成18・6・7は、本件の一連の取引について適合性原則違反を否定し、説明義務違反もＥＢ債についてだけ肯定した。

第 2 章 各　　論／第 1 節 株　　式

品取引行為について、顧客の知識、経験、財産の状況及び金融商品取引契約を締結する目的に照らして不適当と認められる勧誘」を行うような業務運営をしてはならないと規定している。適合性原則違反の有無を判断する考慮要素として、前掲最判平成 17・7・14 は、「具体的な商品特性を踏まえて、これとの相関関係において、顧客の投資経験、証券取引の知識、投資意向、財産状況等の諸要素を総合的に考慮する必要がある」と判示する。本判決は、適合性原則違反の判断の際に商品特性と顧客の事情を分けて検討する枠組みを採用しており、顧客の事情については、金商法の条文に列挙された要素よりも多くの事項を考慮するもののようにも読める[9]。株式の現物取引の商品特性からみると、とくに上場株式の場合は過大なリスクを生じるような取引ではないし、仕組みも単純であるので（①②判決参照）、一般の社会人程度の能力を有する者であれば自由に取引することを認めるべきである。これに対して、顧客ごとの事情からみると、適合性の原則は、「高齢者や若者など消費者の特性（知識、経験及び財産の状況等）に応じた勧誘を行わなければならないという原則」でもあるので[10]、上場株式の現物取引であっても、個別の顧客にとって適合性原則違反の勧誘となる場合があることは当然ある。たとえば、顧客が通常の社会人程度の能力を有しない者であるときや無資力である場合の勧誘は、適合性原則違反となる。しかし、当該顧客が通常の社会人程度の能力を有しており余裕資金で株式の現物取引をするのであれば、金融商品取引業者等は、当該顧客の財産状況を考慮する必要はないし、当該顧客の高度な投資判断能力や株式取引の経験[11]も考慮する必要はない。ただし、この場合でも、当該顧客の取引目的・投資意向に合っていないなど、適合性原則違反を認めるのが妥当であるときはあり得る。

　適合性原則違反の損害賠償責任については、過失相殺を認めることができるかが問題となる。適合性原則違反がある場合でも、当該顧客が自己の意思で取引を行った側面や顧客の意思で当該取引を止められる側面があることを考慮す

　9）堀部亮二「証券取引における適合性原則について」判タ 1232 号 40 頁。金商法 40 条 1 号を例示規定と解するならば、考慮要素について判例と矛盾するとはいえない。

　10）第 1 期「消費者基本計画」（平成 17・4・8、閣議決定）9 頁注 10。

　11）大阪地判平成 21・3・4 判時 2048 号 61 頁（①の原審判決）は、顧客はほとんどはじめて株式取引を行う者であることを、適合性原則違反の判断の考慮要素の一つとして挙げるが、上場株式の現物取引の商品特性にかんがみると、妥当とは思われない。

321

第4編　適合性原則と説明義務

ると、衡平の見地から、過失相殺を認めることが妥当な場合はあると思われる（③④は顧客に5割の過失割合を認める）[12]。この点については、適合性原則が後見的配慮に基づき顧客の保護を目的とするルールである点を厳格に解して、過失相殺は認められないとする見解がある[13]。

　適合性原則に関しては、金融商品取引業者等に指導助言義務があるかも問題となる。前掲最判平成17・7・14の補足意見は、リスクの高いオプション取引について、指導助言義務を認める[14]。また、①判決の原審判決である大阪地判平成21・3・4判時2048号61頁は、上場株式の現物取引について、証券会社およびその従業員は、購入株式数が過大であることを指摘して再考を促す等の指導助言義務を負うことを認める。顧客が一般の社会人程度の能力を有する者であるときは、通常の株式の現物取引のリスクは自明のものであるので、そのリスクについて指導助言義務を負うと解する必要はないと思われる。ただし、顧客との取引開始後に顧客の投資意向に合わない状況が生じた場合など、指導助言義務を認めるのが妥当なときはあり得よう（②判決参照）[15]。

(3) 説明義務

　金商法上に説明義務を定めた規定はないが、実定法上、実質的に説明義務は定められているといえる[16]。金商法37条の3第1項・第2項は、金融商品販売法における説明義務を業法上の義務とする目的で、契約締結前書面等の交付義務を規定したものであると説明される[17]。また、同38条は、金融商品取引業者等またはその役員もしくは使用人に、金融商品取引契約の締結またはその

---

12) 適合性原則違反の場合の不法行為責任について、過失相殺（民法722条2項）を認めるのが判例（前掲最判平成17・7・14）の考え方である。

13) ワラント取引について、適合性原則違反が肯定される場合に過失相殺を否定する見解として、渡邊正則「ワラント取引における投資勧誘と投資者保護」判タ870号22頁。

14) 指導助言義務を肯定した裁判例として、東京高判平成22・3・24判時2081号15頁（金の商品先物取引の事案）、東京高判平成29・1・26金判1524号18頁（先物オプション取引の事案）があり、損失の出ている取引の継続を業者が主張した場合につき、大阪高判平成20・8・27判時2051号61頁（株式信用取引の事案）がある。

15) ①判決の原審判決が指導助言義務を認めたことは疑問である。注11）も参照。

16) 前掲注4）参照。

17) 神田秀樹ほか編著『金融商品取引法コンメンタール2 業規制』249頁〔飯田秀総〕（商事法務、2014）。

第2章　各　　論／第1節　株　　式

勧誘に関する禁止行為を規定する。同38条9号に基づく金商業等府令117条1号は、金融商品取引業等が契約締結前交付書面等の交付義務を負うことを規定するとともに、事前に商品性やリスクの所在・程度などについて、顧客の知識、経験、財産の状況および金融商品取引契約を締結する目的に照らして当該顧客に理解されるために必要な方法および程度による説明をすることなく、金融商品取引契約を締結する行為が禁止する。さらに、金販法3条は、金融商品販売業者等は、金融商品の販売等を業として行おうとするときは、当該金融商品の販売が行われるまでの間に、顧客に対し、重要事項について説明をしなければならないと規定する。同5条は、金融商品販売業者等が、説明義務に違反した場合には、無過失の損害賠償責任を負う旨を規定しており、この損害額については推定規定があり、この証明責任が販売業者側に転換される（同法6条）。

説明義務の内容は、顧客ごとに、当該顧客の知識、経験、財産状況、投資目的等に照らして、具体的に判断される。これらの説明義務違反の有無を判断する際の考慮要素は、適合性原則違反の場合と同様である。もっとも、2段階アプローチによると[18]、適合性原則は説明義務以前に検討される内容であり、説明義務とは別次元に問題となる[19]。説明義務の内容は、適合性が認められた顧客が取引をするかどうかを自己決定するための必要な情報を提供することである。

説明義務の程度については、必要な情報提供義務に加えて、金融商品取引業者等が顧客にリスク等を納得させる義務を負うかが問題となり得る[20]。適合性原則違反が否定される場合は、顧客は一般の社会人程度の能力を有すると認められるので、株式の現物取引であれば、当該顧客はその取引の仕組みやリスクは知っていると解することができる。そうであれば、金融商品取引業者等がそれらの説明義務を負うとする必要はない。株式の現物取引であっても、手数

18）松尾・前掲注2）442頁。

19）適合性原則と説明義務の関係をどのように解すべきかについて、見解が分かれる（加藤・前掲注2）10頁参照）。業者が顧客へ説明すべき内容を適合性から判断するという考え方もある（近藤ほか・前掲注2）240頁注(5)、山下＝神田編・前掲注2）404頁参照）。

20）松尾・前掲注2）436頁は、説明義務について、基本的には重要情報の提供義務として捉えられるが、提供された情報についての投資者側の理解（情報提供などを踏まえた金融商品・取引に関する正確な認識）または納得という意味も含めて捉えられる場合もある、とする。

323

第 4 編　適合性原則と説明義務

料や約定日などの一定の事項の説明義務があると考えられるが、これらについ
ても顧客がすでに知っている場合には説明の必要はない。通常は、契約締結前
交付書面等（金商法 37 条の 3 第 1 項 4 号）において、それらは実質的に説明さ
れていると解することができる。もっとも、書面交付義務と説明義務とは異な
るものであるので、個別の顧客が株式の現物取引を理解できない事情が認めら
れる場合には、金融商品取引業者等は、当該顧客が理解できる客観的に判断で
きる程度の説明をする義務を負うと解すべきである[21]。たとえば、当該顧客
が一般社会人程度の能力がある場合でも、当該顧客が日本語を十分に理解でき
ない外国人であるなど[22]、証券会社の従業員のいうことの理解が難しいよう
な事情があるときなど[23]が考えられる。

3　株式コミュニティ銘柄（非上場株式）の場合

　金商法上、金融商品取引業は内閣総理大臣の登録を受けた者でなければ行う
ことができないとされており（金商法 29 条、31 条の 3 の 2）、登録を受けた者で
あっても未公開株の取引の勧誘を行うことができる銘柄は、自主規則によって
制限されている（日本証券業協会「店頭有価証券に関する規則」3 条）。金商法の
改正にともない、日本証券業協会は、グリーンシート銘柄制度に代わる新たな
非上場株式の取引制度として、2015 年 5 月、株主コミュニティ制度を創設し
た[24]。この制度は、第一種金融商品取引業を行う金融商品取引業者が運営会

21）山下＝神田編・前掲注 2）405 頁参照。

22）東京地判平成 7・4・18 判時 1570 号 81 頁（控訴審：東京高判平成 8・6・26 判時 1573 号 133
頁）参照。本判決は適合性原則や説明義務という用語を用いていない。

23）高齢者への金融商品取引の勧誘については、適合性原則違反を認める裁判例が多い。日本証券
業協会は「高齢顧客への勧誘による販売に係るガイドライン」（平成 25・10・29）を定め、同協
会の「協会員の投資勧誘、顧客管理等に関する規則」5 条の 3 には、「協会員は、高齢顧客に有
価証券等の勧誘による販売を行う場合には、当該協会員の業態、規模、顧客分布及び顧客属性並
びに社会情勢その他の条件を勘案し、高齢顧客の定義、販売対象となる有価証券等、説明方法、
受注方法等に関する社内規則を定め、適正な投資勧誘に努めなければならない」旨を規定してい
る。

24）このほかに、フェニックス銘柄の投資勧誘も認められている。現時点で指定されているものは
ない。グリーンシート銘柄制度は 2018 年 3 月 31 日をもって廃止された。2015 年 5 月、日本証

第2章 各　　論／第1節 株　　式

員となって、非上場会社の銘柄ごとに株主コミュニティを組成し、これに自己申告により参加する投資家に対してのみ投資勧誘を認める仕組みである（同協会「株主コミュニティに関する規則」）。株主コミュニティ銘柄の投資勧誘に関しては、運営会員は、①株主コミュニティ銘柄の店頭取引を行う参加者に対し、金商法の規定により交付する契約締結前交付書面に、少なくとも、株主コミュニティ銘柄に特有のリスク、その他の本協会が規則で定める事項を含めて記載の上、金商法に定めるところにより交付し、これらについて十分に説明しなければならないこと（同規則15条1項）、②参加者に対して投資勧誘を行うにあたり、株主コミュニティ銘柄について提供される情報の内容について説明を求めることができる旨を伝えなければならないこと（同規則15条2項）、③自社の株主コミュニティの参加者以外の者に対して、当該株主コミュニティ銘柄の投資勧誘を行ってはならないこと（同規則16条）、④株主コミュニティ銘柄の会社の情報の取得義務・開示義務などが規定されている（同規則12条〜14条）。

　運営会員が株主コミュニティ銘柄の取引の勧誘する場合も、適合性原則に従って顧客を勧誘することが要請され、説明義務を負う。現物取引であれば、株主コミュニティ銘柄でも、その取引のリスクは限定されるものである。ただし、株主コミュニティ制度の仕組みには特殊性があるほか、その株価は新聞等で簡単に確認できるものではないし、一般的に上場株式のような流通性もないし、発行会社の経営基盤は、上場株式の発行会社のそれと比べると安定しないなど、上場株式よりもリスクが高いといえる。株主コミュニティ制度および同銘柄にはそのような商品特性があるので、株主コミュニティ銘柄の取引に関しては、上場株式の場合よりも、適合性原則・説明義務の違反があると判断される積極要因がある。他方、株主コミュニティ銘柄の取引は、自己申告により参加する投資者に対してのみ勧誘が認められており、勧誘の方法が制限されていない株式の取引に比べると、顧客に自己責任がより強く認められるものであるということができるので、適合性原則・説明義務の違反があると判断される消極要因

　　券業協会は、非上場株式の発行を通じた資金調達を行うための制度として株式投資型クラウド・ファンディング業務制度も創設した。この銘柄は、登録業者のウェブサイトを閲覧させたり、電子メールを送信する方法によってのみすることができ、電話や訪問による投資勧誘は禁止される（「株式投資型クラウド・ファンディング業務に関する規則」12条、金商業等府令6条の2）。

第4編　適合性原則と説明義務

がある。もっとも、この点については、自己申告の勧誘の適法性が別に問題に
なる可能性がある。

4　無登録業者による勧誘に係る未公開株の場合

　無登録業者による高齢者等の投資者被害が後を絶たないことから、消費者庁
の提言を受けて[25]、2011 年金商法改正が行われた。金商法 171 条の 2 第 1 項
は、無登録業者が未公開有価証券の売付け等を行った場合は、原則として、対
象契約が無効となる旨を規定する。ただし、無登録業者等または対象契約に係
る未公開有価証券の売主もしくは発行者（当該対象契約の当事者に限る）が、当
該売付け等が当該顧客の知識、経験、財産の状況および当該対象契約を締結す
る目的に照らして顧客の保護に欠けるものでないこと、または、当該売付け等
が不当な利得行為に該当しないことを証明したときは、無効にならない（同項
但書）。同項によって、無登録業者による未公開有価証券の販売は公序良俗違
反（民法 90 条）の一類型である暴利行為にあたると推定され、顧客の側で適合
性原則違反があること等の具体的な立証を行わなくても売買契約等は原則とし
て無効となる[26]。なお、無登録業者による勧誘は、金商法 29 条違反にもあた
る[27]。

　無登録業者が顧客に未公開株の取引を勧誘し、当該取引により当該顧客に損
失が生じた場合には、当該顧客は、当該無登録業者に対し、信義則上の説明義
務違反があるとして不法行為に基づく損害賠償請求（民法 709 条）をすること
や[28]、金販法 5 条に基づく損害賠償請求することができる[29]。これらの請求
をする場合は、顧客の側で説明義務違反を証明する必要があるし、不法行為責

---

25) 消費者委員会「未公開株等投資詐欺被害対策について（提言）」(2010 年 4 月 9 日)。

26) 神田秀樹ほか編著『金融商品取引法コンメンタール 4 不公正取引規制・課徴金・罰則』194 頁、
　　198 頁〔黒沼悦郎〕（商事法務、2011）。

27) 罰則については、金商法 197 条の 2 第 10 号の 4。

28) 東京地判平成 24・1・31 判例集未登載（平 23(ワ)第 11773 号）〔LEX/DB 25491475〕、東京地
　　判平成 24・6・19 判例集未登載（平 23(ワ)第 20008 号）〔LEX/DB 25495207〕、東京地判平成
　　25・12・17 判例集未登載（平 24(ワ)第 25197 号）〔LEX/DB 25516726〕等。

第2章 各　　論／第1節 株　　式

任に基づく請求であれば、違反と因果関係のある損害も証明する必要がある。これに対して、顧客が金商法171条の2第1項に基づいて無効を主張して代金返還などの請求をする場合は、無登録業者によって未公開株の勧誘が行われたことを証明すれば足り、この無効による原状回復については、過失相殺の規定（民法722条2項）により、顧客の回復額が減額されることもない[30]。上場株式や株式コミュニティ銘柄は同項の未公開株に含まれないので（金商法171条の2第2項1号・2号、67条の18第4号・7号）、顧客が無登録業者に対し、それらに関する損害賠償請求をする場合には同項の適用はない。

〔松山三和子〕

29）東京地判平成26・8・15判例集未登載（平25（ワ）第14202号）〔LEX/DB 25521013〕。

30）神田ほか編著・前掲注26）198頁〔黒沼〕。

第4編　適合性原則と説明義務

第2節　社　　債

1　はじめに

社債は、発行会社が債務者となり投資家を債権者とする金銭債権であり（会社法2条23号）、償還期にあらかじめ定められた発行条件にしたがって償還されるものである。発行会社から見れば、単なる負債であって法的にはどこまでも支払われるべきものであるから、単純な仕組みの普通社債（Straight Bond〔SB〕）については、株式などと比べ、その商品価値の変動可能性は著しく低く、社債に伴う基本的リスクは、①発行会社の経営状態が悪化あるいは経営が破綻すること等によって元金または利金の一部または全部の償還が遅延すること、あるいは元金または利金の一部または全部の償還がされなくなること（デフォルトリスク）と、②発行会社の信用度が低いほど信用リスク（デフォルトリスクの可能性）が大きくなるため社債の時価が下がり、途中売却をする場合には売却価格が低下すること（流動性リスク）である。とくに、社債という金融商品の投資判断にとって最も重要な要素は、デフォルト（債務不履行）が生じた場合の対応がどのようになされているかである。たとえば、担保付社債[1]であれば、価格決定の主たる要素は担保の評価にあり、普通社債であれば格付けが問題となる。

他方、社債には、さまざまな条件を加えることによって、多様な社債が存在する[2]。たとえば、新株予約権付社債（分離型のワラント債および非分離型のワラント債：Warrant Bond〔WB〕）、転換社債型新株予約権付社債（Convertible Bond

---

1) 支払いを確保するために、発行会社が保有する土地・工場・機械設備・船舶などの特定の財産に物上担保権が付された社債を担保付社債（担信法2条1項、3項）といい、人的保証が付された社債は保証付社債、特別法によって一般担保が付された社債は一般担保付社債と呼ばれる。

2) 近時は、何らかの形で特定の株式と関連付けられたエクイティ・リンク債と呼ばれるものも開発されている。江頭憲治郎『株式会社法〔第7版〕』725頁（有斐閣、2017）。

〔CB〕)、他社株式償還特約付社債（Exchangeable Bond〔EB債〕)[3]、転換価額下方修正条項付転換社債型新株予約権付社債（Moving Strike Convertible Bond〔MSCB〕)[4] など、その仕組みや内容は、単純な普通社債よりはるかに複雑で、場合によっては社債と呼ぶこと自体が疑わしいものも存在する。その意味では、金融商品取引法上の有価証券概念としての社債（金商法2条1項5号）とは、いかなる条件が付加されていても「社債」と言えるのかという問題がないとは言えない[5]が、ここでは、この問題はさておき、以下、無担保普通社債、ワラント（分離型の新株予約権社債）、転換社債型新株予約権付社債について、証券会社等の説明義務について検討する。

3）EB債とは、満期償還日に投資した資金が現金ではなく、当該EB債の発行者とは異なる会社の株式（他社株）に転換されて償還される可能性のある社債をいう。すなわち、あらかじめ定められた期間（観測期間）に、対象銘柄の株式の価格（参照指標）が一定価格（ノックイン価格）を下回らなければ、元本全額が現金で償還されるが、ノックイン価格を下回った場合（ノックイン事由が発生した場合）には、他社株式で償還されるという契約条項が付された社債である。EB債は、必ず現金で償還される一般の社債とは異なり、ノックイン事由が発生した場合に、他社の株式での償還がされうる社債で、仕組債の一つとされている。
　　EB債を含む仕組債に関する適合性原則および説明義務に関しては、第4編第2章第5節を参照されたい。

4）MSCBは、有償増資や株式分割等による権利落ちといった要因とはかかわりなく、基準日現在の株価が一定の算定期間の株価から求められる価額を下回った場合に、あらかじめ決められた一定の条件により転換価額が下方修正される社債である。株価が下落して転換価額が下方修正されると、転換後に発行株式数が増えることになり、1株当たりの価値の希薄化が進むため、既存株主の利益を損ねることと、MSCBを取得した投資家が取得後に当該会社の株式の空売り等の投資行動を繰り返すことによって、MSCB発行後の株価下落を招くという問題点が指摘されている。そのため、日本証券業協会等では、証券会社に対して、市場・既存株主への影響等の確認、空売り・市場売却の制限、新株予約権等の行使制限等を義務付けている。
　　他にも、一定期間連続して株価が転換価格のコール水準を上回り推移した場合、発行会社側に、そのCBを繰上償還する権利が発生するという条項（コールオプション条項または取得条項）の付いたものもある。

5）「社債」とは語尾に「社債」という語が付いていればよいのか、あるいは価格決定の要素が異なれば政令指定すべきものなのかという重要な問題がある。従来は、前者の考え方を当然視してきたが、理論上の問題がないとは言えない。

第4編　適合性原則と説明義務

2　無担保普通社債における説明義務

社債の発行については、戦前から有担保原則が長く維持され、無担保普通社債の発行の場合には、社債募集の受託会社[6]が設置され、発行会社のデフォルト時には、受託会社が社債を券面金額で一括買取ることによって投資家保護がなされてきた。しかし1993（平成5）年の商法改正により、社債受託会社制度が廃止され、社債管理業務（旧商法309条1項）に限定された社債管理会社に改められた[7]ことにより、デフォルト時の事実上の救済措置が期待できなくなり、投資リスクが拡大することになった。また、資本市場機能が整備されておらず、社債の流通市場も未整備で、格付機関が成熟していない間は、デフォルトリスクを情報開示と格付けによって確認するのではなく、発行時における当該社債の信頼性を一種のカルテル的な対応で確保する時代が続いた。具体的には「適債基準」[8]の充足と「財務制限条項」[9]の設定という業界ルールが重視され、それにより投資家が発行会社のデフォルトにより損害を被る事例はほぼな

6）社債受託会社は、社債発行事務（平成5年改正前商法304条）の他、社債管理業務を行い（旧商法309条）、資格は銀行、信託会社、長期信用銀行に限定されていた（平成5年改正前商法中改正施行法56条）。

7）無担保社債の発行の場合には、社債管理会社の設置が義務付けられる（旧商法297条）とともに、社債管理会社の資格は、銀行、信託会社および担保附社債信託法第5条の免許を受けた会社のみに限定された（旧商法297条ノ2）。2005（平成17）年の会社法制定により、社債管理会社は社債管理者に改められ、社債管理者を設置しない社債の発行を認めた（会社法702条但書）。わが国で発行される公募型無担保社債の多くは、各社債の金額を1億円以上にするなど会社法の例外規定に依拠して社債管理者を設置しない取扱いが一般的で、近年、社債管理者が設置されていない社債についてデフォルトが生じる事例が見られたため、少なくとも第三者による最低限の社債管理を可能とすることが望ましいとして、2019（令和元）年10月18日には、社債管理者よりも裁量の余地の少ない社債管理補助者を導入する規定（714条の2～714条の7）等を含む会社法改正案が提出された。

8）適債基準とは、発行会社が公募型無担保普通社債を発行する際に、デフォルトリスクを最小限にするという投資家保護の見地から、純資産額や利益といった指標による一定基準以上の数値や、格付要件の充足を発行会社に課し、発行量や発行条件面で実質的な統制が行われていた。

9）無担保社債の場合、社債発行の物的裏付けがないため、発行会社の良好な経営・財務内容を維持する目的で、格付けに応じて財務制限条項が付され、発行会社に不測の事態が生じた場合に、社債権者の保護を図るものとして機能していた。財務上の特約には、「担保提供制限条項」「純資産額維持条項」「配当制限条項」「利益維持条項」等がある。江頭・前掲注2）727頁。

かった。その後、資本市場の整備が進むようになって、これらの規制が1996（平成8）年1月に撤廃された[10]ことから、多くの企業がこぞって無担保普通社債を発行するようになった。それに伴って、発行会社のデフォルトにより社債権者が損害を被るケースや社債管理会社の利益相反問題も起こった。

ここでは、公募型無担保普通社債の最初のデフォルト事件であるマイカル事件を題材に、証券会社等がどのような説明義務を負っているのかについて検討する。

(1) マイカル事件

大手スーパーマーケットのマイカルは、バブル経済期に多額の銀行借入等により新規事業を積極的に展開したが、バブルの崩壊により大幅な経常損失が発生し、1999（平成11）年2月に再建計画を実施した。その後、有利子負債が増大したために、2000（平成12）年1月28日に第26回債（額面100万円、発行価格100万円、利率年2%、償還期限2004〔平成16〕年1月28日）を、同年10月12日に第27回債（額面100万円、発行価格100万円、利率年3.35%、償還期限2004〔平成16〕年10月12日）を発行した。2001（平成13）年1月には、新たな3か年の再建計画に着手したが効を奏さないまま、同年6月20日に、株価が急落し社債の格付けが低下した。同年9月14日には、民事再生手続の申立て、同年11月22日には会社更生手続に移行し、2003（平成15）年9月30日に可決した更生計画案において、第26回債は額面100万円当たり30万6,060円に、第27回債は額面100万円当たり30万9,406円にそれぞれ権利変更され、残額については免除されることとなった。

以上の第26回債と第27回債を平成13年6月28日までの間に証券会社Yらを通じて取得した社債権者らは、大阪・東京・名古屋で集団訴訟を提起した。そして、Yおよび従業員に対して、販売時において投機的とする格付けの存在や社債の市況等を説明する義務を怠ったとして、投資勧誘の過程における不法行為（民法709条）あるいは使用者責任（民法715条）に基づき損害賠償を請求した[11]。

---

10) 江頭・前掲注2）737-738頁。

11) 金融商品取引法は説明義務違反を行った金融商品取引業者に対して行政処分（金商法51条）

第4編　適合性原則と説明義務

　第 26 回債の発行時（2000〔平成 12〕年 1 月 28 日）において、指定格付機関[12]
であった日本格付研究所（JCR）が本件社債について投資適格級（A⁻）の依頼格
付け[13]をしていたが、他の指定格付機関 2 社の格付けは投機級[14]であった。
2000（平成 12）年 3 月には、Standard & Poor's Financial Services LLC（S&P）
は投機級の中でもさらに低い等級へ格下げをし、同年 8 月 30 日には、R&I が
投資適格級を BBB⁺ から BBB⁻ に、同年 9 月 6 日には、JCR が投資適格級を
BBB に格下げをした。

　なお、マイカルに対して貸出債権を有する金融機関が社債管理会社となって
いたため、マイカルの支払停止の 3 カ月前に当該金融機関が当該債権を回収し
ていたことが社債管理会社の社債権者に対する損害賠償責任として問われるこ
ととなった（会社法 710 条 2 項）[15]。

(2) 判決

(A) 大阪高判平成 20・11・20（判時 2041 号 50 頁）[16]

　大阪高裁は、「社債のリスクの有無及び程度といった具体的信用リスクに関
する重要な情報について、証券会社は一般投資家に対して、その年齢、職業、
知識、投資経験及び投資傾向等当該投資家の属性に応じて、これを提供し、説
明すべき義務を有する場合があ」り、勧誘当時の具体的信用リスクを示す重要
情報とは、①発行会社の経営状況、②格付けの存在、③信用リスクの増大に関

　　を課しているが、民事責任に関する規定はないため、金融商品取引業者の誠実義務（金商法 36
　　条）および民法の信義則（民法 1 条 2 項）を根拠として、不法行為責任（民法 709 条）を負うと
　　構成されている。この点で、金融商品の販売等に関する法律 5 条とは異なる。

12) 当時、企業内容等の開示に関する内閣府令 1 条 13 号の 2 により指定格付機関として、格付投
　　資情報センター、日本格付研究所、Moody's、S&P、および Fitch が指定されていた。

13) 依頼格付け（Solicited Rating）とは、発行会社の依頼により、指定格付機関による社債の格
　　付けが行われることをいうが、これは、平成 10 年の企業内容等の開示に関する省令の改正によ
　　り、参照方式や発行登録制度の利用適格要件として、指定格付機関から一定以上の格付けを取得
　　し、それを有価証券届出書等の発行開示書類において明記することが義務づけられていたためで
　　ある。この制度は、2010（平成 22）年に廃止された。なお、注 37）参照。

14) 一般に、BBB 以上の格付けが「投資適格格付け」、BB 以下を「投機的格付け」とされている。

15) 後述の名古屋高判平成 21・5・28（判時 2073 号 42 頁、判タ 1336 号 61 頁）は、当該社債管理
　　会社につき免責要件の充足を認め（会社法 710 条 2 項但書）、責任を否定している。

16) 本判決の評釈として、黒沼悦郎「社債の勧誘における具体的信用リスクの説明義務」金判
　　1341 号 2 頁、清水俊彦「マイカル債大阪集団訴訟（上）（下）」判タ 1303 号 22 頁、1304 号 69 頁。

332

する情報であるとした。そして、①の情報は目論見書に集約され、社債の評価は格付けに集約されることから、格付時から勧誘時までに、発行会社の財務状況を左右すべき重大な客観的事情の変化がない限り、証券会社には、①について説明義務はないが、②の情報は、社債の信用度のランクを示すもので、そのランクは数種類あり、格付会社によってもランク付けが異なっているという事実は、投資家にとって極めて重要な情報であるため、依頼格付け（取得格付け）の情報提供だけでは足りないこと、③に関する情報も投資家が自己責任の基に投資判断をするにあたり説明を要する重要な情報であるとした。

大阪高裁は、原審[17]で全面敗訴した控訴人13名のうち、無担保社債の取引の経験がなく安全志向が高かった3名（X_1・X_2・X_3）については、他の格付会社により「投機級」とされていながら、信用リスクの増大について全く説明を受けることなく勧誘されていたこと（X_1）、本件無担保社債が投資適格級の格付けとだけ告げられて、元本償還の確実性に係る具体的な信用リスクの有無に関する情報提供はなかった（X_2・X_3）として、証券会社の説明義務違反を認容した。

(B) 東京高判平成21・4・16（判時2078号25頁）[18]

東京高裁は、「社債の具体的なリスクについての説明は、社債発行会社について経営の悪化ないし破綻が具体的に疑われる場合にはそれについて十分に説明すべきであ」るが、「社債発行会社について経営の悪化ないし破綻が具体的に疑われるか否かについては、証券会社がこれを知ることは容易ではないのであるから、社債について社債発行会社の依頼によりなされた指定格付機関（会社）による格付（依頼格付）が存在する場合には、その格付が明らかに不当であると認められる特段の事情のない限り、その格付を投資家が通常の理解ができる程度に説明することで足りる」とした。

その上で、担当者は、X_1に、倒産のリスクと前期決算の赤字、JCRからBBBの格付けを取得していることおよび格付けのランクの意味を説明していたが、

---

17) 大阪地判平成19・6・20証券セレクト32巻159頁。

18) 本判決の評釈として、志谷匡史「判批」商事1871号16頁、柿﨑環「判批」金融商品取引法判例百選46頁（有斐閣、2013）。

第 4 編　適合性原則と説明義務

日本証券業協会の気配値[19]（基準気配）と相当な乖離があることを告げていなかったこと、同じく年金生活者の X_2 にも、日本証券業協会の気配値を告げていなかったこと、X_3・X_4 には、重要な経営状態の変更（2001〔平成 13〕年 1 月11 日における経営悪化による社長の辞任、同月 24 日に従前の再建計画を断念し新たな再建計画を策定したこと、同年 2 月期の決算内容と格付けの低下が予想されたこと）を告げていなかったと認定し、原審[20]で請求を棄却された控訴人のうち 4名（X_1・X_2・X_3・X_4）について、説明義務違反があったとした。

(C)　名古屋高判平成 21・5・28（判時 2073 号 42 頁、判タ 1336 号 61 頁）[21]

原審[22]は X らの請求を全部棄却したが、控訴人 2 名（X_1・X_2）につき説明義務違反を認めた。

認定事実によると、X_1 は無経験であるにもかかわらず、担当者は、社債の発行会社が倒産した場合に、満期時の償還額が元本を割り込み、償還が不能となることがありうることなど、社債取引に伴うリスクの内容、その要因や取引の仕組みの重要部分について説明義務を怠ったため、X_1 は客観的には元本割れの可能性もあった無担保社債を定期預金類似のものと錯覚し、中途換金の手段等を知らないまま購入したこと、また X_2 も証券取引の経験がほとんどなく、安全性を重視したいと希望をもっていたところ、担当者は本人の疑問を断定的に打ち消すだけで、発行会社の業況を教えたり調べる方法を教示したりして判断させる等のことをしなかったとした。

(3)　無担保普通社債における格付情報の意義

一般に普通社債は一般債権に近く、その仕組みは単純で理解されやすいが、前述したように、社債の自由化により、無担保普通社債は安全な金融商品では

19）社債の売買は相対取引で行われるため、社債の公正な価格形成を図り、投資家の保護の見地から、日本証券業協会は、相対取引における市場実勢（売買価格、レート等）を公開している。この実勢価格を気配値という。

20）東京地判平成 20・1・22 証券セレクト 34 巻 263 頁。

21）本判決の評釈として、森まどか「判批」会社法判例百選〔第 3 版〕170 頁（有斐閣、2016）、松嶋隆弘「判批」日本法学 81 巻 1 号 221 頁。

22）名古屋地判平成 19・9・25 証券セレクト 35 巻 157 頁。

第2章 各 論／第2節 社 債

なくなり、発行会社の財務状況により生じるデフォルトリスクを投資家が負う可能性が高くなった。投資家が自らの判断と責任において投資判断を行うべきであり、そのかぎりで、投資家が一定のリスクを引き受けるのは当然であるが、一般に社債は長期社債であることから、将来のあらかじめ決められた償還日に元利金が確実かつ安全に支払われるかどうかを一般投資家が判断することは難しい。そこでは、将来のデフォルトリスクを定量化した指標として、格付会社による格付情報が投資判断を決定する重要な情報となる[23]。

発行会社は、新規に無担保普通社債を発行する場合には、格付会社による信用格付け[24]を取得し、証券会社等を通じて投資家にその情報を提供しているのであるが、格付けは、発行された個別の債券が約定どおり支払われる確実性の度合いを示す一定の符号・記号であって、誰もが入手できる発行会社の財務情報等に基づいて独自の基準・方法で策定した格付会社の一つの「意見」にすぎない[25]。とくに、同一社債であっても同一時点においてさえ格付会社によって意見の異なる格付けが複数ある[26]。しかもそのレベルが投資適格級から投機適格級まで大きく異なっている場合には、そのこと自体が極めて重要な投資判断情報であって、異なる格付情報のうちの一つの格付けについて情報提供していることをもって証券会社等が説明義務を果たしたということはできないと考える。

本件では、社債の発行時点（2000〔平成12〕年1月および10月）で、米系の

---

23) 格付会社のみが知る情報に基づいて発行体のために行うことになりがちな証券化商品等の格付けは意見ではなく保証類似のものになりやすい。

24) 信用格付け（credit rating）は、20世紀初頭に米国で生まれ、1929年の世界恐慌時に債券のデフォルトが多発したときに、信用格付けの高低がデフォルトの発生率とおおむね一致したことから、その重要性が認知されたといわれている。当初は投資家などの利用者からの購読料を収入源とするビジネスモデルであったが、信用格付けを取得する企業などからの手数料を収入源とするビジネスモデルにシフトしていったという。三井秀範監修『詳説格付会社規制に関する制度』2-3頁（商事法務、2011）。

25) 指定格付機関制度は、格付けに対する過度の信頼をもたらすとして、2010（平成22）年の金融商品取引法の改正によりに廃止され、信用格付業者または適格格付機関（適格格付業者）制度（金商法66条の27〜66条の49）が導入されている。

26) 各企業が公表している財務データやその他のデータを基にして、格付けを行う場合を勝手格付け（Unsolicitated Rating）という。勝田英紀ほか『格付の研究 信用リスク分析の評価』16頁（中央経済社、2011）。

第4編　適合性原則と説明義務

格付会社が投資不適格級に指定していたのに対して、日系の格付会社は投資適格級に指定し、投資不適格級に下げたのは、マイカルの破綻時である2001（平成13）年9月にかなり近くなってからである。このように、格付制度に内在する問題点として格付会社により評価が大きく異なるのであれば、証券会社は、複数の格付情報を、あるいは、最も厳しい評価である格付けを投資家に対して示すべきであろう[27]。そのことはまた、社債の発行後に発行会社の財務状況の急激な悪化等により当初の格付けに大きな変更が生じる場合に、証券会社等は、リスクを回避するための手段に関する重要情報を投資家に提供すべきである。

3　分離型新株予約権付社債のワラントにおける説明義務

説明義務違反を理由とするワラント取引に係る損害賠償請求訴訟の多くは、1989（平成元）年以降に販売されたワラント（Warrant〔WR〕）である。当時のワラントは、1981（昭和56）年に導入された分離型の新株引受権付社債である。ワラントは流通市場が未整備で、証券会社との相対取引で行われるため、投資対象としての価格が不透明である状況下で、ワラントが大々的に販売された結果、全国的に訴訟が頻発することとなった。

なお、現在の新株予約権（会社法236条）は社債とは別個の概念であるため、ワラントのみを論ずることが必ずしも社債を論ずることにならないが、新株予約権と普通社債を同時に募集し同一人に割り当てる場合（同時に発行するものをWBと呼んでいる）には同様の問題になることが多く、先例的意義があるのでここで論ずる。

(1) 説明義務違反を肯定した事例[28]

年金生活をしていたXは、株式投資により多額の損失を被ったため、Y証

---

27) 清水・前掲注16)（上）28頁。

28) 説明義務違反を肯定した判決としては、他に、大阪高判平成7・4・20判時1546号20頁（過失相殺2割）、広島高判岡山支判平成8・5・31判タ919号87頁（過失相殺3割）、東京高判平成

336

券会社の担当者Aに対して、株式取引を一切行わないこと、証券投資の目的が老後の蓄えのためであることを明言していたが、Aの勧誘により、1989（平成元）年10月から1990（平成2）年9月にかけて外貨建ワラント5銘柄を1,909万5,662円で購入した。この時、Aは説明書、パンフレットを渡さず、また説明に際してメモ書きをすることなく、口頭でワラントに関する説明をしたため、Xはワラントを転換社債と混同して取引をしたところ、株価の暴落で、Xは、ワラントの権利行使も売却もできないまま1,904万円の損害を被った。

原審[29]はXの請求を棄却したが、大阪高裁[30]は、「証券会社の担当者が、一般投資家に対して、ワラント取引の勧誘をする場合には、その投資効率の面のみを強調すべきではなく、それに必然的に伴う重大な危険性をより十分に説明すべきである。」とし、「とくに、勧誘時点で株価が権利行使価格を下回っているような場合は、将来株価が相当の率で上昇し、権利行使価格を上回る事態が到来するとのそれ相当の蓋然性がなければ、当該ワラントに対する投資は無意味であり、投資資金全部を失うおそれが強い。……一般投資家に勧誘することは特段の事情でもない限り、不適切なものであるといわざるをえない。……特段の事情により勧誘をする場合には、一般投資家に対し、当該銘柄について、具体的に権利行使価格と権利行使期間を明示して、現在の株価水準との関係を明らかにした上で、今後の株価が相当の率で上昇したり、権利行使価格を上回ると考える根拠とその確度を、客観的な情報に基づいて、個別的、具体的に懇切丁寧に説明すべきである。」と述べた。そして、本件では、ワラント取引の当時、Xは年金生活者で、株式取引により多額の損害を被ったために、投機性の強い株式取引を一切しないという事情を考慮すると、Xは、Aの「説明義務違反により、ワラントに関する理解が十分ではなく、ワラント取引をする明確な認識があったものではない」と判示した[31]。

8・11・27判タ926号263頁（過失相殺3割）、大阪高判平成9・1・28金判1023号19頁（過失相殺7割）などがある。説明義務違反を否定した判決としては、大阪高判平成8・9・13判タ942号191頁、高松地判平成8・9・30判タ940号214頁、大阪地判平成8・11・25判タ940号205頁、東京高判平成8・12・26金判1022号26頁がある。

29) 大阪地判平成8・3・26証券セレクト6巻261頁。

30) 大阪高判平成9・6・24判時1620号93頁、判タ965号183頁。

31) Y証券会社は上告したが、棄却されている（最判平成11・10・12証券セレクト14巻301頁）。

第4編　適合性原則と説明義務

(2) 説明義務の内容

　ワラントとは、将来の一定の期間内（権利行使期間）に一定の価格（権利行使価額）で一定の数量（権利行使株式数）の株式を取得できる権利であり、ワラントを保有しても配当や利益収入が得られるものではなく、ワラントの価格とは、将来のある時点において新たに一定の価格を払い込むことにより新株を取得できる権利の評価であるにすぎない。分離型の新株予約権付社債として発行された場合には、社債のデフォルトリスクに関する情報（格付け）が主たる重要情報であるが、発行後に分離されて、一般投資家がワラントだけを取得する場合には、証券会社等は、発行会社のデフォルトリスクのほか、株式への転換に関する情報と流通市場の状況判断に伴うリスクについて説明する義務がある。一般投資家が、株価の変動に対する予測によってワラントが大きく左右されるという複雑な仕組みについて理解ができなくとも、将来のある時点における株価が権利行使価額を下回るために権利行使ができなければ、最終的にワラントが無価値になるというリスクが伝われば、一般投資家はワラント取引を行わないという投資判断を形成することが可能になるからである。

4　転換社債型新株予約権付社債と説明義務

(1) ヤオハン転換社債事件（福岡地小倉支判平成 10・11・24 証券セレクト 13 巻 91 頁）

　本件は、社債発行に係る規制が完全撤廃後に発生した最初の公募型無担保転換社債のデフォルト事件であり、適合性原則・説明義務違反が認容された最初の判決である。

　ヤオハン・ジャパンは、1990（平成 2）年から 1992（平成 4）年の間に大量の転換社債を発行した。調達した 624 億円の資金（そのうち転換社債は 500 億円）は、事業拡大に向けられ、30 数億円分は株式に転換されたが、それ以外は、投資先の事業が不振で資金回収ができず、また株価が低迷したために、思うように株式への転換が進まなかった。1997（平成 9）年 5 月の転換社債 96 億円の償還の到来により、業績は一層悪化し、同年 9 月 18 日に、ヤオハン・ジャパ

338

ンは会社更生法適用の申請を行った。その時点の転換社債の未償還残高は3銘柄で374億4,100万円である。当時のヤオハン・ジャパンの自己資金は400億円であるから、調達額が異常に高かったことが分かる。

この時期にヤオハン・ジャパンの転換社債を購入したXに対して、地裁は、Xが高齢で預貯金以外の不動産等の資産を持たず、収入も年金のみで、預貯金よりも少しでも有利でかつ安全な資産運用を目的としていたが、勧誘時の説明がもっぱら電話でなされ、本件転換社債の有利性のみについて説明していたことから、証券会社との取引の経験が皆無であったXに当該取引の是非について主体的な判断ができたとは考えられないと判示した。

(2) 説明義務の内容

完全無担保の転換社債(現在の転換社債型新株予約権付社債)は1979(昭和54)年から発行され、1989(昭和64)年度にはその発行額は約7.5兆円に膨れ上がった。その背景には、1980年代の国内株式市場は堅調で株価が転換価格を上回る銘柄が増えたため、株式への転換が順調に進んだことと、株式への転換権が付されていることによりごく低金利で発行できたため、銀行借入れよりも低コストで資金調達ができるメリットがあったからである。

転換社債は、転換権の行使により社債の償還金額が株式への転換価額に充当され、社債の部分が消滅する。現行法では、新株予約権を社債部分と分離して譲渡ができない新株予約権付社債(会社法292条)であり、新株予約権が行使されれば、社債の償還に相当する数の株式が当該発行会社の株式となり、社債の部分が消滅するものである(会社法280条4項)。転換社債型新株予約権付社債のリスクは、将来の転換権の行使時期に償還価額より株価が低く償還が行われないリスクとその場合に発行会社が社債の償還に応じることができるかというデフォルトリスクであるが、発行会社の甘い予測で償還原資を用意していないために、デフォルトが生じることが多い。したがって、証券会社は、発行会社のデフォルトリスク(格付け)について説明義務を負う。

第4編　適合性原則と説明義務

5　社債取引における証券会社等の説明義務[32]

　投資判断を可能とする情報（社債の品質と価値に関する真実の情報）を投資家に対して提供すべき責務は、発行会社の業績や財務状況に関する多くの情報を収集し、社債取引に関する豊富な経験、さらには社債取引に関して高度で専門的な知識を有する証券会社等（第一種金融商品取引業者）が、市場機能を担う専門業者として負っている[33]。その内容は、社債の仕組み、内在するリスク、個々の発行会社の内容、さらには市場の性格[34]等に及び、これらの要素に応じて説明の必要も変わる。また、資本市場法制全般に言えることであるが、取引の主体である投資家が当然に知っていることは説明する必要がないため、取引主体の性格も重要な要素となる[35]。

　前述したように、投資家にとって社債に係る最も重要な情報は、発行会社のデフォルトリスクとその場合の措置である。そこで、社債発行時には、社債の信用リスクを示す格付けが投資判断の材料として利用されるが、社債の格付け

32）　金融商品全般について検討するものとして、東京地方裁判所プラクティス委員会第三委員会ほか「金融商品に係る投資被害の回復に関する訴訟を巡る諸問題」判タ1400号5頁以下。

33）　金融商品取引法は、事前説明義務として、金融商品取引業者に対して、勧誘時における書面交付義務（金商法37条の3第1項・2項）と適合性原則に照らして「顧客に理解されるために必要な方法及び程度による説明」義務を定め（金商法38条9号、金商業等府令117条1項1号イ）、契約締結時には、契約書とは異なる書面（取引報告書）の交付義務（金商法37条の4）を課して、顧客に重要事項について確認をさせている。

34）　一般投資家向けの市場とプロ投資家向けの市場では、証券会社等の説明は自ずと違ってくる。もっとも、プロ投資家であるから説明が要らないということではなく、プロ投資家であっても知らない新たな金融商品であれば、当然に丁寧な説明が必要になる。金融商品取引法1条の法目的を単純に投資家保護と解した場合、プロ投資家は保護しなくて良いということになるが、その法目的を公正な価格形成に置く場合には、価格形成に影響力の強いプロ投資家による投資判断の形成が、より丁寧な説明ないし情報開示を踏まえた上でなされることを確保する必要があることを意味する。

35）　投資家の属性（投資家の年齢、知識、投資経験、投資傾向および勧誘時の状況等）に鑑みて、社債の仕組みおよびその仕組みに内在する一般的・抽象的なデフォルトリスクを理解できない者（投資不適格者）であれば、本人が強く希望したとしてもそもそも適合性原則に反するとして勧誘自体が禁止される（金商法40条）。その理由は、公正な価格形成の確保に貢献する投資判断の形成につき期待可能性がないというところに求められる。民法的な契約理論のみでは本人の意思に反するルールの根拠は明らかでない。

は、株価のように発行会社の日々の変化によって変動がなされることを想定した情報という性格は比較的に弱い。たしかに、格付けは、第三者機関が評価する意見であるという点で一定の客観性があり[36]、一般投資家にとって有用な投資判断情報であるが、格付けはあくまで一つの意見であり、過度に依存してはならないし[37]、発行会社が都合のよい格付けを恣意的に選択することがあってはならない。そのためには、複数の異なる格付けが存在する場合には、その評価の是非はともかく、証券会社等は、最も悪い格付けの情報を提供し、多様な評価が存在する事情を一般投資家に対して具体的に説明すべきである。また、無担保社債に内在するリスクが現実化する場合の条件やその可能性、デフォルトリスクが生じた場合の程度、デフォルトリスク回避のための手段の有無（たとえば、途中解約制限条項の有無）等について、一般投資家が十分に理解したうえで、主体的に投資の当否を判断することができるような説明をすることが求められよう。

とりわけ、わが国の社債の流通市場については、社債の売買を頻繁に行うのに十分な流動性に欠け、社債の取得後、償還日まで保有し続ける一般投資家（顧客）に対しては、格付情報のみならず、デフォルトリスクが発生した場合の対処に関する説明は、極めて重要であろう。そして、流通市場が成熟していれば、投下資本を回収しようとする社債権者間の問題に収斂する内容であるが、一般投資家と証券会社等との相対取引が大半を占めている現状では、証券会社等は、社債について公正な価格提供責任を負うとともに、客観的で信頼に値する価格情報等を提供する責任があると考える。

〔中曽根玲子〕

---

36) 2009（平成21）年の金商法の改正により、格付会社に対して登録性が敷かれた。わが国の格付会社は、海外の格付会社と比べて相対的に発行会社側に甘いとも指摘されている。また、金融機関系の格付会社の格付けには、利益相反の問題等も潜んでいる。わが国においても、公正中立な独立系の格付会社による客観的な格付けが行われることが重要である。

37) 2010（平成22）年の信用格付業者に対する規制（金商法66条の27〜66条の49）の導入に伴い、格付けの公的利用について検討が行われた結果、有価証券届出書等から「取得格付」欄が削除された。また、信用格付業者から格付けを取得する場合には、欄外に一定の事項を記載することとされた。

第4編　適合性原則と説明義務

第3節　特定保険契約（変額保険等）

1　はじめに

　幅広い金融商品について包括的・横断的な制度の整備を図る等の観点から証券取引法等の改正により平成18年に金融商品取引法が改組された。この法改正に伴い平成18年6月に成立した改正保険業法において、保険契約のうち投資性の高い保険契約の募集に関しても、金融商品取引法の対象となる金融商品と同様な法規制の対象とすることを目的として、保険業法300条の2に「特定保険契約」を規定し、金融商品取引法の規定を準用する定めが置かれた（以下準用する場合の規定の表記を「準用金商法」とする）。特定保険契約に関しては、保険業法による募集規制以外に、特定投資家（金商法2条31項参照）を除き、以下で説明する金融商品取引法の準用による一定の規制を受けることになる[1]。

　本稿では、投資性の高い保険契約として、変額保険等の特定保険契約に関する募集規制の概要を中心に説明を行うこととする[2]。

1）特定投資家に関しては、後述する①広告等規制、②不招請勧誘禁止、③勧誘受諾意思確認、④再勧誘禁止、⑤適合性原則の規定は適用されず（準用金商法45条1号）、さらに、⑥契約締結前交付書面の交付義務、⑦契約締結時交付書面の交付義務も適用されない（準用金商法45条2号）。ただし、⑦に関しては、顧客の締結した特定保険契約に関する照会に対して速やかに回答できる体制整備がされていない場合は、公益または特定投資家の保護のために支障を生じるおそれがあるものとして、⑦の義務が原則通り適用されることになる（準用金商法45条但書、保険業法施行規則234条の28）。なお特定投資家との関係については、細田浩史『保険業法』575-580頁（弘文堂、2018）参照。

2）保険業法300条の2における「特定保険契約」に金融商品取引法の規定を準用する法改正前においては、変額保険等に関しては保険業法300条1項7号の断定的判断の提供等の禁止行為として規制されていた。特に高齢者を対象とし相続税対策として銀行から保険料支払いのための融資を受け一括払いで変額保険契約の保険料に充当する内容の取引が1990年前後に見られた。変額保険の運用対象とされた株価等の下落による運用の悪化や、融資の担保とされた不動産の下落等により、元本割れの損害等を被った変額保険契約の加入者が、不適切な募集行為があったとして、生命保険会社や募集に関与した銀行等を対象とする、いわゆる変額保険訴訟が多数提起された

342

第2章 各 論／第3節 特定保険契約（変額保険等）

2 特定保険契約

　特定保険契約とは、金利、通貨の価格、金融商品取引法2条14項に規定する金融商品市場における相場その他の指標に係る変動により損失が生ずるおそれ（当該保険契約が締結されることにより顧客の支払うこととなる保険料の合計額が、当該保険契約が締結されることにより当該顧客の取得することとなる保険金、返戻金その他の給付金の合計額を上回ることとなるおそれをいう）がある保険契約として保険業法施行規則234条の2で定めるものをいう。

　金融商品取引法2条14項で規定する金融商品市場とは、有価証券の売買または市場デリバティブ取引を行う市場（商品関連市場デリバティブ取引のみを行うものを除く）をいう。

　ここでいう指標とは、株式、債券、外国為替の相場等の個別有価証券の市場価格のみではなく、日経平均株価、東証株価指数、10年物国債の利回り等の代表的指標も含まれると解されている[3]。

　保険業法施行規則234条の2で特定保険契約に該当する保険契約として、①変額保険契約・変額年金保険契約（同条1号）、②解約返戻金変動型保険契約（同条2号）、③外貨建て保険契約（同条3号）が挙げられている。

(1) 変額保険契約・変額年金保険契約

　変額保険契約・変額年金保険契約は、(a)「イ　その保険料として収受した金銭を運用した結果に基づいて保険金等の全部又は一部を支払うことを保険契約者に約した保険契約であって、当該保険金等の全部又は一部として当該運用した結果のみに基づく金額を支払うもの（ロに掲げるものを除く。）」または「ロ　その保険料として収受した金銭を運用した結果に基づいて保険金等を支払うこ

　　（これらの裁判例を扱う判例集として、生命保険文化研究所編『文研 変額保険判例集1〜3』〔生命保険文化研究所、1999〕がある）。これらの判例や裁判例は、特定保険契約に関する法規制前の事案であること、融資一体型における変額保険契約の募集である事例が多いこと、当時は金融機関には保険募集資格がなかったこと等、現行における法規制とは異なる事情もあることから、本稿では取り扱わないこととする。

　3）細田・前掲注1）572頁。

第4編　適合性原則と説明義務

とを保険契約者に約した保険契約であって、当該保険契約に係る責任準備金（保険業法施行規則69条1項3号の危険準備金を除く。）の額が、保険金等の支払時において当該支払のために必要な金額を下回った場合に、当該下回った金額に相当する保険料を保険契約者又は被保険者が払い込むこととされており、かつ、当該下回った金額について保険会社が負担することとされていないもの」とする運用実績連動型保険契約（保険業法施行規則74条1号、153条1号）、(b)「その保険料として収受した金銭の運用により生じた利益及び損失を勘案して保険金等を支払うことを保険契約者に約した保険契約であって、当該保険契約に係る責任準備金の額が、保険金等の支払時において当該支払のために必要な金額を下回った場合に、当該下回った金額に相当する保険料を保険契約者又は被保険者が払い込むこととされているもの（前号ロに掲げるものを除く。）」（各同条2号）、(c)「その保険料として収受した金銭の運用により生じた利益及び損失を勘案して保険金等を支払うことを保険契約者に約した保険契約のうち、第1号イ及びロ並びに前号に掲げるものを除いたもの」（各同条3号）、でいずれも特別勘定の設置が義務付けられているものである。

　一般的な保険契約においては、保険契約者から支払われた保険料に関して、保険者が保険契約者に約定した利率を得るために運用を行い、その運用リスクは保険者が負うことになる。これに対して、変額保険契約・変額年金保険契約では、一般的な保険契約での保険料とは分離された特別勘定において変額保険・変額年金保険における保険料の運用が行われ、運用リスクは保険者が負うのではなく保険契約者自身が運用リスクを負うことになる。

(2) 解約返戻金変動型保険

　解約返戻金変動型保険とは、変額保険・変額年金保険を除くもので、解約による返戻金の額が、金利、通貨の価格、金融商品市場における相場その他の指標に係る変動により保険料の合計額を下回ることとなるおそれがある保険契約をいう（保険業法施行規則234条の2第2号）。

(3) 外貨建て保険契約

　外貨建て保険契約とは、変額保険契約・変額年金保険契約、解約返戻金変動

第2章　各　　論／第3節　特定保険契約（変額保険等）

型保険契約以外のもので、保険者が塡補すべき損害の額を、当該外国通貨をもって表示するものを除く、保険金等の額を外国通貨で表示する保険契約である（保険業法施行規則234条の2第3号）。

　日本円ではなく外貨で運用がなされ、為替変動リスクとして、円で保険料の支払がなされた場合、円安局面では支払額が増えるおそれがある。反対に円高局面では、中途解約において解約返戻金が元本割れとなるおそれや、受取保険金が目減りするおそれがある[4]。

3　特定保険契約に関する募集規制

　保険契約も金融商品の1つではある。一般的な保険契約においては、運用等のリスクは保険者が負うことになっており、かつ保険契約の募集に関しては保険業法において保険募集規制が行われている。そのことから、保険商品全般を一律に金融商品取引法の規制の対象とはせずに、保険契約のうち投資性の高い特定保険契約の募集に限定して、金融商品取引法の一部の規定を準用することとしている。

　金融商品取引法の準用規定は、①広告等規制（金商法37条）、②契約締結前の書面交付義務（金商法37条の3）、③契約締結時の書面交付義務（金商法37条の4）、④金商法準用による禁止行為（金商法38条）、⑤損失補塡の禁止（金商法39条）、⑥適合性原則（金商法40条）である。

(1) 広告等の表示義務

　保険会社等、外国保険会社等、保険募集人または保険仲立人（以下「保険募集人等」という）は、その行う特定保険契約の締結またはその代理もしくは媒介の業務の内容について広告その他これに類似する行為をするときは、以下の

---

4) 平準払い保険料方式として、毎回払い込み保険料を外貨建ての定額とし、円単位での保険料は変動する保険商品の場合である。もっとも現在の主流となっている外貨建て保険は、毎回の円建て保険料は定額とし、毎回変動する外貨建て保険料が特別勘定に投入される仕組みとなっているものである。円で保有する資産を外貨で運用したいという顧客ニーズに合わせた商品設計となっているものである。

第4編　適合性原則と説明義務

一定の事項を表示しなければならない（準用金商法37条1項1号・3号、保険業法施行令44条の5）。すなわち、①保険募集人等の商号、名称または氏名、②特定保険契約に関して顧客が支払うべき手数料、報酬その他の対価に関する事項であって、手数料、報酬、費用その他いかなる名称によるかを問わず、特定保険契約に関して顧客が支払うべき対価の種類ごとの金額もしくはその上限額またはこれらの計算方法の概要および当該金額の合計額もしくはその上限額またはこれらの計算方法の概要。ただし、これらの表示をすることができない場合にあっては、その旨およびその理由（保険業法施行令44条の5第1項1号、保険業法施行規則234条の17第1項）、③顧客が行う特定保険契約の締結について金利、通貨の価格、金融商品市場における相場その他の指標に係る変動を直接の原因として損失が生ずることとなるおそれがある場合、(a)当該指標、(b)当該指標に係る変動により損失が生ずるおそれがある旨およびその理由（保険業法施行令44条の5第1項2号イロ）、④当該特定保険契約に関する重要な事項について顧客の不利益となる事実（保険業法施行令44条の5第1項3号、保険業法施行規則234条の18）、である。

　広告類似行為としては、郵便、信書便、ファクシミリ装置を用いて送信する方法、電子メールを送信する方法、ビラまたはパンフレットを配布する方法その他の方法により多数の者に対して同様の内容で行う情報の提供とするものである（保険業法施行規則234条の15。ただし同条1号から3号に掲げるものは除かれる）。

　広告等の表示方法において表示しなければならない上記の事項は明瞭かつ正確に表示しなければならない（保険業法施行規則234条の16第1項）。また上記③の事項の文字または数字を当該事項以外の事項の文字または数字のうち最も大きなものと著しく異ならない大きさで表示しなければならない（保険業法施行規則234条の16第2項）。

(2) 誇大広告等の禁止行為

　保険募集人等は、その行う特定保険契約の締結またはその代理もしくは媒介の業務の内容について広告類似行為をするときは、次の事項について、著しく事実に相違する表示をし、または著しく顧客を誤認させるような表示をしては

第2章　各　　論／第3節　特定保険契約（変額保険等）

ならない（準用金商法37条2項、保険業法施行規則234条の20）。すなわち、①特定保険契約の締結を行うことによる利益の見込み、②特定保険契約の解除に関する事項、③特定保険契約に係る損失の全部もしくは一部の負担または利益の保証に関する事項、④特定保険契約に係る損害賠償額の予定（違約金を含む）に関する事項、⑤特定保険契約に関して顧客が支払うべき手数料等の額またはその計算方法、支払の方法および時期ならびに支払先に関する事項、である。

(3)　契約締結前の書面交付義務

　保険募集人等は、特定保険契約を締結しようとするときは、あらかじめ、顧客に対し、契約締結前書面を交付しなければならない（準用金商法37条の3）。特定保険契約を除く一般的な保険契約においては、顧客に対する情報提供義務（保険業法294条1項）および重要事項の不告知の禁止行為（保険業法300条1項1号）の義務が課されているが、特定保険契約への重畳適用を避ける代わりに、契約締結前の書面交付義務が課されることとしている。

　保険募集人等は、契約締結前書面の交付を行う場合には、特定保険契約の種類および性質等に応じて適切に行わなければならない（保険会社向けの総合的な監督指針〔以下「監督指針」という〕Ⅱ-4-2-2(2)③ア）。契約締結前交付書面に関し、「契約概要」と「注意喚起情報」について、書面を作成し、交付しなければならない（監督指針Ⅱ-4-2-2(2)③イ）。

　「契約概要」においては、一般的な保険契約に関する情報提供の内容とは別に、変額保険、変額年金保険に関しては、①特別勘定に属する資産の種類およびその評価方法、②特別勘定に属する資産の運用方針、③諸費用に関する事項（保険契約関係費、資産運用関係費等）、④特別勘定に属する資産の運用実績により将来における保険金等の額が変動し、不確実であることおよび損失が生ずることとなるおそれがあること、⑤上記①から④の項目のほか、(a)資産の運用に関して別表に掲げる事項（当該特定保険契約に係る資産の運用を受益証券または投資証券の取得により行う場合にあっては、資産の運用に関する極めて重要な事項として別表に掲げるもの）、(b)資産の運用（受益証券または投資証券の取得により行うものに限る）に関する重要な事項として別表に掲げる事項（保険業法施行規則234条の21の2第1項第8号イロ）、の表示が求められている（監督指針Ⅱ-

第4編 適合性原則と説明義務

4-2-2(2)③イ(ア))。また、外貨建て保険に関しては、①保険金等の支払時における外国為替相場により円に換算した保険金等の額が、保険契約時における外国為替相場による円に換算した保険金等の額を下回る場合があることおよび損失が生ずることとなるおそれがあること、②外国通貨により契約を締結することにより、特別に生じる手数料等の説明、の表示が求められている（監督指針Ⅱ-4-2-2(2)③イ(ア)）。

監督指針において、契約締結前交付書面に関し、法定要件（文字の大きさは8ポイント以上とし、一定の事項について12ポイント以上とすること等〔保険業法施行規則234条の21第1項参照〕）に則した書面を作成し、交付すること（監督指針Ⅱ-4-2-2(2)③ウ）、交付に関し、あらかじめ、顧客の知識・経験・財産の状況および特定保険契約を締結する目的に照らし、書面の内容が当該顧客に理解されるために必要な方法および程度によって説明を行っているか（監督指針Ⅱ-4-2-2(2)③エ）、といった点が保険募集人等に求められている。

さらに監督指針において、「変額保険および外貨建て保険等、保険契約者がリスクを負っている商品の販売を行うにあたっては、保険契約者に対し適切かつ十分な説明を行い、かつ必ず保険契約者から説明を受けた旨の確認を行うための方策を講じているか。」という点が留意事項として挙げられている（監督指針Ⅱ-4-4-1-1(3)）。

(4) 契約締結時の書面交付義務

保険募集人等は、特定保険契約が成立したときは、遅滞なく、①当該特定保険契約等を締結する保険会社等、外国保険会社等または保険仲立人の商号、名称または氏名、②当該特定保険契約の年月日、③当該特定保険契約等に係る手数料等に関する事項、④顧客の氏名または名称、⑤顧客が当該特定保険契約等を締結する保険会社等、外国保険会社等または保険仲立人に連絡する方法、⑥当該特定保険契約の種類およびその内容、等記載した書面を作成し、顧客に交付しなければならない（準用金商法37条の4、保険業法施行規則234条の25第1項）。

(5) 準用金商法38条による禁止行為

特定保険契約募集時の禁止行為としては、一般の保険契約の締結または保険

第2章 各 論／第3節 特定保険契約（変額保険等）

募集に関する禁止行為として保険業法300条1項1号（重要事項の不告知の禁止を除く）から8号、保険業法施行規則234条1項各号のほか、追加で以下の行為が禁止行為とされている（準用金商法38条3号から6号、保険業法施行規則234条の27）。すなわち、①保険募集人等が特定保険契約の保険契約の締結の代理または媒介を行う際に、保険契約者に対し、当該保険契約者が信用供与を受けて当該保険契約に基づく保険料の支払に充てる場合は、当該保険契約に基づく将来における保険金の額および保険契約の解約による返戻金の額が資産の運用実績に基づいて変動することにより、その額が信用供与を受けた額および当該信用供与の額に係る利子の合計額を下回り、信用供与を受けた額の返済に困窮するおそれがある旨の説明を書面の交付により行わず、または当該保険契約者から当該書面を受領した旨の確認を署名もしくは押印を得ることにより行わずに当該保険契約の申込みをさせる行為、②契約締結前交付書面または契約変更書面の交付に関し、あらかじめ、顧客に対して、準用金商法37条の3第1項3号から5号までおよび7号に掲げる事項（契約変更書面を交付する場合にあっては、当該契約変更書面に記載されている事項であって同項3号から5号までおよび7号に掲げる事項に係るもの）について顧客の知識、経験、財産の状況および特定保険契約等を締結する目的に照らして当該顧客に理解されるために必要な方法および程度による説明をすることなく、特定保険契約の締結またはその代理もしくは媒介をする行為、③特定保険契約の締結または解約に関し、顧客（個人に限る）に迷惑を覚えさせるような時間に電話または訪問により勧誘する行為、である。

準用金商法38条4号から6号に関しては政令が定められてないことから、特定保険契約には、不招請勧誘の禁止（同条4号）、勧誘受諾意思確認（同条5号）および再勧誘の禁止（同条6号）は適用されないと解されている[5]。

(6) 損失補塡等の禁止

特定保険契約においても損失補塡等が禁止されている（準用金商法39条）。特定保険契約において損失補塡等が問題となる場合には、特別の利益提供の禁

5）細田・前掲注1）596頁（注289）、吉田和央『詳解保険業法』701頁（注24）、702頁（注25）（金融財政事情研究会、2016）。

第4編　適合性原則と説明義務

止を定める保険業法300条1項5号も併せて問題となることが考えられるが、両者は独立した禁止行為であるので、個別に検討する必要がある点が指摘されている[6]。

(7) 適合性原則

保険募集人等は、特定保険契約の締結について、顧客の知識、経験、財産の状況および特定保険契約を締結する目的に照らして不適当と認められる勧誘を行って保険契約者等の保護に欠けることがないよう、またはそのおそれがないよう、業務を運営しなければならない（準用金商法40条1号）。

投資性の強い保険商品について高度な知識・経験を有しない顧客に対して複雑な投資性保険商品を勧誘することや、顧客の資産状況に照らし過度に高リスク保険商品を勧誘すること等、個々の顧客の属性に見合わず、当該顧客の保護に支障を生ずるおそれがあるような勧誘を行うことを禁止する趣旨と解されている[7]。

特定保険契約の販売・勧誘にあたり、顧客等の属性等を的確に把握し得るために、顧客情報として、①生年月日、②職業、③資産、収入等の財産状況、④過去の金融商品取引契約の締結およびその他投資性金融商品の購入経験の有無およびその種類、⑤既に締結されている金融商品の満期金または解約返戻金を特定保険契約の保険料に充てる場合には、当該金融商品の種類、⑥特定保険契約を締結する動機・目的、その他顧客のニーズに関する情報を収集し、その情報内容に即して適切な勧誘を行い、当該顧客の保護に欠けることとなっていないか、またその情報内容に照らして当該顧客に理解されるために必要な方法および程度によって説明を行っているか等について実効性のある体制を構築することが認められている（監督指針II-4-4-1-3）。

適合性原則違反が争点とされた裁判例としては、以下のものがある。

① 仙台地判平成25・10・2金判1430号34頁[8]は、「……本件保険契約の原

---

6) 吉田・前掲注5）702頁（注25）。

7) 細田・前掲注1）600頁。

8) 本件については、浅井弘章「判批」銀法768号54頁、同「判批」銀法784号29頁、尾形祥「判批」保険事例研究会レポート310号1頁参照。

第2章　各　　論／第3節　特定保険契約（変額保険等）

資となった資金は、原告がいずれも国債として保有していたものであり、余裕資金であったことが窺われること、原告は、投資信託ではなく、国債や定期預金よりも利息の高いもの、という運用の意向を持っていたと認められること、モンターニュは、被告銀行の投資商品の分類において、『元本の安全性に加え、収益性（値上がり）とのバランスを重視したい』に位置づけられていること……からすれば、本件保険契約締結に係る勧誘が適合性原則に反し違法であるとはいえない。」として適合性原則違反を認めなかった[9]。

②東京地判平成25・8・28判タ1406号316頁[10]は、保険会社（被告）の「従業員であった被告が、顧客の意向と実情に反して、明らかに過大な危険を伴う取引を積極的に勧誘するなど、上記の適合性原則から著しく逸脱した取引の勧誘をしてこれを行わせたときは、当該行為は、不法行為法上も違法となると解するのが相当である。そして、上記の適合性の原則から著しく逸脱していることを理由とする不法行為の成否に関し、顧客の適合性を判断するに当たっては、当該取引の特性を踏まえて、これとの相関関係において、顧客の投資経験、金融商品取引の知識、投資意向、財産状態等の諸要素を総合的に考慮する必要があるというべきである。」としながらも、「原告の投資経験や知識に照らして了解可能なものであり、また、本件各保険契約の内容が原告の投資の意向におよそ不適当であるとはいえない」こと、「原告は、年額数千万程度の不動産収入を得ており、その資産も数億円を超えていること」等を理由に、被告による本件各保険契約の締結の勧誘に適合性原則違反の違法があったということはできない、とする。

(8) 保険業法による規制

特定保険契約の募集に関しては、保険業法で適用排除に関する規定がない限り、一般的な保険契約の募集と同様に保険業法の適用を受けることになる。以下では、特定保険契約において重要と考えられる規制に絞り説明を行う。

9）控訴審である仙台高判平成26・3・28判例集未登載（平25（ネ）第395号、不当利得返還請求等控訴事件）〔ウエストロー・ジャパン文献番号2014WLJPCA03286022〕も原審を維持する。

10）本件については、三宅新「判批」保険事例研究会レポート314号6頁参照。

351

第4編　適合性原則と説明義務

(A)　断定的利益判断の提供（保険業法 300 条 1 項 7 号）

　保険募集人等は特定保険契約の募集に関して、保険契約者もしくは被保険者
または不特定の者に対して、将来における契約者配当または社員に対する剰余
金の分配その他将来における金額が不確実な事項として、資産の運用実績その
他の要因によりその金額が変動する保険金、返戻金その他の給付金または保険
料とする（保険業法施行規則 233 条）ものについて、断定的判断を示し、または
確実であると誤解させるおそれのあることを告げ、もしくは表示する行為が禁
止されている（保険業法 300 条 1 項 7 号）。

　変額保険の募集に際しては、満期返戻金や保険金額が資産運用実績によって
変動するというこれらの保険の仕組みの特殊性等にかんがみ、保険契約者との
無用のトラブルや募集秩序の混乱を防止する観点から、同条同号の遵守の徹底
が求められている（監督指針 II - 4 - 2 - 2(10)③）。また、外貨建て保険（保険業
法施行規則第 83 条第 3 号に規定する保険契約のうち、事業者を保険契約者とするも
のを除く）の募集に際しては、保険契約者等の保護を図る観点から、同条同号
の規定に特に留意のうえ、募集時に為替リスクの存在について十分説明を行う
とともに、保険契約者が為替リスク等について了知した旨の確認書等の取付け
を徹底することが求められている（監督指針 II - 4 - 2 - 2(10)④）。

(B)　意向把握・確認義務

　保険募集人等は、保険契約の締結、保険募集または自らが締結したもしくは
保険募集を行った団体保険に係る保険契約に加入することを勧誘する行為その
他の当該保険契約に加入させるための行為に関し、顧客の意向を把握し、これ
に沿った保険契約の締結等（保険契約の締結または保険契約への加入をいう。以
下この条において同じ）の提案、当該保険契約の内容の説明および保険契約の
締結等に際しての顧客の意向と当該保険契約の内容が合致していることを顧客
が確認する機会の提供を行わなければならない（保険業法 294 条の 2）。

　一般的な保険契約の募集と同様に特定保険契約の募集においては、保険募集
人等は顧客の意向把握と、その内容の確認義務を負うことになる。

　監督指針において、「変額保険、変額年金保険、外貨建て保険等の投資性商
品については、例えば、収益獲得を目的に投資する資金の用意があるか、預金

352

とは異なる中長期の投資商品を購入する意思があるか、資産価額が運用成果に応じて変動することを承知しているか、市場リスクを許容しているか、最低保証を求めるか等の投資の意向に関する情報を含む。」とし「なお、市場リスクとは、金利、通貨の価格、金融商品市場における相場その他の指標に係る変動により損失が生ずるおそれをいう。」（監督指針Ⅱ-4-2-2-(3)②注）とされている。

(C) 銀行等の保険窓口販売規制

銀行等の金融機関も生命保険募集人、保険仲立人等の特定保険募集人（保険業276条、286条参照）として登録すれば、保険募集を行うことが認められている（保険業法275条2項）。

銀行等による保険窓口販売については、独占禁止法上も、優越的地位の濫用、抱き合わせ販売等の不公正取引の問題が指摘される場合がある。また銀行取引で得た顧客情報を顧客の同意なしに保険取引で使用することは、個人情報保護法との関係でも問題となる。

これらの銀行窓販に関する弊害防止措置について保険業法施行規則等において規制がなされている（保険業法施行規則212条から212条の5、監督指針Ⅱ-4-2-6参照）。

(D) 高齢者を対象とする保険募集

資産運用の手段として、高齢者を対象に特定保険契約の募集がなされる場合がある。高齢者の場合には、募集の際に判断能力が劣ることも想定されることから、監督指針において以下の点について留意すべきこととされている。

すなわち、「高齢者に対する保険募集は、適切かつ十分な説明を行うことが重要であることにかんがみ、社内規則等に高齢者の定義を規定するとともに、高齢者や商品の特性等を勘案したうえで、きめ細やかな取組みやトラブルの未然防止・早期発見に資する取組みを含めた保険募集方法を具体的に定め、実行しているか。」として、具体的な方策としての取り組みとして、①保険募集時に親族等の同席を求める方法、②保険募集時に複数の保険募集人による保険募集を行う方法、③保険契約の申込みの検討に必要な時間的余裕を確保するため、複数回の保険募集機会を設ける方法、④保険募集を行った者以外の者が保険契

第4編　適合性原則と説明義務

約申込の受付後に高齢者へ電話等を行うことにより、高齢者の意向に沿った商品内容等であることを確認する方法、が示されている。さらに、高齢者や商品の特性等を勘案したうえで保険募集内容の記録（録音・報告書への記録等）・保存や契約締結後に契約内容に係るフォローアップを行うといった適切な取組みがなされているか、高齢者に対する保険募集に係る取組みについて、取組みの適切性等の検証等を行っているか、という点が留意事項とされている（監督指針Ⅱ-4-4-1-1(4)）。

(9)　自主ガイドライン

一般社団法人生命保険協会は、市場リスクを有する生命保険の募集において特に留意すべき事項を示すものとして「市場リスクを有する生命保険の募集に関するガイドライン」（令和元年7月3日生命保険協会）を作成し、会員会社に対して、関連法規および監督指針の内容を踏まえて、商品の特性や販売形態等に応じた適正な対応を確保するよう努めることを要望している。さらに、「市場リスクを有する生命保険の販売手数料を開示するにあたって特に留意すべき事項」（平成28年9月1日生命保険協会）を作成している[11]。

(10)　違反の場合の責任等

特定保険募集人または保険仲立人が上記の規制に違反し、不適切な募集を行った場合には、行政処分として、業務改善命令（保険業法306条）、特定保険募集人または保険仲立人としての登録の取消または6月以内の期間を定めて業務の全部もしくは一部の停止の対象となる（保険業法307条）。

また当該不適切な募集を原因として顧客に損害が発生した場合には、特定保険募集人または保険仲立人は賠償責任を負う（民法709条）。特定保険募集人の所属保険会社においても賠償責任を負う場合がある（民法715条、保険業法283条）。

---

11)　契約締結前交付書面作成に関しては、「契約締結前交付書面作成ガイドライン」（令和元年6月20日生命保険協会）、高齢者に対する保険募集等に関しては、「高齢者向けの生命保険サービスに関するガイドライン」（令和元年5月27日生命保険協会）が作成されている。その他、銀行による保険窓口販売に関する自主ルールとして、一般社団法人全国銀行協会が作成した「生命保険・損害保険コンプライアンスに関するガイダンス・ノート」（2016年3月）がある。

第2章 各　論／第3節 特定保険契約（変額保険等）

損失補填禁止規定に違反した者は、3年以下の懲役もしくは300万円以下の罰金またはこれらの併科に処せられる（保険業法315条9号）。

4　特定保険契約の募集等における課題

低金利を反映し、銀行等の窓口販売等においては、外貨建て保険の販売が増加している[12]。これを反映してか、外貨建て保険の販売をめぐり顧客からの苦情が出ている[13]。

外貨建て保険は、為替変動リスクを伴うことから、その利回りも従来の説明内容としては分かりにくいという指摘がなされていた。そのことから、実質利回りを分かりやすく説明する等の対応が必要とされることが指摘されていた[14]。

外貨建て保険をめぐる苦情として、顧客に対して十分な説明が行われていない点や、高齢者に対して不適切な募集が行われている等の報道もある[15]。銀行等の金融機関代理店における外貨建て保険・年金の募集における苦情を受け、その対応として、金融機関代理店において適切な情報提供・募集が行われることを目的に、「販売時のわかりやすい情報提供」および「投資信託等他の金融商品との比較」を行う観点から、顧客にとって分かりやすい「募集補助資料」[16]を使用することとなった（「市場リスクを有する生命保険の募集に関するガイドライン」〔令和元年7月3日生命保険協会〕8頁参照）。外貨建て保険も特定保険契約の一種であり、これまで説明した保険業法等、監督指針、自主ガイドラインの規制の対象となる。これらの内容を実質的に踏まえた適切な募集を行う必要がある。過去の変額保険訴訟における教訓を活かせないのであれば、業界の自主

12）日本経済新聞2019年2月15日朝刊9頁。
13）日本経済新聞2019年1月22日朝刊7頁によれば、「2017年度の苦情件数は1888件と、5年前の12年度に比べて3倍超に膨らんだ」とされている。
14）日本経済新聞2018年12月12日朝刊7頁、日本経済新聞2019年3月14日朝刊2頁等。
15）日本経済新聞2018年12月12日朝刊7頁、日本経済新聞2019年4月10日朝刊7頁、読売新聞2019年3月10日東京朝刊3頁等。
16）「募集補助資料」の内容に関しては、「金融機関代理店における募集補助資料作成ガイドライン」（令和元年6月20日生命保険協会）参照。

第4編　適合性原則と説明義務

ルールに委ねるだけでは不十分となり、保険業法および銀行法等において強行法規的な規制が必要となる[17]。

〔山下典孝〕

17）なお、銀行等の金融機関が保険募集人となる場合には、低金利から特定保険契約の手数料収入を確保するために不適切な保険募集をしても最終的には特定保険契約を引き受けた保険者が顧客との間で問題を解決するであろうと安易に考えられるおそれがある。銀行等の金融機関が保険募集人となる場合には、賠償資力確保の問題もないことから、所属保険会社の損害賠償責任を定める保険業法283条1項の特則として、独自の責任規定を設けることも考える時期に来ているのかも知れない。

第4節　投資信託等

1　はじめに

　投資信託等の勧誘・販売に関連する適合性原則・説明義務の違反に関しては、まず、投資信託が仕組債やデリバティブ取引などと比して相対的にリスクが低く、また、投資判断に関する情報収集もしやすく、商品の仕組みや内容についても理解しやすい、といったイメージをもたれやすいことを指摘しておく必要があろう。実際、一般論として、投資信託に関して適合性原則・説明義務の違反が問題となるケースは、他の金融商品取引に関するケースと比べても少ないように思われるし、裁判所も前記のような理解をしているのではないかと思わせるケースもある。

　たとえば、東京地判平成15・5・14金判1177号18頁では、従前に就業経験がなく、証券取引に関する知識もほとんど無かったうえ、長期的かつ堅実な投資を行おうとしていた主婦に対して、証券会社の従業員が投資信託や株式の売買について勧誘を行い、結果的に当該主婦に損失を被らせたという事案に関し、裁判所は「……投資信託や上場された現物株式の取引が明らかに過大な危険を伴う取引であるとはいえず、また、自主的な投資判断をすることが期待できないような取引であるともいえない……」との判示を行っている（なお、この事件では、日本の証券取引所には上場されていない米ドル建てのIT関連の米国株式、さらに介護分野関連の日本株式の取引に関する勧誘について、それぞれ適合性原則違反と説明義務違反が認められた。そのうえで、最終的に原告の過失割合を適合性原則違反に関する損害については3割、説明義務違反に関する損害については7割とし、過失相殺が行われた）。

　また、東京地判平成23・8・2金法1951号162頁では、事件当時79歳から80歳であり、会社勤め等の社会経験もなく、もっぱら専業主婦として生活し

第4編　適合性原則と説明義務

てきた主婦に対して、いわゆるノックイン条項（特定の資産の市場価格や指標等が、期間中に一度でも決められた水準と等しくなるかまたは下回った場合に、参照する指標等に連動して償還額が減額される旨を定めた条項）の付いた投資信託を勧誘したことにつき、それが適合性原則に違反し、不法行為を構成するとされた一方、投資対象の中に海外債券、国内株式、いわゆるＪリートなどが組み込まれていた投資信託を勧誘したことに関して、裁判所は「……複数の投資対象に分散投資することによって銘柄集中リスクを軽減するものでもあり、また、顧客は元本割れのリスクを負う反面、信託財産の運用状況によっては相応の利益を得る可能性があることを考慮すれば、顧客に対する適合性は比較的緩やかに解するのが相当である」との判示を行い、後者の投資信託について適合性原則違反の成立を否定している（なお、この事件では、最終的に、原告の過失を8割として過失相殺が行われた）。

　もちろん、投資信託の中には投資対象として外国株式や外国債券等を組み込んでいるもの、特定のリスクの高い金融商品を集中的に組み込んでいるもの、前述したようなノックイン条項が付されたもの、さらには後述するいわゆる毎月分配型の属性をもったものなどもみられ、仕組債やデリバティブ取引と比してもリスクが高いと思われる商品や、仕組みが複雑なものもみられている。したがって、一概に投資信託全般について適合性原則・説明義務にかかる違反が認定されづらいとはいえるわけではない。

　そこで、本節では、投資信託にかかる適合性原則・説明義務の違反が問題とされた近時の判例を取り上げて分析を行い、それら事例の傾向を概観するとともに、投資信託の勧誘・販売を取り巻く現状も踏まえつつ、今後の実務等に対する若干の示唆を得たいと考える。

2　適合性原則・説明義務の違反に関する判断枠組み

　投資信託等にかかる適合性原則・説明義務に関する判例について具体的に見ていく前に、本節における分析または検討に必要な限度で、金融商品取引における適合性原則・説明義務に対する違反についての判断枠組みの概略を述べて

第2章　各　　論／第4節　投資信託等

おきたい。

まず、いわゆる適合性原則については、一般には狭義のものと広義のものに区分して理解されている（二分類説）。すなわち、金融商品取引業者等において、①顧客の知識、経験、財産の状況および金融商品取引契約を締結する目的に照らして、一定の商品・取引について、そもそも当該顧客に販売・勧誘を行ってよいかを判断しなければならないとの規制（金商法40条1号——いわゆる狭義の適合性原則）、および、②販売・勧誘を行ってよいと判断される場合であっても、顧客の知識、経験、財産の状況および金融商品取引契約を締結する目的に照らして、当該顧客に理解されるために必要な方法および程度による説明をすることが求められるとの規制（金商法38条9号、金商業等府令117条1項1号——いわゆる広義の適合性原則）である。

そのうえで、水産物等の卸売業を営んでいた会社に対して証券会社の担当者が行ったオプション取引の勧誘行為が問題とされた最判平成17・7・14民集59巻6号1223頁において、最高裁が「……顧客の意向と実情に反して、明らかに過大な危険を伴う取引を積極的に勧誘するなど、適合性の原則から著しく逸脱した証券取引の勧誘をしてこれを行わせたときは、当該行為は不法行為上も違法となると解するのが相当である」との判示を行ったことにより、適合性原則に対する違反が私法上の民事責任をも生じさせ得るという規範を定立したとされる。なお、この最高裁平成17年判決は、「……顧客の適合性を判断するに当たっては、単にオプションの売り取引という取引類型における一般的抽象的なリスクのみを考慮するのではなく、当該オプションの基礎商品が何か、当該オプションは上場商品とされているかどうかなどの具体的な商品特性を踏まえて、これとの相関関係において、顧客の投資経験、証券取引の知識、投資意向、財産状態等の諸要素を総合的に考慮する必要があるというべきである」との判示も行っている。こうした『金融商品の特性と顧客における諸要素を相関的にみて適合性原則の違反に関して判断する』という枠組みは、オプション取引のみならず、投資信託を含む他の金融商品に関する事例においても参照されてきている。

他方で、説明義務に関しては、現在のところ、判例は、契約の一方当事者が、当該契約の締結に先立ち、信義則上の説明義務に違反して、当該契約を締結す

第 4 編　適合性原則と説明義務

るか否かに関する判断に影響を及ぼすべき情報を相手方に提供しなかった場合、当該一方当事者は、相手方が当該契約を締結したことにより被った損害について不法行為による賠償責任を負うことがあるとの理解を前提としつつ（最判平成 23・4・22 民集 65 巻 3 号 1405 頁参照）、とくに金融商品取引その他投資にかかる勧誘に関しては、通常、①証券会社等と一般投資家との間には情報格差があること、②一般投資家は、証券会社の提供する情報や助言に依存して投資を行っていること、および、③証券会社は、一般投資家を誘致することで利益を得ていること、といった要素がとくに認められることから、証券会社等が一般投資家に対して投資勧誘を行う際は、一般投資家が自己責任による投資判断を行う前提として、商品の概要・取引のリスクについて説明する信義則上の義務があり、そうした義務に違反することが証券会社等に不法行為責任を生じさせる、と解されてきている[1]。

　たとえば、証券会社の従業員が、歯科医師の免許を有していたものの、証券等投資商品の取引経験がなかった者に対し、一般的な投資信託と比較してハイリスクであり、かつ、価格変動リスクの高い投資信託やノックイン条項付の債券を勧誘・販売したことが問題とされた大阪高判平成 20・6・3 金判 1300 号 45 頁において、裁判所は、説明義務に関して「……証券会社は、一般投資家を取引に勧誘することによって利益を得ているところ、一般投資家と証券会社との間には、知識、経験、情報収集能力、分析能力等に格段の差が存することを考慮すれば、証券会社は、信義則上、一般投資家である顧客を証券取引に勧誘するにあたり、投資の適否について的確に判断し、自己責任で取引を行うために必要な情報である当該投資商品の仕組みや危険性等について、当該顧客がそれらを具体的に理解することができる程度の説明を当該顧客の投資経験、知識、理解力等に応じて行う義務を負う」との判示を行ったうえ、説明義務（および適合性原則）の違反を認めている。

　なお、平成 12 年に制定された金融商品の販売等に関する法律（以下、「金販法」とする）により、金融商品販売業者等は、金融商品の販売等を業として行おうとする場合、市場における相場の変動を伴うリスク、金融商品の販売を行

　1）黒沼悦郎『金融商品取引法』535 頁（有斐閣、2016）、松尾直彦『金融商品取引法〔第 5 版〕』444 頁（商事法務、2018）参照。

第2章　各　　論／第4節　投資信託等

う者その他の者の業務または財産の状況の変化を直接の原因として元本欠損が生じるおそれがあること、当初元本を上回る損失が生ずるおそれを生じさせる当該金融商品の販売に係る取引の仕組みのうちの重要な部分などについて、顧客の知識、経験、財産の状況および当該金融商品の販売に係る契約を締結する目的に照らして、当該顧客に理解されるために必要な方法および程度で説明しなければならないとされている（同法3条1項・2項）。そのうえで、同法5条により、金融商品販売業者等は、重要事項について説明をしなかった場合や、断定的判断の提供等を行った場合、それによって生じた損害を顧客に対して賠償しなければならないとされ、その際、「元本欠損額」を顧客に生じた損害額と推定する規定も設けられている（同法6条）。

　ただ、これまでのところ、説明義務違反に基づく損害賠償請求が行われる場合、金販法上の説明義務よりも、信義則上の説明義務違反を理由とした不法行為責任が追及されることの方が多い。近年には、ノックイン条項付他社株転換社債（EB債）の販売に関して金販法上の損害賠償責任を認めた例（大阪高判平成27・12・10判時2300号103頁）などもみられるが、とくに投資信託等の勧誘・販売については金販法上の責任を認めた例はほとんどみられてきていない[2]。

　以上のことを踏まえれば、投資信託等を含む金融商品取引に関する訴訟の中で顧客側から主張される法的構成としては、主に適合性原則違反と信義則上の説明義務違反に関するものが主たる柱ということになり、現実の訴訟においてもその両方が主張されることが多い。その結果、裁判所の判断の帰趨として、（ⅰ）適合性原則違反と信義則上の説明義務違反の双方を認めたもの、（ⅱ）適合性原則違反のみを認めたもの、（ⅲ）適合性原則違反は認めなかったものの、信義則上の説明義務違反を認めたもの、（ⅳ）適合性原則違反と信義則上の説明義務違反のいずれも認めなかったもの、の4つの類型がみられている[3]。これらの類型のうち、とくに裁判所が（ⅰ）のような判断をするのは、顧客の属性に照らして、そもそも販売・勧誘を行ってはならないという、とくに狭義の適合性

　2）小笠原奈菜「金販法上の説明義務と信義則上の説明義務——大阪高判平成27年10月10日判決を契機として」山形大学法政論集68＝69号32頁以下参照。
　3）加藤新太郎「近時における金融商品取引関係訴訟の動向〔適合性原則〕」金判増刊1511号12頁参照。

第4編　適合性原則と説明義務

原則に関して違反が認められる場合は過失相殺を行うこと自体が相当でないように捉えられる一方、事案によっては説明義務違反に関して過失相殺を行う余地があるからである、との分析がなされている[4]。実際、以下にみるように、投資信託等に関する取引について、とくに金融商品取引業者等の責任を認めた判例の中では(i)の類型が多い。

3　近時の判例の動向

以下、投資信託等の勧誘・販売に関連する適合性原則・説明義務の違反が問題とされた近年の判例について、とくに金融商品取引業者等の責任を認めたものを中心にいくつか紹介することとしたい。

第1に大阪地判平成18・4・26判時1947号122頁である。この事件では、一般的な経済知識が欠如した高齢（66歳）の専業主婦と脳出血後遺症等による理解力の低下したその息子に対し、証券会社の従業員の勧誘により、上場株式のみならず店頭登録株式や外国証券をも主要な投資対象とし、一部については株価指数先物を活用して株式市場全体の値動きの概ね2倍程度の投資効果を目指していたようなハイリスク型の株式投資信託を販売し、さらに、EB債、バスケット債、IT関連の外国株式にも集中投資させたうえ、短期間に乗換売買を勧誘したことが問題とされた。こうした事案に対し、裁判所は、それらの勧誘行為について、適合性原則および説明義務の違反を認め、原告側の過失を2割として過失相殺を行ったうえで損害賠償を認めた。

第2に大阪高判平成20・6・3金判1300号45頁である。この事件では、60歳代の歯科医師免許を有していた原告の女性に対し、主に国内株式を投資対象としていたものの、株式への投資割合に制限がなく、株式組入れが高水準であったうえに、店頭登録銘柄も投資対象に含む、相当の株価変動リスクを有していた投資信託やノックイン条項付の債券などを証券会社の従業員が勧誘・販売したことが問題とされた。こうした事案に対し、裁判所は、歯科医師の免許を

4）加藤・前掲注3）12頁参照。

有していたことだけで適合性を肯定する根拠となるものではなく、原告の意向と実情に反して本件投資商品の取引を勧誘することを正当化するものではないとして、適合性原則および説明義務の違反を認め、原告の過失割合を4割として過失相殺を行ったうえで損害賠償を認めた。

第3に大阪地判平成22・8・26判時2106号69頁である。この事件では、銀行が投信会社の代理人となり、投資についての経験や知識がほとんどなく、慎重な投資意向を有していた79歳の者に対し、特定の日経平均連動債（ユーロ円建て債券）を運用対象としたノックイン条項付投資信託を勧誘・販売したことが問題とされた。こうした事案に対し、裁判所は、適合性原則および説明義務の違反を認め、原告の過失割合を2割として過失相殺を行ったうえ、勧誘・販売を行った銀行の損害賠償責任を認容した。

第4に東京地判平成23・2・28判時2116号84頁である。この事件では、原告が81歳の年金生活者であり、契約締結前に心筋梗塞を発症し、孫の名前や息子の電話番号がわからなくなるなどしていたうえ、取引契約締結後にも脳梗塞を発症していた。こうした事情の下で、証券会社の従業員が、ノックイン条項付投資信託を販売したことが問題とされた。こうした事案に対し、裁判所は、適合性原則に対する違反があったとの明示的な判示は行わなかったものの、本件投資信託は原告にとって理解することが容易でない、リスク性の高いものであり、原告はそうした取引に対する適性が低かったにもかかわらず、証券会社の従業員は、十分な説明をすることなく、投資信託の購入を勧誘した点に不法行為法上の違法が認められるとし、原告の過失割合を4割として過失相殺を行ったうえで、使用者である証券会社の損害賠償責任を認めた。

第5に本節の「1　はじめに」でも挙げた東京地判平成23・8・2金法1951号162頁である。この事件では、80歳の就業経験のない専業主婦であった原告について、信託銀行の従業員から勧誘を受け、特定のユーロ円債を投資対象としていたものの、日経平均株価にかかるノックイン条項付の投資信託を含んだ金融商品を購入したことが問題とされた。こうした事案に対し、裁判所は、ノックイン条項付の投資信託について、「……ノックインして元本保証がなくなるリスクも低いとはいえず……顧客の立場から見て相当にリスクの高い取引類型であるといわざるを得ない……日経平均株価の値動き自体は一般紙にも掲

第4編　適合性原則と説明義務

載され、一般投資家にも情報提供されているなど投資家保護のための一定の制度的保障と情報環境が整備されていることを考慮しても……これを販売する被告において、本件投資信託に対する顧客の適合性を慎重に判断する必要があったといえる」としたうえ、原告が、その知識、能力等に照らし、自らの責任で投資判断が可能な程度にまで投資信託を理解し、その高リスク性を認識した上で購入したと評価することはできないとして適合性原則違反を認めた。一方で、海外債券、国内株式およびＪリートに対して投資を行う内容の投資信託に関しては、内容・リスクの把握が比較的容易な商品であったなどとして、適合性原則違反および説明義務違反を否定した（なお、この事件では、前者の投資信託の勧誘については、適合性原則違反のみを原因として損害賠償責任が認められたが、他方で、原告にも同居家族に相談する機会が十分にあったこと、原告が高リスク商品の購入にあたり、損失は出ないだろうと安易に考えていたことが推認されるなどとして、原告の過失割合を8割とする過失相殺も行われた）。

　第6に大阪地判平成25・2・20判時2195号78頁である。この事件では、77歳の1人暮らしの女性であり、株式等の金融商品の知識を得る機会もほとんどなく、実際の取引経験もなかった原告に対し、銀行の従業員がユーロ円債に投資を行い、日経平均株価の値動きによって償還条件が決定される仕組みであるノックイン条項付の投資信託を勧誘・販売したことが問題とされた。こうした事案に対し、裁判所は、勧誘・販売について適合性原則および説明義務の違反を認め、そのうえで原告には本件商品の特性をパンフレットおよび目論見書を読んだだけで理解できる能力は備えていなかったこと、さらに、パンフレットを見せられて口頭で本件商品の説明を受けたとしても十分これを理解できる能力はなかったことが推認できること、加えて、原告は、本件商品が元本が確保された高い利回りの預金あるいは預金類似の金融商品であると誤解する危険性が高かったことなどを指摘し、適合性原則違反および説明義務違反のどちらとの関係においても、過失相殺を行うことが相当であるとは認められないとした。

　第7に東京高判平成27・1・26判時2251号47頁である。この事件はとくに下記における分析の対象とするので、少し詳しく述べる。この事件の原告の1人は70歳代の不動産賃貸を業とする中小企業の経営者であり、投資信託の販売会社であった銀行とは10年程度の取引歴があったうえ、投資信託について

第2章　各　　論／第4節　投資信託等

も5年以上の投資経験があった。そうした者を含む原告らが、毎月分配型の投資信託（収益分配金を毎月分配することが運用方針とされており、投資信託の受益者に原則として毎月支払われる収益分配金には、普通分配金と特別分配金があり、特別分配金については元本の一部払戻しに相当する部分となっているもの）に関する受益証券を購入し、損失を被ったため、投資信託委託会社と投資信託の販売会社であった銀行を被告とし、前記投資信託に関する取引を行うに際して、その内容を具体的に理解することができる程度に説明をすべきであったとして信義則上の不法行為責任に基づく損害賠償を求め、加えて、目論見書の虚偽記載等あるいは説明義務違反もあったとして、被告らに対して金商法17条および18条に基づく損害賠償を求めたのが本件である。

　こうした事案について、裁判では主に信義則上の説明義務の違反の有無が争点とされた。この争点に関し、原審（東京地判平成26・3・11判時2220号51頁）では、原告らは、特別分配金が収益や売却益を原資とするものではなく、元本の一部払戻しに相当するものであったこと（本件事実A）、および、分配金の水準はファンドの収益の実績を示すものでなかったこと（本件事実B）を説明する義務が被告らにあったとの主張を行ったところ、原審裁判所は、本件取引において原告に交付されたパンフレットにおいて明確に本件事実AおよびBに関する明確な記載はなく、原告らが本件事実A・Bについて理解・認識していなかったことは明らかであったとし、被告らの説明義務違反に基づく共同不法行為責任を認め、原告らの過失を5割として過失相殺を行ったうえで、損害賠償責任を認めた。

　これに対し、控訴審裁判所は、本件のような毎月分配型投資信託では、分配金の分配が毎月行われる旨の運用方針が謳われることから、とくに投資信託を購入した経験がなく、預貯金から資金を移すような顧客については、勧誘時の具体的なやり取りを通じ、あたかも分配金の分配実績が運用実績を意味するかのような誤解を生じかねない面もあったとし、また、本件事実A・Bについては、目論見書やパンフレットに明確に記載されていなかったとしつつも、本件投資信託の販売に際して販売会社の担当者から分配金の原資が投資信託の運用収益であるとは限らず、元本の払戻しによる分配もあり得ることが口頭で説明され、実質的に本件事実A・Bについての説明がされていたとして、信義則上

365

第4編　適合性原則と説明義務

の説明義務違反を認めず、被告らの責任を否定した。

　なお、この第7事件では、金融庁が平成22年11月に「『平成22年事務年度金融商品取引業者等向け監督指針』の改訂について」を公表し、これに基づき、平成23年11月に、投資信託協会規則が改正され、毎月分配型および隔月分配型の投資信託の交付目論見書について、分配金が純資産から支払われる旨、収益を超えて支払われる旨、一部または全部が元本の一部払戻しに相当する場合がある旨をイメージ図を用いて記載することとされ、この事件で問題とされた投資信託の目論見書やパンフレットの記載内容についても逐次改訂がされてきていたという事情があったことも問題とされた。しかし、控訴審裁判所は「……（そ）のような事情から直ちに従前の目論見書の記載内容には不備があり違法であったと評価することとなれば、目論見書の記載を随時改善することも躊躇させかねず、投資者一般の保護にとってかえってマイナスに働きかねないことから、そのような（目論見書の記載内容に不備があり違法であったとの）解釈を採用することは妥当でないというべきである……」と判示し、金融庁による監督指針の改訂に関する公表や投資信託協会規則の改正がなされたことが、直ちに被告らの義務違反を認める根拠とはならないとした。

　第8に第7事件と被告らを同じくし、類似の事案である東京地判平成27・11・26判時2297号78頁である。この事件では、70歳代で収入が年金または終身保険程度であった原告に対し、毎月分配型の投資信託を勧誘・販売したことが問題とされた。こうした事案に対し、裁判所は、通常人が目論見書における各記載を読めば、前記事実AおよびBを理解することが可能であったと認められるとして説明義務違反を認めず、さらに、当該投資信託は投資経験に乏しい者への勧誘を避けるべき程度にリスクの高い商品であったとは考え難い、などとして適合性原則違反も認めなかった。

4　近時の判例にみられる傾向

　「3」で挙げた近時の判例の動向を踏まえれば、平成20年代の前半頃までは、とくにノックイン条項付の投資信託の勧誘・販売を行った事例、とくにそうし

第2章　各　　論／第4節　投資信託等

た投資信託を金融商品の取引経験の少ない高齢の顧客に対して行った場合など
に、適合性原則や説明義務の違反を認めた例が比較的多かったといえる。

　この背景には、たとえば、前記「3」における第5の事件（東京地判平成23・
8・2）において裁判所が示したように、適合性原則にかかる違反がないといえ
るためには、金融商品のリスクの高さに対し、顧客がその知識、能力等に照ら
して、自らの責任で投資判断が可能な程度にまで当該金融商品のことを理解し、
リスクの高さを認識したうえで購入したと評価できるということ、が必要であ
ると解されてきたことがあったように思われる。

　この点、投資信託等に関する事例ではなく、ノックイン条項付の仕組債に関
する事例ではあるものの、東京地判平成24・11・12判時2188号75頁におい
て示された判示が参考となる。すなわち、同事件において、裁判所は「……オ
プション取引のリスクの特性及び大きさを金融工学の専門家として熟知してい
る証券会社としては、オプション取引の経験がない一般投資家に対して、ノッ
クインプットオプションの売り取引による損失のリスクを負担させる金融商品
を勧誘するにあたっては、金融工学の常識に基づき、他の金融商品とは異なる
オプション取引のリスクの特性及び大きさを十分に説明し、かつ、そのような
リスクの金融工学上の評価手法を理解させた上で、オプション取引によって契
約時に直ちにしかも確定的に引き受けなければならない将来にわたる重大なリ
スクを適正に評価する基礎となる事実であるボラティリティ（株価変動率）、
ノックイン確率ないし確率的に予想される元本毀損の程度などについて、顧客
が理解するに足る具体的で分かりやすい説明をすべき信義則上の義務がある」
との判示を行っていたのである。

　このように、従前、裁判所による司法判断においては、ノックイン条項付の
金融商品を購入するには、顧客がその時点での時価（理論価格）を知る必要が
あるところから、金融商品取引業者等の信義則上の義務として、ノックイン事
由が発生する可能性があること、ノックイン事由が発生した場合に、どの程度
の損失が発生するということだけでは足りず、ノックイン事由が発生する確率
に関する説明までも必要であるとのスタンスがみられていた[5]。

　これに対し、より近年の事例、とりわけ毎月分配型の投資信託の勧誘・販売
に関する事例については、金融商品取引業者等の適合性原則違反や説明義務違

367

第 4 編　適合性原則と説明義務

反が否定されることが多い。もちろん、この傾向については、ノックイン条項付の投資信託との商品内容の違いや、目論見書やパンフレットにおける投資信託の内容について記載の仕方や状況など、個々の事例ごとの特有の事情により、たまたまそのような事例が続いているだけであるとの見方もできなくはない。

　ただ、前記「3」における第 7 の事件（東京高判平成 27・1・26）では、特別分配金が収益や売却益を原資とするものではなく、元本の一部払戻しに相当するものであったこと（本件事実 A）、および、分配金の水準はファンドの収益の実績を示すものではなかったこと（本件事実 B）について、目論見書やパンフレットにおいて明確な記載がなかったとしつつも、それら事実について口頭での説明がなされていた点が、裁判所が信義則上の説明義務違反を認めなかった主な根拠となっていたようにも読める。そして、この点は目論見書、パンフレットまたは口頭といった伝達の仕方は別としても、従前のノックイン条項付の投資信託に関する事例と比較した場合、金融商品取引業者等に求められる説明の内容・程度に関する後退を含んでいるようにも思われる。なぜなら、従前のノックイン条項付の投資信託に関する事例のスタンスと平仄を合わせるのであれば、特別分配金による元本の払戻しが発生する確率や、その場合にどの程度の損失が発生するか、といったことなどについても説明することが求められる、とすべきであったように思われるからである。

　その点、これも投資信託等に関する事例ではないが、説明義務違反の成立が問題となった最判平成 25・3・7 判時 2185 号 64 頁の影響が考えられなくもない。

　この事件では、銀行と顧客企業との間で変動金利が上昇した際のリスクヘッジのため、プレーン・バニラ型の金利スワップ取引が行われた。最高裁は、そのような取引の際、①当該取引は将来の金利変動の予測があたるか否かのみによって結果の有利不利が左右される基本的な構造ないし原理自体が単純な仕組みのものであり、企業経営者であれば、その理解が一般に困難なものではなかった、②銀行が顧客に対して取引の基本的な仕組み等を説明するとともに、変動金利が一定の利率を上回らなければ、融資における金利の支払よりも多額の

5）黒沼・前掲注 1）538-539 頁参照。

第2章 各 論／第4節 投資信託等

金利を支払うリスクがある旨を説明していた、③契約の締結に先立ち、銀行が説明のために顧客に交付した書面において、契約が銀行の承諾なしに中途解約をすることができないものであることに加え、銀行の承諾を得て中途解約をする場合には顧客が清算金の支払義務を負う可能性があることが明示されていた、という、以上の①〜③が認められる状況の下においては、契約締結の際に銀行が顧客に対して、〔1〕中途解約時において必要とされるかもしれない清算金の具体的な算定方法、〔2〕いわゆる先スタート型とスポットスタート型の利害得失、および〔3〕固定金利の水準が金利上昇のリスクをヘッジする効果の点から妥当な範囲にあること、の3つの事項について十分な説明をしなかったとしても、銀行に説明義務違反があったということはできないとした。

以上の平成25年最高裁判決については、あくまで事例判決であり、その射程は法人顧客に単純なプレーンバニラ型の金利スワップを勧誘する場合に限定されるべきであって、安易にその射程を広げて解するべきではないとの見解もみられる[6]。しかし、この判決以降、デリバティブ取引や仕組債などを含む金融商品の販売時における時価評価額および手数料、（金融工学上の評価分析に基づいた）利害得失の確率等、中途解約・中途売却時の損失などついては、金融商品取引業者に説明義務はないということで、裁判所の判断は統一されつつある、との分析もみられている[7]。たしかに平成25年最高裁判決が、「3」で挙げた毎月分配型の投資信託に関する近時の判例に影響を及ぼしている可能性も考えられなくはないであろう。

6）黒沼・前掲注1）537頁。天谷知子「判批」ジュリ1459号126頁参照。
7）松﨑嵩大「デリバティブ取引および仕組債の説明義務に係る裁判例の動向（上）（下）——時価評価額等に関する説明義務」金法2032号30頁、同2033号39頁参照。これに対し、本文で挙げた平成25年最高裁判決以降は、愚直に「金融工学的な内容の説明」に関する説明義務違反を争うことの意義は疑わしいものの、「説明義務違反を争う道は事実上閉ざされた」と断じることは早計であり、顧客（原告）側としては、「顧客が救われるべき実質的理由をやや強調しながら、全体に網を張ってどの争点に裁判所が反応するかを見た上で、機動的に対応する」というように、柔軟かつ勤勉に主張や立証をする必要があるということになっている、との見方もなされている。青木浩子「近時における金融商品取引関係訴訟の動向〔説明義務〕」金判増刊1511号14頁参照。

第4編　適合性原則と説明義務

5　おわりに

「4」において分析したように、投資信託等の勧誘・販売に関連する適合性原則・説明義務の違反に関する司法判断は、近年、とくに説明義務の違反に関して、金融商品取引業者に有利な傾向がみられてきている。

しかし、司法判断についてそうした傾向がみられるからといって、金融商品取引業者が投資信託の勧誘・販売における適合性原則や説明義務に関して、従前と比較して相対的に配慮をしなくともよい状況になっているかといえば、必ずしもそのようにはいえないように思われる。

金融庁は、2013（平成25）年度から、いわゆる水平的レビュー（複数の金融機関に共通する検証項目を選定し、それらの金融機関に対して、統一的目線で取組状況を横断的に検証する金融モニタリング手法）を行ってきており、その中でも投資信託の販売業務態勢は重点項目とされてきている。そのうえで、そうしたレビューも踏まえ、2017（平成29）年3月、金融庁は「顧客本位の業務運営に関する原則」を公表し、その中で、たとえば、「複雑又はリスクの高い商品の販売・推奨等を行う場合には、リスクとリターンの関係など基本的な構造を含め、より丁寧な情報提供がなされるよう工夫すべきである」とした（原則5（注4））。

加えて、金融庁は、2018（平成30）年6月に「投資信託の販売会社における比較可能な共通KPIを用いた分析」を公表し、主要行等9行および地域銀行20行が販売を行い、顧客が保有している投資信託の運用損益について、その46％がマイナスであったという、ある意味でセンセーショナルな数値を明らかにした。このような数値の公表がなされた背景には、金融庁が、金融事業者が投資信託の販売において、自らが得る手数料収入を優先し、真に顧客本位の業務運営を行っていないのではないか、との問題意識を有しており、加えて、とくに毎月分配型の投資信託を資産形成という意味では適切でない現役層にまで販売していることを問題視していることがあるようである[8]。

8）日本経済新聞2018年7月5日朝刊9頁参照。

とくに、近時の毎月分配型の投資信託の勧誘・販売については、顧客の多く
が説明を理解したうえで投資決定をしていないのではないか、との指摘もみら
れる。そのため、現状では、自己責任に基づく投資決定をなし得ない顧客が少
なくないことを直視し、事前的に商品規制に近い手法を含む行政介入が求めら
れるとともに、事後的にも適合性原則違反等による司法による救済が望まれる、
との見解も有力に主張されている[9]。

金融商品取引業者等においては、このような動向も踏まえたうえで、これま
で以上に、顧客本位であり、かつ、長期の資産形成に資する投資信託等を組成
し、勧誘・販売を行うことが求められているといえよう。

〔和田宗久〕

9）青木浩子「判批」金法 2016 号 18-19 頁参照。

第4編　適合性原則と説明義務

第5節　仕組債、デリバティブ取引

1　総　説

　金利スワップや通貨スワップ・通貨オプションなどのデリバティブ取引を行い、あるいは、それに類する複雑な仕組債を購入した顧客に多額の損失が発生し、それらの取引・商品を販売した金融取引業者等に対して、顧客が適合性原則（狭義の適合性原則）違反や説明義務違反を理由とする損害賠償責任を追及する訴訟が頻発している。なお、仕組債とは、典型的には、特定の発行者が発行する債券への投資を行い、当初は高いクーポン（利率）が支払われ、元本の償還については、参照指標（たとえば日経平均株価、複数の株価指数、特定銘柄の株価、複数名ながらの株価など）を定め、観測期間の参照指標が一度でもノックイン価格（たとえば条件設定日の当該他社株の株価終値の X% に相当する価格など）を下回らなかった場合は元本全額が償還されるが、一度でもノックイン価格を下回った場合（ノックイン事由が発生した場合）には、観測期間末日までの参照指標の変化率に応じて償還額が減額されるといった商品である[1]。

　裁判例にあらわれた商品類型と顧客属性との関連をみると、金利スワップはすべて中堅企業ないし中小企業を取引相手としており、通貨スワップは海外取引のある企業や学校法人を相手方としている一方、仕組債は、個人を相手方としており、富裕層、高齢者など、個人の内容は多様であるが、有価証券の販売に比べると裕福な個人が中心であるといわれる[2]。また、後で改めて触れるように、裁判例のうち、狭義の適合性原則違反に基づく責任を認めたものは少なく、説明義務違反に基づく責任を認めたものもそう多くはない。

1）黒沼悦郎「デリバティブの勧誘——判例の分析」正井章筰先生古稀祝賀『企業法の現代的課題』237-238 頁（成文堂、2015）。
2）黒沼・前掲注1）238 頁。

372

第2章 各 論／第5節 仕組債、デリバティブ取引

2 適合性原則

(1) 適合性原則の意義

適合性原則には、広義の適合性原則と狭義の適合性原則があるとされる。ま
ず、広義の適合性原則とは、金融商品取引業者等は、顧客の知識、経験、財産
状況、投資目的等に照らして、当該顧客に適合する形で販売・勧誘を行わなけ
ればならないとするものをいう。これに対し、狭義の適合性原則とは、どのよ
うに説明を尽くしても特定の顧客に対して一定の金融商品の販売が禁止される
とするものをいう[3]。

広義の適合性原則は、狭義の適合性原則はクリアしているという前提の下で、
換言すれば、説明をすれば勧誘をしてもよい顧客に対してという前提の下で、
説明義務の内容は相手方の属性や商品内容次第によって変わってくるというこ
とを意味する[4]。いわば説明義務の基準に適合性原則を取り込むものであり、
金融商品取引業者等の契約締結前交付書面の交付に際して要求される説明義務
（金商法38条9号、金商業等府令117条1項1号）や、金融商品販売業者等の説
明義務（金販法3条2項）に用いられている[5]。

他方、金商法40条1号は、金融商品取引法業者等は「金融商品取引行為に
ついて、顧客の知識、経験、財産の状況及び金融商品取引契約を締結する目的
に照らして不適当と認められる勧誘を行つて投資者の保護に欠けることとなつ
ており、又は欠けることとなるおそれがあること」にならないよう、業務を行
うべき旨を規定しているところ、これは狭義の適合性原則を定めるものである
と解されている[6]。

狭義の適合性原則の違反があった場合に、顧客との間にどのような私法上の
効果が生じるかについて定めた法規定はみられない。ただし、最判平成17・

3）三井秀範＝池田唯一監修（松尾直彦編著）『一問一答　金融商品取引法〔改訂版〕』308頁（商
事法務、2008）。

4）堀田佳文「投資取引における説明義務と適合性原則」岩原紳作ほか編『会社・金融・法（下）』
327頁（商事法務、2013）。

5）三井＝池田監修・前掲注3）309頁。

6）松尾直彦『金融商品取引法〔第5版〕』429頁（商事法務、2018）。

373

第4編　適合性原則と説明義務

7・14[7]（以下「最判平成17年」という）は、「証券会社の担当者が、顧客の意向と実情に反して、明らかに過大な危険を伴う取引を積極的に勧誘するなど、適合性の原則から著しく逸脱した証券取引の勧誘をしてこれを行わせたときは、当該行為は不法行為法上も違法となると解するのが相当である」としている。

　広義の適合性原則は「3　説明義務」で改めて取り上げることにして、以下では、狭義の適合性原則を取り上げることにしよう。

(2)　狭義の適合性原則違反の判断基準

　先に触れたように、最判平成17年によれば、証券会社の担当者が「顧客の意向と実情に反して……適合性の原則から著しく逸脱した証券取引の勧誘」をして、顧客に証券取引を行わせたときは、不法行為（民法709条）にあたり、当該担当者は顧客に対して損害賠償責任を負う。「著しく逸脱」という言い回しを素直に読むと、不法行為にあたるとされるためのハードルは非常に高いようにもみえる。しかし、調査官解説によれば、上記の言い回しは、業法上の適合性原則（金商法40条1号）の違反がそのまま私法上の不法行為になるわけではないという趣旨を示したものであり、実質的なハードルの高さを必ずしも意味しないとされる[8]。

　それでは、具体的にどのような場合に、狭義の適合性原則の違反が不法行為を構成するのであろうか。この点について、最判平成17年は、当該取引の「取引類型における一般的抽象的なリスクのみを考慮するのではなく……具体的な商品特性を踏まえて、これとの相関関係において、顧客の投資経験、証券取引の知識、投資意向、財産状態等の諸要素を総合的に考慮する必要がある」とする。ただし、最判平成17年は、先に触れたように「顧客の意向と実情に反して……適合性の原則から著しく逸脱した証券取引の勧誘」をすることを問題視しているから、そのことを踏まえると、①顧客の知識・経験・財産状態だけでなく、②顧客の意向（投資目的）も考慮すべきことを判示したものと理解される[9]。また、最判平成17年は、顧客の理解力には特に言及していないも

7）最判平成17・7・14民集59巻6号1323頁。同最判がいう適合性原則は、狭義の適合性原則のことを指すと理解されている（宮坂昌利「判解」平成17年度最高裁判例解説民事篇（下）379頁）。

8）宮坂・前掲注7）381頁。

のの、学説上は、顧客の理解力も考慮要素にすべきであるとする見解[10]が有力である。この点に関連して、後で触れるように、最判平成17年以後の下級審裁判例にも、顧客の理解力を重要な考慮要素にしているものが少なからずみられる。

なお、最判平成17年の事案は、証券会社の担当者が、顧客である会社に対し、大阪証券取引所の上場商品である日経平均株価オプションの売り取引を勧誘したというものであった。最高裁は、一般的にみれば、オプションの売り取引は極めてリスクの高い取引類型であるとしながらも、①顧客は20億円以上の資金を有して、その相当部分を積極的に投資運用する方針を有していたこと、②資金運用を担当する専務取締役は、オプション取引を行う以前に、外貨建てワラント取引を含む各種証券取引を毎年数百億円規模で行い、経験と知識を有していたこと、③オプションの売り取引を始めた際、損失が1,000万円を超えたら止めるという方針を自ら立てるなどして、自律的なリスク管理を行っていたこと、④最終的に大きな損失が生じた原因となった大量のオプション売り取引は、決算対策を意図する会社側の事情で行われたことなどを認定して、適合性原則違反を理由とする不法行為の成立を否定した。

(3) 最判平成17年以後の下級審裁判例

既述のように、不法行為にあたるとされるためのハードルは必ずしも高くないといわれる。また、デリバティブ取引や仕組債は、商品性が比較的複雑であり、リスクも高いことから、他の商品と比べて、狭義の適合性原則は認められやすいようにもみえる。しかし、最判平成17年以後の下級審裁判例で、デリバティブ取引や仕組債が問題とされたものをみると、いわゆる詐欺的商法に関する事案は別として、狭義の適合性原則違反を理由とする不法行為を肯定したものは少ない[11]。

そうした少ない例外に属する裁判例としては、たとえば、①証券会社の担当

---

9) 黒沼・前掲注1) 249頁。なお、最判平成17年を受けて、金商法40条1項にも「金融商品取引契約を締結する目的に照らして」という文言が挿入されている。

10) 黒沼・前掲注1) 249頁。

11) 裁判例の動向につき、加藤新太郎「近時における金融商品取引関係訴訟の動向〔適合性原則〕」金判増刊1511号10-13頁参照。

第 4 編　適合性原則と説明義務

者が、工場勤務を経て年金生活者である中卒の夫婦（夫 69 歳、妻 71 歳）に対して、仕組債を販売した事案について、不法行為を肯定した裁判例[12]、②証券会社の担当者が、夫婦（夫 63 歳、妻 62 歳）に対して仕組債および外国債を販売したところ、仕組債については、同夫婦が複雑な仕組みに対応するに足る能力があるとまではいえず、能力に比して過大な危険を伴っていたとして、また、外国債については、商品自体は理解が難しいものではないものの、その投資資金が約 1 年後には居住用マンション購入資金として必要になるもので、大幅な元本欠損が生じる満期前の中途換金が避けられず、マンション購入資金に不足をきたすおそれがあるために、資金の性質に照らし明らかに適合性を欠くとして、不法行為を肯定した裁判例[13]、③ 77 歳を超え、認知症により認知機能が相当程度低下していた顧客が、安全性と収益性のバランスに配慮しつつ収益性をより重視するとの投資意欲を示していたのに、証券会社の担当者が、当該顧客に対し、リーブオーダー方式による仕組債を販売した事案について、不法行為を肯定した裁判例[14]などが挙げられる。

　これらの裁判例では、顧客が高齢者であるという事情[15]だけでなく、中卒や認知症のように、商品性の理解力が欠けていると認められる追加的な事情が存在すること、生活のために必要な財産が投資資金になっており、リスクの高い商品への投資が投資目的に照らして明らかに適合性を欠くと認められる事情が存在するために、狭義の適合性原則違反を理由とする不法行為が肯定されやすかったと理解される。他方、そのような、いわば極端な事情がない場合には、狭義の適合性原則に違反するようにみえても、不法行為にあたるとまでは認められないということではないかと思われる。この点については、狭義の適合性原則違反にあたるようにみえる場合でも、違反の程度が著しいとまではいえないときには、狭義の適合性原則違反は否定される一方、広義の適合性原則違反

---

12) 大阪地判平成 24・12・3 判時 2186 号 55 頁。

13) 福岡地判平成 27・3・20 証券セレクト 49 巻 475 頁。

14) 東京地判平成 28・6・17 判タ 1436 号 201 頁。

15) ただし、顧客が高齢者である場合には紛争になりやすいことから、日本証券業協会は日本証券業協会自主規制規則「協会員の投資勧誘、顧客管理等に関する規則」および「協会員の投資勧誘、顧客管理等に関する規則第 5 条の 3 の考え方」（高齢顧客への勧誘による販売に係るガイドライン）（平成 25 年 10 月 29 日）を制定して、協会員に社内規則を定めるよう求めている。同ガイドラインでは、高齢者の一応の目安は 75 歳であるとされている。

として、説明義務を尽くしたか否かの問題として検討されることになるという趣旨の指摘がされているところである[16]。実際、狭義の適合性原則違反に基づく不法行為は否定しつつ、説明義務違反に基づく不法行為を肯定する裁判例は少なからずみられる。そこで、以下では、どのような場合に説明義務違反に基づく不法行為が認められるのかという問題を取り上げることにしよう。

3　説明義務

(1)　金販法上の説明義務と信義則上の説明義務

　説明義務には、大別して、金融商品の販売等に関する法律（以下「金販法」という）上の説明義務と民法の信義則に基づく説明義務がある。

　このうち金販法上の説明義務は、金融商品販売業者等（金販法2条3項）に対し、金融商品の販売等（同条1項・2項）が行われるまでの間に、顧客（同条4項）に以下の事項を説明する義務を課している（同法3条1項・3項～5項）。すなわち、①市場リスクまたは信用リスクによって、元本欠損が生ずるおそれがある旨、または、当初元本を上回る損失が生ずるおそれがある旨、②その直接の原因となる指標または者、③上記①のおそれを生じさせる、当該金融商品の販売に係る取引の仕組みのうちの重要な部分、④権利行使期間または契約解除期間の制限である。上記③は、金販法3条5項に具体的に定義されている。それらの事項についての説明は、顧客の知識・経験・財産状況・契約締結目的に照らして、当該顧客に理解されるために必要な方法および程度によるものでなければならない（同条2項）。

　ただし、金販法の施行（平成13年4月）以降に、金融商品の販売等について業者の顧客に対する説明義務違反による損害賠償責任を認めた裁判例をみると、金販法上の説明義務違反を理由とするものは僅かであり、かかる裁判例の大半は、信義則上の説明義務によるものである[17]。この点については、裁判官が

16）堀部亮一「証券取引における適合性原則について」判タ1232号42頁。

17）松尾・前掲注6）449頁。公刊裁判例はマイカル債に関する東京地判平成15・4・9判時1846号76頁だけであるとされる。

第4編　適合性原則と説明義務

業者の不法行為責任の結論を導くにあたって、裁判例を通じて確立している信義則上の説明義務に依拠すれば足り、それに加えて金販法を援用する必要はないと考えていることによるものではないかという指摘がなされている[18]。

(2) 問題の所在

そこで、信義則上の説明義務に関する裁判例をみると、商品の特性、つまり、商品の概要と商品の抽象的なリスクが説明義務の対象になることに異論はみられないようである。そこでいう抽象的なリスクとは、たとえば仕組債の場合であれば、ノックイン事由が発生する可能性があること、その場合に償還価格が元本割れする可能性があること、原則として途中解約できないことなどを意味する。これらの事項は、上記の金販法上の説明義務の対象とされているもの（金販法3条3項～5項）でもある。

問題は、①商品の特性が説明義務の対象になるとして、業者は具体的にどのような説明をすべきなのか（どのような場合に説明義務を果たしていないとされるのか）である。また、②信義則上の説明義務の対象が商品の特性に尽きるのか、仮にそれに尽きないとすれば、どのような事項が説明義務の対象になるのかも問題となる。②の問題について、従来の裁判例で争われた事項としては、主に、(a)販売時の商品の時価評価額、(b)販売後の商品の価値変動（中途解約・売却時の損失を含む）に関する情報が挙げられる[19]。以下、順次取り上げることにしよう。

(3) 商品の特性

先に触れたように、狭義の適合性原則違反にあたるようにみえる場合でも、違反の程度が著しいとまではいえないときには、狭義の適合性原則違反は否定される一方、広義の適合性原則違反として、説明義務を尽くしたか否かの問題として検討されることになる旨が指摘されている[20]。狭義の適合性原則違反

---

18) 松尾・前掲注6) 449頁。
19) ②の問題に関する本稿の記述は、全般的に、松崎嵩大「デリバティブ取引および仕組債の説明義務に係る裁判例の動向（上）（下）——時価評価額等に関する説明義務」金法2032号30頁以下、2033号39頁以下、青木浩子「近時における金融商品取引関係訴訟の動向〔説明義務〕」金判増刊1511号14頁以下に負うところが大きい。

第2章　各　　論／第5節　仕組債、デリバティブ取引

に基づく不法行為は否定しつつ、商品の特性（商品の概要と商品の抽象的なリスク）に関する業者の説明義務違反（信義則上の説明義務違反）に基づく不法行為責任を認めた裁判例としては、たとえば、以下のようなものが挙げられる。

①　年金生活者である70歳の専業主婦に対し、業者が仕組債を販売した事案について、75歳以上の顧客でないこと、株式投資経験のない顧客でないこと、投資目的が安全重視の顧客でないこと、業者での預り資産が1,000万円未満でないこと、本件仕組債の説明に対し理解できる健康状態であることなどを理由に狭義の適合性原則違反を否定する一方で、当該仕組債のリスクについての説明が一切なかったことを理由に説明義務違反を認めた裁判例[21]。

②　大学院卒業後、基本的に専業主婦である43歳の顧客に対し、業者が仕組債を販売した事案について、顧客は投資経験はほとんどなく、投資意向も安全志向であるものの、資産内容や収入からすれば、ある程度リスクを伴う取引も可能であったこと、適切な説明を受ければ本件仕組債のリスクを理解する能力もあったことなどを理由に狭義の適合性原則違反を否定する一方で、仕組債のリスクについて顧客が的確な認識を形成するような説明をせず、リスクについて具体的に理解できる程度の説明を行っていなかったことを理由に説明義務違反を認めた裁判例[22]。

③　高卒後、非正規雇用と無職を繰り返している37歳の顧客に対し、業者が仕組債を販売した事案について、ある程度のリスクを許容する投資意向であり、直ちに顧客の意向と実情に反した勧誘とはいえないこと、保有資産に比して過大な投資の勧誘であったとは直ちにいえないこと、投資一般について一応の知識を有しており、かつ自身の状況を踏まえた上でどの商品を買うべきかの一応の判断力を有していたことなどを理由に、狭義の適合性原則を否定する一方で、業者による説明は、本件仕組債においてクーポンが生じないリスクや満期時の元本欠損のリスクを過小に評価させ、また、途中売却によって元本を欠損させるリスクを具体的に説明していないものであり、顧客が本件仕組債のような特殊な債券についてまったく取引経験がなく、予備知識も有していないことから、

20）前掲注16）およびそれに対応する本文参照。
21）神戸地明石支判平成25・8・16証券セレクト46巻156頁。
22）横浜地川崎支判平成26・3・25証券セレクト47巻251頁。

379

第 4 編　適合性原則と説明義務

その商品内容やそのリスクを直ちに理解することが困難な状況であった顧客に対する説明としては不十分なものであったとして、説明義務違反を認めた裁判例[23]。

　これらの裁判例のうち、①は仕組債の抽象的リスクの説明が一切なかったことを理由に説明義務違反が認められた。これに対し、②③は、抽象的リスクを含む商品特性の説明が一応なされていたが、その説明が不十分であるとして説明義務違反が認められたところ、その際、(a)顧客の投資目的、(b)知識、経験および理解力、ならびに(c)財産状況といった顧客の属性に照らして、当該顧客に理解されるために必要な方法および程度での説明がなされているかどうかが問題とされている。直ちに狭義の適合性原則違反とまではいえない場合でも、そのおそれがあるようなときには、広義の適合性原則違反として、説明義務を尽くしたか否かの問題として検討され、顧客の属性を踏まえた丁寧な説明が要求されると理解できるであろう[24]。

(4) 販売時の時価評価額

　裁判例では、販売時の商品の時価評価額（理論価格）について、業者に説明義務があるか否かが争点とされることがある。これは、①時価評価額は額面（販売額）を下回るのが通例であるところ、時価評価額と額面との差額分（マイナス分）は、業者が得る利益ないし手数料にあたるため、これを開示・説明すべきであるという観点から問題にされる場合と、②投資判断に必要な情報であるため説明すべきという観点から問題にされる場合がある[25]。

　まず上記①の主張について、多くの場合に顧客側が根拠として挙げるのは、金商法 37 条の 3 第 1 項 4 号・金商業等府令 81 条 1 項（契約締結前交付書面での手数料等の開示義務）であるといわれる[26]。同条は、金商法上の契約締結前交付書面では、手数料、報酬、費用その他いかなる名称によるかを問わず、金融商品取引契約に関して顧客が支払うべき手数料等の種類ごとの金額もしくは

---

23) 名古屋地岡崎支判平成 27・12・25 証券セレクト 50 巻 57 頁。
24) 青木・前掲注 19) 20 頁参照。
25) 松﨑・前掲注 19)（上）34 頁。
26) 松﨑・前掲注 19)（上）34 頁。

その上限額またはこれらの計算方法および当該金額の合計額もしくはその上限額またはこれらの計算方法を記載すべきとされている。

この問題について、裁判例の多くは、消極的に解している[27]。また、学説上も、デリバティブ取引や仕組債では、組成業者や販売業者の手数料・利益・コストを考慮して、各条件内容が決定されるところ、それらはいわば商品の原価や利益にあたるものであり、商品の対価とは異なる別枠手数料を収受するものではないから、説明義務の対象にはならないとする見解[28]が多い。

次いで上記②のように、販売時の商品の時価評価額（理論価格）は投資判断に必要な情報であるという顧客の主張に対しても、裁判例の多くは消極的に解している（消極説）[29]。消極説に立つ裁判例は、顧客が商品の特性（商品の概要や抽象的リスク）を理解できれば投資判断は可能であるという認識を前提に、販売時の時価評価額は商品の特性を理解するのに必須の情報ではないと考えているようであり、そうした考え方を支持する学説[30]もみられる。

これに対し、デリバティブ取引や仕組債は、上場商品や基準価格が公表されている商品と比べると、購入時点でその価値を判断する材料が乏しいこと、それらの商品は理論価格を算出することができるし、売り手の証券会社は理論価格を把握しているはずであることから、投資家の投資目的に沿った適正な取引を実現するために、時価評価額（理論価格）を説明義務の対象にすべきであるとする学説（積極説）[31]も有力に主張されている。その論者は、証券会社が理論価格の提供をためらうのであれば、理論価格の提供に代えて、証券会社は投資家の側で理論価格を自ら算定できるだけの情報を提供すべきであるとも主張している[32]。こうした学説は、合理的な投資判断のためには、ある程度合理的な根拠に基づいて投資対象の価値を把握することが必要である（商品特性の理解だけでは足りない）という考え方を前提にしていると理解される。他方、

---

27) 松崎・前掲注19)（上）34-35頁参照。
28) 松尾直彦「店頭デリバティブ取引等の投資勧誘の在り方——『悪玉論』への疑問」金法 1939 号 76 頁、青木浩子「仕組債に関する裁判例の動向と考察」金法 1984 号 104-105 頁、松崎・前掲注 19)（上）34 頁など。
29) 松崎・前掲注19)（上）34-35頁参照。
30) 松崎・前掲注19)（上）34頁。また、松尾・前掲注28) 78頁も参照。
31) 黒沼・前掲注1) 250頁。
32) 黒沼・前掲注1) 250頁。

第4編　適合性原則と説明義務

　学説の中には、同じく積極説に立ちつつも、販売時の時価評価額は額面を下回るところ、それは商品の特性というべきものであるから説明義務の対象になるとする見解[33]もみられる。

　ただし、上記の積極説が、業者が販売時に商品の時価評価額を説明しなかった場合に、直ちに説明義務違反に基づく責任が認められるべきことまで意図しているのかは必ずしも明らかではない。この点について、業者による時価評価額の説明の有無は、原則として、説明義務履行の認定における間接事実と位置づけるべき旨を述べる見解[34]もみられる。

(5) 販売後の商品の価値変動（中途解約・売却時の損失を含む）に関する情報

　たとえば、仕組債では、為替レートや対象銘柄の株価といった参照指標がどのように変動するかによって、クーポン発生の有無および金額、早期償還やノックイン事由発生の確率、満期償還額の見通しなどが影響を受ける。業者は、金融工学上の評価分析手法を用いて、上記の確率や見通しを把握した上で商品組成を行っているところ、顧客に対しても、そうした確率や見通し（シミュレーション情報）について説明する義務があるのであろうか。また、参照指標の変動に関する情報は、商品の時価評価額にも影響を及ぼすところ、かかる時価評価額は、顧客がデリバティブ取引を解約するときに支払うべき解約清算金、仕組債を中途売却するときの売却価格になる。そこで、顧客側としては、参照情報の変動、あるいは時価評価額の変動に関するシミュレーション情報は、中途解約・売却時の損失を把握するために必要な情報であると主張することもあるが、それらの情報は説明義務の対象になるのであろうか。

　この問題について、説明義務を肯定する裁判例[35]もみられるが、多くの裁判例[36]は説明義務を否定している[37]。説明義務を否定する裁判例は、顧客が

---

33) 川地宏行「店頭デリバティブと仕組債における説明義務と適合性原則（2・完）」法律論叢87巻2＝3号173頁。

34) 渡辺宏之「金融商品取引における合意の前提条件の説明のあり方」金判増刊1511号32頁。

35) シミュレーション情報に関する説明義務を肯定した裁判例として、東京地判平成24・11・12判時2188号75頁、東京地判平成25・2・25金法2012号106頁、東京地判平成25・7・19金法2012号124頁などがある。

36) シミュレーション情報に関する説明義務を否定した裁判例として、東京高判平成25・12・10金法2012号94頁、大阪高判平成25・12・26判時2240号88頁、東京高判平成26・4・17金法

商品の特性を理解できれば投資判断は可能であるという認識を前提に、上記の
シミュレーション情報の理解は必須ではないと考えているようである[38]。また、
かかる裁判例については、金融工学上の評価分析手法によって算定される数値
は、あくまで1つの見解ないし参考情報にすぎないのであり、顧客の側で自己
責任の下で判断されるべきという考え方に立っているという分析も示されてい
る[39]。さらに、設定する前提条件が変われば、金融工学上の評価分析手法に
よって算定される数値は大きく変化しうるため、シミュレーション情報を説明
させると、かえって顧客の誤解を招きかねないという事情もあり、実際、その
旨を指摘する裁判例[40]もみられる。

　他方、学説上は、商品価値の主要変動要因に関する情報（たとえば参照情報
がいくら動けば損益〔時価評価額〕がいくら変動するか）は、商品の基本的な仕組
みに関するものであるという考え方に基づき、業者が当該情報を顧客の属性に
応じて適切に説明することは基本的な義務である（適切な説明をしなければ基本
的に説明義務違反となる）とする見解[41]も有力である。また、シミュレーショ
ン情報はともかく、最大でいくらの損失が発生しうるかの情報は、顧客の投資
判断への影響が大きく、判断力の劣る顧客の保護という観点からも実効性が期
待でき、現に金融庁「金融商品取引業者等向けの総合的な監督指針」も想定最
大損失の説明を想定している[42]ことから、それらの説明の有無は、説明義務
履行の認定における間接事実と位置づけるべき旨を述べる見解[43]もみられる。

〔久保田安彦〕

　　1999号166頁などがある。また、最判平成25・3・7判時2185号64頁は、デリバティブ取引
　　（金利スワップ）の解約清算金の具体的な算定方法についての説明義務を否定している。
37）松崎・前掲注19）（下）47頁は、基本的に業者に説明義務はないとの判断で統一されつつある
　　傾向があるとされる。
38）東京地方裁判所プラクティス委員会第三小委員会「金融商品に係る投資被害の回復に関する訴
　　訟をめぐる諸問題」判タ1400号45頁参照。
39）松崎・前掲注19）（上）38頁。
40）東京高判平成25・12・12金法2012号116頁など。
41）渡辺・前掲注34）32頁。
42）金融庁監督局証券課「金融商品取引業者等向けの総合的な監督指針」（令和元年8月）Ⅳ-3-3-
　　2（6）①イ・②ロ。
43）青木・前掲注19）25-26頁。

第 4 編　適合性原則と説明義務

―――――――――― 第 3 章 ――――――――――

訴訟上の留意点

第 1 節　対象商品の組成に関する主張・立証

1　はじめに

　金融商品取引により損失を被った投資家が金融商品取引業者を被告として不法行為に基づく損害賠償請求事件を提起する場合には、請求原因として、金融商品の勧誘行為が適合性の原則ないし説明義務に違反すると主張することが多い。

　適合性の原則については、最高裁が、日経平均株価オプションの売り取引に係る適合性原則違反が主張された事案につき、次のとおり、適合性の原則違反に関する判断基準を示している（最判平成 17・7・14 民集 59 巻 6 号 1323 頁、以下「平成 17 年最判」という）。

　「証券会社の担当者によるオプションの売り取引の勧誘が適合性の原則から著しく逸脱していることを理由とする不法行為の成否に関し、顧客の適合性を判断するに当たっては、単にオプションの売り取引という取引類型における一般的抽象的なリスクのみを考慮するのではなく、当該オプションの基礎商品が何か、当該オプションは上場商品とされているかどうかなどの具体的な商品特性を踏まえて、これとの相関関係において、顧客の投資経験、証券取引の知識、投資意向、財産状態等の諸要素を総合的に考慮する必要があるというべきである。」

384

第3章　訴訟上の留意点／第1節　対象商品の組成に関する主張・立証

　したがって、適合性の原則違反か否かの判断にあたっては、対象商品の商品特性（条件・内容・リスク等）が重要な争点となる。

　また、金融商品取引に関する契約の締結に際し、金融商品取引業者に顧客に対する信義則上の説明義務があることは、実務上広く認められている。最高裁も、「契約の一方当事者が、当該契約の締結に先立ち、信義則上の説明義務に違反して、当該契約を締結するか否かに関する判断に影響を及ぼすべき情報を相手方に提供しなかった場合には、上記一方当事者は、相手方が当該契約を締結したことにより被った損害につき、不法行為による賠償責任を負うことがある」（最判平成23・4・22民集65巻3号1405頁、以下「平成23年最判」という）と判示している。

　金融商品取引における説明義務の内容・程度・方法については、一般に、対象商品の仕組み等の複雑性、取引によるリスクの大きさ、これらの周知性、投資家の理解能力等との相関関係によって定まるものと解されているようであり[1]、顧客に説明すべき対象商品の商品特性が重要な争点となる。

　したがって、適合性の原則違反、説明義務違反、いずれが争いとなる事案においても、対象商品の商品特性に関する主張・立証は、訴訟活動の重要な柱となる。

2　適合性の原則における対象商品の組成に関する主張・立証

　平成17年最判の判断基準に基づく適合性の判断においては、対象商品の取引類型における一般的抽象的リスクのみを考慮するのではなく、対象商品に含まれるリスクの大きさやその仕組みの難解さといった具体的な商品特性を踏まえて、これとの相関関係において、顧客の投資経験、金融商品取引の知識、投資意向、財産状態等の諸要素が総合的に考慮されることから、諸要素の主張・立証もさることながら、対象商品の商品特性を重点的に主張・立証していく必要がある[2]。

1）判タ1424号104頁。
2）「取引ガイド、説明用パンフレット等の書証により当該金融商品の商品特性について立証する

385

第4編　適合性原則と説明義務

　ところで、近時の裁判例で適合性の原則違反を肯定した例は、平成25年以降では数件[3]にとどまる（否定した裁判例は膨大な数[4]に上る）。

　具体例をいくつか見てみると、まず、東京地判平成29・5・26金判1534号42頁は、顧客が証券会社に金融商品取引口座を開設して行った日経225オプション取引に関するものである。顧客たる原告らは、平成20年のいわゆるリーマンショックに端を発する日経平均株価の下落に伴い、権利行使価格を下回る可能性のあるプット・オプションの売り取引を損切りする際、大量のプット・オプション（損切りをしたプット・オプションよりは権利行使価格の低いもの）を売り建て、これにより得るプレミアムにより損失の穴埋めを図る「ロールオーバー」という手法の取引を行った結果、巨額の損失を被った。裁判所は、顧客がこれまでに行ってきた日経225オプション取引について適合性の原則違反を否定しつつ、本件ロールオーバー取引がこれとは異質な取引である点、具体的には、損切りした建玉の何倍にも及ぶ大量のオプションの新規売り建てを行

ことが基本となる。不法行為構成と債務不履行構成のいずれかによるかを問わず、適合性原則違反に関する主張立証責任は原告にあると解されるので、原告は速やかに上記書証を提出すべきであるが、原告が上記書証を所持していない場合は、円滑な争点整理の進行のため、裁判所は被告に対しこれらの書証を乙号証として提出することを促すことも考えられる。そして、客観的事実である金融商品の内容を前提に、当該金融商品のリスクの高低について原被告がそれぞれ主張していくことが望ましい。」（東京地方裁判所プラクティス委員会第三小委員会「金融商品に係る投資被害の回復に関する訴訟をめぐる諸問題」判タ1400号61頁）。

3）オプション取引につき、東京地判平成29・5・26金判1534号42頁、仕組債につき、東京地判平成28・6・17判タ1436号201頁、横浜地判平成26・8・26証券セレクト48巻99頁、横浜地判平成26・3・19証券セレクト47巻227頁、東京地判平成25・7・19金法2012号124頁。

4）名古屋地判平成29・9・15金判1528号44頁、東京地判平成29・4・25金判1530号40頁、東京地判平成29・1・30金法2070号88頁、福岡高判平成29・1・20金判1523号36頁、東京高判平成28・12・15金判1509号22頁、東京地判平成28・10・25金判1513号54頁、東京地判平成28・10・19金判1505号29頁、長崎地判平成28・6・28金判1501号20頁、東京地判平成28・4・15金判1500号28頁、東京地判平成28・3・14金判1493号50頁、東京地判平成27・11・26判時2297号78頁、大阪地判平成27・11・6金判1484号37頁、東京地判平成27・10・28金法2060号81頁、東京地判平成27・8・28判時2295号78頁、大阪地判平成27・4・23金判1483号40頁、東京地判平成27・4・22金判1468号39頁、東京高判平成27・3・5金法2032号76頁、東京地判平成26・5・16判時2240号94頁、東京高判平成26・4・17金法1999号166頁、東京高判平成26・3・20金判1448号24頁、大阪地判平成25・12・26判時2240号88頁、東京高判平成25・12・12金法2012号116頁、東京高判平成25・12・10金法2012号94頁、東京地判平成25・11・28金判1433号37頁、青森地八戸支判平成25・11・27金判1434号24頁、東京地判平成25・11・18金判1438号44頁、福岡地判平成25・11・8金法1994号97頁、仙台地判平成25・10・2金判1430号34頁、京都地判平成25・3・28判時2201号103頁等。

第3章　訴訟上の留意点／第1節　対象商品の組成に関する主張・立証

う手法が相場の動向によっては損失を大幅に拡大させる危険性の極めて高い性質を有する点や、その危険性の程度を具体的に理解することが容易ではない点を強調して、本件ロールオーバー取引についてのみ適合性の原則違反を肯定したものである。本裁判例は、顧客が当初から行っていた取引ではなく、その取引の損失の穴埋めのために行った別個の取引について適合性の原則違反を認めた事案であり、特殊な事案とも評価し得るものである。

　次に、東京地判平成28・6・17判タ1436号201頁、横浜地判平成26・8・26証券セレクト48巻99頁、横浜地判平成26・3・19証券セレクト47巻227頁は、いずれもエクイティリンク債に関する事案である。エクイティリンク債は、利率および償還金額が参照銘柄（参照銘柄が複数の場合をバスケット型という）とされる株式の株価によって変動する債券であり、高い表面利率が保証される反面、参照銘柄の株価がノックイン価格に達した場合には、券面金額満額から参照銘柄の値下がり分を控除した金額が償還されることになり、概ね当該値下がり分と同額の損失を被る仕組債である。

　上記各裁判例は、いずれも、高利率などのリターンと引換えに元本毀損という大きなリスクを含有するにもかかわらず、その仕組みやリスクを理解するのが困難であるという当該仕組債の商品特性[5]を指摘し、適合性の原則違反を認めている。

　これらの事案を見ると、仕組債の商品特性に関する原告の主張・立証が功を奏したといえるが、ただ、東京地判平成28・6・17判タ1436号201頁の事案における原告は認知症を発症した77歳の高齢者、横浜地判平成26・8・26証券セレクト48巻99頁の事案における原告は目が見えないという障害を有する77歳の高齢者、横浜地判平成26・3・19証券セレクト47巻227頁の事案にお

5）司法研修所編『デリバティブ（金融派生商品）の仕組み及び関係訴訟の諸問題』93頁（法曹会、2017）は、仕組債の本質につき「仕組債は、クーポン（表面利率）を好条件にするために、通常の社債にオプション（顧客から見て売り取引）を組み込んだものである。当然ながら、利率の高さはリスク（多くの場合元本毀損のリスクを含む。）の大きさと常に釣り合っている。ところが、組み込まれているオプションは、発生する確率が低いもの（ディープ・アウト・オブ・ザ・マネーのオプション）が使われており、一見するとリスクが低いように見える。」「しかし、他方で、実際にノックインした場合のリスクは極端に増幅されているのである」「すなわち、ストライクゾーンが広くて有利な商品に見えるものの、見込みがはずれた場合の損失の谷が深くなっており、そのような構造で利率のかさ上げをしているのである。」と説明している。

第4編　適合性原則と説明義務

ける原告は81歳と73歳と高齢の年金生活者であり、これら原告の属性が適合
性の原則違反か否かの判断において重視された可能性が高いように思われる
（横浜地判平成26・8・26証券セレクト48巻99頁では、障害を有する高齢者の51
歳の子も原告であったが、同人についての適合性の原則違反は否定されている）。

　これら近時の裁判例を見ても、裁判所に適合性の原則違反を認めさせるため
には、対象商品に含まれるリスクの大きさやその仕組みの難解さといった具体
的な商品特性の主張・立証が重要であることは明らかであるが、かかる商品特
性を理解することが困難な高齢者のような属性がないと、適合性の原則違反は
なかなか認められていないというのが実務の実態・傾向と思われる[6]。

3　対象商品の組成上の注意義務違反

　ところで、最判平成28・3・15判時2302号43頁（以下「平成28年最判」と
いう）は、対象商品の組成上の注意義務違反の有無が争点となった事案である。
具体的には、総額300億円の社債を発行していた更生会社（旧武富士）が、被
告ら（証券会社とその親会社）に対し、同社債の償還期日まで元利金の支払が
滞ることのない安全性の高い金融資産を組成して、実質的ディフィーザンス[7]
の実施に係るスキームを提案するように依頼したという事案である。更生会社

6）加藤新太郎「近時における金融商品取引関係訴訟の動向［適合性の原則］」金判増刊1511号
　13頁は「適合性原則違反と評価されるプロトタイプは、これまで投資経験はなく、したがって
　金融商品取引の知識もなく、会社経営などに関わったことも格別の資産もない高齢の年金生活者
　が、定期預金の満期時に、定期預金の継続ではなく、低金利を避けるためとして、一定のリスク
　のある、単純とはいえない、ある程度値の張る金融商品の購入を勧誘された結果、認識能力の減
　退とセールス・トークの巧みさから、これを購入したところ、案の定リスクが顕在化して一定の
　損害が発生したケースと要約することができるだろう。」とする。

7）第一審（東京地判平成25・7・19金法2007号100頁）によれば、社債の実質的ディフィーザ
　ンス（デット・アサンプション）は、「法的には債務が存在している状態のまま、社債の償還
　（買入償還）を実施するのと同等の財務上の効果を得るための手法であり、その一般的なスキー
　ムは、①社債の発行体が、履行引受者との間で、社債の履行引受契約を締結する、②社債の発行
　体が、自らを委託者、社債の履行引受者を受益者として、信託銀行との間で信託契約を締結する、
　③社債の発行体は信託契約に基づき信託銀行に対して金銭等を拠出し、信託銀行はそれを国債、
　政府機関債、社債等の金融資産により運用する、④信託銀行は、運用による利益を配当として履
　行引受者（受益権者）に支払う、⑤配当を受領した履行引受者は、財務代理人（社債管理会社）

第3章　訴訟上の留意点／第1節　対象商品の組成に関する主張・立証

は、被告らには、実質的ディフィーザンスの実施に適する金融資産（元利金が保全される安全性の高い金融資産）を組成する義務があったにもかからず、被告らが更生会社に販売した仕組債には、元利金が保全される安全性が具備されておらず、金融資産として瑕疵・欠陥があると主張し、これが金融資産組成上の注意義務違反を構成すると主張したものである。

　裁判所は、第一審（東京地判平成 25・7・19 金法 2007 号 100 頁）、第二審（東京高判平成 26・8・27 判時 2239 号 118 頁）ともに、金融資産組成上の注意義務違反を否定し、最高裁も、

「6　そして、前記事実関係によれば、本件仕組債の格付けが「AA」以上であれば A において本件取引により会計上本件社債を早期に償還されたものと取り扱うことができるとの公認会計士の意見があり、本件仕組債の格付けが複数の格付機関において最高位であったことからすると、上告人 Y1 が本件仕組債の計算代理人となったことなどから直ちに、本件仕組債が金融資産として瑕疵、欠陥のあるもので本件取引におよそ適さないものであったということは困難である。したがって、上告人らに本件仕組債の組成上の注意義務違反があることを理由とする被上告人の損害賠償請求も理由がない。」
と判示し、金融資産組成上の注意義務違反を否定した。

　金融商品に関し、その性格上「欠陥商品論」といった議論がなかなか当てはまらない点につき、指摘[8]もあるところである。顧客側訴訟代理人としては、事案にもよるとは思うが、訴訟戦略上、他の争点との優先順位を考えると、金融商品の瑕疵・欠陥の主張・立証に多くの時間と労力を割くことについては慎重にならざるを得ないと思われる。

　　　に対し、履行引受契約に基づく支払をし、財務代理人は社債権者に対して元利金を支払うというものである。」
8）例えば、前掲注5）『デリバティブ（金融派生商品）の仕組み及び関係訴訟の諸問題』143 頁は、「第1は、デリバティブ取引は基本的にゼロサムの世界であり」「取引条件の一部を取り上げて、顧客に一方的に不利益な内容であるなどという議論は通用しないということである。例えば、業者側だけが損失を限定できるノックアウト条項がついていたり、顧客側の損失が加速度的に増大するレシオが採用されていたとしても、それとのバランスにおいて顧客に有利な権利行使価格等が設定されているという形で、全体としての商品設計がされているのがデリバティブ商品なのである。」などと指摘する。

第 4 編　適合性原則と説明義務

4　説明義務における対象商品の組成に関する主張・立証

　前述のとおり、平成 23 年最判は、契約の一方当事者が契約締結に先立ち、契約を締結するか否かに関する判断に影響を及ぼすべき情報を相手方に提供しなかった場合に、信義則上の説明義務違反として、不法行為責任を負う旨判示しており、金融商品取引における説明義務の範囲（内容・程度・方法等）が問題となる。

　具体的に、金融商品取引における説明義務違反が争点となる訴訟においては、商品の基本的な条件内容やこれに含まれるリスクの種類および内容に関する説明義務にとどまらず、時価評価額を含めた金融工学上評価分析を必要とする事項に関する説明義務が主張され、金融商品取引業者としてはかかる説明義務を負うことを争うケースが多いとされる[9]。

　近時最高裁において金融商品取引における説明義務違反が争われたケースとしては、平成 28 年最判に加え、最判平成 25・3・7 判時 2185 号 64 頁、最判平成 25・3・26 判時 2185 号 67 頁の 3 例あるが、平成 25 年の両判例（以下「平成 25 年最判」と総称する）は金利スワップに関するものである。

　平成 25 年最判は、当該金利スワップ取引の基本的な構造ないし原理自体は、将来の金利変動の予測が当たるか否かのみによって結果の有利不利が左右されるという単純なものであり、企業経営者であればその理解が一般に困難なものではなく、当該企業に対して契約締結のリスクを負わせることに何ら問題のない取引であるとし、金融商品取引業者（銀行）が本件取引の基本的な仕組みや、契約上設定された変動金利および固定金利について説明するとともに、変動金利が一定の利率を上回らなければ、融資における金利の支払よりも多額の金利を支払うリスクがある旨を説明したことをもって基本的に説明義務を尽くしたとして、説明義務違反を否定した。

　そのうえで、銀行が①中途解約時において必要とされるかもしれない清算金の具体的な算定方法②先スタート型とスポットスタート型の利害得失③固定金

　9）松崎嵩大「デリバティブ取引および仕組債の説明義務に係る裁判例の動向　（上）──時価評価額等に関する説明義務」金法 2032 号 30 頁。

第3章　訴訟上の留意点／第1節　対象商品の組成に関する主張・立証

利の水準が金利上昇のリスクをヘッジする効果の点から妥当な範囲にあること
を説明しなかった点を説明義務違反とした原審の判断について「本件提案書に
は、本件各契約が上告人の承諾なしに中途解約をすることができないものであ
ることに加え、上告人の承諾を得て中途解約をする場合には被上告人が清算金
の支払義務を負う可能性があることが明示されていたのであり、上告人に、そ
れ以上に、清算金の具体的な算定方法について説明すべき義務があったとはい
い難い。また、被上告人は、上告人から先スタート型の金利スワップ取引の説
明を受け、自らこれを承諾したのであって、上告人に、それ以上に、先スター
ト型とスポットスタート型の利害得失について説明すべき義務があったともい
えない。さらに、本件取引は上記のような単純な仕組みのものであって、本件
各契約における固定金利の水準が妥当な範囲にあるか否かというような事柄は、
被上告人が自ら判断すべき性質のものであり、上告人が被上告人に対してこれ
を説明すべき義務があったものとはいえない。」と判断した。

　次に、平成28年最判は、高格付け債券を担保とするインデックス CDS 取
引[10]が組み込まれた仕組債[11]に関するものであるが、「本件仕組債の具体的な
仕組み全体は必ずしも単純ではないが、上告人 Y2 は、C らに対し、D 債券を
本件担保債券として本件インデックス CDS 取引を行うという本件仕組債の基
本的な仕組みに加え、本件取引には、参照組織の信用力低下等による本件イン
デックス CDS 取引における損失の発生、発行者の信用力低下等による D 債券
の評価額の下落といった元本を毀損するリスクがあり、最悪の場合には拠出し
た元本 300 億円全部が毀損され、その他に期日前に償還されるリスクがある旨
の説明をしたというべきである。そして、A は、消費者金融業、企業に対す
る投資等を目的とする会社で、その発行株式を東京証券取引所市場第一部やロ

10）「CDS とは、参照対象となる企業その他の組織（以下「参照組織」という）につき、その倒産、
　　不払い等のリスクを回避したい者（保証の買手）がそのリスクを引き受ける者（保証の売手）に
　　対し保証料を支払い、その参照組織につき倒産、不払い等の事由が発生した場合に保証の売手が
　　保証の買手に対し上記事由に応じた所定の金額を支払うことなどを内容とする金融商品である。
　　そして、複数の CDS の市場価格を平均値により指数化したものを用いたものがインデックス
　　CDS である。」（金法 2046 号 73 頁）
11）平成28年最判で問題となった仕組債の仕組みは前掲注5）『デリバティブ（金融派生商品）の
　　仕組み及び関係訴訟の諸問題』116 頁以下に詳しい。

第4編　適合性原則と説明義務

ンドン証券取引所に上場し、国際的に金融事業を行っており、本件取引について、公認会計士及び弁護士に対し上告人 Y2 から交付を受けた資料を示して意見を求めてもいた。そうすると、A において、上記説明を理解することが困難なものであったということはできない。」と判示して説明義務違反を否定した。

　平成 28 年最判で問題となった仕組債は、平成 25 年最判で問題となった金利スワップ取引に比べてはるかに複雑でハイリスクな取引であったといえるが[12]、最高裁は、仕組債の基本的な仕組みとインデックス CDS や担保債券の評価額下落により元本が毀損するといった主要なリスクの説明をもって足りると判断している。

　以上の最判を前提にする限り、金融商品取引業者は、原則として、金融商品の基本的な条件内容やこれに含まれる主要なリスクについて説明すれば足り、時価評価額を含めた金融工学上評価分析を必要とする事項についてまで説明する義務はないと考えられる[13]。

　平成 25 年最判以降の下級審裁判例は説明義務違反を否定したものが多いが[14]、説明義務違反を肯定した裁判例[15]も見受けられる。適合性の原則違反

---

12) 前掲注 5)『デリバティブ（金融派生商品）の仕組み及び関係訴訟の諸問題』121 頁。

13) 東京高判平成 28・12・15 金判 1509 号 22 頁、大阪地判平成 27・4・23 金判 1483 号 40 頁、東京高判平成 27・3・5 金法 2032 号 76 頁、東京地判平成 26・9・9 金法 2032 号 80 頁、東京高判平成 25・12・12 金法 2012 号 116 頁等の裁判例が同旨。

14) 東京地判平成 29・4・25 金判 1530 号 40 頁、東京地判平成 29・1・30 金法 2070 号 88 頁、福岡高判平成 29・1・20 金判 1523 号 36 頁、東京高判平成 28・12・15 金判 1509 号 22 頁、東京地判平成 28・10・25 金判 1513 号 54 頁、東京地判平成 28・10・19 金判 1505 号 29 頁、最判平成 28・3・15 判タ 1424 号 103 頁、東京地判平成 28・3・14 金判 1493 号 50 頁、東京地判平成 27・11・26 判時 2297 号 78 頁、大阪地判平成 27・11・6 金判 1484 号 37 頁、東京地判平成 27・8・28 判時 2295 号 78 頁、大阪地判平成 27・4・23 金判 1483 号 40 頁、東京地判平成 27・4・22 金判 1468 号 39 頁、東京高判平成 27・3・5 金法 2032 号 76 頁、東京高判平成 27・1・26 判時 2251 号 47 頁、東京高判平成 26・4・17 金法 1999 号 166 頁、大阪高判平成 25・12・26 判時 2240 号 88 頁、東京高判平成 25・12・12 金法 2012 号 94 頁、東京高判平成 25・12・10 金法 2012 号 94 頁、東京地判平成 25・11・28 金判 1433 号 37 頁、青森地八戸支判平成 25・11・27 金判 1434 号 24 頁、福岡地判平成 25・11・8 金法 1994 号 97 頁、東京地判平成 25・11・18 金判 1438 号 44 頁、仙台地判平成 25・10・2 金判 1430 号 34 頁、最判平成 25・3・7 判タ 1389 号 95 頁、最判平成 25・3・26 判タ同号同頁等。

15) 仕組債につき、名古屋地判平成 29・9・15 金判 1528 号 44 頁、長崎地判平成 28・6・28 金判 1501 号 20 頁、東京地判平成 28・6・17 判タ 1436 号 201 頁、名古屋地岡崎支判平成 27・12・25 証券セレクト 50 巻 57 頁、大阪高判平成 27・12・10 金判 1483 号 26 頁、東京地判平成 27・4・14 判例集未登載（平 25(ワ)第 23630 号）〔判例秘書番号 L07030457〕、東京地判平成 27・3・25

第3章　訴訟上の留意点／第1節　対象商品の組成に関する主張・立証

を否定しつつ説明義務違反を肯定したものとしては、次のような裁判例が挙げられる。

① 名古屋地判平成29・9・15金判1528号44頁

　対象商品たる仕組債の元本割れリスクについて、満期償還時は設定レートよりも1割程度円高になっていれば1割程度の損失が生ずるという程度のものである一方、途中売却時は大幅に元本割れすることがあり得ることから、満期償還時の損失リスクと途中売却の損失リスクとは質的に異なるとして、対象商品の仕組債の途中売却の損失リスクを説明する際に、満期償還時の損失リスクとは質的に異なる大幅な元本割れに繋がることを顧客が理解できるような方法で具体的に説明しなかった点を説明義務違反と判示した。

② 東京地判平成27・4・14判例集未登載（平25（ワ）第23630号）〔判例秘書番号 L07030457〕

　対象商品たるEB債（他社株転換可能債）が複雑で難解な仕組みのハイリスク・ハイリターンの金融商品であることを前提に、証券担当者と顧客との具体的な勧誘のやりとりを認定したうえで、「本件EB債は、その仕組みが複雑で難解な仕組みの商品であるから、その商品特性やリスクの具体的内容等を十分に説明する義務を負うというべきである。……担当者Aによる本件取引の勧誘の際の原告に対する説明内容は、原告の従前の投資経験等に照らし、著しく高額な本件EB債について、参照株式の個別銘柄の株価の見通しに加え日経平

判例集未登載（平24（ワ）第22840号）〔判例秘書番号L07030247〕、横浜地判平成26・8・26証券セレクト48巻99頁、東京地判平成26・5・16判時2240号94頁、横浜地川崎支判平成26・3・25証券セレクト47巻251頁、横浜地判平成26・3・19証券セレクト47巻227頁、東京地判平成25・7・19金法2012号124頁、東京地判平成25・7・3証券セレクト46巻47頁、静岡地判平成25・5・10証券セレクト45巻48頁、名古屋地判平成25・4・19判例集未登載（平22（ワ）第6877号）〔判例秘書番号L06850235〕、京都地判平成25・3・28判時2201号103頁、オプション取引につき、東京地判平成29・5・26金判1534号42頁、東京地判平成25・5・16判例集未登載（平23（ワ）第19830号、平23（ワ）第33750号）〔判例秘書番号L06830397〕、株式債権等多数の商品取引につき、東京地判平成28・6・29判例集未登載（平24（ワ）第32230号）〔判例秘書番号L07131419〕、取引所株式指数証拠金取引につき、東京地判平成28・5・23証券セレクト51巻15頁、スワップ取引につき、東京地判平成28・4・15金判1500号28頁、東京高判平成26・3・20金判1448号24頁。

第4編　適合性原則と説明義務

均株価の見通しを強調するなど、株式償還リスクを過小に評価するものであったことが窺えると言わざるを得ず、しかも、本件取引の注文時までに本件EB債の契約締結前交付書面（提案書、ユーロ円EB）を交付しなかったというのであるから、上記説明義務を尽くしたものとは認め難」いとして説明義務違反を肯定した。

③ 東京地判平成 27・3・25 判例集未登載（平 24（ワ）第 22840 号）〔判例秘書番号 L07030247〕

「原告が本件仕組債の具体的リスクを認識できるだけの情報提供がされたというには不十分であり、原告が本件仕組債のリスクについて楽観的な見通ししか持てなかったために購入に至り、最終的に原告が損失を被ったものというべきであるから、被告において、原告に対し、特に損失のリスク（5000万円の元本の大半が失われる現実可能性が低いものではないこと）について十分な理解が得られるよう説明すべき義務に違反したものと認めるのが相当である。」とした。

④ 東京地判平成 26・5・16 判時 2240 号 94 頁

対象商品たる EB 債に関する説明義務を「本件商品特性に鑑みると、被告担当者は、本件各 EB 債の買付けを勧誘するに当たり、顧客である原告が本件各 EB 債に係るリスクを認識し本件各契約の締結の是非を的確に判断し得るように、本件各 EB 債の内容、特徴のみならず、そのリスク（株式償還リスク、信用リスク、流動性リスク）についても、原告の投資経験、知識、能力等に応じて、具体的に説明する義務を負うと解するのが相当である」としたうえで、「①被告担当者は、本件各 EB 債の買付けを勧誘するに当たり、それぞれ 1 回（EB 債③）ないし 2 回（EB 債①）、B と短時間の面談を行い、基本的に本件各個別提案書を読み上げて、上記の説明をしたにとどまること、②被告担当者は、本件各 EB 債の期間が 4 年 11 か月（EB 債①）ないし 5 年（EB 債③）と長期であり、その間、これを売却して投資元本を回収したり、損失額を確定したりするのは極めて困難であるにもかかわらず、『当該証券は流動性が限定されております。また、転換対象株式や金利等の変動によって途中売却により損

第3章　訴訟上の留意点／第1節　対象商品の組成に関する主張・立証

失を被ることがあります』などと、損失の発生を受忍するのであれば、期間中に本件各EB債を売却することも可能であるかのような説明をする一方で、本件各EB債を売却する方法や、そもそも、かかる方法が存在するのか否かについては何らの説明もしていないことが認められる」などと認定し、被告担当者が十分な説明を尽くしたとはいえないとして説明義務違反を認めた。

　これら裁判例をみると、最判を前提に、金融商品取引業者は、原則として、金融商品の基本的な条件内容やこれに含まれる主要なリスクについて説明すれば足りると解するとしても、対象商品の仕組み等の複雑性、取引によるリスクの大きさ、投資家の理解の困難性等との相関関係によっては、業者側には対象商品の商品特性についての、より詳細かつ具体的な説明が要求されると考えられる。したがって、当事者訴訟代理人には、個別事案ごとに、顧客側の事情（投資経験や理解力等）なども考慮しながら、対象商品の商品特性に関して説明が求められる内容や程度等を検討し、主張・立証していくことが必要と考えられる。

〔内藤丈嗣〕

第 4 編　適合性原則と説明義務

第 2 節　購入者の属性に関する主張・立証

1　はじめに

　適合性原則や説明義務違反に関する具体的な主張を論じるうえで、学術的な裏付けが必要であることはもちろんであるが、裁判実務としての技術的な要素も強く、また、立証活動にあたっては、事件ごとの特徴を踏まえた証拠収集が必要とされる。適合性原則や説明義務に関する主張立証に関し、具体的な内容を明記する文献は多くない。

　狭義の適合性原則違反[1]に関する判断を示した最判平成 17・7・14（民集 59 巻 6 号 1323 頁。以下「平成 17 年判例」という）以降の下級審判決を概観すると、狭義の適合性原則違反を認め不法行為を肯定したものは少数にとどまり[2]、むしろ説明義務違反を認定して不法行為責任を肯定したものが多い[3]。後者の説明義務違反に関しても、金融商品取引業者に対し、特定の購入者の属性に照らして、当該購入者に理解されるために必要な方法および程度による説明が義務付けられているのであるから、前者の狭義の適合性原則違反を主張、立証するにあたり取り上げるべき購入者の属性と基本的に重複する。

　もっとも、金融商品の購入は、自主責任による投資判断を原則としつつも、狭義の適合性原則は、その市場参加の適格性について下限を画するものと考えられ[4]、他方、説明義務違反は、当該購入者の理解との相関関係で当該購入者

---

1 ）定義分類の詳細には立ち入らないが、金商法 40 条 1 号の定める適合性原則をいう。

2 ）たとえば、東京地判平成 23・8・2 金法 1951 号 162 頁。

3 ）神田秀樹ほか編著『金融商品取引法コンメンタール 2 業規制』354 頁〔志谷匡史〕（商事法務、2014）。

4 ）川村正幸編『金融商品取引法〔第 5 版〕』429 頁（中央経済社、2014）。東京地方裁判所プラクティス委員会第三小委員会「金融商品に係る投資被害の回復に関する訴訟をめぐる諸問題」判タ 1400 号 8 頁は、狭義の適合性原則に関し、『ある利用者に対してはどんなに説明を尽くしても一定の金融商品の販売・勧誘を行ってはならない』というルールである（金融審議会第一部会ホールセール・リーテイルに関するワーキンググループレポート 44 頁）と説明する。

396

第3章　訴訟上の留意点／第2節　購入者の属性に関する主張・立証

の属性を斟酌するものであるから、前者は後者と比べ、購入者の属性に関し、一層の不適格性を粘り強く主張し、できる限り客観的な証拠で立証することが必要とされる（その意味では下級審判決の傾向は自然であろう）。

　以下においては、まずは、顧客である購入者の属性に関する主張立証を論じるうえで、まずは主張すべき要素を抽出し、立証について論じる。

2　購入者の属性として主張すべき要素

(1)　金商法からみる主張すべき基本的な要素

　購入者の属性は、説明義務、適合性原則違反の有無に関する主張の対象、立証の命題のひとつであり、具体的には、金商法40条は、「金融商品取引業者等は、業務の運営の状況が次の各号のいずれかに該当することのないように、その業務を行わなければならない」とした上で、同条1号で、「金融商品取引行為について、顧客の知識、経験、財産の状況及び金融商品取引契約を締結する目的に照らして不適当と認められる勧誘を行って投資者の保護に欠けることとなっており、又は欠けることとなるおそれがあること」と規定する。

　購入者の属性、すなわち「勧誘」対象である「顧客」に適合するかどうかの判断要素は、「知識」、「経験」、「財産の状況」、および「金融商品取引契約を締結する目的」[5]という4つが挙げられ、これらの4要素の適合性は、「勧誘」の時点で判断される。購入者の属性に関する主張において、時点は非常に重要である。

　ところで、金商法40条は、金融商品取引業者等に対し、直接的に購入者（顧客）を知る義務を課すものではない。もっとも、金融商品の勧誘に先立ち当該購入者を知ることなく、購入者に適合した勧誘を行うことはできないのであるから、適合性原則との関係で、金融商品取引業者は、勧誘時点において、上記

5）4点目の要素である「金融商品取引契約を締結する目的」は、平成18年の金商法制定時に追加されたので、同法の施行以前に勧誘、契約に至った金融商品の場合、4点目の「金融商品取引契約を締結する目的」は、平成18年以前の取引であっても考慮要素になるとしても（平成17年判決でも要素としている）、法的な要求事項でないという限りで、他の3要素と区別されると解するのが正確である。

第 4 編　適合性原則と説明義務

4 点を購入者の情報（顧客情報）として収集する業務の運営状況にあったといえ、上記 4 点が、購入者の属性に関し主張立証がなされる基本事項となる。そして、適合性原則に関する民事裁判の実務上、購入者の属性に関し、「具体的な商品特性を踏まえて、これらとの相関関係において、顧客の投資経験、証券取引の知識、投資意向、財産状態等の諸要素を総合的に考慮する」（平成 17 年判決）のが一般的である。

なお、下級審の裁判例の傾向として、購入者の年齢、職歴等の一般的特性に着目しつつ、当該属性を備えるグループの平均的な購入者を基準としてその適合性の存否を判断するものが少なからず見受けられるとの見解がある[6]。

(2) 金商法上の 4 要素
(A) 金商法上の 4 要素と説明義務との関係

金商法上の 4 要素を大別すると、「知識」、「経験」、「財産の状況」は、いずれも購入者の実情をあらわすものである。他方、「金融商品取引契約を締結する目的」すなわち投資目的は、購入者の意向をあらわすものである。

(B) 「知識」・「経験」
(a) 説明義務との相関関係から導かれる主張

まず 1 点目の購入者の「知識」と 2 点目の購入者の「経験」に関しては、説明義務と密接な関係がある。

知識や経験が乏しい購入者に対し、損失が発生し得るリスクの高い金融商品を勧誘することは、投資対象として不適合な商品を勧誘することになりかねない。他方、知識や経験がない者が、自力で知識や経験を得ない限り、リスクがある金融商品を購入してはならないものではなく、他方、金融商品取引業者は、購入者に対し、リスクを評価判断できる情報を提供し、説明をすることができる。そして、かかる情報提供と説明の結果、購入者が投資に必要な知識を得て、かつ、投資能力[7]を満たすことができれば、当該金融商品との関係で、不適合性ないし説明義務違反にならないと解するのが合理的である。このように、購

6）村本武志「仕組商品販売と適合性原則——米国 FINRA 規則改正を契機として(1)」 現代法学22 号 138 頁。

第3章　訴訟上の留意点／第2節　購入者の属性に関する主張・立証

入者の「知識」と「経験」は、勧誘時になされた情報提供や説明との相関関係が認められる。

　よって、購入者の属性として主張すべき事項は、勧誘時時点における購入者の知識、経験に加え、仮にこれらが欠けるとしても、金融商品取引業者等が投資に必要な知識や経験知の提供等がなされ、それにより購入者が購入した金融商品に係る投資に必要な知識を得たか、また、投資能力を備えるに至ったか、それとも、これら知識の提供等がなされてもなお、対象となる金融商品との関係で、購入者の知識や投資能力を補完することが到底できない水準であったか、といった事実と解される（なお、立証に関する事項として、購入者の理解度を確認するアンケートやチェックシートを用いてこれらの事実の確認がなされている）。

　(b) 事後的な事実（間接事実）

　購入者の属性に関する事実として主張するべき基準時は、あくまで勧誘時、商品を購入した時であるが、それを裏付けるため、金融商品を購入した後の同一商品ないし類似商品の取引の関わり方は、重要な間接事実になり得る。

　たとえば、①リスクが高い金融商品に関し、自ら投資方針を計画、実行するなど自律的なリスク管理を行っていた場合であれば、勧誘時点においても相応の知識・経験を有していたと評価する一事情になり得る。

　また、②担当者から追加購入を勧誘されたが、リスクを理解して断った事実がある場合も知識や経験に関する事実として考慮しうるが（たとえば、大阪地判平成23・4・28判タ1367号192頁）、先行商品の購入後、知識や経験を積んで、先行商品のリスクを受け入れられないと判断する場合もあり得ること、その他追加購入の勧誘時の資金状況や投資意向で追加購入をしないという消極的な対応をとる場合もあり得るので、直ちに先行商品の勧誘時点において、知識や経験があったと解するのは適当ではない。この点、先に挙げた、①積極的に自律的なリスク管理を行っていた事実とは、間接事実としての重要度で区別されるべきである。

　7）大阪高判平成22・9・16（証券セレクト38巻74頁）は、顧客は「担当者らが勧誘するままにそれに従って本件取引をしただけ」「本件取引期間中に本件取引前と比較して、株式取引に関する知識や経験が身につき、投資判断能力が向上したものとは認められない」と判示しており、知識と経験を投資判断能力の考慮事情と位置付けた。

399

第4編　適合性原則と説明義務

(C)「財産の状況」

　購入者の「知識」および「経験」と異なり、3点目の購入者の「財産の状況」は、いかなる情報提供・説明があっても不適合性は治癒されるものではない。

　とくに損失負担能力が乏しい場合には、適合性に疑義が生じ得る。たとえば、保有資産を取り崩さなければ生活できない低所得者が、その全資産をリスクが非常に高い金融商品を購入する場合、明らかに損失負担能力を超えるため、そもそもかかる金融商品を購入するだけの適格性に疑義が生じよう。また、後述する高齢者の場合、今後得られる収入の手段が限られる一方、保有する資産から生活費や医療費等を取り崩すこともあり得ることから、リスクとして合理的に受け入れられる資産の範囲を超える場合には損失負担能力は慎重に考えられる。

(D)「金融商品取引契約を締結する目的」

　最後に4点目の購入者の「金融商品取引契約を締結する目的」は、投資目的ということができ、たとえば、老後資金の安全運用や、余剰資金の積極運用などが挙げられる。投資目的は、購入者のリスクの許容性を判断する要素といえる。

　投資目的は、購入者の意向をあらわすものであるため、情報提供や説明により当初の投資目的が変わる可能性もあり得る。たとえば、先行商品の勧誘時には購入者が安全運用を表明していたとしても、特定の金融商品について、金融商品取引業者の情報提供と説明により、投資目的をハイリスクハイリターンに変更することはあり得る。また、購入者が一定期間ハイリスクを受け入れることを表明しても、運用成績、資産状況、資産運用の目的の変更等により、安全運用に変更することもある。

　以上のように、投資目的は、ライフステージや資産状況等によって変動することがあり得るため、先行取引や事後取引と異なる投資目的であるとしても、直ちに不合理ではなく、金融商品の勧誘、購入がなされた時点で個別に検討したうえで、投資目的を具体的に主張することになる。ただし、安全運用を基本としていた購入者が、突発的に、ハイリスクの商品を購入した場合、イレギュラーな取引といえ、その契機となった事実や余剰資産等に照らし、慎重に投資

400

第3章　訴訟上の留意点／第2節　購入者の属性に関する主張・立証

目的が認定されるべきであろう。

(3)　高齢者を顧客とする場合の規律と主張

(A)　75歳以上への説明方法等に関する配慮

　高齢者であることを含め、年齢は上記4点と異なり金商法において明記された要素ではない。もっとも実務上、適合性原則違反や説明義務違反に関し、金融商品の勧誘にあたり年齢は購入者の属性に関する重要な一要素として勘案されると解される。

　金融商品取引業者に対する規律上、高齢者に対する勧誘に関し、日本証券業協会は、適合性の原則を取り入れた規則を定めており、協会員の投資勧誘、顧客管理等に関する規則（以下「投資勧誘規則」という）第5条の3は、「協会員は、高齢顧客に有価証券等の勧誘による販売を行う場合には、当該協会員の業態、規模、顧客分布及び顧客属性並びに社会情勢その他の条件を勘案し、高齢顧客の定義、販売対象となる有価証券等、説明方法、受注方法等に関する社内規則を定め、適正な投資勧誘に努めなければならない。」と規定する。また、同条の考え方を示した「高齢顧客への勧誘による販売に係るガイドライン」（日本証券業協会・平成25年10月29日）は、高齢顧客の年齢の目安として、「75歳以上の顧客を対象とし、その中でもより慎重な勧誘による販売を行う必要がある顧客を80歳以上の顧客とすることが考えられます」との記載がある。

　誤解がないように補足すると、勧誘・契約時に75歳以下の者が一律に高齢者ではないということではない。勧誘時において購入者が75歳以上であれば、協会員である金融商品取引業者の場合、当該購入者を高齢者として、投資勧誘規則や同ガイドラインにある特別な配慮をしていたという事実を前提にすることができるという点に意義がある。

(B)　ガイドラインから導かれる要素

　上記ガイドラインには、「一般的に高齢者は、身体的な衰えに加え、記憶力や理解力が低下してくることもあるとされています。また、高齢者には新たな収入の機会が少なく、保有資産は今後の生活費であることも多いと考えられます。」との記載がある。高齢者の多くは、退職世代でとくに退職後の中盤から

401

第4編　適合性原則と説明義務

終盤にかけて、収入の減少や医療費・住居の修繕等の支出が増加するなど徐々に生活費のヤリクリに余裕がなくなっていくことが考えられる。こうした場合、保有金融資産の取り崩しもあり得るため、高齢者の生活の実情は、購入者の属性に関する「資産の状況」や「金融商品取引契約を締結する目的」（投資目的）と密接な関係がある。

　さらに、同ガイドラインには、高齢者である購入者の「見た目には何ら変化がなく、過去の投資経験が豊富な顧客で、勧誘時点における理解も十分であったと思える顧客が、数日後には自身が行った取引等を全く覚えていなかったという事例も見られます。」との記載がある。先にも勧誘・取引時点における事実が重要であると述べたが、購入者が高齢者の場合、勧誘・取引がなされた時点における高齢者の購入者の心身の状態等も重点的に確認検討する必要がある。

　たとえば、成年後見開始審判がなされた時期、成年後見開始取消審判といった、意思能力に関する裁判がなされた場合には、それに近接する時期においては、特にリスクが高く、また仕組みが複雑な金融商品が勧誘され、同金融商品を購入したとすれば、当該購入者の投資に関する判断能力が十分であったか疑義が生じ得る[8]。

　以上の投資勧誘規則や上記ガイドラインによる規律を前提に、金融商品取引業者は、75歳以上の購入者を高齢者としての配慮をした態勢を整えるべく、社内規則を有し、金融商品の販売の勧誘場面における運用においても、社内規定に則り、意思能力に疑義があるような場合、複数名で対応するといった取り扱いがなされ、記録を作成しているのが実情である。金融商品の勧誘、購入時点において購入者が75歳以上の高齢者である場合、金融商品取引業者が上記規律を踏まえた記録を保有していることを前提にしてよい。たとえば、高齢顧客が過去に投資経験のない商品の買付けであったり、従来の投資金額に比して急に金額が大きくなったりするような買付けを行おうとする場合には、支店長等の役席者が、必要に応じて購入者の投資意向を再度確認するなど、慎重な対

8）成年後見開始取消審判を受けて間もない時期に行われた金融商品取引により生じた損失に関し、購入者（原告）が証券会社（被告）に対する不法行為に基づく損害賠償請求につき、購入者が十分な判断能力を有していなかったことなどを理由として、適合性原則違反等の主張を認め、一部認容（過失相殺二割）された事例（大阪高判平成25・2・22判時2197号29頁）。

第3章　訴訟上の留意点／第2節　購入者の属性に関する主張・立証

応を行うこととされている場合があるので、そういった対応がなされた事実の有無は主張すべき事項といえる。

(4) 購入者の属性に関する情報の更新

　口座開設時から、リスクが高い金融商品を購入する時点までに期間があるような場合、すなわち当該取引より相当程度前の情報では、取引時点にける購入者の適合性を直接判断できない。たとえば、以前と同じ金融商品を勧誘する場合であっても、購入者が高齢者であれば判断能力に変化がある場合もあり得るうえに、購入者の投資目的や財産状況が変わることもあり得る。

　この点に関し、金融庁の「金融商品取引業者等向けの総合的な監督指針」（以下「監督指針」という）では、「顧客の申出に基づき、顧客の投資目的・意向が変化したことを把握した場合には、顧客カード等の登録内容の変更を行い、変更後の登録内容を金融商品取引業者と顧客の双方で共有するなど、投資勧誘に当たっては、当該顧客属性等に則した適正な勧誘に努める」とされている[9]。購入者の属性に関する情報の変化に関する確認の端緒は、「顧客の申出に基づき」とされ、金融商品取引業者等からの積極的な調査義務までは要求されていない。また、確認対象となる購入者の属性は、「投資目的・意向」の変化のみが挙げられ、財産の状況の変動は対象外とされる。

　したがって、金融商品取引業者が、適合性原則違反等の主張がなされている取引時点における購入者の属性の情報をピンポイントに保持しているものではないことを留意する必要がある。

3　購入者の属性に関する立証

(1) 客観的な証拠の収集

　適合性原則違反や説明義務違反に関する主張立証責任は、不法行為を主張する購入者が負担する。購入者の属性の構成要素である、「知識」、「経験」、「財

9）金融商品取引業者等向けの総合的な監督指針（金融庁・令和元年8月）Ⅲ-2-3-1(1)①イ。

403

第4編　適合性原則と説明義務

産の状況」、および「金融商品取引契約を締結する目的」に関し、本人の内心に関する事情は本人の陳述書によらねばならないこともあるが、立証の成否を考えると、通常存在する客観的な資料の収集、獲得は不可欠である。以下、類型的な書証を紹介する。

(A) 顧客カード・アンケート

　購入者の属性に関する基本的な資料としては、顧客カードやアンケートなどが挙げられ、これらは購入者が本人控えを保管している場合のほか、金融商品取引業者が所持している。

　金融庁は、監督指針Ⅲ-2-3-1で、顧客の属性等の情報と顧客の取引実態の把握をするための顧客管理態勢の確立を金融商品取引業者に求めている。また、投資勧誘規則第3条第2項は、「協会員は、顧客の投資経験、投資目的、資力等を十分に把握し、顧客の意向と実情に適合した投資勧誘を行うように努めなければならない」と規定する。後者は業界団体の自主規制ではあるが、顧客情報の把握に関し努力義務として規定されている。これらの具体的な対応として、金融商品取引業者は、顧客との取引開始にあたって、顧客カードの作成やアンケートを取得している。

　情報の更新に関し、従前取引関係があった顧客との間で当面の間、取引がなかった場合にも、金融商品取引業者は、顧客の投資目的や資力の変更がないかを確認するため、取引再開時点における投資目的や資力等を確認することも行われている。取引再開時にあたっての確認は、必ずしも購入者本人が記載するものとは限られず、もちろん購入者が高齢者である場合や金融商品の損失リスクの高さ、投資金額等によって対応が変わるが、担当者が電話等で確認し、記録にとどめるだけの場合もある。

(B) 売買報告書等

(a) 売買報告書および売買計算書

　購入者の属性そのものではないが、売買報告書および売買計算書を確認すると、どの程度の頻度と、取引金額で取引がなされたのか判明し、購入者の投資経験、知識を裏付ける資料になる。

404

第3章 訴訟上の留意点／第2節 購入者の属性に関する主張・立証

　たとえば、適合性原則違反や説明義務違反を主張する取引の対象外、すなわち、争いのない取引という前提は必要であるが、同種取引を多数、一定の期間繰り返していた場合には、当該取引に関する投資経験が豊富であることが伺える。また、以前は積極的な投資活動を行っていたが、問題視される取引以前に、投資活動を控えていたことは、その理由が投資資金となる余剰資金が乏しくなったといった事情であったり、判断能力の低下によって、自主的な投資活動を控えたといった事情であったり、何かしら購入者の属性に関する事実を知ることができる。

　売買報告書および売買計算書は、取引成立ごとに金融商品取引業者が購入者に対して交付するものである。古い取引の場合や購入者が保管していない場合には、後記(b)の委託者別勘定元帳を金融商品取引業者から取得する必要がある。

（b）委託者別勘定元帳

　購入者からの請求があった場合、金融商品取引業者は、基本的に、委託者別勘定元帳の開示に応じている。なお、立証責任の所在は請求者である購入者にあるものの、訴訟実務においては、顧客カード、委託者別勘定元帳などの金融商品取引業者が保有する資料は、金融商品取引業者が提出している。

(C) 看護記録や介護記録

　購入者の属性の立証にあたって、上記と異なり基本書証ではないが、高齢で養護施設に入居していた、一時的に入院していたなどの事情がある場合には、看護記録や介護記録の入手を検討すると有用な情報が得られる場合がある。適合性原則違反等の主張にかかる取引がなされた時期との重複、その時期の前後の購入者本人の日常的な記録を重点的に確認することで、争点となっている取引がなされた時期の本人の判断能力に関する客観的な資料になる。とくに判断能力との関係では、施設等への入居や診療において、意思能力に関する検査が実施される場合も多く、たとえば、よく使われるものとして、長谷川式簡易知能評価スケール（HDS-R）が挙げられ、もちろん、その他の検査結果も参考になる。

　なお、留意点として、これらは本人のプライベートの領域に関する事実であ

405

第4編　適合性原則と説明義務

るため、金融商品取引業者との取引にあたって、これらの事実が外形的に表れていたか、または、本人の意思能力に疑義があると見受けられたかという点も慎重に確認する必要がある。

(2) 虚偽の申告または虚偽記録があった場合の立証活動
(A) 申告や記録の信用性に関する基本姿勢

　購入者の属性に関する基本書証といえる、勧誘当時における顧客カードやアンケートは、金融商品取引業者に対してのみレギュレーション上課されたものなのである。一つの重要な客観的な証拠であるが、これらはあくまで金融商品取引業者が、社内規則・ルールを用意し、記録として残す態勢を整備することが適切であるとして求められる要求事項にとどまり、顧客である金融商品の購入者にとって申告は義務ではない。そのため、購入者が情報提供を拒んだり、内容に虚偽が含まれたりしている場合も可能性としてあり得る。

　また、悪質な業者、担当者が、購入者をそそのかして虚偽の申告をさせた場合や、購入者の申告と異なる内容で記録する場合も皆無ではない。

　これらの留意点を踏まえた証拠の精査をすることで、より精緻に事実を把握することができる。

(B) 購入者に情報提供が拒まれた場合

　実務上、顧客カードの記載にあたり、特に資産の状況について、購入者が詳細な情報提供を拒むことがみられる[10]。仮に購入者が情報提供を拒んだ場合、顧客情報に関する調査義務に関し、勧誘が不適合であっても、購入者の自己責任で金融商品取引業者は免責されるという考えと、購入者が情報提供を拒んだ段階で勧誘が禁止されるという考え[11]があり得る。

　この点、金融庁のパブリックコメントの回答では、「業者が相当の努力を尽

---

10) 投資勧誘規則に基づく顧客カードの記載様式には、注として「『資産の状況』欄は、当初記入することが困難な場合は、その後なるべく早期に記載すること」とあり、実務上、顧客資産の状況の把握が難しい場合があることが伺われる。

11) EUの規制ではあるが、MiFID（Market in Financial Instruments Directive）では、情報を十分に得ることができない場合は、金融商品取引業者等は、顧客または潜在的顧客に対して投資サービスや投資商品の勧誘を行ってはならないとされる。

くしたにもかかわらず、当該顧客の姿勢に変化がなく、業者が当該顧客の適合性を確認することができないような場合には、業者は狭義の適合性原則に則して、当該顧客との当該取引を拒むこともできる」と述べる[12]。同回答では「拒むこともできる」とされて、「拒否しなければならない」とはされていないので、勧誘の禁止までは課されていないものと解される。不十分または不適切な調査を許容しかねないので、少なくとも、パブリックコメントにあるとおり、金融商品取引業者は、購入者に対し、できる限りの情報を得るための合理的な対応がないと、相当の努力を尽くしたとはいえないものと解するべきであろう。

(C) 購入者が提供した情報に虚偽の内容が含まれた場合

　購入者の資産や投資目的等に照らして適合しない勧誘をした場合、調査をしないほうが調査をした場合と比べて免責の可能性が広がるというような解釈は妥当ではない。金融商品取引業者の情報収集過程に問題があるという場合や、購入者で不適合を示す明確な様子が見受けられる場合には、購入者の情報を安易に信頼してはならない。金融商品取引業者が、購入者からの情報を確認する行為を行い、不正確であるという確証が得られない場合は、金融商品取引業者は購入者の情報を慎重に調査すべきである。まして、金融商品取引業者が勧誘時に、収入等の申告に虚偽の記載を書かせるなどの不当な作為がある場合には、当該アンケートの内容は信用できない。

　この点、金融商品取引業者に不当な作為があり、申込時に記録した購入者の属性に関する情報につき、その信頼性が争いになった事案で、商品先物取引の適合性原則違反の違法が認められた東京高判平成26・10・8（判時2248号40頁）がある（ただし過失相殺四割）。同裁判例は、金融商品取引業者が「本件取引口座開設申込書の信用性の根拠として主張する諸事情によっても」、購入者が「本件取引口座開設申込書に記載した年収1000万円及び流動資産4000万円に相当する資産を有していたとみることはできず、むしろ、本件取引の前後にかけての年度における社会保険料の納入や免除等に関する通知書」は、本件取引当時の購入者（被控訴人）の「年収が約120万円であったことと整合するも

12）「金融商品取引法の行為規制（下）」商事1815号7頁。

第4編　適合性原則と説明義務

のといえる。そして、被控訴人が本件取引口座開設申込書に、自己の資産や収入と大きく相違する資産及び収入の金額を自らの一存で記載する理由は考え難いことに鑑みると、同記載は」、金融商品取引業者の担当者が購入者に対して「当該金額を示して記載させたものとみるのが合理的であり」、同担当者において、「同記載が真実に反する可能性が高いことを認識し得たということができる」と判示した[13]。

(D) 虚偽申告や過少申告に対する立証活動

　購入者本人が、金融商品取引業者に対し、争点になっている金融商品に関し、同種取引の経験がない、そもそも投資経験がない等と申告していながら、実は、過去に他の金融商品取引業者との間で、同種取引その他の取引がある場合もある。また、同種の金融資産を保有していながら、その事実を秘匿し、資産を過少申告していた場合もあり得る。

　このような場合、購入者本人が説明しない限り、購入者の代理人や、金融商品取引業者の代理人の立場では、虚偽申告や過少申告の事実を見抜くことは困難である。

　一般に、購入者本人の銀行取引履歴を確認する事案はほとんどないと思われるが、出入金がなされた購入者名義の銀行取引口座の取引履歴を確認することで、他の金融商品取引業者との取引が確認できる場合もあり得、虚偽申告や過少申告の事実を明らかにする調査の端緒になり得る（なお、本人が繰り返し悪質な業者から欺罔的な取引の被害にあった消費者の場合もあるが、本節はあくまで本人の属性を知るための客観的な資料に焦点をおいて論じるものである）。

　もちろん、購入者名義の銀行口座の取引履歴だけでは、直接、過去の金融商品の取引経験や同種の金融資産の存在を知ることができない。同取引履歴から、他の金融商品取引業者への出入金が確認できると、購入者と当該金融商品取引業者との間で金融商品の取引をするための口座を開設していたことが判明する。そして、購入者と当該金融商品取引業者との具体的な取引や、適合性原則違反

13）東京高判平成26・10・8（判時2248号40頁）では、本文記載の事実に加え、購入者が「本件取引開始の当時、商品先物取引の経験がなく」と認定し、「取引経験、流動資産及び収入の状況や本件取引の態様等を総合すると、本件取引の勧誘は適合性の原則に違反する」と判示した。

第3章 訴訟上の留意点／第2節 購入者の属性に関する主張・立証

等が争点になっている時期の保有金融資産を確認することができる。

　具体的な証拠収集手段は、提訴前後を問わず弁護会照会が挙げられるほか、提訴前の調査嘱託や訴訟係属中の調査嘱託の申請等が挙げられる。

〔松原崇弘〕

第4編　適合性原則と説明義務

第3節　説明の程度に関する主張・立証

1　はじめに

　契約の一方当事者が、当該契約の締結に先立ち、信義則上の説明義務に違反して、当該契約を締結するか否かに関する判断に影響を及ぼすべき情報を相手方に提供しなかった場合には、その当事者は、相手方が当該契約を締結したことにより被った損害につき、不法行為による賠償責任を負うことがある（最判平成23・4・22民集65巻3号1405頁）。

　金融商品取引においても、投資勧誘を行う取引業者は、顧客に対し、取引の仕組みやリスク等の情報につき、必要かつ相当な範囲で具体的な説明を負うべき信義則上の義務を負う（東京高判平成24・7・19金法1959号116頁）。

　そして、金融商品取引業者がかかる説明義務に反した場合には、民法上の不法行為責任を問われることとなる[1]。

　それでは、信義則上要求される説明の程度とは、具体的にはどのようなものであろうか。また、実際の訴訟において、説明の程度についてどのように主張・立証していけばいいのであろうか。

　本節では、説明義務の根拠を概観した後、説明義務の対象と説明の方法・程度の峻別についての司法研究報告を紹介し、具体的な裁判例等をもとに訴訟における説明の程度についての主張・立証を検討していくこととする。

　1）　金融商品取引損失訴訟における投資家救済の法律構成として、契約関係の無効・取消や債務不履行責任が主張されることもある。しかし、前者については、要件充足が困難であること、柔軟な解決が期待できないこと、取引を無効とすることの影響が大きいこと等の理由により、救済策として限界があるとされる。また、後者については、前掲最判平成23・4・22が、契約締結前における説明義務違反について、債務不履行責任として構成できない旨明示している。なお、不法行為責任の特則とされる金販法の3条、5条に基づく損害賠償請求については、後記2(2)参照。

2 説明義務の根拠

(1) 金融商品取引法上の説明義務

　金商法上、金融商品取引業者が負う説明義務に関しては、まず同法37条の3第1項において、金融商品取引業者に対し、金融商品取引契約の締結に際し、契約概要、手数料等やリスクなど同項各号所定の事項[2]を記載した契約締結前の書面の交付が義務付けられている。

　そして、このうち同項第3号から7号所定の事項については、顧客の知識、経験、財産の状況および金融商品取引契約を締結する目的に照らして、当該顧客に理解されるために必要な方法および程度による説明をすることなく、金融商品取引契約を締結する行為を、投資者の保護に欠け、もしくは取引の公正を害し、または金融商品取引の信用を失墜させる行為として禁止している（金商法38条9号、金商業等府令117条1項1号）。

　上記規定は、金融商品の取引に際し、当該金融商品の仕組みやリスク等について、顧客の属性に応じて、顧客が理解するのに必要な方法および程度による説明を金融商品取引業者に課すものであって、（広義の）適合性原則を取り入れる形で、説明義務の実質化を図った規定であるとされる[3]。

　しかしながら、金商法上の行為規制は、あくまで業規制であるから、仮に上記説明義務に違反した場合に、行政処分（同法51条）や刑罰（同法205条12号・207条1項6号）の対象となることは兎も角、直ちに私法上の効果が導かれるものではない。

2）当該金融商品取引業者等の商号、名称または氏名および住所（1号）、金融商品取引業者等である旨および当該金融商品取引業者等の登録番号（2号）、当該金融商品取引契約の概要（3号）、手数料、報酬その他の当該金融商品取引契約に関して顧客が支払うべき対価に関する事項であつて内閣府令で定めるもの（4号）、顧客が行う金融商品取引行為について金利、通貨の価格、金融商品市場における相場その他の指標に係る変動により損失が生ずることとなるおそれがあるときは、その旨（5号）、前号の損失の額が顧客が預託すべき委託証拠金その他の保証金その他内閣府令で定めるものの額を上回るおそれがあるときは、その旨（6号）、前各号に掲げるもののほか、金融商品取引業の内容に関する事項であつて、顧客の判断に影響を及ぼすこととなる重要なものとして内閣府令で定める事項（7号）である。

3）山下友信＝神田秀樹編『金融商品取引法概説〔第2版〕』404頁（有斐閣、2017）。

第4編　適合性原則と説明義務

(2) 金融商品の販売に関する法律（金販法）上の説明義務

　金販法3条は、金融商品販売業者に対し、リスクや、取引の仕組みの重要部分等の「重要事項」についての説明義務を課している。この説明は「顧客の知識、経験、財産の状況及び当該金融商品の販売に係る契約を締結する目的に照らして、当該顧客に理解されるために必要な方法及び程度によるものでなければならない」。この説明義務に違反した場合には、同法5条に基づき、損害を賠償する責任（無過失責任）を負う。また、同法6条には、損害（額）と因果関係についての推定規定がおかれ、立証責任の転換がはかられている[4]。

(3) 信義則に基づく説明義務

　説明義務違反に基づく民事法上の損害賠償義務を導くため、業者側に金融商品の仕組みやリスクについての説明義務が信義則上認められることを前提に、その違反を不法行為ととらえる構成が、金融商品取引による損失を被った投資家の救済訴訟を通じ、判例法理として確立していった。

　かかる信義則上の説明義務が認められる実質的根拠については説が分かれるものの、金融商品取引において、投資の自己責任の原則が妥当することを前提に、顧客と業者との間に情報格差がある状況において、顧客が投資判断における自己決定権を十全に行使するために、業者側に投資判断に必要な情報を提供する義務があることを根拠とするものが、多数説である[5]。

3　（広義の）適合性原則と説明義務

　前掲東京高判平成24・7・19は、必要とされる説明義務の程度が、「当該顧客の知識、取引経験及び理解力等に応じて自己責任の下に合理的な投資判断を

　4）金販法3条、5条は、一般不法行為責任の特則と位置付けられている。

　5）説明義務の実質的根拠としては、他に消費者（社会的弱者）保護、あるいは専門家責任・信認関係を挙げる説もある。後者については、業者側の「助言義務」を導き得る考え方とされている。さらに、金融商品の特質と情報格差の是正、自己決定基盤の確保を合わせて挙げる考え方もある。『デリバティブ（金融派生商品）の仕組み及び関係訴訟の諸問題』司法研究報告書第68輯第1号107-109頁（司法研修所、2017）。

することが可能か否かという点から決定されるべきである。」と判示し、取引業者に要求される説明の程度は、顧客の属性等を踏まえた上で、当該顧客が自己責任の下に合理的な投資判断をすることが可能かという観点から決定されなければならないことを明らかにしている。

これは、前記金商法（2(1)）、金販法の定め（2(2)）と同様、説明義務に（広義の）適合性原則の趣旨を取り込んだものであり、金融庁の監督指針においても同様の規定がおかれている（III-2-3-4(1)①）。

4 司研報告（前掲）の判断枠組み

(1) 二段階の判断構造──「説明義務の対象」と「説明の方法・程度」

それでは、具体的に要求される説明の程度とは一体どの程度のものなのであろうか。検討に先立って、まず、説明義務についての司研報告の指摘を参照したい。

同報告は、説明義務の判断にあたっては、金販法3条が採用している二段階の判断構造が有用であると指摘する。すなわち、金販法においては、同法3条1項が、「説明義務の対象」を規定し、同条2項が「説明義務の方法・程度」を規定するという二段階構造を採用している。なお、同条2項の規定は広義の適合性原則を実定法に反映したものである以上、かかる判断構造は、一般不法行為における説明義務違反にも妥当するとされる。

(2) 説明義務の対象

司研報告は、説明義務一般の実質的根拠について、投資家と顧客との情報格差の是正、自己決定基盤の確保を基本に据えるべきこととした上で、デリバティブ等の金融商品取引分野における説明義務の実質的根拠として、リスク組成（販売側がリスクを任意に組成して商品設計を行う）に係る金融商品の特質に着目する。これをもとに説明義務の対象を検討すると、「いかなる性質のリスクがいかなる仕組みで組み込まれている金融商品であるかということを理解し、当該リスクを引き受ける投資判断を自律的に行うことを可能とするに足りる情報

第4編　適合性原則と説明義務

提供こそが説明義務の核心ということになり」、結局、説明義務の対象として要請されるのは、（基本的に、）「取引の基本的な仕組み」と「リスク」に尽きるとする。

(3) 説明の方法・程度

　他方、説明の方法・程度をどのように解するかについて、司研報告は、当該顧客が理解するに足りるものでなければならない以上、その内容は顧客の属性を踏まえて、実質的・個別的に確定されるべきもので、「顧客の属性と商品特性との相関関係によって決せられるべき」であるとする。したがって、「対象商品の仕組みが複雑・難解で、リスクが過大・予測困難なものであればあるほど、説明の方法・程度も高度な内容が要求されることになる。」と説明する。

(4) 2つの最高裁判所判例——最判平成25・3・7判時2185号64頁、最判平成25・3・26判時2185号67頁

　その上で司研報告は、近時の2つの最高裁判所判例の分析検討を行い、各判例において、「取引の基本的な仕組み」と「リスク」の説明をもって、基本的に説明義務が尽くされているという判断がなされていること、すなわち、上記二段の判断構造が各判例において踏襲されていることを確認している。

　上記各判例は、いずれも、九州の中小企業が大手銀行との間で行ったプレーン・バニラ・タイプの金利スワップの取引について、銀行の説明義務違反等を理由に損害賠償を求めた事件であり、原審（いずれも福岡高裁において平成23年4月27日判決が言い渡された）は、銀行側の説明義務違反を認め、4割の過失相殺をした上で請求を認容したが、最高裁は、原判決を破棄し、控訴を棄却した事案である（両最判の判示内容は大部分が共通していることから、以下併せて「平成25年最判」という）。

　平成25年最判は、「本件取引は、将来の金利変動の予測が当たるか否かのみによって結果の有利不利が左右されるものであって、その基本的な構造ないし原理自体は単純で、少なくとも企業経営者であれば、その理解は一般に困難なものではなく、当該企業に対して契約締結のリスクを負わせることに何ら問題のないものである。上告人は、被上告人に対し、本件取引の基本的な仕組みや、

契約上設定された変動金利及び固定金利について説明するとともに、変動金利が一定の利率を上回らなければ、融資における金利の支払よりも多額の金利を支払うリスクがある旨を説明したのであり、基本的に説明義務を尽くしたものということができる。」と判示した。

その上で、原審において説明が必要と認めた①中途解約時において必要とされるかもしれない清算金の具体的な算定方法、②先スタート型とスポットスタート型の利害得失、③固定金利の水準が金利上昇のリスクをヘッジする効果の点から妥当な範囲にあることについては、説明義務の対象外であるとした。

すなわち、司研報告の解説するところによれば、上記②③は、いずれも投資家が自己責任により判断すべき範疇であるから、「このような投資判断の決定過程に介入して、一定の価値判断を示したり、その判断根拠を提供するようなことについてまで、説明義務が及ぶものでないことを端的に述べたものと解される」[6]。

他方、上記①（解約清算金の算定方法）については、当該事案において、顧客に対し、中途解約が原則としてできないこと、銀行の承諾を得て中途解約をする場合には、顧客において清算金の支払義務を負うことが提案書により示されていたという事情のもとでは、「清算金の支払義務を負う可能性があること」について、説明義務の対象となると解した上で、説明の「方法・程度」として、解約清算金の具体的な算定方法まで説明すべき義務があったとはいえないことを示したものであるとする。そして、かかる結論に至ったのは、現状具体的な算定方法が一義的に定まっているとは限らないことから、法的な説明義務を認めることが事実上困難であるという配慮に基づくと理解している。

その上で、司研報告は、金融庁の監督指針の平成22年改定により、解約清算金について「最悪シナリオを想定した試算額」等を説明することとされたことから、同改定後の事案において、「説明の方法・程度」として、「最悪シナリオを想定した試算額」が要求される可能性についても言及している[7]。

(5) 上記司研報告の示した「説明義務の対象」と「説明の方法・程度」を峻別

6）司研報告115頁。

7）司研報告128、129頁。

第 4 編　適合性原則と説明義務

し、二段階で判断する枠組みは、金販法の構造とも整合し、また、説明義務の
対象を明確にするものであって、事実関係の把握にも有用であるから、実際の
訴訟において主張を組み立てるに際して、十分に意識されるべきものである。

5　裁判例にみる「証明の方法・程度」

(1)　最判平成 28・3・15 判時 2302 号 43 頁
(A)　国際的に金融事業を行っていた大手消費者金融会社が、証券会社の提案で
行った実質的ディフィーザンス取引について、期日前償還事由が発生して損失
を受けたとして、説明義務違反を理由に証券会社らに対し損害賠償を請求した
事案において、最高裁第三小法廷は、下記のとおり判断した。

　「本件仕組債の具体的な仕組み全体は必ずしも単純ではないが、上告人 Y2
は、C らに対し、D 債券を本件担保債券として本件インデックス CDS 取引を
行うという本件仕組債の基本的な仕組みに加え、本件取引には、参照組織の信
用力低下等による本件インデックス CDS 取引における損失の発生、発行者の
信用力低下等による D 債券の評価額の下落といった元本を毀損するリスクが
あり、最悪の場合には拠出した元本 300 億円全部が毀損され、その他に期日前
に償還されるリスクがある旨の説明をしたというべきである。そして、A は、
消費者金融業、企業に対する投資等を目的とする会社で、その発行株式を東京
証券取引所市場第一部やロンドン証券取引所に上場し、国際的に金融事業を行
っており、本件取引について、公認会計士及び弁護士に対し上告人 Y2 から交
付を受けた資料を示して意見を求めてもいた。そうすると、A において、上
記説明を理解することが困難なものであったということはできない。

　原審は、上告人 Y2 による前記 3 ①から⑤までの各事項の提示時期等を問題
とする。しかしながら、上記各事項が提示された時点において、A が本件取
引に係る信託契約の受託者や履行引受契約の履行引受者との間で折衝に入り、
かつ、上記事前調査の予定期間が経過していたからといって、本件取引の実施
を延期し又は取りやめることが不可能又は著しく困難であったという事情はう
かがわれない。そして、本件仕組債が上告人 Y2 において販売経験が十分とは

416

いえない新商品であり、Cらが金融取引についての詳しい知識を有しておらず、本件英文書面の訳文が交付されていないことは、国際的に金融事業を行い、本件取引について公認会計士らの意見も求めていたAにとって上記各事項を理解する支障になるとはいえない。

したがって、上告人Y2が本件取引を行った際に説明義務違反があったということはできない。

以上によれば、上告人Y1にも説明義務違反があったとする余地はな」い。

(B) 本事案においても、平成25年最判同様に、説明義務の対象は、取引の基本的な仕組みとリスクであるととらえられている。

また、上記平成28年最判は、説明の方法・程度について、本件事案の取引が複雑かつハイリスクなものであるとした上で、説明の時期が事前調査の予定期間を経過した後になされたこと、英文のタームシートの訳文が交付されなかったこと、担当者が金融取引について詳しい知識を有していなかったこと等、原審が問題視した点についても、国際的に金融事業を行い、取引について公認会計士に意見も求めていたという顧客側の事情を前提とすれば、顧客側において理解の支障になるとはいえないとして、説明義務違反はないと判断した[8]。

(2) 東京高判平成23・10・19金法1942号114頁

(A) 雑貨の輸入販売業を営む女性が、証券会社と東証マザーズ指数と連動して償還価額が変動する仕組債(早期償還条項あり、ノックインタイプ、リスク2倍)の取引を行った事案において、7割の過失相殺の上、説明義務違反に基づく損害賠償を認めた事案である。

判決は、同仕組債について、一般的な社債や株式、投資信託との類似性がない新規性・独自性の顕著な、リスクの相当に大きい投資判断の難しい金融商品であると位置付けた上、その購入勧誘にあたっては、そうした商品特性について説明を尽くし、購入者の注意喚起に遺漏なきを期すべきであり、具体的には、顧客がリターンのみに目を奪われず、リスクの内容を具体的かつ正確に認識さ

---

8) その他同事案の様々な論点について触れたものとして、森下哲朗「判例講釈」金法2043号24-33頁がある。

第4編　適合性原則と説明義務

せ、顧客が冷静かつ慎重な判断が可能となるよう、過不足のない情報提供を行い説明を尽くすことが要求されるとした。

当該事案においては、証券会社が提案書においてリスクの説明を行っていたものの、概して具体性を欠いた単調・平板なものであり、本件取引から実際に生じ得る具体的なリスクを意識・注意喚起させる上で不十分なものであり、担当者から具体的なリスクについて口頭説明がされたものの、説明内容を図表化するなどリスクの具体的内容を分かりやすく整理した資料を用意することに大きな労力・困難を伴うとも考えられないことからすると、説明を尽くしたとはいえないとされた。

(B) 要求される説明の程度・方法は、購入者の属性や商品のリスク等と相関関係があり、個別具体的に判断される。当該事案は、ハイリスクで投資判断の難しい商品と位置付けられており、購入者も個人であったことから、要求される説明の程度も高く、方法にも配慮が必要な事案であったといえる。

複雑な仕組みの商品においては、文字だけの資料や口頭での説明で具体的なリスクを把握することは困難であり、上記判決においても、図表を用いた資料を用いた説明が示唆されている。

さらに、説明内容についてみても、顧客がリターンのみに目が奪われないよう、（顧客の属性に応じた）過不足の無い情報提供をすることが要請されている。

(3) シミュレーションの要否に関する裁判例

大阪地判平成23・10・12判時2134号75頁は、輸入等を行う事業法人と証券会社との間の担保付通貨オプション取引の事案につき、単に追加担保が発生する可能性があるという抽象的な説明をするだけではなく、為替相場の変動とその場合に必要となる追加担保額を顧客が具体的にイメージできるようなシミュレーション等の資料を示すなどして、本件取引の必要担保金額の計算方法の仕組みや追加担保に伴うリスクをできる限り具体的に分かりやすく説明する義務を負うとする。

他方、事業法人との間の通貨オプション取引事案について、東京高判平成24・7・19金法1959号116頁は、評価損額および反対売買価格のシミュレー

ションを行わなかった点に説明義務違反があるとした顧客側の主張に対し、将来の長期間にわたる具体的な金額を算出することは困難なこと、信用取引を含む顧客の取引経験等に鑑みれば、為替相場の変動によっては追加担保額が高額になること自体は認識可能であったことなどから、顧客に質問された場合はともかく、かかる事情がない場合にまで自らこれをシミュレーションする義務まで負うとは認められないと判示している[9]。

(4) 福岡高判平成29・1・20金判1523号36頁

同判決は、夫婦が証券会社において行った外債建債権および仕組債の取引のうち、夫名義の取引について、夫婦間の財産管理の状況、取引の意思決定主体が夫婦いずれか、取引口座開設時の状況、説明を受けた際の位置関係や状況、訴訟における主張経過などについての綿密な事実認定のもと、本件取引について、妻が夫から包括的に委任を受けていたと認めた上で、説明義務の趣旨が顧客に対し投資の適否について的確に判断する機会を与える点にあることからすれば、夫から包括的委任を受けていた妻に対して説明義務を尽くせば足りるとした。

(5) 非対面取引の場合の説明義務

インターネットを利用した非対面取引の場合においては、対面取引の場合に比して、要求される説明の方法・程度に差異はあるのであろうか。

この点、大阪高判平成23・9・8金法1937号124頁は、下記のとおり、インターネットを利用した非対面取引特有の事情を考慮の上、証券会社が、電話や面談によって顧客のリスク理解を確認しなかった点について、説明義務違反は

---

9) 前掲司研報告（124頁）においても、リスクの説明について、「概念的なリスクを定性的・抽象的に説明しただけでは足りず、リスクを生じさせる指標（株価、為替等）が予想に反する方向に動いた場合の損失の谷の深さについて、具体的な数値によるシミュレーションが示されていることが望ましく、そのような形で、リスクの質と量を具体的にイメージできる説明になっている必要があると解される。そして、リスクの質と量が具体的にイメージさせるに足りる説明かどうかは、顧客の個別的な属性に応じて、事案ごとに決まることになる」とされている。また、同報告において、取引の基本的な仕組みの説明についても、「キャッシュフローが生じる事由を無味乾燥な文章で形式的に説明するだけではなく、損益図（ペイオフ・ダイアグラム）を示すなどして、視覚的に分かりやすい説明を行うことが望ましい」とされている。

第4編　適合性原則と説明義務

ないとの認定をしている。

「本件信用取引のようにインターネットを利用した非対面取引においては、対面取引に比べ安価な手数料や顧客の利便性を重視したビジネスモデルであることや、顧客としても担当者の勧誘、助言、指導等を介在させることなく、自己の情報収集・分析の上に立って、自らの責任と判断で取引を行いたいという意向を有しているのが通常であると考えられることからすると、顧客に対するリスク説明としては、顧客が自由に閲覧することができるリスク説明の書面を交付（電子交付を含む）した上で、これについて理解したかどうかを書面ないしウェブ上の入力で確認するという手法は、金融商品の販売等に関する法律3条の趣旨を考慮しても一定の合理性を有しているというべきであるし、証拠《略》及び弁論の全趣旨によれば、金融庁の発表している監督指針やパブリックコメントにおいても、インターネットを通じた説明の方法として、本件信用取引開始に当たって被控訴人がしたのと同様の方法を提案していることからすれば、リスク理解に関する顧客の回答について、これを疑うべき特段の事情がない限りは、さらに上記確認に加えて、電話や面談等をして、顧客のリスク理解について確認しなければ、説明義務違反として違法であるとまではいえないというべきである。」[10]。

6　説明の程度に関する主張・立証の留意点

(1) 信義則上の説明義務違反をいうには、まず、説明義務の存在・内容を明らかにし、取引業者がその義務を怠ったことを具体的に主張していく必要がある。

　まずは、説明義務の対象を画するため、取引の基本的な仕組みとリスクを対象商品（取引）の分析を通じて把握する必要がある（この商品の仕組みとリスクの分析の過程で、要件を充足することが明らかになれば、一般不法行為だけでなく、金販法5条に基づく請求も視野に入れることができる）。

---

10) 同様の判断をしたものとして、東京高判平成 29・3・23 判例集未登載（平 28(ネ)第 5004 号）（原審東京地判平成 28・9・16 判例集未登載（平 24(ワ)第 25039 号）については、LLI/DB 判例秘書登載〔L07132156〕）がある。

第3章　訴訟上の留意点／第3節　説明の程度に関する主張・立証

　また、分析を通じて商品特性が明らかになったところで、顧客属性（知識、経験、財産、取引目的等）をふまえ、あるべき説明の程度・方法を示し、これを怠った事実、すなわち、実際に勧誘過程において、取引業者がいかなる説明をしたか（説明を怠ったか）についての具体的事実を挙げて主張していくこととなる。

　以上のとおり、主張されるべき事実は、商品、顧客、取引業者にまたがり、かつ相互に関連し得る複雑なものである。したがって、相互に矛盾なく、的確な主張を行うためには、主張の検討に先立ち、取引に至るまでの事実経過全体を、当時における当事者の認識も併せて把握しておくことが肝要である。

(2)　立証にあたっては、顧客と取引業者の具体的なやりとりの内容等が主要な争点となってくることも多く、必然的に陳述書や人証による立証のウエイトも大きくなってくる。このため、まずは早期に客観的資料と照らし合わせながら当事者・関係者の記憶喚起を行い、メモや時系列表の形で残しておくことが重要である。

　取引業者から交付された取引に関する書面のうち提案書、商品説明書、パンフレットなどは、商品内容を明らかにし、また、実際にどのような説明がなされたかを端的に示す資料となる。

　実際の説明状況他、顧客と取引業者とのやりとりについては、面談記録や録音などで立証することも考えられる。最近は取引業者において、顧客との電話内容を録音していることも多く、顧客側から開示を請求することもあり得るであろう。大手証券会社などでは、開示に応じることもある。

　なお、取引業者側の保有資料（①購入申込書類、②適合性チェック資料、③顧客訪問・通話記録、④マニュアル類、⑤営業目標や人事評価書類など）について改竄の恐れがあるような場合には、証拠保全等の手段を採ることも必要となってくるであろう。

〔豊泉美穂子〕

第 5 編
不公正取引の規制と
裁判例の展開

第5編　不公正取引の規制と裁判例の展開

——————— 第 1 章 ———————

相場操縦および安定操作の規制

第 1 節　理 論 編

1　はじめに

　金融・資本市場において相場操縦（market manipulation）は自然かつ正常な需要と供給による価格形成という市場機構の最も重要な原理に反し、人為的な操作を加え自らにとって有利な価格（相場）を作り出そうとするものである。一般に株価操作とも言われるが、課徴金事案では TOPIX 先物取引や長期国債先物取引の事案も見られる（金融庁平成 26 年 6 月 26 日、同年 11 月 6 日決定金融庁ウェブサイト参照）。相場操縦は市場参加者を惑わせて、不当な利益を得ることを主な動機として行われる。詐欺的な要素も強い。その典型例は特定の会社の株価を高くつり上げて他の投資家に取引が繁盛であると誤解させ（高値形成行為）、多数の売買を誘引したうえで高値で売り抜けて不当に利益を得る行為である。従来は仕手筋による行為が問題視されることが多かったが、近年ではインターネット取引の増加等により個人投資家の事案も増えている[1]。

1）長谷川充弘「〈特集〉金融商品取引法の 10 年：エンフォースメントの実務——証券監視委の 25 年、金商法の 10 年の到達点・課題と今後の展望」ジュリ 1512 号 35 頁。個人投資家が複数のネット系証券の口座を用いる対当売買、見せ玉等の手法を用いた事案が目立つと言われる。最近の課徴金事案の分析については、証券取引等監視委員会事務局『金融商品取引法における課徴金事例集〜不公正取引編〜（平成 29 年 8 月）』68 頁以下、刑事告発事案については、証券取引等監視委員会『証券取引等監視委員会の活動状況（平成 29 年 8 月）』202 頁以下等を参照。

424

第1章　相場操縦および安定操作の規制／第1節　理　論　編

　相場操縦は国民経済的意義の大きい資本市場のメカニズム自体を歪曲・破壊しようとする悪質な行為と言える。そこで、市場における公正な価格形成を歪曲する行為を排除し、投資者を含む国民経済全体を支える市場の公正性と健全性を確保するために、一部の者による不正な相場操縦は厳しく禁止される必要がある[2]。相場操縦は伝統的に市場規制の主要な違法行為として理論上位置付けられており、最も厳しい刑事罰等の対象とされている（金商法159条、160条）。金商法159条は米国の1934年証券取引所法9条(a)項を参考にして規定され（昭和23年に導入された時は旧証券取引法125条）、種々の改正を経て現在の規定に至っている[3]。

　広義の相場操縦としては、種々の情報開示の規制も含まれうる。公平かつ平等な市場情報の開示（ディスクロージャー）規制が適切に機能していれば相場操縦は行いにくくなるが、情報開示規制には機能的な限界もあり、より直接的な狭義の相場操縦行為の規制が必要になる。本稿においては狭義の相場操縦の規制を対象として、主に理論的側面から現行法の意義とその課題を明らかにすることにより今後の相場操縦規制の在り方を探っていきたい。

2　相場操縦および安定操作の規制に関する諸類型

(1) 相場操縦の主な類型とその規制対象

　理論上相場操縦をどのように位置付け、規制すべきかについては国際的な市場監督規制という比較法的観点を含め議論がありうる。この点、従来わが国では法規定を踏まえて、主に4つの類型に分けて相場操縦の規制上の体系が理解されてきた。すなわち、仮装取引および馴合取引（金商法159条1項1号～9号。適宜、仮装売買・馴合売買ともいう）、現実取引（同条2項1号。変動操作等であり、

　2）上村達男「〈連載〉新体系・証券取引法（第8回）流通市場に対する法規制（五）——相場操縦」企業会計54巻1号135頁。

　3）米国の相場操縦の規制については、今川嘉文『相場操縦規制の法理』37頁以下（信山社、2001）を参照。なお、米国では9条(a)項ではなく、包括的な不公正取引ないし詐欺的取引の禁止規定である同法10条(b)項およびSECルール10b-5（わが国の金商法157条に相当）が相場操縦等の規制に関し活用されている。

425

第 5 編　不公正取引の規制と裁判例の展開

現実売買ともいう）、表示等による相場操縦（同項 2 号・3 号）、である。さらに安定操作違反（同条 3 項）もある。実際の相場操縦事件では複数の手法を組み合わせて行われることが多く、理論および実務上最も重要となるのは現実取引のうち変動操作によるものである。

相場操縦行為等の禁止の主体は規定上「何人も」とされ、限定が加えられていない。この点、かつては相場操縦の禁止対象を取引所会員に限定する身分犯説もあったが、現在はそうした限定をする見解はなく[4]、実際に仕手筋や個人投資家等の摘発も多い。規制対象となる取引の対象は 159 条 1 項では、有価証券の売買（金融商品取引所が上場する有価証券、店頭売買有価証券または取扱有価証券の売買）、市場デリバティブ取引または店頭デリバティブ取引（金融商品取引所が上場する金融商品、店頭売買有価証券、取扱有価証券〔これらの価格またはその金融指標を含む〕または金融商品取引所の上場金融指標）である。また、同条 2 項の対象は有価証券の売買、市場デリバティブ取引または店頭デリバティブ取引（有価証券売買等）になる。以下においてはそれぞれの類型ごとにその意義と要件等について検討をしていく。

(2) 仮装取引

仮装取引とは、同一人が同一銘柄について同時期に売り注文と買い注文を出すように、有価証券等の「権利の移転を目的としない」仮装の売買・市場または店頭デリバティブ取引、その委託等または受託等である（金商法 159 条 1 項 1 号〜 3 号、9 号。デリバティブ取引では金銭の授受やオプションの付与または取得を目的としないものも含む）。仮装取引は取引が繁盛に行われていると他人に誤解させる等これらの取引の状況に関し、「他人に誤解を生じさせる目的（誤解目的ないし繁盛等目的等）」をもって行うことが禁止される（次の馴合取引も同様）。

他人名義の口座を使うなど多数の証券会社を使い、複数の口座に取引を分散し行われることが多いが、仮装取引は取引の外形を偽装するものでかなり不自然な取引であるため、監督当局等による本格的な調査や捜索が行われれば事後的な不正の立証は比較的容易である。そのような外形が証明される場合、不正

4）神田秀樹ほか編著『金融商品取引法コンメンタール 4 不公正取引規制・課徴金・罰則』38 頁〔藤田友敬〕（商事法務、2011）。

第1章　相場操縦および安定操作の規制／第1節　理　論　編

を否定する側で反証することが必要になる[5]。仮装取引は次の馴合取引と合わせ偽装取引とも総称され、実質上一体的に理解されうる。この点、平成15年に当時の大阪証券取引所（大証）のオプション取引に関し多数の仮装取引と馴合取引を行った事案で、最高裁は出来高に関し他人に誤解を生じさせる目的も159条1項柱書が違法とする目的に該当し、相場操縦罪は成立するとした（最決平成19・7・12刑集61巻5号456頁）[6]。

(3)　馴合取引

　馴合取引とは、自己の売付けや買付けと同時期に、それと同価格において、他人が当該金融商品を買付けや売付けをすることをあらかじめ通謀の上、売買等やその委託等または受託等をすることである（金商法159条1項4号～9号）。市場または店頭デリバティブ取引の申込みでは通謀の対象は同一の約定数値・対価・条件になる。複数の者が事前に通謀して取引を成立させることにより、取引状況を誤解させるものである[7]。

　仮装取引と同様に他人に誤解等を生じさせる目的が必要であるが、仮装取引とは異なり複数の者の通謀が重要な要件になる。そこで、自己の売付けと同時に、かつ同価格で買付けをするとの合意の存在が重要になる[8]。合意の存在には実際に通謀した当事者間に取引が成立するとの、蓋然性や確実性までは求められていない。また、時期や価格の同一性の判断にも一定の幅があり、判例によれば、ここでいう「同時期及び同価格」とは、いずれも、双方の注文が市場で対当して成約する可能性のある範囲のものであれば足りる（東京地判昭和56・12・7判時1048号164頁（日本鍛工事件））。市場では通謀当事者以外の者による注文も出されており、実際に通謀当事者間で取引が成立することは要件で

5）神崎克郎ほか『金融商品取引法』1298頁（青林書院、2012）。

6）佐伯仁志「判批」金融商品取引法判例百選110頁（有斐閣、2013）の解説を参照。

7）この点、EUの市場濫用ないし市場阻害（market abuse）指令では仮装取引と馴合取引を一体として規制対象にしていることについて、藤田友敬「相場操縦の規制」金融商品取引法研究会編『金融商品取引法制の潮流』293頁以下（日本証券経済研究所、2015）が検討を加えており参考になる。

8）実際に取引が成立する可能性が必要かどうかについては、議論もある。この点に関し、黒沼悦郎＝太田洋編著『論点体系金融商品取引法2　業者規制、不公正取引、課徴金』385頁〔松中学〕（第一法規、2014）を参照。

427

第5編　不公正取引の規制と裁判例の展開

はないと思われる[9]。

(4) 現実取引（変動操作等）

　相場操縦の中心となるのが現実取引によるものであり、その認定要件等を巡って議論が多い。現実取引とは、有価証券売買等（有価証券の売買、市場デリバティブ取引または店頭デリバティブ取引）のうちいずれかの取引を誘引する目的をもって、有価証券売買等が繁盛であると誤解させ、または取引所金融商品市場における上場金融商品等（金融商品取引所が上場する金融商品、金融指標またはオプション）もしくは店頭売買有価証券市場における店頭売買有価証券の相場を変動させるべき一連の有価証券売買等またはその申込み、委託等もしくは受託等をすることである（金商法159条2項1号）。ここには前段のいわゆる繁盛取引と後段の変動取引（変動操作）の2つが含まれるが、繁盛取引はほとんど使われていないため、以下では変動取引を中心に説明する。

　現実取引による相場操縦では仮装取引と馴合取引とは異なり、1回限りではなく、一連の有価証券売買等が要件とされている。一連性は社会通念上連続性の認められる継続した2回以上に渡る複数の売買等を意味するが[10]、相場を変動させるべき有価証券売買等とは相場を変動させる可能性を有するものであり、一連の売買等が全体として相場を変動させるべきものであれば足りると解されている（東京高判昭和63・7・26高刑集41巻2号269頁）。

　さらに、通常の大量の株式の取引は適法であるため、適法な取引と違法な相場操縦との区分が重要になる。現実取引が違法な相場操縦とされるためには、他者の売買を誘引する目的（the purpose of inducing the purchase or sale of others）という主観的要件と、変動取引という客観的要件の2つの要件を満たす必要がある。第一の誘引目的の存在については、取引の動機、売買取引の態様、売買取引に附随した前後の事情やその取引が経済的合理性を持った取引であるか否かという点から推測して判断される（東京地判平成5・5・19判タ817号221

　9）通謀して売付け注文または買付け注文を出すこと自体に相場操縦の危険性は存在する。山下友信＝神田秀樹編『金融商品取引法概説〔第2版〕』346頁〔後藤元〕（有斐閣、2017）参照。

10）市場阻害性のある1度の取引については、不公正取引の一般規定（金商法157条）により規制されるものと考えられる。上村・前掲注2）137頁。

第1章　相場操縦および安定操作の規制／第1節　理　論　編

頁（藤田観光事件））。誘引目的は未必的認識で足りるとも解され、誘引目的と併存する目的の有無や主従関係は相場操縦の成否自体に直接関係するものではない。第二の変動取引は、「市場の上げに追随する買付け等を反復継続する行為、市場関与率の状況、特に市場への影響が大きい終値付近の関与状況、1日における同一銘柄の売買の反復状況等」を合わせて検討したうえで、総合的に判断される[11]。

　この点、協同飼料事件の最高裁決定は誘引目的について、「投資者にその相場が自然の需給関係により形成されるものであると誤認させて有価証券市場における有価証券の売買取引に誘い込む目的」として、誘引目的の要件が違法行為と適法行為を区別する基準であり、変動取引の要件は、「相場を変動させる可能性のある売買取引等」との解釈を示している（最決平成6・7・20刑集48巻5号201頁）[12]。もっとも、学説においては、誘引目的について相場を操作しようとの意図（人為的操作目的）を意味するものと考える見解がある一方で[13]、現実取引を取引圧力によるものと情報動機によるものに分類した上で後者のみを禁止すべきと把握して、その場合の誘引目的は他人の取引を利用して自己の取引だけでは作り出せないような相場の変動を生じさせる目的と解する考え方もある[14]。

　現実取引による相場操縦を認定する際に、誘引目的と変動取引のいずれを重視すべきかについては判例が分かれ、学説上の議論も積み重ねられてきた。協同飼料事件の第二審判決（前掲東京高判昭和63・7・26）は変動取引要件を重視したのに対し、誘引目的に重点を置いたと見られる判例もある（前掲東京地判平成5・5・19）。後者の誘引目的を重視するのが多数説であるが、現在もその位置付けを巡っては種々の議論がある。比較法的には、誘引目的を決め手として違法性を切り分ける手法自体に関しても再検討の余地がないわけではない[15]。

---

11)　変動取引要件の意義や具体的な違法性の高い取引形態等に関しては、平成4年に公表された証券取引審議会不公正取引特別部会「相場操縦的行為禁止規定等のあり方の検討について（中間報告書）」（商事1275号35頁）が提示したものが現在でも実務指針として参照されている。

12)　同判例の解説として、今井猛嘉「判批」金融商品取引法判例百選112頁（有斐閣、2013）を参照。

13)　近藤光男「相場操縦規制」鴻常夫先生古稀記念『現代企業立法の軌跡と展望』393頁以下（商事法務研究会、1995）。

14)　黒沼悦郎『金融商品取引法』478頁（有斐閣、2016）。

第5編　不公正取引の規制と裁判例の展開

誘引目的と変動取引という2つの要件は相互に深い関連性を有していることから、大規模で不自然な取引が認定されれば主観的要件は容易に認定できる一方で、そうした取引が認定されない場合には主観的要件が重視されうる[16]。

要するに、双方の要件を問題となる具体的な状況によって柔軟に関連付けて考慮すべきものであろう[17]。実際の摘発にあたっては、相場操縦的と見られる人為的な発注方式類型を伴う取引を変動取引として特定し、その取引態様等から誘引目的の存在を認定することが一般的とされ、2つの要件は事実上一体的に判断されているようでもある[18]。現在のように公正な市場秩序の維持という観点から積極的に行政監督上相場操縦行為の認定がなされるといった状況においては、過去の議論を踏まえつつも誘引目的の機能の在り方を改めて模索すべきである。そこでは外形上相場操縦的と見られうるような行為（変動取引）から基本的に誘引目的を推定した上で、種々の具体的な状況を併せてその存在が最終的に認定されるといった手法が中心になっていくのかもしれない。

課徴金の事例でも現実取引による相場操縦の摘発が目立っているが、その違反の認定の際には、頻繁な売買や市場全体の売買高に占める買付関与率等の具体的な相場操縦的行為に関連するファクターが考慮されている。また、約定させる意図がないにもかかわらず、注文を出して売買を申込み約定が成立する前に取消す「見せ玉（ぎょく）」と言われる相場操縦行為の存在も重視される。見せ玉は金商法159条2項1号の不正な相場変動のための「申込み」にあたり、悪質な相場操縦行為の一類型として摘発が強く進められている（平成18年改正で規制対象に追加）[19]。

---

15) 藤田・前掲注7) 287頁以下では、EU法を参考に誘引目的による手法の限界と有用性を検討される。また、黒沼悦郎『証券市場の機能と不公正取引の規制』151頁以下（有斐閣、2002）では、米国における誘引目的と人為的操作目的に関するこれまでの議論の経緯が検討されている。

16) 上村・前掲注2) 138頁。同論稿では条文上の誘引目的について、価格形成の歪曲意思ないし相場歪曲意思と解されている。

17) 近時の相場操縦の認定上は、二つの要件を関連づけた立証の在り方に重点を置かれるようになっている。この点、今川・前掲注3) 20頁以下の詳細な分析も参照。

18) 渋谷卓司「近時の相場操縦規制運用実務の分析」商事1976号42頁以下。そのため、今後そうした一体的判断手法の在り方や誘引目的の機能が理論上重要な検討対象になる。

19) ネット取引による見せ玉等の手法を用いたデイトレーダー集団の相場操縦事件として、東京地判平成22・4・28判タ1365号251頁参照。

第1章　相場操縦および安定操作の規制／第1節　理論編

(5) 表示等による相場操縦

　表示等による相場操縦には、変動操作に関する情報流布と有価証券売買等についての虚偽等の表示の2つが含まれる。すなわち、何人も、有価証券売買等のうちいずれかの取引を誘引する目的をもって、第一に、取引所金融商品市場における上場金融商品等または店頭売買有価証券市場における店頭売買有価証券の相場が自己または他人の操作によって変動するべき旨を流布することと（金商法159条2項2号）、第二に、有価証券売買等を行うにつき、重要な事項について虚偽であり、または誤解を生じさせるべき表示を故意にすること、がそれぞれ禁止されている（同項3号）。

　表示等の対象が虚偽かどうかによって両者は区別され、3号では故意性も求められる。これらの禁止規定は風説の流布の禁止規定（同法158条）や包括的な不公正取引等の禁止規定の一部（同法157条2号・3号）と重なる点もあり、これまで適用された事例もないことから、その存在意義自体が問われうるであろう[20]。

(6) 安定操作の規制の意義とその課題

　証券市場における安定操作（market stabilization）とは、「相場をくぎ付けし、固定し、又は安定させる目的」をもって、一連の有価証券売買等をすることであり、政令で定めるもの以外は禁止される（金商法159条3項）。安定操作も市場を操作するものであるが、有価証券の募集または売出しがなされる際等には市場価格が混乱し、発行の円滑を妨げるおそれもあるため、例外的な場合に限り種々の条件が課された上で一定の操作が許容されているのである。米国証券取引所法9条(a)項(6)号を参考にしている[21]。市場価格の下落の買い支えのみが可能であり、上昇させるような行為は禁止されるものと解される。前述した協同飼料事件の最高裁決定は、安定操作罪に誘引目的は必要とされず条文の文言通りに安定目的で足りると判示したが、立法論としては他の相場操縦との均衡から安定操作にも誘引目的を要求すべきとする見解もある[22]。もっとも、

20）松尾直彦『金融商品取引法〔第5版〕』586頁（商事法務、2018）等。
21）アメリカの安定操作規制の概要は、黒沼悦郎『アメリカ証券取引法〔第2版〕』97頁以下（弘文堂、2004）を参照。

第5編　不公正取引の規制と裁判例の展開

今後安定操作の許容自体が果たして本当に必要なのかどうかを含め理論的に検討すべき課題になるであろう。

安定操作は有価証券の募集または売出し等の場合に限定して、目論見書等に記載された取引所金融市場における有価証券の売買等といった方法でのみ行われうる。政令によって、元引受金融商品取引業者（証券会社）が当該有価証券の発行者の役員等からの委託等により一定のルールに従って、対象証券の市場価格を買い支えることが可能とされている。その場合、目論見書への記載のほか、安定操作届出書や安定操作報告書の提出といった情報開示（公衆縦覧等）が求められ、安定操作の期間や取引量なども制限されている（金商法施行令20条以下、取引規制府令4条以下等）。安定操作違反が認定されたものとしては前述した協同飼料事件のほか、東京地判昭和51・12・24金判524号32頁（東京時計製造事件）、大阪地判昭和52・6・28商事780号30頁（日本熱学工業事件）等がある。

3　相場操縦のエンフォースメント（法執行・制裁措置）の在り方と諸問題

(1)　刑事責任

相場操縦等の禁止規定に違反した場合には、制裁として関係者の刑事責任や行政上の課徴金等が重要な問題になる。第一に、刑事責任としては、10年以下の懲役もしくは1,000万円以下の罰金、またはそれらの併科等の対象になる（金商法197条1項5号）。また、財産上の利益を得る目的で、相場操縦（同法159条）の罪を犯して有価証券等の相場を変動させるなどした相場により当該有価証券の売買その他の取引等を行った者には罪が加重され、10年以下の懲役および3,000万円以下の罰金も科されうる（同法197条2項）。

さらに法人の両罰規定としては、法人（会社等）の代表者等がその法人の業務または財産に関し相場操縦をしたときは、その行為者を罰するほか、その法人に対して7億円以下の罰金刑も問題になりうる（同法207条1項1号）。実際

22）黒沼・前掲注14）481頁。

第1章　相場操縦および安定操作の規制／第1節　理 論 編

に有罪となった事案の量刑では懲役刑と罰金刑の併科が多く、一般に執行猶予が付された上で付加刑である追徴が科せられている。相場操縦を依頼し資金を提供した場合に共同正犯（刑法60条）が肯定された事例に加え（東京地判平成6・10・3判タ875号285頁）、幇助犯（同法62条）の成否が問題になることもある。

　相場操縦（金商法197条1項5号もしくは2項違反）により得た財産等は原則として、没収または追徴の対象にもなる（同法198条の2）。必要的没収・追徴と言われ、不公正取引に対する抑止力を強化する趣旨により、平成10年の証券取引法改正において新設されたものである。ただし、その取得の状況、損害賠償の履行状況その他の事情に照らし、当該財産の全部または一部を没収することが相当でないときは没収しないことも認められる（同法198条の2第1項但書）。この没収規定は、判例によれば、相場操縦等の犯罪行為により得た利益を犯人から残らずはく奪し、不公正取引に対する抑止力を強化する趣旨の規定であり、犯人が個々の取引より得た買付株式及び売却代金すべてが必要的没収・追徴の対象となるが、本条1項但書は、犯人に過酷な結果をもたらす場合などに、例外的に没収・追徴の対象から除外することを許容しているものと解されている（東京地判平成15・11・11判時1850号151頁、東京地判平成17・3・11判時1895号154頁）。そこで、相場操縦行為により得た株式の売却代金からその買付代金相当額を控除した売買差益相当額のみを追徴する事例が多い。法人が得た財産も追徴の対象となりうる。

(2) 民事責任

　相場操縦の禁止に違反に関しては、特に損害賠償責任規定が設けられているが、その実効性や賠償額等を巡っては従来から議論がある。相場操縦の違反者は、違反行為により形成された金融商品、金融指標もしくはオプションに係る価格、約定数値もしくは対価の額により、当該金融商品等について取引所金融商品市場における有価証券の売買等をするか、またはその委託をした者が当該取引所金融商品市場等における有価証券の売買等につき受けた損害を賠償する責任を負うとされる（金商法160条1項）。この規定は一般に不法行為責任（民法709条）の特則と解されているが、理論上その法的性質を巡っては異論もあ

433

第5編　不公正取引の規制と裁判例の展開

りえる[23]。この責任は違反行為を知った時から1年間または当該行為のあった時から3年間、行使しないと時効により消滅する。短期消滅時効が設けられている趣旨は相場操縦の事実の発見の困難性や金融商品取引の迅速性等の要請によるが、立法論的には時効期間が短すぎ、有罪判決を待っているうちに請求権が消滅してしまうおそれが指摘されている[24]。

　また、金商法160条は賠償を請求できる具体的な損害額やその算定方法を規定していないため、その点を巡っては議論がある。虚偽記載等のある開示書類の提出者の責任（金商法21条の2）に関する近時の裁判例を踏まえ、相場操縦の影響を受けた有価証券の取得自体を損害と考える見方（取得自体損害説）と相場操縦により変動した価格との差額を損害と捉える見方等（高値取得損害説）がありうるほか、実際の事案に応じて米国の議論等を参考にマーケット・モデルの活用等も検討されることもあるかもしれない[25]。

　金商法160条について、不法行為責任の特則を設け、相場操縦行為と相場操縦行為によって形成された価格により有価証券等の売買取引等をした者がその取引によって受けた損害との間の因果関係の立証を不要として投資家保護を図ったものとした判例もあるが（大阪高判平成6・2・18判時1524号51頁）[26]、その点に関する因果関係の立証を不要と解したとしても、相場操縦行為の存在や請求者が取引を行った価格が相場操縦によって変動したとの立証は必要になるため、実効性の点で金商法160条には疑問がある[27]。相場操縦に関する監視義務違反を理由に証券取引所の民事責任を追及した事例はあるものの（東京地判昭和56・4・27判時1020号129頁）、結局同事案では相場操縦行為は認定されず賠償請求は認められていないほか[28]、金商法160条に基づいて賠償を命じ

---

23)　川村正幸編『金融商品取引法〔第5版〕』593頁以下〔品谷篤哉〕（中央経済社、2015）は特別法定責任説等の考え方も検討されている。相場操縦による被害者や具体的な損害額はどのように想定すべきかについても重要な論点になるであろう。

24)　龍田節「相場操縦の禁止——不公正取引の規制（その1）」法教158号59頁。

25)　岸田雅雄監修『注釈金融商品取引法3　行為規制』53頁〔今川嘉文〕（金融財政事情研究会、2010）。

26)　金商法160条の目的ないし趣旨については、金融商品市場の適正な資源分配機能の維持と解する立場もあるが（神田秀樹監修〔野村證券株式会社法務部＝川村和夫編〕『注解証券取引法』1161頁以下〔有斐閣、1997〕）、そうした立場を支持する見解は見られない。

27)　黒沼＝太田編著・前掲注8）395頁。

第1章　相場操縦および安定操作の規制／第1節　理論編

た裁判例は見られない。なお、株価操作を行った者等について仕手株を勧誘して購入した者に対し、不法行為（民法709条）により損害賠償責任を認定した事例は存在する（東京地判平成19・10・5判時1995号99頁）。

(3) 課徴金の対象の拡大とその金額水準の強化

　相場操縦に関する課徴金は平成16年の証取法改正により同制度が導入された際には変動操作（同法159条2項1号後段）のみが対象であり、平成20年の金商法改正でその対象となる範囲が以下のように拡大されたが、前述した表示等による相場操縦行為については過去に適用事例がないことから、現在も課徴金の対象とされていない。また、平成20年改正では課徴金額について、違反者が獲得することを目論んだ利得相当額に導入当初の水準から引き上げられた[29]。法人の役職員がその業務として相場操縦を行った場合、その法人が課徴金の対象になる。なお、重複を避けるため前述した没収・追徴の金額と課徴金額との間には調整規定が置かれている（金商法185条の7第17項）。

　具体的な課徴金額の算定方法は以下の3つに分かれる。第一に、仮装売買と馴合売買による相場操縦では、違反行為終了時点で自己の計算において生じている売り（買い）ポジションについて、当該ポジションに係る売付け等（買付け等）の価額と当該ポジションを違反行為後1か月間の最安値（最高値）で評価した価額との差額等である（金商法174条、課徴金府令1条の12以下）。第二に、現実売買の相場操縦では、違反行為期間中に自己の計算において確定した損益と、違反行為終了時点で自己の計算において生じている売り（買い）ポジションについて、当該ポジションに係る売付け等（買付け等）の価額と当該ポジションを違反行為後1か月間の最安値（最高値）で評価した価額との差額との合計額等になる（金商法174条の2、課徴金府令1条の15以下）。第三に、違法な安定操作取引の場合には、違反行為に係る損益と、違反行為開始時点で自己の計算において生じているポジションについて、違反行為終了後1か月間の平均価格と違反行為期間中の平均価格の差額に当該ポジションの数量を乗じた

28）同判例の解説として、近藤光男「判批」新証券・商品取引判例百選138頁（有斐閣、1988）参照。

29）岸田監修・前掲注25）303頁〔田中利彦〕がその経緯等を検討している。

第 5 編　不公正取引の規制と裁判例の展開

額との合計額等になる（金商法 174 条の 3、課徴金府令 1 条の 19 以下）。課徴金は従来違法行為の抑止による不当利得の剥奪に主眼が置かれていたが、近時では不正に対する制裁的な効果が重視されつつあり、刑事罰との使い分けやその具体的な基準等についてはさらに検討を加える必要性が大きい[30]。

4　その他の相場操縦関連の規制の意義と課題

　金商法上そのほかの相場操縦に関連する規定もそれぞれ固有の存在意義を持つ。第一に、金融商品取引業者等については、過当な数量の有価証券の売買であって取引所金融商品市場等の秩序を害すると認められるものは制限される（金商法 161 条 1 項以下、取引規制府令 9 条）。また、金融商品取引業者等の行為規制としては、相場操縦行為等の申込みや委託等、実勢を反映しない作為的なものとなることを知りながら上場金融商品等に係る買付け等の受託等が禁止されている（金商法 38 条 9 号、金商業等府令 117 条 1 項 19 号以下）。

　第二に、信用取引その他の取引については、過当投機の防止などのため金融商品取引業者等は取引の公正を確保することを考慮して定める一定の金銭（委託証拠金）の預託を受けることが求められる（金商法 161 条の 2 第 1 項以下等）。空売りや逆指値注文も政令により制限される（同法 162 条 1 項以下等）。

　第三に、上場会社等が行う自己株式の取得等（いわゆる自社株買い）は、平成 13 年商法（平成 17 年以後の会社法）改正等によって原則自由化された（現在の会社法 155 条以下等）。しかし、企業による自己株式（自己投資口を含む）の取得には相場操縦のおそれがあることを理由として、金商法上上場等株券等の相場を操縦する行為を防止するため取引の公正の確保の観点から一定の事項が内閣府令により規定されている。具体的には、1 日に 2 以上の証券会社を通じて買付けを行うことの禁止、取引所の立会売買終了前 30 分間の買付けの禁止、1

---

30)　渋谷・前掲注 18）50 頁は、課徴金対象事案と告発対象事案の振り分けの基準について、①利得額の多寡、②事案の複雑さ、③組織性の有無、④仕手筋や反社会的勢力の関与の有無、⑤社会的影響の大きさ等を判断要素として、事案の性質・犯情に応じて総合的に判断しているのではないかと推察されており、参考になる。

436

第1章　相場操縦および安定操作の規制／第1節　理論編

日の注文の数量制限などの種々のルールが設けられている（金商法162条の2、取引規制府令16条以下）[31]。内閣府令に違反した者は30万円以下の過料の対象になる（金商法208条の2第3号）。こうした規定は米国の相場操縦規制のセーフハーバー規定であるSEC規則10b-18を参考にしたものであるが、本条と159条は目的や要件を異にしており、本条に従った自己株式の取得であっても別途159条の相場操縦規制違反に問われる可能性はありうる[32]。

　このような金商法と会社法双方による規制の関係は商法・会社法上の自己株式の取得規制が徐々に緩和されるなかで金商法上の規制が部分的に追加された経緯を反映しており、規制体系の合理性の点では疑問がある。そこで、今後会社法上の自己株式取得規制と金商法の相場操縦規制を再構成することも理論上ありうるのではないであろうか。

5　結びに代えて

　ここ数年、相場操縦の摘発は主に市場監督機関である証券取引等監視委員会により活発になされている。その制裁手法も行政上の措置である課徴金が中心であり、それと比較して悪質性の高い事案に対する刑事罰と使い分けられるようになっている[33]。前者の課徴金に関しては相場操縦を認定された当事者が争う事案も現れていることから、相場操縦ないしその中心である変動操作の適用上の要件や課徴金額の妥当性等について改めて正面から焦点が当たりつつある[34]。そこでは、特に具体的な主張立証の在り方が重要になる。後者の刑事罰との関係では相場操縦の制裁のなかでも、没収や追徴は一般に金額が大きく対象者には過酷なものとなりやすい。そのため、課徴金の金額との均衡も含め刑事罰と行政上の制裁で実質的にどういった使い分けが妥当であるのかといった点についても慎重に検証する必要がある[35]。

31）そうした規制上の要件等については、岸田監修・前掲注25）81頁以下〔松原正至〕が検討を行い、実務上の留意点を示している。

32）黒沼＝太田編著・前掲注8）411頁〔飯田秀総〕を参照。

33）黒沼悦郎「『課徴金事例集』にみる金融商品取引法上の論点」金法1908号43頁。

34）たとえば、ニュース・商事2156号57頁がその概要を伝えている。

437

第5編　不公正取引の規制と裁判例の展開

　その一方で、そもそも行政監督上の相場操縦摘発事案の内容と現行法上の相場操縦の伝統的な4つの規制類型や適用要件との関係については、必ずしも明確であるとは言い難いように思われる。相場操縦を巡る従来の議論は主に刑事罰の観点からなされており、現在のように行政上の制裁措置が主たるエンフォースメントの手法になっている状況には当てはまらない点もある。

　また、近年は偽計や風説の流布の禁止規定（金商法158条）が用いられる事案も増えており、相場操縦の禁止規定とその適用範囲が一定程度重複しているようにも見える[36]。立法論上は偽装取引としての仮装取引と馴合取引の一体化のほか、表示等による相場操縦や安定操作の規定は不要になるかもしれない。そうした点に関しても、今後資本市場の公正な価格形成確保といった法目的（金商法1条）の達成のため理論的側面における深化を図りつつ、抜本的な規制体系の再構築が求められていくものと思われる[37]。

〔松岡啓祐〕

35）課徴金制度の特質とその手続上の課題等については、松尾直彦「金融商品取引法の課徴金審判・調査手続の課題」商事2056号17頁以下が全般的な検討を加えている。

36）偽計の禁止規定が不公正ファイナンスの分野等で用いられている点につき、拙稿「企業の架空増資事件と金融商品取引法上の偽計の禁止規定を巡る動向について」大野正道先生退官記念論文集『企業法学の展望』233頁以下（北樹出版、2013）を参照。

37）松尾直彦「金商法第6章の不公正取引規制の体系」金融商品取引法研究会編『金融商品取引法制の潮流』275頁以下（日本証券経済研究所、2015）における立法論を踏まえた検討も示唆に富む。

第1章　相場操縦および安定操作の規制／第2節　実務編

第2節　実務編

1　はじめに

　「実務編」である本節においては、相場操縦の中でも最も頻繁に用いられる手口であるといわれている「現実取引による相場操縦（変動操作等）」について取り上げてみたい。ただ、かつては、現実取引によるものも含めて、相場操縦に関する摘発はほとんどなされなかったことから、公刊物に掲載された相場操縦に関する裁判例はわずかな数にとどまっている。したがって、ここで多数の事例を拾って「裁判例の展開」を示すことはできないことから、我が国において最初に相場操縦として摘発され、かつ最高裁まで争われた「協同飼料事件」を中心として、現実取引による相場操縦に関する裁判上の理論構成等の展開を眺めてみることとする。

　また、相場操縦も対象に含めた平成17年4月の課徴金制度導入以降、証券取引等監視委員会が積極的に摘発にのぞみ、相場操縦による課徴金納付命令の勧告件数もそれなりの数に及ぶに至っている。さらには、証券取引等監視委員会による相場操縦の告発事件も、さほどの数ではないにせよ、継続的に見受けられるところである。そこで、本節では、こうした証券取引等監視委員会の摘発にかかる課徴金勧告事案や犯則事件についても、併せて概観してみることとする。

2　現実取引による相場操縦（変動操作等）

　現実取引による相場操縦とは、相場を人為的に変動させるような一連の有価証券の売買等をいうが、有価証券の売買等の注文が大量に発注されるなどすれ

第5編　不公正取引の規制と裁判例の展開

ば、相場が変動するのは当然のことである。したがって、現実取引による相場操縦においては、どうやって違法な取引（相場操縦）と適法な取引を区別するかが重要な問題となる。

法159条2項1号は、違法な相場操縦の要件として、①「他人を誘引して有価証券の売買等を行わせる目的」（以下「誘引目的」という）という主観的要件と、②「相場を変動させるべき一連の有価証券の売買等」（以下「変動取引」という）という客観的要件をそれぞれ設けている[1]。一連の有価証券の売買等を違法な相場操縦として適法な取引と区別するためには、この2つの要件のうちのどちらに違法性の要素を読み込むかについて、大きく分けて2つの立場が存在する。すなわち、i)「要件①＝誘引目的」に違法性の要素を読み込む立場と、ii)「要件②＝変動取引」に違法性の要素を読み込む立場がある。協同飼料事件について言えば、前者i)が第1審および最高裁の立場であり、後者ii)が控訴審の立場であると整理できる。

3　裁判例等——協同飼料事件を中心に

(1)　協同飼料事件の事案の概要

実際の裁判例＝協同飼料事件を見てみよう。協同飼料事件は、相場操縦として最初に摘発された事件（昭和47年）であり、当時の大蔵省証券局と検察庁の見解が分かれ、東京地検特捜部の手によって摘発・起訴された事件である[2]。事案の概要は次のとおりである。

協同飼料事件は、東証市場第一部に株券を上場する大手飼料メーカーである協同飼料株式会社の副社長および経理部長が、昭和47年の同社による時価発行公募増資に際し、大手3証券会社の支店幹部と共謀の上、同社株式の株価をつり上げるなどの操作を行ったことから、現実取引による相場操縦に加え、安定操作に

1）本節においては、ほとんど独立して使われることのない「繁盛取引」要件については触れず、「誘引目的」と「変動取引」を中心に説明することとする。

2）黒沼悦郎『証券市場の機能と不公正取引の規制（神戸法学双書31）』（神戸大学研究双書刊行会、2002）138頁。

第1章　相場操縦および安定操作の規制／第2節　実務編

係る相場操縦を訴因とするなどして起訴された事案である。

　協同飼料事件の相場操縦は、権利落の前後を挟んで2つのものからなっている。権利落前の相場操縦は、1株170円ないし180円の株価を権利落までに1株280円程度まで高騰させるためのものであった。また、権利落後の相場操縦は、権利落後1株220円の株価を公募増資の終了時まで維持するためのものであった。なお、権利落前に株価を1株当たり280円程度にするのは、権利落後の株価を1株220円程度にするためであり、両者は相互に関連していた。

(2) 協同飼料事件第1審判決（東京地判昭和59・7・31判時1138号25頁以下、33頁）

　協同飼料事件第1審判決は、会社（協同飼料株式会社）を含む被告人ら8名全員に対し、有罪判決を言い渡した。

　裁判の過程で、弁護人は、現実取引による相場操縦の禁止を定めた規定について、その内容は曖昧かつ不明確であって刑罰法規の内容をなす構成要件として無効である旨主張したが、本第1審判決は、「誘引目的」および「変動取引」について、次のように判示するなどして、当該弁護人の主張を退けている。

> 「誘引目的」について
> 　「売買取引を誘引する目的」とは、市場の実勢や売買取引の状況に関する第三者の判断を誤らせてこれらの者を市場における売買取引に誘い込む目的、すなわち、本来自由公開市場における需給関係ないし自由競争原理によって形成されるべき相場を人為的に変動させようとの意図のもとで善良な投資家を市場における売買取引に参加させる目的をい（う）。

> 「変動取引」について
> 　「相場を変動させるべき取引」とは、……市場価格を変動させる可能性のある取引を広く指称すると解すべきである……。

　本第1審判決は、「誘引目的」に違法性の要素を読み込んで現実取引による相場操縦の成否を検討するという、当時の主流に沿った判断を示したものと評価されている[3]。すなわち、本第1審判決によれば、誘引目的には、「第三者

3）今井猛嘉「判批」金融商品取引法判例百選112頁（有斐閣、2013）。

第5編 不公正取引の規制と裁判例の展開

の判断を誤らせること」あるいは「相場を人為的に変動させようとの意図」が求められており、これが当該取引に違法性を帯びさせる要素とされている。本第1審判決は、現実取引による相場操縦に触れるか否かの判断にあたって、当該取引がこうした誘引目的によるものか否かを考えるとしてもさほどの困難は感じられないとして、現実取引による相場操縦の禁止を定めた規定について、刑罰法規としての明確性に欠けるところはないとの結論を導いている。

他方で、本第1審判決は、「変動取引」については、単に「市場価格を変動させる可能性のある取引」であるとしており、適法な取引と区別する違法性の要素をここには特に読み込んでいない。

こうした本第1審判決に対しては、当時の学説の評価もおおむね好意的であったといわれている[4]。しかし、本判決に対しては、1名の被告人を除いた7名の被告人らが控訴を申し立て、協同飼料事件控訴審では、本第1審判決とは異なる立場をとる判決が言い渡されることとなったのである。

(3) 協同飼料事件控訴審判決（東京高判昭和63・7・26高刑集41巻2号269頁以下、279〜280頁、307〜308頁）

協同飼料事件控訴審判決は、7名の被告人らによる控訴をすべて棄却して第1審判決を維持したものの、「誘引目的」および「変動取引」については、次のように判示している。

> 「誘引目的」について
> 「有価証券市場における有価証券の売買取引を誘引する目的」とは、有価証券市場における当該有価証券の売買取引をするように第三者を誘い込む意図である。

> 「変動取引」について
> 「相場を変動させるべき」取引とは、有価証券市場における相場を支配する意図をもってする、相場が変動する可能性のある取引のことである。

本控訴審判決は、「誘引目的」について、一部の被告人の弁護人からなされた主張、すなわち、誘引目的が認められるためには「有価証券市場における当

4）黒沼・前掲注2）139頁。

第1章　相場操縦および安定操作の規制／第2節　実　務　編

該株式の売買取引を誘うという作為的、積極的な意思」が必要であるという主
張を退ける一方で、第1審判決の示した「第三者の判断を誤らせて」という絞
りをかけることもなく、単に、「有価証券市場における当該有価証券の売買取
引をするように第三者を誘い込む意図」であると判示している。他方で、本判
決は、「変動取引」について、「有価証券市場における相場を支配する意図」を
もってする行為であるとの絞りをかけ、これによって適法な取引との区別を図
っている。すなわち、本判決は、「誘引目的」ではなく、「変動取引」の要件に
違法性の要素を読み込もうとする立場である[5]。

　本控訴審判決に対しては、「誘引目的」はいわゆる主観的違法要素であるか
ら、それ自体違法性の徴表を含んだものであることが必要であるとして第1審
判決を指示する見解[6]や、「変動取引」について絞り込みをかける「有価証券
市場における相場を支配する意図をもってする」という主観的要素と「相場が
変動する可能性のある取引」との関係は明確でないなどの指摘がある[7]。しか
し、いずれにせよ、本控訴審判決は、現実取引による相場操縦の取締りに対し
て、一定の影響を与えている。次に項を改めて、本控訴審判決の影響を受けた
実務指針を紹介することとしたい。併せて、協同飼料事件最高裁決定が出され
る前に公表された、本控訴審判決とは異なった立場に立つものと思われる藤田
観光事件判決についても紹介しておきたい。

(4) 協同飼料事件控訴審判決から最高裁決定までの間

　協同飼料事件は舞台を最高裁に移すこととなったが、ここでは、一旦協同飼
料事件から離れて、証券取引審議会の指針と藤田観光事件に係る地裁判決につ
いて触れてみたい。

〈証券取引審議会の指針〉

　証券取引審議会不公正取引特別部会は、平成4年1月20日付で、「相場操縦
的行為禁止規定等のあり方の検討について（中間報告書）」を公表している[8]。

　5）近藤光男ほか『金融商品取引法入門〔第4版〕』343頁（商事法務、2015）。
　6）福田平『刑法解釈学の諸問題』168頁（有斐閣、2007）。
　7）今井・前掲注3）113頁。

443

第5編　不公正取引の規制と裁判例の展開

同報告書は、上告中の協同飼料事件について最高裁の判断を待つ必要があると
しつつも、違法な取引と適法な取引とを区別する基準として「誘引目的」の存
在を強調しすぎることは適当ではなく、その基準は、第一義的には、当該取引
が「相場を変動させるべき取引」に該当するか否かによるべきであるとして、
協同飼料事件控訴審判決の考え方に準拠することを明らかにしている。本指針
の具体的な内容は次のとおりである。

〈相場操縦的行為禁止規定等のあり方の検討について（中間報告書）〉

＊一部要約・抜粋

　違法とされる取引と適法な取引とを区別する基準として、「誘引目的」の存在
を強調しすぎるのは適当でなく、その基準は、第一義的には、当該取引が「相場
を変動させるべき取引」に該当するか否かによるべきものと考えられる。

　その際、「相場を変動させるべき取引」の判断基準としては、下記①〜⑨に示
す取引態様（通常の取引観念から逸脱した具体的取引態様）などを検討の上、総
合的に判断すべきものと考えられる。

　① 寄り付き前から前日の終値より高い指値で買い注文を出す。

　② ザラバの気配をみて、直近の値段より高い指値買いの注文を出したり、買
　　い注文の残りの指値を高く変更する。

　③ 時間を追って順次指値を1円刻みに高くした買い注文を出す。

　④ 比較的高い値段で仮装の売買をする。

　⑤ 買い指値注文により株価の値下がりを食い止める売買をする。

　⑥ 市場の上げにすかさず追随する買付け等を反復継続して行う。

　⑦ 市場関与率の状況。

　⑧ 1日のうち最も重要な時間帯である終値付近での関与状況。

　⑨ 1日における同一銘柄の売買の反復状況。

　※ 上記①〜⑨のうち、①〜⑤は、協同飼料事件第1審判決が列挙した取引態様がほぼ
　　そのまま引用されたものである。

　証券取引審議会がこのような指針を示した翌年には、藤田観光株式会社（以
下「藤田観光」）の株式に係る相場操縦事件について、次のような判決が言い渡
されている。

8）商事 1275 号 35 頁。

第1章　相場操縦および安定操作の規制／第2節　実　務　編

〈藤田観光事件（東京地判平成5・5・19判タ817号221頁）〉

　藤田観光事件の概要は次のとおりである。すなわち、いわゆる株式の仕手筋として知られた被告人は、平成2年3月16日頃、自らの保有する藤田観光の株式（東証および大証の各市場第一部に上場されていた。株価は、平成2年3月19日からの1か月間、東証における高値が3,900円、安値が3,100円であった）をA社に1株5,200円で引き取ってもらうこととなった。しかし、A社が市場価格とかけ離れた価格で引き取ると税法上その差額を寄付金とみなされて課税される懸念があったことから、被告人は、藤田観光の株式の株価を吊り上げることを企て、知人と共謀して同株式の市場価格を人為的に吊り上げる目的で、同株式合計74万1,000株を4取引日で買い付け、その株価を買付けの始期における3,780円から5,200円にまで高騰させた、というのが藤田観光事件の概要である。なお、本件は、現実取引による相場操縦を唯一の訴因として起訴された最初の事例である[9]。

　本判決は、「誘引目的」および「変動取引」について、次のような判断を示している。

「誘引目的」について
　誘引目的というのは、その誘引という言葉自体に意味があるのではなく、それは、売買取引が繁盛であると見せるあるいは有価証券の相場を変動させる売買取引が、意図的、目的的に行われることを抽象的に表現したものであって、人為的に売買取引が繁盛であると見せかけ、あるいは人為的に有価証券の相場を操作しようとの目的と言い換えることができると解される。

「変動取引」について
　変動取引とは、有価証券市場における当該有価証券の相場を変動させる可能性のある売買取引を指すと解すべきであり、それに当たるか否かは、実際の相場の値動きの状況はもちろん、該当期間中の売買取引全体に占める当該売買取引の割合、当該売買取引の態様等の事情も考慮して判断されることとなる。

　本判決は、「誘引目的」について、「人為的に売買取引が繁盛であると見せかけ、あるいは人為的に有価証券の相場を操作しようとの目的と言い換えること

9）今川嘉文「刑事事件にみる相場操縦概念と認定要素（一）」大阪府立大學經濟研究44巻2号、
　17頁。

第5編　不公正取引の規制と裁判例の展開

ができる」としており、ここに違法性の要素を読み込んでいるものと考えられる。他方、「変動取引」については、「有価証券市場における当該有価証券の相場を変動させる可能性のある売買取引」を指すとしているのみで、ここに適法な取引との区別の要素をうかがうことはできない。すなわち、本判決は、協同飼料事件控訴審判決や証券取引審議会の指針が公表された後に言い渡されたものではあるが、これらとは異なる立場に立つものと考えられる。本判決は、協同飼料事件第1審判決と基本的に同じ立場に立つものと理解できる[10]。

(5) 協同飼料事件最高裁決定（最決平成6・7・20判時1507号51頁）

藤田観光事件判決の翌年となる平成6年に、協同飼料事件について、最高裁の判断が示された。すなわち、最高裁は、現実取引による相場操縦の構成要件が不明確で憲法31条に反するとの上告理由に対して、「誘引目的」と「変動取引」について次のとおり判示し、被告人の上告を却下する決定を下した。

> （現実取引による相場操縦は、）有価証券の相場を変動させるべき一連の売買取引等のすべてを違法とするものではなく、このうち「有価証券市場における有価証券の売買取引を誘引する目的」、すなわち、人為的な操作を加えて相場を変動させるにもかかわらず、投資者にその相場が自然の需給関係により形成されるものであると誤認させて有価証券市場における有価証券の売買取引に誘い込む目的をもってする、相場を変動させる可能性のある売買取引等を禁止するものと解され（る。）

本決定は、①違法な取引と適法な取引の区別の基準は、変動取引ではなく誘引目的に求められること、②誘引目的としては投資家を誤認させて売買取引に誘い込む目的が必要であること、を明らかにした。これは、協同飼料事件第1審判決と同じ立場に立つものと評価できる。

本決定によって、長きにわたった現実取引による相場操縦の成立要件を巡った議論にようやくピリオドが打たれた。本決定を受けて、今日の実務においては、金融庁における課徴金納付命令をめぐる審判事件も含めて、本決定を踏襲した判断が示されている[11]。

---

10) 神崎克郎「藤田観光株事件の法的検討」商事1332号5頁。これと異なる見解を示すものとして、黒沼・前掲注2）143頁。

第1章　相場操縦および安定操作の規制／第2節　実務編

　ただ、実務の現場においては、協同飼料事件に係る本決定と控訴審判決のアプローチのいずれによったとしても、結論が分かれることはまずないとの指摘もある。実務的には、まず取引内容を子細に分析した上で、相場操縦と見られる人為的な発注方式類型を伴う取引を変動取引として認定し、そうした取引態様等から誘引目的の存在を認定することが一般であるとされている[12]。

4　課徴金勧告事案・犯則事件

　最後に、証券取引等監視委員会の摘発にかかる課徴金勧告事案および犯則事件について概観しておこう。

(1)　摘発状況

　証券取引等監視委員会は、平成4年の発足当初は刑事告発を主な監視手段としていたが、課徴金制度の導入や証券検査権限の拡大など市場監視権限の充実・強化が図られた今日においては、刑事告発のみならず、与えられた検査・調査権限や課徴金制度もより積極的に活用し、精力的な取締りを行っている。

　証券取引等監視委員会による相場操縦に関する刑事告発の件数は、平成4年の発足当初から平成28年度までに合計29件、過去5年間（平成24年度〜28年度）では7件と報告されている（「相場固定」も含んだ統計とされている）[13]。他方、証券取引等監視委員会が相場操縦で金融庁に対して課徴金納付命令の勧告を行った件数は、平成17年4月の課徴金制度導入以降平成28年度までの間、累計で68件（違反行為者ベース）となっており、過去5年間（平成24年度〜28年度）でも53件に及んでいると報告されている[14]。相場操縦も対象に含めた

---

11)　たとえば、近時の、日本海洋掘削株式会社株式ほか44銘柄に係る相場操縦に対する課徴金納付命令をめぐる審判事件の決定においても、「誘引目的」および「変動取引」について、協同飼料事件最高裁決定と同じ言い回しをした上で、それらに対する該当性の判断を行っている（http://www.fsa.go.jp/news/28/syouken/20170314-3.html）。

12)　渋谷卓司「近時の相場操縦規制運用実務の分析」商事1976号42頁。

13)　証券取引等監視委員会ホームページ（http://www.fsa.go.jp/sesc/actions/koku_joukyou.htm）。

14)　証券取引等監視委員会事務局「金融商品取引法における課徴金事例集〜不公正取引編〜」（平

第5編　不公正取引の規制と裁判例の展開

課徴金制度が導入されことによって、これまで告発対象とならなかった相場操縦の事案にもメスが入れられている状況がうかがわれる。

(2) 手法・近時の傾向

実際の相場操縦では、複数の取引手法が用いられるケースが多いが、証券取引等監視委員会が公表しているところによると、取締り対象の中心となっている相場操縦は、現実取引によるものであることが理解できる。

証券取引等監視委員会は、課徴金事例集において、現実取引による相場操縦の主な手法として、次のような行為を挙げている[15]。

現実取引による相場操縦の主な手法の例示

ア　買い上がり買付け

　場に発注された売り注文に対して、高値の買い注文を連続して発注することにより、それら売り注文を約定させながら、価格を引き上げる行為。

イ　下値支え

　現在値より下値に比較的数量の多い買い注文を発注することにより、下値に売り注文が発注された場合であっても、その買い注文が全て約定してしまうまでの間、価格が下落しないようにする行為。

ウ　終値関与

　取引終了間際に高い指値の買い注文を発注するなどして、終値の水準を引き上げる行為。

エ　見せ玉

　買い付ける意思がないのに、板情報画面に表示される価格帯に、約定可能性が低い指値の買い注文をまとまった数量で発注するなどの行為。

具体的な事案においては、これらの手法のいくつかが組み合わされて用いられることが多い。課徴金勧告事案について、証券取引等監視委員会が公表しているところによると、これまでの累計勧告件数68件において使用された主な取引手法別の状況は、①買い上がり買付け等44件（34.1%）、②対当売買[16]41

成29年8月）70頁。http://www.fsa.go.jp/sesc/jirei/torichou/20170829/01.pdf

15)　課徴金事例集・前掲注14）68頁。

16)　「対当売買」とは、同一銘柄について同時期に買い注文と売り注文を出して対当させる行為をいう（渋谷・前掲注12）42頁）。証券取引等監視委員会は、これを仮装・馴合売買（金商法159条1項）の手法と位置付けている。

件（31％）、③見せ玉 32 件（24.8％）、④終値関与 12 件（9.3％）とされている。これを平成 28 年度の勧告件数（8 件）についてみると、①見せ玉 5 件（41.7％）、②買い上がり買付け等 4 件（33.3％）、③対当売買 3 件（25.0％）ということである[17]。

　近時の相場操縦の手法は、複雑化・巧妙化する傾向を示している。また、インターネット取引の普及によって、これまでの仕手筋などによるオーソドックスな手法によるもののほか、デイトレーダーなどの個人によるインターネット取引を利用した「見せ玉」といった新手の手口によるものも数多く見受けられるに至っている。インターネット取引の普及は、デイトレーダーという一般の個人投資家に対しても相場操縦を可能としたのである。証券取引等監視委員会が公表している平成 28 年度における相場操縦の 7 つの個別事例を見ても、うち 5 つの事例が個人によるインターネット取引を利用したものである[18]。仕手筋などによるオーソドックスな手法による相場操縦は、何日もかけて、ときには何か月にもわたり、株価の高値形成を図っていこうとするものであるのに対して、デイトレーダーの「見せ玉」等による相場操縦は、相場操縦行為が 1 日のうちに完成するという特徴を有している。

　さらに、近時の株式市場におけるクロスボーダー取引の日常化に伴い、相場操縦においても、クロスボーダー取引を利用した海外所在のトレーダーによる事案を見受けるようになっている。証券取引等監視委員会は、平成 24 年度に、相場操縦事案としては初となる課徴金納付命令の勧告[19]をして以来、平成 28 年度現在までの間、毎年 1 ～ 3 件のクロスボーダー取引による相場操縦事案について課徴金納付命令の勧告を行っている。クロスボーダー事案においては、海外の監視当局との連携が不可欠であり、我が国においては、米国証券取引委員会（SEC）、中国証券監督管理委員会（CSRC）、シンガポール通貨監督庁

17）課徴金事例集・前掲注 14）71 頁。

18）課徴金事例集・前掲注 14）73 頁以下。

19）米国籍ヘッジファンドの運用者に対して、6,571 万円の課徴金を課すことを勧告したものである。当該事案においては、証券取引等監視委員会は、米国証券取引委員会（SEC）と緊密に協力・連携して調査を行ったことが明らかにされている（証券取引等監視委員会事務局「金融商品取引法における課徴金事例集～不公正取引編～」（平成 25 年 8 月）92 頁「事例 23」。http://www.fsa.go.jp/sesc/news/c_2013/2013/20130808-2/01.pdf）。

449

第5編　不公正取引の規制と裁判例の展開

（MAS）、香港証券先物委員会（SFC）などとの間で密接な連携・協力を図っている。

〔植松　勉〕

————————————— 第 2 章 —————————————

空 売 り

1　はじめに

　図 1（次頁参照）のグラフは、ここ 5 年間の、東京証券取引所の上場銘柄における売買代金と空売り取引代金の総額[1]の推移を示すものである。このグラフからも明らかなようにここ数年、証券市場においては日本企業に対する空売りが徐々に増加しており、売買代金に占める空売り取引の割合（空売り比率）も高まっていることがうかがえる。また、年明け頃から、空売り比率の高まりは、度々新聞記事にもなっている[2]。短期的に見れば、株価が下落傾向にあるがゆえに空売りを行って差益を得ようとする者が増えているとも思われるが、空売りをした場合後で買い戻す必要があるため、その際には株価の上昇が見込まれるのであって、一時的な空売り比率の高低をもって相場を読み解くことは難しい。もっとも、グラフが示す数値からは、少なくとも確実に、日本における空売り比率は高まっていることを示している。本稿では、2008（平成 20）年の規制緩和後の空売り規制の内容の変遷と現在の規制の内容を紹介し、空売り規制が孕む問題点を検証する。

———————————————————————————————

1 ）空売り取引には後述するが価格規制のあるものとないものとがあり、ここでは両者をあわせた
　　総額の推移を示している。
2 ）2018 年 3 月 24 日の日経新聞電子版によれば、東証上場銘柄の売買代金に占める空売り比率は
　　3 月 23 日には 50.3% となり、東証が統計発表を始めた 2008 年 11 月以降で最高となっている。
　　（https://www.nikkei.com/article/DGKKZO28528320T20C18A3EN2000/）

第5編　不公正取引の規制と裁判例の展開

図1　東京証券取引所における売買額の推移と空売り金額（価格規制有無含む）の推移

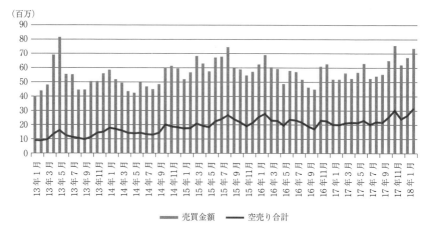

東京証券取引所のデータより著者作成

2　空売り規制の変遷と概要

　空売りとは、現実には有価証券を有しないで第三者に売りつける取引である[3]。空売りを行う個々の投資者にとっては、自身の投資機会を拡大するというメリットが、市場全体に対しても①市場の流動性の増加[4]による取引コストを低下させる[5]、②特定銘柄の過大評価を修正し適正水準に向かわせる[6]ことによる市場のバブルを防止する[7]、などのメリットがある。

---

3) 梅本剛正「空売り規制等の市場規制」ジュリ1412号52頁。
4) 空売りを通じて売り注文が入れば当該株式の取引は活性化することになり、流通性の促進が高まる（山下友信＝神田秀樹編『金融商品取引法概説〔第2版〕』355頁〔後藤元〕（有斐閣、2017）、梅本・前掲注3）52頁、小林一郎「MSCBの利用意義とその実践——空売り規制を中心として」佐賀大学経済論集48巻2号53-54頁）。
5) 株価は、当該株式の市場の流通性が高ければ高いほど実際の価格に近似するため、空売りにより流通性の促進が高まる結果、当該株式の効率的な価格形成が行われる（小林・前掲注4）54頁）。
6) 空売りを許容する市場であれば（空売りにより利益を得られるため）洗練された投資家による情報収集と分析がされ、かつそのような洗練された投資家による取引がなされることで、正確な情報が株価に反映されるようになるとの意味である（小林・前掲注4）54頁）。
7) 小林・前掲注4）54-55頁、久保寛展「ドイツ法における空売り規制と金融市場の安定化」福岡大学法学論叢56巻4号423頁。

452

第 2 章 空売り

　これに対して、空売りする個々の投資家のデメリットとして❶空売り後に買い入れできない場合（フェイル）に決済不能となるし[8]、市場全体に対するデメリットとして❷不公正取引の手段として利用される[9]、❸空売りがオーバーシュート誘引することで市場全体の不安定化要因となる[10]、といった点が指摘されている。

　このようなメリット・デメリットを有する空売りに対して、公正な株価形成という証券取引所の機能を妨げる空売りは規制すべきとか、空売りは、空売りを行った者が不当に利得を図る等の弊害を生ずるから規制しなければならない[11]とか、相場を売り崩す相場操縦的行為を一般的に防止する必要がある[12]といった理由から一定の規制は必要とされ[13]、金商法 162 条に空売りに関する規制がおかれ、同条により委任される複数の政令を通じて金融市場の動向に応じて、より機動的に空売り規制に対する調整がなされてきた。

　世界的には 2007 年にアメリカで発生したリーマン・ショックにより世界市場が混乱する中、IOSCO（証券監督者国際機構）も空売り規制に関する提言をして[14]おり、我が国においても 2008（平成 20）年に金商法施行令に 26 条の 2 の 2・26 条の 5 が置かれ、年度内の時限的措置として売付けの際に株の手当てがなされていない空売り（Naked Short Selling）が全面的に禁止された。もっ

8）山下＝神田編・前掲注 4）356 頁〔後藤元〕。

9）過去には日本でも MSCB の引受人による空売りを用いた不公正な取引の疑いがみられた（梅本剛正「MSCB と不公正な証券取引」民商 134 巻 6 号 896-897 頁。

10）堀口亘『最新証券取引法〔新訂第四版〕』640 頁（商事法務研究会、2003）。

11）堀口・前掲注 10）640 頁。

12）神田秀樹ほか編著『金融商品取引法コンメンタール 2 業規制』313 頁〔梅本剛正〕（商事法務、2014）、同『金融商品取引法コンメンタール 4 不公正取引規制・課徴金・罰則』84-89 頁〔戸田暁〕。

13）空売り規制についても、投機的な行為や相場操縦などの公正な価格形成の歪みを防止するというメリットと、市場の流動性の低下や価格形成の歪みを引き起こすというデメリットの双方が指摘され、様々な実証研究などがされているものの、未だ統一された答えは出ていないようである（大井朋子「エージェントシミュレーションを用いた『価格規制』と『ネイッキッド・ショート・セリングの禁止』の有効性の検証」金融庁金融研究センターディスカッションペーパー DP2012-5（2012）2 頁）。とりわけ、規制反対派からは、1998 年から 2002 年にかけての規制強化に対する批判が強かったようである。この点につき、福光寛「空売り規制について」成城大学経済研究 158 巻 309 頁以下参照。

14）http://www.iosco.org/library/pubdocs/pdf/IOSCOPD292.pdf

453

第5編　不公正取引の規制と裁判例の展開

ともこの措置は、金融市場の世界的な混乱期における臨時の措置であったといえる。

その後、2013（平成25）年の改正において、2008（平成20）年のいわば臨時の市場の混乱回避措置としての空売りを原則禁止とする規制を緩和し、その上で 市場自体が平常に戻ったとしてもなお空売りによって生じるデメリットを防止するために、(1) トリガー条項を設け、株価が前日終値から10%以上下回った場合において、売付の際に株の手当てがなされていない空売り（Naked Short Selling）を禁止した上で、(2) 一定規模（発行済株式総数の原則0.5%）以上の空売りポジションの保有者に対して、証券会社を通じた取引所への報告を義務付け、また取引所が当該情報を公表することが定められ、これが現行の空売り規制の骨子となっている。

2013（平成25）年改正が現行の「空売り規制」の幹であるとすれば、2011（平成23）年8月30日の改正は、公募増資というある特定の金融商品取引において空売りが自由になされることによって生じる問題を解決するための、いわば局所的な空売り規制の整備といえる。この改正により、いわゆる日本版レギュレーションMと呼ばれる金商法施行令26条の6が新たに導入され、公募増資に関連する不公正取引対応として、何人も、増資公表後、新株等の発行価格決定までの間に空売りを行った場合には、当該増資に応じて取得した新株等により空売りに係る借入れポジションの解消を行ってはならず、これに違反した場合には処罰されるものとされた。

このような改正がなされたのは次の問題が発生したことにある。市場で公募増資を行えば発行済株式総数が増加するため、株価は短期的に見ると下落する。そこで、発行会社が公募増資をすることを知った投資家が空売りを行い、その後に公募増資を通じて新株を安価に取得することができれば、空売りを行なった投資家は空売り価格と公募増資の払込価格との差額を利益として得ることができる。しかしながら、公募増資前の空売りは、公募増資手続中の市場における価格下落に拍車をかけ、市場における株式の需給バランスの崩れを生むことにより、公正価格形成を阻害するものであって市場全体にとってのデメリットが大きい。にもかかわらず、そのような中で空売りを行った者だけは利得するという構造を生むことになる[15]のであって妥当ではない。そこで投資家が増

454

資公表後に空売りを行い、借株の決済を新株の取得によって行うという新株発行価格の決定方法を利用した取引を禁止した[16]。

以上が近年における空売り規制の変遷である。以下においては現行法の規制内容を紹介する。

3 現行法上の空売り規制

(1) 一般的な空売り規制

現行の金商法において空売りに関する規制は、金商法162条1項であり、同項に定められており、「政令」とは金商法施行令26条の2、26条の2の2、26条の3、26条の4、26条の5、26条の6を指す。金商法162条の趣旨に関しては、学説の多くが相場操縦規制とするが、不公正取引禁止規制とする見解もある[17]。先述した空売りのデメリットとは何かに対する見解の相違によって、規定の趣旨についても異なる理解がされるものと思料される。現行法の規制の概要は、①政令で定めるところに反した「裸の空売り（naked short selling）」の禁止、②空売りをする場合の手続としての明示・確認義務、③一定規模以上の空売りポジション保有者の空売り残高情報に関する情報の金融商品取引所への報告義務、④トリガー方式の「価格規制」採用、そして⑤公募増資に関する空売り規制、である。

①について、同条は「何人も、政令で定めるところに違反して、次に掲げる行為をしてはならない。」とした上でその1号に「有価証券を有しないで若しくは有価証券を借り入れて（これらに準ずる場合として政令で定める場合を含む。）その売付けをすること又は当該売付けの委託等若しくは受託等をすること。」を定める。同号のいう「有価証券を有しないで若しくは有価証券を借り入れて（これらに準ずる場合として政令で定める場合を含む。）その売付けを

---

15) 齊藤将彦＝三宅朋佳「公募増資時の空売り規制に関する金融商品取引法施行令等の改正の概要」商事1944号38頁。

16) 齊藤＝三宅・前掲注15) 38頁。

17) 松尾直彦「金商法第6章の不公正取引規制の体系」金融商品取引法研究会編『金融商品取引法規制の潮流』（日本証券経済研究所、2015) 264-268頁。

第5編　不公正取引の規制と裁判例の展開

すること又は当該売付けの委託等若しくは受託等をすること」とは広義の空売りを指し、ここでいう政令で定める場合とは金商法施行令26条の2の「その有している有価証券（借り入れているものを除く。）の売付け後遅滞なく当該有価証券を提供できることが明らかでない場合とする」をいう。すなわち、金商法施行令26条の2のような場合を「裸の空売り（naked short selling）」と呼び、現行法上規制される対象はこれに限定される。裸の空売りに該当すれば、金融商品取引所の開設する取引所金融商品市場における空売り（金商法施行令26条の2の2第1項）や認可金融商品取引業協会の開設する店頭売買有価証券市場における店頭売買有価証券の売付け（同6項）のみならず、金融商品取引業者の開設する私設取引システム（PTS）における有価証券の売付けも規制の対象に含まれる [18]（同7項）。

　一方、金商法2条21項1号に規定される市場デリバティブ取引（金商法2条21項1号）や有価証券の取引等の規制に関する内閣府令第9条の3に列挙される取引は規制対象外となる（金商法施行令26条の2の2第5項）。

　また、2018年7月2日より東京証券取引所ETF市場でも導入予定のマーケットメイク制度 [19]について、マーケットメイカーの行う空売りは金商法施行令26条の2の2第5項の内閣府令で定める取引として認められ（取引規制府令9条の3第1項5号）、空売り規制対象外となる。

　次に②について、投資家から売買の委託を受けあるいは自ら売買を行う証券取引所業者は、自己の計算による有価証券の売付け、売付け委託、または清算取次ぎ委託が空売りか否かを明らかにしなければならないとされる。これが証券取引業者の明示義務である（金商法施行令26条の3第1項）。

　そして、証券業者等が委託を受けあるいは委託の取次ぎを受けた売付け等につき、それが空売りか否かを明らかにするには、売買の委託者や取次ぎの申込者にその旨を確認する必要があることから、証券取引所業者には、売付けの委託者またはその委託の取次ぎの申込者に対し、当該売付けが空売りであるか否

18）ただし、③の空売りポジション公表義務についてはPTSにおける取引は除外される（金商法施行令26条の5参照）。

19）東証ETF市場におけるマーケットメイク制度の概要については「ETF市場におけるマーケットメイク制度の詳細」参照（以下URLよりDL可能。http://www.jpx.co.jp/equities/products/etfs/market-making/nlsgeu000002vwg1-att/nlsgeu000002vz4q.pdf）。

かの別を確認する義務も課された。これが証券取引業者の確認義務である（同2項・3項）。

さらに、証券業者に確認義務がある以上、確認を受けた投資者にも明示義務が課される（同4項）。

以上の明示義務・確認義務は、市場参加者への情報提供の意味が含まれる[20]。ただし、証券取引業者等に明示義務・確認義務が課されない取引があることが金商法施行令26条の3第5項に定められており、いわゆる先物取引もこれにあたる。理由として先物取引はその性質上空売りを当然に予定するためと説明される[21]。

③は、空売りポジション報告・公表規制と呼ばれる。具体的には、裸の空売りが行われる場合には、証券業者等には、空売りの残高に関する情報（取引規制府令15条の2）を公表し、当該空売りによるフェイルの危険性に関する情報を明らかにすることが要求されている。

④について、金商法施行令26条の4第1項は、株価が価格下落傾向にある場合において直近公表価格（マーケットメイク[22]による場合には直近公表最良買気配価格）以下の価格での空売りを禁止する。株価が直近公表価格より上回らなければ空売りができないことからアップティック・ルール（uptick rule）と呼ばれる[23]。2002（平成14）年から導入された規制態様であるが、2013（平成25）年の改正により、下落傾向にありかつ基準価格から100分の10以上の割合で下落した場合に限って適用されるトリガー方式が導入されている（取引規制府令12条第6項）。

(2) 公募増資に関する空売り規制

既述の通り、2011（平成23）年12月1日に施行された金商法施行令26条の

---

20) 小林・前掲注4) 66頁。

21) 山下＝神田編・前掲注4) 359頁〔後藤〕。

22) 取引所市場においてオークション方式ではなくマーケットメイカーと呼ばれる証券会社が常に売りと買いの気配値を提示し、一定の数量以下の取引に応じることを確約することで、円滑な売買を可能とする方式で、2018年7月2日から東証ETF市場で導入予定である。（http://www.jpx.co.jp/equities/products/etfs/market-making/index.html）

23) 松尾直彦『金融商品取引法〔第5版〕』684頁（商事法務、2018）。

第5編　不公正取引の規制と裁判例の展開

6により、上場会社の公募増資の公表（増資についての取締役会決議と有価証券届出書の提出）から価格決定までのタイムラグを利用して空売りを行い、発行された新株によって借入れ株式の決済を行う行為が禁止された。「公募」だけではなく「売出し」の場合も含まれているのは、公募増資にあたっては募集と売出しが一体として行われ、投資家が分別できないためと説明される[24]。一方、この規制は期間中に空売りを行うことを禁止するのではなく、空売りに係る有価証券の借入れの決済[25]を行うことが禁止される。

　規制対象となる期間（金商法施行令26条の6第1項「内閣府令で定める期間」）は、有価証券の募集または売出しについての有価証券届出書または臨時報告書が公衆の縦覧に供された日のうち最も早い日の翌日から当該有価証券の発行価格または売出価格を決定したことに係る当該届出書の訂正届出書または当該臨時報告書の訂正報告書が公衆の縦覧に供された時のうち最も早い時までの間である（取引規制府令15条の6）。

　有価証券届出書・臨時報告書等の提出義務のない募集・売出しの場合（金商法4条1項各号）には原則としてこれらの規制の適用はない[26]他、適用除外される取引については金商法施行令26条の6第2項・第3項、金商法2条21項1号、取引規制府令15条の8に定められている。

4　空売り規制に違反した場合と処分事例

　上記の空売り規制に反した者には、金商法208条の2第2号により30万円以下の過料に処され、場合によっては行政処分の対象となる。

　空売りを完全に禁止しない理由の一つが、市場の流通性を高めることにより公正な株価の形成に資する点にあるとすれば、公正な株価の形成を阻害するものとして禁止される空売りについては、それが行われないよう十分に担保され

24）齊藤＝三宅・前掲注15）39頁。

25）ここでの「決済」の意味をめぐる問題点につき黒沼悦郎＝太田洋編『論点体系金融商品取引法2 業者規制、不公正取引、課徴金』408頁〔飯田秀聡〕（第一法規、2014）参照。

26）齊藤＝三宅・前掲注15）41頁（注5）。

なければならない。違反行為が行われないよう監視する役割は金融商品取引市場や金融庁にあるが、金融商品取引業者にも空売り規制が投資家によって遵守されるように努める役割が課されているとも言える。

この点、金商法40条は金融商品取引業者に対して、「業務に関して取得した顧客に関する情報の適正な取扱いを確保するための措置を講じていないと認められる状況、その他業務の運営の状況が公益に反し、又は投資者の保護に支障を生ずるおそれがあるものとして内閣府令で定める状況にあること」（同2号）のないように業務を行わなければならないと定める。ここでいう内閣府令とは、金商業等府令123条を指し、同条1項26号として公募増資に関する空売り規制の内容等を顧客に適切に通知していない場合が含まれている。したがって、金融商品取引業者には、空売り規制の内容についての顧客への通知義務があると考えるべきであろう。仮に、こうした通知義務違反が生じないようにするための管理体制が一切とられていなければ、金融商品取引業者の内部管理体制上の不備の問題とされうる[27]。通知時期については金商業等府令123条1項1号が「あらかじめ」と定めるのみであるが、そもそも同条は具体的な募集・売出しが行われるに際して「あらかじめ」金融商品取引業者が顧客に当該有価証券を取得させようとするときに通知することを要求するものであるから、一般的な通知を一度顧客だけにすればすむというものではなく、かかる取引を行う都度、「あらかじめ」通知される必要があるものと解される。

5 空売り規制に関する行政処分事例

金融庁が公表する2017（平成29）年12月31日までの行政処分事例[28]集によれば、空売り規制（明示義務違反）違反による行政処分事例は下表の通りである。いずれも2013（平成25）年の改正前による処分であり、全てに共通す

---

27) この点は日本取引所自主規制法人考査部の作成による「取引参加者の内部管理体制に係るチェックポイント〈2017年2月 改訂版〉」6頁でも触れられている。http://www.jpx.co.jp/regulation/maintaining/checkpoints/nlsgeu000001ig65-att/honbun20170228.pdf

28) 金融庁HP（https://www.fsa.go.jp/status/s_jirei/kouhyou.html）よりダウンロード可能。

第5編　不公正取引の規制と裁判例の展開

る処分内容としては、業務改善とそれについての報告である。なお、空売り規制はどちらかというと一般投資家の義務違反に対する法執行は弱いが、業者には行政処分がつくため法執行が弱いわけではない[29]とも言われるのであるが、そもそも処分数も少なく、現行法のもとでは行政処分がいまだ1例のみである[30]ことを考慮すると、現行法規制によって裸の空売りに対する抑止力が十分に働き、業者が徹底した法令遵守を実現できているとまで断言することはできない。今後の状況を見守りたい。

処分日	対象会社	問題とされる行為	関連規定	処分内容
2002/6/14	ドレスナー・クラインオート・ワッサースタイン証券会社東京支店	①平成13年4月から同14年2月までの間、顧客から株式売付注文を受託した際に、当該売付注文が空売りか否かの別を個別に確認せず、当該売付注文を取引所有価証券市場において多数回にわたり発注した際に、証券取引所に対し空売りであることを明らかにしなかった。	・証券取引法施行令26条の3第1項・第2項 ・証券取引法162条1項1号	・業務停止命令 10日間の関係会社からの株券の売買の受託業務の停止。 ・業務改善命令 (1)内部管理体制の充実・強化、役職員の法令遵守の徹底、再発防止策の策定及び責任の所在の明確化。 (2)空売り規制違反の根絶に向けた具体的達成方法および達成時期の策定、法令等に違反した場合の違反者および管理責任者に対する社内処分等の厳格化。 (3)上記(1)および(2)の対応状況について、当分の間四半期毎に、書面による報告。
		②平成13年12月から平成14年2月までの間、自己の計算による複数の銘柄の株式売付注文を取引所有価証券市場等において多数回にわたり発注した際に、証券取引所等に対し、空売りであることを明らかにしなかった。	・証券取引法施行令26条の3第1項・第6項 ・証券取引法162条第1項第1号	
		上記①および②に関し、証券取引所が直近に公表した価格に満たない価格での顧客から受託した注文に係る空売りおよび自己の計算による空売りを多数回行った。	・証券取引法施行令26条の4第1項 ・証券取引法162条1項第1号	
2002/6/17	コスモ証券株式会社	平成13年4月から同14年1月までの間、自己の計算により多数回行った株式の売付けについて、証券取引所等に対し、空売りであること明らかにしなかった。また、当該売	・証券取引法施行令26条の3第1項・第6項および同令（平成14年政令第37号による改正前のもの）26条の4第1項	・業務改善命令 (1)内部管理体制の充実・強化、法令等遵守体制の強化、再発防止策の策定および責任の所在の明確化。

---

29) 梅本・前掲注3) 56頁。

30) 2019年10月10日現在。

第2章　空売り

		付けにおいて、証券取引所が直近に公表した価格に満たない価格での空売りを行った。	・証券取引法162条第1項第1号	(2)上記(1)についての対応状況を7月16日までに書面で報告。
2006/6/27	カリヨン証券会社東京支店	平成17年2月から同年7月までの間は他の証券会社を通じて証券取引所に（株式の売付けの委託の代理）、同年7月から同年10月までの間は、直接証券取引所に（株式の売付けの受託）、株式の売買注文を行っていたところ、株式の売付け注文を行うにあたって、多数回にわたり、当該証券会社または証券取引所に対して、当該売付けが空売りであることを明示しない売付けを行った。また、当該空売りのうち、証券取引所が直近に公表した当該取引所市場における価格以下の価格での空売りも認められた。	・証券取引法施行令（昭和40年政令第321号）26条の3第1項・第4項、26条の4第1項・第2項 ・証券取引法（昭和23年法律第25号）162条1項1号 ・証券取引法（昭和23年法律第25号）162条1項1号	・業務停止命令5営業日の間、関係会社からの株券の売買の受託業務の停止。 ・業務改善命令 (1)役職員の法令遵守の徹底及び再発防止策の策定。 (2)内部管理体制の充実・強化。 (3)法令違反についての責任の所在の明確化。 (4)上記(1)〜(3)について、その対応状況を、平成18年7月27日までに書面で報告。
2011/9/30	バークレイズ・キャピタル証券株式会社	①平成22年2月以降平成23年8月までの間、大阪証券取引所における関係会社との取引一任契約に基づき受託した株式の売付けについて、多数回にわたり、大阪証券取引所に対して空売りであることを明らかにしなかった。また、当該売付けの一部について、大阪証券取引所が直近に公表した当該取引所有価証券市場における価格以下の価格において空売りを行った。 ②上記①の空売り規制違反は、株式売買を大阪証券取引所に発注するシステムを自社開発した際に、空売りの明示に係る設計を誤ったことに起因する。当社はその設計の誤りの有無を検証する事前確認を行わずにそのシステムを稼動した。さらに当社は、適切なシステム点検を実施せず、設計に誤りのあるそのシステムを1年半もの間稼働し続けた。	金融商品取引法162条1項1号に基づく金融商品取引法施行令（昭和40年政令第321号）26条の3第1項・26条の4第1項 金融商品取引法40条2号に基づく金融商品取引業等に関する内閣府令（平成19年内閣府令第52号）123条1項14号	・業務停止命令平成23年10月11日から平成23年10月24日まで、関係会社からの株式の売買の受託業務およびシステム整備を伴う新たな業務展開の停止。 ・業務改善命令 (1)法令違反に係る責任の所在の明確化。 (2)役職員の法令遵守の徹底及び再発防止策の策定。 (3)電子情報処理組織の管理を含む内部管理態勢の充実・強化。 (4)上記(1)〜(3)について、その実施状況を平成23年10月21日まで、さらに(2)、(3)については同日後の進捗状況を平成24年1月4日までおよびその後3月毎に、また必要に応じて随時に、書面で報告。

461

第5編　不公正取引の規制と裁判例の展開

| 2019/2/1 | CLSA証券株式会社 | ①外国に居住する法人顧客から受託した取引所金融商品市場における空売り注文について、当該空売りに係る有価証券について借入契約の締結その他の当該有価証券の受渡しを確実にする措置（決済措置）が講じられていることを確認しないまま、長期間にわたり多数の空売り注文を執行していた。 | 金融商品取引法第162条第1項に基づく金融商品取引法施行令第26条の2の2第1項 | 業務改善命令
(1)本件に係る事実関係及び発生原因・根本原因に係る分析を踏まえた再発防止策の策定、実施、定着。
(2)策定した再発防止策に係る実効性の検証。
(3)法令等遵守に取り組む経営姿勢の明確化し、全社的な法令等遵守意識及び健全な企業文化醸成など、経営管理態勢・内部管理態勢の充実・強化。
(4)上記(1)〜(3)につき、実施状況及び検証結果の書面による初回報告（期限を平成31年2月28日（木））。以降、3ヵ月経過毎を期限。必要に応じて随時報告。 |
| | | ②上記①の空売り注文の執行に際して、これらの決済措置に係る有価証券の調達先についても確認していなかった。 | 金融商品取引法第38条第9号（平成29年法律第37号による改正前は同条第8号、平成26年法律第44号による改正前は同条第7号）に基づく金融商品取引業等に関する内閣府令第117条第1項第24号の2 | |

〔高木康衣〕

第3章

風説の流布・偽計等

1　はじめに

　本章は、金融商品取引法（以下、「金商法」という）158条における風説の流布・偽計等に関する裁判例の展開をまとめるとともにその内容を検討する。

　詳細については後述するが、金商法158条が規律する内容は、有価証券取引およびデリバティブ取引における①風説の流布、②偽計、③暴行もしくは脅迫の3類型である。不公正取引規制については、広く不公正取引を規制する一般条項としての金商法157条が存在するところ、同条の文言の抽象性などを理由に同条が適用される裁判例は極めて少ない。それに対して、近時では第三者割当増資や新株予約権を発行して行われるいわゆる不公正ファイナンス[1]に関する事案の発生を契機として、金商法158条の風説の流布や偽計を用いてこれを積極的に規制する傾向が読み取れる。

　そこで本章では、金商法158条の内容をまとめたうえで、同条を積極的に活用する近時の裁判例の展開を検討する。

　1）　不公正ファイナンスは法令上明確に定義づけられているわけではないが、金融庁「不公正ファイナンスの実態分析と証券取引等監視委員会の対応」2頁（2013）によると、①上場株式の発行過程及び流通市場における複数の不適切な行為を要素として構成される不公正取引、②不特定多数の者の権利・財産を毀損させる行為、③市場や株主・投資家を騙す（欺く）行為とされる。

第 5 編　不公正取引の規制と裁判例の展開

2　金融商品取引法 158 条における風説の流布、偽計、暴行・脅迫の意義

(1)　金融商品取引法 158 条における風説の流布、偽計、暴行・脅迫の意義

　金商法 158 条は、以下の通り、有価証券等の相場の変動を図る目的で、風説の流布、偽計、暴行・脅迫を禁止している。

> 　何人も、有価証券の募集、売出し若しくは売買その他の取引若しくはデリバティブ取引等のため、又は有価証券等（有価証券若しくはオプション又はデリバティブ取引に係る金融商品（有価証券を除く。）若しくは金融指標をいう。第 168 条第 1 項、第 173 条第 1 項及び第 197 条第 2 項において同じ。）の相場の変動を図る目的をもつて、風説を流布し、偽計を用い、又は暴行若しくは脅迫をしてはならない。

　風説の流布につき、まず風説とは真偽に関わらず合理的根拠のない情報とされ、流布とは、不特定多数の者に伝達することを意味する[2]。つまり、企業が市場に開示している情報や事実をもとにした予想を、広く不特定多数の者へ合理的根拠のない情報を伝達する方法（たとえば、マスメディアによって配信される記者会見）によって発表する行為や、インターネットを用いた虚偽情報の提供（たとえば、特定企業の株価が高騰するといった虚偽情報をインターネット上の掲示板へ書き込む行為）も風説の流布に該当する可能性がある。風説の流布については、流布の事実認定は比較的容易であるため、行為者の行為時に合理的根拠があったのか否かが違法性判断の決め手となる。

　一方、偽計とは、他人に錯誤を生じさせる詐欺的あるいは不公正な策略や手段である[3]。たとえば、虚偽記載文書に基づき投資家に対して金融商品を販売する場合や、新たに株式を発行し投資家に引き受けてもらう際に、あたかも企業業績が好調で追加の設備投資のための資金調達であるとしつつも、その実態

---

2)　神田秀樹ほか編著『金融商品取引法コンメンタール 4 不公正取引規制・課徴金・罰則』17 頁〔近藤光男〕（商事法務、2011）。

3)　平野龍一ほか編『注解特別刑法補巻 (2)』115 頁〔土持敏裕＝榊原一夫〕（青林書院、1996）。なお、山下友信＝神田秀樹『金融商品取引法概説〔第 2 版〕』365 頁〔後藤元〕（有斐閣、2017）は、現状あまり使われていない 157 条の規定を引き合いに出したうえで同見解に基づく偽計概念に対し「法 157 条 1 号の『不正の手段、計画又は技巧』と同様の不明確さがあるように思われる」と指摘する。

464

第 3 章 風説の流布・偽計等

は当該企業が自転車操業状態にあり、単に調達した資金を還流させる場合や、取得した株式を高値のうちに市場で売却して資金を回収するような場合である。偽計に関しては、上記の通り適用対象をなるべく広くとらえて規制の実効性を高めようとする見解と、当該行為が客観的に見て他人に誤解を生じさせるものでない限り偽計には該当しない[4]などとして制限的にとらえようとする見解に分かれている。ただ、偽計について後者のように狭く解するのは正当ではなく、偽計とは他人に誤解を生じさせる詐欺的あるいは不公正な策略や手段と解するべきとする見解が通説的見解を占めている[5]。このような通説的見解に立つと、金商法 157 条に代わって、金商法 158 条が広く不公正取引を禁止する規定として積極的に活用することが可能となる[6]。一方で、「『偽計』の意義を広く解釈し、投資家に錯誤を生じさせるかどうかを問わず、何らかの脱法的な意図をもって証券市場・証券取引実務において通例的でない態様の行為を行うこと……は、捕まえるべきものを捕まえるという点では有効であるが、経済的に合理的な行為を委縮させるという危険があまりにも大きい」と懸念を述べる見解も存在する[7]。

　そもそもこれらの行為が禁止されている理由は、合理的根拠のない情報が広く投資判断の基礎とされることにより市場価格の形成が歪められ、投資家が被害を受ける可能性があるからとされる[8]。

　最後に暴行・脅迫について、まず暴行とは、不法な有形力の行使であるが、間接暴行、すなわち物に対する暴行であっても証券取引のためまたは相場の変動を図る目的をもって行われたものであればこれに含まれるとされている[9]。また、脅迫とは、人を畏怖させるに足りる害悪の告知であり、証券取引のためまたは相場の変動を図る目的をもって行われたものであれば足り、取引の相手方に対してなされたものである必要はない[10]。

4）武井一浩＝石井輝久「日本版 10-b5 としての金商法 158 条（中）」商事 1905 号 45 頁参照。

5）鈴木竹雄＝河本一郎『証券取引法〔新版〕』554 頁（有斐閣、1984）、岸田雅雄監修『注釈金融商品取引法 3 行為規制』12 頁〔久保田安彦〕（金融財政事情研究会、2010）。

6）神田ほか編著・前掲注 2）18 頁〔近藤光男〕、武井一浩＝石井輝久「日本版 10-b5 としての金商法 158 条（上）」商事 1904 号 16 頁。

7）大杉謙一「ライブドア事件判決の検討（下）」商事 1811 号 19 頁。

8）山下＝神田編・前掲注 3）363 頁〔後藤元〕。

9）平野ほか編・前掲注 3）116 頁。

10）同上。

465

第5編　不公正取引の規制と裁判例の展開

(2) 風説の流布、偽計、暴行・脅迫の共通点および相違点

　風説の流布、偽計、暴行・脅迫（金商法158条）の適用にあたっては、有価証券の取引とデリバティブ取引であることと、各行為の実行にあたって相場の変動を図る目的でなされたという主観的要件を満たす必要がある点で共通する[11]。一方、各行為の内容が違うことは前述のとおりであるが、風説の流布については不特定多数の者に向けられている必要があるため流通市場に対する規制として用いられているのに対し、偽計については特定少数の者に向けられているだけでよいため流通市場だけでなく発行市場に対する規制としても用いることができる点で異なる。近時の不公正ファイナンスについては、流通市場だけでなく発行市場も含めた複雑な事案となっているため、偽計による対応が傾向としてみられるようになった。なお、暴行・脅迫については相場変動目的の暴行・脅迫という適用対象の特殊性から、かかる内容が問題となった事案は後述する⑩事件1件のみである[12]。

3　風説の流布、偽計、暴行・脅迫に関する裁判例の展開

　以下では、風説の流布、偽計、暴行・脅迫に関する裁判例の展開をまとめ、その後の検討の手掛りとしたい。

(1) 風説の流布に関する裁判例
○東京地判平成8・3・22判時1566号143頁（テーエスデー事件：以下「①事件」という）

　①事件は、コンピュータソフトウェア開発および販売等を目的とし、日本証券業協会に株式を登録していた甲株式会社の代表取締役であったＹが、当時甲社が発行していた転換社債の償還期日が迫っており、その資金調達に窮していたため、エイズワクチンの特許実施権取得および臨床試験開始に関する記者

11）相場を変動させる目的は、行為者の動機その他の状況証拠から総合的に認定される。

12）風説の流布・偽計で告発された事案は1992年から2018年8月末時点で28件となっている（証券取引等監視委員会ホームページ https://www.fsa.go.jp/sesc/actions/koku_joukyou.htm）。

第3章　風説の流布・偽計等

会見を東京証券取引所内記者クラブにおいて行い甲社株式の価格を高騰させ、社債の株式への転換を促そうとした事案である。証券取引等監視委員会は、Yが公表にかかる事実が虚偽であると知っていながら有価証券の相場の変動を図る目的で証券取引法（現・金商法）158条に違反し風説の流布にあたるとして刑事告発した。

　これに対し裁判所は、「本件で公表された内容は、いずれも合理的根拠に基づかない虚偽の事実であり、Yもそれを認識していたのであるから、Yが本件行為により風説を流布したのは明らかである。……将来の事実を現在の事実として公表することは風説の流布に当たるといわなければならない。……Yは本件会見で公表した内容により、転換社債の株式への転換が進むべく、甲社の株価が高騰することを意図していたものと認められ、株式の相場の変動を図る目的を有していたと認められる」とし、Yに対し懲役1年4か月（執行猶予3年）の判決を下した。

○東京地判平成14・11・8判時1828号142頁（東天紅事件：以下「②事件」という）

　②事件は、Yは信用取引の際の委託保証金の代わりに中華レストランを経営する甲株式会社の株式を証券会社に差し入れていたところ、甲社株式の株価下落に伴う証券会社への委託保証金の追加入金のため、乙らほか3名と共謀の上、甲社株式の担保価値を増加させ、さらにはこれを買値より高値で売り抜けることを企図して、東京証券取引所内の報道記者クラブの幹事社宛に公開買付け（TOB）をする旨の記者発表をする乙名義書面をファクシミリで送信したにもかかわらず、後日行われた記者クラブにおける会見においてTOBを延期すると発表した事案である。証券取引等監視委員会はYによる架空の公開買付けの公表が風説の流布にあたるとして刑事告発した。

　これに対し裁判所は、「実際には甲株の公開買付けを行う意思など全くなかったのに、公開買付けを行う旨の記者発表をしてこれを公にすることにより、甲社株の株価を騰貴させて……甲株の担保価値を増加させることにより、信用取引枠を拡大させて更に株取引を行い得る状況を作出し、さらには、時機を見て、甲株を買値より高値で売り抜けることによって利益を得ることなどを目論

467

第5編　不公正取引の規制と裁判例の展開

んで、すなわち、Yらが、甲株の相場の変動を図る目的をもって、意思を相通じて共謀の上、互いに協力して、甲株の公開買付けを行うという架空の計画を標榜し、その旨の記者発表をするなどという虚偽の内容の本件文書を、東京証券取引所内の記者クラブの幹事社にあててファクシミリ送信することにより、これを不特定多数の者に伝達され得る状態に置いたものと認めることができる。したがって、このようなYらの行為が、証券取引法（現・金商法。筆者注）158条にいう風説の流布に該当することは明らかである」として、Yに対し懲役2年（執行猶予4年）、罰金600万円の判決を下した（なお、②事件でYは、株券等大量保有報告書の不提出・虚偽記載についても刑事告発されているが本章では取り扱わない）。

(2) 風説の流布および偽計に関する裁判例

○大阪地判平成17・5・2判例集未登載（平16（わ）第6423号・第6942号・第7357号）〔LLI/DB・L06050166〕（大阪高判平成17・10・14〔控訴棄却〕判例集未登載（平17（う）第938号）、最判平成18・2・20〔上告棄却〕判例集未登載、メディア・リンクス事件：以下「③事件」という）

③事件は、コンピュータおよびその周辺機器の販売等を目的とする甲株式会社の代表取締役であったYが、同社の業務に関し、同社の株価を騰貴させるために、同社が発行を決定した転換社債型新株予約権付社債につき、払込みがなされていないのに払込期日までに発行総額について払込みが完了した旨の虚偽の事実を公表した上、同社が運営するウェブサイト上において、社債の払込みにより組み入れられた財産がなく、新株予約権を行使しても増加した資本金を充実させるべき資産がないのに、社債の一部について株式転換が完了し、資本金が充実された旨の虚偽の事実を発表したことが、風説を流布するとともに偽計を用いたとして証券取引等監視委員会によって刑事告発された事案である。

それに対し裁判所は、「甲社の株式の価格を騰貴させて相場の変動を図る目的をもって、……本件社債の株式転換によって増加した資本金に充実されるべき資産はなかったのに、その払込みが順調になされて完了し、同社の資金調達が円滑になされた上、その一部が株式に転換されて、資本金が増加・充実されたかのように装い、……虚偽の事実を公表した上、……10億円分の本件社債

のうち、7億円分について株式転換が完了し、3億4999万9955円の資本金が
充実された旨虚偽の事実を発表し、もって、有価証券等の相場の変動を図る目
的をもって、風説を流布するとともに偽計を用いたものである」として、Yに
対し懲役3年6か月、罰金200万円、甲社に対しては罰金500万円の判決をそ
れぞれ下した。

○東京高判平成20・7・25判時2030号127頁（最決平成23・4・25（上告棄却）
判例集未登載（平20（あ）第1651号）〔LLI/DB・L06610145〕、ライブドア事件：
以下「④事件」という）
④事件の概要は以下のとおりである。
　インターネットのポータルサイトの運営、企業の買収・合併等を主な業務と
する甲社の代表取締役兼最高経営責任者であるYは、他の役員らと共謀の上、
甲社の子会社である乙社の株価を維持上昇させた上でその株式を売却し、その
売却益を甲社の連結売上に計上するなどして利益をあげることとした。その際
Yらは、甲社の完全子会社丙社が投資事業組合名義ですでに買収済みであった
丁社を、乙社が株式交換により買収するにあたり丁社の企業価値を過大に評価
した上で、株式交換については、第三者機関が算出した結果を踏まえ、両者間
で協議の上で決定した旨をTDnet（東京証券取引所の適時情報開示システム）で
公表し、乙社は経常損失および当期純損失が発生していたにもかかわらず、架
空の売上、経常利益および当期純利益を計上して、乙社は前年同期比で増収増
益を達成し、前年中期以来の完全黒字化への転換を果たしている旨の虚偽の事
実をTDnetで公表し、乙社株式の売買のためおよび同株式の相場の変動を図
る目的を持って偽計を用いるとともに、風説を流布したとして証券取引等監視
委員会によって刑事告発された事案である（なお、④事件でYは、虚偽の有価証
券報告書提出についても刑事告発されているが本章では取り扱わない）。
　それに対し裁判所は、共犯者らは丁社の企業価値について、丁社の企業価値
とは全く無関係な合併手数料や売上を上乗せするなどして算出した価格を前提
にして決定したものであり、虚偽といわざるを得ず、乙社が丁社との株式交換
に関して行った公表は、証券取引法（現・金商法）158条が禁止する風説の流
布および偽計に該当すると判断した。また、関係者の供述や関係者間でやり取

第5編　不公正取引の規制と裁判例の展開

りされたメールの内容等から、乙社のある会社に対する売上は実際の取引に基づくものではなく全額架空のものであったと認め、この売り上げを前提とした乙社の平成16年第3四半期の業績状況に関する公表内容は虚偽であり、証券取引法（現・金商法）158条が禁止する偽計および風説の流布に該当すると判断し、Yに対し懲役2年6か月、甲社に対しては罰金2億8,000万円の判決を下した[13]。

(3) 偽計に関する裁判例

○東京簡判平成12・3・22判例集未登載（東京高判平成15・11・10〔控訴棄却〕判例集未登載（平15(う)第176号）、最判平成18・11・20〔上告棄却〕判例集未登載、クレスベール証券事件1：以下「⑤-1事件」という）、東京地判平成14・10・10判例集未登載（平11(特わ)第4427号・第4555号、平12(特わ)第895号）〔D1-Law28168690〕（クレスベール証券事件2：以下「⑤-2事件」という）

⑤-1事件の内容については、判決文の公刊の確認が取れなかったため証券取引等監視委員会ホームページ掲載情報に依拠する[14]。

まず⑤-1事件は、甲証券会社の取締役であったY₁および東京支店資本市場担当部長であったY₂が共謀の上、顧客にプリンストン債を販売するにあたり、プリンストン債について大蔵省（現・財務省）または日本銀行が承認した事実がないにもかかわらず、「当局の承認が得られている商品である」旨の虚偽の記載がある資料を交付し、もって、有価証券の売買のため偽計にあたるとして証券取引等監視委員会によって刑事告発された事案である。

また、⑤-2事件は、甲証券会社の代表取締役会長であったY₃が、米国プリンストン社から送付されてくるプリンストン債の月間運用成果報告書の時価

13）なお、最高裁は上告趣意のうち、判例違反をいう点は、事案を異にする判例を引用するものであること、その他は、事実誤認、単なる法令違反、量刑不当の主張であるとして上告を棄却している。また、かかる上告棄却判断に対するYからの異議申し立てについても最高裁は理由がないとして棄却している（最判平成23・5・20判例集未登載（平成23年(す)第237号）〔LLI/DB・L06610156〕）。

14）証券取引等監視委員会「平成11年度版年次公表『証券取引等監視委員会の活動状況』」15頁。https://www.fsa.go.jp/sesc/reports/n_11/n_11.htm

資産残高が過大に粉飾され、あるいは、約定どおりに期限前償還がされないおそれが高いことを認識しながら、顧客にプリンストン債を販売するにあたり、「プリンストン債は顧客の資産の安全を第一の運用哲学としている」などと虚偽の説明をした行為が有価証券の売買のためになされた偽計にあたるとして証券取引等監視委員会によって刑事告発された事案である。

なおプリンストン債とは、Y_3の率いるプリンストン・グローバル・マネジメントがオフショアで設立したペーパーカンパニーであるプリンストン社により発行された私募形式の債券である。クレスベール証券の親会社（プリンストン・エコノミックス・インターナショナル）は1991年ごろから、同証券東京支店等を通じ日本企業76社に対し約1,200億円分の債券を販売していたところ、資金の分別管理がなされていないだけでなく、他の目的（Y_3の私的豪遊・損失補填等）に流用され、債券の元利支払いは別の顧客から集めた資金を流用する自転車操業で行われていたことなどが判明し、金融監督庁（現・金融庁）によって同債券の販売停止命令が出された。

それに対し裁判所は、⑤－1事件につき、Y_1およびY_2に対して罰金30万円の略式命令を下した。

また、裁判所は⑤－2事件につき、Y_3は重要な事項につき虚偽の記載のある半期報告書を提出した上、毎月の運用成果や期限前償還に関する虚偽の説明を顧客にしたことが有価証券の売買のため偽計を用いたことにあたるとして、Y_3に対して懲役3年、罰金6,400万円の判決を下した。

○東京地判平成22・2・18判タ1330号275頁（東京高判平成22・11・30〔控訴棄却〕判例集未登載、最判平成23・3・23〔上告棄却〕判例集未登載、ペイントハウス事件：以下「⑥事件」という）

⑥事件の概要は以下のとおりである。

Yは、投資顧問業等を営む甲株式会社の代表取締役としてジャスダック証券取引所が開設する有価証券市場に上場していた塗装、住宅リフォーム等の事業を営む乙株式会社の事業再生・継続等のための指導援助等を行っていた。Yは、乙社が発行する株式をYが実質的に統括管理していた丙投資事業組合名義で取得するに際し、真実は、丙組合が払い込む金額の大半は、乙社において資産

第5編　不公正取引の規制と裁判例の展開

取得や費用支払等に使用させることなく、直ちに社外に流出させるものである
のに、その情を秘し、あたかも増資によって資産取得や費用支払い等に使用さ
れる相応の資金の確保が図られたものであるかのような虚偽の事実を公表させ
ることにより乙社の株価を維持させた上で、取得に係る乙社株式を売却して利
益を得ようと企てた。そしてYは、乙社株式の売買のため、およびその株価
の維持を図る目的をもって、乙社株式払込口名義の別段預金口座に新株予約権
行使の払込金を払い込んだ上、乙社役員らをして、TDnet により上記株式に
係る新株予約権の行使により増資がなされた旨の虚偽の事実を公表させ、さら
に、乙社役員らをして、払い込まれた金額の大半をソフトウェア購入代金名下
に振り込み送金させて社外に流出させた上、TDnet により新株予約権の行使
により資本増強が行われている旨の虚偽の事実を公表させた。そこで証券取引
等監視委員会は、Yによる上記各行為が偽計に該当するとして刑事告発した。

　それに対し裁判所は、まず偽計については、「本件増資によって発行された
新株のうち、新株予約権の行使により丙組合が取得した……払込金の大半は、
それが払い込まれた……以前から何の対価もなく直ちに流出させることが予定
されており、……そのとおり流出させたことになる。それにもかかわらず、そ
の情を秘し、外観上はその払込金の流出を資産取得のための支払いであるよう
に偽装したうえ、……本件増資がなされた旨、……本件増資により資本増強が
行われている旨、それぞれ公表して……相応の資金の確保が図られたかのよう
な錯誤を生じさせる事実を公表したものであるから、本件開示は、虚偽の事実
を公表して「偽計」を用いたことに当たる」とした。

　また、相場変動目的については、「Yが、乙社の株式時価総額を5億円以上
に回復させて上場廃止を回避するため、増資に伴う株価の大幅な下落を阻止す
る目的で、本件開示をさせたことは優に推認できるというべきである。そして、
このような目的も、増資払込金が直ちに流出したことを隠蔽して、真実が明ら
かになった場合に想定される本来の相場の動きを変えようとするものにほかな
らず、公正で自由な証券市場維持の見地から看過することはできないから……、
証券取引法（現・金商法。筆者注）158条の『有価証券等の相場の変動を図る目
的』に当たると解するのが相当である」とし、Yに対し懲役2年6か月（執行
猶予4年）、罰金400万円、追徴金約3億147万円の判決を下した。

第3章　風説の流布・偽計等

○**大阪地判平成 22・8・18 判例集未登載（平 21（わ）第 5971 号）〔LLI/DB・L06550476〕（ユニオンホールディングス事件：以下「⑦事件」という）**

　⑦事件は、光学機械器具、測定機械器具の製造販売等の事業を営む会社等の株式を保有することによる当該会社の事業活動の支配および管理ならびに有価証券の運用等を事業目的とする甲株式会社の代表取締役であった Y らが共謀の上、実体のない法人を設立し、これを割当先とする第三者割当増資および第三者割当による新株予約権の発行を行う旨を公表の上、実際には本件増資の相当部分は見せ金による水増し増資であるのに、予定通り資本増強が行われた旨、虚偽の公表を行い、株価を上昇維持させた上で、本件増資に係る新株等を売却した行為が偽計にあたるとして証券取引等監視委員会によって刑事告発された事案である。

　それに対し裁判所は、Y らによる上記共謀を認定した上で、真実は、実体のない法人を名目上の割当先とする第三者割当による新株発行増資等であるとし、かかる法人には払込金を実際に拠出する資金力もなく、他に払込金全額の出資に応じる者も確保できていなかったにもかかわらず、その情を秘し、TDnet により、あたかもかかる法人が資金力を有する関連会社であり、第三者割当による新株式発行増資等の出資者として実際に払込金全額を拠出する旨の虚偽の事実を公表し、また、真実は、第三者割当による新株式発行増資のかかる法人割当分の大半は架空の払込みであるのに、その情を秘し、TDnet により、あたかも第三者割当による新株式発行増資の払込金全額の払込みが完了し、甲社の資本増強が行われた旨の虚偽の事実を公表したことが、「有価証券の売買のため、及び有価証券の相場の変動を図る目的をもって、偽計を用いた」として、Y に対し懲役 3 年（執行猶予 5 年）、罰金 300 万円、追徴金約 2 億 5,529 万円を、甲社に対し罰金 3,000 万円をそれぞれ下した。

○**東京地判平成 22・11・24 判例集未登載（トランスデジタル事件：以下「⑧事件」という）**

　⑧事件の内容については、判決文の確認が取れなかったため証券取引等監視委員会ホームページ掲載情報に依拠する[15]。同事件は、甲株式会社が資金繰りに行き詰って経営破綻に陥る直前に、同社の会社顧問である Y_1 および同社

473

第5編　不公正取引の規制と裁判例の展開

の代表取締役であるY_2ら計6名が共謀の上、第三者割当増資により甲株式会社が発行した新株予約権の行使に係る増資について、入金した払込金を直ちに出金をし、再度別途の払込金として入金するということを繰り返し行った上、その情を秘し、TDnetにより新株予約権の行使によって資金が調達されるとともに同行使によって新株の発行が行われた旨の虚偽の事実を公表した行為が架空増資を利用した偽計にあたるとして証券取引等監視委員会によって刑事告発された事案である。

　それに対し裁判所は、元当該会社顧問に対し懲役3年（執行猶予4年）、元当該会社代表取締役に対し懲役2年6か月（執行猶予4年）の判決を下した。

○さいたま地判平成24・2・29判例集未登載（平22（わ）第1458号・第1551号）〔LEX/DB25480578〕（エフオーアイ事件：以下「⑨事件」という）

　⑨事件は、エレクトロニクス製品の製造販売等を目的とする甲株式会社の代表取締役社長であるY_1および代表取締役専務として同社の経理業務全般を統括していたY_2が、マザーズ市場上場に伴う株式の募集および売出し（IPO）を実施するに際し、架空売上高を計上する方法により、重要な事項につき虚偽の記載のある有価証券届出書を提出し、また、虚偽の内容を記載した業績の見通しを記載した文書を公表し、さらには虚偽の内容を記載した目論見書の引受証券会社担当者らへの配布、引受証券会社との株式引受契約の締結に際しての虚偽の表明、虚偽の内容を記載した目論見書の一般投資家への交付等の一連の行為が偽計を用いた公募増資であるとして、証券取引等監視委員会によって刑事告発された事案である。

　それに対し裁判所は、重要な事項につき虚偽の記載のある有価証券届出書を提出した事実を認定した上で、Yらが「共謀の上、甲社の業務に関し、同会社株券を……マザーズ市場に上場させるに当たり、甲社の業績を過大に偽るなどした上で、証券会社をして、甲社の株券を募集させて多額の資金を調達しようと企て、……あたかも業績好調な会社であるかのように装い、……東京証券取引所内記者クラブに設置された投函ボックスに『募集株式発行及び株式売出し

15）証券取引等監視委員会「告発の現場から ①不公正ファイナンスに係る偽計の告発」4頁。
　　https://www.fsa.go.jp/sesc/actions/actions_menu02.htm

に関する取締役会決議のお知らせ』と題する文書とともに、……虚偽の内容を
記載した『平成22年3月期（通期）及び平成22年3月期第2四半期累計期間
の業績見通しについて』と題する文書を投函して虚偽の事実を公表し、……甲
社株券の買取引受を予定していた証券会社担当者らに対し、甲社の企業集団の
業績に関し、……虚偽の内容を記載した目論見書を配布するなどし、……引受
証券会社との間で株式引受契約を締結するに際し、前記のとおり虚偽の売上高
を前提とした有価証券届出書等の開示書類につき、真実かつ正確な記載がなさ
れている旨の虚偽の表明をするなどし、……引受証券会社をして、多数の一般
投資家にこれらの虚偽の内容を記載した目論見書を交付させるなどして甲社が
新たに発行する株券の取得の申込みを勧誘させ、もって有価証券の募集のため
偽計を用いたものである」として、Yらをそれぞれ懲役3年の実刑に処した事
例である。

(4) 暴行・脅迫に関する裁判例
○横浜地判平成21・11・24判例集未登載（平20（わ）第2244号・第2521号）
　〔LLI/DB・L06450850〕（ドン・キホーテ事件：以下「⑩事件」という）
　⑩事件は、日用雑貨品などの販売等を目的とする甲株式会社株券について、
Yがあらかじめ信用取引によって同株を売却しておき、同社店舗の安全性に対
する不安を生じさせるなどして同株の株価を下落させた上、同株を安値で買い
戻して利益を得るために店舗に火を放った行為が有価証券等の相場の変動を図
る目的をもって暴行をしたとして、また、同社の財産、信用等に危害を加える
旨の文書を新聞社や甲社に告知した行為が有価証券等の相場の変動を図る目的
をもって脅迫をしたとして証券取引等監視委員会によって刑事告発された事案
である。
　それに対して裁判所は、まず暴行については、株価変動に影響を及ぼす取引
の相手方に対するものに限るものではなく、不法な有形力の全てが該当すると
し、また、具体的な相場変動が生じる必要まではなく、相場変動のおそれが生
じることで足り、放火行為は相場変動のおそれを生じさせるに足りると認めら
れ、金商法158条の暴行が成立するとした。つぎに、脅迫についても、株価
変動に影響を及ぼす取引の相手方に対するものに適用対象を限るものではなく、

第5編　不公正取引の規制と裁判例の展開

広く個人に対して適用されるものとし、⑦事件では、甲社代表取締役に対する脅迫行為が認められ、さらに、脅迫行為は甲社株価の相場変動のおそれを生じさせるに足りると認められ、金商法158条の脅迫が成立するとした。そして、Ｙの行為は金商法 158 条の保護法益である証券市場の健全性に反する行為であるとし、Ｙに対し懲役6年の判決を下した。

4　検討とまとめ

まず①・②事件は風説の流布が問題となった事案である。

①事件は、自社の株価の引き上げにより償還期日の迫った転換社債の転換を促進しようとした事案であり、会社の代表取締役が自社の事業につき将来実現するかもしれないことをすでに実現したとして公表している点が明らかな虚偽であるとし、かかる内容を公表することが風説の流布にあたるとした。また、金商法158条の適用要件である相場変動目的についても、自社株価の引き上げによる転換社債の株式への転換以外にあえて虚偽の事実を公表する合理的な理由は何らないとしてこれを認めている。②事件は、自らが保有する株式の価格を高騰させて売り抜けることを意図していた事案であり、実際には公開買付けを行う意思が全くなかったのに、公開買付けを行う旨の記者発表をした行為が虚偽であり風説の流布にあたるとした。

次に③・④事件は風説の流布および偽計が問題となった事案であるが、裁判所はいずれも詳細に事実認定を行った上で、風説の流布と偽計の認定に当たっては特に両者を分けることなく論じている。

③事件においては転換社債型新株予約権付社債の払込み完了およびそれに伴う資本金の増加・充実に関する公表がいずれも虚偽であって、その虚偽事実の公表が有価証券等の相場の変動を図る目的をもって風説を流布するとともに偽計であるとした。④事件においては組織再編行為として行われた株式交換に関する公表および業績状況に関する公表がいずれも虚偽であって、その公表が偽計および風説の流布に該当するとし、また、同虚偽事実の公表は株式売買や株価維持上昇を図る目的をもって行われたものと認定している[16]。

第3章　風説の流布・偽計等

　①〜④事件から明らかなように、風説の流布の主観的要件については、文字通り行為者の主観が問題となるためその認定は自白などがない限り困難であり、行為者の動機や言動、当該行為を取り巻く背景や事情、株価の推移といった状況証拠から総合的に判断してこれを認定せざるを得ない[17]。また、風説の流布の認定にあたっては、必ずしも提供された情報が虚偽でなければならないということではなく、かかる情報提供にあたっての合理的な根拠があればよい。しかし、何をもって合理的な根拠と解釈するのかは難しく、①・②・③事件においては合理的根拠の不存在を虚偽の情報提供と位置づけたものと考えられる。④事件では、第三者が作成者として記載されている株式交換比率算定報告書の存在、DCF 法を用いて同報告書が算定されていることを事実として認定しつつも、作成者が実質的には完全子会社の従業員であったことや、結論ありきであらかじめ設定しておいた数字に合わせるように DCF 法が使用されていたことなど、虚偽の公表に関する検討を形式面だけでなく実質面にまで踏み込んで合理的な根拠の有無を検討しているとも評価できよう。

　また、前述した通り③・④事件においては風説の流布と偽計を切り分けずに一体として検討しているため、虚偽情報の提供が特定の者に対してなされたものなのか不特定多数の者に対してなされたものなのかは、少なくとも金商法158 条の適用にあたって問題とならないことになる。とりわけ④事件において裁判所は、金商法 158 条の適用にあたり、特定の相手方に対する行為に限定していないため、広く「一般投資家に錯誤を生じさせる詐欺的ないし不公正な策略、手段」も含まれることになり、偽計の対象は取引の相手方を直接欺罔する行為だけではないことになる。つまり、風説の流布と偽計は互いに重複する領域が大きいものの後者の方が適用対象は広いため全体的な傾向として風説の流

---

16)　黒沼悦郎『金融商品取引法』489 頁（有斐閣、2016）は、④事件で行われた株式交換が簡易株式交換で株主総会が開催されていないため株主が欺罔されていないこと、株式分割についても事実を公表して行われているなどを理由に偽計に該当するとは言い難いとする。ただ、虚偽の公表を要素とする偽計においては、直接誰かに虚偽の情報を提供して欺罔したという構造ではないため、偽計の相手方は一般投資家ということになろう。偽計の範囲を広くとらえることによる問題点については大杉・前掲注 7）参照。

17)　証券法制研究会編『逐条解説証券取引法〔3 訂版〕』1267 頁（商事法務、1995）、神田ほか編著・前掲注 2）17 頁〔近藤光男〕。

第5編　不公正取引の規制と裁判例の展開

布だけでなく偽計も併せて問題としていると考えられる。なお、偽計も構成する風説の流布が問題となった事案については、虚偽の公表に先行してなされる虚偽の外観の作出行為の存在を理由に、悪質な事案については風説の流布という要素で評価するよりも全体を悪質な偽計として評価されている傾向が指摘されている[18]。

　⑤〜⑨事件は、偽計が問題となった事案である。

　⑤事件は金融商品（プリンストン債）販売時に取引の相手方を直接騙した詐欺的行為が偽計であるとされた事案である。証券取引等監視委員会によって偽計を積極的に活用する傾向のみられる以前の裁判例であるため、事案の内容は民事事件における金融商品販売時の説明義務違反・情報提供義務違反と近いもの、すなわち虚偽の情報をもとに特定の者を金融商品の販売を介して欺罔した事案である。⑤事件が、取引相手に対する詐欺的行為が問題となった事案であるのに対して、⑥〜⑨事件は、いわゆる不公正ファイナンスが問題となった事案であるが、それらの事案において風説の流布は問題とされていない。

　⑥事件では、増資がなされ増資によって資本が増強されていると公表して相応の資金の確保が図られたかのような錯誤を生じさせる事実を公表したことが偽計に該当するとされ、また、上場廃止を回避するため増資に伴う株価の大幅な下落を阻止する目的が有価証券等の相場の変動を図る目的に該当するとされている。また、⑦事件では⑥事件と同様に増資によって資本が増強されているかのような虚偽の事実の公表を認定しているものの、相場変動目的と偽計該当性について特段切り分けて検討することなく、虚偽の事実の公表にかかる事実認定に基づいて両者（偽計・相場変動目的）をまとめて判断している点に違いがみられる。次に、⑧事件では（判決文は公刊されておらず証券取引等監視委員会の刑事告発内容をもとにした推測となるが）⑦事件と同様に、第三者割当増資にかかる虚偽の事実を公表した行為が架空増資を利用した偽計にあたるとし、特段相場変動目的については言及がなされていない。なお、金商法158条にいう「その他の取引」には、たとえば、有価証券の交換、転換社債の転換請求、募集によらない証券の発行、有価証券を担保にして金融を受ける行為等も含ま

---

18)　武井＝石井・前掲注4) 46頁は、そのような傾向を裁判例から推測する。

れるとされており、⑧事件における新株予約権者による予約権行使に基づく新株券の発行」が「その他の取引」にあたると考えることができ、「有価証券の取引のため」偽計を用いたものと認定できるとされている[19]。そして⑨事件ではIPOにあたってなされた虚偽の事実の公表が有価証券の募集のため偽計を用いたとされた。⑨事件は、第三者割当増資における偽計が問題となった⑥～⑧事件と異なり、上場企業による新規上場時の粉飾を伴う公募増資について有価証券届出書の虚偽記載に加えて偽計が問題となった初めてのケースである。有価証券の募集については金商法158条の文言からして適用対象となることは明らかであるが、IPOによる有価証券の募集は不特定多数の者に対してなされるため、本来は風説の流布にも該当する事案ではある。⑨事件で裁判所は、虚偽の内容を記載した目論見書などを一般投資家に公表した行為を偽計と構成しており、偽計の対象が特定の者に対する行為に限定されないこと、換言するならば市場価格の形成を歪め一般投資家に損害を与えるような行為（虚偽の事実の公表）も偽計に該当することが明らかとなった。

　①～⑨事件は、それぞれ事案の内容や行為類型に違いは見られるものの金商法158条の違法性認定にあたって共通する要素として「虚偽の事実の公表」を挙げることができる。また、従来の流通市場を舞台とした単純な風説の流布事案あるいは個別の詐欺的行為が問題となった偽計事案から、発行・流通両市場にまたがる複雑・悪質な不公正ファイナンス事案に金商法158条の偽計が積極的に活用されている傾向をこれら裁判例から読み取ることができる。

　最後に⑩事件であるが、暴行・脅迫が問題となった事案自体が現状1件しか存在していないことからも明らかであるが、金商法158条のいう暴行・脅迫に該当するものは、たとえば、ある者が一方で証券会社との間で空売りをした上で、証券取引所や特定企業に対して爆破予告をし、またその事実を報道機関に告げるといった事案に限定されよう。

〔鬼頭俊泰〕

---

19) 証券取引等監視委員会・前掲注15) 5頁。

第5編　不公正取引の規制と裁判例の展開

―――――――――― 第4章 ――――――――――

内 部 者 取 引

第1節　内部者取引の理論

1　はじめに

　会社役員等の内部者は、未だ一般には公表されていない会社の内部情報を利用して、当該会社の株式を売買することにより、利益をあげたり、損失を未然に防いだりすることができる立場にある。日本においては、従来、このような行為が非難されるべきであるとの認識が薄かった[1]。しかし、1988（昭和63）年の証券取引法の改正により、このような取引（内部者取引）を行った者が処罰されることとなった。

　私に与えられたテーマは「内部者取引の理論」である。したがって、論ずべきことは、基礎理論に関することなのであろうが、「法理」ではなく、「理論」とされているので、法理を分析すること（doctrinal analysis）でははく、理論的分析をすること（theoretical analysis）――なぜ内部者取引は禁止されるべきなのか（規制が必要な理由）を論じること――が求められているのだと思う[2]。

――――――――――
1 ）河本一郎＝大武泰南『金融商品取引法読本』433頁（有斐閣、2008）は、関係者間でも、内部者取引によって利益を得るのは一種の役得として見逃す体質があったとする。

2 ）このように述べたのは、「基礎理論」という言葉のイメージが、論者の間で統一されておらず、いわゆる基礎理論研究には、理論的分析をする研究もあれば、法理を分析する研究もあるからである。前者については本文で述べたところから把握してもらえると思うが、後者は、内部者取引を規制する必要性は認めたうえで、いかなる論理（たとえば、アメリカ法研究においてよく紹介

480

第4章　内部者取引／第1節　内部者取引の理論

これは、規制すべき理由として共通認識となっているものが何であるのかを確認する作業であるといえるが、制度を考えるうえで、こうした作業を積み重ねることはとても大切なことである。なぜなら、それが確認されないことには、そもそも、現在の法制（裁判規範や予防策なども含めた内部者取引規制にかかる現在の制度）が適切なものであるのかを評価することができないし、望ましい規制の範囲（内部者の範囲・情報の範囲等）を探ることもできないからである。

しかし、後述のとおり、内部者取引を規制すべき理由について定説はなく、よく分かっていないというのが正直な現状認識であろう。内部者取引規制の前提となる基礎的な問題整理がまだまだ不十分であることは、20年ほど前にも指摘されたことであるが[3]、その状況はあまり変わっていないように見えるのである。そのような状況であるから、本稿は、今後の基礎理論研究のために、若干の問題の整理を行うとともに、研究のきっかけとなるような素材を提供することに努めたい。

される「情報の平等理論」「信認義務理論」「不正流用理論」などの法理）にもとづき、いかなる範囲で規制していくべきかを考察するような研究のことである。

もっとも、theory と doctrine は、分かちがたく結びついているから——theory が doctrine の形成に影響を与え、また、doctrine が theory の形成に影響を与えるという相互作用がある——、「この研究は theoretical analysis、あの研究は doctrinal analysis」といったように、分類のための明確な線引ができるわけではない。

なお、theory と doctrine の相互作用については、たとえば、David Millon, Theories of the Corporation, 1990 Duke L. J. 201 (1990) を参照されたい。また、アメリカの内部者取引規制は、投資者保護が本来の目的とされていたにもかかわらず、判例法理が積み重なる中で、情報の利用権を保護する機能を持つに至り、その観点から規制を正当化する議論も見られるようになっているのであるが、ここにもその相互作用が窺える。これについては、拙稿「インサイダー取引規制再考——10b-5 解釈の背後にある2つの政策目標とそこからの示唆」柴田和史＝野田博編『会社法の現代的課題』151頁以下（法政大学出版局、2004）を参照されたい。ちなみに、情報の利用権を財産権と位置づけて、それを保護する観点から内部者取引規制を正当化する議論は、アメリカのケースブックでも取り上げられている。Jeffrey D. Bauman, Russell B. Stevenson, Jr. & Robert J. Rhee, Business Organizations Law and Policy 1099-1100 (9th ed. 2017).

3）藤田友敬「未公開情報を利用した株式取引と法」竹内昭夫先生追悼『商事法の展望』575頁以下、618-619頁（商事法務研究会、1998）。

第5編　不公正取引の規制と裁判例の展開

2　内部者取引を規制すべき理由

前記昭和63年改正当時の立案担当者は、内部者取引を処罰するのは、投資家の証券市場に対する信頼を著しく損なうものであるからであるとし、次のように述べている。

「一般投資家は、発行会社の内部にある投資判断に影響を及ぼすべき事実については、会社が開示（公表）しない限りこれを知り得ない立場にあるのに対し、発行会社の役員など会社と一定の関係がある者は、そのような事実の発生に自ら関与しあるいはその立場によってそのような事実を知り得る場合があるのであるから、このような者が、当該事実を知って、その公表前に当該会社の有価証券の取引を行うことは、一般の投資家と比べて著しく有利となってきわめて不公平であり……このような取引が横行するとすれば、そのような市場は人々の信頼を失い、健全な投資家はそのような市場から退避することとなり、ひいては証券市場として果たすべき機能を果たし得なくなる」[4]

ある実務書は、この立案担当者の見解をベースに、内部者取引規制の理由として、「金融商品取引市場の公正性と健全性、一般投資家の信頼確保が挙げられるという点については、現在においても多くの論者がおおむね一致しているところであり、実務上も有力な考え方であると思われる」[5] としている。また、金融商品取引法の体系書においても、同様の点から規制の必要性を理解するのが多数であるとされている[6]。

確かに、多くの人がそのように理解しているのかもしれない。しかし、内部者取引を規制すべき理由として定説が形成されているといえるのかというと、

4）横畠裕介『逐条解説インサイダー取引規制と罰則』9-10頁（商事法務研究会、1989）から引用。

5）木目田裕＝上島正道監修（西村あさひ法律事務所・危機管理グループ編）『インサイダー取引規制の実務〔第2版〕』3頁〔沼田知之〕（商事法務、2014）から引用。

6）川村正幸編『金融商品取引法〔第5版〕』597頁〔品谷篤哉〕（中央経済社、2014）。

482

第4章　内部者取引／第1節　内部者取引の理論

そうでもなく、たとえば、コンメンタールにおいては、日本において、内部者取引規制が導入された後も、規制の根拠について十分なコンセンサスがあるわけではないとされている[7]。そのことは、次のような点からも窺うことができる。それは、日本の内部者取引規制が、市場の健全性・効率性・一般投資家の信頼確保といった観点から基礎づけられ、市場的アプローチ（内部者取引を市場の秩序・投資家保護等の市場のあり方との関係で理解するアプローチ）をとっているように見える一方で、それに純化されているわけではなく、契約的アプローチ（内部者取引を私的情報へのアクセスを許された者とその者にアクセスを許した者との関係に着目して理解するアプローチ）の色彩が強い面も併せ持っているにもかかわらず[8]、そのことが見落とされがちであった点である[9]。

　別の実務書に目を向けてみると、契約的アプローチに触れつつ、内部者取引を禁止する場合、それがなぜいけないのかということを説明する法的理由も、世界的に統一されてはおらず、制度はまだまだ流動的であると述べられている[10]。また、前記コンメンタールにおいては、内部者取引規制の母国であるアメリカにおいてさえ、定説が形成されているとはいい難い状況にあるとされている[11]。現に、近年のアメリカにおいても、4で触れる Henry G. Manne の議論を念頭に置いて、内部者取引を適法なものとして認めることの是非が論じられている[12]。

7）神田秀樹ほか編著『金融商品取引法コンメンタール4 不公正取引規制・課徴金・罰則』113頁〔神作裕之〕（商事法務、2011）。

8）松尾直彦『金融商品取引法〔第5版〕』599頁（商事法務、2018）。

9）内部者取引規制を市場的アプローチ・契約的アプローチの両面から検討した研究として、藤田・前掲注3）を参照。市場的アプローチ・契約的アプローチという用語については、同論文578-579頁を参照。

10）中村直人『M&A取引等のための金融商品取引法』214-215頁（商事法務、2008）。

11）神田ほか編著・前掲注7）112-113頁。なお、アメリカにける内部者取引規制の基礎理論（前掲注2）で述べたとおり、言葉の意味が明確でないことに注意）にかかる比較的最近の研究として、梅津昭彦「アメリカ法におけるインサイダー取引規制の基礎理論の展開」関俊彦先生古稀記念『変革期の企業法』525頁以下（商事法務、2011）がある。また、アメリカにおける規制の展開については、萬澤陽子『アメリカのインサイダー取引と法』（弘文堂、2011）を参照。

12）たとえば、D. Gordon Smith, Insider Trading and Entrepreneurial Action, 95 N. C. L. Rev. 1507 (2017); George W. Dent, Jr., Why Legalized Insider Trading Would Be a Disaster, 38 Del. J. Corp. L. 247 (2013) を参照。

第5編　不公正取引の規制と裁判例の展開

3　内部者取引規制が導入されたのはなぜか

　前記のとおり、内部者取引を規制すべき理由はいまだに定まっていない。それでは、1988（昭和63）年に内部者取引規制が導入されたのはなぜなのか、そこに目を向けてみることにしよう。

　当時、金融・商事判例の増刊号において、改正の特集が組まれ、その中に、次のような記述がある。

　　「内部者取引については、従前から理論的には規制の必要性が言われながら、現実にはこれまで全くといってよい程手がつけられていなかった。

　　それがどうだろう、証券取引の国際化によって、アメリカからインサイダー取引の重要性が浸透してきたところへ、タイミング良くというか、昭和62年秋にタテホ事件が起こって事情は急変した。最近では、社会的問題として、新聞に内部者とかインサイダーとかの記事が出ない日がない程、時代の寵児になってしまった感がある。

　　こういう客観的な情勢の変化に敏感に反応して大蔵省は意欲的に内部者取引規制の立法作業にとりかかり、この5月31日に証券取引法が改正された。」[13]

　また、前記特集の別の論考では、改正に至る経緯が、次のように説明されている。

　　「企業内容開示制度などの簡素化等を図るための証券取引法および省令の改正作業が進められていた……。

　　そのような折に、いわゆるタテホ化学工業事件が発生した。……国際化が進んできており、また世界的にみてわが国証券市場の重要性が著しく増大した今日においては、内部者取引についての対応を迫られていた訳であり、い

13）大武泰南「各界からの考察——証券界」金判806号34頁以下、34頁から引用。

484

第 4 章　内部者取引／第 1 節　内部者取引の理論

わばこれまでのつけが一気に回ってきた感があった。このように内部者取引の規制が緊急の課題となり、昭和 62 年 10 月に証券取引審議会に急遽不公正取引特別部会が設けられ、検討の結果、昭和 63 年 2 月 16 日に、『内部者取引の規制の在り方について』と題する報告書をとりまとめ、この報告書は同月 24 日の証券取引審議会総会で審議・了承され、証券取引審議会の報告書として大蔵大臣に提出された。」[14]

当時の論考からは、タテホ事件を契機に、内部者取引に関する言説が大流行し、早急な対応策が叫ばれ、内部者取引の規制が緊急の課題となったことから、大蔵省がそれに反応し、異例の早さで改正が実現したように見える。当時、事態の急転とその後の展開の早さに驚きを禁じ得なかった実務家が、以下のように述べている[15]。

「タテホ事件の発覚直後の昭和 62 年 10 月……『不公正取引部会』が設置された。そして、……わずか 4 ヵ月後の昭和 63 年 2 月 24 日には、……『内部者取引の規制の在り方について』と題する報告書を大蔵大臣に提出し、次いで証券取引法改正案が同年 3 月に国会に提出され、同年 5 月に成立及び公布に至ったものである。このように、異例とも言うべき短期間に改正法の成立をみるに至ったことは、昭和 51 年 5 月 11 日付証券取引審議会の『株主構成の変化と資本市場のあり方』と題する報告書が、法律によるインサイダー取引規制について種々の理由を挙げて極めて消極的な立場を採っていたことと対比すると、大いに興味をそそられるのである。」

この実務家は、改正を異常なまでに急がせた理由を、日本の証券市場の国際化に求めており、このときの改正法案作成にあたっては、イギリス法が大いに参考にされたことを述べている[16]（この改正において、イギリス法だけでなく、

---

14)　堀口亘「改正法の全般的考察」金判 806 号 6 頁以下、6-7 頁から引用。
15)　以下は、関根攻編著『インサイダー取引規制の総合解説』（日本経済新聞社、1989）の「はしがき」1-2 頁からの引用である。
16)　関根編著・前掲注 15）はしがき 2 頁。

第5編　不公正取引の規制と裁判例の展開

アメリカの判例・SEC 規則も参考にされていることは言うまでもない[17]）。

　日本が、証券市場の国際化の流れに対応する必要があったことは理解できる。しかし、国際化の流れの中で、タテホ事件を契機として、情勢の変化に敏感に反応した大蔵省が、従来の立場を大きく転換させ、意欲的に内部者取引規制の立法作業に取りかかり、その結果、異例の早さで法改正が実現したというストーリー展開——多くの人がことの経緯をそのように受け止めているのではないかと思う——は、事態が急転したことや、その後のあまりにスピーディな展開の早さに、やはり違和感を覚える。

　そこで、もう一度ことの経緯を見直してみることにしよう[18]。1986（昭和 61）年にまで時計の針を巻き戻してみると、5月 23 日に、インサイダー取引を含む不公正取引防止のために、大蔵省証券局長と SEC 委員長の間で、不公正取引に係る情報の交換に関する覚書が取り交わされている。その後、1987年4月8日に、大蔵省証券局と英国貿易産業省との間でも同様の覚書が取り交わされることになる（米英間でも同様）。そして、同年9月に、（先の論者のコメントにあったとおり）タイミングよくタテホ事件がおこり、事態は急転するのである。さらに、「内部者取引の規制の在り方について」がとりまとめられた日の翌日である 1988 年2月 17 日には、大蔵省証券局と SEC の会合において、証券局から内部者取引規制に関して、その段階での法案の大まかな枠組が説明されたようである（SEC は、アメリカの摘発例の大部分をカバーしていると評価したとのことである）。

　昭和 63 年改正に至る流れをもう一度見直すことで気がつくこれらの事実を踏まえると、大蔵省は法改正のきっかけを待っていたと見るのが自然である。そのように見れば、事態が急転したことも、異例の早さで法改正を実現することができたことも、何ら不思議ではなくなる。当時、前記の実務家は、「奇妙なまでに改正作業を急がせたものは何か」[19]という問いを発しているのであるが、それは、端的に「外圧」だった可能性が高い[20]。そのことは、規制創設

17）黒沼悦郎『金融商品取引法』410 頁（有斐閣、2016）。

18）以下の論述には、小谷融「証券不祥事と法規制——インサイダー取引規制」大阪経大論集 67 巻2号 167 頁以下、183 頁、小林成光「証券取引法（続）——内部者取引」高知論叢（社会科学）57 号 23 頁以下、25 頁を参照した。

19）関根編著・前掲注 15）はしがき2頁から引用。

第4章　内部者取引／第1節　内部者取引の理論

当初、やり得といわれるほど刑罰が軽かったこと（6月以下の懲役または50万円以下の罰金、情状によりこれを併科[21]）にも現れており、昭和63年改正においては、とにかく形だけでもよいから内部者取引規制を置くことが最優先された嫌いがある。どうも、このときの規制の創設は、わが国固有の規制の必要性（さらには、必要性に応じた適切な規制のあり方）をきちんと検討したうえでなされたものであるようには見えないのである[22]。

4　今後の基礎理論研究のために

大蔵省の主導で、極めて短期間のうちに内部者取引規制が導入されたことは、基礎理論研究の側面から見ても不幸な出来事であったといえる。なぜなら、これによって、日本の研究者の視点が、市場的アプローチに固定されてしまい、ただでさえ意識にのぼることが少ない契約的アプローチが[23]、ますます意識されなくなる状況を作り出してしまったと考えられるからである。それは以下のようなことである。

内部者取引規制は実質的意義の会社法に属するから[24]、わが国固有の規制の必要性に鑑みて、ゼロベースで制度設計を考えるとすれば、当時、3つの選択肢があったはずである。すなわち、①商法典（会社法）に規定を設ける、②

---

20) 外圧によって改正が行われることは、珍しいことではない。たとえば、平成26年会社法改正や、平成5年商法改正にもそうした側面がある。これについては、拙稿「コーポレート・ガバナンス放談（上）（下）——改革の政治経済学」ビジネス法務15巻8号108頁以下・ビジネス法務15巻9号110頁以下、拙稿「国際政治と会社法制改革——平成5年商法改正を通して今を見る」法セ734号48頁以下を参照されたい。

　また、「外圧」は、「グローバル化」という言葉で覆い隠されて、日本の制度改革を進める原動力となっている面があることにも注意しておく必要がある。この問題意識からの論考として、拙稿「グローバル化とコーポレート・ガバナンス改革」社会イノベーション研究13巻2号（大隈宏先生退任記念号）61頁以下を参照されたい（成城大学リポジトリからウェブで入手可能）。同様の問題意識からの論考として、須藤典明「コーポレートガバナンスと会社法の改正——東芝問題を手掛かりに」法務研究15号37頁以下がある。特に、86-87頁の記述を参照されたい。

21) 昭和63年改正証券取引法200条4号・202条を参照。

22) 中村・前掲注10) 208-209頁参照。

23) 意識にのぼることが少ないと述べた理由については、後掲注29) を参照。

24) 江頭憲治郎『会社法の基本問題』10頁（有斐閣、2011）。

487

第5編　不公正取引の規制と裁判例の展開

証券取引法に規定を設ける、③特別法を制定する、という3つである[25]。そして、商法と証券取引法では、主管が異なるので、どの選択肢をとるにしても、まずは省間の調整から始めなければならないというやっかいな作業がつきまとう——その点を考えてみても、短期間に制度を創設することは、本来、非常に難しいことである——はずだった。

　ところが、外圧と相まって、証券取引法を主管する大蔵省の主導で内部者取引規制の導入が進められることとなった。大蔵省が管轄する証券取引法の改正という形がとられると、当然のことながら、内部者取引規制は、市場の秩序・投資家保護等の市場のあり方との関係で理由付けされることになる。市場的アプローチが前面に押し出されることになるわけである。

　他方、契約的アプローチからは、会社情報へのアクセスを許された者とその者にアクセスを許した会社との関係に着目して、内部者取引規制のあるべき規制像を描くことができるわけであるが、これは会社法的なアプローチになじみやすい。しかし、会社法的な発想で理由付けしてみても、法務省管轄の会社法ならともかく、大蔵省管轄の証券取引法の改正理由としては、受け入れられることはない。

　要するに、ルールを作成する主体が誰かによって、ルールの中身が変わりうることはもちろん、同じルールであってもそれをどのように理由付けするかというやり方も変わってくるのであり、法改正を担当する官僚は、それを踏まえて行動することが予想されるのである[26]。そして、ひとたび市場的アプローチからの内部者取引規制ができあがってしまうと、研究者の視点もそれに引きずられてしまう傾向が生じることは想像に難くない。

　こうして、契約的アプローチが後退してしまうと、内部者取引の禁止を会社の選択に委ねる（定款自治の尊重）という発想などは、ほとんど注目されることがなくなってしまう。ちなみに、（会社法の）シカゴ学派の内部者取引擁護論といわれるものは、この発想からの議論である。シカゴ学派の内部者取引擁

25）龍田節「内部者取引に関する法律私案と提案趣旨」商事746号2頁以下、2頁。

26）こうした可能性については、Tomotaka Fujita, The Takeover Regulation in Japan: Peculiar Developments in the Mnadatory Offer Rule, 3 UT Soft L. Rev. 24, 32（2011）および拙稿「企業買収法制のあり方と今後の展望」一橋法学11巻1号61頁以下、83頁注71を参照。

第4章 内部者取引／第1節 内部者取引の理論

護論者として一番に名前があげられるのが Henry G. Manne であるが[27]、Jonathan R. Macey は、Manne が内部者取引を企業内契約の問題として論じたことが、内部者取引についての議論の性質を大きく転換したと述べている[28]。そして、こうした発想からの議論は、日本でも昭和 63 年改正直後から見られたところである[29]。

なお、念のために付言しておくと、前記の議論は、内部者取引擁護論といわれてはいるものの、いわゆる内部者取引を無制限に容認するものではない。そのことは、たとえば、Macey が、チアレラ事件[30]を例に、Manne の議論に基づけば、チアレラの行為が容認されることはないだろうと述べているところにも現れている[31]。

では、なぜ、内部者取引を法で一律に禁止するのではなく、禁止するかどうかの選択を会社に委ねるべきことを、シカゴ学派の研究者は主張するのであろうか。いろいろ理由はあげられようが、シカゴ学派の有力な研究者として知られる Frank H. Easterbrook であれば、おそらく、「よく分からないことが多すぎるから」と答えるであろうと思う。どういうことかというと、内部者取引を、

---

27) たとえば、田中誠二『会社法学の第二の新傾向とその批判』127 頁以下（千倉書房、1990）を参照。

28) Jonathan R. Macey, Securities Trading: A Contractual Perspective, 50 Case W. Res. L. 269, 281 (1999).

29) マーク・ラムザイヤー『法と経済学——日本法の経済分析』158-159 頁（弘文堂、1990）。なお、同書 161 頁注 27 には、Henry G. Manne, Insider Trading and the Stock Market (1966); Dennis W. Carlton & Daniel R. Fischel, The Regulation of Insider Trading, 35 Stan. L. Rev. 857 (1983); David D. Haddock & Jonathan R. Macey, A Coasian Model of Insider Trading, 80 Nw. U. L. Rev. 1449 (1987) が引用されている。ちなみに、Carlton & Fischel の議論もシカゴ学派の内部者取引擁護論として、田中・前掲注 27) 130 頁以下で紹介されている。

なお、今と違って、この当時は、「法と経済学」に対して法律家は冷淡であり、そもそも関心すら持たれていなかったことや（川浜昇「第Ⅲ部 潜在的参加者：コメント」三輪芳朗ほか編『会社法の経済学』479 頁以下、479 頁〔東京大学出版会、1998〕参照）、会社法の強行法規性が見直され、現在のように自由度が高い会社法が成立する以前であるという時代状況を考えると、市場的アプローチが前面に押し出されることがなかったとしても、契約的アプローチから内部者取引規制が検討されることはあまり期待できなかったかもしれない。

30) Chiarella v. United States, 445 U. S. 222 (1980). これは、印刷会社の従業員チアレラが、公開買付に関する書類を印刷する業務を行う中で、対象会社を割り出し、公開買付が公表される前に対象会社の株式を購入した事件である。

31) Macey, supra note 28, at 285-286. 関連して、藤田・前掲注 3) 596-598 頁も参照されたい。

第5編　不公正取引の規制と裁判例の展開

経済学の道具立てを用いて理論分析してみたところで、結局どのような制度が望ましいのかをロジカルに確定することなどできず、実証研究を積み上げてみないことには——事柄によっては、実証研究を積み上げたとしても——何も確定的なことはいえない、ということである。つまり、内部者取引規制のあり方を、法で一つの型に決めてしまうには、あまりにも根拠が乏しすぎるわけである。それゆえに、内部者取引の禁止は当事者の選択に任せるような法制が、唯一支持できるものであるということになるのである[32]。

　この思考には、われわれ人間が知ることができることの限界を謙虚に受け止め、あるべき制度をこれだと一つに決めつけて人々に押しつけるような思い上がったやり方を避けようとする姿勢が感じられる。近代合理主義にどっぷりつかってしまったわれわれは[33]、無意識のうちに何でも理性で解決できると思い込み、よく分かりもしないのに、制度を設計しようとしてしまう（そして、そこには「公益」という名目のもとに「私益」が紛れ込む危険もある[34]）。そうい

---

32) 以上の論述は、Frank H. Easterbrook, Insider Trading as an Agency Problem, in Principals and Agents: The Structure of Business 81（John W. Pratt & Richard J. Zeckhauser eds., 1985）に負う。この論文は、藤田・前掲注3）601頁注31において、契約的アプローチを代表する論文として紹介されている。この論文は、30年以上も前の論文であるが、日本の会社法研究にも「法と経済学」や実証研究が浸透してきた今こそ読まれるべき重要な論文である。

33)「近代性」の原理については、今村仁司『近代性の構造』（講談社、1994）を参照。同書は、「近代性」の精神（世界認識）を構造的に把握したうえで、それを乗り越えようとする試みである。なお、西欧文明に基礎を置く近代そのものの持つ思考枠組みの欠陥を指摘し、新たな進むべき方向を探る経済学者の業績として、安冨歩『合理的な神秘主義——生きるための思想史』（青灯社、2013年）（「合理的な神秘主義」——合理主義に神秘的なまでの価値を与える〔＝神秘的な合理主義〕のではなく、人間の知識は、「暗黙の次元」に属する知るという過程に支えられていること、そして、「暗黙の次元」は語り得ない領域であること、を正面から受け止め、それを基礎に据えた学問的アプローチにより、「創発」の発揮を阻害し抑圧するものを、合理的・科学的方法によって解明し、排除することを学問の使命とすべきこと——を提唱）、安冨歩『経済学の船出——創発の海へ』（NTT出版、2010年）（「合理的な神秘主義」に立脚した「社会生態学」を提唱）がある。また、コーポレート・ガバナンスを素材とした近代合理主義批判として、拙稿「時計、青いバラ、そして、コーポレート・ガバナンス——機械論に覆われる世界」法セ769号37頁以下、同「時計、青いバラ、そして、コーポレート・ガバナンス——今のコーポレート・ガバナンス改革はなぜ危ういのか」法セ770号46頁以下がある。

34) 公共選択論（public choice）のアプローチを想起されたい。ちなみに、Manneは、なぜ現在の企業制度（内部者取引規制も含めた現在のシステム）がそのような形になっているのかは、公共選択論か全くの無知（sheer ignorance）によって説明するのがふさわしく、決して強い根拠があってのことではないと述べている。Henry G. Manne, A Free Market Model of a Large Corporation System, 52 Emory L. J. 1381, 1400（2003）.

第4章　内部者取引／第1節　内部者取引の理論

う姿勢を厳に戒めるメッセージが込められているように思うのである（このような思考に、Friedrich August von Hayek を重ねて見てしまうのは、私だけではないだろう[35]）。

　ところで、「インサイダー取引擁護論に対してはアメリカにおいてもさまざまな批判がなされている上、インサイダー取引の悪性を発行者または情報源との関係で捉えるのでなく、一般投資家との関係で捉えて規制を行っている日本やEUでは到底受け入れられないであろう」[36]といわれるが、インサイダー取引擁護論者は、おかしなことを主張しているわけではない。また、たとえ少数派にとどまっていようとも、そうした論者の見方の中に、多くの知見が蔵されている可能性もある。そのことを、われわれは、常に頭の片隅に置いておく必要がある。それと同時に、研究者が「今あるその現状」を研究のための適切な出発点と見なしてしまうことがあまりに多すぎることに対して、Manne は警鐘を鳴らし、研究者の責務として、現在確立されている制度（とそれを支える官僚制）を批判的に検討する姿勢を失ってはいけないことを説いていることも心にとどめておくべきであろう[37]。そうでなければ、制度には多様な可能性が開かれていることを、われわれは、見失ってしまうことになるからである[38][39]。

───────────

　　なお、「公益」という名目のもとに「私益」が紛れ込む危険はあちこちにある。たとえば、拙稿「ESG 投資によせて──ESG を考慮すべきことは自生的な社会規範なのか？」法時 90 巻 5 号 100 頁以下、有吉尚哉「正しく見えることの落とし穴」（Web 日本評論：https://www.web-nippyo.jp/8598/）を参照。

35）　かつて Hayek は、「経済学の興味深い課題は、自分たちが設計できると考えているものについて、実際には人間はほとんどなにも知らないということを人びとに論証することなのである」（F.A. ハイエク〔西山千明監修・渡辺幹雄訳〕『致命的な思いあがり〈ハイエク全集第Ⅱ期第 1 巻〉』112 頁〔春秋社、2009〕から引用。なお、原文は後掲注 41）のペーパーバック本 76 頁を参照）と述べたことがあった。その意味で、前掲注 32）の Easterbrook 論文は、まさに Hayek がいう「興味深い課題」に取り組んだ例であるといえる。

36）　黒沼・前掲注 17）409 頁から引用。ただし、注は省略した。

37）　Manne, supra note 34, at 1384-1385. 今村・前掲注 33）256 頁も「学問・理論の多くは自分がそのうえにのっている社会的現実の質を不問に付したまま現状肯定的に展開されることが多い」ことを指摘している（「」は同頁から引用）。

38）「契約的アプローチからは、内部者取引は、受認者的立場にある者が職務上知り得た情報を自分の利益のために用いた場合に関する法律関係の一環、その特殊なケースという位置付けとなる」（藤田・前掲注 3）579 頁から引用）といわれるように、アメリカでは、内部者取引の禁止は、秘密の利得を禁止するという、受認者（fiduciary）に課せられた忠実義務の適用から導かれると考えられている（拙稿「ビジネス・ローヤーの倫理」一橋法学 6 巻 3 号 103 頁以下、124 頁）。

491

第5編　不公正取引の規制と裁判例の展開

5　おわりに

　大学院の学生の頃だったと思うが、一般に、「研究者には3つの自由がある」といわれているのだと教えてもらったことがある。通説からの自由、自分の先生の学説からの自由、そして、自説からの自由である。

　正直に告白しておくと、私は内部者取引規制の基礎理論をテーマに修士論文を書き、博士課程の学生のときにそれをもとにした小論を活字にしてもらったことがあるのであるが、今回、本稿を書くことで、四半世紀前の自分が、いかにものが見えていなかったのかを思い知らされるとともに、当時とはずいぶん見え方が変わっている自分に気がついた[40]。そして、学生の頃よりは多少ましになったのかなと感じる一方で、そういう今も、自分では分かったつもりに

　このように、内部者取引は、取締役の義務の中でも中核的要素に関わるのであり、その禁止を会社の選択に委ねるとすれば、会社法の強行法規性をどのように考えるべきかという、より大きな問題に直面することになる（藤田・前掲注3）600頁・605頁注61）。そして、かつて Adolf A. Berle, Jr. が、会社法は、実質的に、信託法の一系統であると述べていたこと（Adolf A. Berle, Jr., Corporate Powers as Powers in Trust, 44 Harv. L. Rev. 1049, 1074（1931））を想起すれば分かるように、これは、「信託は契約か」という問題でもある（これについては、樋口範雄『フィデュシャリー［信認］の時代』〔有斐閣、1999〕を参照）。

　難しい問題と対峙しなければならなくなる。しかし、制度のあり方を、「市場的アプローチの方向で純化するのがあるべき唯一の方向かどうかはそれほど自明ではない」（藤田・前掲注3）609頁から引用）とすれば、こうした難問も含めて今後も検討を重ねていく必要があることは確かである。

　潜在的な制度の可能性は大きい。われわれは、そのことを忘れず、いまある制度についての健全な懐疑精神を持ち続ける必要がある（ダニ・ロドリック〔柴山桂太＝大川良文訳〕『グローバリゼーション・パラドクス――世界経済の未来を決める三つの道』〔白水社、2014〕275-276頁参照）。

39）内部者取引規制の基礎理論は、法曹倫理ともつながるテーマである。そして、それをつなぐ糸が、契約的アプローチであることも付け加えておきたい。これについては、拙稿・前掲注38）122-125頁を参照されたい。

40）本文で述べた小論は、拙稿「内部者取引規制基礎理論再考」一橋研究17巻2号65頁以下である。これは、堀口亘先生のご指導をいただきながら、私が初めて書いた論文で、私にとっては、学生時代の思い出がつまった忘れられない小論である。「とにかく書いてみな。あとで直せばいいんだから。」先生の言葉が聞こえてくる。とにかく書いてみないことには、何も分からない。人間は、言葉で表現してみて、はじめて、自分がその時点で考えていることを確認できるからである。しかし、そうやって、やっと確認できたことも、所詮、不完全なものに過ぎない。先生の言葉が身に染みる。

第4章　内部者取引／第1節　内部者取引の理論

なっているだけで、実はちっとも分かっていないのかもしれないと思うと、社会科学の森の深さに畏怖の念を抱き、「致命的な思いあがり」[41]に陥ることだけは避けたいという気持ちになる。

本稿が、読者（特に若い研究者）に対して、内部者取引規制の基礎理論研究には、検討してみるべきこと（制度創設の経緯を調べ直してみることなども含めて）が、まだまだたくさん残されていることや、既成概念・固定観念にとらわれることなく既存の制度を見直す素直な目を失わないことの大切さを伝えることができているとすれば、心から嬉しく思う。

〔仮屋広郷〕

41）いうまでもなく、Hayek の最後の著作（The Fatal Conceit : The Errors of Socialism）の翻訳本（前掲注 35）参照）のタイトルからの借用である。この翻訳本は、The University of Chicago Press から 1989 年に刊行されたものの全訳であるが、原書は、1988 年に Routledge から出版されており、本稿では、そのペーパーバック版（1990）を参照した。

第5編　不公正取引の規制と裁判例の展開

第2節　短期売買利益

1　はじめに

　本節では金商法 164 条が定める短期売買利益の返還制度について検討する。以下では、まず本制度を概観し、制度内容を確認するとともに、本制度の基本的な問題点の所在を記す。次に本制度について、創設の背景および創設当初の理解並びに現在の判例および学説の理解を記す。続けて実務において本制度が担っている役割を示し、最後に本制度の意義について若干の検討を試みる。

2　制度の概要

　短期売買利益返還制度の骨格は金商法 164 条 1 項に規定されている。同条項が定める内容の典型を要約すると、上場会社の役員または主要株主が自社株を買い付けた後 6 か月以内に売り付け、または売り付けた後 6 か月以内に買い付けて利益を得た場合には、当該上場会社は役員または主要株主に対し自社への当該利益の返還を請求できるというものである。要件効果の観点で捉えるなら、要件は上場会社、役員または主要株主、自社株、買付け後 6 か月以内の売付けまたは売付け後 6 か月以内の買付け、および利益の存在等であり、効果は会社への利益返還[1]である。こうした内容を基礎として、条文では要件事実が詳細に規定され、また他の条項が肉付けを加えて制度の全体像を形成している。

　全体像を簡単に記しておく。金商法 164 条 1 項では上場会社ではなく上場会

---

1) 短期売買利益の扱いについて、金商法 164 条の見出しでは「返還」とされているが、同条 1 項では「提供すべき」との文言が用いられている。後に検討する判例でも「提供」の語彙が使われており、「返還」と「提供」は必ずしも明白に区別されてはいないようである。

494

社等と規定されており、同条項の適用対象となる会社は上場会社よりも広い[2]。自社株についても、特定有価証券という概念を設定し、社債券や優先出資証券等も含む内容となっている[3]。役員とは、会社法329条1項括弧書が規定する取締役、会計参与および監査役のことである[4]。また主要株主とは、自己または他人（仮設人を含む）の名義をもって総株主等の議決権の100分の10以上を保有している株主のことである[5]。

会社への利益返還請求は、株主代表訴訟と同様に、会社に代位して株主も請求しうる（金商法164条2項）。短期売買の事実を把握するべく、役員および主要株主が特定有価証券等の買付け等または売付け等をした場合、役員および主要株主は内閣総理大臣へ報告書を提出しなければならない（金商法163条1項）。役員または主要株主が利益を得ていると認められる場合[6]、報告書のうち利益に関する部分の写しは、内閣総理大臣から役員または主要株主へ送付される（金商法164条4項）。役員または主要株主からの異議申立てがなければ、当該写しは会社へ送付され、公衆の縦覧にも供される（金商法164条4項5項7項）。

代表訴訟に類似の扱いが用意され、報告書の提出や送付、公衆縦覧等も詳細に規定されているので、条文を眺める限り、制度の肉付けがそれほど不足するわけではない。ただし短期売買をはじめとした要件を充足すると、なぜ会社への利益返還という効果が発生するのかという素朴な疑問は解消されないまま残

---

2) 金商法163条1項参照。上場会社等とは、社債券（金商法2条1項5号）、優先出資証券（同項7号）、株券もしくは新株予約権証券（同項9号）または投資証券、新投資口予約権証券もしくは投資法人債券もしくは外国投資証券（11号）に定める有価証券（政令で定めるものを除く）で金融商品取引所に上場されているもの、店頭売買有価証券または取扱有価証券に該当するものその他の政令で定める有価証券の発行者である。

3) 金商法163条1項括弧書参照。

4) 金商法21条1項1号括弧書参照。同号所定の役員については、金商法163条から167条までを除くので、「またはこれに準ずる者」が除外され、金商法164条所定の役員とは会社法329条1項括弧書が定める役員の意味に帰着する。

　なお金商法163条1項括弧書も参照。金商法164条の役員には、投資法人である上場会社等資産運用会社の役員が含まれる。

5) 金商法163条1項括弧書。

6) 役員または主要株主が返還すべき利益の額は、金商法164条9項および取引規制府令34条の定めにより算定される。算定される利益の額は、役員または主要株主が現実に得た利益の額を超えることもあり得る。この点については、拙稿「証券取引法一六四条（平成四年改正前一八九条）の効果──オーミケンシ事件」名城法学44巻1号293頁参照。

第5編　不公正取引の規制と裁判例の展開

る。短期売買により会社に損害は発生するのか、発生しないならば利益が会社に提供されるべき理由は何か、発生するならば利益の提供により会社の損害は回復するか等の疑問である。株主が利益の返還義務を負うとのルールは、主要株主の観点に立てば株主有限責任の例外とも認識可能であり、それゆえ例外が認められるべき理由も疑問となる。

　こうした疑問に対し、金商法 164 条 1 項冒頭の文言は、解答への手がかりとなるかのように見える。「上場会社等の役員又は主要株主がその職務又は地位により取得した秘密を不当に利用することを防止するため」の規定によれば、内部者取引の防止という目的と短期売買利益の返還という手段の対応関係が想定できそうだからである。ただし目的と手段の対応関係が想定されても、対応関係の適切さが不問となるわけではない。内部者取引防止の手段としては、金商法 166 条をはじめとする諸規定や個々の会社における情報管理規程をはじめ、短期売買利益返還以外の手段も少なくない。また短期売買利益の生じた事例で当該利益の返還が命じられるとしても、売付けのみまたは買付けのみで反対売買を伴わない内部者取引の事例は 164 条 1 項の適用対象とならず、同条項により内部者取引が防止できるわけではない。のみならず後に言及する判例および学説によれば、164 条 1 項冒頭の文言は同条項を適用する要件ではないと解されている。そのため内部者取引の防止という目的が反映されないまま同条項が適用され、利益の提供が命じられる可能性を孕む。

　要件および効果のいずれにも疑問が残るとすれば、確認されるべきは金商法 164 条 1 項の基本的性格であろう。この点について同条項が制定された昭和 23 年証券取引法改正は、アメリカ法の証券法制を言わば直輸入するものであった[7]。それゆえ同条項の基本的性格を確認しようとすれば、同条項の母法たるアメリカ法の 1934 年証券取引所法 16 条(b)項のそれを振り返ることとなる。以下では連邦法として 16 条(b)項が制定された背景および制定当初の理解を概観する。

　7）昭和 23 年の証券取引法制定については、河本一郎「証券取引所の再開と発展」ジュリ 900 号 42 頁参照。

3　制度創設の背景と創設時の理解

　1934 年証券取引所法は、連邦議会によるニュー・ディール立法の 1 つとして制定された。連邦法なので制定過程では、州法との関係をどのように考えるかが不可避の課題となり、連邦議会の示した回答は、州法と連邦法の抵触を避けるべく、州法の最大公約数的内容を連邦法として制定することであった。そして連邦議会が抵触を避けようとした州法のルールとは、会社法のルールであった。

　アメリカ法における内部者取引の規制法源を時系列で並べた場合、16 条(b)項の前身となるべき法源は州法の多数原則、少数原則および特別事実原則である[8]。これらは取締役が負担する信認義務の名宛人をめぐる諸見解に他ならない。すなわち多数原則は会社法の原理・原則論として名宛人を会社のみと解するのに対し、少数原則は会社のみならず株主も名宛人に含める。そして特別事実原則は、基本的に多数原則の立場を採りつつ、特別な事情があれば取締役は取引相手方に対して開示義務を負うと解する。会社法におけるこれら 3 つの原則のどれを採用するかが州により異なる状況で連邦議会は、取締役が会社に対して信認義務を負担する点ではいずれにも共通する点に着目する。この点を連邦法の内容としても州法との抵触は生じないからである。

　もとより州法がすでにルールとしている内容を重複的に連邦法のルールとして制定しようとすれば、わざわざ連邦法でルールが設けられるべき理由を明らかにする必要がある。この点に鑑み連邦議会は、16 条(b)項の冒頭に、同条項の目的を規定した[9]。このように捉えれば、州法における 3 つの原則が 16 条

8）　なお、アメリカ法における内部者取引の規制法源を時系列のみで並べると、16 条(b)項に先立つものとしては 1933 年証券法 17 条(a)項もある。もっとも 17 条(a)項は発行市場における詐欺を規律する条文であり、そのため証券の売付けのみに適用が限定され、16 条(b)項の前身とは言いがたい。もとより売付けのみに適用が限定される条文を内部者取引の規制法源と捉えること自体の適否も問われよう。

9）　この点については、明田川昌幸「判批」金融商品取引法判例百選 115 頁（有斐閣、2013）参照。そこでは、州法の管轄である会社法的な規制ともとりうる 16 条(b)項を連邦法である証券取引所法に設ける問題として、16 条(b)項の合憲性が問われた旨が記されている。

第5編　不公正取引の規制と裁判例の展開

(b)項へとつながる経緯が無理なく説明されよう。

　こうした捉え方によれば16条(b)項は、内部者取引規制を条文の冒頭に目的として掲げるにもかかわらず、生来的に会社法のルールと認識すべきこととなる。取締役の会社に対する信認義務が16条(b)項の基礎であり、主要株主は取締役のアナロジーとして把握される。信認義務なので利益相反の規律が根底にあり、短期売買により会社に損害が生じていないにもかかわらず当該利益の返還先が会社なのは、信認義務の名宛人が会社だからである。また利益の返還が要求されるほどに短期売買が信認義務違反と把握されるのは、もっぱら会社の利益のために職務を果たすべき取締役が自己の利益獲得を目的として自社株を売買する点を利益相反と捉えるからである。

　16条(b)項がこのように生来的に会社法のルールだとすれば、昭和23年証券取引法改正で同条項を直輸入的に継受した金商法164条1項も同様の性格となる。164条1項を内部者取引の規制法源としてなされる説明は、制度創設時のそれとは異なる後追いの説明である。なぜ規制を受けるのが役員または主要株主に限られるのか、なぜ反対売買が適用要件となるのか、なぜ規制対象となる取引が自社株取引に限られるのか。これらは取締役の会社に対する信認義務の観点からは説明可能であるが、内部者取引規制の観点では説明困難といわざるを得まい。

4　判例と学説

　歴史的・沿革的に眺めると会社法のルールと捉えられそうな金商法164条1項について、現在の判例・学説はどのように理解しているか。判例の概観から始めよう。金商法164条（当時の証券取引法189条）について、リーディング・ケースたる東京高判平成4・5・27判時1428号141頁では、以下のように判示した[10]。「証券取引法189条は、会社の役員又は主要株主が自社の株式等につ

---

10)　なお証券取引法189条に関する判決としては、神戸地明石支判平成2・7・27金判857号24頁が最初である。もっともこの判決は欠席判決となり、原告の主張がそのまま判決となったため、証券取引法189条に関する裁判所の判断は示されないままだった。

498

第4章　内部者取引／第2節　短期売買利益

いて短期売買を行い、利益を得た場合にはその利益をすべて会社に提供させることにより、間接的にインサイダー取引の防止を図ったもの、つまり右利益金の提供義務は証券取引法により定められた特別の義務と解すべきものであり、民法の損害賠償義務とは制度的にも異なる……内部情報を利用した取引が本質的に不公正であり、一般投資家にとって証券市場に対する信頼を損なわせることは明らか」。

この判示によれば、インサイダー取引は証券市場に対する一般投資家の信頼を損なわせる本質的に不公正な取引であり、かかる取引の防止を図るのが金商法164条であると裁判所は捉えたと認識されよう。さらに短期売買利益の返還が民法の損害賠償制度とは異なる特別の義務である旨も示されている。こうした判示からは、どのように特別なのかという素朴な疑問が浮かぶのみならず、法理論や法体系の観点から眺めた場合、損害賠償法と異なるとすれば金商法164条はどのような法原理を基礎とするのか等の疑問も生ずる。

判例ではその後、最高裁判決が言い渡された。最（大）判平成14・2・13民集56巻2号331頁である（以下、「平成14年判決」と記す）。平成14年判決は次のように判示し、先に記したリーディング・ケースを踏襲する。「上場会社等の役員又は主要株主は、一般に、当該上場会社等の内部情報を一般投資家より早く、よりよく知ることができる立場にあるところ、これらの者が一般投資家の知り得ない内部情報を不当に利用して当該上場会社等の特定有価証券等の売買取引をすることは、証券取引市場における公平性、公正性を著しく害し、一般投資家の利益と証券取引市場に対する信頼を著しく損なうものである。（証券取引法164条1）項がこのような不当な行為を防止することを目的として設けられたものであることは、その文言から明らかである。」

その上で金商法164条1項の趣旨を以下のように判示する。「個々の具体的な取引について秘密を不当に利用したか否かという事実の立証や認定は実際上極めて困難であるから、上記事実の有無を同項適用の積極要件又は消極要件とすることは、迅速かつ確実に同項の定める請求権が行使されることを妨げ、結局同項の目的を損なう結果となり兼ねない。このようなことを考慮すると、同項は、客観的な適用要件を定めて上場会社等の役員又は主要株主による秘密の不当利用を一般的に予防しようとする規定であって、上場会社等の役員又は主

499

第 5 編　不公正取引の規制と裁判例の展開

要株主が同項所定の有価証券等の短期売買取引をして利益を得た場合には、」
金商法 164 条 8 項およびそれに基づく内閣府令が定める「除外例に該当しない
限り、当該取引においてその者が秘密を不当に利用したか否か、その取引によ
って一般投資家の利益が現実に損なわれたか否かを問うことなく、当該上場会
社等はその利益を提供すべきことを当該役員又は主要株主に対して請求するこ
とができるものとした規定であると解するのが相当である。」

　最高裁はこのように判示して、秘密の不当利用を金商法 164 条 1 項の要件か
ら除外した。除外しなければ同条項の目的を損ない兼ねないとの理由に基づく。
そして、損ない兼ねないと考えられた同条項の目的については、不当な行為の
防止に求められた。役員または主要株主が内部情報を不当に利用して特定有価
証券等を売買する行為のことであり、当該行為が証券市場における公平性・公
正性を著しく害し、投資家の利益と証券市場に対する信頼を著しく損なう点を
最高裁は指摘した。

　金商法 164 条 1 項に関する判例の立場は、同条項は内部者取引の規制法源で
あり、内部者取引が規制されるべき理由は証券市場における公平性・公正性や
証券市場に対する信頼の保護と要約されよう。内部者取引規制の観点から眺め
た場合、証券市場概念を規制の根拠に用いるこうした説明では、公平性・公正
性や信頼といった抽象的・観念的な語彙が有するべき具体的・現実的な中身が
問われよう。また市場概念を規制根拠に用いた場合、相対取引による内部者取
引の規制根拠を説明しづらい点も問題となろう。

　加えて言及すれば、アメリカ法の 1934 年証券取引所法 16 条(b)項の基本的
性格として先に記したように、役員と会社間の信認義務を基軸とする捉え方が
見受けられない点も判例の特徴であろう。なぜ利益が提供されるべきか、なぜ
提供先が会社なのか等の疑問点は、信認義務の法理からは相応の解答が得られ
よう[11]。しかしながら判例の理解ではどうか。役員・主要株主が短期売買を

───────────────

11)　もとより解答は相応にとどまり、十分とは言いがたい。たとえば主要株主が規制対象とされる
　べき理由である。この点について、16 条(b)項制定時の議論によれば、役員のアナロジーが回答
　となる。ただしアナロジーの一言で解決されるわけではなかろう。主要株主なる概念を役員とは
　別個にわざわざ設ける以上、役員のアナロジーがどこまで通用するかは不可避の問題となる。ま
　た自社株短期売買の局面で主要株主が役員と同様に扱われるべき合理的・説得的な理由も検討が
　求められよう。

行うことで損なわれた証券市場における公平性・公正性が、会社への利益提供により本当に回復するのだろうか。公平性・公正性や信頼等による規制根拠の説明については、それらが内容白地の語彙の羅列ではない旨を示すためにも、具体的・現実的な意味内容の明示が求められよう。

ただし平成14年判決は、適用除外に関する金商法164条8項についても判示していた。以下の判示である。「同条8項は、取引の態様等を勘案してこのような秘密の不当利用の余地がないものと観念される取引の類型を定めることを内閣府令に委任したものであるが、上記の目的を達成するために同条1項の規定を適用する必要のない取引は内閣府令で定められた場合に尽きるものではなく、類型的にみて取引の態様自体から上記秘密を不当に利用することが認められない場合には、同項の規定は適用されないと解するのが相当である。」

この判示で言及される内閣府令とは、取引規制府令33条および30条1項である。そこでは単元未満株式のみの買付けまたは売付けをはじめとした取引類型が列挙されている。それらに加え、取引の態様自体から秘密を不当に利用することが認められない取引類型については、列挙されていなくとも解釈により164条の適用が除外される旨を平成14年判決は示した。このような理解に基づいて、学説ではその後、解釈により適用の除外されるべき取引類型の検討が進められた。たとえば独占禁止法による保有制限に反したとして公正取引委員会が命じた是正措置に従って株式を売却した場合が、解釈による適用除外の取引類型とされる[12]。そのように考えられる事情としては、個別的な投資判断の余地[13]や内部情報へのアクセスの可能性[14]等が指摘されている。

除外の適否をめぐり見解の分かれる取引類型の1つが、敵対的買収者による株式の処分である。敵対的買収者の場合、一方では、主要株主に該当しても経営陣との対立ゆえに内部情報へのアクセスを持たないと考えられる点を指摘し、解釈上の適用除外に該当する旨を説く見解がある[15]。他方では、対立に起因

---

12) 杉原則彦「判解」最高裁判所判例解説民事篇平成14年度（上）199頁、岸田雅雄監修『注釈金融商品取引法3 行為規制』106頁（金融財政事情研究会、2010）。

13) 杉原・前掲注12）199頁、岸田監修・前掲注12）106頁。

14) 黒沼悦郎「短期売買差益の返還規定の合憲性」ジュリ1228号15頁、松尾健一「会社内部者の短期売買差益返還義務（2・完）」民商128巻1号98頁。

15) 森田章「証券取引法189条1項に基づく主要株主の短期売買差益の会社への提供——養命酒事

第 5 編　不公正取引の規制と裁判例の展開

するアクセスの不存在が類型的判断になじまないとして、適用除外に該当しない旨を説く見解もある[16]。対象会社がグリーンメールに応ずる場合には敵対的買収者は具体的な投資判断を行って任意に株式を売却する点の指摘も、同様の見解であろう[17]。

　解釈上の適用除外をめぐるこうした議論は、金商法 164 条 8 項に関する平成14 年判決の枠組みに沿ったものである。ただし平成 14 年判決の判断枠組みについては、疑問の余地もあろう。なぜなら同判決は、秘密の不当利用の有無が金商法 164 条 1 項適用の積極要件または消極要件のいずれでもない旨を判示しているからである。秘密を不当に利用することが認められない取引類型について 164 条 1 項の適用が除外されるべき理由は、個々の具体的取引においても秘密が不当に利用されないと考えられるからであろう[18]。そうだとすれば取引類型を問題にするのは、結局個々の具体的取引における秘密の不当利用がないことを問うに帰着する。個々の具体的取引において直接的に秘密の不当利用を問題とするわけではないが、間接的には問題とし、その限りで秘密の不当利用の有無を要件と理解していることとなる。

　ただしこうした理解は、積極要件または消極要件のいずれでもないとの判示と抵触する。矛盾とも思われるような判断枠組みだとすれば、平成 14 年判決の判断枠組みを踏まえて議論を試みる際、学説には慎重さが求められていたようにも思われる。むしろ金商法 164 条 1 項の適用が除外される取引類型を 164条 8 項が法定する点に照らせば、積極要件または消極要件のいずれでもないとする平成 14 年判決の適否をさらに検討する対処も選択肢としてはあり得たと考えられよう[19]。

　　件」判評 409 号 53 頁。
16)　松尾・前掲注 14) 99 頁。
17)　神田秀樹ほか編著『金融商品取引法コンメンタール 4　不公正取引・課徴金・罰則』80 頁〔中東正文〕（商事法務、2011）。
18)　たとえば会社法 356 条 1 項の利益相反取引について、取締役と会社間で約款に基づく定型的取引を行った場合、同条項の適用対象となる取引から除外すべきと解されるのは、具体的な取引においても独立当事者間取引と同様と認識されるからである。
19)　すでに見たように平成 14 年判決は、積極要件または消極要件のいずれでもない旨を述べる際、その理由として、積極要件または消極要件と解した場合、金商法 164 条 1 項が定める請求権の迅速かつ確実な行使を妨げる旨を指摘した。この判示では権利行使の迅速性・確実性に注目されて

第4章　内部者取引／第2節　短期売買利益

5　実　務

　判例や学説が金商法 164 条 1 項の趣旨や同条 8 項の適用除外をめぐって議論を展開する中、実務は短期売買利益返還の制度について、ほぼ一定の認識を示してきた。敵対的買収の対抗手段とする認識である。ライツ・プランやポイズン・ピルをはじめとして対抗手段はいくつか考えられ、その 1 つとして 164 条 1 項が利用可能であると実務は認識する。かかる認識は次のような理解に基づいている。

　敵対的買収者が市場で標的会社の株式を買い集めると、需要と供給の関係から株価が次第に上昇し、買い集めの費用が嵩む。のみならず一層の株価上昇を期待して、他の株主が市場での売却を控えるようになるため、買い集め自体が停滞する。買い集めに要する時間が長くなると、買収資金の借り入れに伴う利息額も膨らむ。こうした事態を打開するべく、買収者は買い集めた標的会社株式を少量だけ売却する。需給関係が逼迫しているので、少量の売却でも株価の下落は小さくない。こうして買い集め費用の増大を抑えるとともに、新たな売り注文を誘い出し、さらに買い集めを進める。

　こうした取引の反復により、6 か月以内に売付けと買付けを主要株主が繰り返すこととなり、標的会社は短期売買利益返還請求権を有するに至る。標的会社はこの請求権を、主要株主が有する剰余金配当請求権と相殺し、他の株主には剰余金を配当するにもかかわらず、敵対的買収者にだけは配当をしないでおく。相殺後に残高があれば、標的会社はさらに主要株主に対し短期売買利益の返還を請求する。返還請求が認められるまでには時間がかかり、認められても主要株主が支払えるとは限らないが、相殺により配当金の支払拒絶が正当化さ

いるが、金融商品取引法の他の条文が規定する権利も含む一般的な権利行使と比べ、金商法 164 条 1 項所定の権利については、なぜ行使の迅速性や確実性がそれほど重要なのだろうか。たとえば手形債権については、権利行使の迅速性・確実性を図るべく、手形訴訟（民事訴訟法 350 条以下）や職権による仮執行宣言（民事訴訟法 259 条 2 項）等の制度が設けられている。しかしながら金商法 164 条 1 項所定の権利については、こうした制度は設けられていない。そうなると平成 14 年判決の指摘した迅速性・確実性がどのような方法でどの程度実現されるべきなのかについては、現在も解決されていない課題であり、吟味・検討の余地が残されていると認識されよう。

503

第5編　不公正取引の規制と裁判例の展開

れるので、主要株主の資金力を弱体化できる[20]。

　以上のように実務では、短期売買利益返還制度を買収防衛策の1つと捉えている。こうした捉え方が相応の説得力を備えていることは否定し難いと考えられよう。実際に相殺は、複数の主要判例で事実認定されている[21]。また短期売買利益返還制度では会社のみならず株主も、また主要株主のみならず役員も、それぞれ原告および被告となり得るが、公表済の主要判例を概観する限り、実際の訴訟では原告は会社、被告は主要株主である。仲間意識のために会社が提訴しない事態を防ぐべく、株主にも原告適格を認める株主代表訴訟の教科書的理解とは異なる。また制度創設当初のアメリカ法の理解では主要株主を役員のアナロジーとして捉えられていたが、役員を被告とした事案が見当たらない点に照らせば、アナロジーで捉えられる状況とも異なる。会社と主要株主間の敵対的な関係を所与とするなら、主要株主について、重要な未公開情報へのアクセスや当該情報の保有・利用が問われる状況には遠い。

　実務における短期売買利益返還制度の以上のような機能は、翻って眺めれば、平成14年判決に負うところが少なくなかろう。先に記したようにこの判決では、金商法164条1項冒頭の文言を積極要件または消極要件のいずれでもないと判示した。秘密の不当利用が要件事実から除外されるべき理由を、最高裁は迅速かつ確実な同項の請求権行使に求めたが、こうした理由はすでに見たように説得力に乏しい。理由の説得力が乏しいなら要件事実からの除外自体が検討されるべきと考えられそうだが、学説の関心は164条8項の適用除外に向けられ、要件事実からの除外自体は所与とされた。そのため理由とは無関係に、秘密の不当利用は要件事実から除外され、敵対的買収者への対抗手段として短期売買利益返還制度が機能するに至った。

　平成14年判決は実務におけるこうした機能に最高裁がお墨付きを与え、秘密の不当利用を要件事実から除外したこと自体を不問とした点で、学説も平成14年判決を是認したと解されよう。そのように理解した場合、短期売買利益

---

20) 実務の認識については平成2年4月11日日本経済新聞夕刊参照。

21) 神戸地明石支判平成2・7・27金判857号24頁・資料版商事76号51頁（日工事件）、東京高判平成4・5・27判時1428号141頁・金判914号8頁（養命酒事件）、東京地判平成4・10・1判時1444号139頁・金判910号24頁（オーミケンシ事件）。

第4章　内部者取引／第2節　短期売買利益

返還制度を敵対的買収者への対抗手段とする実務の認識は突飛なものではない。最高裁がお墨付きを与え、学説が是認する認識なのである。

6　短期売買利益返還制度の意義

　制定当初は内部者取引の規制法源として機能することが意図されたが、実際には会社法の原理・原則論を連邦法として制定するにとどまった。言葉とは裏腹に、現在の判例・学説はいずれも内部者取引の規制法源とは捉えていない。結局、短期売買利益返還制度の意義を見つけ出そうとすれば、内部者取引の規制法源としてではなく、敵対的買収者への対抗手段としての意義を探ることとなろう。

　もとより意義を探る具体的な作業は本稿の紙幅を超える。ライツ・プランをはじめとした数ある買収防衛策の1つとして、短期売買利益返還制度が占める位置を明らかにする作業が欠かせないからである。特徴を記すなら、敵対的買収が市場での買集めによる場合の対抗手段であり、具体的な対抗内容としては買収者の資金力弱体化に向けられている点を指摘できるであろう。公開買付けによる買収の対抗策ではなく、また議決権に照準を合わせる対抗策でもない。剰余金配当を主要な買収資金とする買収者が、買集めを進めるために反対売買をした事案で対抗手段としての効果を発揮する制度であり、資金が潤沢で、買い集めを進める際に反対売買をする必要のない買収者には機能しない。

　以上のような特徴を備えた制度に、対抗手段としての意義はあるか。仮にこの制度がない場合、誰にどのような不都合が生ずるか。当該不都合は法的に解消されるべきか。解消の役割は、他の制度でなく短期売買利益返還制度で担われるべきか。対抗手段としての意義を探るには、検討すべき課題が少なくない。意義の有無や内容を軽々に論ずるのは控えるべきであろう。

　のみならず看過すべきでないのは、短期売買利益返還制度の検討を進め、敵対的買収に対する対抗手段としての性格を所与とし、当該制度の意義を探ろうとすればするほど、内部者取引とは何かという問題から遠ざかっていくことである。本稿の理解によれば、遠ざかる主要な契機は平成14年判決であり、秘

第5編　不公正取引の規制と裁判例の展開

密の不当利用を要件事実から除外した点にあった。そのように理解する場合、秘密の不当利用は内部者取引の必要条件のように映る。しかしながら内部者取引の主要な規制法源たる金商法166条では、秘密の不当利用は必ずしも問題にならず、それゆえ必要条件とは言い難い。

このように認識した場合、短期売買が内部者取引の必要条件でもないとすれば、短期売買利益返還制度を内部者取引規制の歴史的出発点と捉えつつも、同制度の役割が歴史的に変遷することを承知するアプローチが考えられよう。このアプローチによれば短期売買利益返還制度は、金商法166条や167条が中心的役割を担うべき現在の内部者取引規制においては、過去の遺物と捉えられることになる。反面で当該制度については、敵対的買収への対抗手段としての意義を検討することになる。

これに対し内部者取引に関する理解に連続性を想定するアプローチもあり得よう。昭和63年証券取引法改正により現行の金商法166条の前身たる証券取引法190条の2が制定された際、あわせて現行の金商法163条の前身たる証券取引法188条も整備された。この点に鑑みれば、現行の金商法166条および163条の両者について、少なくとも昭和63年当時はいずれも内部者取引規制の条文と理解していたことになる。

こうした理解が現在に至るまで断絶していないと考えるなら、164条もまた内部者取引規制の条文と捉えることになる。そして秘密の不当利用という行為自体は必要条件または十分条件のいずれでもないと考えるにせよ、当該行為の中に内部者取引の核心が潜んでいると捉えることとなろう。核心は何か。不当とは具体的に、何がどのように良くないのか。連続する歴史をさかのぼり、制度創設時の信認義務に関する議論を振り返るとしても、内部者取引とは何かを必要十分に回答するのは、本稿の範囲を超えている。その意味で本稿は、議論の交通整理の試みである。

〔品谷篤哉〕

第3節　内部者取引等に関する判例の展開

1　はじめに

　内部者取引規制は、金商法166条の定める会社関係者等が重要事実を知って
する内部者取引と、167条に定める公開買付者等関係者が公開買付け等重要事
実を知ってする内部者取引の二類型から成る。2つの内部者取引の規定は、昭
和63（1988）年改正証取法により新設された後、数回の改正を経て現行の金商
法に引き継がれているが、基本的には当初の規定が維持されている[1]。また、
会社への短期売買利益の返還を定める金商法164条も、内部者取引規制の一環
として位置づけられるが、166条および167条と異なり、刑事罰を科すもので
はない。164条は、昭和23（1948）年の証取法の制定に際して規定されて以来、
昭和63年改正を経て、現行の金商法に引き継がれている[2]。

　本節では、内部者取引規制を定める証取法・金商法の各規定に関する最高裁
判例（紙幅の制約上、最高裁判例に限る）を体系的に整序し、それぞれについて
①事実の概要、②判旨・決定要旨および③判決・決定の意義を確認するもので
ある。取り上げる最高裁判例7件のうち、6件は証取法違反・金商法違反の刑
事事件に関するものであり、1件のみが民事事件に関するものである（164条
に基づく短期売買利益返還請求事件）。

---

[1]　金商法166条の沿革については、神田秀樹ほか編著『金融商品取引法コンメンタール4　不公
　正取引規制・課徴金・罰則』110-111頁〔神作裕之〕（商事法務、2011）、167条の沿革について
　は、同書160-162頁〔神作〕参照。

[2]　金商法164条の沿革については、神田ほか編著・前掲注1）76-77頁〔中東正文〕参照。

第5編　不公正取引の規制と裁判例の展開

2　上場会社等の役員等の短期売買利益の返還の趣旨と憲法 29 条

○最大判平成 14・2・13 民集 56 巻 2 号 331 頁[3]

　[事実の概要]

　X（技研興業）は、東京証券取引所第 2 部に株式が上場されている会社であり、Y は、X の発行済株式総数の 100 分の 10 以上の株式を有する主要株主である。Y は、自己の計算において、平成 11 年中に数回にわたり X 発行の株式の買付けをし、それぞれ 6 か月以内にその売付けをし、合計 2,018 万円余の短期売買利益を得た。そこで、X は、Y に対し、証券取引法 164 条 1 項に基づき、上記の短期売買利益の提供を請求した。

　第 1 審、第 2 審ともに X の請求を認容したため、Y が上告した。Y は、同項は、上場会社等の役員または主要株主がその職務または地位により取得した秘密を不当に利用してインサイダー取引を行うことを規制し、もって一般投資家の利益を保護する趣旨の規定であるところ、上記株式の売付けの相手方と Y とは代表者および株主が同一であり、上記秘密の不当利用または一般投資家の損害の発生という事実はないから、この売付けについて同項は適用されないと解すべきであり、そのように解さなければ、同項は憲法 29 条に違反すると主張した。

　[判旨]

　上告棄却

　(1)　証券取引法 164 条 1 項の趣旨

　「上場会社等の役員又は主要株主は、一般に、当該上場会社等の内部情報を一般投資家より早く、よりよく知ることができる立場にあるところ、これらの者が一般投資家の知り得ない内部情報を不当に利用して当該上場会社等の特定

　3）本件判批として、芳賀良・金判 1144 号 61 頁、横田守弘・法セ 573 号 103 頁、並木和夫・法教 265 号 146 頁、鳥山恭一・法セ 569 号 101 頁、森田章・ジュリ 1246 号 111 頁（平成 14 年度重判解）、杉原則彦・最判解民事篇平成 14 年度 184 頁、大武泰南・リマークス 26 号 86 頁、松本哲治・憲法判例百選Ⅰ〔第 6 版〕216 頁（有斐閣、2013）、山口和男・判タ 1125 号 140 頁、森田章・金法 1684 号 75 頁、明田川昌幸・金融商品取引法判例百選 114 頁（有斐閣、2013）、清水俊彦・判タ 1177 号 107 頁等を参照。

508

第4章　内部者取引／第3節　内部者取引等に関する判例の展開

有価証券等の売買取引をすることは、証券取引市場における公平性、公正性を著しく害し、一般投資家の利益と証券取引市場に対する信頼を著しく損なうものである。同項［筆者注－法164条1項］がこのような不当な行為を防止することを目的として設けられたものであることは、その文言から明らかである。なお、同条［筆者注－164条］8項は、取引の態様等を勘案してこのような秘密の不当利用の余地がないものと観念される取引の類型を定めることを内閣府令に委任したものであるが、上記の目的を達成するために同条1項の規定を適用する必要のない取引は内閣府令で定められた場合に尽きるものではなく、類型的にみて取引の態様自体から上記秘密を不当に利用することが認められない場合には、同項の規定は適用されないと解するのが相当である。

　そして、個々の具体的な取引について秘密を不当に利用したか否かという事実の立証や認定は実際上極めて困難であるから、上記事実の有無を同項適用の積極要件又は消極要件とすることは、迅速かつ確実に同項の定める請求権が行使されることを妨げ、結局同項の目的を損なう結果となり兼ねない。このようなことを考慮すると、同項は、客観的な適用要件を定めて上場会社等の役員又は主要株主による秘密の不当利用を一般的に予防しようとする規定であって、上場会社等の役員又は主要株主が同項所定の有価証券等の短期売買取引をして利益を得た場合には、前記の除外例に該当しない限り、当該取引においてその者が秘密を不当に利用したか否か、その取引によって一般投資家の利益が現実に損なわれたか否かを問うことなく、当該上場会社等はその利益を提供すべきことを当該役員又は主要株主に対して請求することができるものとした規定であると解するのが相当である。」

（2）　憲法29条違反

　「法164条1項は証券取引市場の公平性、公正性を維持するとともにこれに対する一般投資家の信頼を確保するという目的による規制を定めるものであるところ、その規制目的は正当であり、規制手段が必要性又は合理性に欠けることが明らかであるとはいえないのであるから、同項は、公共の福祉に適合する制限を定めたものであって、憲法29条に違反するものではない」

［本判決の意義］

　金商法164条（上場会社等の役員等の短期売買利益の返還）は、内部者取引規

509

第 5 編　不公正取引の規制と裁判例の展開

制の一環として位置づけられている。しかし、164 条では、166 条（会社関係者の禁止行為）および 167 条（公開買付者等関係者の禁止行為）と異なり、規制方法として刑事罰が科されるのではなく、会社の利益返還だけが認められていること、また内部者がいかなる情報を有していたか、内部者の意図や情報が公開されていたかということは問題にされていない[4]。

　本判決は、証券取引法 164 条 1 項は、証券取引市場の公平性、公正性を維持するとともにこれに対する一般投資家の信頼を確保するという目的による規制を定めるものであること、および憲法 29 条（財産権）に違反するものではないことを初めて判示した最高裁判例である。証券取引法 164 条は、金商法 164 条に引き継がれているので、本件判旨は、金商法の下でも妥当する。

3　「『会社関係者』等がその者の職務等に関し知った」の意義

○最決平成 15・12・3 裁時 1353 号 10 頁[5]

　［事実の概要］

　A 社は、B 社に対して、韓国の会社が開発した非接触型 IC カードにつき A 社が保有する日本での独占的販売権の買収をもちかけたところ、A 社が B 社に対し上記独占販売権を許諾する旨の本件基本合意を締結した。本件は、A 社の代表取締役専務であった被告人において、本件基本合意に基づき、独占販売権を A 社に取得させる方法等につき交渉を行う過程で、B 社の代表取締役社長が A 社との合併をする旨決定したとの事実を知り、合併の公表前に、B 社株式（店頭売買有価証券）を買い付けた証取法違反被告事件である。第 1 審、第 2 審ともに被告人の犯罪の成立を認めたため、被告人が上告した。被告人は、証取法 166 条 1 項 4 号（平成 9 年法律第 117 号による改正前のもの）にいう「当該契約」は重要事実を前提として締結される契約に限定されるべきである旨主張した。

　4）近藤光男ほか『金融商品取引法入門〔第 4 版〕』336 頁（商事法務、2015）。

　5）本件判批として、関哲夫・法時 77 巻 12 号 99 頁、森田章・リマークス 30 号 78 頁、大塚和成・銀法 644 号 79 頁、吉原和志・金融商品取引法判例百選 118 頁等を参照。

第4章　内部者取引／第3節　内部者取引等に関する判例の展開

［決定要旨］

上告棄却

「A社の代表取締役専務であった被告人は、本件基本合意を締結したことによって、合併の決定等のB社への投資判断に影響を及ぼす情報を知り得る立場に立ったものであり、本件基本合意で予定されていたというべき独占的販売権を取得させる方法に関するB社側との交渉を行う過程で、B社の代表取締役社長が両会社を合併する旨決定したという重要事実を知ったと認められるから、被告人において上記重要事実に関する情報を得たことが平成9年法律第117号による改正前の証券取引法166条1項4号にいう『当該契約の履行に関し知ったとき』に当たる」

［本決定の意義］

本決定は、平成9年改正前証取法166条1項4号にいう「当該契約の履行に関し知ったとき」の要件を満たすかどうかについて最高裁が初めて示した判断である。同条に即してみれば、①B社と本件基本合意という「契約を締結している」A社の代表取締役である被告人が、②B社の「業務執行を決定する機関」がA社と合併することを決定したという「業務等に関する重要事実」を、③「当該契約」の「履行に関し知」り、④その事実の公表前にB社株式を買い付けたとして起訴されたものである[6]。当時の規定が「契約を締結している者」とのみ規定していたこと、また本件基本合意が合併を前提とする契約ではなかったため、被告人が本件合併の決定という重要事実を知ったことが、「当該契約の履行に関し知ったとき」に当たるか否かが争われた。本決定は、被告人は本件基本合意の締結により合併の決定等B社への投資判断に影響を及ぼす情報を知り得る立場に立ったものであり、本件基本合意で予定されていた独占的販売権を取得させる方法に関するB社側との交渉を行う過程で重要事実を知ったと認定し、「当該契約の履行に関し知ったとき」に該当すると判示した。

ところで、平成9年改正前証取法は、166条1項に禁止規定を置き、その違反に対する処罰規定を200条6号に置いていたが、平成9年改正により、処罰

6）吉原・前掲注5）118頁。

511

第5編　不公正取引の規制と裁判例の展開

規定は198条15号に移されるとともに法定刑が引き上げられた。また、平成10年法律第107号改正により、166条1項4号については、「当該上場会社等と契約を締結している者又は締結の交渉をしている者（……）であって、当該上場会社等の役員等以外のもの、当該契約の締結若しくはその交渉又は履行に関し知ったとき。」と整備され、金商法に引き継がれている。したがって、金商法166条1項4号の下では、基本合意を「契約」とみなくとも、「契約締結の交渉をしている者がその交渉に関し知った」と構成することもできるが、「契約（基本合意）を締結している者がその履行に関し知った」と構成することもなお可能であると解されている[7]。

4　「役員、代理人、使用人その他の従業員」の意義

○最決平成27・4・8刑集69巻3号523頁[8]

［事実の概要］

　被告人は、東京証券取引所市場第2部上場会社である株式会社A社の財務および人事等の重要な業務執行の決定に関する職務に従事していたものであるが、A社が公表した第三者割当による新株式発行増資について、その職務に関し、同社の業務執行を決定する機関が株式を引き受ける者の募集を行うことについての決定をした旨の重要事実を知るや、他の者らと共謀の上、法定の除外事由がないのに、その公表前に東京証券取引所において、A社が発行する株券を買い付けた。その後、被告人は、その職務に関し、上記第三者割当による新株式発行増資につき、払込総額の約9割に相当する新株式の発行は失権することが確実になり、連結業績向上のための基幹事業としていた子会社事業等への投資資金を確保するめどが立たなくなった旨のA社の運営、業務および

---

[7]　吉原・前掲注5）119頁。

[8]　本件判批として、濱田新・刑事法ジャーナル46号163頁、山田剛志・法教426号25頁、佐藤剛・警察学論集69巻1号180頁、川崎友巳・ジュリ1492号161頁、加藤貴仁・金法2049号67頁、木崎峻輔・法時88巻11号131頁、品谷篤哉・立命館法学367号229頁、松岡啓祐・金判1516号2頁、東山太郎・論究ジュリ21号1156頁、津野田一馬・ジュリ1508号128頁、辻川靖夫・最判解刑事篇平成27年度146頁、川口恭弘・リマークス53号70頁等を参照。

第4章　内部者取引／第3節　内部者取引等に関する判例の展開

財産に関する重要な事実であって投資者の投資判断に著しい影響を及ぼす重要事実を知るや、他の者らと共謀の上、法定の除外事由がないのに、その公表前に東京証券取引所において、同社が発行する株券を売り付けた。

本件では、被告人が、株式売買等を規制される「役員、代理人、使用人その他の従業員」のうち、「その他の従業員」にあたるか否かが争われ、第1審、第2審ともにこれを肯定した。これに対し、被告人は、大株主として会社経営を実質的に支配する地位にある者は「その他従業員」にあたらないと主張して上告した。

［決定要旨］

上告棄却

(1)　「役員、代理人、使用人その他の従業員」の意義

金商法166条1項1号の「文言及び会社関係者による内部者取引を規制する同条の趣旨等からすれば、同号にいう『役員、代理人、使用人その他の従業者』とは、当該上場会社等の役員、代理人、使用人のほか、現実に当該上場会社等の業務に従事している者を意味し、当該上場会社等との委任、雇用契約等に基づいて職務に従事する義務の有無や形式上の地位・呼称のいかんを問わないものと解するのが相当である。」

(2)　「その他の従業員」の該当性

「被告人は、A社の代表取締役と随時協議するなどして同社の財務及び人事等の重要な業務執行の決定に関与するという形態で現実に同社の業務に従事していたものであり、このような者は、金融商品取引法166条1項1号にいう『その他の従業者』に当たるというべきである。」

［本決定の意義］

本決定は、金商法（平成20年法律第65号による改正前のもの）166条1項1号にいう「役員、代理人、使用人その他の従業員」の意義について説示した上、上場会社の実質的な大株主であり、同社の役員、代理人、使用人にはあたらないが、代表取締役と随時協議するなどして同社の財務および人事等の重要な業務執行の決定に関与するという形態で現実に同社の業務に従事していた被告人は、「その他の従業者」にあたるとする判断を示した最高裁判例である。なお、平成20年法律第65号による同条改正は、同条における「子会社」の定義につ

513

第5編　不公正取引の規制と裁判例の展開

き若干の変更をしたものであり、本決定の判示事項に関係する改正はなされていない。

5　業務執行を決定する機関

○最判平成 11・6・10 刑集 53 巻 5 号 415 頁[9]（日本織物加工株式事件）
　[事実の概要]

　A 社（日本織物加工）は、その発行する株券が大阪証券取引所第 2 部および京都証券取引所に上場されている会社であり、その発行済株式総数の過半数の株式を B 社（東海染工）と C 社（ユニチカ）がおよそ 2 対 1 の割合で保有していた。B 社は、平成 4 年 6 月、経営再建を目的として K を A 社に派遣し、K が A 社の代表取締役社長に就任したものの、経営状態が好転しなかったことから、平成 6 年 3 月ころ、D 社（ユニマット）を相手方とする M&A 交渉を開始した。

　被告人は、D 社の監査役兼顧問弁護士であったところ、平成 6 年 5 月ころ、A 社を対象とする M&A の交渉の一切を委任され、A 社が D 社に第三者割当増資を行うとともに、B 社および C 社が保有する A 社株式を D 社に売却することなどを内容とする M&A の枠組み案を作成し、これを B 社に提示した。

　B 社は、上記の案を了承したが、C 社が A 社株式を D 社に譲渡することに難色を示すうち、A 社の株価が上昇したことなどから、平成 6 年 9 月、D 社が B 社に交渉の白紙撤回を通告し、いったん交渉は終了した。しかし、同年 12 月ころ、交渉再開の気運が生じ、平成 7 年 1 月 11 日、B 社の常務取締役 U が A 社の K 社長に対して、C 社は B 社主導で M&A 交渉を進めてかまわない

9）本件判批として、池上政幸・研修 613 号 13 頁、黒沼悦郎・商事 1609 号 24 頁、黒沼悦郎・法教 234 号 108 頁、池田修＝三好幹夫・ジュリ 1164 号 131 頁、芳賀良・金判 1090 号 54 頁、三好幹夫・最解刑事篇平成 11 年度 83 頁、小林憲太郎・ジュリ 1208 号 267 頁、野々上尚・警察学論集 53 巻 2 号 215 頁、関俊彦・ジュリ 1179 号 113 頁、丹羽繁夫・金法 1553 号 30 頁、松井秀樹・経理情報 892 号 42 頁、川口恭弘・金融商品取引法判例百選 120 頁、垳尚義「インサイダー取引における決定事実〈金融・証券犯罪〉」木目田裕＝佐伯仁志編『実務に効く　企業犯罪とコンプライアンス判例精選』152 頁（有斐閣、2016）等を参照。

第4章　内部者取引／第3節　内部者取引等に関する判例の展開

と述べていて感触がよいこと、B社とD社のトップ会談の実施が決まったことなどを伝えたところ、K社長はU常務に対し、「今回は是非実現したいので、よろしくお願いします。」などと答えた。

平成7年3月3日、D社とB社・C社間で、B社は保有するA社株式の大半、C社は保有するA社株式の約半数をD社に譲渡するとともに、A社がD社およびその関連会社に第三者割当増資を行う旨の本契約が締結された。当該第三者割当増資は、同日、A社の取締役会においても承認され、その後、記者発表により、第三者割当増資を含む本件M&Aが公表された。

被告人は、平成7年1月13日に、交渉の仲介を行っていたE社（レコフ）の副社長から、A社はもちろん、C社も第三者割当に同意しているので、今後のスケジュールを組みたい旨伝えられ、また同年2月9日ころ、E社の副社長から、D社との直接取引に応じるというC社の方針転換を聞いた。被告人は、同年2月16日から27日までの間、A社株式を買い付けた。

本件においては、A社のK社長が同社の方針として第三者割当増資を行う旨の決定をし、これをB社のU常務に言明したことが、証取法166条2項1号にいう「株式の発行」を行うことについての「決定」をしたということが言えるかが争われた。第1審は、被告人に証取法（平成10年法律第107号改正前のもの）166条1項違反の罪の成立を認めたのに対し、原判決は、第1審が株式の発行を決定したと認定した時点では、本件M&Aの成立は予断を許さない段階であったから、いまだ「決定」があったとはいえないとして、第1審判決を破棄し、差し戻した。第1審、第2審の異なる判断を受けた最高裁は、検察官からの上告を受理する決定をした。

［判旨］

原判決破棄、差戻し

（1）業務執行を決定する機関の意義

「証券取引法166条2項1号にいう『業務執行を決定する機関』は、商法所定の決定権限のある機関には限られず、実質的に会社の意思決定と同視されるような意思決定を行うことのできる機関であれば足りると解されるところ、K社長は、A社の代表取締役として、第三者割当増資を実施するための新株発行について商法所定の決定権限のある取締役会を構成する各取締役から実質的

第5編　不公正取引の規制と裁判例の展開

な決定を行う権限を付与されていたものと認められるから、『業務執行を決定
する機関』に該当するものということができる。」

(2)　株式の発行を行うことについての意義

「証券取引法166条2項1号にいう『株式の発行』を行うことについての
『決定』をしたとは、右のような機関において、株式の発行それ自体や株式の
発行に向けた作業等を会社の業務として行う旨を決定したことをいうものであ
り、右決定をしたというためには右機関において株式の発行の実現を意図して
行ったことを要するが、当該株式の発行が確実に実行されるとの予測が成り立
つことは要しないと解するのが相当である。けだし、そのような決定の事実は、
それのみで投資者の投資判断に影響を及ぼし得るものであり、その事実を知っ
てする会社関係者らの当該事実の公表前における有価証券の売買等を規制する
ことは、証券市場の公正性、健全性に対する一般投資家の信頼を確保するとい
う法の目的に資するものであるとともに、規制範囲の明確化の見地から株式の
発行を行うことについての決定それ自体を重要事実として明示した法の趣旨に
も沿うものであるからである。」

［本判決の意義］

　本判決は、内部者取引規制における重要事実に関する①「業務執行を決定す
る機関」および②当該機関による「決定」の意義について初めて判断を示した
最高裁判例である。本判決は、①については、商法（会社法）所定の決定権限
のある機関に限られず、実質的に会社の意思決定と同視されるような意思決定
を行うことができる機関であれば足りるとした。また、②については、「株式
の発行」を行うことについての「決定」をしたとは、株式の発行それ自体や株
式の発行に向けた作業等を会社の業務として行う旨を決定したことをいうもの
であり、当該機関において株式の発行の実現を意図して行ったことを要するが、
株式の発行が確実に実行されるとの予測が成り立つことは要しないとした。こ
のように①および②の基礎的概念を広く解する立場は、証券市場における不正
行為を防止し、証券市場の公正性、健全性に対する一般投資家の信頼を確保す
るという法の目的には資するものである[10]。他方で、特に②について、実現

---

10)　川口・前掲注9）121頁。

516

可能性が低くても「決定」にあたると解することは内部者取引規制を不当に拡大するとして批判的な見解がある[11]。

なお、本件は、証取法166条2項1号（平成10年法律第107号改正前のもの）の適用が争われたものであるが、同条は、金商法上も引き継がれており、本件判旨は現行法の下でも妥当する。

6　公開買付けを行うことについての決定

○最決平成23・6・6刑集65巻4号385頁[12]（村上ファンド事件）

[事実の概要]

本件は、村上ファンドによるニッポン放送株のインサイダー取引の事案である。被告会社（MACアセットマネジメント）の取締役であり実質的経営者であった被告人が、株式会社ライブドアの代表取締役兼最高経営責任者Aおよび取締役兼最高財務責任者Bから、ライブドアが東証2部上場のニッポン放送の総株主の議決権数の5%以上の株券等を買い集める等の公開買付けに準ずる行為（金商法施行令31条）の実施を決定した事実（本件決定）の伝達を受け、同事実の公表前にニッポン放送株を買い付けた行為が、証取法（平成18年法律第65号による改正前のもの）167条2項に違反するとして、起訴された事案である。

第1審が被告人に懲役2年、罰金300万円および追徴11億4,900万円、被告会社に罰金3億円の有罪判決をしたのに対し、原審は第1審判決を破棄、被告会社に対する罰金を2億円に変更し、被告人に3年の執行猶予を付した。こ

11）黒沼・前掲注9）商事27頁、芳賀・前掲注9）58頁。

12）本件判批として、芳賀良・金判1371号1頁、阿南剛・監査役590号76頁、黒沼悦郎・商事1945号4頁、内田幸隆・刑事法ジャーナル31号105頁、小林憲太郎・ジュリ1440号171頁、佐藤淳・研修766号21頁、西野吾一・ジュリ1443号91頁、西田典之・刑事法ジャーナル33号59頁、加賀譲治・金融商品取引法判例百選128頁、日本大学民商事法研究会・税経通信68巻6号168頁、辻畑泰伸「インサイダー取引規制」神田秀樹＝武井一浩『実務に効く　M＆A・組織再編判例精選』218頁（有斐閣、2013）、橋爪隆・論究ジュリ7号233頁、荻野敦史＝松本晃吉・金法2003号113頁、西野吾一・最判解刑事篇平成23年度39頁、高橋陽一・商事2062号78頁、垰尚義・前掲注9）152頁等を参照。

517

第 5 編　不公正取引の規制と裁判例の展開

れに対し、被告人は、A および B は証取法 167 条 2 項にいう「業務執行を決定する機関」ではないし、本件決定は「公開買付け等を行うことについての決定」に該当しないと主張して上告した。

［決定要旨］

上告棄却

「ライブドア内における A 及び B の立場等に加え、……A 及び B 以外のライブドアの取締役 2 名は、いずれも非常勤であり、A 及び B に対し、その経営判断を信頼して、企業買収に向けた資金調達等の作業の遂行を委ねていたと認められることに鑑みると、両名は、ニッポン放送株の 5% 以上の買集めを行うことについて実質的にライブドアの意思決定と同視されるような意思決定を行うことのできる機関、すなわち証券取引法 167 条 2 項にいう『業務執行を決定する機関』に該当するものということができ、この点に関する原判断は正当である。」

証券取引法 167 条（平成 16 年法律第 97 号による改正前のもの。以下同じ）は、「禁止される行為の範囲について、客観的、具体的に定め、投資者の投資判断に対する影響を要件として規定していない。これは、規制範囲を明確にして予測可能性を高める見地から、同条 2 項の決定の事実があれば通常それのみで投資判断に影響を及ぼし得ると認められる行為に規制対象を限定することによって、投資判断に対する個々具体的な影響の有無程度を問わないこととした趣旨と解される。したがって、公開買付け等の実現可能性が全くあるいはほとんど存在せず、一般の投資者の投資判断に影響を及ぼすことが想定されないために、同条 2 項の『公開買付け等を行うことについての決定』というべき実質を有しない場合があり得るのは別として、上記『決定』をしたというためには、上記のような機関において、公開買付け等の実現を意図して、公開買付け等又はそれに向けた作業等を会社の業務として行う旨の決定がされれば足り、公開買付け等の実現可能性があることが具体的に認められることは要しないと解するのが相当である（最高裁平成 10 年（あ）第 1146 号、第 1229 号同 11 年 6 月 10 日第一小法廷判決・刑集 53 巻 5 号 415 頁参照）。これを本件についてみると、……公開買付け等の実現可能性が全くあるいはほとんど存在しないという状況でなかったことは明らかであって、上記『決定』があったと認めるに十分である。そう

第4章　内部者取引／第3節　内部者取引等に関する判例の展開

すると、原判決が、主観的にも客観的にもそれ相応の根拠を持って実現可能性があることを上記『決定』該当性の要件としたことは相当でないが、本件決定が同条2項の『公開買付け等を行うことについての決定』に該当するとした結論は正当である。」

[本決定の意義]

　本件では、①AおよびBはライブドアの「業務執行を決定する機関」（証取法167条2項）にあたるか、②ライブドアにおいて「公開買付け等を行うことについての決定」、すなわち「ニッポン放送株の5%以上の買集めを行うことについての決定」をしたのはいつの時点かが問題となった。①について、本決定は、法的権限のある機関による決定かどうかにかかわらず、AおよびBはニッポン放送株の5%以上の買集めを行うことについて実質的にライブドアの意思決定と同視されるような意思決定を行うことのできる機関であって、「業務執行を決定する機関」に該当することを認めた。また、②について、本決定は、公開買付け等を行うことについての決定をしたというためには、業務執行を決定する機関において、公開買付け等の実現を意図して、公開買付け等またはそれに向けた作業等を会社の業務として行う旨の決定がされれば足り、公開買付け等の実現可能性があることが具体的に認められることは要しない旨の判断を示した。本件原審判決は、公開買付け等の実現可能性の「程度」を問題としようとしたのに対し、本決定は、実現可能性の「有無」だけを考慮要素としている。本決定は、証取法167条2項の公開買付け等についての決定に関しても、166条2項1号の「株式の発行を行うことについての決定」に係る最判平成11・6・10（前掲5）を踏襲したものであると評価されている[13]。なお、証取法167条は、平成18年改正後も実質的に変更されていないので、金商法167条の解釈にもそのまま妥当する。

---

13) 芳賀・前掲注12) 1頁。

第5編　不公正取引の規制と裁判例の展開

7　バスケット条項

○最判平成 11・2・16 刑集 53 巻 2 号 1 頁[14]（日本商事株インサイダー取引事件）
　［事実の概要］

　A 社（日本商事）は、主として医薬品の卸販売を業とし、大阪証券取引所に株式を上場している会社である。B 社は、A 社との間で医薬品の販売取引契約を締結していた。皮膚科医院の院長である被告人は、かねて取引のある B 社の従業員から、A 社が開発、製造して発売を開始したばかりの帯状ほう疹の治療薬であるユースビル錠（物質名ソリブジン）について、抗がん剤であるフルオロウラシル系薬剤との併用に起因するとみられ、死亡例も含む重篤な副作用症例が発生したという情報を伝えられると、その情報が公表される前に、A 社株を信用売りした。被告人は、証取法（平成 5 年法律 44 号による改正前のもの）166 条 3 項の関係者から重要事実の伝達を受けた情報受領者に該当し、また上記の売付けが同条 2 項 4 号にあたるとして起訴された。

　第 1 審は、同条 2 項 2 号イ（「災害又は業務に起因する損害」）に該当する事実はないとしたが、本件副作用情報は同項 4 号（「当該上場会社等の運営、業務又は財産に関する重要な事実であって投資者の投資判断に著しい影響を及ぼすもの」）にあたるとして、被告人を有罪とした。これに対し、原審は、本件副作用症例に関する情報は 2 号イに該当する余地があるものの、これが軽微基準の観点から否定されたにもかかわらず、さらに 4 号の該当性を検討するといった手法は誤りであるとして、第 1 審判決を破棄し、差し戻した。

　原判決に対しては、被告人から上告の申立てがあったほか、検察官から上告受理の申立てがされたが、最高裁は、検察官の申立てを受理する決定をした。

14）本件判批として、森田章・リマークス 20 号 100 頁、品谷篤哉・ジュリ 1154 号 87 頁、芳賀良・金判 1071 号 54 頁、並木和夫・法教 228 号 126 頁、鈴木靖宏・関東学院法学 9 巻 1 号 31 頁、小林憲太郎・ジュリ 1199 号 105 頁、島袋鉄男・琉大法学 62 号 295 頁、尾崎安央・ジュリ 1179 号 111 頁、木口信之・最判解刑事篇平成 11 年度 1 頁、野々上尚・商事 1521 号 12 頁、芝原邦爾・商事 1525 号 56 頁、松井秀征・金融商品取引法判例百選 124 頁、戸嶋浩二「インサイダー取引におけるバスケット条項〈金融・証券犯罪〉」木目田裕＝佐伯仁志編『実務に効く　企業犯罪とコンプライアンス判例精選』160 頁（有斐閣、2016）等を参照。

520

第4章　内部者取引／第3節　内部者取引等に関する判例の展開

［判旨］

破棄差戻し

「本件副作用症例の発生は、副作用の被害者らに対する損害賠償の問題を生ずる可能性があるなどの意味では、前記証券取引法166条2項2号イにいう『災害又は業務に起因する損害』が発生した場合に該当し得る面を有する事実であることは否定し難い。しかしながら、……ユースビル錠は、従来医薬品の卸販売では高い業績を挙げていたものの製薬業者としての評価が低かったA社が、多額の資金を投じて準備した上、実質上初めて開発し、その有力製品として期待していた新薬であり、同社の株価の高値維持にも寄与していたものであったところ、……その発売直後、同錠を投与された患者らに、死亡例も含む同錠の副作用によるとみられる重篤な症例が発生したというのである。これらの事情を始め、A社の規模・営業状況、同社におけるユースビル錠の売上げ目標の大きさ等……にも照らすと、右副作用症例の発生は、A社が有力製品として期待していた新薬であるユースビル錠に大きな問題があることを疑わせ、同錠の今後の販売に支障を来すのみならず、A社の特に製薬業者としての信用を更に低下させて、同社の今後の業務の展開及び財産状態等に重要な影響を及ぼすことを予測させ、ひいて投資者の投資判断に著しい影響を及ぼし得るという面があり、また、この面においては同号イの損害の発生として包摂・評価され得ない性質の事実であるといわなければならない。もとより、同号イにより包摂・評価される面については、見込まれる損害の額が前記軽微基準を上回ると認められないため結局同号イの該当性が認められないこともあり、その場合には、この面につき更に同項4号の該当性を問題にすることは許されないというべきである。しかしながら、……右副作用症例の発生は、同項2号イの損害の発生として包摂・評価される面とは異なる別の重要な面を有している事実であるということができ、他方、同項1号から3号までの各規定が掲げるその他の業務等に関する重要事実のいずれにも該当しないのであるから、結局これについて同項4号の該当性を問題にすることができるといわなければならない。」

［本判決の意義］

証取法（金商法）166条2項は、インサイダー取引規制の対象となる重要事

第 5 編　不公正取引の規制と裁判例の展開

実につき、投資者の投資判断に影響を及ぼし得るか否かという観点から、決定事実（1号）、発生事実（2号）および業績指標の変動（3号）に分けて詳細に規定している（以下、これらを「個別列挙条項」という）。他方、投資者の投資判断の要因となり得る事情につき、あらかじめ網羅的に規定するのは困難であることから、同項 4 号において投資者の投資判断に著しい影響を及ぼす重要事実を広く規制対象としている[15]（以下「バスケット条項」という）。本判決は、個別列挙条項とバスケット条項との関係について判断を示した初めての最高裁判例である。すなわち、本件副作用症例の発生は、証取法 166 条 2 項 2 号イの損害の発生として包摂・評価される面とは異なる別の重要な面を有している事実であるということができ、他方、同項 1 号から 3 号までの各規定が掲げるその他の業務等に関する重要事実のいずれにも該当しないのであるから、これについて 4 号該当性を問題にすることができるとした。そして、本判決は、原判決には 4 号の解釈適用に誤りがあるとして、原判決を破棄し、本件を原審に差し戻す判断をした。

8　公　表

○最決平成 28・11・28 刑集 70 巻 7 号 609 頁[16]

[事実の概要]

　被告人は、経済産業省大臣官房審議官として、経済産業大臣の命を受けて、同省商務情報政策局情報通信機器課が所掌する半導体素子、集積回路その他情報通信機器等の部品等に関する事業の発達、改善および調整等の事務の企画および立案に参画し、関係事務を総括整理するなどの職務に従事していた。被告

---

15) 横畠裕介『逐条解説インサイダー取引規制と罰則』119 頁参照（商事法務研究会、1989）。

16) 本件判批として、飯田秀総・法教 439 号 125 頁、是木誠・研修 826 号 19 頁、湯原心一・商事 2131 号 4 頁、久禮博一・ジュリ 1508 号 107 頁、鈴木優典・刑事法ジャーナル 52 号 142 頁、藤原俊雄・ひろば 70 巻 10 号 55 頁、王子田誠・新・判例解説 Watch 21 号 129 頁、黒沼悦郎・ジュリ 1515 号 108 頁、石田眞得・リマークス 56 号 82 頁、若林泰伸・ジュリ 1518 号 118 頁〔平成 29 年度重判解〕、内田幸隆・ジュリ 1518 号 173 頁〔平成 29 年度重判解〕、古橋将・税務事例 50 巻 2 号 57 頁、田山聡美・判時 2362 号 176 頁（判評 711 号最新判例批評 10）等を参照。

人は、同職務上の権限の行使に、半導体素子等の電子部品の開発および製造等
を業とし、東京証券取引所に株券を上場していたA社（NECCエレクトロニク
ス）の業務執行を決定する機関が、B社（ルネサステクノロジ）と合併すること
についての決定をした旨の事実（本件重要事実）を知り、法定除外事由がない
のに、同事実の公表前に、妻名義でA社株を買い付けた。

　第1審、第2審ともに、本件犯罪事実を認定したため、被告人は、本件重要
事実が日経新聞朝刊およびそれに続く一連の報道（本件報道）により既に公知
の状態となっており、「重要事実」性を喪失し、インサイダー取引規制の効力
が失われていたなどと主張して上告した。

[決定要旨]

上告棄却

「(1) 法166条4項及びその委任を受けた施行令30条は、インサイダー取引
規制の解除要件である重要事実の公表の方法を限定列挙した上、詳細な規定を
設けているところ、その趣旨は、投資家の投資判断に影響を及ぼすべき情報が、
法令に従って公平かつ平等に投資家に開示されることにより、インサイダー取
引規制の目的である市場取引の公平・公正及び市場に対する投資家の信頼の確
保に資するとともに、インサイダー取引規制の対象者に対し、個々の取引が処
罰等の対象となるか否かを区別する基準を明確に示すことにあると解される。

　(2) 施行令30条1項1号は、重要事実の公表の方法の1つとして、上場会
社等の代表取締役、執行役又はそれらの委任を受けた者等が、当該重要事実を
所定の報道機関の『二以上を含む報道機関に対して公開』し、かつ、当該公開
された重要事実の周知のために必要な期間（同条2項により12時間）が経過し
たことを規定するところ、前記(1)の法令の趣旨に照らせば、この方法は、当
該報道機関が行う報道の内容が、同号所定の主体によって公開された情報に基
づくものであることを、投資家において確定的に知ることができる態様で行わ
れることを前提としていると解される。したがって、情報源を公にしないこと
を前提とした報道機関に対する重要事実の伝達は、たとえその主体が同号に該
当する者であったとしても、同号にいう重要事実の報道機関に対する『公開』
には当たらないと解すべきである。

　本件報道には情報源が明示されておらず、報道内容等から情報源を特定する

第5編　不公正取引の規制と裁判例の展開

こともできないものであって、仮に本件報道の情報源が施行令30条1項1号に該当する者であったとしても、その者の報道機関に対する情報の伝達は情報源を公にしないことを前提としたものであったと考えられる。したがって、本件において同号に基づく報道機関に対する『公開』はされていないものと認められ、法166条4項による重要事実の『公表』があったと認める余地もない。

　(3)　また、所論がいうように、法令上規定された公表の方法に基づかずに重要事実の存在を推知させる報道がされた場合に、その報道内容が公知となったことにより、インサイダー取引規制の効力が失われると解することは、当該報道に法166条所定の『公表』と実質的に同一の効果を認めるに等しく、かかる解釈は、公表の方法について限定的かつ詳細な規定を設けた前記(1)の法令の趣旨と基本的に相容れないものである。本件のように、会社の意思決定に関する重要事実を内容とする報道がされたとしても、情報源が公にされない限り、法166条1項によるインサイダー取引規制の効力が失われることはないと解すべきである。」

[本決定の意義]

　本決定は、金商法166条4項の「公表」に関する論点のうち、情報源不明のリーク報道とインサイダー取引規制の効力の関係について初めて判断を示した最高裁判例である。本決定は、①情報源を公にしないことを前提とした報道機関に対する重要事実の伝達は、たとえその主体が金商法施行令（平成23年政令第181号による改正前のもの）30条1項1号に該当する者であっても、同号にいう重要事実の報道機関に対する「公開」にあたらないこと、また②会社の意思決定に関する重要事実を内容とする報道がされたとしても、情報源が公にされない限り、金商法（平成23年法律第49号による改正前のもの）166条1項によるインサイダー取引規制の効力が失われることはないとした。

〔受川環大〕

————————— 第 5 章 —————————

損失補填等

第 1 節　理　論　編

1　はじめに

　証券会社による損失保証・利益（利回り）保証（以下ではまとめて「損失保証」ということがある）や、事後の損失補填・利益追加（以下ではまとめて「損失補填」ということがある。また損失保証と損失補填とを併せて「損失補填等」という）については、様々な争点があり、重要な判例も多い[1]。損失補填等規制に焦点を当てた書籍も最近刊行されており[2]、当該分野に対する実務上の関心はなお高いものがあると思われる。学説上は、そもそも損失補填等規制の趣旨について激しい見解の対立があり、損失補填禁止原則の廃止を唱える見解も存在する。

---

1 ）たとえば、金融商品取引法判例百選（有斐閣、2013）に掲載されているものとして、最判平成15・4・18民集57巻4号366頁（損失補填の禁止と憲法29条：平成3年改正証券取引法施行前に締結された損失保証契約に基づき同法施行後に履行請求することの可否）、東京地判平成8・12・24判タ937号268頁（損失補填の禁止：顧客への提供利益額と実損益額）、最判平成9・9・4民集51巻8号3619頁（損失保証契約の効力：損失保証契約が公序に反し無効となる時点）、最判平成12・7・7民集54巻6号1767頁（損失補填と取締役の責任：損失補填を行った取締役の対会社責任と法令の意義）、最判平成9・4・24判時1618号48頁（利回り保証と不法行為責任：利回り保証の約束をして投資勧誘し取引をさせる行為を不法行為と構成し損害賠償請求をすることの可否）、東京地判平成10・5・14判時1650号145頁（損失補填と157条1号：損失補填と「不正の手段」該当性）などがある。

2 ）橋本円『損失補てん規制』（商事法務、2018）。

第5編　不公正取引の規制と裁判例の展開

趣旨に関していえば、たとえば、河内［1993］は、損失保証も損失補塡も「禁止の根拠はいずれも市場の公正な価格形成機能の確保に求めるべきであろう」とされるが[3]、これとは異なる見解も存在する。損失補塡禁止原則の廃止を唱える青木［2015］は、「『どうしてこんな海外先例もない大風呂敷の立法をしたのか』と、立法理由について金融庁に近い筋による記述を参照しても、さほど明快な理解が得られない一方、理由ないし目的の主軸が時代と争点とに応じて『だまし船』のように変化するようだ」とされる[4]。そこで、本稿では、損失補塡等規制の立法の背景や趣旨をめぐる議論をあらためて振り返り、当該規制の行方について若干の考察をしてみようと思う。

2　平成3年（1991年）証券取引法改正の背景

平成3年（1991年）改正前の証券取引法（以下「証取法」という）は、証券会社が顧客に対し損失負担を約して勧誘する行為を禁止していた。かかる勧誘行為は、「一時的には証券会社への取引委託高の増加をもたらすとしても、長期的にみれば、証券会社に無理な危険負担をかけてその経営を不健全にし、また、この損失保証をめぐって顧客との間に紛争を招くことにもなる」[5]、あるいは、「投資者の自己責任を妨げ安易な投資決定を促すとともに、その約束の履行のため証券会社の活動を不健全ならしめる危険がある」[6]ことから、法は損失保証による勧誘を禁止したのであり、当該規制に違反した場合、証券会社は行政処分を受けることになるが、損失保証の私法上の効力は有効と解するのが通説であった[7]。

1980年代後半になると、日本の地価と株価は高騰し、いわゆるバブルが発生した。当時ブームとなった「財テク」で名を馳せた会社の関係者によれば、

3）河内隆史「損失保証・損失補塡、取引一任勘定取引の禁止」金判907号（1993）28頁。
4）青木浩子「損失補てん禁止原則の廃止について」金融商品取引法研究会編『金融商品取引法制の潮流』233頁（日本証券経済研究所、2015）。
5）鈴木竹雄＝河本一郎『証券取引法〔新版〕』（有斐閣、1984）319頁。
6）神崎克郎『証券取引法〔新版〕』（青林書院、1987）365頁。
7）鈴木＝河本・前掲注5）319頁のほか、神崎・前掲注6）365頁も参照。

526

第5章　損失補填等／第1節　理論編

「バブル時代には、銀行や事業会社と株を持ち合い、高株価を維持しながら新株に転換できる社債で安く大量に資金を調達し、特金・ファントラ、外国債券などで運用した」という[8]。特金とは特定金銭信託のことであるが、このうち顧客である委託者が証券会社に運用を事実上一任するものは営業特金と呼ばれた。ファントラはファンドトラストのことであり、信託銀行が運用を担うものである。特金やファントラの残高は、1984年に2兆円台だったのが90年には40兆円台に急膨張したといわれており[9]、特金等を通じた財テクマネーは株価上昇の大きな要因になったと考えられる[10]。

　こうした中、平成元年（1989年）11月、大和証券による損失補填が明らかとなった。当時の新聞によると、大和証券の十亀常務は、「証取法に違反するような損失保証はなく、結果として肩代わりしただけ」と強調し、大蔵省の担当者も損失保証による勧誘の禁止を定めた「証取法50条は契約書のような物証でもない限り適用しにくい」と述べたという[11]。この点、最近のインタビュー記事において、十亀氏は、「あれは当時の業界にあった『握り』（河村注：特金やファントラの運用で事前に顧客に利回りを保証する行為）。利回り保証商いは本来御法度で、やったら営業はみんなアウト。そこで営業を救おうと僕がひねり出した苦肉の策が『事後補填』なんです」と述べており、また、「にぎり」に関する念書については、「証券は『それ（念書）だけは絶対に出すな』と徹底していた。企業からは『出せ、出せ』と言われるけれど、口約束にとどめる」と率直に語っている[12]。平成元年当時に事後の損失補填として論じられていたものが、実際には事前の損失保証に基づくものであったことを示す一つの証左といえよう。

　平成元年（1989年）12月、大蔵省証券局長通達「証券会社の営業姿勢の適正化及び証券事故の未然防止について」が発出され（一般に「角谷通達」と呼ば

---

8) 週刊東洋経済2017年5月20日号71頁（北修爾・阪和興業会長に対するインタビュー記事）。
9) 日本経済新聞2017年12月2日付朝刊。
10) 日本経済新聞社編『株は死んだか』35頁（日本経済新聞社、1991）や、上川龍之進「バブル経済と日本銀行の独立性」村松岐夫＝奥野正寛編『平成バブルの研究（上）』134頁（東洋経済新報社、2002）など参照。
11) 日本経済新聞1989年11月27日付夕刊。
12) 週刊東洋経済・前掲注8）35頁。

527

第5編　不公正取引の規制と裁判例の展開

れる）、日本証券業協会は角谷通達に対応して規則の改正を行った[13]。角谷通達は、「証券会社の営業姿勢における大口顧客等に対する損失補塡……などの事例は、一般投資者の証券取引についての公平感や証券市場に対する信頼感を損なうものであり、証券取引の公正性や証券市場の透明性の確保の観点から、証券会社の営業姿勢の適正化が強く要請されている」などとし、「法令上の禁止行為である損失保証による勧誘……や特別の利益提供による勧誘……は勿論のこと、事後的な損失の補塡や特別の利益提供も厳にこれを慎むこと」などを証券会社に周知徹底するよう日本証券業協会会長宛に求めるものであった。角谷通達は、上記の文面からすれば、証券会社の大口顧客に対する特別取扱いを是正し、一般投資者の証券取引についての公平感や証券市場に対する信頼感を確保することに主眼があったと言える。この点、角谷氏本人に対する最近のインタビュー記事によると、「『多少、株価は下がるかもしれないと思った』。角谷氏は振り返る。平成元年の急激な株価上昇をバブルではと警戒していた。証券界の強引な営業も耳に入っていた。秋以降、営業を中心に調べると、損失補塡が業界にまん延する実態が浮かび上がった。株高の今はいい。だが、株価が急落したら補塡履行を迫られ、証券会社の経営が行き詰まり、金融危機を引き起こしかねない。腹をくくり、通達を出した。誤算だったのは膨張した損失補塡の規模。『あんなにとは思わなかった』」とされており[14]、株価の異常性や証券会社ひいては金融システムの健全性（いわゆるミクロとマクロのプルーデンス）も意識していたようである。角谷氏は、角谷通達を出すことで「多少、株価は下がるかもしれない」と考えていたようであるが（上記参照）、実際には「多少」どころではなく、角谷通達が出された3日後の12月29日をピークとして、株価バブルは崩壊することになる。

　平成2年（1990年）から平成3年（1991年）において、当時の四大証券その他の証券会社による損失補塡が次々と明らかとなり、損失補塡は社会問題化した。当時の公表資料によると、証券会社による損失補塡額は合計で2,165億円、損失補塡先は合計で787件にのぼるという[15]。損失補塡を糾弾する当時の新

13）詳細については、神崎克郎「証券会社の営業姿勢の適正化」商事1206号（1990）2頁以下。角谷通達の内容については、同論文のほか、証券業報464号（1990）16-17頁参照。

14）日本経済新聞2017年12月2日付朝刊。

第5章 損失補填等／第1節 理論編

聞を読んでいて興味深いのは、米国であればどうなるかといった記事（米国と比較して日本市場の特殊性を説く記事）が比較的多いように思われることである（ここでの私の関心は、その当時の日本社会がどのような情報を踏まえて損失補填問題を考えていたのかという点にある）。たとえば、平成3年7月26日の日本経済新聞夕刊には、当時の米証券取引委員会（SEC）委員長が、米上院銀行委員会証券小委員会において、「大口投資家が相場は上昇してもうかるだけで、下落し損をすることはないとの保証を得ていた場合、投資行動は『上がりもし下がりもする』という真の市場に投資する場合に比べ全く違ったものになる。いくつもの日本の証券会社が大口顧客と上昇相場を前提に取引していたわけで、これは『操縦された市場』を意味する。……あらゆる『操縦された市場』は市場参加者を大きな危険に巻き込むだけでなく、投機のバブルが最終的に破裂した場合に世界中の市場に大きな被害を与えかねない」という趣旨の証言（要旨）をしたという記事が掲載されている[16]。また、ニューヨーク州弁護士によって執筆されたベラー＝寺井［1991］によると、①「アメリカの証券会社が日本の証券会社の行ったような損失補填を……損失保証に基づいて行った場合には……米国連邦証券法規および同法に基づき証券取引委員会が制定した規則（河村注：具体的には一般的な詐欺禁止規定であるルール10b-5）、ならびにニューヨーク証券取引所を始めとする、その他の自主規制団体の規則に違反することになる恐れが高いほか……これに関与した役員は個人的に責任を負うとされることもある」のであって、「証券取引委員会は詐欺禁止規定違反を理由に証券会社およびその従業員に対し行政手続もしくは民事訴訟を提起することができ、また刑事上の訴追が行われる可能性があることについてもほとんど疑問の余地はない。さらに……証券取引所法は同法の規定に違反する行為は無効であると定めており、したがって同法の詐欺禁止規定に違反する損失保証については、その履行を求めることができないとされることもあり得る」とされ、また、②「仮に、アメリカの証券業者が顧客に対し、何らの事前の損失保証が存在しないのにもかかわらず、純粋に『自発的』に損失補填を行うことがあると仮定した場合、右補填が連邦証券法もしくは証券取引委員会やニューヨーク証券取引

15）大蔵省＝法務省内証券取引法令研究会編『損失補てん規制Q&A』2-4頁（財経詳報社、1992）。
16）日本経済新聞1991年7月26日付夕刊。

529

第5編　不公正取引の規制と裁判例の展開

所の規則に違反するか否かは必ずしも明確ではない。しかし、かかる損失補填が行われた場合には、証券会社の株主から右補填に関与した役員に対し訴訟が提起され、同役員が個人的に責任を負うとされる場合もあろう」とされている（なお、この②の書きぶりは、実際にはこうした仮定はあまり現実的ではないという認識が前提としてあり、「顧客に対し損失補填のためまとまった金額が支払われた場合には、当該損失が証券会社の責に帰すべき事由により生じたために補償を行ったという反証がなされない限り、それは損失保証に基づくものと推定されるという主張には十分説得力がある」とされていることに留意されたい）[17]。要するに、米国では、ルール 10b-5、自主規制機関規則、株主代表訴訟、損失補填は損失保証に基づくものと推定されるという解釈努力などを通じて損失補填等に対応できると考えられるのに対し、当時の日本は米国のような運用をできなかった（それゆえ明確な形での立法対応が求められることになった）ということができるように思われる。

　こうした背景のもと、損失補填等を明文で禁止する「証券取引法及び外国証券業者に関する法律の一部を改正する法律案」が平成3年（1991年）9月13日に閣議決定され、9月27日に衆議院本会議で可決、10月3日に参議院本会議で可決成立し、10月5日に公布、翌年1月1日に施行された。新設された証取法50条の2第1項は、証券会社が、①顧客の損益発生前に損失補填・利益補足の申込み・約束（つまり事前の損失保証・利益〔利回り〕保証の申込み・約束）をすること、②顧客の損益発生後に損失補填・利益追加の申込み・約束をすること、③顧客の損益発生後に損失補填・利益追加を行うことを禁止し、第2項は顧客も一定範囲で規制の対象とし、第3項以下は事故の場合の例外などを定めている。同法50条の2第1項違反および第2項違反は刑事罰の対象とされ、違反行為を行った顧客が受けた財産上の利益は必要的没収・追徴の対象とされた。その後、罰則の強化などの改正がなされたが、損失補填等規制の基本構造は、金融商品取引法（以下「金商法」という）39条などに引き継がれている。

17）アラン・L・ベラー＝寺井庸雅「アメリカにおける証券会社の『損失保証・補填』に対する法規制」商事 1258 号（1991）66-67 頁。

第5章　損失補塡等／第1節　理 論 編

3　立法趣旨

　損失補塡等を罰則をもって禁止する根拠をめぐっては、第一に、事前の損失保証と事後の損失補塡（事前の損失保証がない純然たる事後の損失補塡）とで罰則を科す根拠を区別して考えるか、第二に、罰則を科す根拠として、①（安易な投資判断ないし市場阻害的投資判断により）証券市場の価格形成機能を歪める、②（安易な投資判断により）投資家が自らの利益を損なう、③市場仲介者としての中立性・公正性を損なう、④証券市場に対する信頼を損なう（投資家の証券取引についての公平感および証券市場に対する信頼感を損なうという見解も④に含めるものとする。なお、③の結果④になるといった説明などもある）、⑤証券会社の経営の健全性を損なう、⑥事後の損失補塡は市場が決定した最終的な結論を証券会社が勝手に歪曲する行為であり反公益性がある、⑦事前の損失保証の立証は困難であるため事後の損失補塡を規制する必要がある、⑧その他のうち、どれを重視するか（組み合わせるか）によって様々な見解がある。

　まず、損失補塡等規制の立法やその趣旨をめぐる議論に大きな影響を与えたと考えられる、平成3年（1991年）証取法改正前の学説として、神崎［1990］と上村［1991］がある。

　神崎［1990］は、事前の損失保証による勧誘規制の趣旨について、「投資家は……安易にその勧誘に応じて証券取引をする危険性」があり「投資家の利益を損う危険性がある」ことと、「証券会社の健全経営を損う危険を伴う」ことを挙げる。（事前の損失保証のない）事後の損失補塡については、「証券会社の経営の健全性を損う危険性がある」ほか、証券会社から損失補塡を受けた投資家はその後もその証券会社と取引すれば損失補塡を受けることができると「期待」しがちであるため、「投資家のその後の証券取引について安易な投資判断を惹起させる危険がある」とされる。さらに、大口顧客に対する特別取扱いは「一般投資家の証券取引についての公平感および証券市場に対する信頼感を損う」ものであることや、事後的な損失補塡を禁止すれば、損失保証の『『約束』が証明できないときにも……制裁が可能になる」ことなども踏まえ、事後の損失補塡も禁止すべきであるとされた[18]。なお、神崎教授は、この時点では、

531

第5編　不公正取引の規制と裁判例の展開

安易な投資判断は投資家自身の利益を損なうという考えを示されていたが、その後、安易な投資判断は価格形成の公正さを損なうものであるとの考えも示されるに至っている[19]。

上村［1991］は、事前の損失保証については、これを受けて形成された投資判断は「市場価格の形成に参画してはならない安易な、むしろ市場阻害的投資判断であるために、市場機構の担い手」ないし「公正な価格形成を歪める投資判断を排除する責務を積極的に負っている」「証券会社として決してしてはならない行為とされる」と主張された。これに対し、事後の損失補塡については、第一に、事後の損失補塡は通常は事前の損失保証に基づくものと考えられるため、まずは「損失保証認定の努力をなすことが必要である」ことを強調され、その上で、第二に、仮に純然たる事後の損失補塡があった場合、当該行為は事前の損失保証がないことを前提にしているのであるから、「投資家の投資判断形成を安易に行わせるという効果はなく、したがってそうした市場阻害的な投資判断が市場価格に反映して公正な価格形成を歪めるということもない。……証取法上、純然たる事後の損失補塡が禁止されるべき理由は……市場が決定した最終的な結論を、市場機構の担い手たる証券会社が勝手に左右し、そのことにより資金配分ひいては資源配分を歪曲したことによる反公益性に求められるべきである」と主張された[20]。

次に、平成3年（1991年）証取法改正時の行政当局者は、証券会社による損失補塡等を罰則をもって禁止した理由について、損失保証と損失補塡とを特に区別することなく、第一に、「証券市場における価格形成機能を歪める」こと、第二に、「市場仲介者としての中立性・公正性を損なう」こと（その結果、投資者間に不公平感を募らせ、投資者の証券市場に対する信頼感を失わせることになるということを含む）の二点を挙げる[21]。たとえば、中村［1991］は、第一の点

18）神崎・前掲注13) 3-4頁。

19）河本一郎ほか「〈座談会〉損失保証・損失補塡の経済的・法的位置づけをめぐって」資本市場75号（1991）28頁〔神崎発言〕。

20）上村達男「損失保証・損失補塡の法律問題」商事1257号（1991）10-13頁。

21）たとえば、中村明雄「証券取引法等の一部を改正する法律の解説」商事1264号（1991）3-4頁、松田広光「証券取引法等の改正について」ジュリ992号（1991）62頁、大蔵省＝法務省内証券取引法令研究会編・前掲注15) 14-15頁など。

532

第5章　損失補塡等／第1節　理論編

について、「証券市場がその機能を十分発揮するためには、市場において価格が適正に形成される必要がある。そして、適正な価格は、自己責任の原則の下で、各投資者が投資判断を行うことにより形成されると考えられる。しかしながら、証券会社による損失保証・補てんは、投資者に、自己責任の原則の下での投資判断を行わなくさせ、市場の価格形成機能が歪められることとなる」とし、第二の点について、「証券市場の厚みを増すためには、個人投資者を含めた広範な層の市場への参加が必要と考えられる。しかしながら、証券会社による損失保証・補てんといった行為は、市場仲介者としての中立性・公正性を損なう行為であり、投資者間に不公平感を募らせ、この結果、投資者の証券市場に対する信頼感を失わせることとなる」と説明される[22]。こうした説明は、金商法39条の立法趣旨に関する行政当局者の説明においても、基本的に引き継がれている[23]。

　平成3年（1991年）証取法改正後における代表的な学説として、証券取引法研究会（前田報告）[1992]は、損失保証も損失補塡も、市場の価格形成機能を歪めるほか、投資者の証券市場に対する信頼を損なうという点に罰則が科される根拠を求めるのがよいという見解を示された[24]。この見解は、第一に、損失保証は市場の価格形成機能を歪めるという理由付けについては「現在まず異論はないのではないか」とされた上で、純然たる事後の損失補塡については議論があるものの、損失補塡を受けた「投資家は次もまた損失を補てんしてもらえると期待をし、次回の投資判断を安易に行い、その投資判断が市場価格に反映して公正な価格形成を歪める」との見解を支持するものであり（ただし、損失保証に比べると損失補塡の価格形成への悪影響は間接的になることや、投資家が次にまた取引をするかどうかは確実ではないことも自認されている）、第二に、純然たる事後の損失補塡に関する上村説に対し、「市場により資金配分が決定されても、また後から別の取引で資金を移動させること自体、何ら非難されることではない」ところ、「なぜ市場がいったん決めた結果を、証券会社が変更

---

22)　中村・前掲注21）4頁。

23)　岸田雅雄監修『注釈金融商品取引法2　定義・情報開示』361-362頁〔澤飯敦・大越有人〕（金融財政事情研究会、2009）。

24)　証券取引法研究会「損失補てん等の禁止に関する証券取引法の改正について（上）」インベストメント1992年6月号34-37頁〔前田雅弘報告〕。

してはいけないのかということの理由が十分明らかでない」ないし「市場が決定した成果を歪めるということでは、なぜ損失補てんがいけないのかということの理由にはなっていない」と疑問を投げかけ[25]、第三に、損失保証や損失補填の多くは大口顧客に対してなされるため、「一般投資家の不公平感を募らせ、ひいては証券市場に対する信頼感を失わせる」ものであり、一部の投資家に対する経済的合理性を超えた過度な優遇は刑罰を科す理由の一つとなるとし、第四に、改正法が損失保証と損失補填を同等に評価して同一の刑罰を科していることや、損失保証の証明の困難さを補うものとして損失補填の規定が働くであろうことから、「損失保証と損失補てんとを禁止する理由、すなわちその保護法益は、別々のものであると理解するよりは、共通であると見ておくのが望ましい」とし、第五に、損失保証の相手方となる投資家の保護や証券会社の財務の健全性を害するといった面はなくなったわけではないが、これらだけでは罰則を科すほどの根拠とはならないと考えるものである[26]。

　他方で、学説の中には、損失補填等を罰則で禁止する立法理由に疑念を示すものも現れた。たとえば、黒沼［1995］は、第一に、営業特金で見られたように、損失保証や損失補填は実質的な投資判断が証券会社に委ねられているときに行われるのであって、「そうだとすると証券会社は、売買手数料という利益を享受し損失補填のリスクを負担しつつ投資判断を行うのであるから、真摯な投資判断が市場に反映するはずである。したがって、安易な投資判断が反映することによって市場の価格形成機能が歪められるという論拠には理由がない。……この論拠は改正法を正当化するために無理に考え出されたフィクションのように思われる」とされ、第二に、純然たる事後の損失補填に関する上村説に対し、「この論者のいう『資金配分』は証券会社と顧客との間で資金をど

25）純然たる事後の損失補填に関する上村説への批判としては、その他にも、後述する黒沼教授による批判のほか（関連するものとして証券取引法研究会・前掲注24）46-47頁〔川濱昇発言〕や荒井達夫「損失保証・損失補填禁止の保護法益」法セ450号（1992）52頁以下も参照）、「証券会社が市場の外で市場価格を変更するような取引を行うことを禁止する理由はなく、実際にも市場リスクをヘッジするための取引は数多く行われている」（野村修也「判批」金融商品取引法判例百選73頁〔有斐閣、2013〕）といったものがある。上村教授による反論として、たとえば、上村達男「証券会社の法的地位（下）」商事1314号（1993）18頁参照。

26）証券取引法研究会・前掲注24）34-37頁〔前田雅弘報告〕。

第5章　損失補塡等／第1節　理論編

う分配するかを意味しているものと考えられるが、事後的に証券会社と顧客との間で資金を移動することはなんら非難に値しないうえ、それが証券市場の価格形成機能を通じた『資源配分』を歪曲することはありえない」とし、第三に、「投資者の平等取扱いないし市場に対する投資者の信頼の保護」という立法理由については、確かに「大口顧客に対する損失保証・補塡が、一般投資者に不公正感を与え、証券投資に対する不信感を生むことは否定できない」し、「証券市場に対する信頼が失われれば、市場の効率性は達成できず、効率的な資源配分という証券取引法の目的を達成できない」ことになるが、「そのような不合理な不平等取扱いの禁止は、証券取引法 49 条の 2 の誠実・公正義務に含まれており個別に対処する必要もないし、ましてや罰則をもって禁止するほどの強い要請であるとは考えられない」とし、第四に、「損失補塡の禁止立法が平成の徳政令と呼ばれた」ように、バブル崩壊後に損失保証約束の実行や損失補塡の要請に応じていたら証券会社の経営は破綻してしまうことが法改正の背景にあったことは否定できず、「証券会社の財務の健全性確保はいぜんとして損失保証禁止の理由の一つであり、同じ要請は損失補塡の禁止についてもあてはまると考えられる」が、「証券会社の健全性の確保を目的とするならば、罰則をもって損失保証・補塡を禁止することは行き過ぎであろう」とし、第五に、結論として、「損失補塡の禁止は、立法論として廃止すべきであるとまではいわないが、政策的には不適切な立法であったと考える」とされる（ただし、立法の結果、会社ぐるみの損失保証・補塡は行われなくなり証券市場への信頼を多少は高める効果があるかもしれず、売買委託手数料の固定制を見直す契機ともなったことなどを考えると、「損失補塡禁止立法は証券市場にとって好ましいものであったといえるかもしれない」ともされる）[27]。また、青木［2015］は、黒沼教授らによる立法批判には説得力があるとするほか、「損失補てん禁止規制の実害が顕在化した」として、「損失補てん禁止が社会的に望ましい制度ないし行為の障害となる例が少なくとも 2 件出ている（①損失補てん禁止原則が和解や金融 ADR の利用の障害となる、②元本割れが機能上想定されていない金融商品（MRF など）が不測の事態により元本割れした場合に補てんできるか）」と指摘され、損失補塡

---

27)　黒沼悦郎「損失補塡の禁止」鴻常夫先生古稀記念『現代企業立法の軌跡と展望』366-372 頁・392 頁（商事法務研究会、1995）。荒井・前掲注 25）論文も参照。

535

第5編　不公正取引の規制と裁判例の展開

禁止原則の廃止を唱えている[28]。なお、この②の点については、青木［2015］でも指摘されているように[29]、平成25年（2013年）に、決済用投資信託のうち内閣府令に定めるものについて元本に生じた損失を補塡する場合を、損失補塡の禁止の例外とする金商法改正が行なわれている（金商法42条の2第6号。また、平成29年（2017年）には金商法39条においても同様の改正が行なわれている）。

判例を見てみると、最判平成9・9・4[30]は、「損失保証は、元来、証券市場における価格形成機能をゆがめるとともに、証券取引の公正及び証券市場に対する信頼を損なうものであって、反社会性の強い行為である」とする。また、最判平成15・4・18[31]は、証取法42条の2第1項3号（金商法39条1項3号）が「利益提供行為の禁止を規定したのは、証券会社による利益提供行為を禁止することによって、投資家が自己責任の原則の下で投資判断を行うようにし、市場の価格形成機能を維持するとともに、一部の投資家のみに利益提供行為がされることによって生ずる証券市場の中立性及び公正性に対する一般投資家の信頼の喪失を防ぐという経済政策に基づく目的を達成するためのものであると解される」とする。

4　若干の考察

損失補塡等規制の立法趣旨および当該規制の行方について、ここでは次の四点を指摘しておきたい。

第一に、損失補塡等は市場の価格形成を歪める危険性があるのか。これについては黒沼教授による有力な批判があるが、事前の損失保証（「にぎり」）をして運用を任された証券会社が真摯な投資判断をするとは限らないように思われ

---

28) 青木・前掲注4) 232-242頁・255頁・258頁。

29) 青木・前掲注4) 241頁。

30) 民集51巻8号3619頁。久保田安彦「判批」金融商品取引法判例百選74-75頁（有斐閣、2013) および当該判批に掲げられている文献参照。

31) 民集57巻4号366頁。森田章「判批」金融商品取引法判例百選70-71頁（有斐閣、2013) および当該判批に掲げられている文献参照。

第 5 章　損失補塡等／第 1 節　理 論 編

る。サブプライムローン問題が大きくなり始めた 2007 年に、シティグループ元 CEO が「音楽が鳴っているかぎり、立ち上がってダンスをしなければならない」という表現で金融機関の行動実態を明らかにしたが[32]、バブル期の日本の証券会社も同じだったのではないか。「にぎり」をしても株価の高騰が続く限りなんとかなるという空気が証券界に蔓延しており、そうした空気のもと「にぎり」によって過剰に集められた資金について安易な投資判断（とりわけ株価を高騰させるような投資判断）が行われ、バブルを招く一因となった可能性は否定できないのではないだろうか。そうだとすると、証券会社に運用が任される場合であっても、事前の損失保証によって市場の価格形成が歪められる危険性があるとの主張は「フィクション」とはいえないように思われる。これに対し、（事前の損失保証がない純然たる）事後の損失補塡はその後の取引に関して市場の価格形成を歪める危険性があるという主張については、その後の取引が行われない場合の違法根拠を十分に説明できないという限界がある。

　第二に、（事前の損失保証がない純然たる）事後の損失補塡に関する上村教授の見解をどう考えるか。この点の上村説に対しては、①証券市場の資金配分機能を歪めることはない、②事後的に証券会社と顧客との間で資金を移動することは非難に値しない、③証券会社が市場の外で市場価格を変更する取引を行うことを禁止する理由はない（実際に市場リスクをヘッジするための取引は数多く行われている）などの批判が向けられているが、上村教授がいわんとしているのは、事前の損失保証による市場阻害的投資判断が入らず公正な価格形成に基づき決定された証券市場の結論を、市場の担い手ないし市場の公的な仲介者としての責務を負っている証券会社が勝手に左右することの反公益性である[33]。つまり、上村教授がここで問題としているのは、①本来顧客に帰属すべき損益を証券会社がそのとおりに顧客に帰属させないという証券会社の行為であって、

---

32)　金融機関が必ずしも合理的な行動をするとは限らないという点を踏まえ、公正な価格形成確保の観点から金融機関の投資行動に対する規律付けのあり方について検討したものとして、河村賢治「金融機関の投資行動に対する規律付け」NIRA 研究報告書『時代の流れを読む』45 頁以下（2011）。

33)　この点に関しては、前掲注 25) に掲げた文献のほか、上村達男「証券会社の損失補塡」ジュリ 1030 号（1993）26 頁や、上村達男「証券会社に対する法規制（七）」企業会計 55 巻 11 号（2003）72-73 頁なども参照。

証券市場の資金配分機能そのものの歪曲ではないし、②市場の担い手ないし市場の公的な仲介者たる証券会社が本来顧客に帰属すべき損益を顧客に帰属させた後に、損失補塡の潜脱ではない正当な取引によって資金の移動がありうることを否定するものでもないし、③仮に市場リスクをヘッジするための取引を行っていたのであれば、それも含めた上での投資の結果をそのまま取引当事者に帰属させるというのが証券会社のなすべきことであって、当該取引が行えないという意味ではない。こうしていずれの批判も理由はなく、上村教授の見解は正当であると考える。

　第三に、損失補塡等は一般に大口顧客に対して行われるものであるため、一般投資家がこうした特別取扱いに不満を抱き、証券市場に参加しなくなるおそれは確かにある。証券市場の厚みがなくなることは、国民経済上望ましいことではないため、こうした観点から損失補塡等を禁止することには合理的な理由があるように思われる。もっとも、この理由付けだけだと、仮にすべての投資家に損失補塡等をするのであれば問題ないのかという話にもなりかねないため、上村教授が主張されるような、より本質的な理由付けが必要となろう。なお、黒沼教授が指摘されるように、証券会社（金融商品取引業者等）の健全性の確保も損失補塡等を禁止する理由の一つになりうるが、証券会社（金融商品取引業者等）に罰金を科すことの理由にはなりにくいのではないだろうか。

　第四に、損失補塡禁止原則が和解や金融ADRの利用の障害になっているとの青木教授の指摘にどう応えるか。これに対しては、損失補塡禁止原則の副作用の有無・程度を冷静に見極める必要があるが、損失補塡等規制の立法趣旨の重要性および損失補塡禁止原則があったおかげで顧客からの不当な要求に毅然と対応できた事例などもあるのではないかと推察されることから、損失補塡禁止原則を維持しつつ、例外のあり方を見直すのが妥当であるように思われる。この例外に関する現行制度は、概ね、①事故（業者側の違法・不当な行為であって業者・顧客間において争いの原因となるものとして内閣府令で定めるもの）による損失の補塡は可能であるということを前提に、②規制の潜脱を防ぐために内閣総理大臣による事故確認の制度を設けるが、③事故による損失の補塡であることが推認される客観的な手続が取られている場合には事故確認を不要としている（金商法39条3項・金商業等府令118条・119条等）。この点、顧客の迅速な

第5章　損失補塡等／第1節　理 論 編

救済を図るなどの観点から③の範囲を拡大すべきという声や②（およびこれを
前提とする③）の事故確認制度そのものを廃止すべきという声は従来からあり[34]、
今後も引き続きこうした声の妥当性を検証していく必要がある。この点につい
てはさらに検討を重ねたい。

〔河村賢治〕

---

34) たとえば、金融庁「コメントの概要及びコメントに対する金融庁の考え方」（平成19年7月
31日）404-411頁参照。ちなみに、銀行法13条の4・保険業法300条の2は金商法39条3項但
書を準用していない（つまり本稿本文①は準用されているが②③は準用されていない）ところ、
「事故確認制度については、銀行法や保険業法にはなく、金商法の場合に必要というのは整合性
がない。もはや制度を存続する意味はない」との意見が金融庁に寄せられたのに対し、金融庁は
「特に証券市場については、損失補てん等によりその公正性・透明性が損なわれる実態が過去に
見られたことから、『事故』の場合の例外によって当該禁止規定の潜脱が生じないよう、金商法
第39条において銀行法・保険業法等よりも厳しい要件を定め、『事故』による損失の補てんであ
ることについて当局の確認を要することとしているものであり、現時点では引き続き必要な制度
であると考えられます」と回答している（同407頁No.18）。また、投資助言業務・投資運用業
に関する損失補塡等の禁止規定についても、本稿本文①はあるが②③はないため（金商法41条
の2第5号・42条の2第6号）、例外である事故による損失補塡にあたるかどうかは、「各金融
商品取引業者等において適正に判断されるべきものと考えられます」とされている（同424頁
No.6等、同436頁No.52および同437頁No.57等）。なお、事故確認制度を「中途半端な制度」
等と評するものとして、上村・前掲注33）の2003年論文・74頁参照。

第5編　不公正取引の規制と裁判例の展開

第2節　実　務　編

1　損失補塡等の禁止の概要

　金融商品取引法39条は、金融商品取引業者等（金融商品取引業者または登録金融機関〔34条括弧書〕）と顧客に対して損失補塡等を禁止しており、その違反行為は刑罰の対象となる。こうした損失補塡等は、顧客との将来の取引を確保するため、あるいは不当勧誘や無断売買などの事故に対応するために行われるとみられており、具体的な規制の内容は次のとおりである。

(1)　金融商品取引業者等に対する規制

　金融商品取引業者等は、有価証券の取引またはデリバティブ取引（有価証券売買取引等）に際し(a)損失等発生前に、顧客に対して損失保証や利回り保証することを申し込み、または約束してはならない（39条1項1号）。また(b)損失等発生後に、顧客の損失を補塡したり利益を追加することを申し込み、または約束すること（同項2号）および(c)事後に顧客の損失を補塡し、利益を追加するため財産上の利益を提供することが禁止される（同項3号）。これらの禁止行為を併せて「損失補塡等」という。

(2)　顧客側の規制内容

　顧客側については、顧客の要求に起因して、事前・事後に財産上の利益を提供することを約束したり、その約束により財産上の利益の提供を受けることが禁じられる（同39条2項1号～3号）。顧客側からの申込み自体が規制の対象外とされたのは、投資家の信頼の保護の責任を負っているのは、市場仲介者である金融商品取引業者等であり、顧客は金融商品取引業者等の違法行為を積極的に助長した場合に限って処罰されると考えられるためである[1]。したがって、

顧客からの要求や約束もなく金融商品取引業者等が損失補填を行っても、顧客は禁止違反にはならない。宴会の席で証券会社の社員に損失補填してもらうつもりもなく「なんとかしてくださいよ」と言う程度では通常は愚痴や冗談にすぎないと判断されると思われるが、「要求」があったか否かの判断が微妙な事案もあり得る[2]。書面、口頭を問わず、通常相手方に要求の趣旨が伝わるような作為・不作為があれば、顧客側からの要求があったと認定される可能性があることに留意する必要がある[3]。

(3) 第三者を介した違反行為

こうした損失補填等は、金融商品取引業者等や顧客自身ではなく、第三者を介在させて行う場合も禁止の対象である（同39条1項、2項各号）。つまり、第三者に申し込ませまたは約束させる、第三者から利益の提供を受けるまたは第三者に利益の提供を受けさせるなど第三者を利用した脱法的な行為を認めない趣旨である。

(4) 投資助言・代理業、投資運用業に関する禁止行為

このほか、金融商品取引業者については(ⅰ)その行う投資助言・代理業（28条3項）または投資運用業（同4項）に関し、顧客の勧誘に際し、損失保証の約束をすることが禁止され（38条の2第2号）、(ⅱ)投資助言業、投資運用業に関し、損失補填や利益追加を実行することが禁止されている（41条の2第5号・6号、42条の2第6号）[4]。

(5) 罰則

金融商品取引業者等が禁止規定に違反したときは、法令違反として行政処分

1）山下友信＝神田秀樹編『金融商品取引法概説〔第2版〕』348頁以下（有斐閣、2017）、なお、大蔵省＝法務省内証券取引法令研究会編『損失補てん規制Q&A』16・17頁（財経詳報社、1992）参照。

2）大蔵省＝法務省証券取引法令研究会編・前掲注1）92頁。

3）大蔵省＝法務省証券取引法令研究会編・前掲注1）41・42頁。

4）平成25年金商法改正により、証券投資の決済口座として使用されるMRF（マネー・リザーブ・ファンド）に生じた損失を補填することは、投資運用業に関する損失補填禁止の例外として許容された（金商業等府令129条ノ2）。

第5編　不公正取引の規制と裁判例の展開

の対象になるほか（52条1項6号、52条の2等1項3号）、その代表者、代理人、使用人その他の従業者または金融商品取引業者等には、3年以下の懲役もしくは300万円以下の罰金（またはこれらの併科）が科せられる（198条の3）。また、金融商品取引業者等が法人の場合には、上記従業者等による違反行為が法人の業務または財産に関して行われたときは、両罰規定により法人は3億円以下の罰金となる（207条1項3号）。他方、違反した顧客には、1年以下の懲役もしくは100万円以下の罰金（またはこれらの併科）が科せられ（200条14号）、法人の場合は、両罰規定により1億円以下の罰金となる（207条1項5号）。また、違反した顧客または情を知っている第三者が受けた財産上の利益については、必要的没収・追徴の対象とされている（200条の2）[5]。

2　個別の要件について

(1) 有価証券売買取引等

　39条1項は、有価証券売買取引等（有価証券の売買その他の取引またはデリバティブ取引〔金商法2条20項〕）について適用される。ただし「有価証券の売買その他の取引」からは「買戻価格があらかじめ定められている買戻条件付売買その他の政令で定める取引」（政令が定める「債券等の買戻条件付売買」のうち金融商品取引業者等が専ら自己の資金調達のために行う取引）が除外されている（39条1項1号第1括弧書、金商法施行令16条の5）。いわゆるレポ取引と呼ばれるもので、取引の性質上利回りが確定しており、金融商品取引業者等の通常の資金調達手段として利用されるものであることから、顧客に対して金利相当分以上の利回りを提供するものでなければ、刑罰で禁止する必要はないと考えられたものと説明されている[6]。

5）「罰則の整備のための金融関係法律の一部を改正する法律」（平成9年法律第117号）により、39条1項違反の罰則が強化された。

6）神田秀樹ほか編著『金融商品取引法コンメンタール2　業規制』336頁（商事法務、2014）。

第5章　損失補填等／第2節　実務編

(2) 財産上の利益の提供

　財産上の利益の提供とは、財物（現金、物品、債権等）の贈与、安価な譲渡、高価な買入れ、債務の免除、信用（融資・保証・担保）、有償サービスの無償提供、値上がりの蓋然性が高い商品の割当てなど、経済上の価値をもつ利益を提供することである。利益の「提供」は、金融商品取引業者等の一方的な行為であるから、顧客側が実際に受け取らなくても、受け取れる状況に置けば提供にあたる[7]。

　証券取引等監視委員会による検査での指摘事項にみられる具体例としては、評価損の出た仕組債の解約後の資金を定期預金にした場合に金利優遇の提示を行った事案[8]、外国為替証拠金取引（FX 取引）に係るロスカットによる損失につき、管理端末に架空の注文を入力して決済益を出したり、約定データの単価を変更して決済損を少なくした事案や EB 債の一部を販売時と同値で買い戻した事案[9]、外国債券につき、損失相当額を上乗せした価額で当該債券を買い取った事案[10] などがある。こうした損失補填等の行為は、不適切な勧誘行為や取引一任勘定取引に起因して生じているとみられるもののほか、金融商品取引業者等が事故確認の手続を怠ったケースが複数存在する。

(3) 損失補填等の目的

(A) 意義

　「（損失）を補填……するため」（39条1項・3項・4項）とは、有価証券売買取引等につき損失の出た顧客に対して、財産上の利益を提供するにあたり、顧客に生じた損失を埋め合わせるために行うという意思をもっていることである[11]。単に儀礼上の行為として行う意思だけでは足りないが、他の目的が併存しても構わない。同様に「（利益を）捕足するため」とは、差額を埋め合わ

　7）大蔵省＝法務省証券取引法令研究会編・前掲注1）34頁。

　8）証券取引等監視委員会「金融商品取引業者等に対する検査における主な指摘事項」（平成23年4月～同24年3月に検査を終了したもの）。

　9）証券取引等監視委員会「金融商品取引業者等に対する検査における主な指摘事項」（平成19年7月～同23年3月に検査を終了したもの）。

10）前掲注9）。

11）大蔵省＝法務省証券取引法令研究会編・前掲注1）30・31頁。

543

第5編　不公正取引の規制と裁判例の展開

せようとする意思を、「利益に追加するため」とは、生じた利益を増加させようとする意思をもつことである。したがって、たとえば盆暮れに贈られる物品や冠婚葬祭での贈答なども経済上の価値をもつため財産上の利益の提供にあたるが、これらの贈答が「顧客の損失の全部又は一部を補塡する等の目的」で行ったものでなければ、損失補塡等の禁止に抵触しない。また、顧客の預かり資産残高や取引金額等に応じて、顧客に提供するサービス内容に差異を設けることも、社会通念上合理的な「通常のサービス」である限り許容される[12]。もっとも、社会的儀礼を超えた高額の物品を贈るような場合には、損失補塡等の目的が認定される可能性がある。こうした認定は、物品等の価格が常識的な範囲内か、補塡の対象と考えられる損失の額の多寡、他の顧客への贈答品との比較などの事情を考慮して個別具体的に判断される[13]。

(B)　損失補塡等の目的に該当しないとされる類型

損失補塡等への該当性を判断するにあたり、損失補塡等の目的で行ったものに該当しない場合として、次の類型が指摘されている。

ア．正当な事業再生支援目的（事業再生ADR手続）

デリバティブ取引による損失に係る債権について、銀行等に責任がないことを前提として、特定の内容を含む事業再生計画の内容が公正かつ妥当で経済合理性を有し、かつ、債権者間の実質的衡平性が確保されていれば、39条1項に違反しないとの解釈が示されている[14]。なお、銀行等に責任がある場合には、事故確認の手続により損失補塡等禁止の適用除外となり得る。

イ．事業型ファンドの財産管理処分

投資型ファンドと異なり、事業型ファンド[15]の運用行為は、投資助言・代

---

12) 黒沼悦郎＝太田洋編著『論点体系金融商品取引法2 業者規制、不公正取引、課徴金』143頁（第一法規、2014）。

13) 大蔵省＝法務省証券取引法令研究会編・前掲注1）68・69頁。その他、同書79頁参照。

14) 金融庁監督局証券課長「金融庁における一般的な法令解釈に係る書面照会手続（回答書）」（平成25年1月25日付）。

15) 金融庁「金融商品取引法制に関する政令案・内閣府令案等」についての「（パブリック）コメントの概要及びコメントに対する金融庁の考え方」79・80頁（2007年7月31日付）は、事業型ファンドの定義につき、出資対象事業が「主として」有価証券又はデリバティブ取引に係る権利に対する投資以外のものとは、かかる権利が「運用財産の50％以下のもの」であるとする。

544

第5章　損失補塡等／第2節　実務編

理業または投資運用業（28条3項・4項）のいずれにも該当しないので、38条の2第2号、41条の2第5号および42条の2第6号の適用はなく、39条1項の適用対象となり得るが、事業型ファンドの運用に通常必要な範囲の管理処分行為であれば、損失補塡等の目的が否定されると考えられる[16]。

ウ．その他損失補塡の目的が否定される類型

金銭消費貸借や社債の金利固定化を目的とする金利スワップ取引において、マイナス金利を想定した合意が認定できない場合につき、金融商品取引業者等が顧客のマイナス金利の支払を免除あるいはマイナス金利相当額を支払うなどにより、当該顧客が所定の固定金利の支払義務だけを負うこととしても、39条1項に違反しないとの解釈が示されている[17]。こうした金融庁の解釈については、契約締結時に市場関係者が想定しなかった事態によって、当事者の一方に予想外の支出が生じる場合に行う利益提供行為について、同様の状況にあるすべての顧客に対して同様の対応をすることを前提とすれば合理性があり、損失補塡の目的が否定される新たな類型が認められる場合があることを示唆するものと評されている[18]。

3　解釈上の問題点

(1) 損失補塡等禁止の趣旨

平成3年証券取引法改正により損失補塡等を刑事罰をもって禁止した趣旨については争いがあるが、最高裁は、損失補塡等の禁止によって、①「投資家が自己責任の原則の下で投資判断を行うようにし、市場の価格形成機能を維持するとともに」、②「一部の投資家のみに利益提供行為がされることによって生ずる証券市場の中立性及び公正性に対する一般投資家の信頼の喪失を防ぐ」た

---

16) 松尾直彦『金融商品取引法〔第5版〕』451-452頁（商事法務、2018）、黒沼＝太田編著・前掲注12) 146頁。

17) 金融庁監督局証券課長「金融庁の一般的な法令解釈に係る書面照会手続（回答書）」平成28年4月22日付）。

18) 金融法務委員会「損失補てん等・特別の利益の提供の禁止に関する論点整理―金利スワップ取引における金利固定化に関する対応に関連して―」（2017年4月公表資料）。

第5編　不公正取引の規制と裁判例の展開

めであるとする[19]。しかし、上記①については、損失補塡等が行われるのは、実質的な投資判断が顧客ではなく金融商品取引業者等に委ねられている場合であるから、損失保証が行われたとしても安易な投資判断により市場の価格形成機能が歪められるわけではないとの批判があるとともに[20]、価格形成機能の維持という保護法益と処罰対象となる行為との関係が間接的である。また、金融商品取引業者等の財務の健全性をも処罰理由とする立場もあるが、金融商品取引業者等には両罰規定により多額の罰金が科されていることから、財務の健全性を強調することにも疑問がある[21]。これに対して、一部の投資家に対する損失補塡は、一般投資家の市場に対する信頼を喪失させ、金融商品取引市場への資金の流入を妨げる要因となり得る。したがって、こうした投資家の不公平感を除去するために損失補塡等を禁止する必要があると考えられる（上記②）[22]。

(2) 外務員が無断でした損失補塡等

(A) 損失補塡等禁止の名宛人は、金融商品取引業者等である。そこで、外務員が上司に相談もせずに損失保証をした場合、金融商品取引業者等の違反行為として処罰されるのかが問題となる。この点について、平成3年改正の立法担当者は、代理人または従業者にあたる外務員の行為が金融商品取引業者等の「業務又は財産に関し」て（207条1項）行われたものであれば、金融商品取引業者等の行為とみられ、従業者が処罰されるほか、両罰規定により金融商品取引業者等も処罰されるとの考え方を示している[23]。こうした解釈は、両罰規定を「事業主として右行為者らの選任、監督その他違反行為を防止するために必要な注意を尽さなかった過失の存在を推定した規定と解すべく……事業主にお

---

19) 最判平成15・4・18民集57巻4号366頁、大蔵省＝法務省証券取引法令研究会編・前掲注1)14頁。

20) 黒沼悦郎「証券市場の機能と不公正取引の規制（神戸大学双書31)」180-182頁（有斐閣、2002)。

21) 山口厚編著『経済刑法』257頁（商事法務、2012)、山下＝神田編・前掲注1)372頁。

22) 芝原邦爾『経済刑法研究 下』702頁（有斐閣、2005)、山口編著・前掲注21)257頁、山下＝神田編・前掲注1)372頁。なお、黒沼・前掲注20)185頁は、本文②と③を法益とした上で、かかる法益が刑罰をもって禁止するほどの価値を有するとは考えられないと批判する。

23) 大蔵省＝法務省証券取引法令研究会編・前掲注1)115、116頁。

546

第5章　損失補塡等／第2節　実　務　編

いて……注意を尽したことの証明がなされない限り、事業主もまた刑責を免れ得ないとする法意と解するを相当とする」とした判例の立場（両罰規定についての過失推定説）を前提とするものと解されている[24]。また、かかる立場では、事業者の責任は従業者等による故意の違反行為の存在が前提とされているが、罰則本条（198条の3）だけでは本条の名宛人でない従業者等を処罰できないため、従業者等は両罰規定の「行為者を罰するほか」（207条1項）との文言により初めて処罰対象に取り込まれると説明される（構成要件修正説）[25][26]。このほか他の法令の両罰規定の適用にあたり「その他の従業者」は、代理人、使用人等事業者との特定の関係に基づいて事実上その業務に従事しているものを指称すると広く解されており[27]、「業務……に関し」は、その行為が事業主の業務活動の一環としてなされたと認められる場合を広く包含し、不正の意図などを有していても業務性の判断に影響しないと解されている[28]。

　もっとも、過失推定の理論自体、刑法の責任主義からみれば例外的な扱いであり、個別・具体的な注意義務を負わせることで事業者の免責が事実上不可能になれば、無過失責任と変わらない。そこで、過失推定説においても、注意義務の内容や程度を限定すべく、一定規模の事業者については、具体的な違反行為を防止するよう従業者等を個別に監視する義務まで負うものではなく、従業

24）自然人事業者の従業者による入場税法違反（廃止前）につき、最大判昭和32・11・27刑集11巻12号3113頁、法人事業者の従業者による外為法違反につき、最判昭和40・3・26刑集19巻2号83頁、岸田雅雄監修『注釈金融商品取引法2　業者規制』363・364頁（金融財政事情研究会、2009）、なお、総務部付部長を含む幹部の行為につき、改正前証取法の両罰規定を適用した事案として、東京地判平成10・10・15判タ1000号340頁。

25）207条1項は「法人の代表者……代理人、使用人その他の従業者が、その法人……の業務又は財産に関し、……違反行為をしたときは、その行為者を罰するほか、その法人に対して……罰金刑を……科する」と規定している。

26）山口編著・前掲注21）259・260頁注128）、両罰規定の機能の詳細については、同書339-357頁。

27）法人税法につき、最判昭和26・9・4刑集5巻10号1860頁、最決平成23・1・26刑集65巻1号1頁。

28）前掲注27）最決平成23・1・26は、法人税法違反につき、秘匿した所得を自ら領得する意図があっても「業務に関し」にあたるとする。東京高判昭和60・1・22高刑集38巻1号39頁は、廃棄物の処理及び清掃に関する法律違反につき「業務に関し」という要件は、他の法令中の事業主処罰規定におけると同様……事業主が負うべき注意監督義務の範囲を従業者の行為の面から画するために加えられているものであると述べて、一般的、外形的にみて事業主の職務に関して行われたと認められればよいとする。

547

第 5 編　不公正取引の規制と裁判例の展開

者等の違反行為を防止するための体制を整備し、その体制が有効に機能していることを監視する義務（ただし、法令違反が疑われる場合には適切に対応する義務を含む）をもって注意義務の内容と解している[29]。

(B) こうした過失推定説に対しては、法人が両罰規定により処罰されるのは、違反行為が法人の行為と同一視されるからであり、法人に監督責任があるということだけでは、従業員の行為を法人の故意行為と同視することはできないとの批判がある。そして、39 条 1 項は金融商品取引業者等の故意の違反行為を禁止しているから、金融商品取引業者等の意思決定に関与し得る程度の幹部職員が損失補塡等の行為に関与している場合に限って、法人の故意行為として処罰し得るとする[30]。また、従業員がポケットマネーで損失補塡等を行った場合につき、39 条 1 項は会社の計算において行われることを前提する規定であり、会社が主体（幹部職員の関与）となって「第三者に提供させる行為」と評価できる限度で、本罪を構成すると解すべきと主張される[31]。このように、両罰規定の解釈を巡っては、法人の処罰根拠についての議論を反映して諸説が主張されている状況がある[32]。

(3) 違反行為の私法上の効力

(A) 違反行為の効力と履行の強制

平成 3 年改正前は、損失保証が反社会性の強い行為であるとまでの認識は明

---

29) 伊藤研祐『組織体刑事責任論』36 頁（成文堂、2012）、山口編著・前掲注 21）347 頁、なお、行政処分事例においては、業務運営における不正行為や顧客資産の異常に対するチェック機能や事故に対する再発防止策の策定など経営管理態勢・内部管理態勢の充実・強化が求められている（証券取引等監視委員会平成 20 年 9 月 17 日付業務改善命令、40 条 2 号、金商業等府令 123 条参照）。

30) 芝原・前掲注 22）711 頁。なお、山口編著・前掲注 21）259、260 頁は、批判説にたちつつ、法人処罰の実効性の観点から過失推定説の採用も検討し得るとする。

31) 芝原・前掲注 22）710 頁、山口編著・前掲注 21）260 頁。また、山下＝神田編・前掲注 1）374 頁注 162 は、使用人のポケットマネーでの損失補塡の評価について、金融商品取引業者が十分に監督できるとは限らず、金融商品取引業者等の財産で行われた場合に比べて市場に対する信頼を害する程度が低いとも考えられる一方、これを違法としないと使用人が金融商品取引業者等および顧客の双方からポケットマネーにより損失補塡するよう圧力を受ける可能性があるという点を考慮すべきとする。

32) 両罰規定についての議論の詳細は、山口編著・前掲注 21）339-361 頁参照。

確でなく、行為を無効とするとかえって顧客が損失を被るおそれがあるとして、私法上は有効であるとするのが通説であった。しかし、改正によって損失補塡等が刑罰をもって禁止されたことから、その違反行為は反社会性が強く、公序良俗に反するものとして私法上も無効と解されている[33]。したがって、顧客側から金融商品取引業者等に対して、その履行を強制することはできない[34]。

(B) 不法行為責任の成否

　違法な勧誘によって顧客が有価証券の取引を行ったために損害を被った場合には、不法行為による損害賠償を請求できるかが問題となる。一般的に不法行為責任を認めたのでは、損失補塡等を私法上無効とし、その履行請求を否定した意味がなくなってしまうが、たとえば、金融商品取引業者側が事後に履行を強制されないことを奇貨として、損失保証により顧客を積極的に勧誘した事案などでは、顧客を保護する必要がある[35]。このため裁判例では、利益保証等の申出をして勧誘した金融商品取引業者等ないし従業員側と顧客の不法性の程度を比較して、従業員側の不法性の程度が極めて強いと認められる場合には、不法行為の成立を認めるとの判断手法が採られている[36]。もっとも、顧客側の知識・経験からみて安易に損失保証の約束を信じたことに過失が認められる場合には、過失相殺により賠償額が減額される可能性がある[37]。これに対して、顧客が積極的に損失保証を要求したなど顧客側の不法性がより強いといえる場合には、民法708条（不法原因給付）の類推適用により、顧客に対する不法行為の成立が否定されている[38]。

---

33) 東京地判平成6・3・8判時1501号118頁ほか、山下＝神田編・前掲注1) 377頁、黒沼・前掲注20) 209頁。

34) 最判・前掲注19) は、昭和60年当時になされた損失保証を無効とは解し得ないとしたが、改正後の履行請求は認められないとした。

35) 山下＝神田編・前掲注1) 377・378頁。

36) 最判平成9・4・24判時1618号48頁、原審である東京高判平成7・11・15判時1565号102頁ほか。

37) 前掲注36) 東京高判平成7・11・15、東京高判平成8・1・30判時1565号111頁。

38) 東京高判平成16・1・22判時1859号65頁。

第5編　不公正取引の規制と裁判例の展開

4　損失補塡等禁止の適用除外

(1)「事故」による損失補塡等（39条3項・4項）
(A)「事故」の具体的内容

　損失補塡等が「事故」による損失を補塡等するために行われた場合には、損失補塡等の禁止規定の適用が除外される（39条3項、4項）。「事故」とは、金融商品取引業者等またはその役員もしくは使用人の違法または不当な行為であって当該金融商品取引業者等とその顧客との間において争いの原因となるものである（39条3項、金商業等府令118条1号イ〜ホ）。内閣府令では、金融商品取引業者等の業務に関し、（イ）顧客の注文の内容について確認しないで、当該顧客の計算により有価証券売買取引等を行うこと、（ロ）有価証券等の性質、取引の条件、金融商品の価格やオプションの対価の額の騰貴・下落などについて顧客を誤認させるような勧誘をすること、（ハ）顧客の注文の執行において、過失により事務処理を誤ること、（ニ）電子情報処理組織の異常により、顧客の注文の執行を誤ること、（ホ）その他法令に違反する行為を行うことが挙げられている[39]。このうち（イ）は顧客の注文を十分確認せず、本来の注文内容と異なる取引を執行してしまった場合である[40]。また（ハ）は、顧客からの注文を受けて市場に発注するまでの過程で何らかの事務処理ミスがあったり、通常行われるべき事務処理速度で注文が執行されなかった場合とされる[41]。これに対して、約定連絡ミス（注文執行の数量と約定数量に相違がある場合）は本来の注文執行はなされているので「事故」にはあたらないと解されている[42]。（ホ）の法令に違反する行為とは、金融商品取引法違反だけではなく、広く法令全般が含まれる（詐欺や業務上横領などの刑法違反、民法上の善管注意義務違反など）[43]。

---

[39]　投資助言業務または投資運用業に関しては、その業務に応じて別途事故の内容が定められている等（金商業等府令118条2号）。

[40]　大蔵省＝法務省証券取引法令研究会編・前掲注1) 49頁。

[41]　大蔵省＝法務省証券取引法令研究会編・前掲注1) 52頁。

[42]　黒沼＝太田編著・前掲注12) 147頁は、注文執行は受渡・決済まで含まれると解すべきとする。

[43]　大蔵省＝法務省証券取引法令研究会編・前掲注1) 53頁。

550

第5章　損失補塡等／第2節　実　務　編

(B) 事故の確認手続

　事故による顧客の損失を補塡する行為は、金融商品取引業者等による損害賠償責任の履行という性格をもつから、元々損失補塡等禁止の対象外とすべきものである。しかし、事故による損失補塡を装って禁止規定が潜脱されることを防止する必要があるため、当該損失補塡等に係る損失が事故に起因するものであることについて、金融商品取引業者等が事前に内閣総理大臣の「確認」を受けている場合その他内閣府令で定める場合に限って本条の適用除外となる（39条3項但書・7項、金商業等府令119条1項1号～11号）[44]。また、確認手続の実効性を図るため、事故確認申請書または書類に虚偽の記載をして提出した者は、刑罰の対象とされ（法200条15号）、法人には両罰規定がある（法207条5号）

　これに対して、事前の損失保証、利回り保証の申込み、約束（39条1項1号）は、事故による損失が発生する前の段階の行為であるから、事故の「確認」をすることはあり得ない。また、顧客側については、その損失補塡等の約束または財産上の利益を受ける行為が「事故」による損失を補塡するためになされたものである限り、「確認」の手続は要求されていない。

(2) 事故の確認手続が不要な場合

　事故による顧客の損失の円滑、柔軟な解決を図るため、事故による損失補塡等が推認される客観的な手続が採られている場合には、事故確認の手続を要しない（39条3項但書、金商業等府令119条1項1号～11号）。具体的には、裁判所による確定判決、裁判上の和解、調停の成立（1号～3号）のほか、金融商品取引業協会、認定投資者保護団体、指定紛争解決機関、弁護士会仲裁センター、消費者センター、国民生活センター、認証紛争解決事業者（ADR）による斡旋による和解等（4号～7号）、ならびに、一定の要件の下で弁護士（1,000万円以下）または司法書士（140万円以下）が代理して行う和解（8号）が挙げられている。

　このほか、当事者間で顧客に支払う金額が定まっている場合、利益提供の金額が少額な場合および記録から事故であることが明らかな場合であって、一定

　44）　事故確認の手続については、日本証券業協会「事故の確認申請、調査及び確認等に関する規則」4条～6条参照。

第5編　不公正取引の規制と裁判例の展開

の要件を充たすときも事故確認を要しないが（9号〜11号）、事前に事故確認の手続を受けていない場合には、損失補塡等をした日の属する月の翌月末日までに、確認申請書に記載すべき事項を所轄の財務局長に報告しなければならない（金商業等府令119条3項）。

5　おわりに

　証券会社による多額の損失補塡に対する社会的批判を契機として、事後の財産的利益の提供をも含めた厳格な損失補塡等の禁止規定が設けられた。このため、立法の拙速さや規制のあり方への批判も多いが、「貯蓄から投資へ」との政策目標が掲げられるなか、依然として禁止違反行為が存在しており、損失補塡等禁止を含めた不正行為の取締りにより市場の中立性、公正性に対する投資家の信頼を保護する必要がある。また、市場への資金の流入を活発にするため、投資家に対するサービスの充実が図られる状況において、経営管理体制の充実とともに、損失補塡等規制の適用範囲の把握と適切な対応が求められている。

〔深山　徹〕

---------— 第6章 ———------

エンフォースメント

第1節　刑　事　罰

1　はじめに

　金商法第6章は「有価証券の取引等に関する規制」として、各種の「不公正取引」に関する規制を定めている。金商法の目的である「国民経済の健全な発展及び投資者の保護に資する」ためには、金商法の規制に違反する行為を抑止し、規制の実効性を確保する必要がある。本節では、このためのエンフォースメント（法執行）手段としての「刑事罰」について取り扱う。なお、規制に違反する行為の具体的内容については、前章までの記述に委ねるが、そこで言及されていない違反行為、刑事規制という観点から説明する必要のある違反行為については、この節においても取り上げる。

2　情報開示規制に関する刑事罰

　金商法上のディスクロージャー（企業内容開示）制度は、投資判断に必要な（一定の）情報が記載された開示書類を提出させ、その提出させた書類を公衆縦覧に供することで金商法の目的を達成しようとする。もし提出された開示書類に虚偽の記載があったり、そもそも提出されなかったりした場合、どのよう

553

第5編　不公正取引の規制と裁判例の展開

なリスクが発生するのだろうか。それは、投資者に損害を発生させるだけではなく、市場に混乱を招き、法の目的達成自体を危うくしかねない[1]。そのような不測の事態を回避するために、金商法は、有価証券の発行者が提出すべき開示書類につき、「重要な事項」について「虚偽の記載」のある書類を「提出した者」等に刑事罰を科している。また提出すべき開示書類を提出しない行為についても同様である。後述のとおり、金商法上のディスクロージャー制度においては、その目的達成のために、民事責任の追及、課徴金の賦課も用意されているが、刑事罰として検討すべきは虚偽有価証券報告書等提出（および有価証券等不提出）罪である。他の取り得る手段以外に刑事罰を設定する意義は、（限界もあるにせよ）違反行為に対する高度の抑止効果が期待できるからである[2]。

刑事罰の概略

① 有価証券届出書、有価証券報告書またはその訂正届出書、訂正報告書等の虚偽記載については、10年以下の懲役もしくは1,000万円以下の罰金、またはその併科（197条1項1号）、法人は7億円以下の罰金（207条1項1号）。

② 内部統制報告書、四半期報告書、半期報告書、臨時報告書、自己株券買付状況報告書、親会社等状況報告書等またはそれらの訂正報告書の虚偽記載については、5年以下の懲役もしくは500万円以下の罰金、またはその併科（197条の2第6号）、法人は5億円以下の罰金（207条1項2号）。

③ ①の開示書類の不提出については、5年以下の懲役もしくは500万円以下の罰金、またはその併科（197条の2第1号・5号）、法人は5億円以下の罰金（207条1項2号）。

④ 内部統制報告書の不提出については、5年以下の懲役もしくは500万円以下の罰金、またはその併科（197条の2第5号）、法人は5億円以下の罰金（207条1項2号）。

⑤ ②のうち内部統制報告書を除いたものの不提出については、1年以下の懲役もしくは100万円以下の罰金、またはその併科（200条5号）、法人は1億円以下の罰金（207条1項5号）。

1）虚偽記載のなされた有価証券報告書等が、投資者に対する誤った判断資料を与えることにより、投資者に損害を与え、ひいては有価証券等の発行、流通の円滑化、価格形成の公平化を阻害することに虚偽記載罪等の処罰根拠が求められる、平野龍一ほか編『注解特別刑法　補巻(2)』64頁〔土持敏裕＝榊原一夫〕（青林書院、1996）。

2）その抑止効果と限界についての指摘として、黒沼悦郎『金融商品取引法』198頁以下（有斐閣、2016）を参照。

第6章　エンフォースメント／第1節　刑　事　罰

(1) 提出罪等の罰則の特徴

①の虚偽記載と②の虚偽記載、③および④の不提出と⑤の不提出の法定刑の違いは、開示書類の内容が投資判断におよぼす影響を勘案して設けられたものと考えられる。

とくに①の虚偽記載に対する10年以下の懲役等（個人に対する1,000万円以下の罰金を含む）は、金商法違反行為に対する刑事罰としては最も重い刑である（平成18年法改正により重罰化が図られた）[3]。虚偽記載のある開示書類によって投資者が有価証券を取得することを回避する必要性に応じたものといえる。

開示書類の虚偽記載、不提出について「両罰規定」が適用される（207条1項）。これは、法人の代表者、または法人、もしくは人の代理人、使用人その他の従業者が、その法人または人の業務または財産に関して、各規定の違反行為をした場合に、当該行為者を処罰するほか当該の法人もしくはその人にも罰金を科すことにより、一層の違反行為の抑止を目的とするものである。開示書類の虚偽記載・不提出は、通常は、発行者・提出者の業務に関して行われたといえよう[4]。

(2) 両罰規定について

金商法においては、情報開示規制違反の行為以外にも、以下の箇所で述べる規制違反行為についても両罰規定を置いている。違反行為の抑止を目的とするにせよ、法人を処罰する以上、法人に犯罪（行為）能力が備わっていることが前提となる。従来の判例・通説はこれを否定してきたが、現状では、①法人には自然人とまったく同様の意思に基づく身体的動静はあり得ないが犯罪の主体とすることはできる、②刑罰にとって倫理的非難は本質ではない、③刑罰には罰金刑も存在する、といった理由から法人の犯罪能力を肯定する立場が有力化している[5]。

---

3) なお、確認書、その訂正確認書については、虚偽記載についての罰則は設けられていないが、不提出について「過料」が科せられている（208条2号、209条4号）。

4) 黒沼・前掲注2) 200頁。

5) たとえば、藤木英雄『刑法講義総論』108頁（弘文堂、1975）、大谷實『刑法講義総論〔新版第5版〕』102-103頁（成文堂、2019）、前田雅英『刑法総論講義〔第7版〕』51-52頁（東京大学出版会、2019）など。

第 5 編　不公正取引の規制と裁判例の展開

判例も、事業主処罰規定は、行為者の選任監督その他違反行為を防止する注意を尽くさなかった過失の存在を推定した規定であり、（この場合は自然人である）事業主に過失がなければ（違反行為の防止に注意を尽くした場合）、処罰できないとした（最大判昭和32・11・27刑集11巻12号3113頁）。その後、この判例の趣旨は「法人の過失」においても問題とされるに至った（最判昭和40・3・26刑集19巻2号83頁）。もっとも、金商法における各種の規制違反行為は「故意犯」の場合が通例である。たとえば、虚偽記載有価証券届出書は「発行者」の「代表者」により提出されるため、虚偽記載有価証券届出書提出罪が成立する場合は、代表者に本罪の故意が認められる場合であるので、実際上、発行者が両罰規定（207条）の適用を免れることは難しいとされる[6]。

(3) 虚偽記載行為の内容──構成要件の具体化

虚偽記載行為の内容に関して、刑事罰の意義を考えるうえで重要と思われるものについて、簡単に説明を加えておく。

虚偽記載行為における「重要な事項」とは、一般的な投資者の視点から、投資者の合理的な投資判断にとって重要な要素となるかどうか（たとえば株価などの市場価格に相当な影響を与える蓋然性があるかどうか）について、客観的に判断される[7]。「虚偽の記載」とは、真実に合致しない記載のことである[8]。

民事法的手法によるエンフォースメント、行政法的手法によるエンフォースメントでは、重要な事項に関して「虚偽の記載があり、または記載すべき重要な事項の記載が欠けている」場合が問題となるのに対して、刑事罰が問題となる場合は、「重要な事項につき虚偽の記載のあるものを提出した者」に限定されている。素直にこの区別に従うと、「記載の欠落」には刑事罰の適用はないと考えられるが、重要事実の記載欠落が、虚偽記載の場合と同様に、市場における有価証券の価格形成に影響を及ぼすような場合（投資判断への影響の程度を考慮）には、記載すべき事項を虚偽のものとしたといえるので、重要事項の記

---

6 ）黒沼・前掲注2）200頁。

7 ）松尾直彦『金融商品取引法〔第5版〕』201頁（商事法務、2018）。個々の事案ごとに社会通念に従って判断されることになる、なお平野ほか編・前掲注1）67頁以下。

8 ）平野ほか編・前掲注1）68頁。

第6章 エンフォースメント／第1節 刑 事 罰

載欠落（記載漏れ）にも、刑事罰の適用可能性が生じる[9]。

(4) 粉飾決算をめぐる判例・裁判例

重要な事項に関する虚偽記載の典型例とされるのは、いわゆる「粉飾決算」、すなわち、開示書類に掲載される貸借対照表、損益計算書等の財務諸表の虚偽記載である。とくに、発行者の業績が悪化しつつある局面で、経営者が外部に対しこれを隠し、会社の取引関係を維持しようとして、発行者の財政状態や経営成績を良く見せる粉飾決算を行い、発行者の経営破たん後にそれが発覚するというパターンをたどる場合が多いとされる[10]。したがって、架空取引による売上の過大計上、費用の圧縮等による利益の水増し、資産の過大計上などの手法が問題となる[11]。

粉飾決算を行った発行者の取締役等に対し虚偽有価証券報告書等提出罪の成立が認められた主要な事案としては、不二サッシ事件（東京地判昭和57・2・25刑月14巻1=2号194頁）、リッカー事件（東京地判昭和62・3・12資料版商事37号49頁）、山一證券事件（東京地判平成12・3・28判時1730号162頁）、カネボウ事件（東京地判平成18・8・9判例集未登載（平17(特わ)第5714号））、キャッツ事件（最決平成22・5・31裁判集刑300号191頁）、ライブドア事件（最決平成23・4・25判例集未登載（平20(あ)第1651号））、オリンパス事件（東京地判平成25・7・3商事2006号117頁）などがある。

たとえば、バブル崩壊後に損失補塡の後始末を行う過程で粉飾が行われた山一證券事件では、山一證券の役員が、法人顧客に生じた多額の損失や海外業務で生じた損失についてペーパーカンパニーを使って簿外処理し、未処分損失を圧縮して計上した財務諸表を作成した行為が、虚偽有価証券報告書提出罪にあたるとされた。

キャッツ事件では、実体のない預け金を計上した半期報告書や株式の取得価額を過大に計上した有価証券報告書を提出した事案につき、①有価証券報告者

---

9) なお、黒沼・前掲注2) 200頁、芝原邦爾ほか編『経済刑法──実務と理論』520頁〔大崎貞和〕（商事法務、2017）。

10) 黒沼・前掲注2) 201頁参照。

11) 芝原ほか編・前掲注9) 515頁。

第 5 編　不公正取引の規制と裁判例の展開

等提出会社である株式会社 A と株式会社 D との間の消費寄託契約は仮装されたものであり、（本件）パーソナルチエックは D において 60 億円を運用するために交付されたものではないから、A が D に対して 60 億円に相当する財産を寄託したということはできず、A の半期報告書における「預け金」に関する記載は、重要な事項につき虚偽の記載をしたものと認められ、②（本件）パーソナルチエックは支払呈示をしないことを前提に交付されたものであり、A が E 株式を 60 億円で取得したということはできないため、有価証券報告書の同「株式の取得価額」の記載も、重要な事項につき虚偽の記載をしたものと認められた[12]。

　粉飾決算事案の場合、虚偽の記載とは「会計的な意味において真実に合致しない記載」と理解すべきであるという指摘は重要と思われる[13]。この点につき、会計的な意味で真実に合致しない記載とは、「一般に公正妥当と認められる企業会計の慣行および基準」からの逸脱を反映するような記載を意味するとの指摘もなされている[14]。もっとも、そのような慣行および基準といった「会計規範」は、ある意味で包括的・抽象的であると認められているところであり、虚偽記載が疑われる記載の前提となる「会計処理を行うにあたって（の）拠り所」となる規範がいかなるものであったのか、問題の記載が一般に公正妥当と認められる会計規範からの逸脱を反映したものあったのか、かつ逸脱の程度が法的責任を生じさせる程度のものであったのかどうか、判断が難しい場合もあるとの指摘がある[15]。

　さらに、（キャッツ事件に関連して）会計的な意味において真実に合致しないとの判断を「社会通念」で判断し得るのか否か、「会計専門家による鑑定意見のようなもの」を必要とするのではないかとの指摘もある[16]。

---

12)　本件評釈として、弥永真生「判批」ジュリ 1405 号 130 頁、島田聡一郎「判批」金融商品取引法判例百選 198 頁（有斐閣、2013 年）、小野上真也「判批」法時 83 巻 5 号 127 頁、須藤純正「判批」判時 2205 号 168 頁、阿部力也「判批」刑事法ジャーナル 25 号 103 頁など。

13)　弥永・前掲注 12) 131 頁。

14)　芝原ほか編・前掲注 9) 517 頁参照。

15)　芝原ほか編・前掲注 9) 517 頁。

16)　須藤・前掲注 12) 173 頁。

第6章 エンフォースメント／第1節 刑 事 罰

(5) 有価証券発行者と外部専門家（公認会計士等）との間の共犯成立をめぐる
諸問題

　虚偽有価証券報告書等提出罪の実行行為は、重要な事項につき虚偽の記載の
ある各種開示書類の「提出」であり（不提出罪の場合は不提出）、その主体は、
開示書類の提出義務者である有価証券の発行者である（5条、24条）。したがっ
て、本罪は「構成的身分犯」であるとする見解が一般的（通説）である[17]。

　もともと公認会計士は有価証券報告書などの提出義務者ではない（発行者で
はない）。したがって、公認会計士などの外部専門家にも虚偽有価証券報告書
等の提出罪について共犯を認めるためには、刑法65条1項の適用がなければ
ならない[18]。もっとも、キャッツ事件では、監査責任者である被告人（公認会
計士）は、発行者ではなく、発行者の従業員等でもないので「両罰規定」の適
用のみで処罰することもできないにもかかわらず、同事件決定においては65
条1項への言及はなかった。この点につき、非身分者が身分者と共謀した事実
が判文で明らかにされていれば、同条同項を明示しなくても良く、同決定はそ
のような取り扱いに従っただけであるという理解も可能であるという指摘があ
る[19]。しかし、提出を義務付けられている者が、「発行者」であるとしても、
「提出」という「実行行為」が、単に文書の移動という機械的な行為を意味す
るのではなく、「作成から提出までの過程」を含むものであると理解すれば[20]、
かならずしも本罪を身分犯として構成する必要はないという理解も可能である。

　キャッツ事件決定では、発行者の代表者と監査責任者である被告人との間に
共謀を認め、被告人に虚偽記載有価証券報告書提出罪等の共同正犯の成立を認
めた。すなわち、被告人は、①上記60億円に関し、預け金とする会計処理等
について、代表者らに対して「助言・承認」を与えてきたものであり、②虚偽
記載を是正できる立場にあったにもかかわらず、自己の認識を監査意見に反映
させることなく、③本件半期報告書の中間財務諸表および本件有価証券報告書
の財務諸表にそれぞれ有用意見および適正意見を付すなどしたとの事実関係か

　17）平野ほか編・前掲注1) 68頁。
　18）芝原ほか編・前掲注9) 521頁。
　19）なお、島田・前掲注12) 199頁。同評釈で引用された判例として、大判明治45・2・27刑録
　　　18輯222頁。
　20）平野ほか編・前掲注1) 68頁。

第5編 不公正取引の規制と裁判例の展開

ら、被告人は、虚偽記載のある本件半期報告書および本件有価証券報告書を提
出することを認識するとともに、本件半期報告書および本件有価証券報告書の
発行者である代表者らとの間に共謀が認められたものである。

学説においては、監査において広く認められている「二重責任の原則」（財
務諸表の作成に関する責任は作成者〔報告者〕が負い、監査人の責任は、あくま
もその監査責任にとどまり、作成者の責任とは独立するという原則）に照らすなら
ば、監査人が「他人の行為をいわば自己の手段として犯罪を行った」（最大判
昭和33・5・28刑集12巻8号1718頁（練馬事件））と評価できるのか問題があり
そうであるとの指摘がなされている[21]。そのような考え方からすると、キ
ャッツ事件決定が認定している事実では、共同正犯を認めるのになお不十分であ
り、本件控訴審判決が認定したように、虚偽記載を認識しながら適正意見を表
明したにとどまらず、隠ぺいのための会計処理に協力し、監査に耐える旨の事
実上の保証を与えるなどしたほか、隠ぺいのためのスキーム構築に際して助言
を与えたという事実が認められる必要があり、本決定でもその点への言及が必
要であったとする[22]。もっとも、公認会計士が内容虚偽であることを認識し
ながら発行者と共謀のうえ監査証明を行っただけの場合でも、犯罪実現に対し
て「重要な役割」を果たしたと評価できるとの指摘は重要と思われる[23]。本
決定において認定された事実を前提にしても、実際に報告書の提出者でなくと
も、助言・了承を与え[24]、虚偽記載を是正することができる「専門家として
の立場」から、発行者の代表者らとの間に犯罪実現のための「相互利用補充関
係」を構築したと評価できるのではないか（あるいは代表者らへの強い「心理的
影響力」の存在）。そのように理解すれば、キャッツ事件決定の結論は妥当であ
るといえよう[25]。

---

21) 弥永・前掲注12) 131頁。

22) 弥永・前掲注12) 131頁。さらに、島田・前掲注12) 198頁、小野上・前掲注12) 129頁。

23) 島田・前掲注12) 199頁。

24) あらためて「提出行為」の意義について、平野ほか編・前掲注1) 68頁を参照。

25) なお拙稿・前掲注12) 111頁を参照。

第6章　エンフォースメント／第1節　刑　事　罰

3　公開買付規制に関する刑事罰

　公開買付規制についても、その実効性を確保する観点から違反行為に対して刑事罰が設けられている。公開買付規制違反に対する制裁は、投資者が損害を被るのを防止する機能を有しているとされる[26]。

刑事罰の概略

　① 重要な事項に虚偽表示のある公開買付開始などを公告・公表した者、重要な事項に虚偽記載のある公開買付届出書・公開買付撤回届出書・公開買付報告書などを提出した者、自己株式公開買付けの場合における業務等の重要事項の公表を行わず、または虚偽公表を行った者は、それぞれ10年以下の懲役もしくは1,000万円以下の罰金、またはその併科。法人は7億円以下の罰金（197条1項2号〜4号、207条1項1号）。

　② 公開買付開始公告・期間延長請求公告を行わない者、公開買付届出書・公開買付撤回届出書・公開買付報告書を提出しない者、重要な事項に虚偽記載のある意見表明報告書・対質問回答報告書などを提出した者、金商法27条の6第1項に違反する買付条件等変更を行う公告、または27条の11第1項に違反する公開買付撤回等を行う旨の公告を行った者、自己株式公開買付けの場合に業務等に関する重要な事実の公表内容の通知を行わず、または虚偽通知を行った者は、それぞれ5年以下の懲役もしくは500万円以下の罰金、またはその併科。法人は5億円以下の罰金（197条の2第4号〜6号・8号〜10号、207条1項2号）。

　③ 別途買付け等の禁止または応募株券等の決済義務規定に違反した者、公開買付開始公告の訂正公告・公表などを行わない者、公開買付説明書などを交付しなかった者、意見表明報告書・対質問回答報告書を提出しない者、意見表明報告書・対質問回答報告書の写しの送付として重要な事項に虚偽記載等のある書類を送付した者は、それぞれ1年以下の懲役もしくは100万円以下の罰金、またはその併科。法人は1億円以下の罰金（200条3号・7号〜11号、207条1項5号）。

　④ 公開買付者などに対する報告・資料提出命令および検査について、報告・資料を提出せず、もしくは虚偽の報告・資料を提出した者、または検査を拒み、妨げ、もしくは忌避した者は、それぞれ6ヶ月以下の懲役もしくは50万円以下の罰金、またはその併科。法人は50万円以下の罰金（205条5号・6号、207条1項6号）。

26）黒沼・前掲注2）299頁。

第5編　不公正取引の規制と裁判例の展開

4　大量保有報告規制に関する刑事罰

　市場における上場有価証券の売買を行う投資者に情報を提供することにより市場の健全性および投資者保護を図るという「大量保有報告制度」の目的を達成するため、大量保有報告規制に違反する行為に対しても罰則が設けられている。

刑事罰の概略

　大量保有報告書または変更報告書の提出義務に違反した者（不提出）、重要な事項について虚偽記載のある大量保有報告書または変更報告書を提出した者は、5年以下の懲役、もしくは500万円以下の罰金。またはその併科（197条の2第5号・6号）。法人は5億円以下の罰金（207条1項2号）。

　なお、大量保有報告書には「特例報告」によるものも含まれる。虚偽記載には、「保有目的」や「取得資金」に関する虚偽記載も含まれる。重要な事項についての虚偽記載にあたるかどうかについては、それが対象会社の支配権および対象有価証券の需給関係に関する「投資者の判断」にとって重要かどうかによって決まり、対象会社の経営者にとって重要かどうかによって決定されるわけではない[27]。

5　不公正取引規制に関する刑事罰

　金商法157条は、主体を限定することなく「何人も」、「有価証券の売買その他の取引又はデリバティブ取引等」について、①不正の手段、計画または技巧をすること、②重要な事項について虚偽の表示があり、または誤解を生じさせないために必要な重要な事実の表示が欠けている文書、その他の表示を使用して、金銭、その他の財産を取得すること、③前記各種取引を誘因する目的をもって、虚偽の相場を利用することを規制の対象としている。とくに②において

27）黒沼・前掲注2）316頁。

562

は「財産取得」が要件とされ、③においては「目的」が要件とされている。

　なお、本条は、不公正な取引について、あらかじめすべてを類型化することの不可能であることに着目した「一般的な詐欺禁止規定」あるいは「一般的・包括的な不正行為禁止規定」であるとされるが、実際にはほとんど用いられていない。「犯罪構成要件」としては抽象的であることを否めず、明確性に難があると指摘され、また、現行法においては、規制行為に関しては、その多くの部分を風説の流布、相場操縦行為等の規制に関する規定でカバーされているので、あえて157条を適用する実益は乏しいと指摘されているところである[28]。

　①は、有価証券の売買等の取引について、その不公正行為を包括的に指摘した一般規定である。具体的な不公正取引の規制の根拠となる規定である。これに基づき、風説の流布、偽計、暴行・脅迫（158条）、相場操縦行為等（159条）、インサイダー取引（166条、167条）などが規制の対象とされることになる。②および③は、欺く（欺罔的）手法による行為を規制の対象としており、具体的には、有価証券売買等についての虚偽表示等（159条2項3号）、虚偽相場公示等（168条）が規制の対象となる。

　157条1号における「有価証券の売買その他の取引」とは、有価証券の権利に関わる一切の取引上の行為をいい、とくに限定はされない[29]。「不正の手段・計画・技巧」の意義については、詐欺的・欺罔的な態様の行為に限定されるべきとの見解も主張されるが、判例は、「『不正の手段』とは、有価証券の取引に限定して、それに関し、社会通念上不正と認められる一切の手段をいうのであつて、文理上その意味は明確であり、それ自体において、犯罪の構成要件を明らかにしていると認められる」と判示し、詐欺的手段・欺罔的態様に限定されない立場を明らかにしている[30]。その他、計画とは組織だった事前の行為、

---

28) この点についての詳論は、黒沼・前掲注2) 494頁以下、松尾・前掲注7) 567頁以下を参照。さらに芝原ほか編・前掲注9) 510-511頁もあわせて参照。

29) 公開買付けを阻止しようとする対象会社が行う行為は、有価証券の売買その他の取引き等に直接関係がないとした裁判例（東京地決平成17・7・29判時1909号87頁）について、その限定的な結論に対する疑問として、松尾・前掲注7) 568頁、黒沼・前掲注2) 495頁を参照。

30) 最決昭和40・5・25裁判集刑155号831頁。

第5編　不公正取引の規制と裁判例の展開

技巧とは、手段を成功させるために人為的な策を弄することと理解されるが、基本的には、それらを含めて「社会通念上不正な行為をすること」を意味すると解される[31]。

157条2号は、有価証券の売買等に関する虚偽記載等のある表示（重要事項につき）を使用して、相手方から取引の対価を取得したり、手数料を取得したりする行為に適用される（典型例）。また、この場合、違反者が得た金銭や財産の価値が相手方が取得した有価証券やサービスの価値より高いこと、すなわち違反者が利得を得たことは要件ではないとされ、財産の取得は、売買による取得に限定されず、原始取得、承継取得、交換などが含まれるとされている[32]。

157条3号は、有価証券の売買その他の取引、またはデリバティブ取引等を誘因する目的で、虚偽の相場を利用する行為を規制の対象とする。

なお、158条にいう暴行とは「不法な有形力の行使」、脅迫とは「人を畏怖させるに足りる害悪の告知」のことをいう。暴行については有形力行使の対象が限定されず（物に対する暴行であっても良い・最広義の暴行）、脅迫についても、害悪告知の内容が限定されていない（広義の脅迫）。

裁判例においては、東京証券取引所上場のドンキホーテ株を売却後に同株の株価を下落させて安値で買戻し、利益を得ようとして、同社の店舗に放火した事案につき、株価の変動に影響を与える諸要素の中には、当該企業に対し、企業価値を損なうような攻撃が加えられた場合も含まれ、そのような場合として、当該企業の人的資源が不法な有形力の行使によって人身的被害を受けた場合のみならず、同様の手段によって、当該企業が物的損害（財産的損害）を受けた場合も容易に想定することができる。また、金商法158条は、文言上、暴行の客体につき何らの限定を加えていないし、物に対する損壊行為等を別個独立に規定しているわけでもない。「以上を総合考慮すると、同条にいう『暴行』はいわゆる最広義のものであって、有形力の行使のすべてをいい、その対象は人

31）芝原ほか編・前掲注9）510頁。

32）黒沼・前掲注2）496-497頁。

第6章　エンフォースメント／第1節　刑　事　罰

であっても物であってもよいと解するのが相当である」と判示されているところである[33]。

> **刑事罰の概略**
>
> 　157条違反の行為については、課徴金制度の対象とされず、罰則が規定されているのみである（197条1項5号・2項、207条1項1号）。法定刑は、10年以下の懲役もしくは1,000万円以下の罰金、またはその併科ならびに10年以下の懲役「および」3,000万円以下の罰金。法人は7億円以下の罰金。
>
> 　なお、157条違反の行為が、刑法に規定する「詐欺罪」（246条）にも該当する場合につき、金商法157条の目的（有価証券の取引等の公正という公共の利益）と詐欺罪の法益（個人的法益・財産権）とは異なるので、両罪の関係は「観念的競合」にあたるとされる[34]。
>
> 　風説の流布、偽計、または暴行・脅迫の禁止（158条）に違反した場合、法定刑は、10年以下の懲役、もしくは1,000万円以下の罰金、またはその併科（197条1項5号）。法人は7億円以下の罰金（207条1項1号）。
>
> 　「財産上の利益を得る目的」で、158条違反の行為を行い、有価証券等の相場を変動などさせ、当該変動などさせた相場により、当該有価証券等に係る有価証券の売買、その他の取引、またはデリバティブ取引等を行った場合、法定刑は、10年以下の懲役「および」3,000万円以下の罰金に「加重」されている（197条2項）。
>
> 　相場操縦行為等として規制の対象となる違反行為を行った場合（159条）、法定刑は、10年以下の懲役、もしくは1,000万円以下の罰金、またはその併科（197条1項5号）。法人は、7億円以下の罰金（207条1項1号）。平成18年法改正で罰則が強化されたところである。一連の上場企業をめぐる不正事件の再発防止するためである。
>
> 　「財産上の利益を得る目的」で、159条違反の行為を行い、有価証券等の相場を変動などさせ、当該変動などさせた相場により、当該有価証券等に係る有価証券の売買、その他の取引、またはデリバティブ取引等を行った場合、法定刑は、10年以下の懲役「および」3,000万円以下の罰金に「加重」されている（197条2項）。
>
> 　相場操縦行為等の規制違反行為により得た財産、およびその対価として得た財産などについては、「必要的没収」および「必要的追徴」が規定されている（198条の2）（没収・追徴の意義につき後述を参照）。これは、相場操縦等の犯罪行為により得た利益を犯人から残らずはく奪し、不公正取引に対する抑止力を強化する趣旨の規定とされている。そして、相場操縦においては、個々の売買取引それぞれ

33）横浜地判平成21・11・24判例集未登載（平20(わ)第2244号、第2521号）。

34）松尾・前掲注7）570頁。

第 5 編　不公正取引の規制と裁判例の展開

が規制違反に該当するものである場合、個々の取引により得た買付株式および株式の売却代金すべてが必要的没収・追徴の対象になるとされる[35]。ただし、犯人に過酷な結果をもたらす場合などには、例外的に没収・追徴の対象から除外することが許される（198条の2第1項但書については後述）[36]。裁判例では、没収・追徴の範囲を相場操縦行為により得た株式の売却代金からその買付代金相当額を控除した売買差益相当額に限定する例が多い[37]。

　なお、相場操縦行為等の規制違反の罪は法人も処罰されるので（207条1項1号）、法人も刑法19条2項にいう「犯人」にあたり、法人が得た財産も没収・追徴の対象になる。

〈相場操縦行為等の規制違反に関する裁判例〉

　なお、相場操縦行為等の規制違反の罪に関して、裁判例においては、たとえば、有価証券の保有・運用等を業とするA会社の代表取締役である被告人X、および金銭貸付業務等を業とするB会社の代表取締役である被告人Yが、共謀して、売買取引が繁盛であると誤解させる等の相場操縦行為を行ったとして起訴された事案について、Xは、個々の売買取引については、個別にB会社の関係者から指示を受けるなどしてはいないが、それは、相場操縦行為に関する特段の知識・経験もないYを含むB社の関係者が仕手筋としての実績のあるXの手腕に信頼し、相場操縦行為を効果的に行わせるため、個々の売買取引を任せていたことによるものとして、XとYとを共同正犯であるとしたものがある（日本ユニシス株価操作事件）[38]。Yの弁護人は、そもそもXが自己の判断により、かつ単独でその計算において売買取引を行ったものであり、YおよびY社の関係者が売買取引に口出しするなどして関与したことはまったくないから、Yに対してXの行った本件相場操縦行為について共同正犯としての責任を問うことはできない旨の主張をした。しかし、本件相場操縦行為のうち仮装売買について、XはYにこれを説明し、YはXをして株価を人為的に

35）（旧）証券取引法198条の2に関して、東京地判平成15・11・11判時1850号151頁。なお、鈴木優典「判批」金融商品取引法判例百選202頁（有斐閣、2013）を参照。

36）前掲注35）東京地判平成15・11・11参照。

37）前掲注35）東京地判平成15・11・11。東京地判平成17・3・11判時1895号154頁（キャッツ事件）など。

38）東京地判平成6・10・3判タ875号285頁。

566

第6章　エンフォースメント／第1節　刑　事　罰

操作させて短期間に巨額の利益を確実に上げさせることを前提にしていたとされ、また X の仕手筋としての手腕に信頼していたのであるから、個別的な売買取引に口を出すまでもなかったとされている。いずれにしても、共同正犯の成立要件が、①共同実行の意思（共謀の内容に意思連絡が含まれるとする見解も有力であるが、両者に本質的な相違はないとする見解も有力である）、②実行行為の共同（意思連絡・共謀に基づき共同者の一部または全部が実行行為を遂行すること）であると考えれば、両者の間に「相互利用補充関係」を認めることができるほどの意思連絡・共謀が株価操縦行為について存在していたか否かの判断が重要となり、この事案では、それを肯定するのに問題はなかったと思われる[39]。

6　インサイダー（内部者）取引規制に関する刑事罰

インサイダー（内部者）取引もまた、刑事罰による規制の対象となる。その保護法益は、「証券市場の公正性・健全性に対する一般投資家の信頼の確保」とされている[40]。

証取法改正（昭和63年）によってインサイダー取引規制が導入された当初の法定刑は、「6月以下の懲役もしくは50万円以下の罰金または併科」とされ、現状に比べて軽いものであり、その理由は、インサイダー取引規制が、取引の実質的な不正という点までは立ち入らず、いわば形式的に、発行会社の役員などの一定の地位にある者が、一定の事実を知った場合について、これが公表される前に一定の有価証券の取引を行うこと自体を処罰するものであることを前提として、公開買付制度における別途買付等の禁止違反の法定刑との均衡などを考慮に入れたからであると指摘されている[41]。その後、数次の改正を経て、

---

39)　なお、十河太朗「判批」金融商品取引法判例百選196頁（有斐閣、2013）。

40)　芝原ほか編・前掲注9）482頁〔木目田裕〕。さらに、松尾・前掲注7）598頁以下では、インサイダー取引規制の根拠として、①投資者間の情報の非対称性に起因する不公平を是正して公平を確保することにより投資者保護を図ること、②証券市場における価格形成の公平性を確保すること、③投資者の市場参加による流動性確保を通じた証券市場の効率性を確保することが指摘されている。

41)　松尾・前掲注7）658頁。さらに黒沼・前掲注2）455頁。

567

第5編　不公正取引の規制と裁判例の展開

規制対象とされる行為の内容（犯罪構成要件）は変わらないまま、重罰化が図られたものである。インサイダー取引規制について、現行の法定刑にまで引き上げられた点については、わが国の経済社会における「インサイダー取引規制の類型的な違法性」が高まり、これを抑止する必要性が高まったからであると指摘されている[42]。市場の公正性・健全性およびこれに対する投資者の信頼確保を目指すためには、必要な措置といえよう（法益保護の必要性）。

インサイダー取引規制には「形式犯」という特徴があると指摘される[43]。すなわち、会社関係者等が職務等に関し「未公表の重要事実等」を知って上場株券等の売買等をするという法令が定める一定の行為類型に形式的に該当すれば、インサイダー取引が成立することになる。行為者に具体的に利益が発生したことを問わないし、行為者に利欲的な動機・目的が存在することも問われていない。①行為者自身が会社関係者のいずれかに該当し、②職務等に関し未公表の重要事実を知ったものであり、③その重要事実が公表されていないことを認識して株券等を売買等すれば、インサイダー取引規制の違反行為にあたることになる（本罪の故意を認めるためには①ないし③の認識が必要になる）。

刑事罰の概略

インサイダー取引規制は、主として①会社関係者などによるインサイダー取引規制（166条）、②公開買付者等関係者などによるインサイダー取引規制（167条）がある。

その違反行為につき（166条1項・3項、167条1項・3項）、それぞれ法定刑は、5年以下の懲役、もしくは500万円以下の罰金、またはその併科（197条の2第13号）。法人は5億円以下の罰金（207条1項2号）。

なお、新設された（平成25年法改正）情報伝達・取引推奨規制違反につき、法定刑は、前記インサイダー取引規制に対する違反行為と同一（197条の2第15号、207条1項2号）である。

インサイダー取引によって得た財産（犯罪取得財産）、得た財産を売却して（対価として）得た財産、得た権利を行使して得た財産（対価財産）は、没収の対象となり（198条の2）、没収できないときはその価額が犯人から追徴される（198条の2）。刑法19条および19条の2は「任意的没収」および「任意的追徴」を規定しているが、金商法198条の2は、「必要的没収」および「必要的追徴」を規定する。

42）松尾・前掲注7）659頁。

43）芝原ほか編・前掲注9）483頁。

568

第6章　エンフォースメント／第1節　刑 事 罰

　没収できるのは、没収対象財産が「犯人以外の者に属しない物」に限られる（刑法19条2項）。この場合の「犯人」には、行為者である個人はもちろん、両罰規定により法人も含まれると解される[44]。

　法改正（平成26年）により、債権の性質を有する振替株式（電子化された株券）等の無体財産の没収にかかる規定が整備された（209条の5）。

　ただし、その取得の状況、損害賠償の履行状況、その他の事情に照らし、当該財産の全部、または一部を没収することが相当でないときは、没収しないことができる（198条の2第1項但書）[45]。この規定は追徴の場合にも適用される[46]。

　なお、情報伝達・取引推奨規制違反の罪については、必要的没収・追徴の対象とはされていない。

　没収とは、「物」の所有権等をはく奪して国庫に帰属させる処分をいう。没収は「付加刑」であり、「主刑」を言い渡す場合にこれに付加して科される刑罰である（刑法9条）。法的には「財産刑」の1つであり、刑罰であるものの、実質的には刑罰的側面のほか、目的物の社会的危険性を除去し（たとえば殺人事件に使用された凶器）、「犯人に犯罪による利得を保持させない」という点において保安処分的側面をも有しているとされる[47]。

　刑法19条にいう没収の対象となる物とは、「有体物」であり、動産のみではなく不動産も含まれる。利益や債券は没収できないが、有価証券等の有体物に化体されているときは、それを没収することができる。なお、刑法19条以外の没収には利益等を含み得るとされ（組織犯罪処罰法13条、麻薬及び向精神薬取締法等特例法11条など）[48]、無体財産の没収規定（209条の5）はその例外ということになる。

〔阿部力也〕

44）　松尾・前掲注7）659頁。

45）　この規定によって、インサイダーが違法な取引と反対売買によって得た利益の額、または免れた損失の額を追徴できるように工夫されている、と指摘する見解として、黒沼・前掲注2）456頁を参照。

46）　松尾・前掲注7）660頁。

47）　前田雅英ほか編『条解刑法〔第3版〕』33頁（弘文堂、2013）。

48）　前田ほか編・前掲注47）34頁。

第5編　不公正取引の規制と裁判例の展開

第2節　課　徴　金

1　意　義

(1) 課徴金制度は、平成16年の旧証券取引法改正で導入された。

　金商法上の課徴金制度は、違反行為の抑止を図り、規制の実効性を確保するという行政目的の達成のため、一定の規定に違反した者に対して金銭的負担を課す行政上の措置である。

　課徴金制度導入当時、課徴金額は、違反類型ごとに一般的・抽象的に想定しうる経済的利得相当額を基準としていた。平成20年改正により課徴金額が引き上げられた。違反行為の抑止の実効性を一層確保する観点によるものである。

(2) 違反行為は、罰則の対象となる行為でもある。したがって、1つの金商法違反行為につき、刑事事件と課徴金審判手続が行われることがある。オリンパス株式会社に係る有価証券報告書等の虚偽記載の事件においては、課徴金納付命令の決定（平成24年7月11日）の後、刑事事件で罰金が確定（平成25年7月18日）し、罰金の額が課徴金を上回ったため、金商法185条の8第6項但書および第8項に基づき課徴金納付命令の決定が取り消された（平成25年9月5日）。

　なお、独占禁止法の課徴金に関しては、カルテル行為について同法による罰金刑が確定した後、そのカルテル行為に同法の課徴金の納付を命じても、憲法39条、29条、31条に違反しない（最判平成10・10・13判時1662号83頁）との判例がある。

570

第6章 エンフォースメント／第2節 課 徴 金

2 違反行為と課徴金額

(1) 概要

課徴金の対象となる違反行為とその課徴金額は次のとおりである[1]。

(A) 発行開示書類の不提出等（金商法172条、172条の2第6項）

募集・売出しの総額×2.25%（株券等の場合は4.5%）

(B) 発行開示書類の虚偽記載等（同法172条の2第1項から第5項）

(A)に同じ

(C) 継続開示書類の不提出（同法172条の3）

直前事業年度の監査報酬相当額〔四半期報告書、半期報告書の場合はその2分の1〕（該当するものがない場合は、400万円〔200万円〕）

(D) 継続開示書類の虚偽記載等（同法172条の4）

（600万円）と（発行有価証券の時価総額×10万分の6）のいずれか高い方の額〔四半期報告書、半期報告書、臨時報告書の場合はその2分の1〕

(E) 公開買付開始公告の不実施（同法172条の5）

買付け総額×25%

(F) 公開買付開始公告・公開買付届出書の虚偽記載等（同法172条の6）

開始公告の前日の終値×買付株数×25%

1）特定証券情報の不提供（金商法172条の9）、虚偽等ある特定証券等情報の提供（同法172条の10）、虚偽等ある発行者等情報の提供（同法172条の11）、虚偽開示書類等の提出等の幇助または教唆（同法172条の12）は省略した。

第 5 編　不公正取引の規制と裁判例の展開

(G) **大量保有報告書、変更報告書の不提出**（同法 172 条の 7）

　株券等の提出期限翌日の終値×発行済株式総数×10 万分の 1

(H) **大量保有報告書、変更報告書の虚偽記載**（同法 172 条の 8）

　(G)にほぼ同じ

(I) **風説の流布・偽計**（同法 173 条）

　次の①から④に定める額（2 つ以上に該当する場合は合計額）

　① 違反行為期間における売付け等の数量が買付け等の数量を超える場合

　　（超える数量に係る売付け等の価額）−（違反行為終了後 1 か月の最低価格
　　×超える数量）

　② 違反行為期間における買付け等の数量が売付け等の数量を超える場合

　　（違反行為終了後 1 か月の最高価格×超える数量）−（超える数量に係る買
　　付け等の価額）

　③ 違反行為開始時から違反行為終了後 1 か月までの間に自己または関係者
　　の発行する有価証券を有価証券発行勧誘等〔同法 4 条 1 項 1 号〕により取
　　得させた場合、または組織再編成により交付した場合

　　　（違反行為終了後 1 か月の最高価格−違反行為直前の価格）×取得させた
　　　数量または交付した数量

　④ 他人の計算で違反行為開始時から違反行為終了後 1 か月を経過するまで
　　に売付け等または買付け等をした場合

　　　運用財産の運用の場合は運用対価の 3 か月分、それ以外は売付け等また
　　　は買付け等の手数料額

(J) **仮装・馴合売買**〔同法 159 条 1 項〕による相場操縦（同法 174 条）

　(I)にほぼ同じ

(K) **変動操作取引**〔同法 159 条 2 項 1 号〕による相場操縦（同法 174 条の 2）

　〈1 号〉と〈2 号〉の合計額

　〈1 号〉売買対象数量×（売付け等の価額−買付け等の価額）

第 6 章　エンフォースメント／第 2 節　課 徴 金

〈2 号〉イからニに定める額（イからニの 2 つ以上に該当する場合は合計額）

  イ　(I)①にほぼ同じ

  ロ　(I)②にほぼ同じ

  ハ　(I)③にほぼ同じ

  ニ　(I)④にほぼ同じ

(L)　安定操作取引〔同法 159 条 3 項〕による相場操縦（同法 174 条の 3）

〈1 号〉と〈2 号〉の合計額

〈1 号〉（違反行為に係る有価証券の売付け等の価額）−（違反行為に係る有価証券の買付け等の価額）

〈2 号〉イからニに定める額（イからニの 2 つ以上に該当する場合は合計額）

  イ　違反行為の開始時において、上場金融商品等の売付等数量が買付等数量を超える場合

   （違反行為終了後 1 か月の平均価格−違反行為期間中の平均価格）×超える数量

  ロ　違反行為の開始時において、上場金融商品等の買付等数量が売付等数量を超える場合

   （違反行為期間中の平均価格−違反行為終了後 1 か月の平均価格）×超える数量

  ハ　違反行為の開始時から違反行為の終了後 1 か月を経過するまでの間に自己または関係者の発行する有価証券を、有価証券発行勧誘等により取得させた場合、または組織再編成により交付した場合

   （違反行為期間中の平均価格−違反行為終了後 1 か月の平均価格）×取得させた数量または交付した数量

  ニ　(I)④にほぼ同じ

(M)　インサイダー取引（同法 175 条）

次の①②に定める額（2 つに該当する場合は合計額）

①　インサイダー情報公表前 6 か月以内の売付け等（買付け等）の価格とインサイダー情報公表後 2 週間の最安値（最高値）の価格との差額×売付等数

第 5 編　不公正取引の規制と裁判例の展開

量（買付等数量）

② 違反者が他人の計算で売買等をした場合

　運用財産の運用の場合は運用対価の 3 か月分、それ以外は売買等の手数料額

(N)　未公表のインサイダー情報の伝達・売買等を勧める（同法 175 条の 2）

　① 仲介関連業務に関する違反の場合

　　仲介関連業務の対価の 3 か月分

　② 募集等業務に関する違反の場合

　　仲介関連業務の対価の 3 か月分＋(引受業務の対価×2 分の 1)

　③ 他の場合は、情報受領者の利得相当額×2 分の 1

(2) 課徴金の減算

　次の①から⑥については、金商法 185 条の 7 第 14 項の表第 1 欄の者が、同表第 2 欄の規定に該当する事実について同表第 3 欄の処分が行われる前に証券取引等監視委員会に報告しているときは、課徴金額は同表第 4 欄の額の 50% に減算される（同項）。報告は、金融商品取引法第六章の二の規定による課徴金に関する内閣府令（以下、「課徴金府令」という）別紙様式「課徴金の減額に係る報告書」により、違反の類型、違反の概要、その他参考となるべき事項を記載して行う（同府令 61 条の 7）。

　① 虚偽記載等ある発行開示書類を提出した発行者、虚偽記載等ある目論見書を使用した発行者〔同法 172 条の 2 第 1 項、4 項〕

　② 有価証券報告書等の虚偽記載等、四半期・半期・臨時報告書等の虚偽記載等〔同法 172 条の 4 第 1 項、2 項〕

　③ 大量保有報告書、変更報告書の不提出〔同法 172 条の 7〕

　④ 虚偽等ある特定証券等情報の提供〔同法 172 条の 10 第 1 項〕

　⑤ 虚偽等ある発行者等情報の提供〔同法 172 条の 11 第 1 項〕

　⑥ 虚偽開示書類等の提出等の幇助または教唆〔同法 172 条の 12 第 1 項〕

　⑦ 会社関係者のインサイダー取引（重要事実が自己株式または自己投資口の取得である場合に限る）〔同法 175 条 1 項、9 項〕

この減算の制度は違反者による自律的な是正を促し、早期発見等により継続

的に違反が繰り返されることを防止する趣旨とされる。監督官庁に協力したなど被審人の情状を考慮するものではなく、司法取引とも異なる。

(3) 課徴金の加算

金商法185条の7第15項の表上欄に掲げる者が、同表中欄に掲げる日から過去5年間に、課徴金納付命令または同条第18項の決定を受けたことがあるときは、課徴金額は同表下欄の額の50%加算される（同項）。

違反行為を繰り返した者に対しては、前回課した課徴金の水準では違反行為の抑止には不十分であるとの趣旨である。前回と同一類型の違反行為であることを要しない。

3　審判手続

(1) 報告の徴収および立入検査

証券取引等監視委員会は、金商法の課徴金に係る事件について必要な調査をするため、当該職員に、次の〈1号〉から〈3号〉に掲げる処分をさせることができる（金商法177条1項）[2]。

〈1号〉事件関係人もしくは参考人に出頭を求め、質問をし、またはこれらの者から意見もしくは報告を徴すること。

〈2号〉事件関係人に対し帳簿書類その他の物件の提出を命じ、または提出物件を留めて置くこと。

〈3号〉事件関係人の営業所その他必要な場所に立ち入り、帳簿書類その他の物件を検査すること。

また、証券取引等監視委員会は金商法177条1項の規定による調査について、公務所または公私の団体に照会して必要な事項の報告を求めることができる（同条2項）。

本条に基づく調査は、裁判所から令状を得て行う強制捜査ではなく、対象者

2）金商法177条1項違反の罰則は、同法205条の3第1号、2号。205条6号、207条1項6号。

第5編　不公正取引の規制と裁判例の展開

の協力を得て行う任意捜査である。

(2) 勧告

証券取引等監視委員会は金融商品取引法の規定に基づき、検査、報告もしくは資料の提出の命令、質問もしくは意見の聴取または犯則事件の調査を行った場合において、必要があると認めるときは、その結果に基づき、金融商品取引の公正を確保するため、または投資者の保護その他の公益を確保するため行うべき行政処分その他の措置について内閣総理大臣および金融庁長官に勧告することができる（金融庁設置法20条1項）。

証券取引等監視委員会は、課徴金納付命令の勧告について裁量がないとの考えもある。しかしながら、証券取引等監視委員会に勧告を行う裁量を認めるべきである[3]。第一に、法律・政令・内閣府令においてその内容が絶対に適正であるとは断言できない。また、法規の解釈においても見解の分かれるものもある。これらを含め、法規該当のすべてに勧告を行った場合、すべての納付命令においてその正当性が確保されることは人間の能力を超える。第二に、課徴金が少額の場合において、国民の税によってまかなわれる行政が多額の費用を支出することは、無駄である。第三に、金融庁設置法20条1項は「必要があると認めるときは」と規定しており、証券取引等監視委員会の裁量があると解する条文上の根拠となりうる。

(3) 審判手続開始の決定

金融庁長官は、(2)の勧告を受けた場合を含め、金商法178条1項各号に掲げる事実のいずれかがあると認めるときは、当該事実に係る事件について審判手続開始の決定をしなければならない（同項）。

審判手続の開始の決定は、審判手続開始決定書により行う。その記載事項は、納付すべき課徴金の額、課徴金に係る金商法178条1項1号から17号に掲げる事実、法令の適用、課徴金の計算の基礎、第1回の審判の期日および場所、である（同法179条1項、2項、課徴金府令14条1項）。

3）同旨：大森泰人『霞ヶ関から眺める証券市場の風景』75頁（金融財政事情研究会、2014）。

第6章　エンフォースメント／第2節　課　徴　金

　審判手続開始決定書の謄本は、課徴金の納付を命じようとする者（被審人）の防御のため、被審人に送達（金商法185条の9、10）される（同法179条3項）。①被審人またはその代理人が審判の期日に出頭すべき旨、②答弁書を提出すべき期限、が記載された通知書が添付される（同法179条4項、課徴金府令14条2項）。

(4) 審判官

　審判手続は、3人の審判官をもって構成する合議体が行う。ただし、簡易な事件については、1人の審判官が行う（金商法180条1項）。

　金融庁長官は、各審判事件について、合議体を構成する審判官または1人の審判官を指定する（同条2項）[4]。合議体で審判手続を行うときは、金融庁長官は合議体を構成する審判官の1人を審判長として指定する（同条3項）。これら審判官や審判長の指定をしたときは、その氏名が被審人またはその代理人に通知される（課徴金府令17条1項、2項）。合議体が審判手続を行う場合においては、審判官の合議は、過半数で決する（同府令5条）。

　審判官は、その職務を公正迅速に、かつ、独立して行う（同府令6条1項）。合議体を構成する審判官のうち1名以上または1人の審判官は、検察官、弁護士または弁護士となる資格を有する者でなければならない（同府令6条2項）。

　金融庁長官は、その職員に審判手続に関する事務を行わせる（同府令7条12項）。

(5) 審判廷

　審判は、金融庁内の審判廷で行われるのが原則である（課徴金府令18条）。

　審判は、公開して行われる（金商法182条）。公開により審判の適正・公正を確保する趣旨である。傍聴席と取材席が設けられ、傍聴人がメモをとることができる。録音撮影は禁止されている。ただし、公益上必要があるときは、非公開とすることができる（同条但書）。

　4）　当該事件について調査に関与したことのある者は審判官に指定できない（金商法180条4項）。

577

第5編　不公正取引の規制と裁判例の展開

(6) 指定職員・被審人

金融庁長官は、金融庁職員（証券取引等監視委員会の職員）でその指定する者（指定職員）を審判手続に参加させることができる（金商法181条2項）。指定職員は審判に立会い、証拠の申出その他必要な行為をすることができる（同条3項）。

被審人は、弁護士、弁護士法人または金融庁長官の承認を得た適当な者を代理人とすることができる（同条1項）。弁護士または弁護士法人である代理人の権限は、書面で証明しなければならない（課徴金府令9条1項）。

金融庁内の審判廷は、傍聴席の正面が審判官席、左側が指定職員席、右側が被審人および代理人席で、裁判所の法廷に類する。

(7) 答弁書

被審人は、審判手続開始決定書の謄本の送達を受けたときは、これに対する答弁書を、遅滞なく、審判官に提出しなければならない（金商法183条1項）。

答弁書には、納付すべき課徴金の額に対する答弁、課徴金に係る金商法178条1項各号に掲げる事実に対する認否、法令の適用および課徴金の計算の基礎に関する主張、被審人の主張、を記載する（課徴金府令16条1項）。

被審人が、審判手続開始決定書に記載された審判の期日前に、同決定書に記載された課徴金に係る金商法178条1項各号に掲げる事実、および納付すべき課徴金の額、を認める旨の答弁書を提出したときは、審判の期日を開かずに（同法183条2項）[5]、審判官は、審判開始決定書、答弁書の内容を前提に同法185条の6の決定案を作成し、金融庁長官は課徴金納付を命じることができる。

(8) 期日および期間

審判官は、正当な理由があると認めた場合には、申立てによりまたは職権で、第1回の審判の期日もしくは場所を変更し、または答弁書を提出すべき期限を延長することができる（課徴金府令15条）。

第2回以後の審判の期日は、審判長が指定する。審判の期日は、やむを得な

5）　答弁書に抗弁や法律上の主張を記載した場合は、審判期日が開かれる扱いのようである。

い事由がある場合でなければ、変更することができない（同府令20条1項、2項）。

　期間の計算については、民法の期間に関する規定に従う（同府令11条1項）。

(9) 主張等およびその準備

(A)　審判は、審判長が指揮する。審判長は、発言を許し、またはその命令に従わない者の発言を禁ずることができる（同府令21条1項、2項）。審判長は、審判廷の秩序を維持するために必要な事項を命じ、または処置をとることができる（同府令21条3項）。審判廷の警察権である。

(B)　審判長は、審判の期日または期日外において、事件関係を明瞭にするため、事実上および法律上の事項に関し、指定職員または被審人もしくはその代理人に対して問いを発し、または必要な行為を求めることができる（同府令22条1項）。

　指定職員または被審人もしくはその代理人は、審判の期日または期日外において、審判長に対して必要な発問を求めることができる（同条3項）。

(C)　主張の提出または証拠の申出は、審判の進行状況に応じ適切な時期に行わなければならない〔適時提出主義〕（同府令24条）。

(D)　審判手続における主張は、書面で準備しなければならない（同府令28条1項）。準備書面は、これに記載した事項について相手方が準備をするのに必要な期間をおいて、審判官に提出しなければならない（同府令28条2項）。

(10) 被審人の意見陳述

　被審人は、審判の期日に出頭して、意見を述べることができる（金商法184条1項）。審判官は、必要があると認めるときは、被審人に対して、意見の陳述を求めることができる（同条2項）。

　被審人に防御の機会を与えて手続保障を行うと共に、事情を最も良く知る被審人の意見陳述により事案を解明する目的を持つものである。

第5編　不公正取引の規制と裁判例の展開

(11) 証拠

指定職員または被審人もしくはその代理人は、証拠の申出をすることができる（課徴金府令31条1項）。

審判官は、職権で証拠調べをすることができる（同府令32条）。証拠の採否は審判官の手続裁量となる（同府令33条）。

(12) 参考人に対する審問

審判官は、被審人の申立てによりまたは職権で、参考人に出頭を求めて審問することができる。この場合においては、被審人も、その参考人に質問することができる（金商法185条1項）。参考人とは、事件関係者以外で違反被疑事実に関する情報を有している者とされる。

参考人審問の申出は、参考人を指定し、かつ、審問に要する見込みの時間を明らかにしてしなければならない（課徴金府令36条）。参考人の宣誓は、審問の前にさせなければならない（同府令41条）。参考人の審問は、その審問の申出をした者、相手方、審判長の順序でする（同府令42条1項）。

(13) 被審人審問

被審人審問（課徴金府令49条）は、被審人に質問しこれに対する供述内容を証拠資料とする証拠調べである。事情を最も良く知る被審人本人を審問することにより、事案の解明を目的とするものである。

(14) 証拠書類・証拠物

被審人は、審判に際し、証拠書類または証拠物を提出することができる（金商法185条の3第1項本文）。

審判官は、被審人の申立てによりまたは職権で、書類その他の物件の所持人に対し、その物件の提出を求め、かつ、その提出された物件を留め置くことができる（同条第2項）。

証拠書類の提出は、原本、正本または認証のある謄本でしなければならない（課徴金府令53条1項）のが、原則である。

580

第6章　エンフォースメント／第2節　課徴金

(15) 鑑定命令・立入検査

(A) 審判官は、被審人の申立てによりまたは職権で、学職経験を有する者に鑑定を命ずることができる（金商法185条の4第1項）。

(B) 審判官は、被審人の申立てによりまたは職権で、事件関係人の営業所その他必要な場所に立ち入り、帳簿書類その他の物件を検査することができる（同法185条の5）。

　立入検査は、審判手続の一環として、審判官が行政処分の必要性の有無を基礎付ける事実を調査するための行政検査権限であり、裁判所の令状を要しない。

(16) 審判手続の終結

(A) 審判官は、金融庁長官が、金商法185条の7第1項、2項、4項から8項および10項から18項の決定、をするに足りる主張および証拠の提出がされたと認めるときは、審判手続を終結する（課徴金府令60条1項）。

(B) 審判官は、被審人が審判の期日に出頭せず、または主張もしくは証拠の申出をしないで退席した場合において、審理の現状ならびに指定職員および被審人の審判手続追行の状況を考慮して相当と認めるときは、審判手続を終結することができる（同条2項）。

　審判官は、被審人が連続して2回、審判の期日に出頭せず、または主張もしくは証拠の申出をしないで退席したときは、審判手続を終結する。ただし、審判官が相当と認める場合は、この限りでない（同条3項）。

4　課徴金納付命令

(1) 決定案

(A) 決定案の作成、提出

　審判官は、審判手続を経た後、審判事件についての決定案を作成し、金融庁長官に提出しなければならない（金商法185条の6）。

581

第5編　不公正取引の規制と裁判例の展開

　決定案作成に際しての証拠の評価等は、審判官の自由心証に委ねられる。調査段階での事件関係者または参考人の供述を録取した質問調書を基に事実を認定するためには、その供述に信用性があり、証明力があることが前提となる。任意性も問題となりうる。合議体において審判官の心証が分かれた場合は、過半数による。

(B) 証明の程度

　課徴金の納付命令に対しては、金商法185条の18の取消しの訴え（行政事件訴訟法3条2項の処分取消しの訴えに該当する）の提起が可能であり、この場合は行政事件として裁判所の判決がなされる。したがって課徴金の納付命令の決定についても、行政訴訟において求められる証明の程度が必要と解される。課徴金の納付命令の審判手続における事実の証明の程度は民事訴訟法における高度の蓋然性（通常人が日常生活上の決定や行動の基礎とすることをためらわない程度に真実であることの蓋然性が認められれば証明がある）が必要である。

(2) 課徴金納付命令の決定等

(A) 課徴金を国庫に納付することを命ずる旨の金融庁長官の決定（金商法185条の7第1項）は、同法185条の6により審判官が提出した決定案に基づいて行われる（同法185条の7第19項）。

　課徴金納付命令の決定は、文書（決定書）により行う。決定書には、主文（納付すべき課徴金の額および納付期限）、事実および理由（課徴金に係る金商法178条1項各号に掲げる事実、法令の適用および課徴金の計算の基礎）、被審人およびその代理人、を記載しなければならない（同法185条の7第20項、課徴金府令61条）。課徴金の納付期限は、決定書の謄本を発した日から2か月を経過した日とされる（金商法185条の7第21項）。

(B) 金融庁長官は、審判手続を経た後、①金商法178条1項各号に掲げる事実がないと認めるとき、②同法185条の7第3項、第5項但書、第7項但書、第9項、第11項但書、第16項但書または第17項但書に該当するときは、その旨を明らかにする決定をしなければならない（同法185条の7第18項）。決定

第6章　エンフォースメント／第2節　課　徴　金

書には、①、②のいずれかに該当する旨およびその理由を記載する（課徴金府令61条4項）。

〈金商法185条の7第18項（平成25年改正前は同条16項）の審判例〉
○金融庁は、平成22年6月25日、株式会社ビックカメラ役員が所有する同社株券の売出しに係る目論見書の虚偽記載事件に対し、違反事実がない旨の決定を行った。
　[事案の概要]
　ビックカメラの平成19年8月期の有価証券報告書（同年11月29日提出）の「重要な後発事象」に、平成19年10月26日付で匿名組合清算金配当金4920百万円が発生、平成20年2月中間期の半期報告書（同年5月2日提出）の中間連結損益計算書に連結計算書類における連結中間純損益が匿名組合清算金配当金の計上等により7145百万円の利益である旨が記載された。
　ビックカメラは、平成14年8月に池袋本店ビルおよび本部ビルの不動産流動化を実施した。同スキームにより両ビルを取得した匿名組合（特別目的会社）には、ビックカメラと株式会社豊島企画が出資していたが、豊島企画の出資者はビックカメラと無関係の第三者であり、その合算したリスク負担割合が5%程であるとして、売却処理の会計処理がなされていた。しかし、豊島企画の実質株主はビックカメラの代表取締役社長であり、さらに同社長が同社の資金調達に担保提供しており、豊島企画はビックカメラの子会社であった。したがって、不動産流動化スキームは金融取引として処理すべきものでこの処理に従うと、前記の4920百万円匿名組合清算金配当金は発生せず、前記の連結純利益は1398百万円にとどまり、7145百万円に及ぶものではなかった。
　ビックカメラの代表取締役である被審人が所有する同社株式の平成20年6月10日の売出しにつき、平成19年8月期有価証券報告書および平成20年2月中間期の半期報告書を参照書類とする目論見書を、当該目論見書に虚偽の記載があることを知りながら、目論見書の作成に関与し、目論見書に係る売出しによりビックカメラ8万株を60億3680万円で売り付けたとの、金商法178条1項2号の事実が、審判手続開始決定書記載の違反事実である。

第5編　不公正取引の規制と裁判例の展開

［決定の要旨］

決定は、質問調書の信用性、供述内容の真実性、被審人への取締役からの報告体制、被審人の貸付処理や会計、出資についての認識や個人資産の管理状況等を検討し、「被審人が、目論見書の作成に関与した時点で、目論見書に虚偽の記載があることを知っていたとまでは認めることはできない。」とし、金商法178条1項2号に該当する事実は認められないとの決定を行った。

○金融庁は、平成24年10月23日、インサイダー取引（金商法166条3項）につき違反事実のない旨の決定を行った。

［事案の概要］

被審人は、平成21年8月ころ、上場会社である株式会社SJIと業務提携基本契約の締結に関し、デジタル・チャイナ・ホールディングスの役員Bが知った、SJIが株式の募集を行うことおよびデジタル社と業務上の提携を行うことの重要事実の伝達をBから受けて、自己の計算においてSJIの株式を買い付けた。

［決定の要旨］

被審人がBから重要事実の伝達を受けた可能性は、観念的なものにとどまる上、Bからの伝達を裏付ける証拠もない。被審人が平成21年8月ころに重要事実の伝達をBから受けていたとは認められないとし、金商法178条1項16号に該当する事実を認めることはできないとの決定を行った。

(3)　決定の効力

金商法185条の7第1項、2項、4項から8項まで、10項から18項の決定は、被審人に決定書の謄本を送達することにより効力を生じる（同条22項）。

(4)　事件記録の閲覧等

利害関係人は、金融庁長官に対し、審判手続開始の決定後、事件記録の閲覧もしくは謄写または課徴金納付命令の決定に係る決定書の謄本もしくは抄本の交付を求めることができる。この場合において、第三者の利益を害するおそれがあるときその他正当な理由があるときでなければ、これを拒むことができな

い（金商法 185 条の 13）。

利害関係人は、被審人の他、被害者を含む。

(5) 納付

課徴金を国庫に納付する命令を受けた者には課徴金納付義務がある（金商法 176 条 3 項）。

金融庁長官は、課徴金をその納付期限までに納付しない者があるときは、督促状により期限を指定してその納付を督促しなければならない（同法 185 条の 14 第 1 項）。金融庁長官は、この督促をしたときは、課徴金の額につき年 14.5% の割合で、納付期限の翌日からその納付の日までの日数により計算した延滞金を徴収することができる（同条 2 項）。

納付の督促を受けた者がその指定する期限までにその納付すべき金額を納付しないときは、金融庁長官は命令を執行する。この命令は、執行力のある債務名義と同一の効力を有する。課徴金納付命令の執行は、民事執行法その他強制執行の手続に関する法令の規定に従ってする（金商法 185 条の 15）。

5 訴 訟 等

(1) 処分取消しの訴え

課徴金の納付を命ずる決定に対して不服の場合は、行政事件訴訟法 3 条 2 項の「処分取消しの訴え」である、課徴金の納付を命ずる決定の取消しの訴えが提起できる。

金商法 185 条の 7 第 1 項、2 項、4 項から 8 項および 10 項から 17 項の課徴金の納付を命ずる決定の取消の訴えについての出訴期間は、決定の効力が生じた日から 30 日（不変期間）である（同法 185 条の 18）。

(2) 行政手続法の適用除外

金融庁長官が金商法第 6 章の 2 課徴金第 1 節納付命令（金商法 172 条から 177 条）または第 2 節審判手続（同法 178 条から 185 条の 17）の規定によってする決

第 5 編　不公正取引の規制と裁判例の展開

定その他の処分（第 2 節の規定によって審判官がする処分を含む）については、行政手続法第 2 章申請に対する処分および第 3 章不利益処分の規定は、適用されない（金商法 185 条の 20）。これらの処分については、独自の適正確保のための手続が規定されていることから、行政手続法の適用を排除している。

(3) 審査請求

　金融庁長官が、金商法第 6 章の 2 課徴金第 1 節納付命令または第 2 章審判手続の規定により行う決定その他の処分（同節の規定により審判官が行う処分を含む）またはその不作為については、審査請求をすることができない（金商法 185 条の 21）。

　慎重な手続である審判手続を経て行われた課徴金審判での処分やその不作為については、不服申立てを認めない。

〈金商法 185 条の 18 の取消しの訴えの判決〉

○東京地判平成 28・9・1 判時 2369 号 47 頁

　［事案の概要］

　コンサルティング業務や資産運用に関する情報提供等を業とする会社の代表取締役（被審人）は、野村證券株式会社のキャピタル・マーケット部従業員らが野村證券を主幹事証券会社とする東京電力株式会社（東京証券取引所第一部上場）との引受契約の締結の交渉に関し知り、その後、野村證券の機関投資家営業第二部営業員がその職務に関し知った、東京電力が「株式の募集」（公募増資）を行うことについての決定をしたとの重要事実を、同営業員から伝達を受け、その重要事実の公表（平成 22 年 9 月 29 日）前に、自己の計算において東京電力の株式 200 株を売り付けたことがインサイダー取引（金商法 166 条 3 項）として、金融庁から平成 25 年 6 月 27 日に平成 23 年改正前の金商法 175 条 1 項 1 号、166 条 3 項に基づき課徴金 6 万円を納付すべき旨の決定を受けたのに対し、同決定の取消しの訴えを提起した。

　［判決の要旨］

　裁判所は、営業員、野村證券の他の社員、被審人（原告）、その関係者の電子メール、チャット、野村證券内の社内書類、新聞報道などを日ごとに精査し

586

第6章 エンフォースメント／第2節 課 徴 金

て、原告が公表前に東京電力が公募増資を実施すると決定したことやそれが9
月29日公表されることを知ったとは認められないとして、課徴金納付命令を
取り消す判決を言い渡した。

　この判決については、控訴が提起されたが、東京高判平成29・6・29判時
2369号41頁は、東京地裁判決を支持して控訴を棄却した〔平成29年7月14日
確定〕。

○東京地判令和元・5・30資料版商事425号104頁
　[事案の概要]
　被審人Xは、投資一任契約によりファンドの資産運用権限を有していたもの
であるが、XのファンドマネージャーAおよびBは、C証券会社の社員が日本
板硝子株式会社との引受契約の締結の交渉に関して知った同社が株式の募集を
行うことについての決定をしたとの重要事実を、CのセールストレーダーDか
ら伝達を受け、Cを介して日本板硝子株式会社の株式を売り付けたことがイン
サイダー取引（金商法166条3項）にあたるとして、金融庁から平成26年12
月26日、課徴金804万円を納付すべき旨の決定を受けた。

　[判決の要旨]
　Dは日本板硝子株式会社の公募増資の実施が公表されるとの認識を抱くよう
になったが、その認識が株式市場の状況分析等による推測から得られた可能性
もただちには否定しがたく、公募増資の実施について確実なものであると裏付
けられたとは言えないとし、Dが重要事実をその職務に関し知ったとは認める
ことができないとした。また、AおよびBとDとの関係、チャットでのやり取
りの内容、Aの行動やAの行った取引などを考慮して、DがAやBに重要事
実を伝達したとは認められない、とし課徴金納付命令を取り消した。

　この判決については、控訴がなく令和元年6月14日に確定した。

〔服部秀一・服部滋多〕

第5編 不公正取引の規制と裁判例の展開

第3節 課徴金の減算措置と弁護士・依頼者間の通信秘密保護

1 はじめに

課徴金とは、金融商品取引法（以下、「金商法」とする）の定める違反行為を抑止するために、違反者に金銭的負担を課す制度である[1]。課徴金の賦課は、審判手続で行われる。金商法185条の7第14項は、課徴金の減算措置を定めている。減算の対象は、①虚偽記載のある発行開示書類を提出した発行者等に対する課徴金納付命令（172条の2第1項）、②虚偽記載のある有価証券報告書等を提出した発行者等に対する課徴金納付命令（172条の4第1項・2項）、③大量保有・変更報告書を提出しない者に対する課徴金納付命令（172条の7）、④虚偽のある特定証券等情報の提供または公表をした発行者等に対する課徴金納付命令（172条の10第1項）、⑤虚偽のある発行者等情報の提供または公表をした発行者に対する課徴金納付命令（172条の11第1項）、⑥虚偽開示書類等の提出等を容易にすべき行為または唆す行為をした者に対する課徴金納付命令（172条の12第1項）、⑦会社関係者に対する禁止行為等に違反した者に対する課徴金納付命令（175条1項）である。このような減算措置の趣旨は、「継続的・反復的に行われる可能性が高い違反行為について、違反行為者による自律的な是正機能の発揮を促す」ことにある[2]。違反行為者による自律的な是正機能を発揮させるためには、違反行為者である会社が当該行為の法的評価や当該行為認識後の法的対応について、弁護士に相談できる体制が必要である。また、

1）拙稿「課徴金制度」河本一郎＝龍田節編『金融商品取引法の理論と実務』（経済法令研究会、2007）150頁参照。また、課徴金の性質と二重処罰との関係性については、証券取引法研究会編「証券取引法における課徴金制度1——対象行為の類型を中心に」『平成16年の証券取引法等の改正』別冊商事法務290号85頁以下〔芳賀良報告〕を参照。なお、現行の課徴金制度については、黒沼悦郎『金融商品取引法』（有斐閣、2016）740頁以下を参照。

2）古澤知之ほか監修『逐条解説 2013年金融商品取引法改正』（商事法務、2014）201頁。

588

第6章　エンフォースメント／第3節　課徴金の減算措置と弁護士・依頼者間の通信秘密保護

金商法上の義務を履行する際に課徴金類型に抵触する可能性がある場合には、当該義務履行行為の留意点について、会社は事前に弁護士に相談できる体制も必要である。

　たとえば、発行開示書類の提出行為が上記①の課徴金類型に該当する疑いのある場合には、当該発行者は減算措置の適用の可否等を知るため、顧問弁護士等に相談するものと思われる。また、法令遵守の観点から、発行開示書類の提出を行う発行者は、上記①の課徴金類型に抵触する可能性について、事前に顧問弁護士等に相談することも想定される。いずれの場合にも、顧問弁護士等は、当該発行者の相談に対して、法的助言を行うこととなる。弁護士が、依頼者に対して適切な法的助言を行うためには、依頼者が把握している全ての事実を、依頼者が開示することが必要となる。この適切な法的助言を行うための前提条件を確保するための制度が、弁護士・依頼者間の通信内容の秘密保護である。

　我が国の金商法において、弁護士・依頼者間の通信内容の秘密を一般的に保護する明文の規定はない[3]。そのため、依頼者に対して金商法に基づく取引調査等がなされた場合に、金商法上、弁護士・依頼者間の通信内容の秘密を保護する規定の必要性が問題となる。また、仮に金商法において、弁護士・依頼者間の通信内容の秘密を保護する規定が整備された場合において、証券取引等監視委員会に対して会社が自主的に違反行為を申告したとき、通信内容の秘密の保護は解除されるべきか、という立法政策上の問題も生じる。

　ところで、金商法の母法を有するアメリカにおいては、弁護士・依頼者間の通信内容の秘密を保護する弁護士・依頼者間秘匿特権（attorney-client privilege; 以下、「秘匿特権」とする）について、判例法理が確立している[4]。本稿では、

3）通信秘密保護全般については、日本弁護士連合会・弁護士と依頼者の通信秘密保護制度に関するワーキンググループ「弁護士と依頼者の通信秘密保護制度に関する最終報告」（2016年2月）を参照。たとえば、独占禁止法においても、独占禁止法審査手続についての懇談会「独占禁止法審査手続についての懇談会報告書」（平成26年12月24日）13頁は、「公正取引委員会による独占禁止法違反被疑事件に係る行政調査手続においては、秘匿特権について、法令上、これを認める、又は認めないとする明文の規定はない」とする。また、東京高判平成25・9・12訟月60巻3号613頁も、「『弁護士・依頼者秘匿特権』が我が国の現行法の法制度の下で具体的な権利又は利益として保障されていると解すべき理由は見出し難い」とする。なお、弁護士については、守秘義務に関する規定（弁護士法23条本文）があるため、法令による例外がない限り、依頼者・弁護士間の通信秘密の開示を強制されることはないと考えられる。

第5編　不公正取引の規制と裁判例の展開

上記のような問題意識から、証券取引委員会（Securities and Exchange Commission; 以下、"SEC" とする）の調査等の局面における秘匿特権を考察の対象とした。とりわけ、秘匿特権の放棄に係る判例法理を概観して、立法論の視点から日本法への示唆を得ることを目的とする。

2　アメリカにおける弁護士・依頼者間の秘匿特権

　本節では、秘匿特権の目的とその成立要件を確認する（後述（1））。立法論ではあるが、日本の金商法への示唆を得ることとする（後述（2））。

（1）秘匿特権の目的とその成立要件

　秘匿特権は、「相談される事件について全ての情報を弁護士が知り得る場合にのみ、弁護士は依頼者にとって最善の法的支援ができる」という認識を前提としている[5]。このため、秘匿特権の目的は、「通信内容が強制的に開示される懸念を払拭し、弁護士・依頼者間の完全かつ誠実な通信を促進すること」にある[6]。このような背景から、弁護士・依頼者間における通信の秘密が保護されなければならないのである。

　まず、依頼者が個人である場合の秘匿特権は、伝統的に、次の8要件を充足した場合に成立すると解されている[7]。すなわち、①助言者が法的助言について資格を有する法曹であること、②法的助言を求められていること、③（保護される通信が）法的助言目的に関連した通信（communication）であること、④当該通信に機密性があること、⑤当該通信が依頼者によっておこなわれたこと、

4）秘匿特権に関連する概念として、ワークプロダクト法理（work-product doctrine）がある。ワークプロダクト法理は、依頼者の秘密保護を趣旨とする秘匿特権とは異なり、弁護士の成果物を保護する側面がある。そのため、本稿では分析の対象から除外する。

5）Marc I. Steinberg & Ralph C. Ferrara, Securities Practice: Federal & State Enforcement § 11:2,（2d ed. 2001 & Ann. Supp.）.

6）同上。

7）依頼者が個人である場合の秘匿特権の記述は以下の文献に依った。Edna Selan Epstein, The Attorney-Client Privilege and the Work-Product Doctine 1. Ⅲ（6th 2017）, available at Lexis Advance.

590

第6章　エンフォースメント／第3節　課徴金の減算措置と弁護士・依頼者間の通信秘密保護

⑥依頼者の訴訟において、当該通信が永久に保護されていること、⑦（上記保護の内容が）当該依頼者自身または当該法的助言者から（当該通信が）開示されないこと、⑧当該保護が放棄されていないことである[8]。また、秘匿特権は、依頼者が法人の場合でも適用されると解されている[9]。この場合にも、秘匿特権が成立するためには、上記8要件の充足が必要であるとされている[10]。

　判例によれば、秘匿特権の成立要件として、①秘匿特権を保有していると主張する者が依頼者であることまたは依頼者となろうとする者であること、②通信の相手方が(a)裁判所所在地の弁護士会会員またはその従属者であり、かつ、(b)この通信に関連して、法曹として活動していること、③当該通信が、(a)依頼者によりなされ、(b)他人の存在なしに行われ、(c)(i)法に関する意見、(ii)法的サービス、(iii)法的手続きの補助のいずれかの獲得を主目的とし、(d)犯罪や不法行為を目的としていないことという事実に関連していること、④当該特権が依頼者から(a)求められており、かつ、(b)放棄されていないことが示されている[11]。そして、アメリカ法律協会（American Law Institute）による弁護士法リステイトメントによれば、秘匿特権が成立する要件は、原則として、①通信であること、②（上記①の通信が）特権を有する者の間でなされること、③機密性を有すること、④依頼者のために法的支援（legal assistance）を獲得するまたは提供する目的で行われること、とされている[12]。

　次に、依頼者が法人格を有する会社である場合にも、判例上、秘匿特権の成立が認められている[13]。秘匿特権の目的は、依頼者に弁護士への完全な情報提供を促すことにあるところ[14]、この要請は、会社の場合であっても異ならないからである。秘匿特権の対象は、事例ごとに判断され、弁護士と会社の経営者間の通信に限定されない[15]。

8）8 J. Wigmore, Evidence §2292, at 554（McNaughton rev. ed. 1961）．なお、榊原美紀ほか『詳説　独占禁止法審査手続』286頁（弘文堂、2016）。

9）Marc I. Steinberg & Ralph C. Ferrara・前掲注5）§11:2.

10）同上。

11）United States v. United Shoe Mach. Corp., 89 F. Supp. 357, 358-59（D. Mass. 1950）.

12）American Law Institute, Restatement（Third）of the Law Governing Lawyers §68（2000），available at Lexis Advance.

13）Upjohn Co. v. United States, 449 U. S. 383, 390（1981）.

14）同上389頁。

第5編　不公正取引の規制と裁判例の展開

(2) 日本法への示唆

　日本法には、アメリカ法における秘匿特権に関する明文の規定はない。そのため、本稿では、課徴金減算措置との関連性を有する範囲内で、通信内容の秘密の保護を検討することとする。前述のように、アメリカにおいて、①秘匿特権は会社にも適用されること、②秘匿特権は放棄された場合には適用されないことが明らかとなった。

　アメリカ法においては、相談される事件について全ての情報を弁護士が知り得る場合にのみ、弁護士は依頼者にとって最善の法的支援ができる、と考えられている。秘匿特権の目的は、弁護士が最善の法的支援ができるように、通信内容が強制的に開示される懸念を払拭し、弁護士・依頼者間の完全かつ誠実な通信を促進することにある。課徴金減算措置の趣旨が行為者による自律的な是正機能の発揮を促すことにあるのであれば、自律的是正の前提として、課徴金減算措置適用について、会社が弁護士に対して忌憚のない意見交換ができる環境が必須である。そのため、課徴金減算措置適用に係る弁護士・会社間の通信内容（弁護士への相談および弁護士からの意見）を保護する法制度を整備すべきであろう。すなわち、金商法において、課徴金減算措置適用に係る弁護士・会社間の通信内容を保護する明文の規定を設けるべきである。

　ところで、秘匿特権は放棄することもできる。秘匿特権の放棄という概念に関連して、会社が自主的に政府機関の調査に協力した場合、秘匿特権の放棄となるのか、ということが問題となる。この問題を次節で概観しよう。

3　調査協力と秘匿特権の放棄

　本節では、まず、秘匿特権の放棄に関連する連邦証拠規則を確認する（後述(1)）。次に、判例法理の状況を概観する（後述(2)）。そして、法制度上の違いを踏まえて、日本の金商法への示唆を得ることとする（後述(3)）。

15）同上396-397頁。一般的な従業員（lower-level employee）にも適用されると解されている。Thomas Lee Hazen, Treatise on The Law of Securities Regulation §7:81 (7th ed., Practitioner's ed. 2016).

592

第6章　エンフォースメント／第3節　課徴金の減算措置と弁護士・依頼者間の通信秘密保護

(1) 連邦証拠規則 502 条

連邦証拠規則（Federal Rules of Evidence）502 条(a)は、①放棄が意図的であること、②開示された通信や情報と非開示の通信や情報とが同一の主題に属すること、③これらの通信や情報が構成の観点から同一であると考慮されるべきことという 3 要件を満たした場合、秘匿特権の放棄があったとされる[16]。他方、502 条(d)項によれば、裁判所は、訴訟に関連して開示が行われても、当該開示が秘匿特権の放棄に該当しない旨を命ずることができる[17]。そして、502 条(e)項は、秘匿特権放棄に係る訴訟当事者間の同意を認めている[18]。これらの規定により、裁判所の命令により上記合意が具体化された場合には、当該合意の効力は当事者間のみならず、第三者も拘束することになる[19]。

したがって、規則上は、原則として、調査協力による開示は秘匿特権の放棄に該当する可能性がある。例外として、裁判所の命令により、調査協力による開示がなされても、秘匿特権の保護が及ぶ場合があることになる[20]。

(2) 判例法

秘匿特権の対処となる弁護士・会社間の通信を政府に開示した場合、秘匿特権の放棄に該当するのか否かについて、判例の立場は分かれている。上記の場合に制限的放棄（limited waiver）を肯定するのが、Diversified Industries, Inc. v. Meredith 事件（以下、「Diversified 事件」とする）である[21]。本判決は、SEC の独立かつ非公開の調査において、これらの書類を開示したのであるから、秘匿特権を制限的に放棄しただけである、とする[22]。その理由として、制限的放棄を認めない場合には、株主等を保護するために、弁護士に依頼して社内調

---

16) Fed. R. Evid. 502(a). なお、本規則の邦訳として、田邉真敏『アメリカ連邦証拠規則』（レクシスネクシス・ジャパン、2012）を参照。

17) Fed. R. Evid. 502(d).

18) Fed. R. Evid. 502(e).

19) Jerom G. Snider, Howard A. Ellins & Michael S. Flynn, Corporate Privileges and Confidential Information § 2.06 [1], *available at* Lexis Advance.

20) 以下を参照。S. E. C. v. Bank of America Corp., 2009 U. S. Dist. LEXIS 133901 (S. D. N. Y. 2009).

21) 572 F. 2d 596 (8th Cir. 1977).

22) 同上 611 頁。

593

第 5 編　不公正取引の規制と裁判例の展開

査を行い法的助言を受ける手続を抑制することを挙げている[23]。

　これに対して、多くの裁判所は、秘匿特権の対象となる弁護士・会社間の通信を政府に開示した場合に、秘匿特権の放棄を認定する、とされる[24]。先例として、Permian Corp. v. U. S. 事件（以下、「Permian 事件」とする）が挙げられる[25]。本件は、株式による交換買付け（exchange offer）を提案した会社が行った登録届出書に関連して、当該会社と SEC が行った秘匿特権維持の合意の効力が争われた事例である[26]。Permian 事件判決によれば、まず、Diversified 事件が判示した制限的放棄の法理では、依頼者と法的助言者との間の機密的な連携を処理することができない、とした[27]。次に、①秘匿特権を主張する相手方を選択すること、すなわち、ある者に対しては特権を放棄しながら、他の者に対して秘匿特権の主張を復活させることや、②一度、秘匿性を放棄した通信について秘匿特権を行使することは、許されていない、とした[28]。最後に、本判決は、SEC の規制枠組みに係る公共政策が伝統的な秘匿特権の放棄法理を覆す、という主張を拒絶した[29]。すなわち、「SEC の任務が重要であるにもかかわらず、SEC への協力が、エネルギー省を含む他の政府機関への協力よりも高い価値があるという議会の指針や司法上認識された重点主義は認識できない」とした[30]。もっとも、秘匿特権の対処となる弁護士・会社間の通信を政府に開示した場合も秘匿特権の放棄と位置付ける判例の中には、「SEC や他の政府機関は、法に基づくその責務に合致する範囲で、他の政府機関への開示を制限する明示的合意を行うことができる」とするものもある[31]。この法理を前提にすれば、規制当局と秘密保持の合意を締結している場合、会

---

23) 同上。類似の法理を示すものとして、以下を参照。Byrnes v. IDS Realty Trust, 85 F. R. D. 679 (S. D. N. Y. 1980); In re Grand Jury Subpoena Dated July 13, 1979, 478 F. Supp. 368 (E. D. Wis. 1979).

24) JOHN W. GERGACZ, ATTORNEY-CORPORATE CLIENT PRIVILEGE §5:51 (3d, 2017-2 ed.), *available at* Westlaw ACPRIV-CORP.

25) 665 F. 2d 1214 (D. C. Cir. 1981).

26) 同上 1217 ～ 1219 頁参照。

27) 同上 1220 ～ 1221 頁。

28) 同上 1221 頁。

29) 同上 1221 頁。

30) 同上 1221 頁。

31) In re Sealed Case, 676 F. 2d 793, 824 (D. C. Cir. 1982).

第6章　エンフォースメント／第3節　課徴金の減算措置と弁護士・依頼者間の通信秘密保護

社が政府の調査機関に協力して秘匿された通信を当該機関に開示した場合、秘匿特権は、その後の民事訴訟において当該通信を求める如何なる私人に対しても放棄していない、と解することも可能である[32]。

　他方、修正された制限的放棄を判示するのが、Teachers Insurance & Annuity Association（TIAA）v. Shamrock 事件（以下、「TIAA 事件」とする）である[33]。本判決は、「SEC への開示は、当該開示がなされる際に、後続の手続きにおいて秘匿特権を主張する権利を特に留保しない限り、弁護士・依頼者間の秘匿特権の完全な放棄であると考えざるを得ない」と判示した[34]。そして、制限的放棄に関する先例が①秘匿特権の絶対的な放棄の場合と②いかなる場合にも秘匿特権の放棄に該当しない場合の二分論に立脚していることを指摘した後に、第三の方法として、「秘匿特権の留保なしに書類が提出された場合においてのみ放棄がなされ、開示された資料を提出した当事者が秘匿特権の主張について、開示制限命令（protective order）、訴訟上の合意、又はその他の明示的留保の下、SEC に当該書類を提出した場合のみ秘匿特権の放棄はない」とした[35]。

　上記のように、SEC に対して秘匿特権の対象となる弁護士・会社間の通信を任意に開示する行為が、秘匿特権の放棄に該当するのか、という問題について、判例の理解は分かれている。Diversified 事件は SEC のみに対する制限的放棄を肯定し、秘匿特権の放棄に該当しないとする。これに対して、Permian 事件は SEC への開示は秘匿特権の放棄と位置付ける。また、TIAA 事件は、秘匿特権の留保なしに書類が提出された場合においてのみ放棄がなされるとした。

　もっとも、Permian 事件のように、当該開示行為が秘匿特権の放棄に該当するという判例法理においても、SEC と秘密保持について合意している場合には、秘匿特権の放棄に該当しないと解する立場もある。これは、SEC の調査への協力が公益に資することを考慮して、例外を認めているものと思われる。この

32）以下を参照。John W. Gergacz, *Attorney-Corporate Client Privilege: Cases Applying Upjohn, Waiver, Crime-Fraud Exception, and Related Issues*, 38 Bus. Law. 1653, 1669（1983）.

33）521 F. Supp. 638（S. D. N. Y. 1981）.

34）同上 645 頁。

35）同上 646 頁。

第5編　不公正取引の規制と裁判例の展開

ように、SEC への開示行為が秘匿特権の放棄に直結しない解釈論も展開されていることは、注目に値する。

(3) 日本法への示唆

　前述のアメリカにおける判例法理を前提に、日本の金商法の在り方を検討することとする。立法論ではあるが、証券取引等監視委員会に対して会社が自主的に違反行為を申告した場合、通信内容の秘密保護の解除がなされるべきであろうか。とりわけ、自主申告時に、弁護士との相談内容や当該相談に対する弁護士による法的助言内容を開示した場合に、通信内容の秘密保護の解除が問題となる。日本法には、アメリカのディスカヴァリ（discovery）制度がないため、アメリカにおける議論のような深刻な事態は、現時点で想定しがたい。もっとも、①通信内容の秘密が開示され代表訴訟の基礎的資料とされる可能性や②自主的に申告した通信内容の機密性が保持されないことから生じる一般的な不安に起因して、会社が課徴金減算措置に係る事項の相談を弁護士に対して差し控える恐れがある[36]。つまり、弁護士・依頼者間の通信内容が、相談後、開示される恐れがある場合には、依頼者に対して萎縮効果が働き、依頼者が弁護士に真実を伝えない可能性がある。このことにより、弁護士は適切な法的助言を提供することができなくなる。課徴金減算措置に関する法的助言の局面であれば、適切な法的助言がなされないことにより、課徴金減算措置の趣旨である自主的な改善がなされないこととなる。この意味で、弁護士・依頼者間の通信内容は秘密にすべきである。このため、証券取引等監視委員会に対して開示した通信内容は原則として非開示とされるべきであろう。

4　むすび

　上記の考察から、立法論ではあるが、課徴金減算措置の実効性を高める見地

36）アメリカの判例においては、秘匿特権の除外については、「正当事由（good cause）」が必要であるとされている（Garner v. Wolfinbarger, 430 F.2d 1093 (5th Cir. 1970)）。この点については、別途考察する必要があるが、紙幅の関係から言及することができない。

第6章　エンフォースメント／第3節　課徴金の減算措置と弁護士・依頼者間の通信秘密保護

から、①金商法において、課徴金減算措置適用に係る弁護士・会社間の通信内容（弁護士への相談および弁護士からの意見）を保護する明文の規定を設けるべきであること、②上記①の通信内容保護規定を前提として、証券取引等監視委員会に対して開示した通信内容は原則として非開示とされるべきであること、という2つの示唆が得られた。現状では、課徴金減算措置の相談を受けた弁護士が弁護士・会社間の通信内容の機密性を確保するためには、当該通信内容に係る秘密保持契約締結について、当該弁護士が規制当局と交渉する以外に方法はないものと思われる。

　ところで、金商法192条は緊急差止命令に関する規定である。課徴金対象行為も法令違反行為であるから、緊急差止命令の対象となる。緊急差止命令は、法令違反行為が将来行われる蓋然性がある場合にも、発令することが可能である。課徴金減算措置利用のため、社内調査の実施や弁護士への相談という事実は、法令違反行為再発の蓋然性を低減させる要因である。弁護士への相談等に係る通信内容の秘密の保護は、上記蓋然性の低減を促進する。今後は、緊急差止命令の発令要件の視点から、社内調査と通信内容の秘密の保護の問題も検討されるべきであろう。

【2018年3月23日脱稿】

【付記】本稿は、JSPS科研費JP17K03452の助成を受けた研究成果の一部である。

〔芳賀　良*〕

*本稿における意見に係る部分は筆者の個人的見解であり、筆者が属する団体の意見を代表するものではない。

あ と が き

　河内隆史先生は、2017 年（平成 29 年）11 月 2 日にめでたく古希を迎えられました。本書は、古希記念と銘打つことはしていませんが、河内先生の古希のお祝いを構想する中で企画されたものです。先生を中心に、金融商品取引法につき理論と実務の双方から検討する書籍を刊行するという企画を立てたところ、先生は快く応じてくださり、編集代表を引き受けてくださいました。

　河内先生は、1947 年 11 月 2 日、群馬県桐生市において生を享けられました。中央大学法学部をご卒業後、同大学大学院において加美和照先生のご指導のもとに商法の研究を始められ、産業能率大学経営情報学部専任講師、同助教授、神奈川大学法学部助教授、同教授を経て、2003 年 4 月からは明治大学法学部教授、翌 2004 年 4 月からは同法科大学院教授として、多くの後進の指導・育成に尽力してこられました。とくに 2010 年 4 月から 2015 年 12 月までは、明治大学法科大学院長の重責を担われました。また、社会における活動として、2006 年 1 月からは公認会計士試験委員（2008 年 9 月まで）、2016 年 7 月からは社団法人日本商品先物取引協会理事（現在まで）などを歴任されています。そして、2018 年 3 月、明治大学を定年退職され、その後、明治大学名誉教授になられるとともに、現在も、日本大学等において教鞭をとられるなど、お元気に教育・研究活動を続けておられます。

　半世紀近くの研究生活において、先生は商法の各分野において数多くの業績を残されています。とりわけ、証券取引法（金融商品取引法）および商品先物取引法は、研究生活の早い時期から精力的に研究を進められた領域であり、それらは、会社法とともに、先生の主要な研究対象となっています。2018 年 3月 9 日に行われた明治大学での最終講義の際にも、先生は、「取引所法制の変遷～証券取引所と商品取引所の分離と統合」というテーマを選ばれました。そのようなことから、今回は金融商品取引法の諸制度について総合的な検討を行うこととしました。そして、本書の各項目の執筆については、それぞれ適任の

599

方として、金融商品取引法の研究や実務に携わっている研究者および弁護士の方々にひろく執筆をお願いしましたところ、先生と日常的に交流のある多くの研究者を含め、本書の趣旨に御賛同を得ることができ、ここに無事、企画どおりに刊行することができました。

御寄稿いただいた執筆者の方々には、ここに衷心より御礼申し上げます。

また、本書を企画どおりに刊行できましたのは、勁草書房編集部の山田政弘、中東小百合両氏のご尽力の賜物であり、厚く御礼申し上げます。

最後に、河内先生が、今後とも御健康に恵まれ、公私ともますますご活躍になられることを、執筆者一同とともに、心より祈念申し上げます。

2019 年 10 月吉日

編者を代表して

野 田　博

判 例 索 引

大判明治 45・2・27 刑録 18 号 222 頁	559
最判昭和 26・9・4 刑集 5 巻 10 号 1860 頁	547
最大判昭和 32・11・27 刑集 11 巻 12 号 3113 頁	547, 556
最大判昭和 33・5・28 刑集 12 巻 8 号 1718 頁	560
最判昭和 39・1・28 民集 18 巻 1 号 136 頁	130
最判昭和 40・3・26 刑集 19 巻 2 号 83 頁	547, 556
最決昭和 40・5・25 裁判集刑 155 号 831 頁	563
最判昭和 48・4・5 民集 27 巻 3 号 419 頁	148
最判昭和 48・5・22 民集 27 巻 5 号 655 頁	194
東京高判昭和 49・2・28 判時 735 号 97 頁	125
東京地判昭和 51・12・24 金判 524 号 32 頁	432
大阪地判昭和 52・6・28 商事 780 号 30 頁	432
東京地判昭和 56・4・27 判時 1020 号 129 頁	434
東京地判昭和 56・12・7 判時 1048 号 164 頁	427
東京地判昭和 57・2・1 判時 1044 号 19 頁	204
東京地判昭和 57・2・25 刑月 14 巻 1=2 号 194 頁	557
横浜地判昭和 58・5・20 判タ 506 号 167 頁	202
名古屋高判昭和 58・7・1 判時 1096 号 134 頁	104
最判昭和 58・9・6 民集 37 巻 7 号 901 頁	148
東京地判昭和 59・7・31 判時 1138 号 25 頁	441
東京高判昭和 60・1・22 高刑集 38 巻 1 号 39 頁	547
最判昭和 61・5・29 判時 1196 号 102 頁	299
東京地判昭和 62・3・12 資料版商事 37 号 49 頁	557
最判昭和 63・1・26 民集 42 巻 1 号 1 頁	275
東京高判昭和 63・3・11 判時 1271 号 3 頁	129, 202
東京高判昭和 63・7・26 高刑集 41 巻 2 号 269 頁	428, 429, 442
東京高判昭和 63・12・27 金判 816 号 10 頁	202, 204
東京地判平成元・2・7 判タ 694 号 250 頁	203, 204
最判平成元・12・8 民集 43 巻 11 号 1259 号	79
神戸地明石支判平成 2・7・27 金判 857 号 24 頁	504
東京高判平成 3・11・28 判タ 774 号 107 頁	196, 203
東京高判平成 4・5・27 判時 1428 号 141 頁	498, 504
東京地判平成 4・10・1 判時 1444 号 139 頁	504

東京地判平成 5・5・19 判タ 817 号 221 頁	428, 429, 445
大阪高判平成 6・2・18 判時 1524 号 51 頁	434
東京地判平成 6・3・8 判時 1501 号 118 頁	549
最決平成 6・7・20 判時 1507 号 51 頁	446
東京地判平成 6・10・3 判タ 875 号 285 頁	433, 566
東京地判平成 7・4・18 金判 974 号 26 頁	324
大阪高判平成 7・4・20 判時 1546 号 20 頁	336
最判平成 7・7・4 判例集未登載（平 3（オ）第 220 号）	8
東京高判平成 7・9・28 判時 1552 号 128 頁	122
東京高判平成 7・11・15 判時 1565 号 102 頁	549
大阪地判平成 7・12・5 証券セレクト 3 巻 286 頁	314
東京高判平成 8・1・30 判時 1565 号 111 頁	549
東京地判平成 8・3・22 判時 1566 号 143 頁	466
大阪地判平成 8・3・26 証券セレクト 6 巻 261 頁	337
最判平成 8・4・25 民集 50 巻 5 号 1221 頁	148
広島高岡山支判平成 8・5・31 判タ 919 号 87 頁	336
東京高判平成 8・6・26 判時 1573 号 133 頁	324
大阪高判平成 8・9・13 判タ 942 号 191 頁	336
高松地判平成 8・9・30 判タ 940 号 214 頁	336
大阪地判平成 8・11・25 判タ 940 号 205 頁	336
東京高判平成 8・11・27 判タ 926 号 263 頁	311, 336
東京地判平成 8・12・24 判タ 937 号 268 頁	525
東京高判平成 8・12・26 金判 1022 号 26 頁	336
大阪高判平成 9・1・28 金判 1023 号 19 頁	336
最判平成 9・4・24 判時 1618 号 48 頁	525, 549
大阪地裁堺支判平成 9・5・14 金判 1026 号 36 頁	314
大阪高判平成 9・5・30 金法 1498 号 39 頁	311
大阪高判平成 9・6・24 判時 1620 号 93 頁	337
最判平成 9・9・4 民集 51 巻 8 号 3619 頁	525, 536
東京地判平成 10・5・14 判時 1650 号 145 頁	525
最判平成 10・6・11 証券セレクト 8 巻 325 頁	311
最判平成 10・6・25 金法 1522 号 92 頁	311
最判平成 10・10・13 判時 1662 号 83 頁	570
東京地判平成 10・10・15 判タ 1000 号 340 頁	547
最判平成 10・11・6 判例集未登載（平 10（オ）第 1272 号、第 1273 号）	298
福岡地小倉支判平成 10・11・24 証券セレクト 13 巻 91 頁	338
最判平成 11・2・16 刑集 53 巻 2 号 1 頁	520
大阪地判平成 11・3・30 判タ 1027 号 165 頁	312
最判平成 11・4・22 裁判集民 193 号 85 頁	275

判例索引

最判平成 11・6・10 刑集 53 巻 5 号 415 頁 ……………………………………… 514
横浜地判平成 11・6・24 判時 1716 号 144 頁 …………………………………… 106
東京地判平成 11・6・28 判タ 1064 号 184 頁 …………………………………… 314
最判平成 11・10・12 証券セレクト 14 巻 301 頁 ………………………………… 337
最判平成 11・12・20 民集 53 巻 9 号 2038 頁 …………………………………… 148
東京簡裁平成 12・3・22 判例集未登載 …………………………………………… 470
東京地判平成 12・3・28 判時 1730 号 162 頁 …………………………………… 557
最判平成 12・7・7 民集 54 巻 6 号 1767 頁 ……………………………………… 525
大阪地判平成 12・9・20 判時 1721 号 3 頁 …………………………… 193-196, 208
東京地判平成 13・12・20 金判 1147 号 34 頁 …………………………………… 135
最大判平成 14・2・13 民集 56 巻 2 号 331 頁 …………………………… 499, 508
大阪地判平成 14・2・19 民集 59 巻 9 号 2445 頁 ……………………………… 202
東京地判平成 14・10・10 判例集未登載
　　（平 11（特わ）第 4427 号、第 4555 号、平 12（特わ）第 895 号）………… 470
東京地判平成 14・11・8 判時 1828 号 142 頁 …………………………………… 467
東京地判平成 15・2・27 判時 1832 号 155 頁 ………………………… 204, 204
東京地判平成 15・4・9 判時 1846 号 76 頁 …………………………… 311, 377
最判平成 15・4・18 民集 57 巻 4 号 366 頁 …………………… 525, 536, 546
東京地判平成 15・5・14 金判 1177 号 18 頁 ………………………… 357, 363
東京高判平成 15・11・10 判例集未登載（平 15（う）第 176 号）……………… 470
東京地判平成 15・11・11 判時 1850 号 151 頁 ……………………… 433, 566
最決平成 15・12・3 裁時 1353 号 10 頁 ………………………………………… 510
東京高判平成 16・1・22 判時 1859 号 65 頁 …………………………………… 549
東京地判平成 16・5・20 判時 1871 号 125 頁 …………………………………… 199
大阪高判平成 16・5・25 判時 1863 号 115 頁 …………………………………… 116
東京地判平成 16・12・16 判時 1888 号 3 頁 ………………………… 193-195
大阪地判平成 16・12・22 判タ 1172 号 271 頁 ……………………… 193, 195
東京高判平成 17・1・18 金判 1209 号 10 頁 …………………………………… 102
東京地判平成 17・2・10 判時 1887 号 135 頁 …………………………………… 197
大阪地判平成 17・2・24 判時 1931 号 152 頁 ……………………… 54, 119, 143
東京地判平成 17・3・11 判時 1895 号 154 頁 ……………………… 433, 566
東京高決平成 17・3・23 判時 1899 号 56 頁 ……………… 224, 260, 271, 279
大阪地判平成 17・5・2 判例集未登載（平 16（わ）第 6423 号、第 6942 号、第 8357 号）…… 468
名古屋高金沢支判平成 17・5・18 判時 1898 号 130 頁 ………………………… 193
東京高決平成 17・6・28 判タ 1209 号 279 頁 …………………………………… 256
東京地判平成 17・7・7 判時 1915 号 150 頁 …………………………………… 258
最判平成 17・7・14 民集 59 巻 6 号 1323 頁 ………… 287, 310, 316, 321, 322, 359, 374, 384, 396
東京地決平成 17・7・29 判時 1909 号 87 頁 ……………… 268, 271, 282, 563
大阪高判平成 17・10・14 判例集未登載（平 17（う）第 938 号）………………… 468

603

大阪高判平成 17・12・21 証券セレクト 27 巻 370 頁 ……………………………… 314
最判平成 18・2・20 判例集未登載 ……………………………………………………… 468
大阪地判平成 18・3・20 判時 1951 号 129 頁 ……………………………… 54, 119, 143
大阪地判平成 18・4・26 判時 1947 号 122 頁 …………………………………………… 362
東京地判平成 18・6・7 金判 1287 号 47 頁 ……………………………………… 317, 320
大阪高判平成 18・6・9 判時 1979 号 115 頁 …………………………………………… 195
東京地判平成 18・8・9 判例集未登載 ………………………………………………… 557
最判平成 18・11・20 判例集未登載 …………………………………………………… 470
東京高判平成 18・11・29 判タ 1275 号 245 頁 …………………………………………… 76
大阪高判平成 19・3・9 証券セレクト 29 巻 104 頁 ………………………………… 319
大阪地判平成 19・4・13 判時 1994 号 94 頁 …………………………………………… 116
東京地判平成 19・5・23 金判 1268 号 22 頁 ……………………………………… 201, 204
東京地判平成 19・5・29 金判 1297 号 36 頁 ……………………………………… 262, 272
東京高判平成 19・5・30 金判 1287 号 37 頁 …………………………………………… 320
大阪地判平成 19・6・20 証券セレクト 32 巻 159 頁 ………………………………… 333
最決平成 19・7・12 刑集 61 巻 5 号 456 頁 …………………………………………… 427
東京地判平成 19・7・25 判タ 1288 号 168 頁 ………………………………………… 201
名古屋地判平成 19・9・25 証券セレクト 35 巻 157 頁 …………………………… 334
東京地判平成 19・10・5 判時 1995 号 99 頁 …………………………………………… 435
東京地判平成 19・11・26 判時 1998 号 141 頁 ……………………………… 110, 201, 205
東京地判平成 19・11・28 判タ 1283 号 303 頁 ……………………………………… 107, 121
東京地判平成 19・12・6 判タ 1258 号 69 頁 …………………………………………… 252
東京地判平成 20・1・22 証券セレクト 34 巻 263 頁 ………………………………… 334
最判平成 20・2・15 民集 62 巻 2 号 377 頁 ……………………………………………… 57
東京地判平成 20・2・19 判時 2040 号 29 頁 …………………………………………… 116
大阪地判平成 20・4・18 判時 2007 号 104 頁 ………………………………………… 122
東京地判平成 20・4・24 判時 2003 号 10 頁 ………………………………… 53, 117, 130, 205
東京高判平成 20・5・21 判タ 1281 号 274 頁 ……………………… 194-196, 198, 210, 211
大阪高判平成 20・6・3 金判 1300 号 45 頁 …………………………………………… 317
東京地判平成 20・6・13 判時 2013 号 27 頁 …………………………………… 74, 80, 106, 145
東京地判平成 20・6・19 金判 1321 号 42 頁 ……………………………………… 110, 205
東京地判平成 20・7・9 金判 1297 号 20 頁 ……………………………………… 262, 272
最判平成 20・7・18 刑集 62 巻 7 号 2101 頁 …………………………………………… 77
東京高判平成 20・7・25 判時 2030 号 127 頁 ………………………………………… 469
大阪高判平成 20・8・27 判時 2051 号 61 頁 ……………………………………… 313, 322
大阪高判平成 20・11・20 判時 2041 号 50 頁 ………………………………………… 332
東京地判平成 21・2・4 判時 2033 号 3 頁 …………………………………………… 203
東京高判平成 21・2・26 判時 2046 号 40 頁 …………………………………………… 81
大阪地判平成 21・3・4 判時 2048 号 61 頁 …………………………………… 313, 321, 322

判例索引

東京地判平成 21・3・31 判時 2042 号 127 頁	117
東京高判平成 21・4・16 判時 2078 号 25 頁	333
東京地判平成 21・5・21 判時 2047 号 36 頁	52, 54, 82, 86, 88, 135
名古屋高判平成 21・5・28 判時 2073 号 42 頁	332, 334
最決平成 21・5・29 金判 1326 号 35 頁	269
最判平成 21・7・9 判時 2055 号 147 頁	53, 111, 128, 141, 193, 196, 198, 205, 211
東京地判平成 21・10・22 判時 2064 号 139 頁	194, 195, 210
横浜地判平成 21・11・24 判例集未登載（平 20（わ）第 2244 号、第 2521 号）	475, 565
最判平成 21・12・7 刑集 63 巻 11 号 2165 頁	77
東京地判平成 22・2・18 判タ 1330 号 275 頁	470
東京地判平成 22・3・9 判時 2083 号 86 頁	75, 82, 83
東京高判平成 22・3・24 判時 2051 号 15 頁	322
東京地判平成 22・4・28 判タ 1365 号 251 頁	430
最判平成 22・7・9 裁判集民 234 号 207 頁	275
大阪高判平成 22・7・13 判時 2098 号 63 頁	317
大阪地判平成 22・8・18 判例集未登載（平 21（わ）第 5971 号）	473
大阪地判平成 22・8・26 判時 2106 号 69 頁	317, 363
大阪高判平成 22・9・16 証券セレクト 38 巻 74 頁	399
東京地判平成 22・10・15 判例集未登載（平 19（ワ）第 7803 号）	119
最判平成 22・10・22 民集 64 巻 7 号 1843 頁	264, 271
東京地判平成 22・11・24 判例集未登載	473
東京高判平成 22・11・30 判例集未登載	471
最決平成 23・1・26 刑集 65 巻 1 号 1 頁	547
東京地判平成 23・2・28 判時 2116 号 84 頁	363
最判平成 23・3・23 判例集未登載	471
東京高判平成 23・4・13 金判 1374 号 30 頁	94
最判平成 23・4・22 民集 65 巻 3 号 1405 頁	317, 385, 410
最決平成 23・4・25 判例集未登載（平 20（あ）第 1651 号）	469, 557
大阪地判平成 23・4・28 判タ 1367 号 192 頁	399
最判平成 23・5・20 判例集未登載（平 23（す）第 237 号）	470
最決平成 23・6・6 刑集 65 巻 4 号 385 頁	517
東京地判平成 23・8・2 金法 1951 号 162 頁	357, 367, 396
大阪高判平成 23・9・8 金法 1937 号 124 頁	419
最判平成 23・9・13 裁判集民 237 号 337 頁	75
最判平成 23・9・13 民集 65 巻 6 号 2511 頁	60, 62, 75, 94, 95, 132, 152, 156-160, 167
東京地判平成 23・10・4 判タ 1385 号 205 頁	201
大阪地判平成 23・10・12 判時 2134 号 75 頁	418
東京高判平成 23・10・19 金法 1942 号 114 頁	417
東京高判平成 23・11・30 判時 2152 号 116 頁	82, 88, 123, 140

605

宇都宮地判平成 23・12・21 判時 2140 号 88 頁 ‥‥‥‥‥‥‥‥‥‥‥‥‥‥‥‥‥‥76

東京地判平成 24・1・31 判例集未登載（平 23（ワ）第 11773 号）‥‥‥‥‥‥‥‥‥‥‥326

さいたま地判平成 24・2・29 判例集未登載（平 22（わ）第 1458 号、第 1551 号）‥‥‥‥474

最判平成 24・3・13 民集 66 巻 5 号 1957 頁 ‥‥‥70, 92, 93, 95, 98, 100, 150-152, 158-160, 167

大阪地判平成 24・3・23 判時 2168 号 97 頁 ‥‥‥‥‥‥‥‥‥‥‥‥‥‥‥75, 88, 122, 142

福岡高判平成 24・4・13 金判 1399 号 24 頁 ‥‥‥‥‥‥‥‥‥‥‥‥‥‥‥‥‥‥‥‥192

東京地判平成 24・6・19 判例集未登載（平 23（ワ）第 20008 号）‥‥‥‥‥‥‥‥‥‥‥326

東京地判平成 24・6・22 金法 1968 号 87 頁 ‥‥‥‥‥‥‥‥‥‥‥‥83, 89, 100, 141

東京高判平成 24・7・19 金法 1959 号 116 頁 ‥‥‥‥‥‥‥‥‥‥‥‥‥‥‥‥‥410, 412

大阪地判平成 24・9・24 判時 2177 号 79 頁 ‥‥‥‥‥‥‥‥‥‥‥‥‥‥‥‥‥‥‥313

大阪地判平成 24・9・28 判タ 1393 号 247 頁 ‥‥‥‥‥‥‥‥‥‥‥‥‥‥‥‥‥76-78

東京地判平成 24・11・12 判時 2188 号 75 頁 ‥‥‥‥‥‥‥‥‥‥‥‥‥‥‥‥367, 382

大阪地判平成 24・12・3 判時 2186 号 55 頁 ‥‥‥‥‥‥‥‥‥‥‥‥‥‥‥‥‥‥‥376

最判平成 24・12・21 判時 2177 号 51 頁 ‥‥‥‥‥‥‥72, 152, 158-160, 169

大阪地判平成 25・2・20 判時 2195 号 78 頁 ‥‥‥‥‥‥‥‥‥‥‥‥‥‥‥‥317, 364

東京地判平成 25・2・22 判タ 1406 号 306 頁 ‥‥‥‥‥‥‥‥‥‥‥‥‥‥‥‥‥‥90

大阪高判平成 25・2・22 判時 2197 号 29 頁 ‥‥‥‥‥‥‥‥‥‥‥‥‥‥‥308, 402

東京地判平成 25・2・25 金法 2012 号 106 頁 ‥‥‥‥‥‥‥‥‥‥‥‥‥‥‥‥‥‥382

最判平成 25・3・7 判時 2185 号 64 頁 ‥‥‥‥‥‥312, 368, 383, 390, 392, 414

名古屋高判平成 25・3・15 判時 2189 号 129 頁 ‥‥‥‥‥‥‥197, 201, 203, 204

最判平成 25・3・26 判時 2185 号 67 頁 ‥‥‥‥‥‥‥‥‥312, 390, 392, 414

京都地判平成 25・3・28 判時 2201 号 103 頁 ‥‥‥‥‥‥‥‥‥‥‥‥‥‥‥386, 393

名古屋地判平成 25・4・19 判例集未登載（平 22（ワ）第 6877 号）‥‥‥‥‥‥‥‥‥‥393

静岡地判平成 25・5・10 証券セレクト 45 巻 48 頁 ‥‥‥‥‥‥‥‥‥‥‥‥‥‥‥‥393

東京地判平成 25・5・16 判例集未登載（平 23（ワ）第 19830 号、第 33750 号）‥‥‥‥393

東京地判平成 25・7・3 証券セレクト 46 巻 47 頁 ‥‥‥‥‥‥‥‥‥‥‥‥‥‥‥‥393

東京地判平成 25・7・3 商事 2006 号 117 頁 ‥‥‥‥‥‥‥‥‥‥‥‥‥‥‥‥‥‥‥557

東京地判平成 25・7・19 金法 2007 号 100 頁 ‥‥‥‥‥‥‥‥‥‥‥‥‥‥‥‥‥‥388

東京地判平成 25・7・19 金法 2012 号 124 頁 ‥‥‥‥‥‥‥‥‥‥‥‥382, 386, 393

神戸地明石支判平成 25・8・16 証券セレクト 46 巻 156 頁 ‥‥‥‥‥‥‥‥‥‥‥‥379

東京地判平成 25・8・28 判タ 1406 号 316 頁 ‥‥‥‥‥‥‥‥‥‥‥‥‥‥‥‥‥‥351

東京高判平成 25・9・12 訟月 60 巻 3 号 613 頁 ‥‥‥‥‥‥‥‥‥‥‥‥‥‥‥‥‥589

仙台地判平成 25・10・2 金判 1430 号 34 頁 ‥‥‥‥‥‥‥‥‥‥‥‥‥350, 386, 392

東京地判平成 25・10・15 判例集未登載（平 21（ワ）第 24606 号）‥‥‥‥‥‥91, 141

福岡地判平成 25・11・8 金法 1994 号 97 頁 ‥‥‥‥‥‥‥‥‥‥‥‥‥‥‥‥386, 392

東京地判平成 25・11・18 金判 1433 号 37 頁 ‥‥‥‥‥‥‥‥‥‥‥‥‥‥‥386, 392

青森地八戸支判平成 25・11・27 金判 1434 号 24 頁 ‥‥‥‥‥‥‥‥‥‥‥386, 392

東京地判平成 25・11・28 金判 1433 号 37 頁 ‥‥‥‥‥‥‥‥‥‥‥‥‥‥‥386, 392

東京高判平成 25・12・10 金法 2012 号 94 頁 ‥‥‥‥‥‥‥‥‥‥‥382, 386, 392

判例索引

東京高判平成 25・12・12 金法 2012 号 116 頁 ……………………………………… 383, 386, 392
東京地判平成 25・12・17 判例集未登載（平 24(ワ)第 25197 号）……………………… 326
大阪地判平成 25・12・26 判時 2220 号 109 頁 ………………………………………… 194, 195
大阪高判平成 25・12・26 判時 2240 号 88 頁 ………………………………………… 382, 386
大阪高判平成 26・2・27 金判 1441 号 19 頁 …………………………………………… 201, 203
東京地判平成 26・3・11 判時 2220 号 51 頁 ……………………………………………… 365
横浜地判平成 26・3・19 証券セレクト 47 巻 227 頁 …………………………… 386, 387, 393
東京高判平成 26・3・20 金判 1448 号 24 頁 ………………………………… 312, 386, 393
横浜地川崎支判平成 26・3・25 証券セレクト 47 巻 251 頁 …………………………… 379, 393
東京高判平成 26・3・26 判例集未登載（平 25(ネ)第 2223 号）……………………… 92, 98
仙台高判平成 26・3・28 判例集未登載（平 25(ネ)第 395 号）………………………… 351
東京高判平成 26・4・17 金法 1999 号 166 頁 ………………………………………… 382, 386
東京高判平成 26・4・24 金判 1451 号 8 頁 …………………………………………… 78, 79
東京地判平成 26・5・16 判時 2240 号 94 頁 …………………………………… 386, 393, 394
東京高判平成 26・6・19 判例集未登載（平 24(ネ)第 1349 号）……………………… 76
東京地判平成 26・8・6 金判 1449 号 46 頁 …………………………………………… 271, 274
東京地判平成 26・8・15 判例集未登載（平 25(ワ)第 14202 号）…………………… 327
横浜地判平成 26・8・26 証券セレクト 48 巻 99 頁 ………………………… 386-388, 393
東京高判平成 26・8・27 判時 2239 号 118 頁 ……………………………………………… 389
東京地判平成 26・9・9 金法 2032 号 80 頁 ……………………………………………… 391
東京高判平成 26・10・8 判時 2248 号 40 頁 …………………………………………… 407, 408
神戸地判平成 26・10・16 金判 1456 号 15 頁 ………………………………………… 271, 277
東京地判平成 26・11・27 民集 72 巻 5 号 490 頁 ……………………………… 84, 203, 205
東京地判平成 26・12・25 判例集未登載（平 21(ワ)第 30700 号）…… 85, 89, 90, 120, 140, 142
東京高判平成 27・1・26 判時 2251 号 47 頁 ………………………… 317, 364, 368, 392
東京高判平成 27・3・5 金法 2032 号 76 頁 ……………………………………… 386, 392
福岡地判平成 27・3・20 証券セレクト 49 巻 475 頁 …………………………………… 376
東京地判平成 27・3・25 判例集未登載（平 24(ワ)第 22840 号）…………………… 392, 394
最決平成 27・4・8 刑集 69 巻 3 号 523 頁 ……………………………………………… 512
東京地判平成 27・4・14 判例集未登載（平 25(ワ)第 23630 号）…………………… 392, 393
東京地判平成 27・4・22 金判 1468 号 39 頁 …………………………………………… 386, 392
東京地判平成 27・4・23 金判 1478 号 37 頁 …………………………………………… 196-198
大阪地判平成 27・4・23 金判 1483 号 40 頁 …………………………………………… 386, 390
大阪高判平成 27・5・21 判時 2279 号 96 頁 …………………………………… 193, 196, 214
大阪地判平成 27・7・21 金判 1476 号 16 頁 …………………………………… 84, 151, 161
東京地判平成 27・8・28 判例集未登載（平 23(ワ)第 37937 号）………………… 86, 90, 96
東京地判平成 27・8・28 判時 2295 号 78 頁 …………………………………………… 386, 392
東京地判平成 27・10・28 金法 2060 号 81 頁 ……………………………………………… 386
大阪地判平成 27・11・6 金判 1484 号 37 頁 …………………………………………… 386, 392

607

東京地判平成 27・11・26 判時 2297 号 78 頁 ……………………………… 366, 386, 392

大阪高判平成 27・12・10 判時 2300 号 103 頁 ……………………………… 311, 392

名古屋地岡崎支判平成 27・12・25 証券セレクト 50 巻 57 頁 …………… 380, 392

東京地判平成 28・2・23 判例集未登載（平 21(ワ)第 24606 号）………… 119

東京地判平成 28・3・14 金判 1493 号 50 頁 ………………………………… 386, 392

最判平成 28・3・15 判時 2302 号 43 頁 …………………………… 312, 388, 416

東京地判平成 28・3・15 判タ 1424 号 103 頁 ……………………………… 392

名古屋地岡崎支判平成 28・3・25 判時 2331 号 74 頁 …………… 194, 197, 198

東京地判平成 28・4・15 金判 1500 号 28 頁 ………………………………… 386, 393

東京地判平成 28・5・23 証券セレクト 51 巻 15 頁 ……………………… 393

東京地判平成 28・6・17 判タ 1436 号 201 頁 …………… 376, 386, 387, 392

長崎地判平成 28・6・28 金判 1501 号 20 頁 ………………………………… 386, 392

大阪高判平成 28・6・29 金判 1499 号 20 頁 ……………… 84, 94, 96, 151, 161

東京地判平成 28・6・29 判例集未登載（平 24(ワ)第 32230 号）………… 393

東京地判平成 28・7・28 金判 1506 号 44 頁 …………………… 196, 198, 199

東京地判平成 28・9・1 判時 2369 号 47 頁 ………………………………… 586

東京地判平成 28・9・16 判例集未登載（平 24(ワ)第 25039 号）………… 420

東京地判平成 28・9・26 判例集未登載（平 22(ワ)第 39616 号）………… 317

東京地判平成 28・10・19 金判 1505 号 29 頁 ……………………………… 386, 392

東京地判平成 28・10・25 金判 1513 号 54 頁 ……………………………… 386, 391

最決平成 28・11・28 刑集 70 巻 7 号 609 頁 ……………………………… 522

東京高判平成 28・12・15 金判 1509 号 22 頁 …………………… 386, 390, 391

東京地判平成 28・12・20 判タ 1442 号 136 頁 ……………………………… 55

福岡高判平成 29・1・20 金判 1523 号 36 頁 …………………… 386, 391, 419

東京高判平成 29・1・26 金判 1524 号 18 頁 ………………………………… 322

東京地判平成 29・1・30 金法 2070 号 88 頁 ………………………………… 386, 391

東京高判平成 29・2・23 民集 72 巻 5 号 712 頁 ……… 79, 84, 99, 100, 161, 201, 203, 205

東京高判平成 29・3・23 判例集未登載（平 28(ネ)第 5004 号）………… 420

東京地判平成 29・3・28 金判 1517 号 23 頁 ………………………………… 84

東京地判平成 29・4・25 金判 1530 号 40 頁 ………………………………… 386, 391

東京地判平成 29・5・26 金判 1534 号 42 頁 …………… 308, 314, 386, 393

東京高判平成 29・6・29 判時 2369 号 14 頁 ………………………………… 587

名古屋地判平成 29・9・15 金判 1528 号 44 頁 ………………… 386, 392, 393

東京高判平成 29・9・25 金判 1530 号 12 頁 …………………… 85, 97, 99

名古屋地岡崎支判平成 29・10・27 判例集未登載（平 23(ワ)第 1285 号）………… 198

東京地判平成 29・11・17 証券セレクト 54 巻 31 頁 ……………………… 318

名古屋地判平成 29・12・27 金判 1539 号 16 頁 …………………………… 201, 202

最判平成 30・2・15 判時 2383 号 15 頁 …………………………………… 192

東京高判平成 30・3・19 資料版商事 410 号 201 頁 ……………………… 160

判例索引

東京高判平成 30・3・23 資料版商事 414 号 84 頁 ……………………………………… 56
東京地判平成 30・3・29 資料版商事 422 号 23 頁 …………………………………… 196, 198
最判平成 30・10・11 民集 72 巻 5 号 477 頁 ……………… 72, 84, 98, 100, 154, 155
名古屋地判平成 30・11・8 金法 2105 号 70 頁 ………………………………………… 198
東京地判令和元・5・30 資料版商事 425 号 104 頁 …………………………………… 587

609

編集代表・編者一覧

［編集代表］

河 内 隆 史

明治大学名誉教授

［編　　者］

野 田　　博

中央大学教授

三 浦　　治

中央大学教授

山 下 典 孝

青山学院大学教授

木 下　　崇

専修大学教授

松 嶋 隆 弘

日本大学教授・弁護士

執筆者一覧

（※執筆順）

第1編 ─────────────

河内　隆史（明治大学名誉教授）

第2編 ─────────────

野田　　博（中央大学教授）

髙橋　真弓（一橋大学准教授）

橡川　泰史（法政大学教授）

宮下　　央（弁護士）

小田　智典（弁護士）

南保　勝美（明治大学教授）

秋坂　朝則（明治大学教授）

首藤　　優（帝京大学准教授）

菅原貴与志（慶應義塾大学教授・弁護士）

松嶋　隆弘（日本大学教授・弁護士）

縣　　俊介（弁護士）

柿﨑　　環（明治大学教授）

柳　　明昌（慶應義塾大学教授）

續　　孝史（弁護士）

第3編 ─────────────

三浦　　治（中央大学教授）

瀬谷ゆり子（桃山学院大学教授）

松井　英樹（東洋大学教授）

木下　　崇（専修大学教授）

山﨑雄一郎（弁護士）

第4編 ─────────────

尾崎　安央（早稲田大学教授）

川島いづみ（早稲田大学教授）

松山三和子（明治大学教授）

中曽根玲子（國學院大學教授）

山下　典孝（青山学院大学教授）

和田　宗久（早稲田大学教授）

久保田安彦（慶應義塾大学教授）

内藤　丈嗣（弁護士）

松原　崇弘（弁護士）

豊泉美穂子（弁護士）

第5編 ─────────────

松岡　啓祐（専修大学教授）

植松　　勉（弁護士）

高木　康衣（熊本大学准教授）

鬼頭　俊泰（日本大学准教授）

仮屋　広郷（一橋大学教授）

品谷　篤哉（立命館大学教授）

受川　環大（明治大学教授）

河村　賢治（立教大学教授）

深山　　徹（弁護士）

阿部　力也（明治大学教授）

服部　秀一（弁護士）

服部　滋多（弁護士）

芳賀　　良（横浜国立大学教授）

金融商品取引法の理論・実務・判例

2019 年 12 月 20 日　第 1 版第 1 刷発行

<table>
<tr><td>編集代表</td><td>河　内　隆　史</td></tr>
<tr><td>編　者</td><td>野田　博・三浦　治</td></tr>
<tr><td></td><td>山下典孝・木下　崇</td></tr>
<tr><td></td><td>松嶋隆弘</td></tr>
<tr><td>発行者</td><td>井　村　寿　人</td></tr>
</table>

発行所　株式会社　勁　草　書　房

112-0005　東京都文京区水道 2-1-1　振替　00150-2-175253
（編集）電話 03-3815-5277／FAX 03-3814-6968
（営業）電話 03-3814-6861／FAX 03-3814-6854
本文組版 プログレス・港北出版印刷・中永製本

©KAWACHI Takashi, NODA Hiroshi, MIURA Osamu, YAMASHITA Noritaka,
KINOSHITA Takashi, MATSUSHIMA Takahiro　2019
ISBN978-4-326-40369-1　　Printed in Japan

JCOPY ＜出版者著作権管理機構 委託出版物＞
本書の無断複製は著作権法上での例外を除き禁じられています。
複製される場合は、そのつど事前に、出版者著作権管理機構
（電話 03-5244-5088、FAX 03-5244-5089、e-mail: info@jcopy.or.jp)
の許諾を得てください。

＊落丁本・乱丁本はお取替いたします。
http://www.keisoshobo.co.jp

上田純子・植松勉・松嶋隆弘 編著
少数株主権等の理論と実務
4,800 円

丸橋透・松嶋隆弘 編著
資金決済法の理論と実務
4,800 円

民事証拠収集実務研究会 編
民事証拠収集
―相談から執行まで
3,700 円

喜多村勝徳
契約の法務（第2版）
3,300 円

喜多村勝徳
損害賠償の法務
3,500 円

第二東京弁護士会情報公開・個人情報保護委員会 編
AI・ロボットの法律実務 Q&A
3,500 円

松尾剛行・山田悠一郎
最新判例にみるインターネット上の
名誉毀損の理論と実務（第2版）
5,500 円

勁草書房刊

＊表示価格は 2019 年 12 月現在。消費税は含まれておりません。